Direito Internacional e Comunitário
para concurso de Juiz do Trabalho

EDITORA AFILIADA

O livro é a porta que se abre para a realização do homem.

Jair Lot Vieira

Direito Internacional e Comunitário
para concurso de Juiz do Trabalho

Diego Pereira Machado

2ª edição

Direito Internacional e Comunitário
para concurso de Juiz do Trabalho
Diego Pereira Machado

2ª edição 2012

© desta edição: *Edipro Edições Profissionais Ltda.* – CNPJ nº 47.640.982/0001-40

Editores: Jair Lot Vieira e Maíra Lot Vieira Micales
Arte: Danielle Mariotin e Mariana M. Ricardo
Revisão: Cristiane Alvarenga Rocha Santos, Doutoranda em Linguística e Língua Portuguesa - PUC Minas,

Dados de Catalogação na Fonte (CIP) Internacional
(Câmara Brasileira do Livro, SP, Brasil)

Machado, Diego Pereira
  Direito internacional e comunitário para concursos da magistratura do trabalho / Diego Pereira Machado. - - São Paulo : EDIPRO, 2ª ed. rev. e ampl., 2012. (série resumos para concurso de juiz do trabalho)

  Bibliografia
  ISBN 978-85-7283-836-8

  1. Direito comunitário - Concursos - Brasil 2. Direito internacional - Concursos - Brasil I. Título.

10 –10260   CDU – 341.217(079.1)

Índices para catálogo sistemático:
1. Brasil : Concursos públicos: Direito internacional : Direito comunitário
341.217 (079.1)

edições profissionais ltda.
São Paulo: Fone (11) 3107-4788 – Fax (11) 3107-0061
Bauru: Fone (14) 3234-4121 – Fax (14) 3234-4122
www.edipro.com.br

"Great spirits have always encountered violent opposition from mediocre minds".
Albert Einstein

Dedicatória

Este livro é para Rafaela, minha amada esposa, razão de toda minha existência, e para minha filha, a mais nova professora do meu mundo dos estudos, ela que transmite a mensagem de que os atos simples podem significar muito na vida de uma pessoa. Um sorriso hoje pode mudar todos os amanhãs, sempre para melhor! Dedico aos meus queridos e amados pais, Felipe e Jacqueline, aos meus irmãos de coração, Rodrigo e Darlan, as minhas avós, Gecy e Sara, e aos meus tios, Noemi e Everaldo.

Agradecimentos

Ao Professor Florisbal de Souza Del'Olmo, eterno mestre e sincero amigo, sou seu seguidor. Ele me orienta desde a graduação, quando eu era seu aluno; hoje já estamos escrevendo livros em conjunto. Ao meu grande amigo Professor Helton Laurindo, um excelente profissional que acreditou em mim e me deu a chance de ministrar as primeiras aulas na graduação, da Unisalesiano de Araçatuba, SP. E ao Professor Luiz Flávio Gomes, pessoa que dispensa apresentações, pois reconhecido dentro e fora do Brasil. Foi o Professor Luiz Flávio que me oportunizou ministrar aulas para mais de 1000 alunos em um único dia, por meio do revolucionário e pioneiro sistema telepresencial. Com isso, criou condições para muitos professores e alunos alcançarem seus sucessos profissionais.

Sumário

Siglas e Abreviaturas	19
Apresentação – prof. Amador Paes de Almeida	23
Entendendo a obra: os concursos e a segunda edição	25
Capítulo 1 Direito Internacional	29
1. Introdução	29
1.1. Direito Internacional Público e Privado	29
1.2. Evolução do Direito Internacional	30
1.2.1. Da Paz de Vestefália ao término da Segunda Guerra	34
1.2.2. Redefinição do conceito de soberania	36
1.2.3. Sociedade internacional pós-1945	37
1.2.4. A expansão do Direito Internacional	39
1.2.5. Direito Internacional da atualidade	40
1.3. Fundamento do Direito Internacional	41
1.4. Questões comentadas – Juiz do Trabalho	41
2. Personalidade jurídica internacional	43
2.1. Personalidade e capacidade internacionais	43
2.2. Definição dos sujeitos	44
2.3. Sujeitos: Estados, organizações internacionais e indivíduos	46
2.4. Beligerantes, insurgentes e movimentos de libertação nacional (MLN)	48
2.5. Santa Sé e Vaticano	50
2.5.1. Soberana Ordem Militar de Malta	54
2.6. Organização não governamental (ONG)	54
2.6.1. Comitê Internacional da Cruz Vermelha (CICV)	56

2.7. Estados 57
　2.7.1. Elementos constitutivos.. 57
　2.7.2. Ato de reconhecimento de Estado e de governo................ 60
　2.7.2.1. Reconhecimento de *facto* e *de iure*............................. 61
　2.7.3. Extinção e sucessão de Estados 61
　2.7.4. Direitos e deveres 63
　2.7.4.1. Direito de legação (*jus legationis*).............................. 63
2.8. Organizações Internacionais (OI)....................................... 64
　2.8.1. Personalidade jurídica internacional............................. 64
　2.8.2. Principais características e seus membros...................... 66
　2.8.3. Conceituação e direitos 67
　2.8.4. Classificação... 68
　2.8.5. Financiamento 68
　2.8.6. Organização das Nações Unidas (ONU) 68
　　2.8.6.1. Apresentação inicial... 69
　　2.8.6.2. Propósitos e princípios.. 70
　　2.8.6.3. Estados-membros e observadores............................. 71
　　2.8.6.4. Órgãos principais 72
　　　2.8.6.4.1. Assembleia-Geral (AG)..................................... 72
　　　　2.8.6.4.1.1. Composição... 72
　　　　2.8.6.4.1.2. Atribuições.. 72
　　　　2.8.6.4.1.3. Votações e procedimentos............................. 73
　　　2.8.6.4.2. Conselho de Segurança (CS)............................. 73
　　　　2.8.6.4.2.1. Composição... 74
　　　　2.8.6.4.2.2. Atribuições.. 75
　　　　2.8.6.4.2.3. Votações e procedimentos............................. 77
　　　2.8.6.4.3. Conselho Econômico e Social (CES) 77
　　　　2.8.6.4.3.1. Composição... 78
　　　　2.8.6.4.3.2. Atribuições.. 78
　　　　2.8.6.4.3.3. Votações e procedimentos............................. 78
　　　2.8.6.4.4. Conselho de Tutela 78
　　　　2.8.6.4.4.1. Composição... 78
　　　　2.8.6.4.4.2. Atribuições.. 79
　　　　2.8.6.4.4.3. Votações e procedimentos............................. 79
　　　2.8.6.4.5. Corte Internacional de Justiça (CIJ)................... 79
　　　　2.8.6.4.5.1. Composição... 79
　　　　2.8.6.4.5.2. Competências... 80
　　　　2.8.6.4.5.3. Votações, processos e sentenças...................... 81
　　　2.8.6.4.6. Secretariado 81
　　　　2.8.6.4.6.1. Composição... 81
　　　　2.8.6.4.6.2. Atribuições.. 82

Sumário | 11

2.8.6.5. Sistema das Nações Unidas...	82
2.8.6.6. Financiamento..	82
2.8.7. Organização dos Estados Americanos (OEA)........................	83
2.8.7.1. Carta de Bogotá, personalidade jurídica internacional e membresia...	83
2.8.7.2. Natureza, propósitos e princípios...................................	84
2.8.7.3. Estrutura...	85
2.8.7.4. Questões trabalhistas...	86
2.9. Questões comentadas – Juiz do Trabalho..	87
3. Responsabilidade Internacional..	90
3.1. A personalidade como pressuposto da responsabilidade..................	90
3.2. O Direito Internacional da atualidade e a responsabilidade internacional...	91
3.3. A situação atual da responsabilidade e os projetos da ONU.............	91
3.4. Classificação e estudo dos atos suscetíveis de responsabilidade........	92
3.5. Elementos configuradores...	93
3.6. Teorias sobre a responsabilidade...	94
3.6.1. A tendência moderna de objetivação....................................	95
3.7. Consequências jurídicas..	96
3.8. Excludentes..	96
3.8.1. Impossibilidade de exclusão frente à violação de normas peremptórias..	97
3.9. Da proteção diplomática...	98
4. Tribunal Penal Internacional (TPI)...	99
4.1. Estatuto, adoção, vigência, independência e sede............................	99
4.2. Estados-membros...	101
4.3. Jurisdição (permanente, internacional, subsidiária e complementar) ...	102
4.4. Competência do Tribunal Penal Internacional................................	103
4.5. Da estrutura: julgadores e Procurador...	105
4.6. Inquérito e processo criminal..	106
4.7. Julgamento e Direito aplicável..	108
4.8. Detenção de natureza cautelar..	108
4.9. Decisão definitiva, detenções e processos em andamento................	109
4.10. Princípio da ampla cooperação e o instituto da entrega.................	110
4.11. Princípios gerais de Direito Penal Internacional............................	112
4.12. Sentenças internacionais...	112
4.12.1. Homologação pelo STJ?...	112
4.13. Das penas em espécie..	113
4.14. Tratado de Roma de 1998 X Constituição Federal de 1988..........	113
4.15. Questões comentadas – Juiz do Trabalho......................................	114
4.16. Questões – Procurador do Trabalho..	116

5. Órgãos dos Estados nas Relações Internacionais 117
  5.1. O Brasil e as relações internacionais 117
  5.2. Chefe de Estado, Chefe de Governo e Ministro das Relações Exteriores 119
  5.3. Agentes diplomáticos e consulares 120
    5.3.1. Das funções diplomáticas e consulares 121
    5.3.2. As missões e as repartições 123
    5.3.3. Os novos papéis dos agentes 124
  5.4. Relações diplomáticas e consulares 125
    5.4.1. Princípio da reciprocidade 126
  5.5. Questões comentadas – Juiz do Trabalho 128
  5.6. Questões – Procurador do Trabalho 129
6. Imunidades 130
  6.1. Aspectos gerais das imunidades diplomáticas e consulares 130
    6.1.1. O princípio da territorialidade e as imunidades 131
    6.1.2. Fundamento das imunidades dos agentes 132
    6.1.3. Renúncia às imunidades 133
  6.2. Imunidades diplomáticas 134
    6.2.1. Espécies e abrangência 134
    6.2.2. As imunidades e as pessoas 135
      6.2.2.1. Os criados 136
    6.2.3. As imunidades e os bens 137
    6.2.4. Outros direitos 137
  6.3. Imunidades consulares 138
    6.3.1 Espécies e abrangência 138
    6.3.2. As imunidades e as pessoas 139
    6.3.3. As imunidades e os bens 141
    6.3.4. Direitos e facilidades 141
  6.4. Primado do Direito local 141
  6.5. O abuso das imunidades e *persona non grata* 142
  6.6. Imunidade de jurisdição dos Estados 143
    6.6.1. Da teoria absolutista à relativista 144
    6.6.2. Extensão da imunidade e violação aos direitos humanos 147
      6.6.2.1. Decisão da Corte de Haia de 03 fevereiro de 2012 149
        6.6.2.1.1. O caso originário 149
        6.6.2.1.2. Principais considerações sobre a decisão da Corte de Haia 149
    6.6.3. Convenção das Nações Unidas sobre Imunidade dos Estados e sua Propriedade 153
    6.6.4. Imunidade em matéria trabalhista? 153
      6.6.4.1. Processo de conhecimento e processo de execução 154

Sumário | 13

6.7. Imunidade de jurisdição das organizações internacionais............... 160
  6.7.1 Imunidade em matéria trabalhista?.. 161
6.8. Questões comentadas – Juiz do Trabalho.. 164
6.9. Questões – Procurador do Trabalho... 174
7. Atividades do Estrangeiro no Brasil... 175
  7.1. Introdução conceitual... 175
  7.2. Proteção internacional e a livre circulação.................................... 176
  7.3. Standard do estrangeiro no Brasil... 177
    7.3.1. O estrangeiro e a Constituição de 1988............................... 178
    7.3.2. Ingresso do estrangeiro e concessão de visto....................... 179
    7.3.3. Direitos e deveres.. 180
    7.3.4. Exercício de atividade remunerada no Brasil...................... 181
      7.3.4.1. O trabalho desempenhado por estrangeiro em situação irregular... 183
    7.3.5. Nacionalização do trabalho... 184
  7.4. Estrangeiros perseguidos.. 186
  7.5. Afastamento compulsório de estrangeiros..................................... 190
  7.6. Questões comentadas – Juiz do Trabalho...................................... 192
  7.7. Questões – Procurador do Trabalho.. 193
8. Tratados Internacionais... 194
  8.1. As fontes do DI e algumas questões preliminares......................... 194
    8.1.1. Fontes em espécie... 195
  8.2. A Convenção de Viena sobre Direito dos Tratados de 1969: sua importância e sua recepção pelo Brasil... 196
  8.3. Direito dos Tratados (Law of Treaties).. 199
    8.3.1. Conceito, efeitos, denominação e validade......................... 199
      8.3.1.1. Gentlemen's agrément... 201
    8.3.2. Classificação e interpretação... 201
    8.3.3. Formas de extinção.. 202
    8.3.4. Processo de celebração dos tratados................................... 202
      8.3.4.1. O STF e o processo de celebração na CF............... 202
      8.3.4.2. Poderes envolvidos na celebração........................... 204
      8.3.4.3. As quatro fases solenes.. 205
        8.3.4.3.1. Negociações preliminares e assinatura........... 205
        8.3.4.3.2. Referendo do Congresso Nacional............... 207
          8.3.4.3.2.1. A questão dos acordos executivos....... 208
        8.3.4.3.3. Ratificação do Presidente da República........ 209
          8.3.4.3.3.1. A ratificação e as diferentes vigências.... 210
          8.3.4.3.3.2. A adesão... 210
        8.3.4.3.4. Promulgação e publicação........................... 210
        8.3.4.3.5. Registro perante o Secretariado da ONU..... 211

8.3.4.3.6. O ato de denúncia 211
8.3.4.3.5.6.1. A denúncia da Convenção 158 212
8.3.4.3.5.6.2. Denúncia dos tratados de direitos humanos ... 215
8.3.4.4. Monistas e dualistas 216
8.3.4.5. A posição dos tratados internacionais de direitos humanos no Brasil 219
8.3.4.6. Controle jurisdicional da convencionalidade 223
8.4. Questões comentadas – Juiz do Trabalho... 224
8.5. Questões – Procurador do Trabalho 231
9. Direito Internacional do Trabalho (DIT)... 232
   9.1. Apresentação... 232
   9.2. A questão da autonomia... 233
   9.3. A situação atual do DIT.. 233
   9.4. Desenvolvimento da disciplina e seus fundamentos........ 234
   9.5. As principais fontes e os principais objetivos 235
   9.6. Organização Internacional do Trabalho (OIT) 235
      9.6.1 Criação pelo Tratado de *Versailles* 236
      9.6.2. Sede, características e competências......................... 237
      9.6.3. Objetivos e exercício do mandato 238
      9.6.4. Estados-membros e fundamento da OIT................. 238
      9.6.5. O tripartismo 239
      9.6.6. Estrutura da OIT 240
         9.6.6.1. Conferência Internacional do Trabalho (CIT) 240
         9.6.6.1.1. Votação por braço no ar, por chamada nominal ou por voto secreto 241
         9.6.6.2. Conselho de Administração (CA)......................... 242
         9.6.6.3. Repartição Internacional do Trabalho (RIT)........ 242
         9.6.6.4. Conferências regionais.. 243
      9.6.7. A Constituição da OIT e seu anexo......................... 243
         9.6.7.1. A Constituição.. 243
         9.6.7.2. A Declaração de Filadélfia.................................... 245
      9.6.8. Declaração sobre os Princípios e Direitos Fundamentais do Trabalho.. 246
         9.6.8.1. A Declaração de 1998 e o Brasil 247
      9.6.9. Atividade normativa 248
         9.6.9.1. Convenções da OIT 248
         9.6.9.1.1. Principais características..................................... 249
         9.6.9.1.2. Alguns pontos sobre sua celebração................ 249
         9.6.9.1.3. Classificação conforme a natureza de suas normas..... 250
         9.6.9.1.4. Classificação das convenções pela OIT e os temas prioritários.. 251

Sumário | 15

9.6.9.1.5 As oito convenções dos temas prioritários 253
9.6.9.1.6. Convenções da OIT: ratificações, vigências, denúncias e registro dos atos 264
9.6.9.1.7. Revisão das convenções 265
9.6.9.1.8. As convenções ratificadas e denunciadas pelo Brasil... 266
9.6.9.2. Recomendações da OIT 272
9.6.9.2.1. Principais características 272
9.6.9.3. Convenções x Recomendações 273
9.6.9.3.1. Interpretação 273
9.6.9.3.2. Aspectos material e formal 274
9.6.9.3.3. Resoluções da OIT 275
9.6.10. Fiscalização do cumprimento das normas da OIT 276
9.6.10.1. Sistemas de controle 276
9.6.10.1.1. Sistema automático ou regular 276
9.6.10.1.1.1. Comissão de Peritos em Convenções e Recomendações 277
9.6.10.1.1.2. Comissão de Aplicação de normas de Convenções e Recomendações 278
9.6.10.1.2. Sistema provocado ou contencioso 278
9.6.10.1.2.1. Reclamações 279
9.6.10.1.2.2. Queixas 279
9.6.10.1.3. Sistema especial 280
9.6.10.1.3.1. Comissão de Investigação e Conciliação 281
9.6.10.1.3.2. Comitê de Liberdade Sindical 281
9.7. Questões comentadas – Juiz do Trabalho 281
9.8. Questões – Procurador do Trabalho 306
10. Organização Mundial do Comércio (OMC) e Concorrência Internacional 310
10.1. Acordo Geral sobre Tarifas e Comércio (GATT) 310
10.1.1. A evolução e os princípios do GATT 310
10.2. Organização Mundial do Comércio (OMC) 311
10.2.1. Funcionamento, estatuto e imunidades 312
10.2.2. Principais objetivos e funções 312
10.2.3. Estrutura 312
10.2.4. Princípios da OMC 313
10.2.5. Das rodadas de negociações 314
10.2.6 Sistema de solução de controvérsias 314
10.3. Padrões mínimos trabalhistas 315
10.4. *Dumping social* 316
10.5. Cláusula social 317
10.6. Selo ou etiqueta social 319
10.7. Questões comentadas – Juiz do Trabalho 319

11. Aplicação da Lei Trabalhista Estrangeira 322
	11.1. Direito Internacional do Trabalho e conceitos básicos 322
		11.1.1. Elementos de conexão 323
	11.2. Direito Internacional Privado do Trabalho 324
		11.2.1. Contrato internacional de trabalho e elemento de conexão.... 324
			11.2.1.1. Os elementos *lex loci contractus* e autonomia da vontade 325
				11.2.1.1.1. Convenção de Roma de 1980 328
			11.2.1.2. O elemento *lex loci executionis* 330
			11.2.1.3. Relações laborais com elementos próprios 332
			11.2.1.4. O cancelamento do Enunciado 207 do TST 332
			11.2.1.5. O critério da norma mais favorável 334
			11.2.1.6. Lei 7.064 de 1982 337
				11.2.1.6.1. Definição da norma mais favorável 337
				11.3.1.2. Outros pontos da Lei 7.064 de 1982 338
	11.3. Questões comentadas – Juiz do Trabalho....................................... 338
	11.4. Questões – Procurador do Trabalho 344
12. Normas Internacionais de Proteção às Crianças e aos Adolescentes 345
	12.1. Sistemas de proteção 345
	12.2. Comentários às normas 347
		12.2.1. Declaração Universal dos Direitos Humanos de 1948 347
		12.2.2. Pacto Internacional sobre Direitos Civis e Políticos de 1966.. 350
		12.2.3. Pacto Internacional sobre Direitos Econômicos, Sociais e Culturais de 1966 353
		12.2.4. Convenção Americana de Direitos Humanos de 1969 355
		12.2.5. Protocolo de San Salvador de 1988 357
		12.2.6. Declaração de Genebra ou Carta da Liga sobre a Criança de 1924 359
		12.2.7. Declaração dos Direitos da Criança de 1959 359
		12.2.8. Regras Mínimas das Nações Unidas para a Administração da Justiça da Infância e da Juventude de 1984 360
		12.2.9. Convenção sobre os Direitos da Criança de 1989 361
	12.3. Questões comentadas – Juiz do Trabalho....................................... 364
	12.4. Questões – Procurador do Trabalho 369

Capítulo 2 Direito Comunitário 371

1. Direito da Integração e Direito Comunitário... 371
	1.1. Distinção, conceitos e características 371
		1.1.1. Do Direito Comunitário ao Direito da União 373
	1.2. Fases do processo de integração - ZUMUU.................................... 374
	1.3. Questões comentadas – Juiz do Trabalho.. 376

Sumário | 17

2. MERCOSUL 378
  2.1. Apresentação 378
  2.2. Formação e período de transição 378
    2.2.1. O Tratado de Assunção e os princípios 380
    2.2.2. Protocolo de Ouro Preto: personalidade e estrutura 382
  2.3. Órgãos e capacidade decisória 382
    2.3.1. Conselho do Mercado Comum, Grupo Mercado Comum e Comissão de Comércio 383
    2.3.2. Comissão Parlamentar Conjunta e Parlamento 385
    2.3.3. Foro Consultivo Econômico-Social e Secretaria 387
    2.3.4. Tribunal Administrativo-Trabalhista 387
  2.4. Os Estados-membros 388
  2.5. Fontes: classificação, incorporação e hierarquia 391
  2.6. Normas processuais 393
  2.7. Solução de controvérsias 394
    2.7.1. As controvérsias e os particulares 395
  2.8. Cidadania sul-americana 396
    2.8.1. Área de livre residência com direito a trabalho 396
    2.8.2. Direitos sociais e livre circulação de trabalhadores 398
    2.8.3. Carta Social do MERCOSUL 400
    2.8.4. Acordo Multilateral de Seguridade Social do MERCOSUL 401
  2.9. Sistema de Pagamento em Moeda Local (SML) 402
  2.10. Tarifa Externa Comum (TEC) 402
    2.10.1. União aduaneira incompleta 403
  2.11. Questões comentadas – Juiz do Trabalho 404
  2.12. Questões – Procurador do Trabalho 409
3. União Europeia (UE) 411
  3.1. Apresentação 411
  3.2. Formação do bloco 412
    3.2.1. Tratado de Lisboa de 2007 413
  3.3. Supranacionalidade 414
  3.4. Órgãos 415
    3.4.1. Parlamento 415
    3.4.2. Conselho Europeu e Conselho 416
    3.4.3. Comissão Europeia 416
    3.4.4. Tribunal de Justiça da União Europeia 417
      3.4.4.1. Tribunal Geral e Tribunais especializados 418
    3.4.5. Banco Central Europeu 418
    3.4.6. Tribunal de Contas 419
    3.4.7. Outros órgãos e cargos 419
  3.5. Os Estados-membros 420

18 | Sumário

3.6. Do sistema de pilares e das competências 421
  3.6.1. Princípios atinentes às competências 422
3.7. Fontes: princípios e classificação 423
  3.7.1. Fontes derivadas em específico 423
    3.7.1.1. Rol exemplificativo 425
  3.7.2. Hierarquia das fontes 425
    3.7.2.1. A interconstitucionalidade e o problema do alcance da primazia 425
3.8. Solução de controvérsias... 427
  3.8.1. Legitimados 428
  3.8.2. Das ações judiciais comunitárias...................................... 428
3.9. Cidadania europeia 430
  3.9.1. Carta dos Direitos Fundamentais da União Europeia ... 430
  3.9.2. Direitos sociais e livre circulação de trabalhadores 433
    3.9.2.1. Acordo Schengen... 434
  3.9.3. Carta Comunitária dos Direitos Fundamentais Sociais dos Trabalhadores 435
  3.9.4. Carta Social Europeia 436
3.10. Moeda única: euro 436
  3.10.1. Requisitos para ingresso: os critérios de convergência 437
3.11. Cooperação reforçada.. 437
3.12. Questões comentadas – Juiz do Trabalho............................. 438
4. MERCOSUL X União Europeia 445
5. Outros Blocos Regionais.. 447
  5.1. NAFTA 447
  5.2. ALCA 449
  5.3. UNASUL 449
  5.4. Questões comentadas – Juiz do Trabalho............................. 450

Referências 453

Siglas e Abreviaturas

AC – Ação Civil
ACNUR – Alto Comissário das Nações Unidas para Refugiados
ADI – Ação Direta de Inconstitucionalidade
AEC – Associação dos Estados do Caribe
AG – Assembleia-Geral
AgR – Agravo Regimental
ALADI – Associação Latino-Americana de Integração
ALALC – Associação Latino-Americana de Livre Comércio
ALBA – Aliança Bolivariana para as Américas
ALCA – Área de Livre Comércio das Américas
Art. – Artigo
BCE – Banco Central Europeu
BIRD – Banco Internacional para a Reconstrução e o Desenvolvimento
CA – Conselho de Administração
CAFTA – Central America Free Trade Agreement and Dominican Republic
CAMEX – Câmara de Comércio Exterior
CAN – Comunidade Andina de Nações
CARICOM – Caribbean Comunity
CECA – Comunidade Europeia do Carvão e do Aço
CEE – Comunidade Econômica Europeia
CEEA – Comunidade Europeia de Energia Atômica
CES – Conselho Econômico e Social
CC – Código Civil
CCM – Comissão de Comércio do MERCOSUL

CF – Constituição Federal
CICV – Comitê Internacional da Cruz Vermelha
CIJ – Corte Internacional de Justiça
CIMT – Conferência Interamericana de Ministros do Trabalho
CIT – Conferência Internacional do Trabalho
CLT – Consolidação das Leis do Trabalho
CMC – Conselho do Mercado Comum
CONARE – Comitê Nacional para os Refugiados
CONTAG – Confederação Nacional dos Trabalhadores na Agricultura
CUT – Central Única dos Trabalhadores
CP – Código Penal
CPC – Código de Processo Civil
CPC – Comissão Parlamentar Conjunta
CPJI – Corte Permanente de Justiça Internacional
CPPM – Código de Processo Penal Militar
CR – Carta Rogatória
CS – Conselho de Segurança
CTN – Código Tributário Nacional
DI – Direito Internacional
DIT – Direito Internacional do Trabalho
DJ – Diário da Justiça
DPF – Departamento da Polícia Federal
ESC – Entendimento Relativo às Normas e Procedimentos sobre Solução de Controvérsias
Euratom – Comunidade Europeia de Energia Atômica
Ext – Extradição
FAO – Food and Agriculture Organization
FCES – O Foro Consultivo Econômico-Social
FIFA – Fédération Internationale de Football Association
FGTS – Fundo de Garantia por Tempo de Serviço
FMI – Fundo Monetário Internacional
GATT – General Agreement on Tariffs and Trade
GMC – Grupo Mercado Comum
HC – Habeas Corpus
IBAS – Fórum de Diálogo Índia-Brasil-África do Sul
ICC – International Criminal Court
IDC – Incidente de Deslocamento de Competência

IIES – Instituto Internacional de Estudos Sociais
Inc. – Inciso
LINDB – Lei de Introdução às Normas do Direito Brasileiro
MERCOSUL – Mercado Comum do Sul
MC – Medida Cautelar
MI – Mandado de Injunção
MJ – Ministério da Justiça
MLN – Movimento de Libertação Nacional
MPT – Ministério Público do Trabalho
MRE – Ministério das Relações Exteriores
MS – Mandado de Segurança
NAAEC – North American Agreement for Environmental Cooperation
NAALC – North American Agreement on Labor Cooperation
NAFTA – Tratado Norte-Americano de Livre Comércio
OAA – Organização para a Alimentação e a Agricultura
OACI – Organização da Aviação Civil Internacional
OC – Opinião Consultiva
OEA – Organização dos Estados Americanos
OECO – Organização dos Estados do Caribe Oriental
OI – Organização Internacional
OIT – Organização Internacional do Trabalho
OJ – Orientação Jurisprudencial
OMC – Organização Mundial do Comércio
OMI – Organização Marítima Internacional
OMM – Organização Meteorológica Mundial
OMPI – Organização Mundial da Propriedade Intelectual
OMS – Organização Mundial da Saúde
OMT – Organização Mundial do Turismo
ONG – Organização Não Governamental
ONU – Organização das Nações Unidas
OSC – Órgão de Solução de Controvérsias
Parlasul – Parlamento do MERCOSUL
PICAB – Programa de Integração e Cooperação entre Argentina e Brasil
PIS – Programa de Integração Social
PNUD – Programa das Nações Unidas para o Desenvolvimento
QO – Questão de Ordem
RE – Recurso Extraordinário

Resp – Recurso Especial
RIT – Repartição Internacional do Trabalho
RO – Recurso Ordinário
RR – Recurso de Revista
SAM – Secretaria Administrativa do MERCOSUL
SEBC – Sistema Europeu de Bancos Centrais
SIS - Sistema de Informação Schengen
SML – Sistema de Pagamento em Moeda Local
STF – Supremo Tribunal Federal
STJ – Superior Tribunal de Justiça
TAT – Tribunal Administrativo-Trabalhista
TEC – Tarifa Externa Comum
TFUE – Tratado sobre o Funcionamento da União Europeia
TPI – Tribunal Penal Internacional
TRF – Tribunal Regional Federal
TRT – Tribunal Regional do Trabalho
TST – Tribunal Superior do Trabalho
UE – União Europeia
UEFA – Union of European Football Associations
UIT – União Internacional das Telecomunicações
UNASUL – União das Nações Sul-americanas
UNESCO – United Nations Educational, Scientific and Cultural Organization
UNIDROIT – Instituto Internacional para Unificação do Direito Privado
UPU – União Postal Universal

Apresentação

O trabalho foi, inquestionavelmente, o fenômeno social que, ao longo da história da humanidade, passou por sucessivas alterações, com significado que culminou por elevá-lo à categoria de dever social.

Nos primórdios, voltado apenas para a satisfação elementar e primária dos grupos humanos, tal como a construção de abrigos, instrumentos de proteção contra animais de grande porte, busca de alimentação, etc. Era a fase em que o trabalho pode ser definido como *doméstico*, porque voltado para o interesse básico de sobrevivência de um minúsculo grupo de pessoas.

A esse período sucedeu o da *escravidão*, com o aproveitamento de populações subjugadas pela força, assumindo o trabalho conotação de castigo, período esse que alcançou grandes proporções, sobretudo na Grécia e no Império Romano.

Atribui-se a Aristóteles a defesa da escravidão, como escreve Segadas Viana: "(...) aquele tempo, era a escravidão coisa justa e necessária, tendo Aristóteles afirmado que, para conseguir cultura, era necessário ser rico e ocioso e que isso não seria possível sem a escravidão". (Instituições de Direito do Trabalho, 21ª ed., vol. I).

A escravidão, que no Brasil só foi abolida nos fins do século XIX, foi gradativamente substituída pela *servidão*, que alcançou o seu ponto culminante na Idade Média. Nesse período, o servo, se não era escravo, não era, entretanto, titular de direito algum, exceto o de trabalhar a terra cujo fruto era destinado aos barões feudais.

Gradativamente, porém, o trabalho como "denominador comum de toda a vida humana na sociedade", na feliz expressão de Georges Friedmann ("in" Tratado de Sociologia do Trabalho, Ed. Universidade de São Paulo, Vol. I), foi assumindo especial relevo, cercando-se de dignidade e reconhecimento social.

Concorreram para isso a *Rerum Novarum*, de Leão XIII, as ideias socialistas (do socialismo utópico de Proudhon ao materialismo histórico de Marx e Engels) que, conquanto forças antagônicas, serviram para despertar o Estado, fazendo-o substituir o individualismo liberal, sintetizado na célebre forma "Laisser–Aller,

Laisser–Faire", pelo intervencionismo estatal que redundaria na rigorosa disciplinação das relações de trabalho.

Criam-se as chamadas obrigações positivas do Estado, assumindo o trabalho especial relevo, merecendo, por isso mesmo, maior solicitude do Estado.

Surge assim o trabalho assalariado, com a Revolução Industrial nos fins do século XVIII. Como consequência da industrialização desaparecem as pequenas oficinas e o artesanato (mestres e aprendizes), formando-se grandes núcleos de trabalhadores, os quais, em busca de melhores salários e adequadas condições de vida, formam os primeiros órgãos representativos de categorias profissionais – os sindicatos.

No âmbito do Direito do Trabalho, o ponto culminante desse processo é, como põe em relevo DIEGO PEREIRA MACHADO, a Organização Internacional do Trabalho, a OIT, "com atuação universal, abarcando temas dos mais variados relacionados à proteção internacional dos direitos sociais".

De suma importância a quem pretenda ingressar na magistratura do trabalho, a OIT é analisada com minúcia, detalhando o autor a sua estrutura interna e o seu funcionamento.

Especial relevo é dado aos tratados da organização nominada, num trabalho exaustivo de comentários das convenções mais expressivas na esfera do Direito Internacional do Trabalho.

Mas o excelente livro de DIEGO PEREIRA MACHADO não se limita ao estudo da OIT, eis que tem amplitude que conduz o leitor ao Direito do Comércio Internacional, à proteção às crianças e adolescentes, o que faz desta obra uma verdadeira *enciclopédia* que, com nossa experiência de longos anos de magistério superior e de Juiz do trabalho, recomendamos a todos os que fazem e aos que pretendem fazer do Direito uma profissão.

Amador Paes de Almeida
Doutor em Direito
Desembargador Federal do Trabalho (SP)
Professor titular de Direito do Trabalho da Faculdade de Direito da Universidade Presbiteriana Mackenzie

Entendendo a obra: os concursos e a segunda edição

A aprovação num concurso público exige conhecimentos dos mais diversos. Digo: não só o conhecimento da matéria constante do edital, ou seja, não se deve estudar unicamente Direito Constitucional, Administrativo, Penal, Processual, Civil, Internacional, do Trabalho ou Comunitário, embora requisito básico, mas sim é imprescindível ter uma compreensão do conjunto.

É necessário elucidar!

Quando nós vamos fazer uma longa viagem de férias temos que verificar as condições do carro, se estamos carregando toda a documentação necessária, se estamos levando roupas adequadas, se nossa saúde comporta um desgaste físico demasiado; analisamos até o clima dos próximos dias. Veja que nessas situações não basta conhecer o caminho, é importante também ter uma visão de conjunto, analisar todos os fatores que proporcionarão sucesso em nossa empreitada. E o caminho longo, árduo e vitorioso dos concursos públicos não é diferente.

Antes de tudo, você deve entender o que é e como funciona o instituto do concurso público. Por essa razão, recomendamos um artigo de nossa autoria em que propomos esclarecer o *princípio do concurso público*[1].

Assim, da mesma forma que planeja uma viagem, planeje o seu estudo: defina datas, quantidade de horas diárias de estudo, fixe um horário, relacione as disciplinas. E o mais importante: cuide de você. Se para fazer uma longa viagem é preciso dormir bem, alimentar-se adequadamente, imagine, então, no caso de concursos para Juiz do Trabalho e para Procurador do Trabalho, em que há várias fases, longas horas de puro desgaste mental e físico devido à tensão. Por isso, é indispensável ter um cardápio adequado, uma alimentação balanceada e uma tranquilidade espiritual.

Quando for prestar a prova, nunca se esqueça de ler o edital, planejar e verificar quantas questões há de cada disciplina, quantos minutos em média serão despendidos em cada questão, observar quem compõe a banca examinadora, etc.

---

1 MACHADO, Diego Pereira. *Princípio do concurso público*. Disponível em: http://www.lfg.com.br. Acesso em: 25/10/2008.

Lembre-se de que para vencer uma grande batalha deve-se planejar, e para ser aprovado em um concurso não é diferente.

A principal diferença é que, num conflito armado propriamente dito, os beligerantes são entes diversos, o inimigo é sempre o "outro"; já em um concurso há um único beligerante, você mesmo, seu único inimigo (ou aliado!) é você mesmo, quem definirá o vitorioso nesta batalha para alcançar o posto de Magistrado ou de Procurador é o candidato. Eis mais uma medida importante para a aprovação: nunca culpe os outros, não procure responsáveis, é algo que depende apenas de você.

Juntamente com esses preparativos e muitos outros desenvolvidos por você eu sugiro uma considerável carga de fé, em si próprio e em algo maior. Qualquer ajuda, pensamento, sentimento ou até símbolo que te projete no cargo almejado, que dê forças, motivação e que insufle sensações positivas será bem-vindo.

Com tais medidas, podemos, sim, vislumbrar a aprovação, percorrer o caminho e alcançar a vitória[2]. Mas para ela se concretizar de forma efetiva, você deve cumprir com o requisito básico citado no começo deste tópico, que é o estudo das matérias constantes do edital.

******

Com base nesses pensamentos, apresentamos a segunda edição do *Direito Internacional e Comunitário para Concurso de Juiz do Trabalho*.

A primeira edição do livro teve excelente aceitação e nos alegrou o fato de o seu conteúdo constar nas questões dos concursos dos Tribunais Regionais do Trabalho e do Ministério Público do Trabalho.

A segunda edição surge completamente reformulada: ela foi ampliada, revisada e totalmente atualizada. Nela incluímos pedidos e dicas dos próprios estudantes, e aqui cabe um agradecimento especial aos nossos alunos-amigos da Rede de Ensino LFG, do Núcleo Trabalhista Calvet e do Curso Juspodivm.

Esta segunda edição inclui novos esquemas, possui mais capítulos e novos itens. Nela comentamos e resolvemos inúmeras questões dos concursos para Juiz do Trabalho, provas aplicadas desde 1995 até 2012, retiradas de quase todas as seleções para Tribunais Regionais. São anexadas também as provas aplicadas nos últimos anos para o cargo de Procurador do Trabalho, as quais podem ser resolvidas com base no livro. Os editais das duas carreiras serviram de orientação.

Reformulamos de forma radical o livro, atendendo aos pedidos de colegas e alunos. Por essa razão, ocorreu o inevitável aumento do número de páginas.

Em razão da impossibilidade de se elencar todas as reformulações feitas, podemos citar apenas poucos exemplos de inovações na obra:

---

2   Quanto a dicas de estudo e outras técnicas ver: LEAL, Bruno Bianco; GALVÃO, Bruno Haddad; MACHADO, Diego Pereira. *Vida de concurseiro*: como estudar e se preparar para provas de concurso público. Rio de Janeiro: GZ, 2010.

Entendendo a obra: os concursos e a segunda edição | 27

- Há comentários sobre decisões do STF, do TST e dos TRT's, inclusive de 2012, sobre imunidade das organizações internacionais;
- Foi citada a decisão da Corte Internacional de Justiça, da ONU, de fevereiro de 2012, sobre imunidade dos Estados;
- São feitas análises de julgados recentes sobre a atividade remunerada dos estrangeiros no Brasil e sobre contrato internacional de trabalho;
- Pesquisou-se sobre assuntos novos relacionados aos sujeitos do Direito Internacional;
- É desenvolvida uma sistemática precisa e profunda sobre a celebração dos tratados internacionais, com atenção especial para as peculiaridades da incorporação das convenções da OIT;
- São tratados novos assuntos relacionados ao Direito Comunitário, como questões atinentes à *zona do euro*;
- É feita uma abordagem comparativa dos direitos sociais e da livre circulação no âmbito do MERCOSUL e da União Europeia; e
- Incluiu-se um novo quadro comparativo entre os principais blocos regionais: o MERCOSUL e a União Europeia.

É importante também frisar que alguns pontos que podem ser objetos de questionamentos nas fases dissertativas e orais também são expostos, como os casos, v.g., do controle de convencionalidade das leis e da interconstitucionalidade.

Dentre os vários objetivos que aspiramos para a segunda edição, ressaltamos o de tratar dos assuntos com a profundidade necessária, mas, ao mesmo tempo, de maneira objetiva e clara, fomentando os estudos sobre Direito Internacional e Direito Comunitário.

O Autor

Capítulo 1

Direito Internacional

1. INTRODUÇÃO

SUMÁRIO: 1.1. Direito Internacional Público e Privado; 1.2. Evolução do Direito Internacional; 1.2.1 Da Paz de Vestefália ao término da Segunda Guerra; 1.2.2. Redefinição do conceito de soberania; 1.2.3. Sociedade internacional pós-1945; 1.2.4. A expansão do Direito Internacional; 1.2.5. Direito Internacional da atualidade; 1.3. Fundamento do Direito Internacional; 1.4. Questões comentadas – Juiz do Trabalho.

A intenção inicial é de elucidar temas e de lançar conceitos introdutórios que viabilizarão os estudos dos capítulos seguintes, de forma a minorar as dificuldades interpretativas das temáticas que serão posteriormente estudadas. Tem-se, por fim, também, o desejo de instigar o leitor no sentido de despertar interesse pelo Direito Internacional. Ademais, neste momento, algumas questões polêmicas e recentes merecem considerações.

1.1. Direito Internacional Público e Privado

É importante que não se confunda **Direito Internacional Público** com **Direito Internacional Privado**, embora certos pontos estudados estejam presentes em ambas as disciplinas. É cediço que elas têm objetos de estudos e campos de aplicação essencialmente diversos.

O **Direito Internacional Público**, objeto principal do livro, também é denominado Direito das Gentes (*ius gentium*), Direito das Nações ou, simplesmente, Direito Internacional (DI). Em outras línguas: *International Law, Law of Nations, Droit International, Droit de Gens, Diritto Delle Genti, Rech der Natione, Volkerrecht*, etc.

É questionável a necessidade de se desenvolver uma definição de DI, em razão de sua atual dinamicidade, o que afasta por si só uma fórmula rígida. Todavia, é importante ser formulado um entendimento ao menos global da matéria. Dessa forma, o Direito Internacional pode ser compreendido como *o conjunto de normas escritas (tratados) e não escritas (costumes internacionais e outros) que, num dado momento, disciplina a sociedade internacional e regula as relações, em sentido lato, que* envolvam Estados, organizações internacionais, indivíduos e, inclusive, outras pessoas de natureza sui generis.

Já o **Direito Internacional Privado**, ora com outras denominações – a mais disseminada academicamente é Direito dos Conflitos Espaciais (ou Interespaciais) –, possui objetos de estudo próprios, que, modernamente, podem ser: a nacionalidade, a condição jurídica do estrangeiro, a homologação de sentenças estrangeiras, a competência internacional e a resolução dos conflitos interespaciais. Não restam dúvidas de que a última temática é seu objeto principal, o que desperta maior interesse e ainda ocupa lugar de destaque nas obras sobre a disciplina[3]. A lei brasileira mais importante para a solução dos conflitos de leis no espaço é a Lei de Introdução às Normas do Direito Brasileiro, a LINDB.

Partindo da delimitação de seu objeto e levando em conta que o principal é o conflito de leis, o Direito Internacional Privado pode ser compreendido como *o conjunto de princípios e regras, caracterizadas como formais e adjetivas, que indica qual lei deverá ser aplicada às relações jurídicas que envolvem ordenamentos de diferentes países, isto é, uma relação em nível internacional.*

Não é intenção do trabalho se debruçar de forma aprofundada sobre os assuntos atinentes a este último ramo, todavia, a distinção que se apresentou mostra-se pertinente, haja vista que, embora não seja estudado a miúde, é importante relembrar que há certos temas que habitam os campos das duas matérias supracitadas. Exemplo dessa situação são os tópicos "contrato internacional de trabalho" e "proteção internacional às crianças e aos adolescentes", que podem exigir conhecimentos sobre Direito Internacional Público e, ao mesmo tempo, sobre aspectos pontuais do Direito Internacional Privado[4].

Com base no exposto, resta apenas alertar que as seções seguintes versarão, detidamente, sobre as relações envolvendo os sujeitos do Direito Internacional Público, bem como suas principais fontes e seus consentâneos, como o Direito Internacional do Trabalho. Não se descurará, todavia, do estudo dirigido acerca dos pontos mais importantes do Direito Internacional Privado.

1.2. Evolução do Direito Internacional

As diversas populações do planeta sempre mantiveram relações mútuas com diferentes objetivos. Tais relações, a depender do momento histórico, variavam

---

3   Para maiores aprofundamentos acerca da disciplina, apenas alguns exemplos de indicação: MALHEIRO, Emerson Penha. *Manual de Direito Internacional Privado*. São Paulo: Atlas, 2009; PINHEIRO, Luís de Lima. *Direito Internacional Privado*. Coimbra: Almedina, 2002; RECHSTEINER, Beat Walter. *Direito Internacional Privado:* teoria e prática. 14 ed. São Paulo: Saraiva, 2011; ARAUJO, Luis Ivani de Amorim. *Curso de Direito dos Conflitos Interespaciais.* Rio de Janeiro: Forense, 2002; CASTRO, Amílcar de. *Direito Internacional Privado.* 6 ed. Rio de Janeiro: Forense, 2005; CORREIA, A. Ferrer. *Lições de Direito Internacional Privado.* Coimbra: Almedina, 2002; e DEL´OLMO, Florisbal de Souza. *Curso de Direito Internacional Privado.* 9 ed. São Paulo: Saraiva, 2011.

4   Cabe também lembrar que alguns elementos de conexão são analisados pelas duas matérias, como o *locus regit actum*, *lex loci delicti commissi*, *lex rei sitae* e *lex patriae*.

quanto à amplitude e à profundidade, ou seja, restaram por envolver aglomerados vizinhos, divididos por um rio de poucos metros de espessura, ou, como hoje se percebe, por abranger países separados por oceanos. A conectividade dos seres não respeita nem barreiras transplanetárias, tanto que a ambição exploratória do homem já o levou à Lua.

A necessidade constante de normas reguladoras dessas relações e limitadoras da ânsia exploradora humana sempre se mostrou uma realidade premente, sua importância ascendeu de acordo com a ascensão das conquistas transfronteiriças da humanidade.

O senso de posse, que instiga naturalmente todo ser humano, é fomentador da ideia de território próprio. Este, quando invadido ou expandido, acabará por despertar o comportamento natural de autodefesa, já se percebendo, assim, uma noção de proteção do que é seu, assemelhando-se ao que hoje se conhece como soberania[5], ainda que não se fale em Estado formalmente constituído.

Por tais razões, determinar o início real e seguro do surgimento do Direito Internacional é tarefa árdua, talvez inalcançável. Contudo, doutrinariamente, é possível registrar que a expressão "Direito Internacional" foi utilizada, pela primeira vez, por Jeremias Bentham, no ano de 1780, em *An Introduction to the Principles of Morals and Legislation*. Anteriormente, denominava-se Direito das Gentes, termo usado no século XVI por Francisco de Vitória[6].

A difícil atividade de precisar o surgimento do DI não isenta da missão de indicar momentos e documentos históricos importantes, tidos como delineadores das normas internacionais hoje conhecidas.

Começar-se-á a análise da evolução histórica do conceito a partir da Antiguidade.

Desde esse período tribos e clãs de várias localidades se relacionavam, seja de forma pacífica, por meio de uma cooperação de índole comercial, seja de forma conflitante, isto é, por meio de suas forças bélicas, materializadas por disputas territoriais. Percebia-se o desenvolvimento de relações comerciais já nos povos gregos (1.000 a.C.), nos helênicos (1.500 a.C.), nos babilônicos (2.000 a.C.), nos mesopotâmeos (3.000 a.C.) e nos egípcios (3.500 a.C.).

Tal situação, ainda que apresente uma amena interação entre povos, não pode ser identificada como de Direito Internacional – principalmente dentro da concepção moderna que hoje temos e que adiante será exposta –, porquanto as diferenças culturais, morais, religiosas e sociais da época são demasiadamente dessemelhantes em comparação às hodiernas.

Mesmo sem se encaixar no conceito moderno, é lícito reconhecer que já estavam presentes instituições fundamentais para a futura concepção do DI. Na

---

5   Foi o jurista francês Jean Bodin, professor de Toulouse, que primeiro desenvolveu uma ideia sistemática de *soberania*. Ver: BARROS, Alberto Ribeiro de. *A teoria da soberania de Jean Bodin*. Fapesp. São Paulo: Unimarco Editora, 2001.
6   GUSMÃO, Paulo Dourado de. *Introdução ao Estudo do Direito*. 10 ed. Rio de Janeiro: Forense, 1984, p. 187.

Grécia antiga, surgiram os primeiros institutos hoje conhecidos como do Direito das Gentes, tais como: a arbitragem como solução de controvérsias; o princípio da necessidade de declaração inicial de guerra; o direito de asilo; a noção de neutralidade de certas localidades; e muitos outros conceitos relacionados aos conflitos bélicos, como legítima defesa, direitos dos prisioneiros, etc.

Já durante a pujança do Império Romano não se podia, do mesmo modo, falar ainda em Direito Internacional. Contudo, mais uma vez, houve acontecimentos e peculiaridades nesta fase que, direta ou indiretamente, contribuíram para a formação da disciplina; isso desde a fundação de Roma (735 a.C.).

É preciso reconhecer que há, no mínimo, um arremedo de normas internacionais que já se faziam presentes durante o Império, principalmente em razão da situação do estrangeiro, que se encaixava na condição de escravo, adquirindo direitos somente após longo período de tempo. O ordenamento jurídico romano disciplinava de forma diversa a situação dos cidadãos romanos da dos não romanos.

A despeito de Roma constituir um poderio mundial, abarcando territórios imensos e dominando tantos outros povos, infere-se que havia um maior aprofundamento das relações, especialmente de natureza comercial, i.e., havia a necessidade de aproximação com outros, como Grécia e Esparta, para que se mantivesse a hegemonia do Império.

Como toda potência demasiada e ilimitadamente superior aos demais, o Império Romano sucumbiu – tendo sido invadido pelos Bárbaros em 475 d.C. – delineando-se, assim, um novo panorama mundial. Com a sua queda, emerge a Idade Média (período de quase 1.000 anos).

O fechamento da Idade Média, em torno de 1.200 d.C., é marcado pelo sistema feudalista. Durante essa fase, há significativo incremento do comércio impulsionado pelas navegações. Começam a serem criadas as Cidades-Estados, como Veneza, Gênova, Pisa, Florença e Milão.

Até o presente momento, que partiu da Antiguidade e se encerrou na Idade Média, não se falou em um Direito Internacional efetivamente existente. Ou seja, apenas se referiu a fatos, momentos e instituições que, de certa maneira, influenciaram-no.

O desenvolvimento do DI está indubitavelmente atrelado ao surgimento do Estado como atualmente estudamos, ostentador de território e de soberania. Se a necessidade de normas internacionais remonta à Antiguidade, sua materialização se deu com a consolidação do Estado como condutor principal da sociedade internacional.

E esse momento se deu com a importante Paz de Vestefália (ou Westfalia), a qual será analisada de forma específica em tópico seguinte. Ela foi assinada em 24 de outubro de 1648, pondo término à Guerra dos Trinta Anos, conflito que durou de 1618 a 1648. Os Tratados de Westfalia deram início à lógica westfaliana, originando o Estado-nação hoje concebido. Eis o marco inicial de suma imprescindibilidade para o escorreito estudo do Direito Internacional.

Como a historicidade é uma característica entranhada na essência do DI, por dedução lógica se afere que outros momentos, fatos, documentos, acontecimentos e até pessoas influenciaram sua evolução, fenômeno este constante e, espera-se, interminável.

Posteriormente aos tratados de 1648, podem ser citadas a Revolução Francesa (1789) e as Guerras Napoleônicas (1792-1815), que remodelaram alguns conceitos propostos pela Paz de Westfalia, o que, consequentemente, acarretou em inovações no campo do Direito das Gentes.

Outro ano relevante para a evolução do DI – nessa altura já existente formalmente, inclusive com sua denominação parcialmente disseminada na academia – foi o de 1815, quando do Congresso de Viena, que marcou a queda de Napoleão e estabeleceu uma nova ordem política no continente europeu. Definiram-se novos princípios, tais como: proibição do tráfico negreiro e liberdade de navegação.

Há outros fatos favoráveis ao desenvolvimento da matéria, a título de exemplo: Primeira Convenção da Cruz Vermelha (1864); Declaração referente ao emprego de projéteis explosivos ou inflamáveis (1868); Conferência de Bruxelas contra o tráfico de escravos (1889); e Primeira Conferência de Paz, de Haia (1899).

Nesse caminhar reflexivo-histórico, não poderia ser deixada de fora a Primeira Guerra Mundial, como um dos acontecimentos na História da humanidade com reflexos para o Direito Internacional, em especial, para o Direito das Guerras. Esse conflito inaugurou o século XX e perdurou de 1914 a 1918, mudando sobremaneira o mapa geopolítico da Europa e do Médio Oriente.

As barbáries da Primeira Grande Guerra geraram um sentimento de necessidade de pacificação. Dessa forma, celebrou-se o Tratado de *Versailles*[7], em 28 de junho de 1919, procurando-se assegurar a paz com a Alemanha derrotada. Em anexo a esse documento foi aprovado o *Pacto da Sociedade das Nações* ou *Liga das Nações*, uma organização internacional constituída por uma Assembleia e por um Conselho Executivo, que pretendia ser um fórum aberto a todos os Estados para solução das controvérsias. Embora a entidade já se preocupasse com temas como a proteção das minorias éticas, seu principal objetivo era assegurar a paz, intenção não concretizada face à eclosão da Segunda Guerra em 1939 (finalizada em 1945).

Frente à dizimação do povo judeu por Adolf Hitler, o término do Segundo Grande Conflito gerou um sentimento de renovação das esperanças, especialmente com a criação da *Organização das Nações Unidas*, a ONU, pela *Carta de São Francisco*, em 1945, e com a adoção, três anos mais tarde, da *Declaração Universal dos Direitos Humanos*, em 1948. O período pós-segunda guerra marcou uma nova sistemática do Direito Internacional, uma nova roupagem à sociedade internacional foi dada, novas fontes surgiram e novos sujeitos se destacaram, como as organizações internacionais e os indivíduos (*non state actors*). A proteção internacional

---

7   Este mesmo tratado tem outra virtude, que será ratificada no desenrolar da obra. Referimo--nos à criação da *Organização Internacional do Trabalho*, a OIT.

dos direitos humanos ganhou espaço nas pastas dos líderes mundiais e a lógica westfaliana, surgida em 1648, foi remodelada.

1.2.1. Da Paz de Vestefália ao término da Segunda Guerra

Como alhures ressaltado, não se pretende fazer uma exposição com rigor histórico absoluto, pois inviável. Mas sim, tentar-se-á focar na mudança de paradigma, ou seja, de modelos.

A Paz de Vestefália foi celebrada em 1648[8] com o objetivo de findar a violenta e duradoura Guerra dos Trinta Anos, que envolvia facções religiosas e caracterizava-se como um conflito, nitidamente, de cunho político-religioso. Assim sucedeu com a celebração do Tratado de Paz de Vestefália, entre Fernando III e Luis XIV, nomeado como *Tratado de Paz entre o Sacro Imperador Romano e o Rei da França e os seus respectivos aliados*[9].

Com a celebração do Tratado westfaliano uma nova sistemática é instaurada, uma nova lógica emerge como modeladora da sociedade então consolidada. É a partir desse momento que se pode falar em sociedade internacional e em Estado.

Após a assinatura do documento, em 1648, é imprescindível destacar que:

- A ordem internacional da cristandade, dominada pela Igreja, dá lugar à ordem do Estado-nação, dotado de território e titular de soberania.
- Consolida-se o Estado soberano que até hoje se conhece.
- Consolida-se o Direito Internacional.
- Antes de 1648, o poder, em todas as suas compreensões, estava centrado nas mãos da Igreja, após, com a Paz, ele passa a ser exercido pelo monarca.

Como se vê, estava-se frente a uma nova ordem internacional. Essa recente moldura sociointernacional é composta por quatro elementos: *soberania, territorialidade, autonomia e legalidade*. Com o desenvolvimento de tais conceitos outros tantos institutos acabam por ser acatados, a título de exemplo pode ser citado o princípio da não-intervenção.

Após 1648, uma distinção antes não existente passa a ser feita. A *vis directiva* se aparta da *vis coativa*. A primeira é atribuída à Igreja, porque cabe a ela se utilizar de elementos psicológicos e argumentativos para "salvar" as pessoas, não lhe sendo mais autorizado se valer da coação para converter os fiéis. Enquanto que a *vis coativa* passa a ser centralizada dentro das competências do Estado, somente ele pode se utilizar da força, de forma soberana, dentro de seu território, onde, autonomamente, garante a ordem e a legalidade.

---

8 GROSS, Leo. The Peace of Westphalia, 1648 – 1948. *American Journal of International Law*, 42, 1948, p. 20.

9 Na prática, foram celebrados dois tratados de paz: o *Instrumentum Pacis Osnabruguense*, entre o Império germânico e a Suécia, e o *Instrumentum Pacis Monasteriense*, entre o Império e a França.

Não só o Estado soberano é consolidado com o *Modelo de Vestefália*[10], mas também a sociedade internacional. Esse modelo de sociedade estruturada somente no Estado – tanto que a lógica westfaliana é representada pela figura do Estado pelo Estado – perdurou de 1648 até 1945, quando do término da Segunda Guerra Mundial.

Mas não só a finalização do conflito foi relevante, atrelado a ela, destacamos:

- A adoção, pela Assembleia-Geral, da Declaração Universal dos Direitos Humanos (1948).
- O surgimento de novas organizações internacionais com áreas técnicas específicas de atuação, como o gerenciamento econômico internacional, que é o caso do sistema *Bretton Woods*[11].
- O aparecimento de novas e importantes organizações internacionais de que cunho regional, como a Organização dos Estados Americanos (OEA).
- A conscientização quanto à necessidade de se desenvolver uma efetiva proteção internacional aos direitos humanos (Direito Internacional dos Direitos Humanos).

Constata-se que, logo após o cessar da Grande Guerra, há outros desenrolares históricos que *foram decisivos para o rompimento ou, no mínimo, para a remodelação da lógica então em vigor (do Estado pelo Estado), que cedeu espaço à lógica do Estado pelo indivíduo!*

Novas fontes do DI surgem e novos sujeitos aparecem, caracterizando um novo cenário, uma sistemática decisional policêntrica, em que o Estado tem seu papel como único sujeito refeito (*desestadualização*). No pós-1945, os países se mostram incapazes de atender a direitos básicos e parecem estar inabilitados para frear a *ferocidade* dos mercados liberais.

Com isso, o conceito westfaliano, clássico e fechado, de soberania é também revisto. Os Estados demandam auxílio externo e precisam, paradoxalmente, fomentar a integração, dando causa à formação de blocos regionais.

---

10 KRASNER, Stephen D. Pervasive Not Pervasive: Semi-Sovereigns as the Global Norm. *Cornell International Law Journal*, 30, 1997, p. 651.

11 As Conferências de Bretton Woods foram realizadas em 1944, no acaso da Segunda Guerra Mundial, e são consideradas importantes para a história do século XX. O *sistema Bretton Woods* foi definido em julho de 1944, com o objetivo de estabelecer um sistema de gerenciamento econômico internacional com regras para as relações comerciais e financeiras entre os países mais industrializados. Foi o primeiro exemplo de uma ordem monetária totalmente negociada, tendo como objetivo governar as relações monetárias entre Estados independentes. Nessa ocasião, estabeleceu-se o Banco Internacional para a Reconstrução e Desenvolvimento (BIRD), mais tarde Banco Mundial, e o Fundo Monetário Internacional (FMI). Além da formação do BIRD e do FMI, também fora idealizada uma *Organização Internacional do Comércio*, projeto este que não se materializou. Assim, foi possível assinar o *Acordo do GATT* (no vernáculo: Acordo Geral sobre Tarifas e Comércio), em 1947, durante a Rodada de Genebra.

1.2.2. Redefinição do conceito de soberania

As causas e as consequências dos acontecimentos mundanos desconhecem fronteiras, perdendo a noção de espaço territorial, semeando riqueza e, paradoxalmente, pobreza aos mais dispersos rincões do planeta terra[12]. Essa *avalanche* de situações novas ocasionadas, principalmente, pela globalização retirou a máscara do Estado "que tudo pode" e o redimensionou como um Estado "que quase nada pode fazer". A sua debilidade frente à força de outros centros de decisão, como as empresas e a mídia, obrigaram os países a reverem seus entendimentos sobre soberania que, não mais cerrada e insuscetível de intromissões, deu lugar a uma conotação mais aberta e viabilizadora de interferência externa.

O conceito tradicional de soberania, em que o Estado era *todo poderoso*, não admitindo limites ou intromissões em suas ações, modificou-se. Esse conceito *comporta hoje uma interpretação relativizada, em que a ingerência, por meio das organizações internacionais, encontra guarida nos próprios tratados e no fato de as nações não mais possuírem meios e recursos para sanarem problemas de alta gravidade e complexidade, tais como violação dos direitos humanos, catástrofes ambientais, miséria continental e conflitos bélicos.*

Conforme o art. 2º, § 7º, da Carta da Organização das Nações Unidas, nenhum dispositivo desta autoriza a organização a intervir em assuntos que dependam essencialmente da jurisdição de qualquer Estado, isto é, que sejam de seu domínio reservado[13]. Eis o princípio da não intervenção em assuntos internos, que orienta a relação da ONU com seus membros. Tal normativa sepulta o conceito clássico de soberania, haja vista que possibilita a intervenção extranacional em determinados assuntos, desde que em caráter excepcional. Infere-se que o art. 2º, § 7º, da Carta, preceitua que um órgão das Nações Unidas não intervirá no que diz respeito a assuntos que dependam essencialmente da jurisdição interna. Conclui-se, assim, que, se não há essa dependência, pode haver ingerência em questões, v.g., de proteção aos refugiados[14] e, até mesmo, atinentes à sobrevivência planetária e à continuidade das gerações futuras ou vindouras[15]. Quem define se o assunto é de interesse interno ou de interesse internacional são os próprios órgãos da ONU

---

12 MACHADO, Diego Pereira. Compreensão do processo internacional de *lavagem* de capitais. In: BARROZO, Helena Aranda; TESHIMA, Márcia; MAZZUOLI, Valério de Oliveira (org). *Novos Estudos de Direito Internacional Contemporâneo*. Londrina: Eduel, 2008, pp. 183-206.
13 TRINDADE, Antônio Augusto Cançado. *O Direito Internacional em um mundo em transformação*. São Paulo: Renovar, 2002, p. 416; e TRINDADE, Antônio Augusto Cançado. *Direito das Organizações Internacionais*. 3 ed. Belo Horizonte: Del Rey, 2003, pp. 121-195.
14 CHOLEWEINSKI, Ryszard; GUCHTENEIRE, Paul de; PÉCOUD, Antoine. Migration and Human Rights: the United Nations Convention on Migrant Workers´ Rights. *International Journal of Refugee Law*. Vol. 22, n. 4, dec. 2009, pp. 677-685.
15 Sobre responsabilidade e gerações futuras, recomenda-se: LOUREIRO, João Carlos. Autonomia do Direito, Futuro e Responsabilidade Intergeracional: para uma teoria do *fernrecht* e da *fernverfassung* em diálogo com Castanheira Neves. *Boletim da Faculdade de Direito*. Vol. LXXXVI, Separata, Coimbra, 2010, p. 18.

que têm "competência para interpretar os dispositivos da Carta aplicáveis às suas funções específicas"[16], o que impede o abuso por parte dos Estados que ratificaram a Carta de 1945 – a própria "prática das organizações internacionais não tem permitido que os Estados determinem por si mesmos os assuntos pertencentes ao seu domínio reservado"[17]. *Tal normativa sepulta a concepção clássica de soberania, haja vista que possibilita a intervenção da ONU em determinados assuntos.* Ademais, o princípio da não intervenção não poderá prejudicar a aplicação das medidas coercitivas, determinadas pelo Conselho de Segurança, em situações que comprometam a paz mundial.

Nessa esteira, na União Europeia (UE) surge um conceito ainda mais avançado, uma forma de flexibilizar ainda mais a compreensão de soberania. O princípio da não intervenção acima exposto, previsto na Carta da ONU, é posto pela UE de forma mais nítida, definida e acentuada. No âmbito do bloco europeu, os Estados aceitam delegar competências às instituições europeias, e passam a respeitar as decisões emanadas de instituições supranacionais, as quais serão estudadas em momento oportuno, em capítulo específico (sobre Direito Comunitário).

1.2.3. Sociedade internacional pós-1945

A nova compreensão que se tentou dar ao conceito de soberania[18] e as benesses da mudança de paradigma, especialmente para os indivíduos (lógica do Estado pelos indivíduos), não podem camuflar as falhas e incompletudes ainda presentes na sociedade internacional, mesmo após 1945. Talvez sejam algumas de suas características as barreiras que dificultam sua maior evolução em certos pontos. *A sociedade atual é tida como universal, paritária, aberta e descentralizada*[19].

A utilização dos termos "sociedade" e "comunidade" oscila sobremaneira na doutrina e nos documentos internacionais[20], *não havendo uma regra rígida para apli-*

16 TRINDADE, A. A. C. *O Direito internacional...*, cit., p. 472.
17 TRINDADE, A. A. C. *O Direito internacional...*, cit., p. 476.
18 É necessário reconhecer que alguns países ainda adotam, na prática, uma *soberania fechada*, uma postura excessiva e, inaceitavelmente, *introspectiva*. Isso se dá pelo fato de ser um *instituto conceituado pelo Direito Público interno*, permitindo uma *postura muitas vezes, demasiadamente, protecionista*, que vai de encontro às tendências internacionalizantes da atualidade.
19 "É universal porque abrange todos os entes do globo terrestre. É paritária uma vez que nela existe a igualdade jurídica. A característica de aberta significa que todo ente, ao reunir determinados elementos, se torna seu membro sem que haja necessidade de os membros já existentes se manifestarem sobre o seu ingresso (...). A falta de uma organização institucional significa que ela não é um superestado, isto é, não possui um poder legislativo, executivo ou judiciário por cima dos Estados e, em consequência, é descentralizada (...). Finalmente, o DIP é um direito originário porque ele não se fundamenta em outro ordenamento positivo". MELLO, Celso D. de Albuquerque. *Curso de Direito Internacional público*. 12 ed. Vol. 1. Rio de Janeiro: Renovar. 2000, p. 48.
20 Há que se reconhecer que ambos os termos são utilizados de forma indiscriminada na redação de inúmeros documentos, exemplo disso é a Convenção das Nações Unidas sobre Direito do Mar, de 1982, que, em seu art. 59, preceitua: "importância respectiva dos interesses em causa para as partes e para o conjunto da comunidade internacional".

cação. Ora se encontra quem os aplique como sinônimos, ora, quem os diferencie. Alguns autores recorrem ao segundo com o objetivo de enfatizar a prevalência dos fatores de agregação e da espontaneidade da união em plano internacional; a união entre seus integrantes é mais profunda, nítida e sólida. Já outros empregam "sociedade" com o fim de sublinhar a prevalência dos fatores de desagregação, destacando-se a natureza voluntária da adesão, em virtude de se tratar de uma criação artificial[21].

Mesmo com a expansão do Direito Internacional e a releitura de institutos, como a soberania, a fragilidade dos vínculos existentes entre os Estados leva *à ideia de que ainda estamos frente a uma sociedade internacional*, haja vista que impera, infortunadamente, a divergência entre os sujeitos do DI; há que se aferir que vigora um *vínculo de suportabilidade justificador das constantes tensões entre os Estados*. Sobre o assunto:

> Não acreditamos, pelo menos por enquanto, na existência de uma comunidade internacional. A formação de uma comunidade (*Gemeinschaft*) pressupõe um laço espontâneo e subjetivo de identidade (familiar, social, cultural, religioso etc.) entre os seus partícipes, em que não exista dominação de uns em detrimento de outros, em tudo diferindo da existência de uma sociedade (*Gesellschaft*). A sociedade internacional reveste-se de características diametralmente opostas às de uma comunidade. (...) enquanto a comunidade transmite a ideia de *convergência* (...) a sociedade demonstra a ideia de *divergência* (...)[22].

O *vínculo da suportabilidade* é linha tênue que ainda conduz as relações. Sua fragilidade é comprovada pelas intermináveis controvérsias que, muitas vezes, resultam em guerras. Estas configuram ilícitos internacionais que, há décadas, não são mais aceitas, pois expressamente vedadas pelo Pacto Briand-Kellog, de 26 de agosto de 1928. Todavia, o recurso à força armada pelas nações ainda é uma constante vergonhosamente presenciada por muitos, mas refutada por poucos.

A violência de diferentes facetas, perpetrada pelos países, é uma tendência interminável que já deveria ter sido banida da prática, porque, formalmente, já mereceu a estampa de ilicitude tanto em âmbito interno quanto internacional. A República Federativa do Brasil, em suas relações internacionais, rege-se pelo princípio da solução pacífica dos conflitos, conforme art. 4º, inc. VII, de sua atual Magna Carta. E a Carta das Nações Unidas, em seu art. 2º, 4, cristalinamente determina que seus membros deverão evitar, em suas relações internacionais, a ameaça ou o uso da força contra a integridade territorial ou a dependência política de qualquer outra nação.

Em razão de vigorar uma relação de coordenação entre os Estados (e não de subordinação), é comum haver desentendimentos de diferentes espécies. Como antijurídico que é, a força pode ser utilizada em situações excepcionais: na hipótese

---

21 ALMEIDA, Francisco Ferreira de. *Direito Internacional Público*. 2 ed. Coimbra: Coimbra Editora, 2003, p. 16 *et seq*.
22 MAZZUOLI, Valério de Oliveira. *Curso de Direito Internacional Público*. 3 ed. São Paulo: Revista dos Tribunais, 2008, p. 31.

de legítima defesa (art. 51, da Carta da ONU)[23] e quando expressamente autorizado mediante resolução do Conselho de Segurança das Nações Unidas (arts. 39 a 50, da Carta da ONU)[24].

A dependência da coordenação, a fragilidade do vínculo de suportabilidade e a não permissão do uso da força pelo Direito Internacional induzem a um princípio assente, o de que os Estados devem primar sempre pela adoção de meios pacíficos[25] para solucionar as suas desavenças.

O próprio princípio da *pacta sunt servanda* (abaixo estudado), como fundamento do DI, exerce papel de relevo neste caso, pois concilia a vontade dos Estados, que não pode ser ilimitada, com a necessidade de cumprimento dos tratados celebrados, como forma de tolher abusos que possam comprometer a paz.

1.2.4. A expansão do Direito Internacional

O Direito Internacional assume, gradativamente, roupagem compatível com a conjuntura que se formou após 1945. A globalização é um dos fatores determinantes para essa nova postura.

O *Direito das Gentes foi alargado*, percebendo-se *o aumento de temas e objetos de estudo*. Há uma complementação dos assuntos clássicos pelos temas da agenda global, merecendo destaque o Direito Internacional do Meio Ambiente e do Desenvolvimento Sustentável. Além da expansão do objeto, há também uma maior normatividade, com o surgimento de novas fontes, o que demonstra a democratização do processo normativo. Ademais, *o rol de sujeitos é revisto, ou seja, a personalidade internacional é ampliada, novos entes ganham capacidade para atuarem ativa e passivamente*, afinal, a "globalização das comunicações e informações e a expansão mundial de unidades organizativas internacionais (...) deslocam o papel obsidiante do actor estatal (...)"[26].

O Direito Internacional é hoje:

um *genus generalissimum* que compreende domínios tão diversos como o direito internacional econômico, o direito internacional da comunicação, o direito interna-

---

23 Art. 51 da Carta: "Nada na presente Carta prejudicará o direito inerente de legítima defesa individual ou coletiva no caso de ocorrer um ataque armado contra um Membro das Nações Unidas, até que o Conselho de Segurança tenha tomado as medidas necessárias para a manutenção da paz e da segurança internacionais. As medidas tomadas pelos Membros no exercício desse direito de legítima defesa serão comunicadas imediatamente ao Conselho de Segurança e não deverão, de modo algum, atingir a autoridade e a responsabilidade que a presente Carta atribui ao Conselho para levar a efeito, em qualquer tempo, a ação que julgar necessária à manutenção ou ao restabelecimento da paz e da segurança internacionais."
24 Há doutrina que entende também ser possível o uso da força por instituições regionais de defesa coletiva. Para tanto, ver: MACHADO, Jónatas E. M. *Direito Internacional*: do paradigma clássico ao pós-11 de setembro. 3 ed. Coimbra: Coimbra Editora, 2006, pp. 658-661.
25 Cf. CRUZ, Luiz Dilermando de Castello. *Meios pacíficos de solução de controvérsias internacionais*. 2 ed. Brasília: Fundação Alexandre de Gusmão, 2010.
26 CANOTILHO, J.J. Gomes. *Direito Constitucional e Teoria da Constituição*. 7 ed. Coimbra: Almedina, 2000, p. 1369.

cional do espaço exterior, o direito internacional do ambiente, o direito internacional dos direitos humanos, o direito internacional criminal, o direito internacional desportivo e o direito internacional do turismo[27].

Essa última feição ampliativa da personalidade internacional conduz à adjetivação do Direito Internacional como uma disciplina reflexiva, que permite aos indivíduos e às organizações internacionais a regulação internacional dos seus próprios interesses.

Embora com esse quadro de mudanças, muito há que ser feito, pois a sociedade internacional, ainda que remodelada, não atingiu um padrão mínimo de aceitação quanto a certos aspectos; nisso se incluem questões ambientais e humanitárias.

1.2.5. Direito Internacional da atualidade

Não se sabe se o Direito Internacional depende da História ou se esta depende daquele. Mas é cediço que um dá embasamento ao outro, numa natural relação de complementação.

Selecionar fatos marcantes, tidos como divisores de águas, para a definição de uma disciplina não é tarefa das mais agradáveis, pois suscetível de se cair em erro com extrema facilidade. Poderiam ser citadas várias ocasiões recentes de relevante destaque para o DI, desde a queda do Muro de Berlim (*Berliner Mauer*), em 1989, até mesmo os atentados de 11 de setembro de 2001, nos Estados Unidos.

A única certeza é que *sempre haverá um Direito Internacional novo, da atualidade, em constante processo de pós-modernização, com novos percalços a serem enfrentados*. A disciplina é hoje uma realidade muito complexa e dinâmica, dessume-se que integra: o direito internacional relacional (Estado a Estado); o direito internacional institucional (organizações internacionais); o direito internacional da sociedade internacional globalmente considerada; e o direito internacional que pretende constituir-se como direito interno nos ordenamentos jurídicos nacionais[28].

Os novos desafios passam pela pacificação de conflitos internos de cunho racial ou religioso e pela constante preocupação de proteção ao meio ambiente, que agora se vê calcado no princípio da sustentabilidade.

A ideia atual de sustentabilidade dá azo ao desenvolvimento de novos anseios globais, como a necessidade de se viabilizar a sobrevivência das gerações vindouras ou futuras[29]. A responsabilidade não é mais concebida sob uma perspectiva clássica, retrospectiva, mas sim prospectiva, futurística, das atuais para as futuras gerações que ainda estão por vir. Fala-se aqui em uma responsabilidade intergeracional[30], haja vista ser "perfeitamente sustentável uma inclusão da intergeracionalidade vindoura na condição do direito"[31], mais detidamente, do Direito Internacional da atualidade.

---

27   MACHADO, J. E. M. *Direito Internacional...*, cit., p. 96.
28   MACHADO, J. E. M. *Direito Internacional...*, cit., p. 21.
29   Obra clássica sobre o assunto: JONAS, Hans. *O princípio da responsabilidade*. Rio de Janeiro: Contraponto, 2006.
30   Ver: HABERMAS, Jürgen. *O futuro da natureza humana*. São Paulo: Martins Fontes, 2004.
31   LOUREIRO, J. C. *Autonomia do Direito* ..., cit., p. 30.

1.3. Fundamento do Direito Internacional

Não estaria completa a presente exposição introdutória se não se perguntasse: qual a obrigatoriedade das normas internacionais? Por que as fontes devem ser acatadas pelos Estados? Veja-se que não se trata apenas de uma pergunta topograficamente pertinente para a obra, mas sim um *quid juris* que vai ao encontro da afirmação de que a sociedade internacional fundamenta-se ainda num vínculo de suportabilidade e repousa sobre o consentimento. Se ainda há uma tenuidade relacional interestatal, resta então encontrar o fundamento para o Direito Internacional, de forma a galgar uma posição mínima de respeitabilidade, i.e., um nível mínimo de obrigatoriedade de suas fontes.

Se há normas internacionais, elas devem ser acatadas, mas por quê? Com tal questionamento tenta-se descobrir qual o fundamento do Direito Internacional. Para tanto, há três correntes que tentam apresentar respostas.

A **voluntarista** ou **subjetivista**. Ela indica que a obrigatoriedade das normas internacionais decorre da vontade exclusiva dos Estados. As normas são obrigatórias simplesmente porque estes assim desejam, é uma vontade coletiva tendente a isso. Essa tese é fortemente criticada em razão de sua instabilidade, deixando ao bel prazer dos entes estatais a obrigatoriedade do Direito das Gentes.

De outra banda, há um caminho radicalmente oposto, a corrente **objetivista**. A obrigatoriedade advém da existência de princípios e normas superiores, extirpando, assim, a vontade exarada pelos Estados. Calca-se num Direito puramente natural. A sua principal característica (desconsideração da vontade) é também o principal argumento para sua crítica.

E, por fim, há uma terceira posição, a da *pacta sunt servanda*. Esta é a mais aceita nos dias atuais. O Direito Internacional se fundamenta em princípios e normas superiores, mas sem, contudo, desconsiderar a vontade estatal, o seu consentimento; eis a razão de também ser conhecida como *objetivista temperada* ou *moderada*.

O princípio da *pacta sunt servanda*, segundo o qual o que foi pactuado deve ser cumprido, o que se acordou deve ser honrado, é imprescindível para o equilíbrio da sociedade internacional; eis o motivo de se fundar num modelo de consentimento perceptivo (e não criativo), de modo que os Estados consintam acerca de normas previamente deliberadas que, *a posteriori*, devem ser obedecidas de boa-fé. Esse princípio está preceituado de forma expressa na Convenção de Viena sobre o Direito dos Tratados, de 1969, em seu art. 26: "Todo tratado em vigor obriga as partes e deve ser cumprido por elas de boa fé". Ademais, em seu art. 27, sobre Direito Interno e Observância de Tratados, é dito que: "Uma parte não pode invocar as disposições de seu direito interno para justificar o inadimplemento de um tratado".

1.4. Questões comentadas – Juiz do Trabalho

(TRT 14ª Região - 2011) Assinale a alternativa correta, de acordo com as Convenções Internacionais de que o Brasil faz parte e de acordo com a sua legislação infraconstitucional:

a) Todo tratado em vigor obriga as partes e deve ser cumprido por elas de boa fé, salvo se contrariarem o direito interno.
b) A medida cautelar poderá ser solicitada pelo Brasil, de acordo com o Protocolo de Medidas Cautelares assinado em Ouro Preto, entre Brasil, Argentina, Paraguai e Uruguai, em 16.12.1994, nos processos ordinários, de execução, especiais ou extraordinários, de natureza civil, comercial, trabalhista e em processos penais, quanto à reparação civil, observando-se que não é possível, em qualquer hipótese a recusa de cumprimento do Estado requerido.
c) O Tratado de Assunção, que instituiu o MERCOSUL, tem por finalidade a constituição de um bloco regional restrito, com o objetivo de formar uma União Aduaneira completa.
d) São limites para o atendimento do pedido de extradição, de conformidade com o Acordo de Extradição entre os Estados Partes do MERCOSUL, concluído e assinado no Rio de Janeiro, em 1998, a pena de morte e a pena perpétua privativa de liberdade.
e) A nacionalidade da pessoa reclamada, quando houver pedido de extradição, poderá ser invocada para denegar a extradição, independentemente de disposição constitucional em contrário.

GABARITO	COMENTÁRIOS
D	• Embora a questão verse sobre diversos assuntos, merece aqui ser comentada em razão de mencionar o fundamento do DI na alternativa A. • Fundamento atual do DI: *pacta sunt servanda*. Esse princípio está preceituado de forma expressa na Convenção de Viena sobre o Direito dos Tratados, de 1969, em seu art. 26: "Todo tratado em vigor obriga as partes e deve ser cumprido por elas de boa fé". Ademais, em seu art. 27, sobre Direito Interno e Observância de Tratados, é dito que: "Uma parte não pode invocar as disposições de seu direito interno para justificar o inadimplemento de um tratado". • Protocolo de Medidas Cautelares, art. 8º: "O Juiz ou Tribunal do Estado requerido poderá recusar cumprimento ou, se for o caso, determinar o levantamento da medida, quando verificada sua absoluta improcedência, nos termos deste Protocolo". • Conforme exposto no capítulo de Direito Comunitário, o MERCOSUL, Mercado Comum do Sul, hoje uma união aduaneira (incompleta), criado pelo Tratado de Assunção de 1991, almeja constituir um mercado comum. • Acordo de Extradição entre os Estados-membros do MERCOSUL: "C A P Í T U L O V Dos Limites à Extradição ARTIGO 13 Da Pena de Morte ou Pena Perpétua Privativa de Liberdade 1. O Estado Parte requerente não aplicará ao extraditado, em nenhum caso, a pena de morte ou de pena perpétua privativa de liberdade. 2. Quando os fatos que fundamentam o pedido de extradição forem passíveis de punição, no Estado Parte requerente, com a pena de morte ou pena perpétua privativa de liberdade, a extradição somente será admitida se a pena a ser aplicada não for superior à pena máxima admitida na lei penal do Estado Parte requerido". • A condição de nacional, para fins de denegação do pedido de extradição, deverá ser analisada conforme preceito constitucional, art. 5º, da CF: "LI - nenhum brasileiro será extraditado, salvo o naturalizado, em caso de crime comum, praticado antes da naturalização, ou de comprovado envolvimento em tráfico ilícito de entorpecentes e drogas afins, na forma da lei; LII - não será concedida extradição de estrangeiro por crime político ou de opinião; (...)".

2. PERSONALIDADE JURÍDICA INTERNACIONAL

SUMÁRIO: 2.1. Personalidade e capacidade internacionais; 2.2. Definição dos sujeitos; 2.3. Sujeitos: Estados, organizações internacionais e indivíduos; 2.4. Beligerantes, insurgentes e movimentos de libertação nacional (MLN); 2.5. Santa Sé e Vaticano; 2.5.1. Soberana Ordem Militar de Malta; 2.6. Organização não governamental (ONG); 2.6.1. Comitê Internacional da Cruz Vermelha (CICV); 2.7. Estados; 2.7.1. Elementos constitutivos; 2.7.2. Ato de reconhecimento de Estado e de governo; 2.7.2.1. Reconhecimento *de facto* e *de iure;* 2.7.3. Extinção e sucessão de Estados; 2.7.4. Direitos e deveres; 2.7.4.1. Direito de legação (*jus legationis*); 2.8. Organizações internacionais (OI); 2.8.1 Personalidade jurídica internacional; 2.8.2. Principais características e seus membros; 2.8.3. Conceituação e direitos; 2.8.4. Classificação; 2.8.5. Financiamento; 2.8.6. Organização das Nações Unidas (ONU); 2.8.6.1. Apresentação inicial; 2.8.6.2. Propósitos e princípios; 2.8.6.3. Estados-membros e observadores; 2.8.6.4. Órgãos principais; 2.8.6.4.1. Assembleia-Geral (AG); 2.8.6.4.1.1. Composição; 2.8.6.4.1.2. Atribuições; 2.8.6.4.1.3. Votações e procedimentos; 2.8.6.4.2. Conselho de Segurança (CS); 2.8.6.4.2.1. Composição; 2.8.6.4.2.2. Atribuições; 2.8.6.4.2.3. Votações e procedimentos; 2.8.6.4.3. Conselho Econômico e Social (CES); 2.8.6.4.3.1. Composição; 2.8.6.4.3.2. Atribuições; 2.8.6.4.3.3. Votações e procedimentos; 2.8.6.4.4. Conselho de Tutela; 2.8.6.4.4.1. Composição; 2.8.6.4.4.2. Atribuições; 2.8.6.4.4.3. Votações e procedimentos; 2.8.6.4.5. Corte Internacional de Justiça (CIJ); 2.8.6.4.5.1. Composição; 2.8.6.4.5.2. Competências; 2.8.6.4.5.3. Votações, processos e sentenças; 2.8.6.4.6. Secretariado; 2.8.6.4.6.1. Composição; 2.8.6.4.6.2. Atribuições; 2.8.6.5. Sistema das Nações Unidas; 2.8.6.6. Financiamento; 2.8.7. Organização dos Estados Americanos (OEA); 2.8.7.1. Carta de Bogotá, personalidade jurídica internacional e membresia; 2.8.7.2. Natureza, propósitos e princípios; 2.8.7.3. Estrutura; 2.8.7.4. Questões trabalhistas; 2.9. Questões comentadas – Juiz do Trabalho.

2.1. Personalidade e capacidade internacionais

A matéria que passa a ser tratada constitui uma das mais relevantes deste ramo do Direito e é na qual mais se faz sentir as mudanças do Direito das Gentes. A delimitação de um sujeito com personalidade jurídica internacional tem sido feita de acordo com as noções de *titular de direitos* e *destinatário das normas internacionais*[32].

Ab initio, é importante compreender os institutos da **personalidade jurídica internacional** e da **capacidade internacional**, que são distintos[33] e imprescindíveis para a identificação dos sujeitos. Esclarece-se que a capacidade para atuar internacionalmente, celebrando tratados e relacionando-se com os demais, *depende do prévio reconhecimento da personalidade*.

Desse modo, a **personalidade jurídica internacional** pode ser compreendida como uma forma de aptidão ou pré-habilitação para ser considerado sujeito com capacidade de estabelecer relações jurídicas ou de ser titular de direitos no plano externo. A vivência dos entes com esse tipo de personalidade se dá dentro de uma ordem jurídica regulada pelo Direito Internacional. Por essa razão, eles são os

---

32 MIRANDA, Jorge. *Curso de Direito Internacional Público*. 10 ed. Coimbra: Almedina, 2010, p. 182 *et seq.*

33 PEREIRA, André Gonçalvez; QUADROS, Fausto de. *Manual de Direito Internacional Público*. 3 ed. Coimbra: Almedina, 1993, p. 299. Ainda os autores, na mesma obra: "(...) a personalidade jurídica internacional pode não coincidir com a de Direito interno." (p. 300)

principais destinatários das normas e princípios internacionais, cujas condutas são inteiramente reguladas por essa disciplina.

A **personalidade** "é a susceptibilidade para ser destinatário de normas e princípios de Direito Internacional, dos quais diretamente decorre a oportunidade para a titularidade de direitos (situações jurídicas ativas) ou para se ficar adstrito a deveres (situações jurídicas passivas)" e a **capacidade** "afere-se pelo conjunto dos direitos e dos deveres que podem estar inscritos na esfera jurídico-internacional da entidade em causa, também se diferenciando entre uma dimensão de titularidade e uma dimensão de exercício dos mesmos" [34].

2.2. Definição dos sujeitos[35]

Emergem divergências na doutrina quanto ao número de sujeitos do Direito Internacional (DI), bem como quanto às suas naturezas. Tal situação justifica-se pela inexistência de fonte escrita definidora de quem ostenta tal posto. Algumas correntes tentam explicar e dar balizamentos para a definição desses sujeitos.

Fato é que, a despeito de se filiar a uma ou outra corrente, muitos *atores*[36], sejam pessoas físicas ou jurídicas, desenvolvem atividades extrafronteiras e suas manifestações e deliberações trazem impactos que, corriqueiramente, materializam poderes que sequer Estados soberanos conseguem ombrear. A própria Cruz Vermelha, uma organização não governamental humanitária, demonstra uma forma de atuação, influência e credibilidade que inúmeros países nem ao menos conseguem igualar. Ela aparenta ter muitos atributos pertencentes a tradicionais sujeitos do DI, todavia, mesmo assim, há muitos argumentos contrários à sua condição de sujeito internacional. Veja-se o quão árdua é a missão de definir os entes que possuem personalidade internacional e que, por consequência, têm capacidade.

Para compreender (e talvez aceitar) essa conjuntura moderna, sempre cambiante, é preciso reconhecer que a sociedade internacional *flutua* em uma ordem jurídica cada vez mais policêntrica. Com mais frequência, os tradicionais *manipuladores* da convivência mundana perdem espaço para novas origens decisórias. É conhecido que muitas multinacionais têm mais poder de manobra e capacidade de influência na economia global que certos Estados. Esse *quadro* já foi *desenhado* no capítulo anterior quando se estudou sobre o Direito Internacional da atualidade e sua expansão.

---

34 GOUVEIA, Jorge Bacelar. *Manual de Direito Internacional Público*. Rio de Janeiro: Renovar, 2005, p. 353.

35 Seria recomendável, conforme sumários dos mais diversos livros, tratar sobre o tema "Fontes do Direito Internacional" antes do atinente aos "Sujeitos". Contudo, como o objetivo principal (não o único) é dar auxílio direcionado aos estudantes que almejam os concursos da Magistratura trabalhista e do Ministério Público do Trabalho, tentar-se-á, dentro do possível, ordenar os assuntos com base nos editais, que, num primeiro momento, versam sobre sujeitos.

36 Certa parte da doutrina difere *atores* de *sujeitos*. *Ator internacional* possui conotação ampla e se refere a qualquer entidade que esteja buscando espaço ou possua condições de participar ativamente do cenário internacional. Já o *sujeito*, por sua vez, seria aquele que ostenta a titularidade de direitos e obrigações. SOARES, Guido. *Curso de Direito Internacional Público*. V. 1. São Paulo: Atlas, 2002, p. 141.

Não há fórmula fechada ou um tratado que, categoricamente, defina quem são os sujeitos do DI, cabendo, como de costume, à doutrina e à jurisprudência assim proceder.

Frente a essa exposição introdutória, cabe destacar que há *três correntes sobre a temática*. Classicamente, o Estado sempre foi considerado o sujeito único, ostentador de personalidade internacional originária, o que lhe garantia plena capacidade para *dominar* o cenário internacional. Esse *status* teve seu estopim com a instauração da lógica *westfaliana* (acima estudada) e perdurou até o fim da Segunda Guerra. Não que os Estados deixaram de ser sujeitos após 1945, mas não são mais os únicos. Sendo assim, a tese de que somente eles são sujeitos não subsiste. A própria expansão do Direito das Gentes não condiz com essa corrente, que pode ser denominada de **teoria clássica ou estadualista** (originada na Alemanha); ela está ultrapassada.

A teoria clássica foi abandonada devido a vários fatores. Pode ser novamente referida a expansão do DI, conjuntamente com a redefinição do conceito de soberania, o que está conectado com a própria flexibilização da supremacia constitucional, pois as fontes externas e os agentes não nacionais cada vez mais influem no cenário externo e nos territórios nacionais. Outros agentes começaram a povoar os espaços não mais ocupados pelos Estados.

Radicalmente o oposto da corrente estadualista apresenta-se a **teoria individualista** (originada da França). Esta prega que o sujeito do DI somente pode ser o indivíduo, excluindo-se Estados e qualquer outra organização. Sua importância interna transcende limites fronteiriços, a ponto de galgar o posto de único com personalidade jurídica internacional. Mais um entendimento que, com *maxima venia*, deve ser refutado, haja vista que ignora todos os papéis fundamentais desempenhados pelos Estados.

Além da clássica e da individualista, como terceiro posicionamento, há a **tese eclética ou heteropersonalista**, cuja denominação é auto-explicativa. Ela prima pela *existência de mais de um sujeito do DI*, aceitando a co-existência de personalidade internacional dos Estados, dos indivíduos, das organizações internacionais e de outros. Em síntese:

- A teoria clássica concebe somente o Estado como sujeito.
- A individualista concede personalidade internacional somente aos indivíduos.
- A eclética, de caráter ampliativo e de tendência expansiva, classifica como sujeitos os Estados, as organizações internacionais e os indivíduos.

Hodiernamente, *a mais adotada* é a terceira, **a eclética ou heteropersonalista**. Contudo, além dos Estados, das organizações internacionais e dos indivíduos, outros entes precisam ser analisados, pormenorizadamente, com o fim de atribuir--lhes ou não personalidade jurídica internacional. A possibilidade de majoração do rol de sujeitos é uma indeclinável característica do Direito das Gentes.

2.3. Sujeitos: Estados, organizações internacionais e indivíduos

Para que a sociedade internacional esteja em constante evolução há a necessidade de que existam pessoas físicas e jurídicas responsáveis pela condução desse processo. As normas internacionais precisam ser editadas, interpretadas e aplicadas. Para tanto, elas possuem destinatários, sendo os principais os sujeitos do Direito Internacional, cuja conduta é disciplinada pelo próprio Direito das Gentes. Os direitos conquistados e as obrigações impostas não teriam razão de ser caso não houvesse destinatário para as fontes.

Hoje, há três sujeitos do Direito Internacional majoritariamente aceitos, quais sejam:

Os Estados
As organizações internacionais (OI)
Os indivíduos ou particulares

Conforme ordenamento jurídico nacional, os Estados estrangeiros e as OI são considerados pessoas jurídicas de direito público externo, conforme preceituado pelo atual Código Civil, art. 42: "São pessoas jurídicas de direito público externo os Estados estrangeiros e todas as pessoas que forem regidas pelo direito internacional público".

Os **Estados**, as **OI** e os **indivíduos** *possuem personalidade jurídica internacional*, são vislumbrados como *atores* cujos comportamentos trazem reflexos em âmbito internacional, são titulares de direitos e estão submetidos ao cumprimento de obrigações. Como preliminarmente referido, podem atuar de forma ativa (ex.: quando um indivíduo peticiona, denunciando violação aos direitos humanos) ou de forma passiva (ex.: quando um indivíduo é responsabilizado perante o Tribunal Penal Internacional).

Os três com personalidade, mas com diferentes capacidades. Há que se sublinhar que uma das principais diferenças existentes entre Estados, OI e indivíduos é o campo de atuação em âmbito internacional:

	PERSONALIDADE	CAPACIDADE	EXEMPLOS PRÁTICOS
Estados	Os três têm personalidade jurídica internacional, são sujeitos do DI.	Como sujeitos clássicos, primários, tradicionais e originários, eles têm uma ampla capacidade de atuação internacional.	Celebram quaisquer espécies de tratados internacionais. Podem recorrer às Cortes Internacionais.
OI		As OI possuem uma capacidade menos ampla, circunscrita ao que consta em seus tratados constitutivos.	Celebram tratados que tenham relação com suas finalidades. Elas têm acessibilidade mais restrita aos Tribunais Internacionais.
Indivíduos		Capacidade limitada.	Não celebram tratados. Em poucas situações têm legitimidade para recorrer diretamente a um Tribunal Internacional.

A capacidade dos indivíduos, embora limitada ou restrita, tornou-se realidade por meio das sucessivas conquistas no campo dos direitos humanos. O direcionamento de fontes do Direito das Gentes, como a Carta da ONU de 1945 e a Declaração Universal de 1948, já demonstravam a condição relevante dos particulares para o Direito Internacional moderno. Isso tudo foi confirmado com a capacidade, conquistada pelas pessoas, no sentido de poderem denunciar e peticionar, em âmbito internacional, violações aos direitos. Exemplo *caseiro* é o sistema interamericano de proteção aos direitos humanos, previsto no Pacto de San Jose da Costa Rica.

Entretanto, essa possibilidade de denúncia internacional contra um Estado violador, ou seja, o sistema de petições, ainda é restrito, pois o acesso direto às Cortes Internacionais é situação rara. No sistema interamericano, regido pelo Pacto de San Jose, os particulares podem denunciar a uma Comissão, que, em juízo de admissibilidade, poderá enviar a questão à Corte Interamericana de Direitos Humanos (Tribunal). Conforme art. 44 do Pacto, qualquer pessoa ou grupo de pessoas, ou uma organização não governamental "legalmente reconhecida em um ou mais Estados-membros da Organização, pode apresentar à Comissão petições que contenham denúncias ou queixas de violação desta Convenção por um Estado-parte".

De outra banda, para alento – e fortificando a condição de sujeito do DI –, há o sistema de proteção europeu, que já prevê o acesso direto a Tribunal. Na Convenção Europeia de Direitos Humanos, em seu art. 34, consta que o Tribunal pode receber petições de "qualquer pessoa singular, organização não governamental ou grupo de particulares que se considere vítima de violação por qualquer Alta Parte Contratante dos direitos reconhecidos na Convenção ou nos seus protocolos", sendo que os Estados-membros se comprometem a "não criar qualquer entrave ao exercício efetivo desse direito".

É preciso reconhecer que é cristalina a evolução dos particulares para o Direito Internacional. Mesmo com capacidade limitada e ainda que o seu acesso direto aos Tribunais não seja a regra universalmente aplicada, apura-se que há uma evolução gradativa e concreta, o que se permite afirmar *caseiro* sua condição de sujeitos do DI não pode mais ser contestada.

Contudo, por questão de transparência, é preciso admitir que essa assertiva não é pacífica. Persistem poucos, mas respeitáveis, entendimentos contrários. Na verdade, como dito alhures, a definição dos sujeitos é tema dos mais tormentosos[37]. Quanto a essa polêmica, é importante citar a opinião do professor Francisco Rezek, o qual afirma que não "têm personalidade jurídica de direito internacional os *indivíduos*"[38]. A posição desse emérito professor deve ser respeitada, mas, modernamente, não pode ser negada a personalidade internacional dos indivíduos,

---

37   Há quem inclua as empresas e outros entre os novos sujeitos, classificando-os como *fragmentários*, conforme doutrina do professor Paulo Henrique. PORTELA, Paulo Henrique Gonçalves. *Direito Internacional Público e Privado*: incluindo noções de direitos humanos e direito comunitário. 2 ed. Salvador: Podivm, 2010, p. 148.
38   REZEK, Francisco. *Direito Internacional Público*. 11 ed. São Paulo: Saraiva, 2008, p. 152.

pois, mesmo que sua capacidade de atuação seja limitada, eles contraem obrigações e são titulares de direitos em âmbito externo[39], são os principais destinatários das normas de direitos humanos e apresentam denúncias que geram processo de responsabilização contra Estados, sem descurar do fato de que podem ser responsabilizados penalmente por instâncias como o Tribunal Penal Internacional. Eis o posicionamento dominante!

Definidos os principais sujeitos, suas personalidades e a amplitude de suas capacidades, faz-se mister abordar alguns outros entes de forma específica.

2.4. Beligerantes, insurgentes e movimentos de libertação nacional (MLN)

Os **beligerantes**, os **insurgentes** e os **movimentos de libertação nacional** são *coletividades não estatais* que precisam passar por uma análise individualizada e pormenorizada para a definição de suas condições perante a sociedade internacional.

Os **beligerantes** (ou **estado de beligerância**) podem gozar do estatuto de sujeito do Direito Internacional, com relevo, por exemplo, do ponto de vista de sua subordinação ao *jus in bello*[40], sua capacidade para celebrar tratados e sua admissão em organizações internacionais. As vicissitudes quanto ao reconhecimento da sua personalidade internacional se explicam pelo fato de, em determinadas situações, alguns países, por motivações políticas ou até ideológicas, optarem ou não pela aceitação de sua condição de titulares de direitos e obrigações na esfera internacional.

O estado de beligerância é representado por movimento de revolta ou insurreição dentro do território de um Estado, materializado pela guerra civil (*bellum civile*), i.e., revoluções de grande envergadura. Uma guerra civil corporifica um conflito de alta intensidade, envolvendo forças armadas regulares que se apresentam de forma organizada e em grande escala.

Em razão de sua não definição legal expressa e considerando seu não enquadramento uniforme na doutrina, recorre-se às Convenções de Genebra, que também não a definem, mas, ao menos, descrevem os critérios de qualificação dos atos tidos como "conflito armado que não de caráter internacional", *in casu* a guerra civil. Dentre as condições listadas, destacam-se: o partido rebelde deve possuir uma parte do território nacional; o comando dos beligerantes deve exercer a autoridade, de fato, sobre a população dentro de uma porção determinada do território nacional; deve haver certo nível de reconhecimento como beligerantes pelos Estados; e o governo do país onde ocorre o conflito deve ser obrigado a recorrer às forças militares regulares contra os revoltosos.

---

39 TRINDADE, Antônio Augusto Cançado. A Personalidade e Capacidade Jurídicas do Indivíduo como Sujeito do Direito Internacional. ANNONI, Danielle (org.). *Os Novos Conceitos do Novo Direito Internacional*: cidadania, democracia e direitos humanos. Rio de Janeiro: América Jurídica, 2002, p. 6.
40 PIETROPAOLI, Stefano. Jus ad bellum e jus in bello. La vicenda teorica di una grande dicotomia del Diritto Internazionale. In: *Quaderni Fiorentini* - per la storia del peniero giuridico moderno. Giuffré Editore. T. II, 38, 2009, pp. 1169-1213.

Como se percebe, o objetivo principal dos beligerantes é a formação de outro ente soberano na sociedade internacional ou a modificação do sistema político atual. O ato de seu reconhecimento consiste em medida unilateral e discricionária de cada país. Ocorre que, caso os reconheçam, passam a atuar como sujeitos, mesmo que de forma transitória, sendo possível, inclusive, a celebração de convenções de paz, especialmente quando tendentes a findar com o movimento de revolta.

Na conjuntura histórica, podem ser referidos como exemplos clássicos de beligerantes, assim reconhecidos pela maioria dos Estados da sociedade internacional, os Sandinistas da Nicarágua[41].

O exposto acima serve de norte para a explicação sobre os **insurgentes**. Assemelha-se o estado de beligerância ao estado de insurgência, por serem coletividades que não se enquadram nos perfis de Estado e de organizações internacionais. Todavia, é equivocado considerá-los sinônimos. De acordo com Alfred Verdross, os insurgentes são uma espécie de "beligerantes com direitos limitados"[42], estando essa limitação relacionada com a própria proporção da conturbação interna em ação, pois se mostra como de pequena envergadura, não se igualando a uma guerra civil; eis a pedra de toque diferencial dos dois fenômenos. *Normalmente, o conceito é aplicado de forma subsidiária: quando um levante não é encaixado como estado de beligerância, resta por ser inserido na moldura de insurgência.* E é possível aventar mais um ponto caracterizador: os revoltosos no estado de insurgência motivam-se por razões preponderantemente políticas, *lutando* contra o governo posto.

Quanto à condição de sujeitos, há posicionamentos dissonantes. Se a condição de sujeito do movimento antes exposto gera certas dúvidas, as dos insurgentes são mais acentuadas, pois sua personalidade internacional também depende da aceitabilidade pelos Estados e, institucionalmente, pelas organizações internacionais. Fato é que *eles não têm o poder de gerar o imediato reconhecimento de direitos e obrigações perante a sociedade internacional*. Entretanto, ainda que transitoriamente, podem sim ter reconhecida sua personalidade jurídica[43], condição *sine qua non* para o gozo de certas prerrogativas, como a própria celebração de tratados. Neste ponto, veja-se que a similitude dos dois movimentos é nítida, haja vista que a atribuição de personalidade aos insurgentes gera a necessidade de aplicação do estatuto dos beligerantes. Na prática, a ambos restam os mesmos direitos e obrigações.

Finaliza-se com a compreensão acerca dos **movimentos de libertação nacional**, de forma a encerrar a trilogia lançada. Não que o supra-exposto resuma uma tragédia aristotélica para os estudos, mas é necessário reconhecer que os entes analisados no presente tópico ainda não encontraram um entendimento didaticamente aceitável na maioria da doutrina específica sobre o assunto.

---

41 Outro exemplo de beligerante foi a Revolta Armada de 1893.
42 *Apud* DEL´OLMO, Florisbal de Souza. *Curso de Direito Internacional Público*. 2 ed. Rio de Janeiro: Forense, 2006, p. 62.
43 BARROSO, Darlan. *Direito Internacional*. V. 11. São Paulo: Revista dos Tribunais, 2009, p. 24.

Os movimentos de libertação nacional surgiram em meados do século XX e, na prática, vem se reconhecendo sua personalidade internacional, em especial, quanto ao trato de assuntos atinentes ao Direito Humanitário, Direitos dos Tratados e Relações Internacionais. Eles estão relacionados com uma causa de cunho nacionalista, vislumbrando a libertação de alguma forma de tirania ou dominação, seja de natureza colonial, econômica, étnica ou política. Sua *luta* maior é a constituição de um Estado próprio, sendo que o elemento constitutivo mais custoso a se materializar é o território, cuja busca pode ceifar as vidas de muitos idealistas e familiares envolvidos.

A configuração de um movimento como de libertação nacional difere dos beligerantes e dos insurgentes, já que ele precisa passar por um processo específico de aprovação pela ONU. Primeiramente, necessitará de um reconhecimento prévio por parte de qualquer organização internacional, devendo, posteriormente, ser aprovado e confirmado como tal, o que ocorrerá pela manifestação positiva dos Estados-membros reunidos na Assembleia-Geral. *Depara-se, com isso, frente a um sujeito do Direito Internacional, só que com capacidade de atuação limitada.*

A luta pela independência da Argélia é um exemplo, bem como a Organização para a Libertação da Palestina (OLP). Mas, hodiernamente, essa última exemplificação, *permissa maxima venia*, não pode ser apontada como correta, pelos seguintes motivos: a Palestina possui os elementos constitutivos de Estado; a República brasileira, em 2010, reconheceu, oficialmente, o Estado Palestino conforme as fronteiras territoriais de 1967[44]; e há a agência especializada da ONU que a aceitou como membro[45 46]. Sendo assim, modernamente, com base nesses acontecimentos, entende-se que a Palestina de MLN passou a ser Estado.

Por fim, as Forças Revolucionárias da Colômbia (FARC) também materializam típico exemplo de MLN, no entanto, é de se reconhecer que sua forma de atuação polêmica – em determinadas oportunidades violenta e até com perfil terrorista – poderia afastá-la dessa benesse interpretativa.

2.5. Santa Sé e Vaticano

Já quanto à **Santa Sé** e ao **Vaticano** há que se ter atenção, especialmente porque são casos constantemente cobrados em provas – desde OAB até magistratura trabalhista – e em razão de haver posicionamentos dissonantes na doutrina, em

---

44   BRASIL RECONHECE ESTADO PALESTINO. Disponível em: http://www.estadao.com.br/noticias/internacional, brasil-reconhece-estado-palestino-,649028,0.htm. Acesso em: 14/12/2011.
45   *AGÊNCIA CULTURAL DA ONU ACEITA PALESTINOS COMO MEMBROS.* Disponível em: http://g1.globo.com/mundo/noticia/2011/10/agencia-cultural-da-onu-aceita-palestinos-como-membros-plenos.html. Acesso em: 13/12/2011.
46   Para maiores reflexões acadêmicas sobre a situação/problema da Palestina, ver: YOFFIE, Adam G.. The Palestine Problem: The Search for Statehood and the Benefits of International Law. *The Yale Journal of International Law*. Summer 2011, v. 36, n. 2, 2010, pp. 497-511.

certos momentos explicitamente contraditórios, o que não raras vezes gera confusões conceituais. O binômio – *ou até mesmo trinômio para alguns (Santa Sé, Igreja Católica e Vaticano)* – não encontra enquadramento doutrinário pacífico.

Antes de qualquer exposição, recomenda-se partir de uma premissa importante para futuras conclusões: estamos aqui estudando dois entes distintos, a Santa Sé e o Estado da Cidade do Vaticano, ambos com personalidades jurídicas próprias; a primeira tem natureza religiosa e o segundo tem natureza política.

A aquisição da personalidade jurídica em relação à Santa Sé e ao Estado do Vaticano é fenômeno *sui generis* no campo do DI, o que remonta à Questão Romana, que se resumiu em uma disputa territorial envolvendo o governo italiano e o papado. Findada em 1929, tal disputa culminou na criação da cidade do Vaticano, por meio da formalização dos Tratados de Latrão, assinados pelo Cardeal Pietro Gasparini e pelo Primeiro-ministro Benito Mussolini.

Santa Sé ou Sé Apostólica[47] deriva do latim *Sancta Sedes*. É ela que corporifica a Igreja Católica, por isso é de natureza religiosa. Trata-se da representação máxima da Igreja Católica Apostólica Romana, dela emanando todas as decisões sobre a religião cristã católica.

A sede da Igreja Católica, a Santa Sé, localiza-se dentro da cidade do Vaticano a qual, por sua vez, está encravada na cidade de Roma, capital da Itália. O Estado da Cidade do Vaticano, criado pelos Tratados de Latrão de 1929, possui um território de apenas 0,44 km2, totalmente cercado pelo território italiano, o que se denomina *enclave*.

Ainda que sejam distintos, é de se reconhecer que um está em função do outro. É possível entender essa situação por meio do estudo das competências exercidas pelo Papa.

Dentre tantas atividades desempenhadas pelo Sumo Pontífice, duas merecem destaque: ele exerce duas funções, uma como Chefe da Igreja Católica, ou seja, da Santa Sé, e outra como Chefe de Estado[48]. Quanto a esta última cabe um questionamento cuja resposta já foi indicada acima: mas Chefe de qual Estado? Do "Estado da Cidade do Vaticano", eis sua denominação completa e formal. Trata-se, na verdade, de um instrumento da Igreja Católica, estando, dessa maneira, a serviço da Santa Sé. Além da criação da cidade-estado em 1929, os Tratados de Latrão também foram responsáveis pelo reconhecimento, em definitivo, ao Sumo Pontífice das duas chefias ora referidas.

Como tem caráter instrumental, o **Estado (da Cidade do Vaticano)** está a serviço da Sé Apostólica. Dessa maneira, não haveria outra opção material e juri-

---
47   Também conhecida entre os católicos como *Madre Igreja*.
48   Constituição Republicana do Estado da Cidade do Vaticano: art. 1º, § 1º - "O Sumo Pontífice, soberano do Estado da Cidade do Vaticano, tem a plenitude dos poderes legislativo, executivo e judicial"; art. 2º - "A representação do Estado nas relações diplomáticas e a conclusão dos tratados é reservada ao Sumo Pontífice, que a exerce por meio da Secretaria de Estado"; e art. 19 – "A faculdade de conceder anistia, indulgência, perdão e graça está reservada ao Sumo Pontífice."

dicamente viável a não ser atribuir ao Chefe da Igreja a chefia também do Estado. Constata-se, com isso, que o Vaticano ostenta delineamentos atípicos, que o distinguem da quase totalidade dos Estados tradicionalmente componentes da sociedade internacional. É um típico exemplo de Estado teocrático, haja vista que seu sistema de governo (ações políticas e jurídicas) é submetido às normas de uma religião[49].

Conforme cobrado em prova do TRT, no ano de 2010 (ver questões comentadas), o "Estado da Cidade do Vaticano" é *anômolo*, com peculiaridades, algumas inclusive já citadas.

O Vaticano, como os demais Estados, possui território próprio (0,44 km2)[50] e governo soberano (Cúria da Igreja Católica) o qual tem autonomia para o trato dos assuntos internos e independência quanto à definição de sua política externa. Assim, o Pontífice não está subordinado, interna ou internacionalmente, a outro país ou Poder republicano, em razão da Lei das Garantias[51]. Além disso, ressalte-se que há uma Magna Carta em vigor, a Constituição Republicana do Estado da Cidade do Vaticano, datada de 26 de novembro de 2000, em vigor a partir de 22 de fevereiro de 2001, quando do pontificado de João Paulo II.

Mas, afinal, o que o torna um Estado diferenciado, anômalo? Como Estado teocrático, ele tem um elemento teleológico, o que não é comum. Ademais, cabe também referir que alguns dos seus elementos constitutivos não condizem com o modelo padrão. As suas finalidades não materializam os objetivos tradicionais, haja vista que seus fins são essencialmente religiosos; não é à toa que ele é tido como instrumental, a serviço da Santa Sé. E mais, entende-se que não possui povo, não possui nacionais, é sem dimensão pessoal[52]. Como dito inicialmente, aqui está se estudando tema dos mais oscilantes nos livros de Direito Internacional, tanto que há alguns autores que, contrariamente, entendem haver sim dimensão pessoal, a qual poderia ser classificada como nacionalidade funcional[53]. Com a devida vênia, não coadunamos com tal com-

---

49 Outros exemplos atuais desse tipo de regime: o Irã, que é controlado pelos aiatolás, líderes religiosos islâmicos, desde a Revolução Islâmica de 1979; e Israel, que é, oficialmente, Estado judeu.
50 Além de teocrático, com base em sua minúscula dimensão territorial, pode também ser classificado como um *microestado*, com pequeno território, mas, neste caso, em particular, com grande prestígio internacional.
51 A Lei das Garantias tratou-se de documento normativo promulgado pelo governo italiano, no ano de 1871, após a anexação de Roma à Itália, oportunidade em que se reconheceu ao Papa importantes garantias, como dignidade, inviolabilidade e prerrogativas pessoais de um soberano, permitindo o livre exercício da autoridade na Santa Sé. Com a Lei das Garantias, a Itália sedimentou o entendimento de que ele não estaria subordinado a qualquer Poder, como Executivo, Legislativo e Judiciário.
52 Sobre o assunto, ler atentamente: REZEK, F. *Direito Internacional Público*, cit., pp. 242 *et seq*.
53 Posições como a seguinte são favoráveis à existência de vínculo de nacionalidade: "O Vaticano tem a nacionalidade própria, que alguns doutrinadores denominam de funcional, e outros falam em jus domicili combinado com o jus laboris. São nacionais: Os cardeais residentes no Vaticano ou em Roma; e os que residirem de um modo permanente no Vaticano. A perda das funções que exigem a residência na cidade do Vaticano implica a perda da nacionalidade". NEVES, Gustavo Bregalda. *Direito Internacional*. São Paulo: Saraiva. 2009, p. 63.

preensão, aliamo-nos aos ensinamentos do Professor Francisco Rezek, que frisa não haver nacionais, tanto que seus integrantes acabam por preservar os laços de origem – se da Polônia, polonês permanece, se da Suíça, mantém a condição de suíço –, apenas exercendo determinadas funções. O fato de haver habitantes (estimativa de 830, em 2011) não autoriza a conclusão de que há um vínculo político-jurídico permanente, que seria a nacionalidade. Para sedimentar nossa posição, *ipsis litteris:* "Não existe um povo ou uma nacionalidade vaticana, verificando-se que a cidadania do Vaticano tem um caráter funcional e temporário"[54].

Feitas as devidas distinções e caracterizações, resta outro questionamento: quem, afinal, é sujeito do DI? Os dois, apenas um, ou nenhum?

Quanto à **Santa Sé**, individualmente considerada, *a condição de sujeito do DI não encontra muita resistência*, pois a doutrina, de forma majoritária, sempre assim a classificou. Ela, inclusive, atua internacionalmente, celebrando tratados internacionais (direito de convenção), exercendo direito de legação, enviando os seus representantes para outros países (legação ativa), bem como recebendo (legação passiva). A sua nunciatura apostólica (equiparável às embaixadas) é chefiada pelo núncio apostólico ou papal[55], que goza de todas as imunidades diplomáticas de um embaixador, previstas na Convenção de Viena sobre Relações Diplomáticas de 1961[56].

Já quanto ao **Estado do Vaticano** ainda pairam pontuais oscilações doutrinárias. Há escritores que, muitas vezes, evitam um fechamento de raciocínio, e mais, ora confundem os dois entes, ora os aplicam como sinônimos. Essa tendência, infelizmente, figura em alguns certames públicos. Contudo, tentar-se-á aqui, quiçá de forma clara, definir uma posição. De todo o acima arrazoado infere-se que: *a Santa Sé é sujeito e o Estado, embora instrumental, com elemento constitutivo faltante ou remodelado, pode também ser encaixado como sujeito do DI, na condição de Estado anômalo.* Essa posição tem outros tantos adeptos, como o seguinte:

> As relações entre a Santa Sé e o Vaticano têm natureza absolutamente *sui generis*. Foi precisamente no Tratado de Latrão que os dois sujeitos de Direito Internacional – a Santa Sé e a Itália – com suas estipulações recíprocas, deram origem a um novo sujeito: o Estado da Cidade do Vaticano (...) não mais se discute que a Cidade do Vaticano (que alberga a Igreja Católica Romana, personificada na Santa Sé, também chamada de Sé Apostólica), figura entre os sujeitos de Direito Internacional na sua condição de Estado[57].

---

54   MACHADO, J. E. M. Direito Internacional..., cit., p. 282.
55   Não se confunde com o delegado apostólico, que é enviado aos Estados com os quais o Vaticano não conseguiu estabelecer relações diplomáticas, por essa razão não gozam de aludidas imunidades.
56   Ver art. 16 da Convenção de 1961: "1. A precedência dos Chefes de Missão, dentro de cada classe, se estabelecerá de acordo com a data e hora em que tenham assumido suas funções, nos termos do artigo 13. 2. As modificações nas credenciais de um Chefe de Missão, desde que não impliquem mudança de classe, não alteram a sua ordem de precedência. 3. *O presente artigo não afeta a prática que exista ou venha a existir no Estado acreditado com respeito à precedência do representante da Santa Sé.*" (sem grifo no original)
57   MAZZUOLI, V. O. Curso de Direito Internacional..., cit., p. 369.

2.5.1. Soberana Ordem Militar de Malta

Inserto no tema sobre o Vaticano, recomenda-se estudar a polêmica Soberana Ordem Militar de Malta (*Ordem Soberana e Militar Hospitalária de São João de Jerusalém, de Rodes e de Malta, Ordem do Hospital, Ordem de São João de Jerusalém* ou *Ordem de São João de Rodes*). Trata-se de entidade com fins humanitários, que dirige complexos hospitalares e centros de reabilitação, tendo como objetivos auxiliar classes sociais hipossuficientes, tais como idosos, deficientes, refugiados, asilados, crianças e pessoas com doenças terminais, atuando, para tanto, em praticamente todos os continentes planetários, especialmente na África.

Em razão de suas finalidades, pauta-se no princípio da não-discriminação, cuja adoção não permite a seletividade de seus atendidos com base em critérios de raça ou etnia. Em razão de sua neutralidade e imparcialidade já foi convidada a agir como mediadora em controvérsias internacionais ou com o fim de coordenar intervenções humanitárias em países com resistência à interferência externa.

A Ordem foi fundada no século XI, na Terra Santa, durante as Cruzadas, rapidamente se tornando uma Ordem militar cristã, mais exatamente, uma congregação de regra própria, encarregada de fornecer assistência e proteção. Consiste em organização católica de natureza religiosa e chefiada por um Grã-Mestre, sediada em prédio na cidade de Roma.

Vem preponderando, sutilmente, a corrente de que não é sujeito, principalmente, por ocasião de um ato de 1956, emanado do Papa, no qual a Ordem foi situada como subordinada à Santa Sé.

Todavia, é preciso ressaltar que essa corrente é de difícil sustentação face às carcaterísticas atuais da entidade que, embora não seja Estado, exerce muitas funções a este acometidas, demonstrando que possui *certa* capacidade internacional. Não se pode também confundi-la com organizações como a ONU, restando, então, encaixá-la como um ser *sui generis*.

A Soberana Ordem tem uma população constituída por apenas três pessoas: o Príncipe, o Grão-Mestre e o Chanceler. Tem selos próprios e expede seus próprios passaportes, concedendo nacionalidade maltesa a seus membros. E mais, ela mantém relações diplomáticas com cerca de 104 países, onde possui, inclusive, representações, e tem, também, na condição de membro observador permanente, assento nas Nações Unidas e na Comissão da União Europeia.

2.6. Organização não governamental (ONG)

Inquestionável é o papel influente das organizações não governamentais na sociedade internacional. Elas *são normalmente fundações ou associações civis cuja importância é transcendental*. Demonstram nítida capacidade de atuação em campos pontuais do Direito Internacional, formando, muitas vezes, um sistema jurídico avesso à interferência estatal. Espalham-se nas áreas da ajuda humanitária (Cruz Vermelha), do monitoramento de regimes políticos (Anistia Internacional e Transparência Internacional), de organização de atividades desportivas (UEFA ou *Union of European Football Associations* e FIFA ou *Fédération Internationale de Football Association*), de proteção ao meio ambiente (*Greenpeace*), de tratamento de assuntos religiosos (Concílio Mundial das Igrejas), etc.

As ONG´s possuem voz ativa em várias Conferências da ONU, desenvolvendo importantes atividades na seara do Direito Internacional Econômico, dentre outros. A Assembleia-Geral das Nações Unidas, por meio da Resolução nº 50/46, já reconheceu, expressamente, o seu contributo para a criação de um Tribunal Penal Internacional.

Esse *Terceiro Setor* diferencia-se dos Estados e das organizações internacionais ou intergovernamentais anteriormente referidos. As ONG´s *são pessoas jurídicas de Direito privado, reguladas pelas normas nacionais do Estado onde se constituíram*[58], sendo que apenas suas ações extrapolam fronteiras. O Brasil, tradicionalmente, sempre permitiu o funcionamento de tais entidades dentro do seu território[59], para tanto, deverão as organizações estrangeiras sem fins lucrativos obter autorização ministerial junto à Divisão de Outorga e Títulos do Ministério da Justiça.

As ONG´s (mesmo que com atuação internacional) não podem ser confundidas com as organizações internacionais (como a ONU), *estas são intergovernamentais, instituídas mediante tratados, criadas por Estados e regidas pelo Direito Internacional*. Assevera Noberto Bobbio que o fato de as OI "terem de ser instituídas, mediante acordo entre sujeitos de Direito Internacional, exclui, de per si, que no conceito exposto possam ser incluídas aquelas outras formas de associação que não se constituem por meio de atos jurídicos internacionais, (...) designadas como Organizações Não Governativas"[60]. Elas não podem também ser confundidas com as empresas transnacionais (ou multinacionais), pois somente estas possuem fins lucrativos.

O professor Guido Soares assim doutrina:

> Na verdade, tomando-se as notas mais características das OIs, e formulando-as de modo negativo, teremos aquelas das ONGs: a) sua criação por um ato jurídico nacional, sem qualquer conotação de ser um ato regido pelo Direito Internacional Público; b) não podem representar vontade dos Estados, mesmo que alguns deles sejam membros influentes nas ONGs, dado que sua vontade resulta de uma coletividade e deve representar a vontade de uma pessoa, que não tem reconhecimento expresso com uma personalidade jurídica de Direito Internacional; c) não podem ser regidas, *interna corporis*, por normas internacionais (sendo, ademais, as normas

---

58   Art. 11 da LINDB: "Art. 11. As organizações destinadas a fins de interesse coletivo, como as sociedades e as fundações, obedecem à lei do Estado em que se constituírem. § 1o Não poderão, entretanto, ter no Brasil filiais, agências ou estabelecimentos antes de serem os atos constitutivos aprovados pelo Governo brasileiro, ficando sujeitas à lei brasileira. § 2o Os Governos estrangeiros, bem como as organizações de qualquer natureza, que eles tenham constituído, dirijam ou hajam investido de funções públicas, não poderão adquirir no Brasil bens imóveis ou susceptíveis de desapropriação. § 3o Os Governos estrangeiros podem adquirir a propriedade dos prédios necessários à sede dos representantes diplomáticos ou dos agentes consulares."
59   Desde 1916 (art. 19 da antiga Lei de Introdução ao Código Civil) se atribui às pessoas jurídicas de direito privado estrangeiras a possibilidade de atuar em território nacional.
60   BOBBIO, Norberto. *Estado, Governo, Sociedade*: para uma teoria geral da política. 4 ed. São Paulo: Paz e Terra, 1992, p. 856.

que regem tais efeitos, atos jurídicos regidos por um direito nacional), e suas relações com Estados se regem por normas outras que o Direito Internacional Público: suas relações com quaisquer Estados, em geral, pelas normas internas dos Estados (ou pelos critérios do Direito Internacional Privado de cada qual) e, no caso de relações com OIs, casuisticamente, pelas normas internas de cada OI; e d) não é uma instituição erigida segundo as normas de Direito Internacional Público, seja por tratados ou convenções entre Estados, seja por expressa decisão de uma OI, mas, como se tem instituído, por atos jurídicos internos, segundo as leis internas de um determinado Estado (sejam elas de direito público ou de direito privado)[61].

Por serem diferentes dos Estados e das OI *(que são pessoas jurídicas de Direito Internacional Público), às ONG´s, majoritariamente, ainda não se lhes atribui personalidade jurídica internacional, haja vista que possuem personalidade jurídica apenas de Direito interno e são regidas pelo Direito privado.* No entanto, com o processo de ampliação do rol de sujeitos do DI, essa posição perde cada vez mais espaço.

O Comitê Internacional da Cruz Vermelha é uma organização não governamental que serve de orientação aos nossos estudos sobre os sujeitos do DI, vejamos.

2.6.1. Comitê Internacional da Cruz Vermelha (CICV)

A Cruz Vermelha nasceu em 1859, no norte da Itália, criada por Henri Dumant (autor de *Lembrança do Solferino*). A entidade teve sua instituição formal em 1963, estando hoje sediada em Genebra. É um ente independente, com atuação neutra e sem fins lucrativos que integra o *Movimento Internacional da Cruz Vermelha*[62]. Seus principais órgãos são: Assembleia (instância suprema), Conselho da Assembleia (de caráter subsidiário) e Diretoria (corpo executivo).

A sua atuação é imprescindível para a defesa internacional dos direitos humanos, pois suas atividades são operacionalizadas por organização autônoma de atuação imparcial e humanitária, com estatuto próprio e com a finalidade principal de proteger e prestar assistência às vítimas da guerra e da violência armada. É um dos principais atores das ações internacionais humanitárias, e também guardiã do Direito Internacional Humanitário[63].

---

61 SOARES, Guido. As ONG´S e o Direito Internacional do Meio Ambiente. *Revista de Direito Ambiental*. São Paulo, 2000, p. 50.
62 O Movimento da Cruz Vermelha é formado por 186 Sociedades Nacionais da Cruz Vermelha e do Crescente Vermelho, pelo Comitê Internacional da Cruz Vermelha e pela Federação Internacional das Sociedades da Cruz Vermelha. Os princípios do movimento são: humanidade, imparcialidade, neutralidade, independência, voluntariado, unidade e universalidade. As missões do Movimento Internacional da Cruz Vermelha e do Crescente Vermelho são: prevenir e amenizar o sofrimento humano em todas as circunstâncias; proteger a vida e a saúde e fazer respeitar a pessoa humana, em particular, em tempos de conflito armado e em outras situações de urgência; trabalhar na prevenção de doenças e na promoção da saúde e do bem-estar social; e encorajar a ajuda voluntária e a disponibilidade dos membros do Movimento, além do sentimento universal de solidariedade com todos os que têm necessidade dessa proteção e assistência.
63 O Direito Internacional Humanitário, Direito das Guerras ou dos Conflitos Armados tem como objetivo proteger a pessoa durante os conflitos armados. A base deste ramo do Direito

Face o exposto, é comum encontrar posicionamentos que podem até excluir as ONG´s da subjetividade internacional, mas que encaram o CICV como exceção, dando-lhe uma *pseudopersonalidade* internacional e o classificando como uma coletividade não estatal, o que leva a concluir que a Cruz Vermelha, em caráter excepcional, é sim sujeito internacional. *Vê-se que esse ponto de vista parte da relevância do papel desempenhado pela Cruz Vermelha em relação ao Direito Humanitário.* Com base nesse critério, muitas outras entidades poderiam assumir o posto de sujeitos internacionais em razão da importância de suas atividades[64].

Contudo, mesmo que considerada como atora importante (isso não se contesta), porque suas empreitadas beneficiam toda a sociedade e trazem reflexos positivos globais, ainda é difícil a tarefa de encaixar a Cruz Vermelha como sujeito do DI, pois, conforme as demais ONG´s, *não é organização internacional* (como a ONU e a OEA), *mas sim uma organização não governamental. A Cruz Vermelha não pode celebrar tratados, tendo em vista ser uma associação de direito privado, criada mediante contrato.*

2.7. Estados

Como já dito, os Estados são os sujeitos clássicos por excelência, não pairam dúvidas na doutrina sobre esta afirmação. Eles *têm capacidade originária e plena e possuem campo de atuação amplo*, outrora considerado irrestrito, hoje já está limitado face à polarização da ordem internacional e à inevitável flexibilização do conceito de soberania. Todavia, ainda são os principais atores, interna e internacionalmente, considerados.

Trata-se de fenômeno de criação humana, estruturado por um complexo conjunto de órgãos de natureza política, administrativa e jurídica. A compreensão, pelo Direito Internacional, acerca dos Estados é diferente da dada pela Teoria Geral da Política.

2.7.1. Elementos constitutivos

Para satisfazer a condição de Estado há a necessidade de que haja *elementos integrantes ou constitutivos*, os quais oscilam quanto ao número e à denominação na doutrina constitucionalista e internacionalista. Dessa maneira, mudando a sistemática da primeira edição do livro, partir-se-á da análise da fonte convencional.

Internacional Público está nas quatro Convenções de Genebra de 1949 e seus Protocolos Adicionais de 1977. As quatro Convenções de Genebra de 1949 são: Convenção de Genebra para proteção dos feridos e doentes das forças armadas em campanha; Convenção de Genebra que protege os feridos, doentes e náufragos das forças armadas no mar; Convenção de Genebra que protege os prisioneiros de guerra; e Convenção de Genebra que protege a população civil. O Direito Internacional Humanitário, em sentido amplo, doutrinariamente, ainda pode ser classificado em: Direito de Genebra (Convenções de Genebra de 1949 e Protocolos Adicionais), Direito de Haia (Convenções de Haia de 1899) e Regras de Nova Iorque (atuação da ONU na defesa dos direitos humanos em tempo de guerra, conforme Resolução 2444).

64 Alguns autores entendem que Anistia Internacional, Cruz Vermelha, *Greenpeace*, empresas e outros são os novos sujeitos do DI; fala-se até em sujeitos fragmentários. PORTELA, P. H. G. *Direito Internacional Público e Privado...*, cit., p. 148.

Conforme Convenção sobre Direitos e Deveres dos Estados, de 1933, assinada em Montevidéu e ratificada pelo Brasil, o "Estado como pessoa de Direito Internacional deve reunir os seguintes requisitos: I. População permanente. II. Território determinado. III. Governo. IV. Capacidade de entrar em relações com os demais Estados" (art. 1º). Os três primeiros incisos representam a teoria clássica dos *três elementos* ou *tridimensional*.

Com arrimo no art. 1º, é possível conceituar Estado como um sujeito do DI, com personalidade jurídica internacional própria, formado pela reunião de pessoas estabelecidas em caráter permanente dentro de um território determinado, submetidas à autoridade de um governo. É uma "organização que representa uma comunidade humana politicamente organizada de forma soberana"[65], eis a razão de ser concebido mais como uma questão fática que jurídica.

O elemento **população permanente** representa o requisito objetivo pessoal ou humano (*civitas perfecta*). Não há pacificação se essa dimensão pessoal for apenas a comunidade nacional (quem ostenta vínculo jurídico-político permanente com o Estado), ou seja, o povo, ou se abranger todos aqueles com permanência habitual, isto é, a população[66]. Esta última opção (população) vem encontrando cada vez mais adeptos em decorrência da literalidade do art. 1º, acima referido, levando em conta a equiparação dos estrangeiros aos nacionais, conforme inúmeras Constituições, e considerando os postulados universalistas do Direito Internacional dos Direitos Humanos[67].

O segundo requisito é o **território**[68], tido como elemento objetivo espacial, físico ou material. Este deve ser determinado ou determinável, é onde o Estado estabelece, delimita e exerce sua força jurisdicional e onde coloca em prática seu atos de soberania sob o aspecto interno. Não há dimensões mínimas para sua aceitação: os microestados possuem faixas de terra com pequenas dimensões e, mesmo assim, são classificados com *status* de Estados; são exemplos alguns Principados.

O terceiro elemento (objetivo político) é o **governo**, que precisa ter uma autocapacidade de organização e de atuação, agindo no plano externo de forma independente e no plano interno, de maneira autônoma. A soberania atribuída ao Estado reside no presente elemento, tanto que se fala em *governo soberano*, embora este último atributo pertença ao Estado e não propriamente ao governo. Na verdade, o governo é instrumento para o exercício nacional e internacional da soberania.

O quarto item do art. 1º trata da "capacidade de entrar em relações com os demais Estados". Mostra-se esse inciso mais como uma consequência da persona-

---

65 MACHADO, J. E. M. *Direito Internacional...*, cit., p. 185.
66 Insta não se confundir povo, população e nação. Povo: pessoas com vínculo jurídico-político de natureza permanente; nacionais, natos e naturalizados. População: conjunto de pessoas (nacionais e estrangeiros) fisicamente instaladas em determinado território. Nação: conjunto de pessoas interligadas por objetivos, aspirações e origens comuns; é uma entidade de caráter moral.
67 BAYEFSKY, A. The principle of equality or non-discrimination in international law. 11. *Human Rights Journal*, 1990, p. 12.
68 A existência física do Estado se justifica pelo princípio da continuidade.

lidade internacional, ou seja, um resultado de sua formação, do que propriamente um elemento. Ademais, essa capacidade representa a própria independência no plano externo acima citado.

Por fim, filiando-se a uma corrente *tetradimensional* (se incluirmos os três primeiros elementos e excluirmos a capacidade de entrar em relações), há o requisito **finalidades**, o componente social. O Estado deve perseguir finalidades e objetivos tendentes a assegurar a preservação do bem comum dos indivíduos.

Possuidor dos requisitos acima expostos, estaremos frente a um Estado soberano, com personalidade jurídica internacional e com capacidade de manter relações com os demais sujeitos do DI. Nessa linha, é importante ressaltar que o fato de ingressar ou não como membro das Nações Unidas não é requisito para qualificá-lo como sujeito, ou seja, isso não é um de seus elementos constitutivos, já que pode ser expulso[69] da organização e, mesmo assim, continuar sendo um Estado.

O *reconhecimento dos demais sujeitos do DI também não é um elemento constitutivo*, mas sim ato posterior que apenas permite ao Estado participar da dinâmica da sociedade internacional, viabilizando suas relações internacionais com os demais. A condição de Estado independe do ato de reconhecimento, embora este seja importante para a manutenção de relações internacionais. A Carta da Organização dos Estados Americanos é clara nesse sentido:

> **Art. 13 – A existência política do Estado é independente do seu reconhecimento pelos outros Estados.** Mesmo antes de ser reconhecido, o Estado tem o direito de defender a sua integridade e independência, de promover a sua conservação e prosperidade, e, por conseguinte, de se organizar como melhor entender, de legislar sobre os seus interesses, de administrar os seus serviços e de determinar a jurisdição e a competência dos seus tribunais. O exercício desses direitos não tem outros limites senão o do exercício dos direitos de outros Estados, conforme o direito internacional. Art. 14 – O reconhecimento significa que o Estado que o outorga aceita a personalidade do novo Estado com todos os direitos e deveres que, para um e outro, determina o direito internacional. (grifo nosso)

Por essa razão, classificar o ato de reconhecimento como um suposto *elemento subjetivo* é um contrassenso, considerando que não é requisito para a existência de um ser estatal, mas sim complemento, *a posteriori*.

Sendo assim:

Elementos		Acontecimentos posteriores
População permanente (objetivo pessoal) + *Território (objetivo espacial)* + *Governo (objetivo político)* + *Finalidades (componente social)*	Forma-se o Estado	Ato de reconhecimento pelos Estados já existentes e possível ingresso no quadro de membros das Nações Unidas.

---

69 Quanto à expulsão de membros da ONU, conforme Carta da ONU, o art. 6º diz que: "Membro das Nações Unidas que houver violado persistentemente os Princípios contidos na presente Carta, poderá ser expulso da Organização pela Assembléia Geral mediante recomendação do Conselho de Segurança."

2.7.2. Ato de reconhecimento de Estado e de governo

Para ser Estado é imprescindível possuir os elementos integrantes. Contudo, para manter relações de natureza comercial, política e social, evitando o isolamento, é necessário o ato de reconhecimento, que se trata de uma aceitação pelos demais personagens da sociedade internacional, uma forma de recognição plena[70]. Exemplo emblemático é o da República Democrática de Timor-Leste, que ocupa a parte oriental da Ilha de Timor na Ásia. Em 30 de agosto de 1999, ocorreu referendo para decidir pela independência do Timor. Os timorenses optaram pela liberdade política, a qual se concretizou em 2002. Como o Timor-Leste ostentava todos os elementos constitutivos, passou a ser um Estado e hoje é sujeito do DI.

O ato de ser reconhecido pelos demais membros da sociedade internacional foi um acontecimento posterior, meramente formal, que almejava incluir o Timor no cenário internacional. Como consequência, ele ingressou na ONU, tornando-se seu 191º membro.

Para explicar o ato de reconhecimento de Estados há duas teorias: a primeira é a constitutiva e a segunda é a declaratória. Prepondera esta última, a declaratória. Por isso, o ato de reconhecimento tem as seguintes características: *declaratório, unilateral, discricionário, retroativo, incondicional e irrevogável*.

O reconhecimento de Estados (ato facultativo, atributo da soberania) não possui uma regulação direta e expressa pelo Direito das Gentes. No entanto, sua transformação evolutiva é clara, pois a jurisprudência internacional o vem desenhando como instituto moderno caracterizador do DI da atualidade.

Desde a Paz de Vestefália, em 1648, que a aceitação quanto à existência de um Estado é modelada como medida discricionária, não vinculativa, que extrapola as normas do DI e mantém-se restrita ao campo do exercício da soberania. É, todavia, imprescindível reconhecer que o instituto vem sofrendo alterações interpretativas pelas instâncias internacionais, o que se apercebe se compararmos o caso *Palmas*[71], decidido pela Corte Permanente de Arbitragem, com a opinião consultiva da Corte Internacional de Justiça no caso *Sahara Ocidental*[72].

No período pós-guerra fria, constata-se que o ato de reconhecimento (até de governos abaixo tratados) é influenciado pelo discurso universalista dos direitos humanos (ver, para tanto, a Declaração Universal de 1948). O próprio advento do direito à autodeterminação – contextualizado pela Carta da ONU de 1945 – foi de suma importância para essa remodelação.

O reconhecimento de Estado difere do reconhecimento de governo, embora este possua as mesmas características do primeiro.

---

70   O Brasil, em 2010, reconheceu, formalmente, a existência do Estado Palestino, conforme as fronteiras de 1967.
71   O caso *Palmas* (1928) envolveu Estados Unidos e Holanda, que recorreram à Corte Permanente de Arbitragem com o fim de solucionar controvérsia referente à disputa territorial da Ilha de Palmas (ou Pulau Muangas), na Indonésia.
72   Trata-se de parecer consultivo emitido pela Corte Internacional de Justiça em 1975.

O ato de reconhecimento de governo, normalmente, é precedido de mudança da governança nacional, o que é comum em momentos de ruptura da ordem constitucional. Todavia, os demais sujeitos do DI, costumeiramente, vêm aceitando novos governos desde que instaurados com respeito ao princípio democrático. No caso de Honduras, em que o ex-presidente Manuel Zelaya ficou *hospedado* na embaixada brasileira sem ostentar a condição de asilado, o Brasil não reconheceu o novo governo de fato. A República Federativa, de forma soberana e discricionária, entendeu que os agentes que expulsaram o Senhor Zelaya haviam *conquistado* o poder por meio de um *golpe* que desrespeitou os padrões democráticos mínimos[73]. Os dois atos em estudo são discricionários, políticos, manifestação do exercício da soberania. Nenhum Estado já constituído e reconhecido pode ser compelido a aceitar outro se com este não se compatibiliza política e socialmente.

2.7.2.1. Reconhecimento *de facto* e *de iure*

Tanto o reconhecimento de Estado como o de governo podem ser classificados em *de facto* ou *de iure*[74]. O que é fortemente criticado, porque a primeira classificação (*de facto*) não tem razão de ser. Assim, apenas com a intenção de complementação de conhecimento que as transcrevemos.

O reconhecimento *de facto* é provisório, revogável e produz efeitos limitados. Ele é utilizado quando há dúvidas sobre o novo Estado ou sobre a estabilidade do novo governo. Quando a situação já se encontra estabilizada, confirma-se o reconhecimento precário inicial, substituindo o *de facto* pelo *de iure*, que é definitivo.

2.7.3. Extinção e sucessão de Estados

Um Estado é extinto, para o Direito Internacional, no momento em que perde um ou mais de seus elementos. Essa afirmação deve ser memorizada com parcimônia, pois nem todos os requisitos acima apresentados como formadores de um Estado têm caráter absoluto, em alguns casos, há vicissitudes, porém, mesmo assim, o *status* de Estado é mantido; eis a situação do Estado da Cidade do Vaticano.

Além da perda de uma de suas condições integrantes, há outros fenômenos específicos que geram a extinção:

- **Anexação total** – situação em que um Estado é absorvido completamente por outro.
- **Anexação parcial** – ocorre quando um Estado é absorvido apenas parcialmente, ou seja, parcela de seu território e parte de sua população passam a integrar outro; trata-se, na verdade, de uma extinção parcial.

---

73 Ver notícia da BBC: *BRASIL BUSCA SAÍDA PARA RECONHECER NOVO GOVERNO DE HONDURAS*. Disponível em: http://noticias.r7.com/internacional/noticias/brasil-busca-saida-para-reconhecer-governo-de-honduras-20100129.html. Acesso em: 20/08/2010.
74 PEREIRA, A. G.; QUADROS, F. *Manual de Direito Internacional Público*, cit., pp. 324-325.

- **Fusão** – integração de dois ou mais Estados, os quais se unem e formam um novo sujeito do DI.
- **Divisão ou desmembramento** – ocasião em que um Estado originário é dividido ou desmembrado em duas ou mais parcelas, e cada uma dessas forma um novo ente.

A extinção gera, por conseguinte, a sucessão, ou seja, quando um Estado desaparece, há que surgir outro. Esse assunto é disciplinado, principalmente, pela *Convenção sobre a Sucessão de Estados em Matéria de Tratados, de 1978, e pela Convenção sobre Sucessão de Estados em Matéria de Bens, Arquivos e Dívidas, de 1983.*

A sucessão acarreta consequências, ora em relação às pessoas atingidas, ora em relação aos bens de todas as espécies. Não há que se negar que o Estado originário, extinto, ostentava uma gama enorme de direitos e obrigações, as quais podem ou não ser transferidas ao novo Estado.

Quais são as mais relevantes consequências?

- **Em relação aos tratados** – duas correntes fundamentam as consequências da sucessão de Estados em relação aos tratados internacionais. A teoria da *sucessão automática* e a teoria da *tábula rasa*. A primeira defende que os tratados anteriormente concluídos pelo Estado sucedido passam a valer, de forma automática, para o novo, o sucessor. A segunda teoria explica que o Estado sucessor não está obrigado a obedecer aos tratados celebrados pelo extinto. Esta última corrente é a mais acatada pela doutrina e jurisprudência internacionais.
- **Em relação à nacionalidade** – a nacionalidade dos habitantes do Estado anexador estende-se aos habitantes do Estado ou território anexado. Já na separação, divisão ou desmembramento, os habitantes do território de cada um dos novos Estados recebem as nacionalidades respectivas destes. Quanto à fusão, os indivíduos perdem a nacionalidade originária em favor da nacionalidade comum do novo Estado. É de se considerar, contudo, que se trata aqui de um direito humano e, modernamente, além do direito de ter uma nacionalidade há o de opção, em que uma pessoa pode optar por qual vínculo pretende gozar. Dessa feita, nos territórios objetos de anexação ou extinção parcial vigora a prerrogativa de opção. Este direito pode ser perfectibilizado individualmente ou por meio de plebiscito.
- **Em relação às dívidas** – em regra, uma sucessão de Estados não atinge quaisquer direitos dos credores do Estado, dependendo do tipo de sucessão. É comum este ponto ser objeto de acerto direto entre os envolvidos. No entanto, aplica-se, usualmente, o princípio da *repartição ponderada das dívidas*, em que se auferem os benefícios gerados pelo endividamento do Estado extinto, podendo o sucesso arcar com a totalidade ou parcialidade do débito.
- **Em relação às leis** – os territórios anexados, independentemente de anexação total ou parcial, passam a ser regidos pela lei do Estado anexador,

respeitando-se os direitos adquiridos. No caso de separação ou desmembramento, o ordenamento do Estado anterior desaparece, dando lugar às leis que cada novo ente escolherá com liberdade. As obrigações e responsabilidades do sucedido, de acordo com seu ordenamento jurídico, desaparecem, não havendo, na prática, sucessão neste ponto.

* **Em relação aos bens** – independentemente da forma de extinção, todos os bens do domínio público do Estado são transferidos para o Estado anexador ou resultante da fusão. Em relação aos bens de domínio privado, há que se defender que cabe indenização, evitando o enriquecimento ilícito de Estados que acabam de se formar. Em caso de separação ou desmembramento, cada novo Estado passa a ser titular dos seus bens públicos e privados originários do desmembrado, desde que estejam em seus territórios.

2.7.4. Direitos e deveres

Como qualquer outro sujeito do DI, os Estados gozam de **direitos** e submetem-se a **deveres** na ordem internacional, ora em menor ou maior medida.

São **direitos fundamentais** dos Estados: exercer sua jurisdição em seu território; igualdade jurídica; independência em relação aos demais; utilização de coisas comuns da sociedade, como o alto mar e o espaço aéreo (de domínio público internacional); direito de liberdade no comércio internacional; e direito à legítima defesa.

Em contrapartida, há infindáveis **deveres**, dentre os quais destacam-se: cumprir os tratados; respeitar os direitos humanos; respeitar os direitos dos demais Estados; não ajudar um Estado contra o qual a ONU esteja exercendo ação política; não auxiliar Estado que faça uso da força; não intervir em assuntos internos de outros; não permitir que se forme uma guerra civil em seus domínios; não reconhecer aquisição territorial ocorrida com o uso da força; não fazer uso da força como ameaça à integridade de outro Estado; não utilizar a guerra como instrumento de política externa; conduzir sua política externa com base no Direito Internacional dos Direitos Humanos; evitar que em seu território haja ameaça à paz e à ordem internacionais; e objetivar a solução sempre pacífica das controvérsias internacionais.

Em razão de sua importância, decidiu-se tratar do direito de legação de forma individualizada.

2.7.4.1. Direito de legação (*jus legationis*)

Quando se estabelecem relações entre Estados e há envio de representantes, ocorre o exercício de um direito básico desses sujeitos tradicionais, que é o de legação, hoje também exercido pelas organizações internacionais. No Brasil, ele é desempenhado pelo Presidente da República, conforme art. 84 da CF: "Art. 84. Compete privativamente ao Presidente da República: (...) VII - manter relações com Estados estrangeiros e acreditar seus representantes diplomáticos".

O direito de legação consiste na capacidade de um Estado, de uma OI ou até de alguns sujeitos atípicos de receber ou de enviar missões diplomáticas. Não se trata de um direito subjetivo a que gerem obrigações automáticas para o outro polo, mas sim configura mais uma espécie de faculdade que se dá mediante prévio consentimento bilateral.

É importante registrar que os Estados não estão obrigados, convencionalmente, a enviar representantes ou a recebê-los. Todavia, devem ser observados os deveres consagrados na Carta da ONU de 1945, que preceitua sobre a necessidade de cooperação entre as nações. Nessa linha, percebe-se que a recusa completa de qualquer forma de relações diplomáticas é raridade.

A titularidade do direito de legação pertence a um sujeito do DI, ou seja, a capacidade para seu exercício exige o prévio reconhecimento da personalidade jurídica internacional, o que se compreende como o elemento objetivo do direito de legação. Como elemento subjetivo, há a necessidade de prévio acordo mútuo entre os envolvidos, o que torna possível inferir que se está frente a um instituto insuscetível de imposição, ainda mais por representar forma de expressão da independência externa de um país.

A depender do prisma de observação – se do Estado que envia missões (doravante, *acreditante*) ou do que as recebe (doravante, *acreditado* ou *acreditador*) –, o direito de legação pode ser classificado, respectivamente, em ativo ou passivo. Quando do exercício do direito na forma ativa por um Estado, automaticamente, dá-se na forma passiva pelo outro.

2.8. Organizações internacionais (OI)[75]

As OI conquistaram o posto de sujeitos do DI mais recentemente em comparação aos Estados. Surgiram, efetivamente, no século XIX, mas ganharam notoriedade no século XX. Elas não dispõem de todas as competências atribuídas aos Estados, haja vista que suas atividades e sua estrutura estão assentadas no tratado constitutivo, conhecido como "Carta" (ex.: Carta da ONU) ou "Constituição" (ex.: Consituição da OIT).

Fala-se em uma *Teoria Geral das Organizações Internacionais,* o que condiz com suas importâncias e autonomias, pois são *produtoras* e *consumidoras* de normas internacionais. São elas as principais disseminadoras do trato multilateral dos temas globais.

2.8.1. Personalidade jurídica internacional

A sua personalidade é classificada como *derivada*, possuindo campo de atuação, em regra, não tão amplo e genérico quanto o dos entes estatais. Contudo, se a OI for de atuação global e geral, sua influenciabilidade pode ser de alcance vasto, o que a permite ombrear com muitos países, e até se sobrevaler em relação aos mesmos.

---

75 Também denominadas como organismos internacionais, organizações intergovernamentais internacionais ou organizações governamentais internacionais.

Hoje, a sua personalidade vem expressa em seus documentos constitutivos, o que lhe garante capacidade para atuar como sujeito nas mais diversas relações e para gozar de direitos e se vincular a deveres. Conforme Constitutição da OIT:

> Art. 39 – A Organização Internacional do Trabalho **deve ter personalidade jurídica**, e, precipuamente, capacidade para: a) adquirir bens, móveis e imóveis, e dispor dos mesmos; b) contratar; c) intentar ações. Art. 40 – 1. **A Organização Internacional do Trabalho gozará, nos territórios de seus Membros, dos privilégios e das imunidades necessárias à consecução dos seus fins.** 2. Os delegados à Conferência, os membros do Conselho de Administração, bem como o Diretor-Geral e os funcionários da Repartição, gozarão, igualmente, dos privilégios e imunidades necessárias para exercerem, com inteira independência, as funções que lhes competem, relativamente à Organização. 3. **Tais privilégios serão especificados por um acordo em separado, que será elaborado pela Organização para fins de aceitação pelos Estados-membros.** (grifo nosso)

Analisando-se a Carta fundadora, como a da OIT ou a da ONU, infere-se que seus textos assemelham-se às Constituições dos Estados soberanos, com estruturas e princípios próprios. Veja-se o Acordo que criou a Organização Mundial do Comércio (OMC), que, expressamente, dispõe sobre os imprescindíveis princípios da não-discriminação e da transparência. Trata-se da existência de um verdadeiro *constitucionalismo internacional* capitaneado pelos documentos multilaterais constitutivos das organizações internacionais[76]. A própria capacidade de interferência em inúmeros assuntos domésticos, conforme exposto no capítulo primeiro do livro, demonstra o quão influentes são as atividades das OI e o quão importantes são suas *certidões de nascimento*, pois limitadoras e estipuladoras de suas atribuições.

Eis que aqui reside uma paradoxal situação, uma vez que a Carta de uma OI pode ser comparada a uma Constituição Federal, conforme supra, mas não deixa de se assemelhar, em certos pontos, a um contrato particular – embora assim não adjetivada – pois é tecnicamente considerada tratado internacional. Lembra um contrato por emanar da manifestação de vontade dos Estados, acordo entre sujeitos que origina um novo ente com personalidade própria e no qual reúnem-se interesses para se atingir uma finalidade comum. O tratado constitutivo dá surgimento a um ente com vontade própria e decisória peculiar daquela vontade dos membros, lembrando – apenas lembrando! – uma sociedade anônima.

Acerca da personalidade jurídica internacional, de suma importância é conhecer o que a jurisprudência tem a expressar, pois esta foi decisiva para seu reconhecimento. Referimo-nos ao emblemático parecer no *Caso Bernadotte*, emitido pela Corte Internacional de Justiça, em 1949, e que marcou *o nascedouro da personalidade internacional das OI*:

> Nos tratados constitutivos das Organizações Internacionais mais antigas não havia a preocupação de atribuir, de forma expressa, personalidade jurídica. A não mani-

---

76 Sobre a importância da ONU, de sua Carta e o possível papel que ela pode exercer para a superação de modelos jurídicos tradicionais, ver: HABERMAS, Jürgen. *O ocidente dividido*. Tradução: Luciana Villas Boas. Rio de Janeiro: Tempo Brasileiro, 2006, pp. 115-204.

festação expressa atribuindo personalidade jurídica às Organizações Internacionais gerava questionamentos em considerá-las ou não sujeitos de Direito Internacional. Este questionamento ficou elucidado por meio de um parecer Consultivo, datado de 11.04.1949, solicitado pela Assembléia Geral da ONU, à Corte Internacional de Justiça, no caso conhecido como Bernadotte. Em 1948 a ONU envia, a seu serviço, o diplomata sueco Conde Bernadotte como seu mediador na Palestina. Ele foi assassinado no exercício de suas funções, e a ONU por este motivo resolveu exigir as devidas reparações e indenizações, ocasião em que se questionou a capacidade jurídica da organização de formar o pedido. O parecer da Corte Internacional de Justiça põe termo à discussão ao reconhecer a personalidade jurídica da ONU por entender que ela se constitui o tipo mais elevado de organização internacional, e não poderia corresponder às intenções de seus fundadores caso ela fosse desprovida de personalidade jurídica. A Corte entendeu ainda que cinquenta Estados, representando uma maioria dos membros da Comunidade Internacional, têm o poder, conforme o Direito Internacional de criar uma entidade titular de uma personalidade jurídica objetiva, e não simplesmente uma personalidade reconhecida somente pelos Estados-membros[77].

Foi na jurisprudência que se reconheceu a personalidade internacional das OI, o que, com o tempo, passou a estar consagrado nos tratados de criação.

2.8.2. Principais características e seus membros

As OI *são sujeitos do DI, constituídas mediante tratados internacionais, regidas por normas de Direito das Gentes, com personalidade jurídica própria e caráter de permanência*. Elas têm capacidade jurídica autônoma para atuação, expressando suas vontades (distintas das de seus membros) por meio dos órgãos que compõem seu quadro.

Modernamente, fala-se em *Teoria Geral das OI*, a qual desemboca em conceitos básicos que se aplicam a praticamente todas as organizações existentes e que servirão de alicerce ao estudo específico dos organismos seguintes.

As OI representam o que hoje se denomina multilateralismo, fenômeno inevitável para fins de manutenção e operacionalidade das relações internacionais. As problemáticas mundiais não se resumem mais a acertos bilaterais. O sistema do bilateralismo, em que os Estados precisavam sanar desavenças e tratar de assuntos extrafronteiras sem a intermediação de terceiros, encontra pouca guarida na sociedade atual. Os organismos internacionais, por meio da cooperação, instalaram e oportunizaram os mecanismos de entendimentos pacíficos por meio de diálogos multilaterais.

Destacam-se, assim, as seguintes características:

- São multilaterais, permanentes e institucionais.
- Podem deixar de existir.
- Nascem da manifestação de vontade dos Estados.
- Tem poder regulamentar.

---

[77] MERCADANTE, Araminta de Azevedo (coord). *Blocos Econômicos e Integração na América Latina, África e Ásia*. Curitiba: Juruá, 2007, p. 107.

- Possuem regimento interno próprio.
- Em regra, pautam-se no princípio majoritário para tomada de decisões.

Quanto aos **seus membros**, de acordo com os direitos concedidos e as restrições impostas, há três espécies. Há os **de pleno direito**, que exercem, sem quaisquer restrições, todos os direitos e obrigações decorrentes do vínculo associativo, sendo possível sua participação, ainda que temporária, em todos os órgãos da organização. Pouca ou nenhuma restrição é imposta à sua capacidade de participação nas decisões da organização. Há também os **membros associados**, que podem participar do processo de deliberação em alguns níveis, mas não têm a possibilidade de votar, sendo esta a principal restrição, o que lhes diferencia sobremaneira dos de pleno direito. É possível, ainda, a classificação em **membros parciais**, que participam apenas dos órgãos subsidiários da OI, não sendo possível participarem das deliberações em órgãos plenários; veja que sua atuação é de caráter subsidiário.

Já partindo do critério temporal quanto ao ingresso no rol de membros, podem ser divididos em **originários** ou em **via sucessiva ou derivados**. Os originários, desde o primeiro momento, participam das discussões, i.e., desde a constituição da OI, configuram-se como os criadores ou fundadores. Os derivados integram a organização em momento posterior, devendo, para tanto, se submeter a um processo normalmente moroso e burocrático para sua aceitação, sujeito ao crivo da organização.

2.8.3. Conceituação e direitos

As OI podem ser conceituadas como: *entidades compostas por Estados*[78], *instituídas mediante tratados institutivos multilaterais, com aparelho institucional próprio e permanente, com personalidade jurídica própria (independente das de seus membros) e com o objetivo de tratar de assuntos de interesse comum por meio da cooperação multilateral*.

O quadro institucional das OI varia de acordo com seus fins e com base em seu tratado constitutivo, no entanto, em regra, devem conter, no mínimo, três órgãos: um plenário, um executivo e uma secretaria. Sem esquecer que possuem representante máximo, normalmente intitulado Secretário-Geral.

Desde o momento em que começam a funcionar, as OI adquirem personalidade jurídica internacional. Assim ocorrendo, passam a exercer direitos, como o de realizar convenção (direito de celebrar tratados)[79] e o de manter relações internacionais e de enviar representantes. Podem também exercer tantos outros direitos exigidos para a consecução de seus fins, como contratar e contrair empréstimos. Gozam elas de imunidades à jurisdição, a qual se aplica a seus representantes. Sobre este tema, indicamos a necessidade de leitura do capítulo próprio sobre *Imunidades*.

---

78 O fato de ser composta por Estados não impede hoje uma OI de pertencer à outra OI.
79 Ver Convenção de Viena sobre o Direito dos Tratados entre Estados e Organizações Internacionais ou entre Organizações Internacionais, de 1986.

2.8.4. Classificação

Elas podem atuar apenas em delimitado espaço territorial, como o americano, são as OI *regionais*, tais como a OEA. Complementando-as, existem as *universais* ou *globais*, com atuação em todo o planeta, eis o exemplo da ONU[80].

Outro critério é classificá-las segundo suas temáticas trabalhadas, ou seja, suas atribuições previstas em seus atos constitutivos. São elas *gerais*, atores que exercem papéis em quase todas as áreas do conhecimento, como a ONU. De outra banda, há as OI *especiais*, que exercem funções circunscritas a certa área, como educação ou cultura, exemplos são alguns organismos do sistema das Nações Unidas, logo adiante analisados (ex.: UNESCO).

De acordo com o que será estudado no capítulo sobre Direito Comunitário, para onde remetemos o leitor, uma organização pode se organizar com base na *intergovernamentalidade* (MERCOSUL) ou na *supranacionalidade* (União Europeia).

Por fim, as OI podem ser *abertas* à adesão de qualquer Estado que preencha pré-condições objetivas para ingresso (ex.: ONU). Se não abertas, então são *fechadas*, restritas à inserção de determinado grupo de países, como somente os pertencentes a um dado continente (ex.: Conselho da Europa).

2.8.5. Financiamento

O financiamento das organizações se dá com base no *princípio da cotização*, que Francisco Rezek assim explica: "Em regra, as cotizações estatais não são paritárias. Antes, correspondem à capacidade contributiva de cada Estado-membro, levada em conta sua pujança econômica"[81].

2.8.6. Organização das Nações Unidas (ONU)

A *Organização das Nações Unidas* (ou, simplesmente, *Nações Unidas*) é a mais importante organização internacional da atualidade, atuando em vários campos de interesse da humanidade, desde proteção ao meio ambiente, proteção aos direitos humanos e direito ao desenvolvimento até manutenção da paz. Suas competências são amplas e flexíveis[82], o que permite constante atualização e amoldamento a novas funções; ela é classificada como uma OI de atuação geral e de âmbito global. Em razão dos papéis que lhe foram outorgados, especialmente, a missão de evitar

---

80 Outros exemplos de OI universais: FMI (Fundo Monetário Internacional), FAO (Food and Agriculture Organization ou Organização para a Agricultura e Alimentação), OMC (Organização Mundial do Comércio), OMS (Organização Mundial da Saúde) e BIRD (Banco Internacional para a Reconstrução e o Desenvolvimento). Regionais: Organização de Unidade Africana, Mercado Comum Centro Africano e MERCOSUL (Mercado Comum do Sul).
81 REZEK, F. *Direito Internacional Público*, cit., p. 257.
82 Há três principais teses sobre as competências da ONU: a tese da interpretação literal da Carta da ONU; a doutrina dos poderes inerentes; e a doutrina dos poderes implícitos. A última vem se mostrando a mais condizente com a personalidade jurídica internacional da organização, já confirmada judicialmente pela Corte Internacional de Justiça, em 1949, no caso *Reparações de Danos*. TRINDADE, A. A. C. *Direito das Organizações* ..., cit., p. 20.

um terceiro grande conflito, sua atuação se mostra prógida, mas, ao mesmo tempo, surtida de controvérsias, pois, constantemente, é centro de várias disputas de natureza política que tem como foco o controle da organização, em particular, do seu Conselho de Segurança.

2.8.6.1. Apresentação inicial

A OI em estudo foi criada pela *Carta da ONU* ou *Carta de São Francisco*, de 1945, o qual é um documento fundamental para a Teoria Geral das Organizações Internacionais, para o Direito Internacional e para o Direito Internacional dos Direitos Humanos. De acordo com Cançado Trindade, é consenso generalizado que a Carta das Nações Unidas "não é um tratado como qualquer outra convenção multilateral nem tampouco uma 'constituição'; é um tratado *sui generis*, a ser interpretado como tal, que dá origem a uma complexa entidade internacional (...)"[83].

A Carta das Nações Unidas, com 111 artigos, foi assinada em São Francisco, aos 26 de junho de 1945[84], após o término da Conferência das Nações Unidas sobre Organização Internacional, entrando em vigor aos 24 de outubro daquele mesmo ano. O Estatuto da Corte Internacional de Justiça, com 70 artigos, faz parte integrante da Carta.

A ONU é uma OI com personalidade jurídica internacional e com ampla capacidade[85] de atuação, sediada em Nova York, sendo um dos mais importantes sujeitos do DI, responsável pelo fomento do trato multilateral de temas internacionais. Ela é integrada por Estados soberanos, contando, hoje, com 193 países-membros, sendo que, desse total, 51 formam a *galeria* dos integrantes fundadores, dentre eles, o Brasil.

As Nações Unidas foram criadas em substituição à *Sociedade das Nações* ou *Liga das Nações*. Esta era uma organização internacional, idealizada em 28 de abril de 1919, em *Versailles*, originada da ânsia dos países vencedores da Primeira Guerra Muncial. O Tratado de *Versailles* foi assinado em 28 de junho de 1919 e, em sua primeira parte, estabelecia a Sociedade das Nações[86], encarregada, principalmente, da manutenção da paz, devendo, assim, impedir a Segunda Guerra Mundial. Como se vê, falhou em seu desiderato e, em 1945, cedeu espaço à atual ONU.

---

83   TRINDADE, A. A. C. *Direito das Organizações*..., cit., p. 27.
84   A Carta da ONU já sofreu emendas importantes, por exemplo, alterações aos arts. 23, 27 e 61, aprovadas pela Assembleia-Geral em 17 de dezembro de 1963, e a emenda ao art. 109, aprovada pela mesma Assembleia em 20 de dezembro de 1965.
85   Conforme art. 104 da Carta da ONU: "Organização gozará, no território de cada um de seus Membros, da capacidade jurídica necessária ao exercício de suas funções e à realização de seus propósitos."
86   A Sociedade, sediada em Genebra, tinha quatro órgãos principais, quais sejam: o Secretariado (chefiado pelo Secretário-Geral), o Conselho, a Assembleia e a Corte Permanente de Justiça Internacional.

2.8.6.2. Propósitos e princípios

Os propósitos e os princíos da ONU estão preceituados nos primeiros artigos da sua Carta e demonstram quão ampla e fundamental é a sua atuação. Ademais, da leitura dos dois dispositivos iniciais (exigem leitura e interpretação em conjunto) infere-se que os propósitos (art. 1º) somente serão legítimos e possuidores de compatibilidade convencional se as ações perpetradas estiverem calcadas nos princípios (art. 2º); resta claro que os fins não justificam os meios.

Com base nessa condicionante normativa, pode-se concluir que não se justifica a atitude de um determinado Estado que, com o fim de manter a paz (art. 1º, 1), usa da força sem autorização, afrontando a integridade territorial de outro Estado (art. 2º, 4).

Art. 1º da Carta da ONU	Art. 2º da Carta da ONU
Propósitos	Princípios
1. Manter a paz e a segurança internacionais e, para esse fim: tomar, coletivamente, medidas efetivas para evitar ameaças à paz e reprimir os atos de agressão ou outra qualquer ruptura da paz e chegar, por meios pacíficos e de conformidade com os princípios da justiça e do direito internacional, a um ajuste ou solução das controvérsias ou situações que possam levar a uma perturbação da paz; 2. Desenvolver relações amistosas entre as nações, baseadas no respeito ao princípio de igualdade de direitos e de autodeterminação dos povos, e tomar outras medidas apropriadas ao fortalecimento da paz universal; 3. Conseguir uma cooperação internacional para resolver os problemas internacionais de caráter econômico, social, cultural ou humanitário, e para promover e estimular o respeito aos direitos humanos e às liberdades fundamentais para todos, sem distinção de raça, sexo, língua ou religião; e 4. Ser um centro destinado a harmonizar a ação das nações para a consecução desses objetivos comuns.	1. A Organização é baseada no princípio da igualdade de todos os seus Membros. 2. Todos os Membros, a fim de assegurarem para todos em geral os direitos e vantagens resultantes de sua qualidade de Membros, deverão cumprir de boa fé as obrigações por eles assumidas de acordo com a presente Carta. 3. Todos os Membros deverão resolver suas controvérsias internacionais por meios pacíficos, de modo que não sejam ameaçadas a paz, a segurança e a justiça internacionais. 4. Todos os Membros deverão evitar em suas relações internacionais a ameaça ou o uso da força contra a integridade territorial ou a dependência política de qualquer Estado, ou qualquer outra ação incompatível com os Propósitos das Nações Unidas. 5. Todos os Membros darão às Nações toda assistência em qualquer ação a que elas recorrerem de acordo com a presente Carta e se absterão de dar auxílio a qual Estado contra o qual as Nações Unidas agirem de modo preventivo ou coercitivo. 6. A Organização fará com que os Estados que não são Membros das Nações Unidas ajam de acordo com esses Princípios em tudo quanto for necessário à manutenção da paz e da segurança internacionais. 7. Nenhum dispositivo da presente Carta autorizará as Nações Unidas a intervirem em assuntos que dependam essencialmente da jurisdição de qualquer Estado ou obrigará os Membros a submeterem tais assuntos a uma solução, nos termos da presente Carta; este princípio, porém, não prejudicará a aplicação das medidas coercitivas constantes do Capítulo VII.

2.8.6.3. Estados-membros e observadores

Somente Estados podem ser **membros de pleno direito** *da ONU*, o que lhes garante a possibilidade de participar dos processos de tomada de decisões, i.e., podem debater e votar, atuando, dessa forma, diretamente nos rumos definidos pela organização. Contudo, não se trata de direito absoluto[87] e incondicionado[88].

O exercício dos direitos à voz e ao voto se materializa, sobremaneira, na Assembleia-Geral, que é constituída por todos os membros das Nações Unidas (art. 9º da Carta da ONU), cada um com direito a um voto (art. 18 da Carta da ONU).

São considerados *membros originários os Estados* que, tendo participado na Conferência das Nações Unidas sobre a Organização Internacional, realizada em São Francisco, ou, tendo assinado, previamente, a Declaração das Nações Unidas, de 01 de janeiro de 1942, assinaram a Carta da ONU e a ratificaram, conforme seu art. 110[89].

Os interessados em serem admitidos no quadro de membros de pleno direito devem cumprir requisitos estabelecidos pela própria Carta de São Francisco.

Conforme art. 4º, a admissão de novos membros "fica aberta a todos os outros Estados amantes da paz que aceitarem as obrigações contidas na presente Carta e que, a juízo da Organização, estiverem aptos e dispostos a cumprir tais obrigações". Tal preceito é de redação lacônica e de forte indeterminismo, possibilitando um amplo juízo de conveniência por parte da ONU. O processo de ingresso será efetuado "por decisão da Assembléia Geral, mediante recomendação do Conselho de Segurança".

---

87 Art. 5º da Carta da ONU: "O membro das Nações Unidas contra o qual for levada a efeito qualquer ação preventiva ou coercitiva por parte do Conselho de Segurança poderá ser suspenso do exercício dos direitos e privilégios de membro pela Assembléia Geral, mediante recomendação do Conselho de Segurança. O exercício desses direitos e privilégios poderá ser restabelecido pelo Conselho de Segurança."

88 Condiciona-se o direito a voto ao pagamento das contribuições financeiras, conforme Carta de São Francisco: "Artigo 19 - O Membro das Nações Unidas que estiver em atraso no pagamento de sua contribuição financeira à Organização não terá voto na Assembléia Geral, se o total de suas contribuições atrasadas igualar ou exceder a soma das contribuições correspondentes aos dois anos anteriores completos. A Assembléia Geral poderá entretanto, permitir que o referido Membro vote, se ficar provado que a falta de pagamento é devida a condições independentes de sua vontade."

89 Ver: "Artigo 110 1. A presente Carta deverá ser ratificada pelos Estados signatários, de acordo com os respectivos métodos constitucionais. 2. As ratificações serão depositadas junto ao Governo dos Estados Unidos da América, que notificará de cada depósito todos os Estados signatários, assim como o Secretário-Geral da Organização depois que este for escolhido. 3. A presente Carta entrará em vigor depois do depósito de ratificações pela República da China, França, União das Repúblicas Socialistas Soviéticas, Reino Unido da Grã Bretanha e Irlanda do Norte e Estados Unidos da América e pela maioria dos outros Estados signatários. O Governo dos Estados Unidos da América organizará, em seguida, um protocolo das ratificações depositadas, o qual será comunicado, por meio de cópias, aos Estados signatários. 4. Os Estados signatários da presente Carta, que a ratificarem depois de sua entrada em vigor tornar-se-ão membros fundadores das Nações Unidas, na data do depósito de suas respectivas ratificações."

Em contrapartida, há a possibilidade de expulsão, na esteira do art. 6º da Carta: "O membro das Nações Unidas que houver violado persistentemente os princípios contidos na presente Carta poderá ser expulso (...) pela Assembléia Geral mediante recomendação do Conselho de Segurança".

Comungando-se com os Estados-membros, estão os **observadores**. Ao membro observador é assegurado apenas o direito à voz, ou seja, à manifestação de opinião na Assembleia, mas não ao voto. *Dentro do rol de observadores há uma maior flexibilidade qualitativa, pois podem ser, além de Estados não-membros, organizações não governamentais.* São exemplos de integrantes observadores a Santa Sé e o Comitê Internacional da Cruz Vermelha.

2.8.6.4. Órgãos principais

Toda organização internacional deve ter uma estrutura orgânica permanente. A ONU não foge a isso. Entretanto, em razão da densificação de seus desideratos, o quadro orgânico das Nações Unidas é poroso e complexo, integrado por órgãos principais e outras entidades subsidiárias. Seu sistema (o sistema das Nações Unidas) é formado por várias organizações internacionais que apresentam, cada uma, sua estrutura própria.

De qualquer maneira, é de se reconhecer que a Carta da ONU estabelece quem são os órgãos principais, de acordo com seu art.7º:

ASSEMBLEIA-GERAL (AG)	
CONSELHO DE SEGURANÇA (CS)	Podem ser instituídos órgãos *subsidiários* aos órgãos principais, desde que seja demonstrada a necessidade de sua criação para o exercício das funções destes.
CONSELHO ECONÔMICO E SOCIAL (CES)	
CONSELHO DE TUTELA	
CORTE INTERNACIONAL DE JUSTIÇA (CIJ)	
SECRETARIADO	

2.8.6.4.1. Assembleia-Geral (AG)

O mais democrático dos órgãos principais, tanto que constituído por todos os Estados- membros. Uma instância de debates e discussões, aberta à manifestação, inclusive, de observadores. Trata-se de fundamental instrumento para a consecução dos objetivos da organização, possuindo competência genérica. Suas ações versam sobre, praticamente, todos os assuntos atribuídos às Nações Unidas, mas suas resoluções não têm efeito vinculante, a não ser para os próprios órgãos da ONU.

2.8.6.4.1.1. Composição

A Assembleia será constituída por todos os membros das Nações Unidas, sendo que cada um não deverá ter mais de cinco representantes (art. 9º da Carta).

2.8.6.4.1.2. Atribuições

Conforme art. 10 da Carta, a AG poderá "discutir quaisquer questões ou assuntos que estiverem dentro das finalidades" da Carta, ou ainda que se relacionarem com "as atribuições e funções de qualquer dos órgãos nela previstos e, com exceção do estipulado no Artigo 12, poderá fazer recomendações aos Membros das Nações Unidas ou ao Conselho de Segurança (...)". Ela pode, também, "discutir quaisquer questões relativas à manutenção da paz e da segurança internacionais, que a ela forem submetidas por qualquer Membro das Nações Unidas, ou pelo Conselho de Segurança, ou por um Estado que não seja Membro (...)" (art. 11 da Carta). Não se mostra possível enumerar e elencar todas as suas atribuições. Nota--se, todavia, que ela cede espaço ao Conselho de Segurança quando este está em exercício de suas funções, ou seja, a Assembleia, embora podendo exarar atos sobre quase todos os temas incutidos nos fins das Nações Unidas, não deve adentrar em assuntos atinentes às funções do Conselho, quando este assim esteja agindo. Veja o art. 12 da Carta: "Enquanto o Conselho de Segurança estiver exercendo, em relação a qualquer controvérsia ou situação, as funções que lhe são atribuídas (...), a Assembléia Geral não fará nenhuma recomendação a respeito dessa controvérsia", a menos que o próprio Conselho, neste sentido, solicite.

2.8.6.4.1.3. Votações e procedimentos

Cada membro da Assembleia terá direito a um voto. As decisões sobre questões importantes serão tomadas por maioria de 2/3 dos membros presentes e votantes; já os demais assuntos serão decididos por maioria simples dos membros presentes e que votam.

Conforme art. 18, consideram-se questões importantes:

> recomendações relativas à manutenção da paz e da segurança internacionais; à eleição dos Membros não permanentes do Conselho de Segurança; à eleição dos Membros do Conselho Econômico e Social; à eleição dos Membros do Conselho de Tutela, de acordo como parágrafo 1 (c) do Artigo 86; à admissão de novos Membros das Nações Unidas; à suspensão dos direitos e privilégios de Membros; à expulsão dos Membros; questões referentes ao funcionamento do sistema de tutela e questões orçamentárias.

A Assembleia reunir-se-á em "sessões anuais regulares e em sessões especiais exigidas pelas circunstâncias". Estas últimas poderão ser convocadas pelo Secretário-Geral, a pedido do Conselho de Segurança ou da maioria dos Estados-membros (art. 20). Cada sessão terá um presidente eleito pelo próprio órgão.

2.8.6.4.2. Conselho de Segurança (CS)

É o órgão da ONU com poder vinculante, e, por isso, *alvo* de constantes disputas de índole política, tendo como principal fonte geradora de discussões a necessidade de majoração do número de Estados com posição permanente. Possui uma competência definida, mas que vem sendo, gradativamente, ampliada em razão de sua maior atuação em temas relacionados aos direitos humanos.

O *sistema de freios e contrapesos* ou a *sistemática da separação de "poderes"* na ONU não é exemplo de equilíbrio, haja vista que há nítida disparidade quanto aos poderes possíveis de exercício pelo Conselho de Segurança se comparado com os demais órgãos.

2.8.6.4.2.1. Composição

O CS é composto por 15 Estados-membros, cada país podendo ter um representante. Desse total, 5 são Estados-membros permanentes, ou seja, não possuem mandato temporário, permanecendo como tal por período indeterminado. São permanentes: China, França, Rússia, Reino Unido e Estados Unidos da América. Há outros 10 Estados-membros não-permanentes que exercem mandato de dois anos; até o término de 2011, constavam como não-permanentes: África do Sul (mandato até 2012), Alemanha (mandato até 2012), Bósnia-Herzegóvina (mandato até 2011), Brasil (mandato até 2011), Colômbia (mandato até 2012), Gabão (mandato até 2011), Índia (mandato até 2012), Líbano (mandato até 2011), Nigéria (mandato até 2011) e Portugal (mandato até 2012).

Os 5 permanentes diferem-se dos 10 não-permanentes por dois relevantes motivos. O primeiro já fora ressaltado: os primeiros não possuem mandato temporário, mas sim, aparentemente, *ad aeternum*. O segundo diz respeito à sistemática de votações, pois, embora todos os 15 membros possuam direito a voto, somente os permanentes têm, também, direito ao voto negativo ou o fadado direito a veto, que lhes concede capacidade de interferência desmedida na ordem internacional.

A presidência do CS é rotativa, obedecendo à ordem alfabética (conforme o inglês) do nome dos países que fazem parte do Conselho. Cada Presidente fica no cargo durante um mês. Cabe ressaltar que os não-permanentes, eleitos pela Assembleia-Geral[90] por períodos de dois anos, não podem ter mandatos consecutivos.

Além da composição estatal, o CS também possui uma estrutura orgânica auxiliar, importante para a consecução de seus fins, integrada principalmente por:

- **Comitês Permanentes** – Comitê do Conselho de Segurança de Especialistas; Comitê do Conselho de Segurança de Admissão de Novos Membros; e Comitê do Conselho de Segurança de Reuniões Externas à Sede.
- **Comitês *ad-hoc*** – Conselho de Governança da Comissão de Compensação das Nações Unidas, estabelecido pelo Conselho de Segurança através da Resolução 692 (1991); Comitê estabelecido nos termos da Resolução 1373 (2001), referente às ações Contra-Terrorismo; e Comitê estabelecido nos termos da Resolução 1540 (2004).
- **Comitês de Sanções** – Comitê do Conselho de Segurança, estabelecido nos termos da Resolução 751 (1992), referente à Somália; Comitê do Conselho de Segurança, estabelecido nos termos da Resolução 918 (1994), referente a Ruanda; Comitê do Conselho de Segurança, estabelecido nos termos da Resolução 1132 (1997), referente a Serra Leoa; Comitê do Conselho de Segurança, estabelecido nos termos da Resolução 1267 (1999), referente à Al Qaeda e ao Talibã e aos indivíduos e entidades

---

90 A Assembleia-Geral levará em conta, como critério para a eleição dos não-permanentes, "em primeiro lugar, a contribuição dos membros das Nações Unidas para a manutenção da paz e da segurança internacionais e para os outros objetivos da Organização e também uma distribuição geográfica equitativa." (art. 23 da Carta da ONU)

associadas; Comitê do Conselho de Segurança, estabelecido nos termos da Resolução 1518 (2003); Comitê do Conselho de Segurança, estabelecido nos termos da Resolução 1521 (2003), referente à Libéria; Comitê do Conselho de Segurança, estabelecido nos termos da Resoluçao 1533 (2004), referente à República Democrática do Congo; Comitê do Conselho de Segurança, estabelecido nos termos da Resolução 1572 (2004), referente à Costa do Marfim; Comitê do Conselho de Segurança, estabelecido nos termos da Resolução 1591 (2005), referente ao Sudão; Comitê do Conselho de Segurança, estabelecido nos termos da Resolução 1636 (2005); Comitê do Conselho de Segurança, estabelecido nos termos da Resolução 1718 (2006); e Comitê do Conselho de Segurança, estabelecido nos termos da Resolução 1737 (2006).
- **Grupos de Trabalho** – Grupo de Trabalho do Conselho de Segurança para Operações de Paz; Grupo de Trabalho do Conselho de Segurança *Ad Hoc* para a Prevenção e Resolução de Conflitos na África; Grupo de Trabalho do Conselho de Segurança instituído nos termos da Resolução 1566 (2004); Grupo de Trabalho do Conselho de Segurança para Crianças e Conflitos Armados; e Grupo Informal de Trabalho do Conselho de Segurança para a Documentação e Outros Aspectos Processuais.
- **Tribunais Internacionais** – Tribunal Internacional para Julgar as Pessoas Responsáveis por Violações Graves ao Direito Internacional Humanitário Cometidas no Território da ex-Iugoslávia desde 1991 – criado por S/RES/808 (1993); Tribunal Penal Internacional para a Antiga Iugoslávia (TPIJ); e Tribunal Internacional para Julgar as Pessoas Responsáveis por Violações Graves ao Direito Internacional Humanitário, cometidas no Território de Ruanda, e Cidadãos Ruandeses Responsáveis por Genocídio e Outras Violações Cometidas no Território de Estados Vizinhos entre 1 de janeiro e 31 de dezembro de 1994 – criado por S/RES/955 (1994).
- **Operações de Manutenção de Paz.**

2.8.6.4.2.2. Atribuições

A principal responsabilidade do Conselho de Segurança é a manutenção da paz e da segurança internacionais (art. 24 da Carta), agindo o órgão como representante dos Estados no trato do assunto. Sua manifestação é a expressão de vontade de todos os membros das Nações Unidas, por essa razão que suas decisões devem ser acatadas. Sobre este último ponto, recomenda-se a leitura do art. 25 da Carta da ONU: "Os membros das Nações Unidas concordam em aceitar e aplicar as decisões do Conselho de Segurança, de acordo com a presente Carta".

O CS é um órgão político fundamental para o sistema de soluções pacíficas de controvérsias internacionais, especialmente, para as soluções de natureza política. Em razão de poder emitir resoluções de cumprimento obrigatório e levando em conta sua atribuição principal (manutenção da paz), cabe, fundamentalmente, a ele zelar pelo cumprimento do art. 33 da Carta, que dispõe sobre o dever dos

Estados – envolvidos numa controvérsia que possa vir a constituir uma ameaça à paz – de procurarem, antes de tudo, "chegar a uma solução por negociação, inquérito, mediação, conciliação, arbitragem, via judicial, recurso a organizações ou acordos regionais, ou qualquer outro meio pacífico à sua escolha". Pode, para tanto, o CS "investigar sobre qualquer controvérsia ou situação suscetível de provocar atritos entre as Nações ou de dar origem a uma controvérsia" (art. 34 da Carta) e fazer recomendações sobre procedimentos e métodos para a sanação dos desentendimentos (art. 36).

Deve ele, todavia, respeitar as competências jurisdicionais da Corte Internacional de Justiça, porque as controvérsias de caráter jurídico são, em regra, submetidas a este Tribunal, de acordo com o seu Estatuto anexo ao documento de São Francisco.

Quando acionado pelos Estados-membros, após o fracasso dos meios de soluções do art. 33, cabe ao CS determinar as situações configuradoras de ameaça à paz, ruptura da paz ou até atos de agressão. Para melhor conduzir a *tensão*, o órgão pode adotar recomendações ou, até mesmo, tomar medidas provisórias (art. 40).

Se recomendações e medidas provisórias não forem eficazes para manter a paz, o CS poderá, gradativamente, optar por sanções mais drásticas, ainda não incluído o uso da força. Nesse sentido, a Carta da ONU enuncia que:

> Art. 41 – O Conselho de Segurança decidirá sobre as medidas que, sem envolver o emprego de forças armadas, deverão ser tomadas para tornar efetivas as suas decisões e poderá instar os membros das Nações Unidas a aplicarem tais medidas. **Estas poderão incluir a interrupção completa ou parcial das relações econômicas, dos meios de comunicação ferroviários, marítimos, aéreos, postais, telegráficos, radioelétricos, ou de outra qualquer espécie, e o rompimento das relações diplomáticas.** (grifo nosso)

Desse modo, como medida sempre excepcional, pode-se aplicar a força, desde que expressamente autorizada mediante resolução. Além do exercício do direito à legítima defesa (art. 51)[91], é possível "levar a efeito, por meio de forças aéreas, navais ou terrestres, a ação que julgar necessária para manter ou restabelecer a paz (...). Tal ação poderá compreender demonstrações, bloqueios e outras operações, por parte das forças aéreas, navais ou terrestres" dos Estados- membros da ONU (art. 42).

Por fim, é importante ressaltar que, atualmente, existe um processo constante de ampliação dos poderes do CS, não por causa de eventual reforma à Carta, mas sim devido à imprecisão da expressão *paz e segurança internacionais*, o que apenas confirma o abrangente poder discricionário do Conselho. Ademais, o órgão não

---

91   Art. 51 da Carta: "Nada na presente Carta prejudicará o direito inerente de legítima defesa individual ou coletiva, no caso de ocorrer um ataque armado contra um membro das Nações Unidas, até que o Conselho de Segurança tenha tomado as medidas necessárias para a manutenção da paz e da segurança internacionais. As medidas tomadas pelos membros no exercício desse direito de legítima defesa serão comunicadas imediatamente ao Conselho de Segurança e não deverão, de modo algum, atingir a autoridade e a responsabilidade que a presente Carta atribui ao Conselho para levar a efeito, em qualquer momento, a ação que julgar necessária à manutenção ou ao restabelecimento da paz e da segurança internacionais."

tem a obrigação de motivar suas decisões, o que demonstra a difícil tarefa de controlar a legalidade de seus atos.

2.8.6.4.2.3. Votações e procedimentos

O Conselho de Segurança (além de recomendar) tem o poder de tomar decisões (resoluções) que os Estados-membros são obrigados a acatar, por força da própria Carta de São Francisco.

Cada um dos 15 membros tem direito a um voto[92]. As decisões sobre questões de procedimentos são tomadas pelo voto afirmativo de, pelo menos, 9 dos 15 membros. Já as decisões sobre questões de fundo exigem também 9 votos, só que, neste caso, incluem-se os votos afirmativos de todos os cinco membros permanentes (art. 27 da Carta). Esta regra é conhecida como *unanimidade das grandes potências*.

Como antes expressado, somente os cinco membros permanentes podem exarar voto negativo ou poder de veto. Este instrumento configurador de uma *negativa absoluta* – a nosso ver, violador do princípio da igualdade entre os Estados consagrado no próprio art. 2º da Carta – impossibilita o processo de discussão; é inicial e impeditivo em relação a uma ação futura a ser proposta. Trata-se de uma prerrogativa abusivamente recorrida pelas potências permanentes, pois, mesmo que uma resolução atinja o *quorum* mínimo para aprovação (9 votos afirmativos), basta um veto para não ser acatada.

Conforme art. 28 da Carta da ONU, o CS será organizado de maneira que possa funcionar continuamente, por isso precisa realizar reuniões periódicas, "nas quais cada um dos seus membros poderá, se assim o desejar, ser representado por um membro do governo ou por outro representante especialmente designado".

2.8.6.4.3. Conselho Econômico e Social (CES)

A cooperação econômica e social está disciplinada no Capítulo IX da Carta da ONU e tem como objetivo principal, conforme seu art. 55: "criar condições de estabilidade e bem-estar, necessárias às relações pacíficas e amistosas entre as Nações, baseadas no respeito do princípio da igualdade de direitos e da autodeterminação dos povos (...)".

Para tanto, resta à Assembleia-Geral e, sob a sua autoridade, ao Conselho Econômico e Social a competência de exercer as funções da ONU quanto aos assuntos atinentes à cooperação econômica e social.

---

92 Carta da ONU: "Artigo 31 - Qualquer membro das Nações Unidas que não seja membro do Conselho de Segurança poderá participar, sem direito a voto, na discussão de qualquer questão submetida ao Conselho de Segurança, sempre que este considere que os interesses do referido membro estão especialmente em jogo. Artigo 32 - Qualquer membro das Nações Unidas que não seja membro do Conselho de Segurança ou qualquer Estado que não seja membro das Nações Unidas será convidado, desde que seja parte numa controvérsia submetida ao Conselho de Segurança, a participar, sem direito a voto, na discussão dessa controvérsia. O Conselho de Segurança determinará as condições que lhe parecerem justas para a participação de um Estado que não seja membro das Nações Unidas."

2.8.6.4.3.1. Composição

O Conselho Econômico e Social será composto por 54 membros das Nações Unidas, eleitos pela Assembleia-Geral, podendo cada membro ter um único representante.

2.8.6.4.3.2. Atribuições

Conforme Carta de São Francisco, o CES poderá: fazer ou iniciar estudos e relatórios a respeito de assuntos internacionais de caráter econômico, social, cultural, educacional, de saúde e conexos; fazer recomendações a respeito dos assuntos acima citados à Assembleia-Geral, aos membros das Nações Unidas e às organizações especializadas interessadas; fazer recomendações destinadas a assegurar o respeito efetivo dos direitos do homem e das liberdades fundamentais para todos; preparar, sobre assuntos da sua competência, projetos de convenções a serem submetidos à Assembleia-Geral; convocar, de acordo com as regras estipuladas pelas Nações Unidas, conferências internacionais sobre assuntos da sua competência; estabelecer acordos com qualquer das organizações a que se refere o art. 57, a fim de determinar as condições em que a organização interessada será vinculada às Nações Unidas (tais acordos serão submetidos à aprovação da Assembleia-Geral); coordenar as atividades das organizações especializadas, por meio de consultas e recomendações às mesmas e de recomendações à Assembleia-Geral e aos membros das Nações Unidas; tomar as medidas adequadas a fim de obter relatórios regulares das organizações especializadas. O CES, então, poderá entrar em entendimento com os membros das Nações Unidas e com as organizações especializadas a fim de obter relatórios sobre as medidas tomadas para o cumprimento das suas próprias recomendações e das que forem feitas pela Assembleia-Geral sobre assuntos da competência do Conselho; comunicar à Assembleia-Geral as suas observações a respeito desses relatórios; e fornecer informações ao Conselho de Segurança e, a pedido deste, prestar-lhe assistência.

E, conforme art. 66, "desempenhará as demais funções especificadas em outras partes da presente Carta ou as que lhe forem atribuídas pela Assembleia-Geral".

2.8.6.4.3.3. Votações e procedimentos

Cada membro do Conselho Econômico e Social terá direito a um voto, sendo as decisões tomadas por maioria dos membros presentes e votantes.

2.8.6.4.4. Conselho de Tutela

Estabelece a Carta de São Francisco, em seu Capítulo XII, o *Regime Internacional de Tutela,* regido pela Assembleia-Geral e pelo Conselho de Tutela. Contudo, este último órgão foi desativado em 1997, três anos após a independência da última colônia, Palau.

2.8.6.4.4.1. Composição

Era composto (art. 86) pelos seguintes membros das Nações Unidas: os que administravam territórios sob tutela; aqueles entre os membros mencionados nominalmente no art. 23 que não administrassem territórios sob tutela; e quantos outros membros eleitos por um período de três anos, pela Assembleia-Geral, fossem necessários para assegurar que o número total de membros do Conselho de Tutela ficasse igualmente dividido entre os membros das Nações Unidas que administravam territórios sob tutela e aqueles que não o fizessem.

Cada um dos integrantes do Conselho deveria designar uma pessoa especialmente qualificada para representá-lo.

2.8.6.4.4.2. Atribuições

O art. 87 da Carta dispõe que a Assembleia-Geral e, sob sua autoridade, o Conselho de Tutela podem: examinar os relatórios que lhes tenham sido submetidos pela autoridade administrante; receber petições e examiná-las, em consulta com a autoridade administrante; providenciar visitas periódicas aos territórios sob tutela em datas fixadas de acordo com a autoridade administrante; e tomar estas e outras medidas em conformidade com os termos dos acordos de tutela.

2.8.6.4.4.3. Votações e procedimentos

Cada membro do Conselho de Tutela tinha direito a um voto, sendo as decisões tomadas por maioria dos membros presentes e votantes.

2.8.6.4.5.. Corte Internacional de Justiça (CIJ)

É o *Judiciário* da ONU, regulada pela Carta da ONU de 1945 e por seu Estatuto de 1920; é uma das mais importantes Cortes Internacionais da atualidade, sediada em Haia e com competência para julgar controvérsias envolvendo somente Estados que aceitaram sua jurisdição. Ela substituiu a Corte Permanente de Justiça Internacional (pertencia à extinta Liga das Nações).

Todos os Estados-membros da ONU são, *ipso facto*, partes do Estatuto da CIJ. No entanto, mesmo que um Estado não seja membro das Nações Unidas, pode tornar-se parte da CIJ em condições que são determinadas pela Assembleia--Geral, mediante recomendação do Conselho de Segurança.

2.8.6.4.5.1. Composição

Como se trata de uma instância judicial, tribunal em sentido técnico, sua abordagem deve observar essa peculiaridade, por isso os tópicos que seguem caminham com base nessa premissa. Dessa forma, sua composição aqui referida não atine aos Estados, mas sim ao corpo de juízes que a integram como verdadeiros operacionalizadores de suas competências.

O art. 2º do Estatuto estipula que a Corte será composta por juízes independentes, os quais serão "eleitos sem atenção à sua nacionalidade, dentre pessoas que gozem de alta consideração moral e possuam as condições exigidas em seus respectivos países para o desempenho das mais altas funções judiciárias ou que sejam jurisconsultos de reconhecida competência em direito internacional". A sua composição totaliza 15 juízes, não "podendo figurar entre eles dois nacionais do mesmo Estado" (art. 3º). As suas eleições dar-se-ão "pela Assembleia-Geral e pelo Conselho de Segurança de uma lista de pessoas apresentadas pelos grupos nacionais da Corte Permanente de Arbitragem" (art. 4º). Seus mandatos serão de 9 anos, com possibilidade de reeleição (art. 13).

Como são julgadores independentes e imparciais, nenhum "poderá exercer qualquer função política ou administrativa ou dedicar-se a outra ocupação de natureza profissional" (art. 16) e, muito menos, poderão "servir como agente, consultor ou advogado em qualquer questão" (art. 17). Para isso, os juízes precisam, quando no exercício de suas funções, gozar dos privilégios e imunidades diplomáticas (art. 19).

2.8.6.4.5.2. Competências

A CIJ exerce competência consultiva (ou opinativa) e contenciosa (ou litigiosa).

Conforme art. 96 da Carta da ONU, a AG e o CS poderão "solicitar parecer consultivo da Corte Internacional de Justiça, sobre qualquer questão de ordem jurídica". Já outros órgãos "das Nações Unidas e entidades especializadas, que forem em qualquer época devidamente autorizados" pela AG, também poderão acionar a Corte, porém, somente sobre questões jurídicas surgidas dentro da esfera de suas atividades.

O seu Estatuto, no art. 65, estabelece que as questões sobre as quais for pedido o parecer consultivo "serão a ela submetidas por meio de petição escrita, que deverá conter uma exposição do assunto sobre o qual é solicitado o parecer e será acompanhada de todos os documentos".

Como se vê, a competência em matéria consultiva é ampla, mas a legitimidade para acioná-la é restrita à Assembleia-Geral e ao Conselho de Segurança e, excepcionalmente, a outros órgãos das Nações Unidas e entidades especializadas, desde que, nesses últimos casos, sejam autorizados.

Há, ainda, a competência contenciosa ou litigiosa, aqui se fala em processo que poderá redundar em sentença definitiva. Nessa esfera, somente Estados podem ser partes, i.e., somente estes entes poderão compor o polo ativo ou passivo de um processo em trâmite perante à CIJ. Conforme art. 36 do Estatuto, essa competência "abrange todas as questões que as partes lhe submetam, bem como todos os assuntos especialmente previstos na Carta das Nações Unidas ou em tratados e convenções em vigor"[93]. Gize-se que julga todos os temas relacionados ao Direito Internacional.

---

93 Importante a leitura do art. 36 do Estatuto: "Artigo 36. 1. A competência da Corte abrange todas as questões que as partes lhe submetam, bem como todos os assuntos especialmente previstos na Carta das Nações Unidas ou em tratados e convenções em vigor. 2. Os Estados partes no presente Estatuto poderão, em qualquer momento, declarar que reconhecem como obrigatória, ipso facto e sem acordo especial, em relação a qualquer outro Estado que aceite a mesma obrigação, a jurisdição da Corte em todas as controvérsias de ordem jurídica que tenham por objeto: a) a interpretação de um tratado; b) qualquer ponto de direito internacional; c) a existência de qualquer fato que, se verificado, constituiria a violação de um compromisso internacional; d) a natureza ou a extensão da reparação devida pela rutura de um compromisso internacional. 3. As declarações acima mencionadas poderão ser feitas pura e simplesmente ou sob condição de reciprocidade da parte de vários ou de certos Estados, ou por prazo determinado. 4. Tais declarações serão depositadas junto ao Secretário Geral das Nações Unidas, que as transmitirá, por cópia, às partes contratantes do presente Estatuto e

2.8.6.4.5.3. Votações, processos e sentenças

A Corte funcionará em sessão plenária, sendo o *quorum* de 9 juízes suficiente para a sua constituição. Os trabalhos serão desenvolvidos em suas línguas oficiais, quais sejam: o francês e o inglês.

Na linha do preceituado no art. 55 do Estatuto, todas "as questões serão decididas por maioria dos juízes presentes"; em caso de empate da votação, "o Presidente ou o juiz que funcionar em seu lugar decidirá com o seu voto".

O processo constará de duas fases: uma escrita e outra oral (art. 43 do Estatuto). A fase escrita compreenderá a comunicação, à Corte e às partes, de memoriais, contra-memorais e, se necessário, réplicas, assim como quaisquer peças e documentos em apoio às mesmas. Todas essas comunicações serão realizadas pelo Escrivão da Corte. Já a fase oral, consistirá na audiência, pela Corte, de testemunhas, peritos, agentes, consultores e advogados.

Como finalização do processo prolata-se uma sentença internacional, que deverá expor as razões em que se fundamentou a CIJ para tal decisão. Trata-se de *decisum* obrigatório para as partes litigantes, sendo definitiva e inapelável. É possível apenas um pedido de esclarecimento, por qualquer das partes, sobre o sentido e o alcance da decisão, ou ainda, um pedido de revisão, em decorrência do descobrimento de algum fato suscetível de exercer influência decisiva, o qual, na ocasião de ser proferida a sentença, era desconhecido. O prazo para o pedido de revisão é de 6 meses a partir do descobrimento do fato novo, não podendo ultrapassar dez anos da data da sentença.

Está-se aqui frente a uma sentença internacional de internalização obrigatória pelo Estado aceitante da jurisdição da CIJ. Em caso de seu descumprimento, o Estado lesado poderá recorrer ao Conselho de Segurança que poderá, se julgar necessário, fazer recomendações ou decidir sobre outras medidas a serem tomadas.

2.8.6.4.6. Secretariado

Órgão de natureza administrativa que possui como principal *servidor* o Secretário-Geral das Nações Unidas, funcionário máximo da ONU, seu principal representante. Hoje, o Secretário-Geral é o sul-coreano Ban Ki-Moon que, em 2012, iniciou seu segundo mandato de 5 anos.

2.8.6.4.6.1. Composição

Conforme art. 97 da Carta da ONU, o Secretariado será composto "de um Secretário-Geral e do pessoal exigido pela Organização". O Secretário-Geral será indicado pela AG mediante a recomendação do CS. O pessoal do Secretariado será

---

ao Escrivão da Corte. 5. Nas relações entre as partes contratantes do presente Estatuto, as declarações feitas de acordo com o artigo 36 do Estatuto da Corte Permanente de Justiça Internacional e que ainda estejam em vigor serão consideradas como importando na aceitação da jurisdição obrigatória da Corte Internacional de Justiça pelo período em que ainda devam vigorar e de conformidade com os seus termos. 6. Qualquer controvérsia sobre a jurisdição da Corte será resolvida por decisão da própria Corte". (grifamos)

nomeado pelo Secretário-Geral, de acordo com regras estabelecidas pela Assembleia-Geral (art. 101 da Carta).

2.8.6.4.6.2. Atribuições

O Secretário-Geral, que cumpre mandato de 5 anos (com possibilidade de recondução), atuará em todas as reuniões da AG, do CS, do CES e do Conselho de Tutela e desempenhará outras funções que lhe forem atribuídas por estes órgãos, devendo elaborar relatório anual à Assembleia-Geral sobre os trabalhos da ONU (art. 98 da Carta). Ele ainda pode chamar a atenção do Conselho de Segurança para qualquer assunto que, em sua opinião, possa ameaçar a manutenção da paz e da segurança internacionais (art. 99).

2.8.6.5. Sistema das Nações Unidas

Além dos órgãos principais acima estudados, a ONU possui um sistema próprio, o *Sistema das Nações Unidas* (também conhecido como *Família das Nações Unidas*), responsável pelo trato específico, direcionado e técnico de determinados assuntos. Tal sistema é constituído por agências ou organismos especializados[94].

Além da Organização Internacional do Trabalho, que mais adiante será tratada, há outros exemplos de organismos especializados, quais sejam: Organização da Aviação Civil Internacional (OACI) – Conferência de Chigago, 1944; Organização para a Alimentação e a Agricultura (OAA ou FAO) – Conferência de *Hot Springs*, 1945; Organização das Nações Unidas para a Educação, a Ciência e a Cultura (UNESCO), 1945; Fundo Monetário Internacional (FMI) – Conferência de *Bretton Woods*, 1944; Banco Internacional para a Reconstrução e o Desenvolvimento (BIRD) – Conferência de *Bretton Woods*, 1945; Organização Mundial de Saúde (OMS), 1948; União Internacional das Telecomunicações (UIT) – reorganizada em 1947; União Postal Universal (UPU) – reorganizada em 1947 e 1964; Organização Meteorológica Mundial (OMM) – reorganizada em 1947; Organização Marítima Internacional (OMI) – criada em 1948 e reorganizada em 1975; Organização Mundial da Propriedade Intelectual (OMPI) – 1967; e Organização Mundial do Turismo (OMT) – 1975.

2.8.6.6. Financiamento

A receita da ONU resulta da cotização dos Estados-membros. Cada um contribuirá com sua cota de acordo com sua capacidade contributiva. Sendo assim, resta claro que as cotas não são paritárias. A participação de cada membro será fixada pela Assembleia-Geral, e não poderá ser superior a 22% do orçamento da

---

94 Art. 57 da Carta da ONU: "1. As várias entidades especializadas, criadas por acordos intergovernamentais e com amplas responsabilidades internacionais, definidas em seus instrumentos básicos, nos campos econômico, social, cultural, educacional, sanitário e conexos, serão vinculadas às Nações Unidas, de conformidade com as disposições do Artigo 63. 2. Tais entidades assim vinculadas às Nações Unidas serão designadas, daqui por diante, como entidades especializadas."

organização, medida esta que visa a evitar o domínio político por meio do domínio econômico.

O orçamento das Nações Unidas é aprovado pela AG, conforme art. 17 da Carta da ONU.

2.8.7. Organização dos Estados Americanos (OEA)

Trata-se de uma importante OI de atuação regional, mas com notoriedade global, face ao seu pioneirismo em várias áreas, como a própria proteção e promoção dos direitos humanos. Além disso, sua membresia arrola importantes potências mundiais, como os Estados Unidos da América. Ela exerce relevante papel para a proteção interamericana aos direitos humanos, dentre eles os de segunda dimensão (econômicos, sociais e culturais).

2.8.7.1. Carta de Bogotá, personalidade jurídica internacional e membresia

A OEA foi a primeira organização internacional com abrangência regional a ser criada, sendo fundada em 1948 com a assinatura, em Bogotá, Colômbia, da Carta da OEA (ou de Bogotá)[95], que entrou em vigor em dezembro de 1951. Posteriormente, o documento sofreu importantes alterações em seu texto: pelo Protocolo de Buenos Aires (assinado em 1967 e com vigência em fevereiro de 1970); pelo Protocolo de Cartagena das Índias (assinado em 1985 e com vigência em 1988); pelo Protocolo de Manágua (assinado em 1993 e com vigência em janeiro de 1996); e, por fim, mais recente, pelo Protocolo de Washington (assinado em 1992 e com vigência em setembro de 1997).

A organização tem *personalidade jurídica internacional, com capacidade de atuação ampla* e ações disseminadas nos mais diversos campos da sociedade das Américas. É um dos mais atuantes e representativos sujeitos do DI, ainda que com competência adstrita aos Estados americanos. Goza, para tanto, de todos os direitos inerentes a esta condição, como o de convenção e o de legação. Seus representantes gozam, também, de imunidades como garantia de uma atuação independente.

Ela é formada por 35 Estados independentes das Américas[96], e constitui o principal fórum governamental político, jurídico e social do Hemisfério. Além dos membros permanentes e de direito, a OEA concedeu o estatuto de observador permanente a outros 67 países e à União Europeia.

---

95 A estrutura do Tratado de Bogotá se apresenta em três partes: dogmática (arts. 1º ao 52), orgânica (arts. 53 ao 130) e disposições finais e transitórias (arts. 131 ao 146).

96 Países membros originais: Argentina, Bolívia, Brasil, Chile, Colômbia, Costa Rica, Cuba, Equador, El Salvador, Estados Unidos da América, Guatemala, Haiti, Honduras, México, Nicarágua, Panamá, Paraguai, Peru, República Dominicana, Uruguai e Venezuela (República Bolivariana de). Países que se tornaram membros posteriormente: Barbados, Trinidad e Tobago (1967), Jamaica (1969), Grenada (1975), Suriname (1977), Dominica (Commonwealth da), Santa Lúcia (1979), Antígua e Barbuda, São Vicente e Granadinas (1981), Bahamas (Commonwealth das) (1982), St. Kitts e Nevis (1984), Canadá (1990), Belize, Guiana (1991).

Caso emblemático quanto à membresia é o de Cuba. É cediço que o país da família Castro sofre com o malfadado bloqueio econômico, comercial e financeiro imposto pelos Estados Unidos, *El bloqueio*. O bloqueio começou em 1962 e vigora até hoje. A despeito desse *grotesco* modo de atuação norte-americano, em 2009 foi dado importante passo para o eventual ingresso de Cuba à Organização dos Estados Americanos. Com a intermediação do governo brasileiro, os Ministros das Relações Exteriores se manifestaram pela revogação da decisão que impedia o ingresso do país nos quadros da organização (Resolução AG/RES.2438 – XX-XIX-0/09). Nesta oportunidade, declarou-se que a participação da República de Cuba na OEA será o resultado de um processo de diálogo iniciado de acordo com a solicitação do governo cubano[97].

Caso postule a entrada no sistema da OEA, demonstre ser um país independente e seja aceito, Cuba terá os mesmos direitos de participação e os mesmos deveres que os outros Estados, em decorrência do princípio da igualdade que pauta o funcionamento e a tomada de decisões. Um dos deveres elementares dos Estados-membros é o indelével respeito à paz mundial, que também comporta dimensão regional, tanto que o art. 22 da Carta dispõe que os Estados americanos "se comprometem, em suas relações internacionais, a não recorrer ao uso da força, salvo em caso de legítima defesa, em conformidade com os tratados vigentes (...)".

Como o conflito armado é ilícito internacional, não acatado pelas normas internacionais, a OEA, por meio de sua Carta, prima pela solução pacífica das controvérsias internacionais, na esteira de seu art. 25: "São processos pacíficos: a negociação direta, os bons ofícios, a mediação, a investigação e conciliação, o processo judicial, a arbitragem e os que sejam especialmente combinados, em qualquer momento, pelas partes".

2.8.7.2. Natureza, propósitos e princípios

No art. 1º da Carta de Bogotá é definida a natureza jurídica da organização. Conforme esse dispositivo, os Estados americanos consagram, na Carta, "a organização internacional que vêm desenvolvendo para conseguir uma ordem de paz e de justiça, para promover sua solidariedade, intensificar sua colaboração e defender sua soberania, sua integridade territorial e sua independência". Ainda no mesmo preceito, fica determinado que, dentro do sistema das Nações Unidas, a OEA "constitui um organismo regional".

Os propósitos da OEA vêm dispostos no art. 2º:

> Para realizar os princípios em que se baseia e para cumprir com suas obrigações regionais, de acordo com a Carta das Nações Unidas, a Organização dos Estados Americanos estabelece como propósitos essenciais os seguintes: a) Garantir a paz e a segurança continentais; b) Promover e consolidar a democracia representativa, res-

---

97 Notícia do Jornal Estadão: *OEA REVOGA SUSPENSÃO A CUBA DEPOIS DE 47 ANOS: DECISÃO ABRE CAMINHO PARA VOLTA DO PAÍS À ORGANIZAÇÃO DA QUAL FOI EXCLUÍDO EM 1962*. Disponível em: http://www.estadao.com.br/noticias/internacional,oea-revoga-suspensao-a-cuba-depois-de-47-anos,381881,0.htm. Acesso em: 01/09/2010.

peitado o princípio da não-intervenção; c) Prevenir as possíveis causas de dificuldades e assegurar a solução pacífica das controvérsias que surjam entre seus membros; d) Organizar a ação solidária destes em caso de agressão; e) Procurar a solução dos problemas políticos, jurídicos e econômicos que surgirem entre os Estados membros; f) Promover, por meio da ação cooperativa, seu desenvolvimento econômico, social e cultural; g) Erradicar a pobreza crítica, que constitui um obstáculo ao pleno desenvolvimento democrático dos povos do Hemisfério; e h) Alcançar uma efetiva limitação de armamentos convencionais que permita dedicar a maior soma de recursos ao desenvolvimento econômico-social dos Estados membros.

Já os princípios da OI regional estão preceituados no art. 3º do mesmo documento:

Os Estados americanos reafirmam os seguintes princípios: a) O direito internacional é a norma de conduta dos Estados em suas relações recíprocas; b) A ordem internacional é constituída essencialmente pelo respeito à personalidade, soberania e independência dos Estados e pelo cumprimento fiel das obrigações emanadas dos tratados e de outras fontes do direito internacional; c) A boa-fé deve reger as relações dos Estados entre si; d) A solidariedade dos Estados americanos e os altos fins a que ela visa requerem a organização política dos mesmos, com base no exercício efetivo da democracia representativa; e) Todo Estado tem o direito de escolher, sem ingerências externas, seu sistema político, econômico e social, bem como de organizar-se da maneira que mais lhe convenha, e tem o dever de não intervir nos assuntos de outro Estado. Sujeitos ao acima disposto, os Estados americanos cooperarão amplamente entre si, independentemente da natureza de seus sistemas políticos, econômicos e sociais; f) A eliminação da pobreza crítica é parte essencial da promoção e consolidação da democracia representativa e constitui responsabilidade comum e compartilhada dos Estados americanos; g) Os Estados americanos condenam a guerra de agressão: a vitória não dá direitos; h) A agressão a um Estado americano constitui uma agressão a todos os demais Estados americanos; i) As controvérsias de caráter internacional, que surgirem entre dois ou mais Estados americanos, deverão ser resolvidas por meio de processos pacíficos; j) A justiça e a segurança sociais são bases de uma paz duradoura; k) A cooperação econômica é essencial para o bem-estar e para a prosperidade comuns dos povos do Continente; l) Os Estados americanos proclamam os direitos fundamentais da pessoa humana, sem fazer distinção de raça, nacionalidade, credo ou sexo; m) A unidade espiritual do Continente baseia-se no respeito à personalidade cultural dos países americanos e exige a sua estreita colaboração para as altas finalidades da cultura humana; n) A educação dos povos deve orientar-se para a justiça, a liberdade e a paz.

Para concretizar seus desideratos não bastava à OEA possuir um extenso rol de membros, mas era preciso estruturar a organização com quadro orgânico permanente e condizente com os anseios americanos, e assim o fez.

2.8.7.3. Estrutura

A estrutura da OEA é composta pelos seguintes órgãos:
- **Assembleia-Geral** – órgão supremo, composto por todos os Estados-membros, os quais têm direito de representação e de voto. As votações são tomadas por maioria absoluta ou por 2/3. Manifesta-se mediante resolução ou declarações.

- **Reunião de Consulta dos Ministros das Relações Exteriores** – trata-se de órgão convocado em casos excepcionais, em assuntos urgentes, que guardam certa complexidade. Tem natureza consultiva. Qualquer Estado-membro pode solicitar sua convocação.
- **Conselhos** – são os Conselhos Permanente e Interamericano de Desenvolvimento Integral, os quais se subordinam diretamente à Assembleia.
- **Comissão Jurídica Interamericana** – órgão consultivo da OEA em assuntos jurídicos. Composta por 11 juristas nacionais, com mandato de 4 anos. Sediada no Rio de Janeiro.
- **Comissão Interamericana de Direitos Humanos** – órgão criado em 1959, encarregado da promoção, fiscalização e proteção dos direitos humanos em âmbito interamericano. Ao lado da Corte Interamericana de Direitos Humanos, desempenha papel fundamental no sistema de petições individuais, pois, como instância administrativa e política, faz juízo de admissibilidade das denúncias sobre violação aos direitos humanos encaminhadas por um indivíduo, grupo de indivíduos ou organização não governamental. A Comissão é regulamentada pela Convenção Americana de Direitos Humanos, de 1969.
- **Secretaria-Geral** – classifica-se como órgão central e permanente, sediado em Washington. Chefiada pelo Secretário-Geral, que exerce mandato de 5 anos, sendo-lhe permitida uma recondução.
- **Conferências especializadas** – conforme art. 122 da Carta, são reuniões intergovernamentais "destinadas a tratar de assuntos técnicos especiais ou a desenvolver aspectos específicos da cooperação interamericana e são realizadas quando o determine a Assembleia-Geral ou a Reunião de Consulta dos Ministros das Relações Exteriores", isso, por sua própria iniciativa ou a pedido de algum dos Conselhos ou Organismos Especializados.
- **Organismos especializados** – semelhantemente à ONU, a OEA também possui seu sistema, o interamericano, constituído por organismos especializados, com ampla autonomia técnica. Na linha do preceituado pelo art. 124 da Carta de Bogotá, caracterizam-se como: "organismos intergovernamentais estabelecidos por acordos multilaterais, que tenham determinadas funções em matérias técnicas de interesse comum para os Estados americanos". Exemplos: Organização Panamericana de Saúde, Instituto Interamericano da Criança e Comissão Interamericana da Mulher.

2.8.7.4. Questões trabalhistas

A OEA apoia um importante fórum de debate e de tomada de decisões sobre questões trabalhistas no Hemisfério Ocidental, trata-se da *Conferência Interamericana de Ministros do Trabalho* (CIMT). Essa Conferência se constitui em primordial instância para a discussão, debate e formulação de propostas relativas a decisões políticas acerca das ações prioritárias em matéria trabalhista.

A CIMT estrutura-se em três órgãos de assessoramento: o Comitê Técnico Permanente sobre Assuntos Laborais, o Conselho Sindical de Assessoramento Técnico e a Comissão Empresarial de Assessoramento Técnico em Assuntos Laborais. As suas atuações e deliberações devem garantir o diálogo social sob um modelo tripartite, dentro do qual participam os Ministros do Trabalho, os sindicatos e os empregadores. O documento mais relevante quanto aos direitos econômicos, sociais e culturais no âmbito interamericano é o *Protocolo de San Salvador*, de 1988 (ou Protocolo Adicional à Convenção Americana sobre Direitos Humanos em Matéria de Direitos Econômicos, Sociais e Culturais). Esse documento será estudado especificamente no capítulo atinente às normas de proteção às crianças e aos adolescentes.

2.9. Questões comentadas – Juiz do Trabalho

(**TRT 7ª Região – 2005**) A propósito da personalidade jurídica do Estado e das organizações internacionais, na percepção da doutrina, especialmente em Francisco Rezek, pode-se afirmar que,

a) a personalidade jurídica do Estado é originária e a personalidade jurídica das organizações internacionais é derivada.

b) porque o Estado tem precedência histórica, sua personalidade jurídica é derivada; e porque as organizações resultam de uma elaboração jurídica resultante da vontade de alguns Estados, sua personalidade jurídica é originária.

c) a personalidade jurídica do Estado fundamenta-se em concepções clássicas de Direito Público, formatando-se como realidade jurídica e política; a personalidade jurídica das organizações internacionais centra-se na atuação de indivíduos e de empresas, que lhes conferem personalidade normativa, assumindo feições públicas e privadas.

d) a personalidade jurídica do Estado é definida por seus elementos normativos internos, aceitos na ordem internacional por tratados constitutivos de relações nas esferas públicas e privadas; a personalidade jurídica das organizações internacionais decorre da fragmentação conceitual do Estado contemporâneo, decorrência direta de crises de ingovernabilidade sistêmica e de legitimidade ameaçada pelo movimento de globalização; não se lhes aplicam referenciais convencionais, e consequentemente não se vislumbram personalidades jurídicas distintas.

e) o direito das gentes não identifica a personalidade jurídica das organizações internacionais, dado que aplicado, especialmente, aos Estados, que detêm natureza jurídica definida por elementos de Direito Público.

Gabarito	Comentários
A	• Os Estados são os sujeitos clássicos, primários, que possuem personalidade jurídica internacional originária, bem como ampla capacidade de atuação. Já as organizações internacionais, criadas pelos Estados, possuem personalidade derivada. • As OI são entidades compostas por Estados, instituídas mediante tratados multilaterais, com aparelho institucional próprio e permanente, com personalidade jurídica própria e com o objetivo de tratar de assuntos de interesse comum por meio da cooperação multilateral.

(TRT 16ª Região – 2005) As organizações internacionais contemporâneas,
a) são sujeitos soberanos de Direito Internacional.
b) são sujeitos de Direito Internacional em decorrência das normas da Carta da ONU.
c) são sujeitos de Direito Internacional por terem capacidade jurídica própria.
d) não são sujeitos de Direito Internacional.
e) só adquirem personalidade jurídica depois de homologadas pela Corte Internacional de Justiça.

Gabarito	Comentários
C	• A soberania é atributo dos Estados. • As organizações internacionais são sujeitos do DI, ostentam personalidade e possuem capacidade em decorrência da evolução das relações internacionais. • O reconhecimento de sua personalidade internacional se deu graças à jurisprudência da Corte Internacional de Justiça. Inicialmente, não possuíam essa condição.

(TRT 5ª Região – 2006) Acerca dos sujeitos de direito internacional, assinale a opção correta.
a) As organizações internacionais são associações voluntárias de sujeitos de direito internacional, constituídas por atos internos de cada sujeito.
b) O agente diplomático é um dos órgãos do Estado para as relações internacionais.
c) A seleção e a nomeação dos agentes diplomáticos são reguladas pelo direito internacional.
d) Os cônsules não podem ser escolhidos entre os nacionais do Estado no qual vão servir.
e) A Convenção de Viena de 1963 dispõe sobre as relações diplomáticas.

Gabarito	Comentários
B	• As organizações internacionais são sujeitos do DI, formadas por Estados e criadas mediante a celebração de tratados internacionais, denominados de Carta ou Constituição. • Os agentes diplomáticos são um dos órgãos dos Estados nas relações internacionais, com funções reguladas pela Convenção de Viena sobre Relações Diplomáticas de 1961. A seleção é feita de acordo com o Direito interno de cada país. • Convenção de Viena sobre Relações Consulares de 1963: "Art. 22 Nacionalidade dos Funcionários Consulares 1. Os funcionários consulares deverão, em princípio, ter a nacionalidade do Estado que envia. 2. Os funcionários consulares só poderão ser escolhidos dentre os nacionais do Estado receptor com o consentimento expresso desse Estado, o qual poderá retirá-lo a qualquer momento. 3. O Estado receptor poderá reservar-se o mesmo direito, em relação aos nacionais de um terceiro Estado que não forem também nacionais do Estado que envia."

(TRT 11ª Região - 2007) Organizações internacionais:
a) A OMC foi criada com o propósito de garantir a manutenção dos mecanismos de concentração econômica anteriormente existentes.
b) A Assembleia-Geral da ONU tem por função assessorar o Secretário Geral.

c) O Conselho de Segurança da ONU pode fazer recomendações em matéria de aquisição de autodeterminação.
d) Todos os Estados soberanos atualmente existentes são membros da ONU.
e) As resoluções do Conselho de Segurança criam obrigações para os Estados-membros.

Gabarito	Comentários
E	• O Conselho de Segurança é o órgão da ONU encarregado pela manutenção da paz e segurança internacionais. Ele é composto por 15 membros, 5 permanentes (com direito a voto e a veto) e 10 não-permanentes (com direito a voto). Pode expedir recomendações e resoluções. Quanto a estas últimas são obrigatórias e vinculam, de modo que seu desrespeito pode gerar sanções do próprio Conselho. As resoluções são exemplos de novas fontes do DI.

(TRT 1ª Região – 2010) Acerca da personalidade jurídica internacional, essencial para o exercício de direitos e deveres no âmbito do direito internacional público, assinale a opção correta.
a) Órgãos internacionais, como a Anistia Internacional e o Greenpeace, são sujeitos de direito público externo, sem o que não poderiam exercer suas finalidades.
b) O MERCOSUL, ao contrário da União Europeia, não possui personalidade jurídica de direito internacional.
c) OIT não possui personalidade jurídica, pois é filiada à Organização das Nações Unidas e por ela representada.
d) O Vaticano, embora seja estado anômalo, por não possuir território, possui representantes diplomáticos, os quais se denominam núncios apostólicos.
e) O reconhecimento da personalidade jurídica das organizações internacionais não decorre de tratados, mas da jurisprudência internacional, mais especificamente do Caso Bernadotte, julgado pela Corte Internacional de Justiça.

Gabarito	Comentários
E	• Majoritariamente, ainda se entende que Anistia Internacional e Greenpeace não são sujeitos do Direito Internacional. São organizações não governamentais, reguladas pelo Direito Privado e criadas mediante contrato. Ademais, classificá-las como "órgãos", tecnicamente, também não está correto. • A partir de 1994, com o Protocolo de Ouro Preto, o MERCOSUL adquiriu personalidade jurídica de Direito Internacional; é organização intergovernamental. A União Europeia também possui personalidade internacional. • A OIT é uma organização internacional com personalidade jurídica própria, pertencente ao sistema das Nações Unidas. • O Estado da Cidade do Vaticano possui território (0,44 km2) e governo soberano, no entanto, ostenta duas peculiaridades que o transformam em um Estado anômalo: primeiro, suas finalidades são religiosas e, segundo, não possui povo, nacionais, dimensão pessoal. Contudo, esses dois pontos não retiram sua condição de sujeito. Os núncios apostólicos são representantes da Santa Sé. • É importante conhecer o Caso Bernadotte, parecer consultivo de 1949, da Corte Internacional de Justiça, que sedimentou a personalidade jurídica internacional das OI.

3. RESPONSABILIDADE INTERNACIONAL

> **SUMÁRIO**: 3.1. A personalidade como pressuposto da responsabilidade; 3.2. O Direito Internacional da atualidade e a responsabilidade internacional; 3.3. A situação atual da responsabilidade e os projetos da ONU; 3.4. Classificação e estudo dos atos suscetíveis de responsabilidade; 3.5. Elementos configuradores; 3.6. Teorias sobre a responsabilidade; 3.6.1. A tendência moderna de objetivação; 3.7. Consequências jurídicas; 3.8. Excludentes; 3.8.1. Impossibilidade de exclusão frente à violação de normas peremptórias; 3.9. Da proteção diplomática.

Adentra-se em matéria de suma importância para o DI e fundamental para a dinâmica da sociedade internacional, bem como para a limitação do comportamento dos sujeitos acima estudados. Trata-se de um mecanismo garantidor da *legalidade internacional*[98], cuja abordagem poderia ter sido feita como fechamento do capítulo anterior, no entanto, em razão da riqueza dos assuntos, optou-se por situá-la em espaço específico no livro.

3.1. A personalidade como pressuposto da responsabilidade

O instituto da responsabilidade internacional tem como principal objetivo assegurar o cumprimento das normas internacionais. Dessa forma, os Estados e as OI que as violarem e causarem danos estarão obrigados a repararem-nos. Ver-se-á que a atribuição de responsabilidade a um ente, na esfera do DI, demanda o prévio reconhecimento de sua personalidade:

> (...) atribuição a um ente de responsabilidade por ações ilegítimas ante o Direito Internacional é estritamente conectada com a questão da personalidade jurídica deste ente. Parece lógico que nenhuma responsabilidade jurídica pode recair sobre um ente que não é sujeito em conformidade com o sistema jurídico considerado. Por outro lado, atribuir responsabilidade por certos atos a um ente implica, ao menos *prima facie*, evidência de que o ente em questão é, de fato, um sujeito distinto[99].

Nessa tessitura, toda a ordem jurídica internacional imprescinde que os seus sujeitos assumam papéis condizentes com tais posições: se de um lado asseguram-se direitos, de outro, devem ser assumidas responsabilidades, pois:

> (...) toda a ordem jurídica pressupõe que os sujeitos de direito assumam a sua responsabilidade logo que os seus comportamentos produzam dano aos direitos e interesses dos outros sujeitos de direito. Por maioria de razão, o mesmo se passa na sociedade internacional na qual, em virtude da sua soberania, o Estado determina

---

98   Conforme o professor Jónatas Machado, num sentido material da responsabilidade internacional, doutrina-se que ela é um *correlato da soberania internacional* e da *capacidade jurídica internacional*, uma *garantia da legalidade internacional*, um *corolário da igualdade soberana entre Estados* e se assenta no *princípio da reciprocidade*. MACHADO, J. E. M. *Direito Internacional...*, cit., pp 565-566.

99   ACQUAVIVA, Guido. Human rights violations before international tribunals: reflections on responsibility of international organizations. *Leiden journal of international law*, 2007, pp. 615-616.

livremente as suas decisões, que se limitam pela liberdade igual dos outros Estados. A responsabilidade internacional (...) aparece como o mecanismo regulador essencial e necessário das relações mútuas[100].

É plenamente perceptível que o presente estudo não versa sobre instituto com viés penal ou criminal, o que será posteriormente examinado acerca do Tribunal Penal Internacional. No atual tópico, o objeto-mor é a *responsabilidade de caráter moral, patrimonial* e *civil*, que incide sobre os *atos omissivos* e *comissivos* dos Estados e das OI, ambos com personalidade jurídica internacional inquestionável.

3.2. O Direito Internacional da atualidade e a responsabilidade internacional

Conforme exposto no primeiro capítulo do livro, o Direito Internacional posterior a 1945 passa por profundas mudanças de índole expansiva. O rol de sujeitos aumenta, as fontes são diversificadas e os conceitos *fechados* (como o de soberania) são revistos. Em outros *campos* também *brotam* mudanças.

A responsabilidade internacional presencia profundas modificações em razão das novas perspectivas do Direito Internacional, na medida em que a sociedade se conscientiza do papel a ser desempenhado pelos sujeitos, em particular, pelos Estados e pelas OI. A responsabilidade foi um dos fenômenos mais alterados pela redefinição de conceitos, releitura de institutos e expansão do DI[101].

3.3. A situação atual da responsabilidade e os projetos da ONU

A responsabilização internacional dos **Estados** é instituto *consuetudinário*, tendo em vista ser regulada, em regra, pelo costume internacional, o que é passível de críticas, especialmente, no tocante à inefetividade dessa opção face ao constante descumprimento das normas do Direito das Gentes pelos Estados tidos como *potências mundiais*. Quanto às **OI**, a temática *é vista partindo dos seus tratados constitutivos*, o que também não se mostra o bastante, pois nem sempre os documentos institutivos tratam de forma expressa sobre o assunto.

Com o fim de superar esses obstáculos, a Assembleia-Geral da ONU adotou dois projetos (*drafts*) sobre o tema, de caráter doutrinário, sem força, pelo momento, vinculativa, ambos elaborados pela Comissão de Direito Internacional. Em 2001, a Comissão de DI aprovou uma proposta de artigos sobre *Responsabilidade de Estados por Atos Internacionalmente Ilícitos*. E, no relatório da 57ª sessão da Comissão, de 2005, foram aprovados os artigos sobre *Responsabilidade Internacional das Organizações Internacionais*[102].

---

100 DINH, N. Q.; DAILLIER, P.; PELLET, A. *Direito internacional público*. Tradução Vítor Marques Coelho. 2 ed. : Lisboa: Fundação Galouste Gulbenkian, 2003, p. 776.
101 NUNO, Ferreira. A responsabilidade internacional: evolução na tradição. *Revista da Ordem dos Advogados*. Ano 66, 2, Lisboa, 2006, pp. 735-763.
102 Além da análise dos projetos de convenção, foram averiguados os seguintes documentos da Comissão de Direito Internacional da ONU: Relatório 55 (2003); Relatório 56 (2004); Relatório 57 (2005); Relatório 58 (2006); Relatório 59 (2007); e Relatório 60 (2008).

O fato de os dois documentos da ONU ainda não terem assumido o corpo de um tratado vinculativo não afasta a possibilidade de sua aplicação pelas Cortes Internacionais; é permitido concluir que eles podem ser tratados como *novos costumes internacionais* sobre a matéria. Devido à sua significância, vale trazer à baila as considerações do relator especial de um dos projetos:

> (...) alguns artigos foram examinados na prática judicial. Os artigos 3 e 5 foram considerados pela Corte Europeia de Direitos Humanos em duas decisões recentes, primeiro em *Behrami e Behrami v. França* e *Saramati v. França, Alemanha e Noruega* e depois em *Berić e outros v. Bósnia e Herzegovina*. O artigo 5 e o comentário relativo foram mencionados pela Câmara dos Lordes no seu julgamento em *Regina (Al--Jedda) v. Secretário de Estado da Defesa*[103].

Dessa forma, a situação atual da responsabilidade internacional, mesmo com os projetos da ONU, que não assumiram a feição de tratados em sentido técnico, *ainda é demasiadamente dependente do costume internacional.*

3.4. Classificação e estudo dos atos suscetíveis de responsabilidade

A responsabilidade internacional pode se originar de uma ação ou de uma omissão. Classifica-se como **comissional** quando se origina de uma ação, uma conduta positiva; já se adjetiva como **omissional**, quando emana de uma omissão, um não fazer que acarreta a violação à norma internacional[104].

Ela pode também ser classificada em **convencional** ou **delituosa**. Na primeira situação, a conduta violadora atentou contra uma norma escrita, ou seja, tratado ou convenção. Já na segunda hipótese, há violação de costume internacional, fonte não escrita vinculativa. Dentro dessa conjuntura, pode ocorrer afronta a fontes *imperativas*, presentes em convenções ou costumes, as *jus cogens*, que têm como principal exemplo o arcabouço de proteção da pessoa humana, o Direito Internacional dos Direitos Humanos.

A responsabilidade ainda pode ser classificada em **direta (ou principal)** e **indireta (ou subsidiária)**. A primeira atine aos atos praticados pelos órgãos do Estado de qualquer natureza ou nível. As condutas dos integrantes dos três Poderes – Legislativo, Executivo e Judiciário[105] – podem acarretar responsabilização externa. Aqui cabe lembrar que mesmo os atos *ultra vires* que são praticados em desacordo com as funções ou com excesso de poderes, podem também dar azo à responsabilidade internacional. Já a *indireta* ou *subsidiária*, ocorre quando o Estado responde pelo ilícito praticado por dependência sua, como nas situações de manda-

---

103 Cf. Relatório 60, de 2008, da Comissão de Direito Internacional das Nações Unidas.
104 "Em Direito Internacional não existe qualquer diferença de regime entre responsabilidade contratual e extracontratual." BAPTISTA, Eduardo Correia. *Direito Internacional Público*: Sujeitos e Responsabilidade. V. II. Coimbra: Almedina, 2004, p. 450.
105 O Estado pode ser responsabilizado em consequência dos atos de seus juízes ou de seus tribunais, conforme ensinamentos de: ACCIOLY, Hildebrando; NASCIMENTO E SILVA, Geraldo Eulálio do; CASELLA, Paulo Borba. *Manual de Direito Internacional Público*. 16 ed. São Paulo: Saraiva, 2008, p. 130 *et seq*.

to e protetorado, bem como nos modelos federativos (atos dos Estados federados, do Distrito Federal e do Municípios)[106].

Levando em conta que a responsabilidade internacional é qualificada como de natureza *institucional*, o Estado *somente pode ser responsabilizado quando o agente causador for seu funcionário ou, excepcionalmente, um particular, desde que este esteja exercendo funções estatais*. Nesse sentido, não se mostra possível responsabilizar um país pelo simples ato de um cidadão seu, em razão apenas do vínculo da nacionalidade, há que se ter demonstrada a prática de condutas relacionadas ao exercício de função pública.

Ademais, as ações de *beligerantes, insurgentes* ou *movimentos de libertação nacional*, perpetrados em território nacional, acarretarão imputação somente se restar demonstrado que o Estado atuou como co-autor ou se omitiu deliberadamente, eximindo-se de deveres impostos.

E, por fim, como adiante será estudada, a responsabilidade se origina de um **ato ilícito** ou **lítico**. A regra é a de que a conduta contrária às normas internacionais seja o elemento básico para a configuração do instituto. Todavia, hoje já se apercebe que, em algumas atividades, o risco que as circunda permite que, desde que expressamente previstas em tratados, haja possibilidade de responsabilização.

É importante relembrar que a sociedade internacional é descentralizada e sua produtividade normativa é diversa. Além disso, ela assenta-se na cooperação, o que fornece um amplo campo de manobra aos sujeitos do DI. Isso dá azo à constatação de que o vínculo (frágil) de aproximação é gerador de controvérsias que podem oscilar de simples desentendimentos interpretativos sobre tratados até recorrência à força armada. Infere-se, dessa maneira, *que a finalidade precípua da responsabilidade internacional é assegurar o respeito à gama de preceitos reguladores* (legalidade internacional).

3.5. Elementos configuradores

Tradicionalmente, são *elencados* como elementos para configuração de responsabilidade[107]: a **conduta ilícita**, a **imputabilidade** e o **dano**.

O **ato ilícito** é a base para a responsabilização de um Estado e de uma OI, assim se constata da leitura dos projetos da ONU. Ele ocorre quando da prática de uma conduta que afronta ou viola norma de caráter cogente, pressupondo-se uma ação ou uma omissão cuja orientação esteja em desacordo com o DI posto[108].

---

106 Cabe à República Federativa do Brasil, materializada pela União, responder, em âmbito internacional, pelos atos com reflexos internacionais de Estados, Distrito Federal e Municípios. Não se pode invocar o pacto federativo ou a separação de poderes para se isentar de responsabilidade quando do da ofensa a obrigações assumidas. A Constituição Federal atual, em seu art. 21, I: "Compete a União: I - manter relações com Estados estrangeiros e participar de organizações internacionais."
107 Sobre os requisitos tradicionais para a configuração da responsabilidade internacional, pesquisar: CAMPOS, João Mota de. *Organizações internacionais*. Lisboa: Fundação Calouste Gulbenkian, 2006; LAGE, Délber Andrade. *A Jurisdicionalização do Direito Internacional*. Belo Horizonte: Del Rey, 2009; e MELLO, Celso D. de Albuquerque. *Responsabilidade Internacional do Estado*. Rio de Janeiro: Renovar, 1995.
108 Paul Reuter entende que a violação de uma norma jurídica é o fundamento da responsabilidade internacional. REUTER, Paul. *Direito internacional público*. Trad. de Maria Helena Capêto Guimarães. Lisboa: Editorial Presença, 1981, p. 50.

Já a **imputabilidade** materializa-se pela ligação entre a ação ou omissão e o resultado presenciado. Ela corresponde à indicação de a quem se deve atribuir a responsabilidade; é o *nexo* entre a conduta e o dano.

Por derradeiro, há o **dano ou prejuízo**, que pode ser material ou imaterial. Ele resulta do ato praticado, o qual gera, perante os demais, a obrigação de reparação. Tanto em Direito Civil quanto em Direito Internacional adotam-se *contornos essencialmente patrimoniais*. A obrigatoriedade de reparação dos prejuízos é consequência já assente dos comportamentos geradores de dano no plano internacional[109].

O instituto parte de uma premissa balizar, já calcada, inclusive, na sua natureza privada e prevista no Direito interno, que é: *quem violar preceito internacional causador de dano a outrem estará, em regra, obrigado a reparar*. Trata-se, como se vê, de instrumento de *caráter moral, patrimonial, não-penal (mas sim civil) e não- -repressivo (ainda que tenha finalidade reparatória)*.

3.6. Teorias sobre a responsabilidade

É importante ressaltar que o instituto em análise é vislumbrado, doutrinariamente, sob a perspectiva de três teorias, quais sejam: a **subjetivista**, a **objetivista** e a **mista**.

A **subjetivista** ou **teoria da culpa**, desenvolvida por *Hugo Grotius*, sustenta que deve haver uma conduta dolosa ou culposa por parte de um Estado ou de uma OI, ou seja, apura-se a conduta, a intenção do agente causador do dano.

Já a **objetivista** ou **teoria do risco**, delineada por *Triepel* e *Anzioltti*, não leva em consideração se a atitude foi dolosa ou culposa, não apura a conduta, mas sim apenas se há nexo entre uma ação ou omissão e o prejuízo causado.

Ainda há a corrente **mista**, desenvolvida por *Strupp*, que pouca aceitação teve. Esta mesclou preceitos das duas primeiras, sendo que, em caso de omissão, deveria ser aplicada a teoria subjetivista e, em caso de comissão, aplicar-se-ia a objetivista.

Importam serem frisadas as duas primeiras.

Em *âmbito internacional, as duas primeiras correntes são aplicadas pela jurisprudência* dos tribunais internacionais[110]. *O que vem definindo a incidência, casuisticamente, de uma ou de outra é a natureza da atividade desenvolvida pelo Estado ou pela OI*. A **teoria objetivista ou do risco** vem sendo aplicada em *atividades de risco e em casos de violação aos direitos humanos*. Exemplos de atividades de risco são: exploração cósmica, pesquisas envolvendo energia nuclear, atividades relacionadas à exploração do petróleo e outras ligadas à proteção ao meio ambiente.

A teoria da culpa ainda é aplicada e adotada pela jurisprudência internacional. No entanto, a objetivista vem ganhando cada vez mais terreno e sua consagração vem se tornando uma constante em convenções especificamente reguladoras de atividades de risco.

---

109 FAVRE, Antoine. *Principes du droit des gens*. Paris: Librairie de Droit et de Jurisprudence, 1974Parte inferior do formulário, p. 661.
110 Exemplo: casos Marckx (1979) e Vermeire (1987), ambos decididos pela Corte Europeia.

Anteriormente, classificou-se a responsabilidade internacional. E o último critério adotado foi o da divisão entre atos ilícitos e lícitos, ambos ocasionadores de responsabilidade. Acentuou-se que a ilicitude é a regra, embora, excepcionalmente, a licitude possa ser aceita como geradora de responsabilização, e é o que acontece exatamente nas atividades de risco, quando se aplica a teoria objetivista. A *corrente objetivista demonstra mais benefícios quanto à efetividade do instituto em comparação com a subjetivista*. Conforme lição de Charles Rousseau, a corrente subjetivista, apesar de tradicional e ainda servir de fundamento para muitos julgados, apresenta objeções nítidas: a começar pela existência de elementos subjetivos de difícil análise, comprovação e valoração; e por se originar, verdadeiramente, do Direito Privado, o que não permite aplicação sem que haja adequações. De outra banda, o mesmo doutrinador apresenta vantagens quanto à adoção da responsabilidade internacional de índole objetiva (*strict liability*), das quais se destaca: encontra-se mais afinada com os reais propósitos da responsabilidade internacional, consistente na manutenção da estabilidade das relações internacionais[111].

3.6.1. A tendência moderna de objetivação

Os caminhos novos que passam a ser trilhados pelo instituto da responsabilidade internacional têm forte influência de tendências já mais visíveis nos Direitos internos. A objetivação da responsabilidade é um processo que ganha força e é fomentada pelo moderno DI, mais atento às necessidades da sociedade e ciente dos edemas que podem comprometer a existência na Terra, como os conflitos armados intermináveis, as graves e explícitas violações aos direitos humanos e a visível degradação do meio ambiente.

O endurecimento da normativa internacional sobre certas temáticas é condição para que a sociedade subsista. E a objetivação da responsabilidade dos Estados e das OI mostra-se como válvula viabilizadora de uma maior efetividade das fontes do DI. Esse quadro está desenhado nos projetos de convenções sobre responsabilidade internacional dos Estados e das OI, em que há uma nítida indicação para o rumo da objetivação.

A responsabilidade internacional objetiva pode ser concebida da seguinte forma: se houve a efetiva violação de normas tidas como de Direito Internacional, causando danos injustos, o Estado ou a OI será responsabilizado internacionalmente, sem se apurar o elemento culpa (o elemento psicológico), devendo, portanto, reparar o dano causado[112].

Em casos excepcionais, quando expressamente previstos em tratados e com definição clara dos elementos, a responsabilidade de cunho objetivo vem sendo

---

111 ROUSSEAU, Charles. *Derecho internacional publico*. Trad. de Fernando Gimenez Artigues. 3. ed. Barcelona: Ariel, 1966, p. 357.
112 PEREIRA, Luis Cezar Ramos. *Ensaio sobre a responsabilidade internacional do Estado e suas conseqüências no direito internacional*: a saga da responsabilidade internacional do Estado. São Paulo: Ltr, 2000, p. 107.

adotada e sua aplicabilidade se dá quando frente a situações de risco (algumas *ultraperigosas*), como a exploração do petróleo, pesquisas envolvendo energia nuclear, exploração do espaço cósmico ou sideral e questões envolvendo proteção ao meio ambiente. Em tais hipóteses adota-se a teoria objetivista acima exposta, prova disso dessume-se da leitura dos seguintes documentos: Convenção de Viena sobre Responsabilidade Civil por Danos Nucleares, de 1963; Convenção sobre Responsabilidade Internacional por Danos causados por Objetos Espaciais, de 1972; Tratado sobre Responsabilidade Civil em Matéria de Energia Nuclear, de 1960, e seu Protocolo Adicional, de 1964; Tratado sobre Responsabilidade Civil dos Exploradores de Navios Nucleares, de 1962; Tratado de Bruxelas, de 1971, relativo à Responsabilidade Civil na Esfera do Transporte Marítimo de Substâncias Nucleares; Tratado de Bruxelas, de 1969, sobre Responsabilidade Civil por Danos Causados pela Contaminação de Águas por Hidrocarbonetos; Tratado de Bruxelas, de 1971, sobre Constituição de um Fundo de Indenização por Danos Causados pela Contaminação por Hidrocarbonetos; e Tratado de Londres, de 1976, sobre Responsabilidade Civil por Danos de Contaminação por Hidrocarbonetos Resultantes da Exploração dos Recursos do Fundo do Mar.

3.7. Consequências jurídicas

A *obrigação de reparar os danos causados* por condutas contrárias ao DI é princípio geralmente aceito no estudo da responsabilidade, interna e internacionalmente; há, nesse sentido, uma aceitação da proibição de não lesar ninguém (*neminem laedere*).

A primeira consequência da responsabilidade que deve ser destacada é o *dever de restabelecer as coisas ao estado anterior* ou à sua primitiva situação. Caso não seja possível, ou só de forma parcial, emerge, então, a *obrigação de indenizar* ou compensar por algo equivalente.

Dessa forma, mostra-se pertinente o texto dos projetos da ONU antes referidos, os quais estabelecem as maneiras de reparação, quais sejam: a restituição *in natura*; a indenização; a satisfação; e a garantia de não-repetição.

Quando o prejuízo é imaterial, as mais usuais formas de satisfação são: apresentação de desculpas; reconhecimento formal do caráter ilícito do ato; manifestação de pesar; saudação à bandeira do Estado ofendido; e destituição dos autores da ofensa. Veja-se que são respostas diplomáticas e com conotação política.

3.8. Excludentes

A despeito de demandar elementos configuradores, é indeclinável reconhecer que há hipóteses de exclusão (ou até abrandamento) da tipificação responsabilizadora.

O projeto de convenção sobre responsabilidade internacional das OI da Comissão de Direito Internacional da ONU dedica capítulo único às circunstâncias que afastam a ilicitude da conduta, quais sejam: o consentimento do ofendido; a auto-defesa; as contra-medidas; a força maior (*force majeur*); o estado de perigo extremo; e o estado de necessidade. São as mesmas hipóteses consagradas no projeto atinente à responsabilidade dos Estados.

Nessa linha, cabe tecer considerações sobre cada uma das situações.

O **consentimento do ofendido**, para ser uma excludente, deve ser válido, podendo emanar de um Estado ou de uma OI prejudicados. A sua posição como "válido" exige que seja manifestado de forma expressa, livremente e de maneira clara, estabelecidos com rigorosidade os seus limites; por esse motivo sua forma presumida é impossível.

A **auto-defesa ou legítima defesa** é possível quando tomada em conformidade com os princípios do DI consagrados na Carta da ONU, conforme outrora exposto.

As **contra-medidas**, individualmente consideradas, são ilícitos internacionais, mas podem ser permitidas quando frente à situação que não permita outra postura. Elas se justificam como único meio de se combater outros atos igualmente ilícitos; é uma espécie de sanção unilateral aceitável, excepcionalmente, quando praticada como uma reação a uma violação prévia de obrigação internacional. Sua licitude depende da ilicitude prévia da medida da outra parte.

A **força maior** (*force majeur*) consiste, conforme projetos da ONU, na ocorrência de uma força irresistível ou de um evento imprevisível, além do controle do Estado ou da OI, tornando materialmente impossível, em tais circunstâncias, o cumprimento da obrigação internacional. Há que se ter atenção no sentido de não ser possível sua invocação quando a força maior é devida, por si só ou em combinação com outros fatores, à conduta do ente que a invoca, ou, ainda, se este assumiu o risco de que aquela consequência ocorreria.

Há também o caso de **estado de perigo extremo**. Neste, a ilicitude de um ato será excluída se o autor do mesmo não possuir outro meio razoável, em uma situação de perigo extremo, de salvar a própria vida ou a vida de outras pessoas confiadas aos seus cuidados. Não se pode alegar tal excludente se a situação de perigo é devida à conduta do próprio alegante, ou, ainda, se for provável que o ato em questão criou um perigo comparável ou ainda maior.

Por fim, o **estado de necessidade**, que só pode ser alegado quando o ato ilícito praticado for o único meio de resguardar, contra um grave e iminente perigo, um interesse essencial da sociedade internacional e desde que não afete seriamente um interesse essencial dos Estados ou OI em relação aos quais exista a obrigação.

3.8.1. Impossibilidade de exclusão frente à violação de normas peremptórias

Devido ao conteúdo axiológico das fontes *jus cogens*, as normas imperativas do Direito Internacional recebem, naturalmente, uma proteção mais rígida, de forma que a ilicitude determinada por sua violação não possa ser afastada pelas circunstâncias excludentes de ilicitude acima elencadas.

Conforme art. 23 do projeto da ONU sobre responsabilidade internacional das OI, nada exclui a ilicitude de qualquer ato de organização internacional que esteja em desconformidade com uma obrigação originada de uma norma *peremptória* de Direito Internacional geral. As fontes sobre proteção aos direitos humanos, por exemplo, se violadas, são suscetíveis de responsabilização, não havendo espaço para alegações tendentes a excluir a ilicitude.

3.9. Da proteção diplomática

Conforme apresentado no espaço destinado aos sujeitos, os indivíduos foram considerados, recentemente, ostentadores de personalidade jurídica internacional. Tanto o reconhecimento de direitos na seara internacional, no período posterior à Segunda Guerra, quanto a possibilidade de peticionar e denunciar a violação de direitos são marcas de sua condição de sujeito do DI.

Todavia, como também frisado, sua capacidade ainda é limitada, não podendo, por exemplo, peticionar diretamente à Corte Internacional de Justiça da ONU, sediada em Haia, e, no caso interamericano, nem à Corte Interamericana de Direitos Humanos da OEA (mas sim somente à Comissão).

Sendo assim, caso um particular almeje responsabilizar um Estado estrangeiro e não seja possível encaixar sua demanda nas restritas hipóteses previstas nos documentos internacionais, bem como não seja também viável processar na sua justiça local, pode ter, então, que recorrer ao mecanismo da *proteção diplomática*.

O princípio da proteção diplomática se materializa por meio do *endosso*. Configura-se quando um Estado assume a reclamação de um nacional seu lesado e busca a responsabilização internacional de outro Estado. Com a concessão do endosso, o Estado assume a posição de *dominus litis* em uma eventual demanda perante a Corte Internacional de Justiça (que só julga litígios envolvendo Estados). Logo, a sentença, em caso de concessão de proteção diplomática, será endereçada ao ente estatal, pois é ele quem está atuando, faticamente, no processo internacional.

A *concessão de proteção diplomática não é um direito, mas sim exercício de soberania do Estado concedente, um ato discricionário*. Pode, inclusive, ser concedida de ofício. Não recebem esse tipo de proteção os apátridas[113] e os indivíduos com dupla nacionalidade quando pretendem demandar contra o Estado de uma delas.

No caso das OI, a proteção é classificada como *proteção funcional*, guardando as mesmas características da diplomática.

---

113 A condição de apátrida é repudiada pelo Direito Internacional. Há estudos (projeto de artigos) da Comissão de Direito Internacional da ONU tendentes a considerar possível a concessão de proteção diplomática aos apátridas, mas a posição amplamente predominante é de que a eles não pode ser concedido o benefício.

4. TRIBUNAL PENAL INTERNACIONAL (TPI)

SUMÁRIO: 4.1. Estatuto, adoção, vigência, independência e sede; 4.2. Estados-membros; 4.3. Jurisdição (permanente, internacional, subsidiária e complementar); 4.4. Competência do Tribunal Penal Internacional; 4.5. Da estrutura: julgadores e Procurador; 4.6. Inquérito e processo criminal; 4.7. Julgamento e Direito aplicável; 4.8. Detenção de natureza cautelar; 4.9. Decisão definitiva, detenções e processos em andamento; 4.10. Princípio da ampla cooperação e o instituto da entrega; 4.11. Princípios gerais de Direito Penal Internacional; 4.12. Sentenças internacionais; 4.12.1. Homologação pelo STJ?; 4.13 Das penas em espécie; 4.14. Tratado de Roma de 1998 X Constituição Federal de 1988; 4.15. Questões comentadas – Juiz do Trabalho; 4.16. Questões – Procurador do Trabalho.

O Tribunal Penal Internacional (TPI) ou *International Criminal Court* (ICC) representa uma das maiores conquistas para a proteção aos direitos humanos das últimas décadas. Trata-se de *Corte com jurisdição permanente*[114] *e com personalidade jurídica própria e independente*, que almeja, precipuamente, *extirpar a impunidade relativa à prática de crimes de lesa-humanidade*.

Alocou-se o estudo do Tribunal após os sujeitos do DI e o instituto da responsabilidade internacional em razão de sua significância para a dinâmica da sociedade, bem como pelo fato de ter oportunizado mudança de paradigma quanto à proteção internacional aos direitos humanos, e, ainda, por estar relacionado com a atuação passiva dos indivíduos em âmbito internacional (*responsabilização penal internacional das pessoas naturais*).

Seu Estatuto, que já é alvo de tentativas de revisão, é *hoje a materialização de uma Justiça Penal Internacional*, dando base a aparato jurídico instituído pelo DI, direcionado à repressão de crimes atentatórios à dignidade humana e ao próprio Direito das Gentes. Os ilícitos tipificados são condutas de elevada gravidade e consequente repúdio generalizado que sua apuração e sua repressão passam a interessar a todos.

4.1. Estatuto, adoção, vigência, independência e sede

O TPI é a *primeira instituição internacional penal permanente que tem competência para julgar crimes internacionais*, consistindo, assim, em uma instância efetiva de proteção aos direitos dos homens. Até então, com tal competência, existiam somente cortes *ad hoc*, criadas após a prática delituosa e com *vida* jurisdicional temporária.

Essa permanência que ora se exalta deve-se ao seu próprio Estatuto, que consiste em tratado, em sentido técnico, vinculando juridicamente seus aderentes; documento com prazo de vigência indeterminado. O Tribunal foi criado pelo Tratado de Roma de 1998, resultado de estudos e negociações que começaram em 1994 no seio da Comissão de Direito Internacional. Após os últimos trabalhos desenvolvi-

---

114 TRINDADE, Antônio Augusto Cançado. *Tratado de Direito Internacional dos Direitos Humanos*. Vol. I. 2. ed. Porto Alegre: Sergio Antonio Fabris Editor, 2003, p. 393.

dos nas Conferências de Roma, em 17 de julho de 1998, ocorre a adoção, quando então se abre para a assinatura do documento pelos Estados[115].

Embora a criação tenha ocorrido em 1998, é imprescindível destacar que *a vigência internacional do Estatuto se deu em 01 de julho de 2002*, após ter sido atingida a ratificação de número 60. Nesse sentido, é importante ler o seu art. 126: "entrará em vigor no 1.º dia do mês seguinte ao termo de um período de 60 dias após a data do depósito do 60.º instrumento de ratificação, de aceitação, de aprovação ou de adesão junto do Secretário-Geral (...) das Nações Unidas". Como se infere, o Estatuto de 1998 adotou o instituto da ratificação condicionada, de forma que sua vigência internacional se daria somente após o depósito do instrumento de número 60, o que se tornou realidade no ano de 2002. Insta destacar, mais uma vez, que *a criação ocorreu em 1998, com o Tratado de Roma, ou seja, seu Estatuto existe desde este ano, contudo, a vigência internacional se perfectibiliza somente em 2002*.

Essa exposição quanto a datas, embora aparentemente singela, é muito relevante para o entendimento sobre sua competência temporal, pois (conforme será especificado abaixo) ele tem competência para julgar os crimes previstos em seu Estatuto desde que cometidos após a vigência internacional (01/07/2002), isso se não ocorresse a ratificação de um Estado posteriormente: "Art. 126 (...) 2 - Em relação ao Estado que ratifique (...) após o depósito do 60.º instrumento de ratificação (...) o presente Estatuto entrará em vigor no 1.º dia do mês seguinte ao termo de um período de 60 dias após a data do depósito do respectivo instrumento de ratificação (...)". Fixar a competência para julgamento dos crimes praticados a partir da entrada em vigor e não a partir da criação (em 1998) *atende a vários princípios penais, tais como o da irretroatividade da norma incriminadora e o da legalidade*.

O art. 126 acima referido, item 1, parte final, preceitua que o instrumento (de ratificação, de aceitação, de aprovação ou de adesão) será depositado junto ao Secretário-Geral das Nações Unidas. Disso podem, eventualmente, emergir certas dúvidas quanto à relação entre o TPI e a ONU, já que o primeiro é tido como independente e ostentador de personalidade jurídica própria. Essa relação é regulada por meio de acordo especial. Fato é que há uma estreita conectividade entre os dois, que atuam em conjunto e têm duas metas afins: manutenção da paz e proteção ao ser humano. Nesse sentido, basta atenta leitura dos *considerandos* do documento de Roma:

> Reafirmando os objetivos e princípios consignados na Carta das Nações Unidas e, em particular, que todos os Estados se devem abster de recorrer à ameaça ou ao uso da força contra a integridade territorial ou a independência política de qualquer Estado, ou de atuar por qualquer outra forma incompatível com os objetivos das Nações Unidas. Determinados em prosseguir este objetivo e, no interesse das gerações presentes e vindouras, a criar um tribunal penal internacional com caráter permanente e independente no âmbito do sistema das Nações Unidas, e com jurisdição sobre os crimes de maior gravidade que afetem a comunidade internacional no seu conjunto.

---

115 Inicialmente, 120 Estados assinaram o tratado.

A Corte está *sediada em Haia*, Países Baixos, que é denominado como Estado anfitrião. Na realidade, Haia pode ser considerada hoje *capital judiciária planetária*, sediando seis tribunais internacionais distintos, dos quais três são permanentes (a Corte Permanente de Arbitragem, a Corte Internacional de Justiça da ONU e o Tribunal Penal Internacional, ora em estudo) e três são temporários (o Tribunal Irã-Estados Unidos, o Tribunal Penal para a ex-Iugoslávia e o Tribunal Especial para o Líbano).

4.2. Estados-membros

No momento de elaboração do presente item, constam como membros do TPI 116 Estados, os quais assinaram e ratificaram (ou aderiram) o Tratado de Roma de 1998, vinculando-se à sua jurisdição. De outra banda, há outras nações que apenas o assinaram, ou seja, ainda não o incorporaram, definitivamente, aos seus ordenamentos; o documento para elas não é obrigatório. O não acatamento de alguns países tem dificultado os trabalhos do Tribunal, são os casos, por exemplo, dos Estados Unidos (exaltam sua soberania e alegam que poderia haver enfraquecimento do Conselho de Segurança das Nações Unidas)[116] e da China (alega, laconicamente, que contrariaria seus interesses).

O Brasil, após a redemocratização, na década de 80, e a promulgação da atual Constituição Federal, passou por um período de abertura às normas do Direito Internacional dos Direitos Humanos, de forma a incorporar importantes convenções para a proteção da pessoa. Estar integrado entre os países partes do Tratado de Roma era uma tendência inevitável da nova roupagem assumida pelo país, tanto em âmbito interno como externo. *Confessa-se que até tardou para que a República Federativa do Brasil se tornasse Estado-membro do TPI. A assinatura ocorreu somente em 2000 e a ratificação em 2002 (Decreto 4.388).*

Hoje, comungando-se a redação original com as alterações sofridas – em destaque, as oportunizadas pela EC 45 de 2004 – a Magna Carta brasileira carrega preceitos formalmente constitucionais que exaltam a importância dos Tribunais Internacionais e, em particular, do TPI. A leitura do art. 5º, § 4º, e do art. 7º dos ADCT, servem de premissa a tais conclusões: "Art. 5º (...) § 4º O Brasil se submete à jurisdição de Tribunal Penal Internacional a cuja criação tenha manifestado adesão" e "Art. 7º O Brasil propugnará pela formação de um tribunal internacional dos direitos humanos".

Se por um lado a sociedade internacional, por meio das próprias campanhas da ONU, almeja insuflar o rol de Estados-membros, incentivando, assim, a cooperação imprescindível para a sobrevivência da Corte, por outro, não pode ser esquecido o *direito de retirada*. O art. 127 possibilita que qualquer Estado-membro possa "mediante notificação escrita e dirigida ao Secretário-Geral da Organização das Nações Unidas" se desvincular do Estatuto, sendo que a "retirada produzirá efeitos um ano após a data de recepção da notificação, salvo se esta indicar uma data ulterior".

---

116   SCHEFFER, David J. The U.S. Perspective on the ICC. In: SEWALL, Sarah B.; KAYSEN, Carl (ed.). *The United States and the International Criminal Court*: National Security and International Law. Oxford: Rowman & Littlefield, 2000, pp. 115-118.

4.3. Jurisdição (permanente, internacional, subsidiária e complementar)

O TPI exerce jurisdição adjetivada como **permanente, internacional, subsidiária** e **complementar**, a qual deve ser expressamente aceita pelos Estados. A parte final do § 4º do art. 5º da CF, ao preceituar que o Brasil se submete à jurisdição de tribunal *a cuja criação tenha manifestado adesão*, apenas reproduz princípio já consumado pelo DI, segundo o qual a adesão é facultativa, todavia, se assim procedido, a jurisdição torna-se obrigatória.

Não há muitos percalços interpretativos para concluir que o Tribunal atua no território de qualquer Estado-membro, podendo julgar crime cometido no território de Estado-parte (*princípio da territorialidade*), crime cometido contra nacional de Estado-parte (*princípio da personalidade passiva*) e crime cometido por nacional de Estado-parte (*princípio da personalidade ativa*). Contudo, é importante lembrar que há a possibilidade de ocorrer, excepcionalmente, exercício de suas funções em relação a Estado não membro (que não ratificou ou aderiu ao Tratado de Roma), desde que haja um acordo específico nesse sentido. Em tal hipótese, o não membro precisará consentir também expressamente.

Como antes citado, o TPI é **permanente**, não tendo sido criado para vigorar por prazo determinado. Não pode, dessa forma, ser tido como uma Corte *ad hoc*, esta é provisória e estabelecida após o fato (*ex post facto*). Embora ainda sejam criadas instâncias *ad hoc*, as críticas à sua existência são inúmeras: não respeitam o princípio da legalidade e o da irretroatividade; configuram-se como tribunais de exceção; não atendem à garantia da imparcialidade que deve nortear a atuação dos julgadores investidos do *munus;* etc. Entretanto, há que se reconhecer que, em determinadas situações, a sociedade internacional não encontra alternativa a não ser instituí-los, sob a pena de permitir violações escancaradas aos direitos humanos. Conforme supra-exposto, o TPI julga crimes cometidos após julho de 2002; e se o crime foi cometido antes desse marco temporal? Contemporaneamente, sob a perspectiva de um Direito Internacional da atualidade, é cediço que não restará impune. Nessa situação, não há, aparentemente, outra saída a não ser instituir instância *ad hoc*.

O Conselho de Segurança da ONU, mediante Resoluções, pode instituir Corte com jurisdição provisória. Sua criação também pode se dar por meio de acordos entre Estados. Podem ser citados como tribunais *ad hoc* (alguns influenciaram fortemente a criação do TPI): Tribunal Militar Internacional de Nuremberg, criado pelo Acordo de Londres; Tribunal Militar Internacional de Tóquio, criado para julgar os japoneses pela prática de crimes contra a humanidade, inclusive o ataque à *Pearl Harbor* em 1941; e, mais recentes e criados pelo Conselho de Segurança, os Tribunais da antiga Iugoslávia e o de Ruanda.

Com uma jurisdição **internacional**, o TPI não foi criado como substitutivo do exercício jurisdicional nacional (esta ainda é primária). Gize-se que ele não pretende violar a soberania e o monopólio do Poder Judiciário interno. O Estatuto adotou como um dos principais preceitos estruturantes o **princípio da complementariedade**. Os *considerandos* do Tratado não deixam dúvidas: "Relembrando que é dever de todo o Estado exercer a respectiva jurisdição penal sobre os responsáveis por crimes internacionais". Ademais, o seu art. 18 estabelece que os Estados-membros devem, em regra, ser notificados previamente antes de o Tribunal ou o Promotor começarem uma investigação. Vê-se que somente se houver constatação de *má vontade* ou condutas indicadoras de parcialidade ou de corrupção das autoridades responsáveis pela persecução penal é que o TPI estará autorizado a investigar e processar.

4.4. Competência do Tribunal Penal Internacional

Há, basicamente, *três critérios* para a definição das competências do Tribunal, quais sejam: **em razão da matéria, em razão da pessoa** e **em razão do tempo**.

A competência **em razão da matéria ou *ratione materiae*** já foi explicitada: cabe ao TPI julgar crimes internacionais graves, ou melhor, *crimes de maior gravidade com alcance internacional*. É necessário, nessa altura, definir tais expressões[117], o que foi feito pelos legisladores internacionais reunidos em Roma quando da feitura do Tratado de 1998.

Dessa forma, conforme seu art. 5º, a competência "restringir-se-á aos crimes mais graves que afetam a comunidade internacional no seu conjunto", julgando os seguintes delitos: "a) O crime de genocídio; b) Os crimes contra a Humanidade; c) Os crimes de guerra; d) O crime de agressão".

COMPETÊNCIA EM RAZÃO DA MATÉRIA	
CRIMES:	**CONDUTAS PREVISTAS NO ESTATUTO DO TPI:**
Genocídio	• Art. 6º: "Para os efeitos do presente Estatuto, entende-se por 'genocídio' qualquer um dos atos que a seguir se enumeram, praticado com intenção de destruir, no todo ou em parte, um grupo nacional, étnico, rácico ou religioso, enquanto tal: a) Homicídio de membros do grupo; b) Ofensas graves à integridade física ou mental de membros do grupo; c) Sujeição intencional do grupo a condições de vida pensadas para provocar a sua destruição física, total ou parcial; d) Imposição de medidas destinadas a impedir nascimentos no seio do grupo; e) Transferência, à força, de crianças do grupo para outro grupo".
Contra a Humanidade	• Art. 7º: "Para os efeitos do presente Estatuto, entende-se por 'crime contra a Humanidade' qualquer um dos atos seguintes, quando cometido no quadro de um ataque, generalizado ou sistemático, contra qualquer população civil, havendo conhecimento desse ataque: a) Homicídio; b) Extermínio; c) Escravidão; d) Deportação ou transferência à força de uma população; e) Prisão ou outra forma de privação da liberdade física grave, em violação das normas fundamentais do direito internacional; f) Tortura; g) Violação, escravatura sexual, prostituição forçada, gravidez à força, esterilização à força ou qualquer outra forma de violência no campo sexual de gravidade comparável; h) Perseguição de um grupo ou coletividade que possa ser identificado, por motivos políticos, raciais, nacionais, étnicos, culturais, religiosos ou de sexo, tal como definido no n.º 3, ou em função de outros critérios universalmente reconhecidos como inaceitáveis em direito internacional, relacionados com qualquer ato referido neste número ou com qualquer crime da competência do Tribunal; i) Desaparecimento forçado de pessoas; j) Crime de apartheid; k) Outros atos desumanos de caráter semelhante que causem intencionalmente grande sofrimento, ferimentos graves ou afetem a saúde mental ou física".

---

[117] O terrorismo não possui uma previsão expressa e direcionada no Tratado de Roma de 1998, contudo, tradicionalmente, sua prática pode ser encaixada em alguma das hipóteses do art. 7º (crimes contra a humanidade).

CRIMES:	COMPETÊNCIA EM RAZÃO DA MATÉRIA
	CONDUTAS PREVISTAS NO ESTATUTO DO TPI:
Guerra	• Art. 8º (citado com supressões): "1 - O Tribunal terá competência para julgar os crimes de guerra, em particular quando cometidos como parte integrante de um plano ou de uma política ou como parte de uma prática em larga escala desse tipo de crimes. 2 - Para os efeitos do presente Estatuto, entende-se por 'crimes de guerra': a) As violações graves às Convenções de Genebra, de 12 de Agosto de 1949, a saber, qualquer um dos seguintes atos, dirigidos contra pessoas ou bens protegidos nos termos da Convenção de Genebra que for pertinente: i) Homicídio doloso; ii) Tortura ou outros tratamentos desumanos, incluindo as experiências biológicas; iii) O ato de causar intencionalmente grande sofrimento ou ofensas graves à integridade física ou à saúde; iv) Destruição ou apropriação de bens em larga escala, quando não justificadas por quaisquer necessidades militares e executadas de forma ilegal e arbitrária; (...) iv) Lançar intencionalmente um ataque, sabendo que o mesmo causará perdas acidentais de vidas humanas ou ferimentos na população civil, danos em bens de caráter civil ou prejuízos extensos, duradouros e graves no meio ambiente que se revelem claramente excessivos em relação à vantagem militar global concreta e direta que se previa; v) Atacar ou bombardear, por qualquer meio, aglomerados populacionais, habitações ou edifícios que não estejam defendidos e que não sejam objetivos militares; (...) vii) Utilizar indevidamente uma bandeira de tréguas, a bandeira nacional, as insígnias militares ou o uniforme do inimigo ou das Nações Unidas, assim como os emblemas distintivos das Convenções de Genebra, causando deste modo a morte ou ferimentos graves; (...) 3 - O disposto nas alíneas c) e e) do n.º 2 em nada afetará a responsabilidade que incumbe a todo o Governo de manter e de restabelecer a ordem pública no Estado e de defender a unidade e a integridade territorial do Estado por qualquer meio legítimo".
Agressão	• Art. 5º: "2 - O Tribunal poderá exercer a sua competência em relação ao crime de agressão desde que, nos termos dos artigos 121.º e 123.º, seja aprovada uma disposição em que se defina o crime e se enunciem as condições em que o Tribunal terá competência relativamente a este crime. Tal disposição deve ser compatível com as disposições pertinentes da Carta das Nações Unidas".

Ao se analisar o item 2 do art. 5º percebe-se que o delito de agressão precisa ser definido por disposição autônoma. Já os demais estão especificados nos arts. 6º (crime de genocídio), 7º (crimes contra a humanidade) e 8º (crimes de guerra).

O crime de agressão, de acordo com a Resolução 3314 da ONU, de 1974, que resultou dos trabalhos da Comissão de Direito Internacional, pode ser, resumidamente, compreendido como o uso de força armada por um Estado contra a soberania, integridade territorial ou independência política de outro país, ou qualquer outra agressão que vá contra a Carta das Nações Unidas.

Em junho de 2010, em Kampala, Uganda, durante a *Conferência de Revisão do Estatuto de Roma*, organizada pela Assembleia dos Estados-partes, os representantes destes e alguns juristas internacionalistas de várias outras nações acordaram em investir o TPI do poder de processar e julgar autores de crimes de agressão. Desde os processos de Nuremberg e de Tóquio que um *líder* não é levado diante de Corte internacional para ser responsabilizado pela prática de tais crimes.

É preciso reconhecer que a definição de agressão acertada em Kampala é imperfeita, mas se apresenta como flexível e resta por concentrar, outrossim, a atenção do TPI aos líderes políticos e militares que conspiram para a agressão e usam as forças armadas para essa finalidade.

A competência *ratione temporis* também já foi referida no presente livro e encontra aconchego normativo no art. 11 do documento de Roma:

> 1 - O Tribunal só terá competência relativamente aos crimes cometidos após a entrada em vigor do presente Estatuto. 2 - Se um Estado se tornar Parte no presente Estatuto depois da sua entrada em vigor, o Tribunal só poderá exercer a sua competência em relação a crimes cometidos depois da entrada em vigor do presente Estatuto relativamente a esse Estado, a menos que este tenha feito uma declaração nos termos do n.º 3 do artigo 12.º.

Por fim, mas não menos importante, há a competência **em razão da pessoa** (*ratione personae)*. Veja o art. 26, que trata da exclusão da jurisdição relativamente a menores de 18 anos: "O Tribunal não terá jurisdição sobre pessoas que, à data da alegada prática do crime, não tenham ainda completado 18 anos de idade". Registre-se que "pessoa" aqui, por obviedade, refere-se às naturais, físicas, *porque o TPI não investiga, processa e sentencia pessoas jurídicas* (empresas, Estados, etc).

Os três critérios para definição da competência do TPI devem ser interpretados conjuntamente para se aferir se é caso de exercício de sua jurisdição:

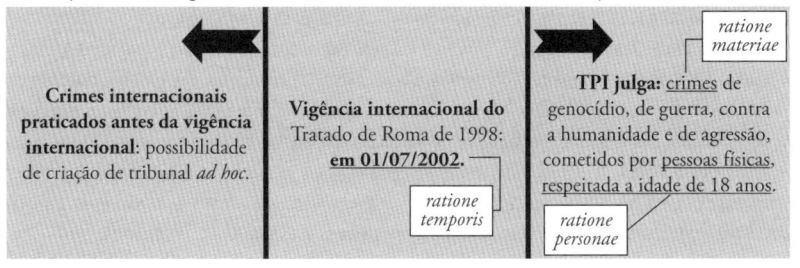

Crimes internacionais praticados antes da vigência internacional: possibilidade de criação de tribunal *ad hoc*.	Vigência internacional do Tratado de Roma de 1998: **em 01/07/2002.** (*ratione temporis*)	TPI julga: crimes de genocídio, de guerra, contra a humanidade e de agressão, cometidos por pessoas físicas, respeitada a idade de 18 anos. (*ratione materiae* / *ratione personae*)

4.5. Da estrutura: julgadores e Procurador

Por ser classificado como um *Tribunal internacional* com competência para julgar crimes internacionais que afetam, abalam e desestruturam toda a sociedade, torna-se fundamental a existência de uma estrutura organizacional interna sólida e definida. Dentro desse aparato, os principais responsáveis pela funcionalidade da Corte são os juízes e o Procurador, bem como a assessoria que os rodeia.

O Tribunal, estruturalmente, *possui uma Presidência, três Seções (de Instrução ou de Questões Preliminares; de Julgamento em Primeira Instância; e de Recursos ou de Apelação), o gabinete do Procurador e uma Secretaria.*

A Corte é composta por, no mínimo, **18 juízes**, os quais são "independentes no desempenho das suas funções (...) não desenvolverão qualquer atividade que possa ser incompatível com o exercício das suas funções judiciais ou prejudicar a confiança na sua independência (...)" (art. 40 do Tratado de Roma). Um jurista brasileiro, para galgar uma vaga dentre os magistrados de Haia, deverá possuir elevada idoneidade moral, imparcialidade e integridade, reunindo, também, os requisitos para o exercício das mais altas funções judiciais de seu respectivo país (art. 36, 3, a, do Tratado). Se escolhido, exercerá um mandato máximo de 9 anos, sem reeleição.

Se aos juízes a atividade-mor é julgar, ao **Procurador** foi atribuído o *munus* de investigar e dar início à ação penal, sob o modelo de um sistema acusatório. É importante lembrar que não há uma *polícia* do TPI; eis a razão de ele possuir poderes para investigar. Muito do que foi dito sobre os julgadores encaixa-se aqui, pois também são exigidas independência e autonomia[118] e mais, o mandato é, da mesma forma, de 9 anos, sem possibilidade de reeleição. No exercício de suas funções, o Procurador poderá atuar por iniciativa própria, mediante provocação de Estado-parte ou, até mesmo, do Conselho de Segurança das Nações Unidas.

A Corte, no exercício de suas funções, precisa gozar de garantias e privilégios tendentes a assegurar uma atuação independente (avessa a influências externas, particularmente, de *grandes potências*), por isso existe o art. 48: "1 - O Tribunal gozará, no território dos Estados Partes, dos privilégios e imunidades que se mostrem necessários ao cumprimento das suas funções". E os juízes, o Procurador, os Procuradores-adjuntos e o secretário gozarão dos mesmos "privilégios e imunidades reconhecidos aos chefes das missões diplomáticas", os quais continuarão a usufruir de "absoluta imunidade judicial relativamente às suas declarações, orais ou escritas, e aos atos que pratiquem (...) após o termo do respectivo mandato".

Para viabilizar o trabalho interno e facilitar a comunicação externa do TPI, o Tratado de Roma distingue as línguas *oficiais* das *de trabalho,* na esteira da redação do art. 50 do Estatuto. São *oficiais* as línguas *árabe, chinesa, espanhola, francesa, inglesa* e *russa,* sendo as sentenças proferidas, bem como outras decisões sobre questões fundamentais, publicadas nessas línguas. Já *de trabalho* são as línguas *francesa* e *inglesa*, contudo, outra pode ser aceita, desde que seja feito pedido por alguma parte ou Estado admitido a intervir num processo. Assim, o Tribunal analisará a justificação para o recurso a outra língua de trabalho e autorizará o seu uso.

4.6. Inquérito e processo criminal

A natureza acusatória do processo penal adotado justifica o direcionamento do ônus da prova ao Procurador, que deve demonstrar os elementos probatórios para eventual sentença condenatória. Além do mais, a presunção de inocência deve ser respeitada, o que resulta no dever do acusador em demonstrar a culpa do réu.

Semelhantemente como é concebida em nosso ordenamento, a *persecutio criminis* do Estatuto materializa-se por meio de inquérito e processo criminal, um desenrolar procedimental que abrange os juízes e o Procurador, envoltos por um manto garantista e delimitado pelos direitos básicos outorgados às pessoas[119].

---

118 Art. 42 do Estatuto: "1 - O Gabinete do Procurador atua de forma independente, enquanto órgão autônomo do Tribunal. Compete-lhe recolher comunicações e qualquer outro tipo de informação, devidamente fundamentada, sobre crimes da competência do Tribunal, a fim de as examinar e investigar e de exercer a ação penal junto do Tribunal. Os membros do Gabinete do Procurador não solicitarão nem cumprirão ordens de fontes externas ao Tribunal."

119 Conforme art. 55 do Estatuto: "1 - No decurso de um inquérito aberto nos termos do presente Estatuto: a) Nenhuma pessoa poderá ser obrigada a depor contra si própria ou a declarar-se

Para a **instauração de inquérito** é mister haver informações básicas que a justifiquem. Dessa forma, o Procurador pode agir *ex ofício*, diligenciando e coletando dados ou pode receber denúncias dos Estados-membros os quais precisam indicar todas as circunstâncias do fato e juntar eventuais provas que possuam. Além dessas duas possibilidades, o ponto de partida pode ser uma Resolução do Conselho de Segurança da ONU[120], emitida com base no Capítulo VII da Carta das Nações Unidas, que versa sobre *ação relativa a ameaças à paz, ruptura da paz e atos de agressão*. Esta última hipótese foi o que ocorreu no caso envolvendo o Presidente do Sudão, país não pertencente ao Tratado de Roma, contudo, membro da ONU, devendo, destarte, obediência à sua Carta e às Resoluções (vinculantes) do Conselho.

Analisadas as informações pelo Procurador – que é assessorado pelo quadro técnico de servidores que o auxiliam – poderá ser aberto o inquérito, a menos que ele considere que não existe fundamento razoável para assim proceder. Esse juízo de abertura pode ser refeito (possibilidade de reconsideração) a todo o momento, caso tenha conhecimento de novos fatos ou acesso a novas informações.

Transpassada a fase investigatória, emerge o **processo criminal**. O processo perante o Tribunal somente começa se for admitido pela Seção de Instrução ou de Questões Preliminares, à vista de indícios suficientes de culpabilidade do acusado apresentados pelo Procurador. Sendo positivo o juízo de admissibilidade da Seção de Instrução, o processo percorre por uma fase de instrução, na qual o réu, conforme art. 60 do Estatuto, tem o direito de "solicitar autorização para aguardar o julgamento em liberdade".

Antes da decisão meritória, há audiência para apreciação da acusação. Conforme art. 61 do Tratado de 1998, dentro de um prazo razoável, após a entrega da

---

culpada; b) Nenhuma pessoa poderá ser submetida a qualquer forma de coação, intimidação ou ameaça, tortura ou outras formas de penas ou tratamentos cruéis, desumanos ou degradantes; e c) Qualquer pessoa que for interrogada numa língua que não compreenda ou não fale fluentemente será assistida, gratuitamente, por um intérprete competente e poderá dispor das traduções necessárias às exigências de equidade; d) Nenhuma pessoa poderá ser presa ou detida arbitrariamente, nem ser privada da sua liberdade, salvo pelos motivos previstos no presente Estatuto e em conformidade com os procedimentos nele estabelecidos. 2 - Sempre que existam motivos para crer que uma pessoa cometeu um crime da competência do Tribunal e que deve ser interrogada pelo procurador ou pelas autoridades nacionais, em virtude de um pedido feito em conformidade com o disposto no capítulo IX, essa pessoa será informada, antes do interrogatório, de que goza ainda dos seguintes direitos: a) A ser informada, antes de ser interrogada, de que existem indícios de que cometeu um crime da competência do Tribunal; b) A guardar silêncio, sem que tal seja tido em consideração para efeitos de determinação da sua culpa ou inocência; c) A ser assistida por um advogado da sua escolha ou, se não o tiver, a solicitar que lhe seja designado um defensor oficioso, em todas as situações em que o interesse da justiça assim o exija, e sem qualquer encargo se não possuir meios suficientes para lhe pagar; e d) A ser interrogada na presença de advogado, a menos que tenha renunciado voluntariamente ao direito de ser assistida por um advogado."

120 O Conselho de Segurança pode, também, solicitar a suspensão de um inquérito ou de um processo.

pessoa ao TPI ou com o seu comparecimento espontâneo, "o juízo de instrução realizará uma audiência para apreciar os fatos constantes da acusação com base nos quais o procurador pretende requerer o julgamento. A audiência terá lugar na presença do procurador e do arguido, assim como do defensor deste".

4.7. Julgamento e Direito aplicável

Em regra, o julgamento do processo será realizado na sede do TPI, em Haia. *Durante essa sessão é obrigatória a presença do acusado*, o que não ocorrerá em situações de perturbação persistente da audiência. O Juízo ou Seção de julgamento em 1ª instância, excepcionalmente, poderá ordenar a sua remoção da sala e providenciar para que acompanhe o processo e dê instruções ao seu defensor a partir do seu exterior, utilizando-se, se necessário, de meios técnicos de comunicação.

Na linha do preceituado no art. 74 do Tratado de Roma, todos "os juízes (...) estarão presentes em cada uma das fases do julgamento e nas deliberações", sendo que deverá ser fundamentada sua decisão "com base na apreciação das provas e do processo no seu conjunto", o que não autoriza que se exorbite "dos fatos e circunstâncias descritos na acusação ou nas alterações que lhe tenham sido feitas". O *Tribunal fundamentará a sua decisão exclusivamente nas provas produzidas ou examinadas em audiência de julgamento* e os magistrados procurarão chegar a *decisum* por unanimidade e, não sendo possível, por maioria.

Caso conclua-se pela condenação, o art. 76 do Tratado rege que a pena a ser aplicada deve ter em conta "os elementos de prova e as exposições relevantes produzidos no decurso do julgamento", e o art. 78 complementa que na "determinação da pena, o Tribunal atenderá, de harmonia com o Regulamento Processual, a fatores tais como a gravidade do crime e as condições pessoais do condenado".

O *Direito a ser aplicado nos julgamentos e demais decisões* (art. 21) será, em primeiro lugar, o próprio Tratado de Roma, os elementos constitutivos do crime e o Regulamento Processual. Num segundo momento, se for o caso, podem ser adotados os tratados e os princípios e normas de Direito Internacional, inclusive os princípios estabelecidos nas normas sobre conflitos armados. Na falta desses, são aplicáveis os princípios gerais do Direito: que o Tribunal "retire do Direito interno dos diferentes sistemas jurídicos existentes, incluindo, se for o caso, o dos Estados que exerceriam normalmente a sua jurisdição relativamente ao crime (...)".

4.8. Detenção de natureza cautelar

Há a *possibilidade de detenções de natureza cautelar durante o inquérito ou o processo criminal*. A viabilidade das decisões emanadas do TPI tendentes a tolher a livre locomoção de pessoas depende essencialmente da cooperação dos Estados-membros, o que se concretiza com o instituto da entrega adiante estudado.

Conforme art. 58 do Estatuto:

> 1 - A todo o momento após a abertura do inquérito, o juízo de instrução poderá, a pedido do procurador, emitir um mandado de detenção contra uma pessoa se, após

examinar o pedido e as provas ou outras informações submetidas pelo procurador, considerar que: a) Existem motivos suficientes para crer que essa pessoa cometeu um crime da competência do Tribunal; e b) A detenção dessa pessoa se mostra necessária para: i) Garantir a sua comparência em tribunal; ii) Garantir que não obstruirá, nem porá em perigo, o inquérito ou a ação do Tribunal; ou iii) Se for o caso, impedir que a pessoa continue a cometer esse crime ou um crime conexo que seja da competência do Tribunal e tenha a sua origem nas mesmas circunstâncias.

O mandado de detenção expedido manter-se-á válido até manifestação em contrário do próprio Tribunal. Aos Estados-partes cabe colaborar com os mandados de detenção ou eventual decisão sobre prisão preventiva[121]. O art. 59 do Estatuto dispõe que o país-membro que receber um "pedido de prisão preventiva ou de detenção e entrega, adotará imediatamente as medidas necessárias para proceder à detenção, em conformidade com o respectivo direito interno e com o disposto no capítulo IX". E o detido "será imediatamente levado à presença da autoridade judiciária competente do Estado da detenção", devendo lhe ser assegurado o "direito a solicitar à autoridade competente do Estado da detenção autorização para aguardar a sua entrega em liberdade".

4.9. Decisão definitiva, detenções e processos em andamento

Até o momento da redação do presente capítulo, registrou-se uma (a primeira) condenação definitiva prolata pelo TPI[122].

O Tribunal declarou em 14 de março de 2012 o congolês Thomas Lubanga Dyilo culpado por recrutar crianças-soldado. O veredito é o primeiro a ser emitido pela Corte permanente. A Câmara de julgamento entendeu que Thomas Lubanga era culpado pelos crimes de guerra e de recrutamento e alistamento de crianças me-

---

121 Art. 92 do Estatuto: "1 - Em caso de urgência, o Tribunal pode solicitar a prisão preventiva da pessoa procurada até à apresentação do pedido de entrega e dos documentos de apoio referidos no artigo 91. 2 - O pedido de prisão preventiva será transmitido por qualquer meio de que fique registro escrito e conterá: a) Uma descrição da pessoa procurada, contendo informação suficiente que permita a sua identificação, bem como informação sobre a sua provável localização; b) Uma exposição sucinta dos crimes pelos quais a pessoa é procurada, bem como dos fatos alegadamente constitutivos de tais crimes, incluindo, se possível, a data e o local da sua prática; c) Uma declaração que certifique a existência de um mandado de detenção ou de uma decisão condenatória contra a pessoa procurada; e d) Uma declaração de que o pedido de entrega relativo à pessoa procurada será enviado posteriormente. 3 - Qualquer pessoa mantida sob prisão preventiva poderá ser posta em liberdade se o Estado requerido não tiver recebido, em conformidade com o artigo 91, o pedido de entrega e os respectivos documentos no prazo fixado pelo Regulamento Processual. Todavia, essa pessoa poderá consentir na sua entrega antes do termo do período se a legislação do Estado requerido o permitir. Nesse caso, o Estado requerido procede à entrega da pessoa reclamada ao Tribunal, o mais rapidamente possível. 4 - O fato de a pessoa reclamada ter sido posta em liberdade em conformidade com o n.º 3 não obstará a que seja de novo detida e entregue o pedido de entrega e os documentos de apoio vierem a ser apresentados posteriormente."
122 Tais dados devem ser constantemente atualizados pelo leitor mediante consulta à rede mundial de computadores (site da ICC: www.icc-cpi.int).

nores de 15 anos para as Forças Patrióticas para a Libertação do Congo. Elas foram usadas nas hostilidades em Ituri, nordeste da República Democrática do Congo entre setembro de 2002 e agosto de 2003.

Além da primeira e, até momento, única decisão definitiva, há outros processos em curso e mais algumas detenções cautelares. Uma das principais críticas ao TPI é sua *lentidão* para condenações. Esse ponto apenas incentiva a adoção de Cortes *ad hoc,* que demonstram mais agilidade na apuração e na efetivação das punições[123].

Constatou-se que estão em curso investigações e processos contra membros de vários governos, preponderando os de nações africanas, tais como Uganda, República do Congo, Sudão, República da África Central e República do Quênia. Mais recentemente, os integrantes do governo da Líbia também passaram a serem alvos da atividade da Corte.

Quanto às detenções, vários mandados já foram emitidos. Em março de 2009, o TPI expediu a primeira ordem de detenção e entrega contra um Chefe de Estado ainda em exercício, tratava-se do presidente sudanês Omar Al-Bashir (ou Omar Hassan Ahmad Al Bashir). Aqui remete-se o leitor ao que se estudou sobre o inquérito e o processo criminal, pois, neste caso do Sudão, a investigação pelo Procurador teve início devido a uma Resolução do Conselho de Segurança da ONU. O Sudão não é parte do Estatuto de Roma, mas o é da ONU. Em junho de 2011, foi decretada a segunda ordem de detenção contra um Chefe de Estado em exercício, tratava-se de Muammar Kadhaffi (posteriormente assassinado), tal ordem também se estendia a seu filho (Seif al-Islam) e a seu cunhado (Abdalla al-Senussi).

4.10. Princípio da ampla cooperação e o instituto da entrega

Como forma de viabilizar o projeto de Justiça Penal Internacional, idealizado pelo Tratado de Roma, a cooperação dos Estados ratificadores é de suma imprescindibilidade. Por isso, as relações entre Estados e Tribunal estão baseadas no **princípio da ampla cooperação**.

O TPI percorreu longo caminho para hoje estar em funcionamento, sem contar que muito ainda precisa ser feito para que se torne uma Corte penal internacional com jurisdicionalidade efetiva, haja vista que depende em demasiado da cooperação dos Estados, e alguns destes ainda resistem em aceitá-lo. Sempre lembrado como exemplo desta última situação são os Estados Unidos, que já assinou e, posteriormente, retratou-se. Fato é que até o presente não ratificou o Estatuto, celebrando inúmeros acordos bilaterais que refutam o TPI e incentivam, por derradeiro, a impunidade.

Não bastassem tais barreiras de ordem política, há também percalços de natureza jurídica. Os Estados-partes precisam editar leis internas que disciplinem os mecanismos de cooperação, especialmente, o **instituto da entrega**. Face a essa defi-

---

123 Apenas a título informativo: o Tribunal Especial para Serra Leoa, situado em Freetown, em 26 de abril de 2012, condenou o ex-presidente liberiano Charles Taylor por participação em crimes de guerra. O Tribunal é instância jurídica criada pelo governo de Serra Leoa e coordenada pela ONU para processar e condenar os responsáveis por violações aos direitos humanos entre 30 de novembro de 1996 e a Guerra Civil do país.

ciência, no Brasil ainda pairam dúvidas quanto à procedibilidade dos instrumentos de cooperação[124], e essa lacuna normativa, bem como as dúvidas sobre quem deve analisar a entrega, são objetos da Petição 4625 do Supremo Tribunal Federal:

> ESTATUTO DE ROMA. INCORPORAÇÃO DESSA CONVENÇÃO MULTILATERAL AO ORDENAMENTO JURÍDICO INTERNO BRASILEIRO (DECRETO Nº 4.388/2002). INSTITUIÇÃO DO TRIBUNAL PENAL INTERNACIONAL. CARÁTER SUPRA-ESTATAL DESSE ORGANISMO JUDICIÁRIO. INCIDÊNCIA DO PRINCÍPIO DA COMPLEMENTARIDADE (OU DA SUBSIDIARIEDADE) SOBRE O EXERCÍCIO, PELO TRIBUNAL PENAL INTERNACIONAL, DE SUA JURISDIÇÃO. COOPERAÇÃO INTERNACIONAL E AUXÍLIO JUDICIÁRIO: OBRIGAÇÃO GERAL QUE SE IMPÕE AOS ESTADOS PARTES DO ESTATUTO DE ROMA (ARTIGO 86). PEDIDO DE DETENÇÃO DE CHEFE DE ESTADO ESTRANGEIRO E DE SUA ULTERIOR ENTREGA AO TRIBUNAL PENAL INTERNACIONAL, PARA SER JULGADO PELA SUPOSTA PRÁTICA DE CRIMES CONTRA A HUMANIDADE E DE GUERRA. SOLICITAÇÃO FORMALMENTE DIRIGIDA, PELO TRIBUNAL PENAL INTERNACIONAL, AO GOVERNO BRASILEIRO. DISTINÇÃO ENTRE OS INSTITUTOS DA ENTREGA ("SURRENDER") E DA EXTRADIÇÃO. QUESTÃO PREJUDICIAL PERTINENTE AO RECONHECIMENTO, OU NÃO, DA COMPETÊNCIA ORIGINÁRIA DO SUPREMO TRIBUNAL FEDERAL PARA EXAMINAR ESTE PEDIDO DE COOPERAÇÃO INTERNACIONAL. CONTROVÉRSIAS JURÍDICAS EM TORNO DA COMPATIBILIDADE DE DETERMINADAS CLÁUSULAS DO ESTATUTO DE ROMA EM FACE DA CONSTITUIÇÃO DO BRASIL. O § 4º DO ART. 5º DA CONSTITUIÇÃO, INTRODUZIDO PELA EC Nº 45/2004: CLÁUSULA CONSTITUCIONAL ABERTA DESTINADA A LEGITIMAR, INTEGRALMENTE, O ESTATUTO DE ROMA? A EXPERIÊNCIA DO DIREITO COMPARADO NA BUSCA DA SUPERAÇÃO DOS CONFLITOS ENTRE O ESTATUTO DE ROMA E AS CONSTITUIÇÕES NACIONAIS. A QUESTÃO DA IMUNIDADE DE JURISDIÇÃO DO CHEFE DE ESTADO EM FACE DO TRIBUNAL PENAL INTERNACIONAL: IRRELEVÂNCIA DA QUALIDADE OFICIAL, SEGUNDO O ESTATUTO DE ROMA (ARTIGO 27). MAGISTÉRIO DA DOUTRINA. ALTA RELEVÂNCIA JURÍDICO-CONSTITUCIONAL DE DIVERSAS QUESTÕES SUSCITADAS PELA APLICAÇÃO DOMÉSTICA DO ESTATUTO DE ROMA. NECESSIDADE DE PRÉVIA AUDIÊNCIA DA DOUTA PROCURADORIA-GERAL DA REPÚBLICA. DESPACHO DO SENHOR MINISTRO CELSO DE MELLO[125].

O instituto da entrega é a mais importante válvula para cooperação, diferenciando-se da medida de extradição. O primeiro resume-se em uma relação vertical entre o Tribunal e Estados-membros, já a extradição consiste em relação horizontal entre dois Estados. Ademais, em regra, a extradição não se aplica a nacionais, já essa vedação não impede a entrega de brasileiros ao TPI.

---

124 Tramita no Congresso Nacional projeto que almeja regulamentar a matéria: "Anteprojeto de Lei que define o crime de genocídio, os crimes contra a humanidade e os crimes de guerra, dispõe sobre a cooperação com o Tribunal Internacional e dá outras providências."
125 Pet. 4625, Rel. Min. Ellen Grace, STF, J. 17/07/2009.

4.11. Princípios gerais de Direito Penal Internacional

O corpo normativo do Tratado de Roma está assentado em princípios gerais de Direito Penal Internacional, quais sejam:

- *Nullum crimen sine lege.*
- *Nulla poena sine lege*[126].
- Não retroatividade *ratione personae* (nenhuma pessoa será considerada criminalmente responsável por uma conduta antes da entrada em vigor do Estatuto).
- Responsabilidade criminal internacional do indivíduo (pessoa física).
- Exclusão da jurisdição relativamente a menores de 18 anos.
- Irrelevância da qualidade oficial[127].
- Responsabilidade dos chefes militares e outros superiores hierárquicos.
- Imprescritibilidade dos crimes[128].

4.12. Sentenças internacionais

Embora ainda inexistente em nosso país uma lei infraconstitucional reguladora dos mecanismos de cooperação, bem como disciplinadora do cumprimento das sentenças internacionais do Tribunal, resta assente que suas decisões, em sentido *lato*, devem ser cumpridas. A República Federativa do Brasil acatou a cláusula facultativa de forma soberana, ou seja, permitiu ao TPI que exercesse sua jurisdição (subsidiária e complementar) em nosso território. Ingressar no quadro de membros foi ato voluntário, dessa forma, após ter sido aceito como parte, não resta alternativa ao Brasil a não ser obedecer às suas decisões, sob a pena de sofrer admoestação ou até sanção mais grave, de natureza política, sem deixar de mencionar o constrangimento internacional que pode ser gerado.

4.12.1. Homologação pelo STJ?

Nesse diapasão, é preciso diferenciar sentenças internacionais (regidas pelo Direito Internacional e prolatadas por Tribunais Internacionais) de sentenças es-

---

126 LAMB, Susan. *Nullun crimen, nulla poena sine lege* in International Criminal Law. In: CASSESE, Antonio; GAETA, Paola; JONES, John R. W. D. *The Rome Statute Of The International Criminal Court*: A Commentary. V. II. Oxford: University Press, 2002, pp. 733-766.

127 Eis um princípio de fundamental relevância para o Tribunal, pois os principais homicidas, genocidas e violadores dos direitos humanos ocupam importantes cargos em seus países, como de Presidentes, de Ministros, etc. Esses gozam de imunidades e prerrogativas que não afetarão os julgamentos do TPI. Art. 27 do Estatuto: "1 - O presente Estatuto será aplicável de forma igual a todas as pessoas, sem distinção alguma baseada na qualidade oficial. Em particular, a qualidade oficial de Chefe de Estado ou de Governo, de membro de Governo ou do Parlamento, de representante eleito ou de funcionário público em caso algum eximirá a pessoa em causa de responsabilidade criminal, nos termos do presente Estatuto, nem constituirá de per si motivo de redução da pena. 2 - As imunidades ou normas de procedimento especiais decorrentes da qualidade oficial de uma pessoa, nos termos do direito interno ou do direito internacional não deverão obstar a que o Tribunal exerça a sua jurisdição sobre essa pessoa."

128 Estatuto do TPI: "Atr. 29 – Imprescritibilidade. Os crimes da competência do Tribunal não prescrevem."

trangeiras (regidas pelo Direito estrangeiro e prolatadas por Tribunais estrangeiros). Estas últimas necessitam de homologação pelo Superior Tribunal de Justiça[129], já as internacionais não, pois devem ser cumpridas diretamente e prescindem de juízo de delibação do STJ.

4.13. Das penas em espécie

Conforme art. 77 do Estatuto, as penas aplicáveis à pessoa condenada por um dos crimes consagrados no art. 5º são: a) pena de prisão por um número determinado de anos, até ao limite máximo de 30 anos; ou b) pena de prisão perpétua, se o elevado grau da ilicitude do fato e as condições pessoais do condenado justificarem. Além da pena restritiva de liberdade, o TPI poderá também aplicar uma multa e perda de produtos, bens e haveres provenientes, direta ou indiretamente, do crime, sem prejuízo dos direitos de terceiros que tenham agido de boa fé.

Quanto às duas penas de prisão (de até 30 anos ou perpétua) serão cumpridas em um país designado pelo Tribunal, com base em uma lista de candidatos que tenham manifestado estarem dispostos a receber os condenados (art. 103 do Estatuto).

4.14. Tratado de Roma de 1998 X Constituição Federal de 1988

Primeiramente, é preciso ressaltar que *o Tratado de Roma não permite reservas* (art. 120), o que significa que o país interessado em integrá-lo ratificará o documento já ciente de suas normativas e da indeclinável obrigação de acatar seus preceitos, integralmente, sem poder eximir-se do cumprimento de qualquer de seus artigos.

Essa situação gerou aparentes conflitos com normas constitucionais – a doutrina penalista e alguns constitucionalistas exaltam a existência de conflitos concretos entre alguns institutos do Estatuto e a Constituição Federal –, do que brotaria, pois, inconstitucionalidade intrínseca. Todavia, o posicionamento que vem ganhando mais espaço e demonstrando maior aceitabilidade é o de que esse conflito é apenas aparente, não se justificando na prática[130]. Há que se compatibilizar a aplicabilidade de todas as inovações do documento romano com as fontes vigentes em nosso território.

O modelo do Direito brasileiro permite e incentiva esse aparente conflito. O Direito brasileiro está baseado em raízes do modelo romano-germânico, já o Direito Penal Internacional, por sua vez, é norteado, fundamentalmente, pelos princípios da *common law* e, secundariamente, pelo Direito francês[131].

---

129 Sobre procedimento, competência e requisitos para homologação de sentença estrangeira, ler: art. 105, inc. I, i, da CF; art. 15 da LINDB; art. 475-N, inc. VI, do CPC; arts. 483 e 484, ambos também do CPC; e Resolução 09 de 2005 do STJ.
130 Sobre os *supostos* conflitos, é importante a consulta a: LIMA, Renata Mantovani de; BRINA, Marina Martins da Costa. *O Tribunal Penal Internacional*. Belo Horizonte: Del Rey, 2006; e MAZZUOLI, Valério de Oliveira. *Tribunal Penal Internacional e o Direito Brasileiro*. São Paulo: Premier Maxima, 2005.
131 AMBOS, Kai. *Derecho y processo penal internacional*: ensayos críticos. Mexico: Fontamara, 2008, p. 109 *et seq*. Por uma parte geral do Direito Penal Internacional: AMBOS, Kai. *A Parte Geral do Direito Penal Internacional*: bases para uma elaboração dogmática. Edição brasileira. São Paulo: Revista dos Tribunais, 2008, pp. 41-79.

114 | Capítulo 1

Em decorrência da objetividade do tratamento dado à temática no presente item, foram elencados alguns dos principais pontos que levantam dúvidas acerca de suas aplicabilidades em território nacional, já mencionados e estudados acima: **aplicação de prisão perpétua; entrega de nacionais; irrelevância da função pública; e coisa julgada**.

Quanto à previsão de **prisão perpétua** no Estatuto e sua vedação pela CF (art. 5º, inc. XLVII, b) não há que se cogitar em conflito. A vedação interna pela Constituição aplica-se ao legislador nacional e não ao internacional redator do Tratado de Roma. Assim, sua impossibilidade direciona-se às autoridades nacionais, inclusive ao nosso magistrado, não aos juízes de Haia. Além disso, há a possibilidade de aplicação, excepcionalmente, de pena de morte em nosso ordenamento pátrio (art. 5º, inc. XLVII, a, da CF), a qual é, teoricamente, mais grave que a perpétua. Tal perspectiva vem ao encontro de um dos desideratos do TPI, que é a prevalência dos direitos humanos, o qual, coincidentemente, é um princípio constitucionalmente tipificado (art. 4º, inc. II, da CF).

Tais argumentos antes lançados amoldam-se perfeitamente ao ditame sobre a **irrelevância da função pública**. As imunidades e prerrogativas constitucionalmente previstas (ex.: art. 52, inc. I, da CF) têm valor apenas interno, uma vez que buscam a harmonia interna entre os Poderes (teoria da separação) e dizem respeito ao exercício das competências dentro do campo da soberania doméstica. Como um dispositivo (ainda que constitucional), poderia extrapolar os limites de nossa jurisdição para *petrificar* a atuação de um Tribunal como o TPI, sediado em Haia?

Em relação à **entrega** as razões já foram expostas. A proscrição quanto à extradição de nacionais (art. 5º, inc. LI, da CF) atine apenas a essa medida de cooperação (a extradição) e não faz qualquer referência ao mecanismo da entrega, que, como dito, é diverso.

Por fim, aventa-se que o Estatuto estaria afrontando a **coisa julgada**, estaria a relativizando (o que, por sinal, é feito cada vez com mais frequência pela nossa jurisprudência: *destruir* a coisa julgada). Esse argumento, *concessa maxima vênia*, não tem qualquer sentido, pois os indivíduos já sentenciados em seu país de origem não serão novamente condenados pelo TPI, a não ser que se constate fraude ou burla processual, o que é justificado pela complementariedade da sua jurisdição. O art. 20 do Estatuto, ao disciplinar *ne bis in idem* é cristalino: "Salvo disposição em contrário do presente Estatuto, nenhuma pessoa poderá ser julgada pelo Tribunal por atos constitutivos de crimes pelos quais este já a tenha condenado ou absolvido" e nenhuma "pessoa poderá ser julgada por outro tribunal por um crime mencionado no artigo 5.º, relativamente ao qual já tenha sido condenada ou absolvida pelo Tribunal".

4.15. Questões comentadas – Juiz do Trabalho

(TRT 2ª Região – 2005) Assinale a alternativa correta:
a) a integração de tratado ou convenção internacional ao direito interno depende de aprovação pelo Congresso Nacional e produz efeitos internamente a partir da data de publicação da sanção do decreto-legislativo.

b) os tratados e convenções internacionais em matéria de direitos humanos podem ser celebrados pelo Presidente da República sem a necessidade de referendo do Congresso Nacional.
c) os tratados e convenções internacionais em matéria de direitos humanos integram-se ao direito brasileiro como norma de natureza infraconstitucional.
d) os tratados e convenções internacionais sobre direitos humanos que forem aprovados nas duas Casas do Congresso Nacional, com o quorum fixado na Constituição, serão equivalentes às emendas constitucionais.
e) por imperativo de soberania nacional, em hipótese alguma o Brasil se submete à jurisdição de Tribunal Penal Internacional.

Gabarito	Comentários
D	• Somente após passar pelas fases de celebração dos tratados que uma convenção produz efeitos internamente: 1 – negociação preliminar e assinatura; 2 – referendo do Congresso Nacional (mediante decreto legislativo); 3 – ratificação do Presidente (precisa do prévio referendo congressual); e 4 – promulgação e publicação (decreto do Presidente). De acordo com a doutrina, a 4ª e última fase não se aplica em termos dos tratados de direitos humanos, que, hoje, de acordo com a jurisprudência do STF, tem *status*, no mínimo, *supralegal*. • § 3º do art. 5º da CF: "Os tratados e convenções internacionais sobre direitos humanos que forem aprovados, em cada Casa do Congresso Nacional, em dois turnos, por três quintos dos votos dos respectivos membros, serão equivalentes às emendas constitucionais". • § 4º do art. 5º da CF: "O Brasil se submete à jurisdição de Tribunal Penal Internacional a cuja criação tenha manifestado adesão".

(TRT 18ª Região – 2006) De acordo com a Constituição Federal, considere as assertivas abaixo e assinale a alternativa correta.

I - Os tratados e convenções internacionais sobre direitos e garantias fundamentais que forem aprovados, em cada Casa do Congresso Nacional, em dois turnos, por três quintos dos votos dos respectivos membros, serão equivalentes às emendas constitucionais.

II - O Brasil se submete à jurisdição de Tribunal Penal Internacional criado por organismo internacional do qual faça parte.

III - As normas definidoras dos direitos e garantias fundamentais têm aplicação imediata.

IV - Os direitos e garantias constitucionais não excluem outros decorrentes do regime e dos princípios igualmente constitucionais, ou dos tratados internacionais criados por organismo internacional do qual o Brasil faça parte.

V - Nas hipóteses de grave violação de direitos humanos, o Procurador-Geral da República, com a finalidade de assegurar o cumprimento de obrigações decorrentes de tratados internacionais de direitos humanos dos quais o Brasil seja parte, poderá suscitar, perante o Superior Tribunal de Justiça, em qualquer fase do inquérito ou processo, incidente de deslocamento de competência para a Justiça Federal.

a) Estão corretas a primeira e a última
b) Estão corretas as três últimas
c) Estão incorretas as três primeiras
d) Apenas a última está correta
e) Estão corretas as assertivas III e V

Gabarito	Comentários
E	• A comissão divulgou como gabarito a alternativa E, porém, muitos candidatos não concordaram, tendo em vista que o item I também estaria correto. No entanto, aparentemente, a banca do concurso exigiu literalidade do texto constitucional, assim, o item I, em vez de mencionar "tratados e convenções internacionais de direitos humanos", enuncia "tratados e convenções internacionais sobre direitos e garantias fundamentais". • Leitura dos parágrafos do art. 5º da CF: "§ 1º - As normas definidoras dos direitos e garantias fundamentais têm aplicação imediata. § 2º - Os direitos e garantias expressos nesta Constituição não excluem outros decorrentes do regime e dos princípios por ela adotados, ou dos tratados internacionais em que a República Federativa do Brasil seja parte. § 3º Os tratados e convenções internacionais sobre direitos humanos que forem aprovados, em cada Casa do Congresso Nacional, em dois turnos, por três quintos dos votos dos respectivos membros, serão equivalentes às emendas constitucionais. § 4º O Brasil se submete à jurisdição de Tribunal Penal Internacional a cuja criação tenha manifestado adesão". • E art. 109 da CF: "§ 5º Nas hipóteses de grave violação de direitos humanos, o Procurador-Geral da República, com a finalidade de assegurar o cumprimento de obrigações decorrentes de tratados internacionais de direitos humanos dos quais o Brasil seja parte, poderá suscitar, perante o Superior Tribunal de Justiça, em qualquer fase do inquérito ou processo, incidente de deslocamento de competência para a Justiça Federal". O Incidente de Deslocamento de Competência (IDC) é de caráter subsidiário, devendo ser aplicado o princípio da proporcionalidade. O primeiro IDC solicitado pelo Procurador-Geral da República ao STJ foi o caso da Irmã Dorothy Stang, em 2005, que foi indeferido pelo Tribunal. O primeiro deferimento ocorreu em 2010, no caso Manoel Mattos.

4.16. Questões – Procurador do Trabalho

1 (MPT – XI) A sentença proferida no estrangeiro:
( ) a) somente será executada no Brasil, em qualquer caso, se tiver sido homologada pelo Supremo Tribunal Federal;
( ) b) dispensa a homologação pelo Supremo Tribunal Federal, para sua execução no Brasil, tratando-se de sentença de natureza meramente constitutiva;
( ) c) prescinde de homologação pelo Supremo Tribunal Federal, para sua execução no Brasil, tratando-se de sentença meramente declaratória do estado das pessoas;
( ) d) dispensa a homologação pelo Supremo Tribunal Federal, para sua execução no Brasil, na hipótese de ocorrência de revelia do réu.
( ) e) não respondida.

Questão	Gabarito
1	ANULADA

5. ÓRGÃOS DOS ESTADOS NAS RELAÇÕES INTERNACIONAIS

SUMÁRIO: 5.1. O Brasil e as relações internacionais; 5.2 Chefe de Estado, Chefe de Governo e Ministro das Relações Exteriores; 5.3. Agentes diplomáticos e consulares; 5.3.1. Das funções diplomáticas e consulares; 5.3.2. As missões e as repartições; 5.3.3. Os novos papéis dos agentes; 5.4. Relações diplomáticas e consulares; 5.4.1. Princípio da reciprocidade; 5.5. Questões comentadas – Juiz do Trabalho; 5.6. Questões – Procurador do Trabalho.

Um Estado para existir necessita de seus elementos constitutivos ou elementares, estudados alhures. No entanto, para manter relações internacionais, para *sobreviver* na sociedade internacional, precisa ser aceito, eis o ato de reconhecimento. Dados os primeiros passos para que as relações se concretizem, faz-se mister que toda essa sistemática seja operacionalizada. Para tanto, cada Constituição ou Lei Fundamental estabelece, a depender do regime adotado, órgãos encarregados de representar seus interesses extra-fronteiras.

Com base no que se estudou no capítulo específico sobre *Personalidade Jurídica Internacional*, é preciso, inicialmente, frisar que os *órgãos que representam os Estados não se confundem com este*. Sendo assim, quem *ostenta personalidade internacional* é sujeito do DI, *é o Estado e não um de seus órgãos*, como o Ministério das Relações Exteriores[132].

5.1. O Brasil e as relações internacionais

A complexidade, a descentralização, a inexistência de organismo supranacional a nível planetário e o vínculo de suportabilidade que vige na sociedade internacional *do hoje*, conforme exposto no capítulo inicial da presente obra, torna a cooperação necessária. Contudo, leva, não raras vezes, a tensões entre os países, que, também não raras vezes, podem gerar controvérsias graves, desde rompimento das relações diplomáticas até mesmo ao uso da força. Por essa razão usa uma política externa condizente com os anseios e a atualidade precisa guardar estreita conotação com os objetivos das atuais e das gerações vindouras, e deve, outrossim, primar pela manutenção da paz, pela preservação do meio ambiente, pelo respeito aos direitos humanos, pela execração da violência sob todas as formas, pelo respeito à auto--determinação dos povos, dentre outros tantos desejos da humanidade. Surgem, então, agentes e órgãos encarregados pela condução dessa política, incumbidos da preservação da suportabilidade cooperativa estruturante da sociedade internacional, que, facilmente, pode ser rompida.

Nessa linha, levando em conta que o fenômeno internacionalizante contaminou todas as esferas das Ciências Jurídicas, é possível notar que muitos agentes *lato sensu*, como Senadores, Deputados, Governadores, Ministros de Estado e integrantes até do Poder Judiciário – mais por necessidade do que por iniciativa pessoal visionária – hodiernamente, atuam em nível internacional, mantendo, ao menos

---

132 Essa regra aplica-se também às organizações internacionais, a seus órgãos e funcionários.

no aspecto material, relações internacionais, desenvolvendo uma forma de *paradiplomacia*[133]. No entanto, *formalmente, a Constituição Federal é clara ao direcionar as atribuições pela manutenção das relações a um ente da Federação e ao Presidente da República*: "Art. 21. Compete à União: I - manter relações com Estados estrangeiros e participar de organizações internacionais; (...) Art. 84. Compete privativamente ao Presidente da República: (...) VII - manter relações com Estados estrangeiros e acreditar seus representantes diplomáticos; VIII - celebrar tratados, convenções e atos internacionais, sujeitos a referendo do Congresso Nacional; (...)".

O Professor Cachapuz de Medeiros, em parecer, com base no já conhecido modelo federativo centralizado brasileiro[134], destaca que "(…) a ordem constitucional pátria é categórica ao conceder expressamente à União competência para conduzir as relações exteriores. Não faz nenhuma concessão às unidades federadas, sejam Estados, Municípios ou o Distrito Federal"[135].

Independentemente do agente atuante, é cediço que todo aquele que represente a República Federativa do Brasil perante a sociedade internacional precisa ter em mente os princípios de observância obrigatória nas relações internacionais, previstos de forma expressa na CF:

> Art. 4º – A República Federativa do Brasil rege-se nas suas relações internacionais pelos seguintes princípios: I - independência nacional; II - prevalência dos direitos humanos; III - autodeterminação dos povos; IV – não-intervenção; V - igualdade entre os Estados; VI - defesa da paz; VII - solução pacífica dos conflitos; VIII - repúdio ao terrorismo e ao racismo; IX - cooperação entre os povos para o progresso da humanidade; X - concessão de asilo político. Parágrafo único. A República Federativa do Brasil buscará a integração econômica, política, social e cultural dos povos da América Latina, visando à formação de uma comunidade latino-americana de nações[136].

---

133 Pesquisar sobre o assunto em: LESSA, José Vicente da Silva. *Paradiplomacia no Brasil e no Mundo*: o poder de celebrar tratados dos governos não-centrais. Viçosa: UFV, 2007.
134 "A Constituição de 1988 restaura a federação e a democracia, procurando avançar em um novo federalismo centrífugo (que deve sempre buscar a descentralização) e de três esferas (incluindo uma terceira esfera de poder federal: o município). Entretanto, apesar das inovações, o número de competências e de recursos destinados à União, em detrimento dos Estados e Municípios, é muito grande, fazendo com que tenhamos um dos Estados federais mais centralizados no mundo. Esta é uma grave distorção de nosso federalismo que conviveu com um período de autoritarismo das "democracias formais constitucionais" que tomaram conta da América-Latina na década de 90 com a penetração do perverso modelo neoliberal: os neo-autoritarismos ou o neopresidencialismo autoritário, segundo expressão do constitucionalista Friedrich Muller." MAGALHÃES, José Luiz Quadros de. Jurisdição constitucional e federalismo. *Revista Eletrônica Jus Vigilantibus*, 23 mar. 2009.
135 BRASIL. Ministério das Relações Exteriores (1999). *Pareceres dos consultores jurídicos do Ministério das Relações Exteriores* n. 13/1999.
136 Jurisprudência pertinente: HC 82.424, Rel. Min. Maurício Corrêa, STF, DJ 19/03/2004; Ext. 783-QO-QO, voto do Min. Celso de Mello, STF, DJ 14/11/2003; Ext. 633, Rel. Min. Celso de Mello, STF, DJ 06/04/2001; CR 8.279-AgR, Rel. Min. Celso de Mello, STF, DJ 10/08/2000; Ext. 853, Rel. Min. Maurício Corrêa, STF, DJ 05/09/2003; Ext. 542, Rel. Min. Celso de Mello, STF, DJ 13/02/1992; Ext. 524, Rel. Min. Celso de Mello, STF, DJ 08/03/1991; e Ext. 855, Rel. Min. Celso de Mello, STF, DJ 01/07/2005.

Tais postulados, com expresso assento constitucional, não deixam também de ser direitos dos cidadãos representados pelos agentes formalmente habilitados.

Deve haver uma conotação – a qual foi observada pela CF – entre o atuar interno e o externo, tanto que o próprio preâmbulo da Constituição assim propugna: "Nós, representantes do povo brasileiro, reunidos em Assembleia Nacional Constituinte para instituir um Estado Democrático, destinado a assegurar o exercício dos direitos sociais e individuais, a liberdade, a segurança, o bem-estar, o desenvolvimento, a igualdade e a justiça como valores supremos de uma sociedade fraterna, pluralista e sem preconceitos, fundada na harmonia social e *comprometida, na ordem interna e internacional, com a solução pacífica das controvérsias*, promulgamos, sob a proteção de Deus, a seguinte CONSTITUIÇÃO DA REPÚBLICA FEDERATIVA DO BRASIL". (grifo nosso)

5.2. Chefe de Estado, Chefe de Governo e Ministro das Relações Exteriores

Em razão de nosso regime presidencialista, a função de Chefe de Governo não configura papel relevante fora do país, mas apenas internamente, em especial, porque o cargo de Presidente da República comporta as duas funções, tanto de Chefe de Governo como de Chefe de Estado[137].

O **Chefe de Estado** é o principal responsável pela condução da política externa brasileira, sendo o mais importante representante de nossa nação perante os demais sujeitos. Ele tem *responsabilidade primária* pela idealização, formulação, definição e execução da política externa. Para que possa desempenhar seu *munus*, não se lhe pode negar todos os privilégios e as imunidades previstos na Convenção de Viena sobre Relações Diplomáticas de 1961. Quando em missões especiais, as imunidades abarcam não só o Chefe de Estado, mas sim toda sua comitiva e os familiares que o acompanham, inclusive quando em gozo de férias. Há entendimento de que a imunidade estende-se quando não mais no cargo, desde que os atos praticados durante o mandato estivessem relacionados ao exercício da função. Entretanto, não se pode esquecer de que essa situação não é sinonímia de impunidade, ou seja, em caso de crimes graves, como o de genocídio, nada impede que seja processado e julgado pelo TPI.

O **Ministro das Relações Exteriores** é o principal assessor do Presidente da República quando do exercício das funções de Chefe de Estado. Tem-se percebido, na prática, seu auxílio até mesmo em alguns assuntos internos, em razão da indissociável ligação entre leis nacionais e as normas internacionais. Uma de suas mais importantes atividades[138] é a possibilidade de celebrar tratados em nome da República

---

137 Incisos do art. 84 da CF que caracterizam o Presidente da República como Chefe de Estado: VII, VIII, XIX e XX.
138 Art. 1o do Decreto 7.304 de 2010: "O Ministério das Relações Exteriores, órgão da administração direta, tem como área de competência os seguintes assuntos: I - política internacional; II - relações diplomáticas e serviços consulares; III - participação nas negociações

Federativa. O Ministro goza dos mesmos privilégios e imunidades aplicáveis ao Chefe de Estado. Os cargos, as atividades e o funcionamento do Ministério das Relações Exteriores (MRE) podem ser constatados pela leitura do Decreto 7.304 de 2010, o qual *Aprova a Estrutura Regimental e o Quadro Demonstrativo dos Cargos em Comissão e das Funções Gratificadas do Ministério das Relações Exteriores, e dá outras providências.*

Conforme *Relatório do Plano Plurianual 2008-2010*[139], os principais dispêndios constatados para a colocação em prática da atual política externa brasileira concentraram-se nas seguintes ações: análise e difusão da Política Externa brasileira; difusão da cultura e da imagem do Brasil no exterior; ensino profissional diplomático; promoção das exportações; relações e negociações do Brasil no exterior; e atendimento consular.

A praticidade e a viabilidade dessas ações não se devem, porém, apenas à cúpula orgânica da administração direta da União, mas também aos **agentes diplomáticos e consulares**, talvez, os mais relevantes servidores *da ponta*, com funções mais rotineiras e de maior contato com o cidadão fora de seu país.

5.3. Agentes diplomáticos e consulares

Os agentes aqui tratados são, literalmente, os representantes mais atuantes fora de nossa jurisdição, especialmente em decorrência de suas atividades se darem lá de forma permanente. O Presidente e o Ministro das Relações Exteriores estabelecem as diretrizes da política externa internamente e, se necessário, lançam-se em missões temporárias, sem se fixarem por longo período no estrangeiro. Quanto ao Presidente, há controle em relação à sua permanência no exterior, afinal, além de Chefe de Estado é também Chefe de Governo, conforme a CF: "Art. 49. É da competência exclusiva do Congresso Nacional: (...) III - autorizar o Presidente e o Vice-Presidente da República a se ausentarem do País, quando a ausência exceder a quinze dias; (...)".

Existe uma estreita conexão entre os agentes, principalmente, os diplomáticos, e o Presidente e o Ministro, sendo que estes dois últimos definem as estratégias a serem implementadas pelos primeiros. Por esse motivo, exige-se uma relação de confiabilidade e um estado de sintonia. O art. 76, § 2º, do Decreto 7.304, fornece interessante preceito, mesmo que especificamente direcionado aos chefes de missões diplomáticas permanentes e representantes e delegados permanentes junto aos organismos internacionais: "Ao término do mandato do Presidente (...) devem

---

comerciais, econômicas, técnicas e culturais com governos e entidades estrangeiras; IV - programas de cooperação internacional e de promoção comercial; e V - apoio a delegações, comitivas e representações brasileiras em agências e organismos internacionais e multilaterais. Parágrafo único. Cabe ao Ministério auxiliar o Presidente da República na formulação da política exterior do Brasil, assegurar sua execução e manter relações com Estados estrangeiros, organismos e organizações internacionais."

139 *RELATÓRIO DO PLANO PLURIANUAL 2008-2010.* Disponível em: http://www.itamaraty.gov.br/o-ministerio/relatorio-de-avaliacao-do-plano-plurianual-2008-2011-ano--base-2010/view. Acesso em: 03/03/2012.

colocar (...) seus cargos à disposição e aguardar, no exercício de suas funções, sua dispensa ou confirmação". O sistema de nomeações ocorre da seguinte forma, conforme o mesmo Decreto:

> Art. 76 – Serão nomeados pelo Presidente da República, com o título de Embaixador, após aprovação pelo Senado Federal, os Chefes de Missão Diplomática Permanente e os Chefes de Missão ou Delegação Permanente junto a organismo internacional, dentre os ocupantes de cargo de Ministro de Primeira Classe ou, excepcionalmente, dentre os ocupantes de cargo de Ministro de Segunda Classe e de Conselheiro da Carreira de Diplomata, na forma da lei. § 1o Em caráter excepcional, pode ser designado, para exercer a função de Chefe de Missão Diplomática Permanente, brasileiro nato, não pertencente aos quadros do Ministério, maior de trinta e cinco anos, de reconhecido mérito e com relevantes serviços prestados ao Brasil.

5.3.1. Das funções diplomáticas e consulares

As funções dos agentes diplomáticos são reguladas pela Convenção de Viena sobre Relações Diplomáticas de 1961, já as dos consulares estão dispostas na Convenção de Viena sobre Relações Consulares de 1963. *Os dois documentos tratam de forma distinta as carreiras, as funções e as imunidades.*

Da leitura dos dois documentos percebe-se que, embora essencialmente distintas, as funções dos agentes diplomáticos e dos consulares guardam pontuais similitudes. Assim, ver-se-á que algumas delas são desempenhadas por ambos, como o desenvolvimento de relações amistosas entre o Estado acreditante (que envia representantes ao exterior) e o Estado acreditado (que recebe em seu território missões de outro país).

Os agentes diplomáticos representam o Brasil nas relações internacionais. De acordo com a Convenção de Viena sobre Relações Diplomáticas de 1961, são funções:

> Art. 3º – As funções de uma missão diplomática consistem, entre outras, em: a) representar o Estado acreditante perante o Estado acreditado; b) proteger no Estado acreditado os interesses do Estado acreditante e se seus nacionais, dentro dos limites permitidos pelo direito internacional; c) negociar com o Governo do Estado acreditado; d) inteirar-se por todos os meios lícitos das condições existentes e da evolução dos acontecimentos no Estado acreditado e informar a este respeito o Governo do Estado acreditante; e) promover relações amistosas e desenvolver as relações econômicas, culturais e científicas entre o Estado acreditante e o Estado acreditado. 2. Nenhuma disposição da presente Convenção poderá ser interpretada como impedindo o exercício de funções consulares pela Missão diplomática.

Os agentes consulares desempenham funções mais específicas e direcionadas. Eles são encarregados do oferecimento de proteção e assistência aos nacionais no exterior, exercendo função notarial e de registro civil, sem esquecer da tradicional função de emissão de vistos aos estrangeiros interessados em ingressar em território nacional. Conforme Convenção de Viena sobre Relações Consulares de 1963:

> Art. 5º – Funções Consulares – As funções consulares consistem em: a) proteger, no Estado receptor, os interesses do Estado que envia e de seus nacionais, pessoas físicas ou jurídicas, dentro dos limites permitidos pelo direito internacional;

b) fomentar o desenvolvimento das relações comerciais, econômicas, culturais e científicas entre o Estado que envia e o Estado receptor e promover ainda relações amistosas entre eles, de conformidade com as disposições da presente Convenção; c) informar-se, por todos os meios lícitos, das condições e da evolução da vida comercial, econômica, cultural e científica do Estado receptor, informar a respeito o governo do Estado que envia e fornecer dados às pessoas interessadas; d) expedir passaportes e documentos de viagem aos nacionais do Estado que envia, bem como vistos e documentos apropriados às pessoas que desejarem viajar para o referido Estado; e) prestar ajuda e assistência aos nacionais, pessoas físicas ou jurídicas do Estado que envia; f) agir na qualidade de notário e oficial de registro civil, exercer funções similares, assim como outras de caráter administrativo, sempre que não contrariem as leis e regulamentos do Estado receptor; g) resguardar, de acordo com as leis e regulamentos do Estado receptor, os interesses dos nacionais do Estado que envia, pessoas físicas ou jurídicas, nos casos de sucessão por morte verificada no território do Estado receptor; h) resguardar, nos limites fixados pelas leis e regulamentos do Estado receptor, os interesses dos menores e dos incapazes, nacionais do país que envia, particularmente quando para eles for requerida a instituição de tutela ou curatela; i) representar os nacionais do país que envia e tomar as medidas convenientes para sua representação perante os tribunais e outras autoridades do Estado receptor, de conformidade com a prática e os procedimentos em vigor neste último, visando conseguir, de acordo com as leis e regulamentos do mesmo, a adoção de medidas provisórias para a salvaguarda dos direitos e interesses destes nacionais, quando, por estarem ausentes ou por qualquer outra causa, não possam os mesmos defendê-los em tempo útil; j) comunicar decisões judiciais e extrajudiciais e executar comissões rogatórias de conformidade com os acordos internacionais em vigor, ou, em sua falta, de qualquer outra maneira compatível com as leis e regulamentos do Estado receptor; k) exercer, de conformidade com as leis e regulamentos do Estado que envia, os direitos de controle e de inspeção sobre as embarcações que tenham a nacionalidade do Estado que envia, e sobre as aeronaves nele matriculadas, bem como sobre suas tripulações; l) prestar assistência às embarcações e aeronaves a que se refere a alínea "k" do presente artigo e também às tripulações: receber as declarações sobre as viagens dessas embarcações, examinar e visar os documentos de bordo e, sem prejuízo dos poderes das autoridades do Estado receptor, abrir inquéritos sobre os incidentes ocorridos durante a travessia e resolver todo tipo de litígio que possa surgir entre o capitão, os oficiais e os marinheiros, sempre que autorizado pelas leis e regulamentos do Estado que envia; m) exercer todas as demais funções confiadas à repartição consular pelo Estado que envia, as quais não sejam proibidas pelas leis e regulamentos do Estado receptor, ou às quais este não se oponha, ou ainda as que lhe sejam atribuídas pelos acordos internacionais em vigor entre o Estado que envia e o Estado receptor.

Partindo de uma análise comparativa e pretendendo adotar uma forma didática para memorização do conteúdo, veja o quadro comparativo:

Agentes diplomáticos:	Agentes consulares:
• Representam seu Estado junto à soberania local.	• Representam seu Estado junto às autoridades locais.
• Representação sob o aspecto político.	• Representação para fins de tratar de interesses de natureza privada.

Agentes diplomáticos:	Agentes consulares:
• Gozam de uma imunidade mais ampla.	• Gozam de uma imunidade mais restrita.
• Atuam em todo o território do Estado acreditado.	• Suas atividades circunscrevem-se ao território do distrito consular.

5.3.2. As missões e as repartições

Há um longo período de seleção e treinamento dos agentes consulares e diplomáticos antes de assumirem postos no exterior. Alguns podem atuar em território nacional a depender das funções em desempenho.

Quando fora do país, seus locais de exercício são as *Missões* ou *Repartições no Exterior*. A Seção V do Decreto 7.304 de 2010 trata do assunto. Transcrevem-se abaixo os artigos pertinentes:

Art. 54. As Missões Diplomáticas permanentes, que compreendem Embaixadas, Missões e Delegações Permanentes junto a organismos internacionais, são criadas e extintas por decreto e têm natureza e sede fixadas no ato de sua criação.
Art. 55. Às Embaixadas compete assegurar a manutenção das relações do Brasil com os governos dos Estados junto aos quais estão acreditadas, cabendo-lhes, dentre outras, as funções de representação, negociação, informação e proteção dos interesses brasileiros.
Parágrafo único. Às Embaixadas pode ser atribuída também a representação junto a organismos internacionais.
Art. 56. Às Missões e Delegações Permanentes incumbe assegurar a representação dos interesses do Brasil nos organismos internacionais junto aos quais estão acreditadas.
Art. 57. O Chefe de Missão Diplomática é a mais alta autoridade brasileira no país junto a cujo governo exerce funções, cabendo-lhe coordenar as atividades das repartições brasileiras ali sediadas, exceto as das Missões e Delegações Permanentes junto a organismos internacionais e as dos órgãos de caráter puramente militar.
§ 1o O Chefe de Missão Diplomática residente em um Estado pode ser cumulativamente acreditado junto a governos de Estados nos quais o Brasil não tenha sede de representação diplomática permanente.

Art. 58. São Repartições Consulares:
I - os Consulados-Gerais;
II - os Consulados;
III - os Vice-Consulados; e
IV - os Consulados Honorários.
Parágrafo único. Às Embaixadas pode ser atribuída a execução de serviços consulares, com jurisdição determinada em portaria do Ministro de Estado.
Art. 59. Às Repartições Consulares cabe prestar assistência a brasileiros, desempenhar funções notariais e outras previstas na Convenção de Viena sobre Relações Consulares, bem como, quando contemplado em seu programa de trabalho, exercer atividades de intercâmbio cultural, cooperação técnica, científica e tecnológica, promoção comercial e de divulgação da realidade brasileira.
Art. 60. Os Consulados-Gerais, os Consulados e os Vice-Consulados são criados ou extintos por decreto, que lhes fixa a categoria e a sede.
Parágrafo único. A criação ou extinção dos Consulados Honorários e a fixação da jurisdição dos demais Consulados mencionados neste artigo são estabelecidas em portaria do Ministro de Estado.
Art. 61. Os Consulados-Gerais e os Consulados subordinam-se diretamente à Secretaria de Estado, cabendo-lhes, entretanto, nos assuntos relevantes para a política externa, coordenar suas atividades com a Missão Diplomática junto ao governo do país em que tenham sede.
Parágrafo único. Os Vice-Consulados e Consulados Honorários são subordinados a Consulado-Geral, Consulado ou Serviço Consular de Embaixada.
Art. 62. As Unidades Específicas, destinadas a atividades administrativas, técnicas ou culturais, são criadas mediante ato do Ministro de Estado, que lhes estabelece a competência, a sede e a subordinação administrativa.

5.3.3. Os novos papéis dos agentes

É necessário ter atenção ao novo viés que se dá às atividades dos agentes diplomáticos e consulares. Mais que representantes são também responsáveis pelo respeito aos direitos humanos, ainda que essa postura não esteja disseminada dentro do próprio quadro de funcionários do Ministério das Relações Exteriores. Conforme Opinião Consultiva OC-16/99, de 1º de outubro de 1999, da Corte Interamericana de Direitos Humanos ficou definido que deve ser respeitado o *direito à informação sobre a assistência consular, no marco das garantias do devido processo legal*. Este foi o primeiro pronunciamento de um Tribunal Internacional acerca do descumprimento do art. 36 da Convenção de Viena sobre Relações Consulares[140]. Conforme voto do professor Cançado Trindade, nesse caso:

> Toda la jurisprudencia internacional en materia de derechos humanos ha desarrollado, de forma convergente, a lo largo de las últimas décadas, una interpretación dinámica o evolutiva de los tratados de protección de los derechos del ser humano. Esto no hubiera sido posible si la ciencia jurídica contemporánea no se hubiera liberado de las amarras del positivismo jurídico. Este último, en su hermetismo, se mostraba indiferente a otras áreas del conocimiento humano, y, de cierto modo, también al tiempo existencial, de los seres humanos: para el positivismo jurídico, aprisionado en sus propios formalismos e indiferente a la búsqueda de la realización del Derecho, el tiempo se reducía a un factor externo (los plazos, con sus consecuencias jurídicas) en el marco del cual había que aplicarse la ley, el derecho positivo.

Na consulta, a Corte Interamericana deixou registrado que o art. 36 da Convenção sobre relações consulares reconhece, ao estrangeiro detido, direitos individuais, dentre os quais o direito à informação sobre assistência consular.

---

140 Veja o art. 36: "Comunicação com os Nacionais do Estado que Envia 1. A fim de facilitar o exercício das funções consulares relativas aos nacionais do Estado que envia: a) os funcionários consulares terão liberdade de se comunicar com os nacionais do Estado que envia e visitá-los. Os nacionais do Estado que envia terão a mesma liberdade de se comunicarem com os funcionários consulares e de visitá-los; b) se o interessado lhes solicitar, as autoridades competentes do Estado receptor deverão, sem tardar, informar a repartição consular competente quando, em sua jurisdição, um nacional do Estado que envia for preso, encarcerado, posto em prisão preventiva ou detido de qualquer outra maneira. Qualquer comunicação endereçada à repartição consular pela pessoa detida, encarcerada ou presa preventivamente deve igualmente ser transmitida sem tardar pelas referidas autoridades. Estas deverão imediatamente informar o interessado de seus direitos nos termos do presente sub-parágrafo; c) os funcionários consulares terão direito de visitar o nacional do Estado que envia, o qual estiver detido, encarcerado ou preso preventivamente, conservar e corresponder-se com ele, e providenciar sua defesa perante os tribunais. Terão igualmente o direito de visitar qualquer nacional do Estado que envia encarcerado, preso ou detido em sua jurisdição em virtude de execução de uma sentença. Todavia, os funcionários consulares deverão abster-se de intervir em favor de um nacional encarcerado, preso ou detido preventivamente, sempre que o interessado a isso se opuser expressamente. 2. As prerrogativas a que se refere o parágrafo 1º do presente artigo serão exercidas de acordo com as leis e regulamentos do Estado receptor, devendo, contudo, entender-se que tais leis e regulamentos não poderão impedir o pleno efeito dos direitos reconhecidos pelo presente artigo."

5.4. Relações diplomáticas e consulares

As relações internacionais representam um amplo rol de ligações que podem ser desenvolvidas entre Estados, pois dentro de seu âmbito podemos ter relações de ordem econômica, social, cultural, religiosa, política, etc. As relações consulares e diplomáticas são as duas formas usuais, tradicionais e eficientes de aproximação. Dessa forma, para que possam ser exercidas de modo independente há que se estabelecerem meios de proteção aos agentes que as operacionalizam, com o fim de que atuem em nome de seu Estado em território estrangeiro de forma independente.

Como os principais agentes, conforme antes dissertado, são os diplomáticos e os consulares, é importante aprofundar-se no estudo dos privilégios e imunidades que os circundam. Para tanto, antes de ingressar nos estudos específicos das imunidades diplomáticas e consulares, algumas premissas devem ser fixadas, como condição para viabilização do entendimento dos posteriores tópicos:

- O estabelecimento de relações diplomáticas e consulares entre Estados e o envio de missões permanentes efetuam-se por consentimento mútuo.
- Os membros do pessoal diplomático e consular das missões e repartições deverão, em princípio, ter a nacionalidade do Estado acreditante (que os envia), sendo que só poderão ser escolhidos dentre os nacionais do Estado acreditado ou acreditador (que os recebe) com o consentimento expresso deste, o qual poderá retirá-lo a qualquer momento.
- O consentimento dado para o estabelecimento de relações diplomáticas entre dois Estados implicará, salvo indicação em contrário, o consentimento para o estabelecimento de relações consulares.
- A ruptura das relações diplomáticas não acarretará *ipso facto* a ruptura das relações consulares.
- Os agentes consulares e diplomáticos não poderão, em proveito próprio, exercer atividade profissional ou comercial no Estado acreditado.
- A aceitação, pelo Estado acreditante, de chefe de missão diplomática estrangeira se dá por meio de ato discricionário de *agreément*. No Brasil, é preciso aprovação do Senado Federal (art. 52, IV, CF).
- A aceitação[141] de chefe de repartição consular[142] dar-se-á por meio de *exequatur*. O chefe da repartição consular deverá estar munido de um documento expedido pelo Estado brasileiro, sob forma de carta-patente

---

141 Art. 13 da Convenção de Viena sobre Relações Consulares: "Admissão Provisória do Chefe da Repartição Consular - Até que lhe tenha sido concedido o exequatur, o chefe da repartição consular poderá ser admitido provisoriamente no exercício de suas funções. Neste caso, ser-lhe-ão aplicáveis as disposições da presente Convenção."
142 Art. 9º da Convenção de Viena sobre Relações Consulares: "Categorias de Chefes de Repartição Consular 1. Os chefes de repartição consular se dividem em quatro categorias, a saber: a) cônsules-gerais; b) cônsules; c) vice-cônsules; d) agentes consulares."

ou instrumento similar, feito para cada nomeação, que ateste sua qualidade e que indique seu nome completo, sua classe e categoria, a jurisdição consular e a sede da repartição consular.

5.4.1. Princípio da reciprocidade

Embora o fundamento atual do Direito Internacional seja *pacta sunt servanda*, i.e., o que foi acordado deve ser cumprido, é importante reconhecer que outros princípios também orientam a disciplina e dão balizamentos para as relações entre os sujeitos do DI.

As relações internacionais pautam-se na reciprocidade e no consentimento entre os Estados. Conforme exposto no capítulo inaugural do presente livro – para o qual remetemos o leitor – a sociedade internacional não atingiu um nível de integração capaz de permitir a instituição de um organismo supranacional planetário (que não é o caso da ONU), por essa razão, a cooperação, o consentimento, a vontade política e a reciprocidade são ditames em plena vigência.

A manutenção de relações diplomáticas e consulares precisa brotar de manifestações positivas dos sujeitos envolvidos, para isso, *a aceitação e o consentimento formal são imprescindíveis*. Tais relações se estabelecem de forma recíproca. A reciprocidade não tem apenas essa conotação, já que, por ser um instituto de natureza política, *flutua* em campos de clareza escassa, podendo também servir de arrimo para a adoção de atos como resposta por um Estado frente a medidas unilaterais de outro. É o caso, por exemplo, das decisões unilaterais restritivas de determinado país em relação ao ingresso de cidadãos de outro país.

De acordo com a forma de aplicação do princípio, ele pode se materializar de modo **condicionante inicial**, ou seja, determinado Estado age se o outro assim também agir ou se comprometer a agir posteriormente. É o caso da *promessa de reciprocidade* utilizada em pedidos de extradição (quando inexiste tratado), em que só haverá autorização da extradição e entrega do concernido ao Estado solicitante se este se comprometer a não impedir uma futura extradição em decorrência da falta de tratado. A reciprocidade também pode se apresentar como uma forma de *resposta*, que não pode ser confundida com retaliação, mas sim sucedâneo do princípio da igualdade entre os Estados e do exercício da soberania. São exemplos de **reciprocidade-resposta** a similaridade de tratamento despendido pelo Brasil aos estrangeiros provenientes de países como Espanha[143] e Estados Unidos, quando estes adotaram procedimentos discriminatórios aos brasileiros ingressantes em seus territórios.

Pode ainda ocorrer classificação do instituto segundo as prestações de cada um dos Estados envolvidos. Fala-se em **reciprocidade por identidade**, quando as

---

143 *MINISTRO COMENTA EMPREGO DA RECIPROCIDADE CONTRA ESPANHA*. Disponível em: http://www2.camara.gov.br/tv/materias/CAMARA-HOJE/198777-MINISTRO-COMENTA-EMPREGO-DA-RECIPROCIDADE-CONTRA-ESPANHA.html. Acesso em: 20/07/2011.

prestações são idênticas; e refere-se à **reciprocidade por equivalência**, quando as prestações são diferentes, mas de valor semelhante.

A reciprocidade não pode ser interpretada como uma medida *vingativa*, mas sim como recurso legítimo de defesa que possibilita um novo diálogo, levando em conta o dever de respeito mútuo e de cordialidade. Ela decorre do princípio da igualdade entre Estados e do próprio exercício da soberania. Nesse sentido, veja o art. 4º, inc. V, da CF: "A República Federativa do Brasil rege-se nas suas relações internacionais pelos seguintes princípios: (...) V – igualdade entre os Estados".

O princípio é mencionado em vários dispositivos do ordenamento nacional, particularmente, em assuntos relacionados ao Estatuto do Estrangeiro (Lei 6.815 de 1980) e à nacionalidade. A Lei 6.815 dispõe no seu art. 10 que poderá "ser dispensada a exigência de visto, prevista no artigo anterior, ao turista nacional de país que dispense ao brasileiro idêntico tratamento". E o parágrafo único complementa que a "reciprocidade prevista neste artigo será, em todos os casos, estabelecida mediante acordo internacional, que observará o prazo de estada do turista fixado nesta Lei".

Ainda dentro do Estatuto há interessante preceito sobre a medida de cooperação quanto à extradição: "Art. 76. A extradição poderá ser concedida quando o governo requerente se fundamentar em tratado, ou quando prometer ao Brasil a reciprocidade". E o art. 130 arremata que o "Poder Executivo fica autorizado a firmar acordos internacionais pelos quais, observado o princípio da reciprocidade de tratamento a brasileiros (...)".

A Constituição Federal também se refere à reciprocidade, embora não seja um princípio expressamente consagrado para as relações internacionais, no seu art. 4º. Prevê a Magna Carta no § 1º do art. 12 que "Aos portugueses com residência permanente no País, se houver reciprocidade em favor de brasileiros, serão atribuídos os direitos inerentes ao brasileiro, salvo os casos previstos nesta Constituição". Havendo ainda outras previsões:

> Art. 52 – Até que sejam fixadas as condições do art. 192, são vedados: I - a instalação, no País, de novas agências de instituições financeiras domiciliadas no exterior; II - o aumento do percentual de participação, no capital de instituições financeiras com sede no País, de pessoas físicas ou jurídicas residentes ou domiciliadas no exterior. Parágrafo único. A vedação a que se refere este artigo não se aplica às autorizações resultantes de acordos internacionais, de reciprocidade, ou de interesse do Governo brasileiro. (...) Art. 178 – A lei disporá sobre a ordenação dos transportes aéreo, aquático e terrestre, devendo, quanto à ordenação do transporte internacional, observar os acordos firmados pela União, atendido o princípio da reciprocidade.

O princípio da reciprocidade tem uma ampla aplicabilidade dentro do Direito Internacional Público e das Relações Internacionais, *contudo comporta restrições, especialmente quando frente a institutos humanitários, tais como o asilo e o refúgio*, a partir dos quais suas concessões visam a proteger pessoas perseguidas. Não se pode condicionar a concessão de refúgio a um peruano, sob a condição de que o Peru, futuramente, conceda refugio a um brasileiro.

5.5. Questões comentadas – Juiz do Trabalho

(TRT 18ª Região – 2006) De acordo com a Convenção de Viena sobre Relações Consulares, celebrada em 24 de abril de 1963, assinale a alternativa incorreta:
  a) A ruptura das relações diplomáticas acarretará ipso facto a ruptura das relações consulares.
  b) Uma repartição consular não pode ser estabelecida no território do Estado receptor sem seu consentimento.
  c) Os chefes de repartição consular se dividem em quatro categorias, que são cônsules-gerais, cônsules, vice-cônsules e agentes consulares.
  d) "Exequatur" é o nome da autorização emitida pelo Estado receptor, que admite o chefe da repartição consular no exercício de suas funções.
  e) Os funcionários consulares só poderão ser escolhidos dentre os nacionais do Estado receptor com o consentimento expresso desse Estado, o qual poderá retirá-lo a qualquer momento.

Gabarito	Comentários
A	• Convenção de Viena sobre Relações Consulares de 1963: "(...) Artigo 2º Estabelecimento de Relações Consulares 1. O estabelecimento de relações consulares entre Estados far-se-á por consentimento mútuo. (...) 3. A ruptura das relações diplomáticas não acarretará ipso facto a ruptura das relações consulares. Artigo 4º Estabelecimento de uma Repartição Consular 1. Um repartição consular não pode ser estabelecida no território do Estado receptor sem seu consentimento. (...) Artigo 9º Categorias de Chefes de Repartição Consular 1. Os chefes de repartição consular se dividem em quatro categorias, a saber: a) cônsules-gerais; b) cônsules; c) vice-cônsules; d) agentes consulares. (...) Artigo 12º Exequatur 1. O Chefe da repartição consular será admitido no exercício de suas funções por uma autorização do Estado receptor denominada 'exequatur', qualquer que seja a forma dessa autorização. (...) Artigo 22 Nacionalidade dos Funcionários Consulares 1. Os funcionários consulares deverão, em princípio, ter a nacionalidade do Estado que envia. 2. Os funcionários consulares só poderão ser escolhidos dentre os nacionais do Estado receptor com o consentimento expresso desse Estado, o qual poderá retirá-lo a qualquer momento".

(TRT 1ª Região – 2010) As missões diplomáticas e as chancelarias são importantes órgãos das relações entre os Estados soberanos. Acerca de agentes diplomáticos, é correto afirmar que:
  a) São designados pelo Estado de envio ou Estado acreditado.
  b) Possuem imunidades perante a jurisdição local, já que podem ser retirados a qualquer tempo por ato unilateral do Estado acreditado.
  c) Não podem figurar em processos criminais como réus nas jurisdições locais, embora sejam obrigados a fazê-lo como testemunha.
  d) Os Estados acreditados têm poder discricionário quanto à aceitação de chefes de missão diplomática, podendo deixar de conceder o agreement.
  e) Núncios apostólicos são agentes diplomáticos atípicos, pois, como sacerdotes, não possuem imunidades previstas na Convenção de Viena de 1961 sobre relações diplomáticas.

Gabarito	Comentários
D	• A depender do prisma de observação, se do Estado que envia missões (*acreditante*) ou do que as recebe (*acreditado* ou *acreditador*), o direito de legação pode ser classificado, respectivamente, em ativo ou passivo. • Os agentes diplomáticos e os familiares que os acompanham têm ampla imunidade penal, civil e fiscal, com poucas exceções. Quanto ao aspecto penal, é absoluta, incluindo atos de ofício e comuns. Não podem ser obrigados a testemunhar. • Art. 4º da Convenção de Viena sobre Relações Diplomáticas de 1961: "1. O Estado acreditante deverá certificar-se de que a pessoa que pretende nomear como Chefe da Missão perante o Estado acreditado obteve o *agréement* do referido Estado. 2. O Estado acreditado não está obrigado a dar ao Estado acreditante as reações da negação do '*agréement*'". • Os núncios papais ou apostólicos são os representantes diplomáticos da Santa Sé e gozam de todas as imunidades dos agentes diplomáticos.

5.6. Questões – Procurador do Trabalho

1 (MPT – X) Tendo em conta a Convenção de Viena sobre relações diplomáticas, assinale a alternativa INCORRETA:
   a) Chefe de Missão é a pessoa encarregada pelo Estado acreditante de agir nessa qualidade.
   b) Membros da Missão são o Chefe da Missão e os membros do pessoal da Missão.
   c) Membros do pessoal diplomático são os membros do pessoal da Missão, incluindo os empregados no serviço administrativo e técnico.
   d) Agente diplomático é o Chefe da Missão ou um membro do pessoal diplomático da Missão.
   e) Criado particular é a pessoa do serviço doméstico de um membro da Missão que não seja empregado do Estado acreditante.
   f) Não sei.

Questão	Gabarito
1	C

6. IMUNIDADES

> **SUMÁRIO:** 6.1. Aspectos gerais das imunidades diplomáticas e consulares; 6.1.1. O princípio da territorialidade e as imunidades; 6.1.2. Fundamento das imunidades dos agentes; 6.1.3. Renúncia às imunidades; 6.2. Imunidades diplomáticas; 6.2.1. Espécies e abrangência; 6.2.2. As imunidades e as pessoas; 6.2.2.1. Os criados; 6.2.3. As imunidades e os bens; 6.2.4. Outros direitos; 6.3. Imunidades consulares; 6.3.1. Espécies e abrangência; 6.3.2. As imunidades e as pessoas; 6.3.3. As imunidades e os bens; 6.3.4. Direitos e facilidades; 6.4. Primado do Direito local; 6.5. O abuso das imunidades e *persona non grata;* 6.6. Imunidade de jurisdição dos Estados; 6.6.1. Da teoria absolutista à relativista; 6.6.2. Extensão da imunidade e violação aos direitos humanos; 6.6.2.1. Decisão da Corte de Haia de 03 fevereiro de 2012; 6.6.2.1.1. O caso originário; 6.6.2.1.2. Principais considerações sobre a decisão da Corte de Haia; 6.6.3. Convenção das Nações Unidas sobre Imunidade dos Estados e sua Propriedade; 6.6.4. Imunidade em matéria trabalhista?; 6.6.4.1. Processo de conhecimento e processo de execução; 6.7. Imunidade de jurisdição das organizações internacionais; 6.7.1. Imunidade em matéria trabalhista?; 6.8. Questões comentadas – Juiz do Trabalho; 6.9. Questões – Procurador do Trabalho.

Serão estudadas, neste momento, as imunidades. Primeiramente, *as atinentes aos agentes diplomáticos e consulares*, e, logo após, as *relacionadas aos Estados*. Como fechamento, adentrar-se-á no campo das *imunidades das organizações internacionais*.

6.1. Aspectos gerais das imunidades diplomáticas e consulares[144]

As imunidades dos agentes frente aos tribunais estrangeiros desenvolveram-se a partir do século XVI. A palavra imunidade deriva do latim *immunitas, immunitatis*, qualidade de imune, isto é, "livre ou isento de encargos, obrigações, ônus ou penas. A imunidade é prerrogativa, outorgada a alguém para que se exima de certas imposições legais em virtude do que não é obrigado a fazer ou a cumprir certos encargos ou obrigações determinados em caráter geral"[145].

Como efeito prático, a imunidade acarreta na abstenção do exercício do Poder pelo Estado acreditado, tratando-se, como se vê, de um viés *negativo* da sua jurisdição. Elas trazem reflexos ao ordenamento jurídico pátrio, pois afastam, excepcionalmente, a aplicabilidade da norma interna e impedem o exercício positivo da atividade jurisdicional.

É uma situação de excepcionalidade, por isso devem ter como finalidade principal garantir aos agentes diplomáticos e consulares uma atuação apartada de interferências indesejadas emanadas do Estado que os acolhe, não podendo, destar-

---

[144] É preciso ressaltar que, corriqueiramente, aplicam-se, conjuntamente, as palavras "privilégios e imunidades" ou apenas "imunidades", inclusive nos documentos convencionais em estudo. Assim também caminha a doutrina amplamente majoritária, que não costuma distinguir "privilégio" de "imunidade". Embora essa tendência seja também aqui adotada, cabe ao menos registrar que o termo "privilégio", isoladamente considerado, pode ser entendido como *conjunto de concessões de vantagens de natureza substantiva ou material.*

[145] LIMA, Sérgio Eduardo Moreira. *Imunidade diplomática – Instrumento de Política Externa*. Rio de Janeiro: Lumen Juris, 2004, p. 22.

te, serem ampliadas além dos limites definidos nas Convenções de Viena de 1961 e de 1963. Se utilizadas a título exclusivamente pessoal ou de forma abusiva, devem receber imediata e clara refutação.

6.1.1. O princípio da territorialidade e as imunidades

Vigora o princípio da territorialidade no Brasil, assim, os assuntos internos são tratados pelas autoridades locais, a depender de suas atribuições ou competências. Sob o aspecto criminal, levando em consideração o estudo da lei penal no espaço, caso algum crime seja aqui perpetrado, cabe à autoridade judiciária brasileira julgar; eis a pedra de toque sobre o tema no Código Penal (CP):

> **Art. 5º – Aplica-se a lei brasileira, sem prejuízo de convenções, tratados e regras de direito internacional, ao crime cometido no território nacional.** § 1º - Para os efeitos penais, consideram-se como extensão do território nacional as embarcações e aeronaves brasileiras, de natureza pública ou a serviço do governo brasileiro onde quer que se encontrem, bem como as aeronaves e as embarcações brasileiras, mercantes ou de propriedade privada, que se achem, respectivamente, no espaço aéreo correspondente ou em alto-mar. § 2º - É também aplicável a lei brasileira aos crimes praticados a bordo de aeronaves ou embarcações estrangeiras de propriedade privada, achando-se aquelas em pouso no território nacional ou em vôo no espaço aéreo correspondente, e estas em porto ou mar territorial do Brasil.(grifo nosso)

Entretanto, o princípio da territorialidade é, por vezes, flexibilizado, como ocorre nas hipóteses previstas no mesmo *Codex* Penal, tidas como situações de extraterritorialidade, que estão disciplinadas no seu art. 7º. Neste se preceituam as hipóteses em que lei penal brasileira será aplicável aos delitos cometidos no estrangeiro, aqui compreendida a extraterritorialidade incondicionada (art. 7º, I c/c § 1º, do CP) e a extraterritorialidade condicionada (art.7º, II c/c §§2º e 3º, do CP). O art. 7º dá mais abrangência à incidência da lei penal, a qual incidirá sobre condutas delituosas ocorridas fora dos nossos limites jurisdicionais.

O disposto no art. 7º permite concluir que o princípio da territorialidade não é absoluto. Essa relatividade encontra respaldo mais robusto no próprio texto do art. 5º do CP: "Aplica-se a lei brasileira, *sem prejuízo de convenções, tratados e regras de direito internacional*, ao crime cometido no território nacional". (grifo nosso) Põe-se a salvo as convenções e tratados internacionais ratificados pelo Brasil, que, nesse particular, são a Convenção de Viena sobre Relações Diplomáticas e a Convenção de Viena sobre Relações Consulares, as quais preveem as imunidades dos agentes diplomáticos e consulares.

As imunidades excepcionam a regra da territorialidade, excluindo os representantes dos Estados estrangeiros da jurisdição penal do país onde se encontram acreditados. Nesse sentido:

> Não ficam propriamente fora do domínio da lei penal, porque permanecem vinculados ao preceito devendo evitar a prática de atos que ela define como puníveis, e o ato dessa natureza que pratiquem mantém seu caráter de ilícito. Mas escapam à consequência jurídica, que é a punição. Poder-se-ia ver, então, na função pública que

exercem, uma causa pessoal de exclusão de pena. Mas, na realidade, esta exclusão resulta da exclusão de jurisdição. Os agentes diplomáticos escapam à jurisdição criminal do estado em que se encontram acreditados, porque continuam submetidos à do seu próprio Estado, que pode julgá-los e puni-los[146].

6.1.2. Fundamento das imunidades dos agentes

Há *três corrente*s que tentam explicar o fundamento das imunidades em estudo, quais sejam: a da **extraterritorialidade**; a do **caráter representativo**; e a do **caráter funcional** ou do interesse da função. A definição da mais acatada na atualidade facilitará o estudo das imunidades diplomáticas e consulares e seus desdobramentos.

A primeira é a da **extraterritorialidade**. Ela vale-se de uma "ficção para sustentar que o agente supostamente estaria fora do território (*fingitur esse extra territorium*) no qual exerce suas funções, de modo a não estar subordinado à lei da nação estrangeira onde viva"[147], sendo que da extraterritorialidade fictícia passou-se à real, "segundo a qual o próprio local da missão diplomática representaria uma extensão do Estado acreditante e não estaria, assim, sujeito à jurisdição do Estado acreditado"[148]. Essa corrente não é mais adotada.

A segunda é a teoria do **caráter representativo**, que, também não acatada, pode ser compreendida da seguinte forma:

> Tal teoria se originou na época monárquica, quando as relações internacionais eram consideradas da mesma forma que as relações pessoais entre os príncipes e os reis. Os diplomatas, por sua vez, eram vistos como representantes diretos dos mesmos. Na época contemporânea, a missão e os seus agentes representam o Estado acreditante. Portanto, aqueles se beneficiam dos privilégios e das imunidades diplomáticas porque o Estado acreditado, reconhecendo a dignidade e a liberdade dos mesmos, respeita, ao mesmo tempo, a dignidade e a liberdade do próprio Estado acreditante[149].

Por derradeiro, há a **teoria do interesse da função**, também denominada de teoria do caráter funcional. A tendência moderna é "a de conceder privilégios e imunidades ao agente diplomático na 'necessidade funcional': as imunidades são outorgadas aos diplomatas porque, de outra forma, não poderiam exercer com independência e adequadamente sua missão"[150].

---

146 BRUNO, Aníbal. *Direito Penal*: Parte geral. Tomo 1. 3 ed. Rio de Janeiro: Forense, 1978, pp. 246-247. E ainda: "Trata-se realmente de causa pessoal de exclusão de pena ou condição negativa de punibilidade do fato. Subsiste a ilicitude do fato, deixando, apenas, de aplicar-se a sanção. A participação de terceiros é punível." FRAGOSO, Heleno Cláudio. *Lições de direito penal*: Parte geral. 4 ed. Rio de Janeiro: Forense, 1980, p. 133.
147 LIMA, S. E. M. *Imunidade diplomática...*, cit., pp. 29-30.
148 LIMA, S. E. M. *Imunidade diplomática...*, cit., pp. 29-30.
149 SICARI, Vincezo Rocco. *O Direito das relações diplomáticas*. Belo Horizonte: Del Rey, 2007. p.126.
150 LIMA, S. E. M. *Imunidade diplomática...*, cit., p. 32.

O fundamento atual das imunidades é a teoria do interesse da função, em que para exercer suas atribuições com liberdade, garantindo-se o respeito aos interesses do Estado acreditante, os agentes necessitam ser protegidos por privilégios de ordem criminal, civil e fiscal. E quem são esses agentes? Os tradicionais representantes do Estado nas relações internacionais, os quais são agora recapitulados: Chefes de Estado, Chefes de Governo, Ministros das Relações Exteriores, agentes diplomáticos e consulares. Nessa linha, até como forma de garantir uma efetiva autonomia de atuação, não só os agentes têm imunidades, pois as missões diplomáticas, repartições consulares e navios de guerra também são protegidos por violações.

As Convenções de Viena de 1961 e de 1963 optaram por essa última doutrina, conforme os *considerandos* dos respectivos tratados: "Reconhecendo que a finalidade de tais privilégios e imunidades não é beneficiar indivíduos, mas, sim, a de garantir o eficaz desempenho das funções das missões diplomáticas, em seu caráter de representantes dos Estados"; e "Convencidos de que a finalidade de tais privilégios e imunidades não é beneficiar indivíduos, mas assegurar o eficaz desempenho das funções das repartições consulares, em nome de seus respectivos Estados".

Todos os Estados que estabelecem relações entre si comprometem-se, com base na reciprocidade, a respeitar as imunidades e a garantir o livre exercício das funções. Desde a entrada em território nacional, o Estado acreditado reconhecerá e respeitará os privilégios e as imunidades reinantes nas atividades diplomáticas e consulares.

6.1.3. Renúncia às imunidades

Como as imunidades não visam a proteger a pessoa, mas sim garantir o exercício de suas funções – por isso o fundamento atual é o interesse da função – não há que se falar em renúncia pelo próprio agente. Os ocupantes do cargo não têm autorização para renunciar aos privilégios de ordem criminal, civil e fiscal que gozam em razão do posto que ocupam. Cabe somente ao Estado renunciar à imunidade de jurisdição, tanto a consular quanto a diplomática[151].

Conforme art. 32 da Convenção de Viena sobre Relações Diplomáticas de 1961:

> O Estado acreditante pode renunciar a imunidade de jurisdição dos seus agentes diplomáticos e das pessoas que gozam de imunidade nos termos do artigo 37. 2. A renúncia será sempre expressa. 3. Se um agente diplomático ou uma pessoa que goza de imunidade de jurisdição nos termos do artigo 37 inicia uma ação judicial, não lhe será permitido invocar a imunidade de jurisdição no tocante a uma reconvenção

---

151 "DIREITO INTERNACIONAL. AÇÃO DE INDENIZAÇÃO. VÍTIMA DE ATO DE GUERRA. ESTADO ESTRANGEIRO. IMUNIDADE. 1 - O Estado estrangeiro, ainda que se trate de ato de império, tem a prerrogativa de renunciar à imunidade, motivo pelo qual há de ser realizada a sua citação. 2 - Recurso ordinário conhecido e provido para determinar a volta dos autos ao juízo de origem." (RO 74-RJ, Rel. Min. Fernando Gonçalves, STJ, J. 21/05/2009).

diretamente ligada à ação principal. 4. A renúncia à imunidade de jurisdição no tocante às ações cíveis ou administrativas não implica renúncia à imunidade quanto às medidas de execução da sentença, para as quais nova renúncia é necessária.

E, de acordo com o art. 45 da Convenção de Viena sobre Relações Consulares de 1963:

> 1. O Estado que envia poderá renunciar, com relação a um membro da repartição consular, aos privilégios e imunidades previstos nos artigos 41, 43 e 44. 2. A renúncia será sempre expressa, exceto no caso do disposto no parágrafo 3º do presente artigo, e deve ser comunicada por escrito ao Estado receptor. 3. Se um funcionário consular, ou empregado consular, propuser ação judicial sobre matéria de que goze de imunidade de jurisdição de acordo com o disposto no artigo 43, não poderá alegar esta imunidade com relação a qualquer pedido de reconvenção diretamente ligado à demanda principal. 4. A renúncia à imunidade de jurisdição quanto a ações civis ou administrativas não implicará na renúncia à imunidade quanto a medidas de execução de sentença, para as quais nova renúncia será necessária.

A *renúncia, como medida excepcional e grave*, sem contar que pode tocar ao direito de ir e vir de eventual agente autor de crime, *não pode sofrer uma interpretação ampla, mas sim restritiva* e, quando adotada pelo Estado soberano estrangeiro, *deve ser manifestada de forma expressa*[152]. Ademais, ainda em decorrência de sua excepcionalidade, *a renúncia do processo de conhecimento não importa automática renúncia ao processo de execução*, já que ambos exigem manifestações autônomas.

6.2. Imunidades diplomáticas

Dentro do campo do *Direito Diplomático* a temática relativa às imunidades demanda muita atenção e pode ser classificada como a *espinha dorsal* das relações diplomáticas, pois, ao mesmo tempo em que as viabiliza, pode acarretar, paradoxalmente, situações de tensão. Não raras vezes alguns agentes diplomáticos ou seus familiares protagonizam momentos que resultam em violação à ordem nacional, o que põe em choque os privilégios e as imunidades com a jurisdição interna. Por esse motivo, conhecer sua *abrangência pessoal (ou subjetiva) e material (bens)*, seus desdobramentos e seus consequentes limites, mostra-se como condição *sine qua non* para o estabelecimento de ligações *saudáveis* entre Estado acreditante e acreditado.

6.2.1. Espécies e abrangência

Conforme *Convenção de Viena sobre Relações Diplomáticas de 1961*[153], as imunidades diplomáticas são de ordem **penal (ou criminal), civil e fiscal**. Envolvendo um número considerável de pessoas e bens, genericamente consideradas, elas podem ser tidas como *quase absolutas*, comportando poucas exceções em áreas pontuais. Se tratada *apenas sob o aspecto penal*, é totalmente *absoluta*.

---

152 Atentar apenas para a ressalva feita no art. 45 da Convenção de Viena sobre Relações Consulares, de 1963, que preceitua que a "renúncia será sempre expressa, exceto no caso do disposto no parágrafo 3º do presente artigo (...)." E o § 3º refere-se à reconvenção.
153 Promulgada no Brasil pelo Decreto n.º 56.435, de 08 de junho de 1965.

Elas dão uma liberdade incomum de atuação aos agentes diplomáticos, representantes do Estado acreditante frente ao governo do local onde exercem seus misteres. O gozo dos privilégios e imunidades *terá início a partir do momento em que se entrar no território do Estado acreditado* para assumir o posto ou, no caso de já se encontrar aqui, desde que a nomeação tenha sido notificada ao Ministério das Relações Exteriores.

A **imunidade diplomática penal** é *absoluta*, não comportando exceções, de modo que todo o ato praticado pelos agentes estará por ela acobertado, afastando a jurisdição do Estado *acolhedor*. Dessa forma, quaisquer condutas, gize-se as *comuns* e as *praticadas no exercício da função*, não ensejarão responsabilização perante o país acreditado. Assim, não se mostra necessário investigar a natureza da conduta, apenas resta ser verificada a condição do autor de eventual ilícito, se ostenta ou não a condição de agente diplomático.

Quanto à **imunidade civil** (e administrativa), é extremamente ampla. Ela comporta algumas exceções, por exemplo: quanto a sucessões em que o agente esteja envolvido a título privado; ações reais relativas a imóveis particulares; ação referente à profissional liberal ou atividade comercial exercida no Estado acreditado, fora das funções oficiais; e em caso de reconvenção.

Há ainda a **imunidade fiscal** (ou isenção fiscal). Os agentes diplomáticos têm *isenção de impostos e taxas, pessoais ou reais, nacionais, regionais ou municipais*. Estão isentos de pagar os impostos diretos[154]. Mas, da mesma forma que a civil, a fiscal, embora ampla, também possui exceções, as principais são: impostos indiretos, estes devem ser pagos[155]; os impostos e taxas sobre imóveis privados situados no Estado acreditado, desde que não seja em nome do acreditante e nem utilizados para fins da missão; e impostos e taxas sobre rendimentos privados que tenham sua origem no Estado acreditado. Particularmente quanto às relações de trabalho, insta frisar que há isenção da *legislação social*, ou seja, em regra, não arcam os agentes com as contribuições sociais, salvo se possuírem empregados a exclusivo título pessoal; nesta situação não se aplica a imunidade, devendo contribuir na condição de patrão.

6.2.2. As imunidades e as pessoas

Ao se referir a *agentes diplomáticos* quer se incluir todos os agentes da missão, i.e., *os membros do quadro diplomático de carreira e os membros dos quadros administrativo e técnico, de embaixador a secretário ou administrador e tradutor*. O alcance das imunidades da Convenção de Viena sobre Relações Diplomáticas de 1961, é extenso quanto ao aspecto *pessoal ou subjetivo*, pois elas protegem o quadro de pessoal da missão e, *inclusive, os familiares que os acompanham*.

---

154 Exemplos de tributos diretos: Imposto Territorial Rural, Imposto de Renda, Imposto Predial e Territorial Urbano e Imposto sobre Propriedade de Veículos Automotores.
155 Exemplos de tributos indiretos: Imposto sobre Produtos Industrializados, Imposto sobre Circulação de Mercadorias e Serviços e Imposto sobre Serviços de Qualquer Natureza.

Os familiares que acompanham os agentes também gozam das imunidades, *desde que não sejam nacionais do Estado acreditado e nem nele residam*, se assim for, aplicam-se as leis locais como ocorre para qualquer outro cidadão. Para tanto, é necessário que sejam incluídos nas *listas diplomáticas*.

Corriqueiras são as notícias sobre agentes ou familiares, com imunidades, que se envolvem em *acidentes de trânsito*, às vezes ocasionando até a morte das vítimas. Mesmo assim, a despeito da possibilidade de abuso (situação que adiante será tratada), não se pode responsabilizar os condutores.

Os agentes são invioláveis, quanto à pessoa e em relação aos seus domicílios; eis o que se costuma denominar de *intangibilidade*. Penalmente, não é possível sofrer com medidas de *persecução penal*, todavia, permite-se a intervenção policial para a cessação da prática de crime e até a investigação (apuração da materialidade e da autoria) pela autoridade da polícia judiciária, mas *inviáveis são o indiciamento* e a *prisão em flagrante*. Caso se constate que o autor do delito goza dos privilégios em estudo, o delegado providenciará a remessa do relatório ao Estado de origem (acreditante), por meio do Ministério das Relações Exteriores. Inadmissível o indiciamento, com mais razão são *inadmissíveis o processo e a sentença*.

Não pode haver condução coercitiva para testemunhar, o que se revela mais uma medida protetiva que tem como fim garantir o exercício das funções representativas. Não estão também os agentes diplomáticos e seus familiares obrigados à prestação de serviço militar obrigatório.

Ainda sob os prismas penal e processual penal, a imunidade tem o condão de evitar que os agentes diplomáticos sejam objeto de qualquer forma de detenção ou prisão, estando distantes de penas privativas de liberdade. Como se vê, de acordo com a Convenção de 1961, a imunidade penal não apresenta flexibilizações: "art. 31 1. O agente diplomático gozará da imunidade de jurisdição penal do Estado acreditado".

Dentre os beneficiados pelas imunidades também estão o *adido militar*[156] e o *núncio apostólico*[157].

6.2.2.1. Os criados

Quanto aos empregados, que a Convenção de 1961, absurdamente, denomina de *criados,* há que se fazer uma distinção – se criados *dos agentes diplomáticos* ou se *da missão diplomática*. Cabe uma observação importante: quanto a eles há aplicação de privilégios, mas de forma bem restrita e de incidência específica, diferentemente do amplo leque dos agentes e seus familiares.

Os *criados particulares dos membros* da missão (agentes), desde que *não sejam nacionais do Estado acreditado* e *nem nele tenham residência* permanente, *estão isentos*

---

156 Representação militar nas embaixadas.
157 Também conhecido como núncio papal, consiste em representante diplomático permanente da Santa Sé. É o chefe da nunciatura apostólica. Normalmente, é cargo exercido por um arcebispo. Difere de delegado apostólico, principalmente, porque este não goza de imunidades.

de impostos e taxas sobre os salários que perceberem pelos seus serviços. Se nacionais ou residentes permanentes, poderão apenas gozar de eventuais privilégios e imunidades concedidas pelo Estado acreditado, que recebe a missão.

Em relação aos *criados da missão diplomática*, ou seja, o pessoal de serviço, como faxineiros, cozinheiros e jardineiros, *gozarão de imunidades em relação aos atos estritamente praticados no exercício de suas funções de limpeza e jardinagem na missão*. Todavia, conforme o caso anterior, *não há que se falar em imunidades se forem nacionais do Estado acreditado ou se nele residirem permanentemente*.

6.2.3. As imunidades e os bens

São fisicamente invioláveis os locais das missões diplomáticas, as chancelarias (secretarias) e as residências particulares utilizados pelo quadro diplomático, administrativo e técnico. São locais insuscetíveis de serem adentrados por autoridade policial, salvo com o consentimento expresso do chefe da missão, o embaixador.

De acordo com o art. 11 da LINDB, os "governos estrangeiros, bem como as organizações de qualquer natureza, que eles tenham constituído, dirijam ou hajam investido de funções públicas, não poderão adquirir no Brasil bens imóveis ou suscetíveis de desapropriação" (§ 2º), mas os "governos estrangeiros podem adquirir a propriedade dos prédios necessários à sede dos representantes diplomáticos ou dos agentes consulares" (§ 3º). Ressalte-se que os prédios necessários às sedes das representações *poderão ser adquiridos pelo Estado acreditante*, contudo, *isso não pode levar à conclusão*, já ultrapassada, como antes dito, *de que o local da missão é território estrangeiro*. Na verdade, *os bens imóveis apenas gozam de imunidades convencionalmente estipuladas; o território continua sendo brasileiro*.

Embora, aparentemente, a Convenção de Viena de 1961, tenha tentado construir uma imunidade absoluta quanto aos bens, a mesma não se apresentou, na prática, viável. A imunidade não se mostra compatível com o uso indevido ou criminoso dos bens, podendo também não ser invocada em casos de urgência, desastres e calamidades.

Conforme art. 22 da Convenção de Viena, os "locais da missão são invioláveis", sendo que os agentes do Estado acreditado "não poderão neles penetrar sem o consentimento do chefe de missão". Há, ainda, a *obrigação especial* de o Estado acolhedor "adotar todas as medidas apropriadas para proteger os locais contra qualquer intrusão ou dano e evitar perturbações que afetem a tranquilidade da missão ou ofensas à sua dignidade". *Tanto os bens móveis como os imóveis são alvos da proteção*: "locais da missão, o seu mobiliário, demais bens neles situados, assim como os meios de transporte da missão, *não poderão ser objeto de busca, requisição, embargo ou medida de execução*". (grifo nosso)

6.2.4. Outros direitos

Juntamente com os privilégios gozados, há outros direitos também garantidos aos agentes diplomáticos, que não deixam de ser importantes. Eles têm o direito *ao culto privado, o direito de arvorar o seu pavilhão nacional e liberdade de circulação e trânsito, a não ser em zonas de interesse nacional.*

6.3. Imunidades consulares

Para o *Direito Consular*, as imunidades dos agentes consulares ocupam posição destacável, pois são também fundamentais para os delineamentos relacionais entre os interesses estrangeiros e a jurisdição local.

É necessário, *ab initio*, esclarecer que, conforme *Convenção de Viena sobre Relações Consulares de 1963*[158], as imunidades dos cônsules[159] são menos amplas se comparadas com as dos diplomatas, não abarcando tantas pessoas e bens como antes se estudou. Ademais, alguns termos utilizados pelas Convenções de 1961 e de 1963 são diferentes, como a *missão diplomática* e a *repartição consular*. Quando da leitura dos dois tratados, há que se ter atenção a essas peculiaridades.

6.3.1. Espécies e abrangência

Todo membro da repartição consular gozará dos privilégios e imunidades previstos na Convenção de 1963 *desde o momento em que entre no território do Estado receptor* para chegar a seu posto, ou, se já se encontrar nesse território, desde o momento em que assumir as funções na repartição.

As imunidades consulares são de ordem **penal (ou criminal), civil e fiscal**. Todavia, *são relativas*, podendo ser aplicadas *somente em relação aos atos no exercício das funções*, enquanto os comuns podem ser objeto de medidas jurisdicionais locais (principal diferença em comparação às diplomáticas). *In casu*, além de se perquirir se uma determinada pessoa é agente consular, é indispensável certificar-se de que o ato é ou não praticado no exercício das funções, conforme art. 43 da Convenção de 1963: "Os funcionários consulares e os empregados consulares não estão sujeitos à jurisdição das autoridades judiciárias e administrativas do Estado receptor pelos *atos realizados no exercício das funções consulares*". (grifo nosso)

Em relação à **imunidade consular penal**, é importante distinguir em atos funcionais e comuns. Quanto aos primeiros, aplica-se a proteção. Conforme já exarou o STF, no HC 50.155, caso os agentes consulares pratiquem infrações comuns, como agredir um vizinho, ficam sujeitos à jurisdição do Estado onde estão exercendo suas funções, mas se praticam um ilícito no exercício da função, como a falsificação de um passaporte, beneficiam-se da imunidade consular. Em relação à **imunidade consular civil** (e administrativa) desenvolve-se o mesmo raciocínio.

---

158 Promulgada no Brasil pelo Decreto nº 61.078, de 26 de julho de 1967.
159 Tradicionalmente, fazia-se uma distinção entre dois tipos de cônsules, os *electi* ou *honorários* e os *missi* ou de carreira. Os honorários são escolhidos entre os nacionais do Estado acreditado, já os de carreira, escolhidos no país de origem para cargos efetivos nos consulados. Contudo, com o advento da Convenção de Viena de 1963, essa distinção está sendo, gradativamente, abandonada.

A **imunidade consular fiscal ou tributária** incide sobre os locais consulares e também diz respeito aos funcionários e empregados consulares. Os locais consulares e a residência do chefe da repartição consular de carreira estarão isentos de quaisquer impostos e taxas nacionais, regionais e municipais, excetuadas as taxas cobradas em pagamento de serviços específicos prestados. Em relação aos funcionários e empregados consulares, *bem como aos membros da família que com eles vivam*, há isenção fiscal, *mas não se aplica aos impostos indiretos, aos impostos e taxas sobre bens imóveis privados situados no território do Estado receptor, aos impostos de sucessão e de transmissão exigíveis pelo Estado receptor, aos impostos e taxas sobre rendas particulares, inclusive rendas de capital, que tenham origem no Estado receptor, e impostos sobre capital, correspondentes a investimentos realizados em empresas comerciais ou financeiras situadas no Estado receptor, aos impostos e taxas percebidos como remuneração de serviços específicos prestados e direitos de registro, taxas judiciárias, hipoteca e selo.*

6.3.2. As imunidades e as pessoas

Os agentes consulares gozam das imunidades necessárias para o exercício de suas funções. Contudo, muitas das situações que protegiam os agentes diplomáticos e seus familiares, aqui não são possíveis[160], vejamos.

---

160 Nesse sentido, há interessante julgado sobre acidente de trânsito envolvendo cônsul: "IMUNIDADE DE JURISDIÇÃO. AÇÃO DE REPARAÇÃO DE DANOS, POR ACIDENTE DE TRÂNSITO, MOVIDA *CONTRA O CONSULADO-GERAL DA POLÔNIA E O CÔNSUL DA POLÔNIA*. SENTENÇA QUE DEU PELA EXTINÇÃO DO PROCESSO, SEM JULGAMENTO DO MÉRITO, RECONHECENDO A IMUNIDADE DE JURISDIÇÃO. VEÍCULO DE PROPRIEDADE DO CONSULADO, MAS DIRIGIDO, NA OCASIÃO DO ACIDENTE, PELO CÔNSUL. APLICAÇÃO AO CASO DA CONVENÇÃO DE VIENA SOBRE RELAÇÕES CONSULARES, DE 1963 (ART. 43, PARÁGRAFO 2, LETRA OBO) E NÃO DA CONVENÇÃO DE VIENA SOBRE RELAÇÕES DIPLOMÁTICAS, DE 1961. *IMUNIDADE DE JURISDIÇÃO, QUE É DE ACOLHER-SE, EM RELAÇÃO A REPÚBLICA POPULAR DA POLÔNIA, DE QUE O CONSULADO-GERAL É UMA REPARTIÇÃO. NO QUE RESPEITA AO CÔNSUL, MESMO ADMITINDO QUE O VEÍCULO AUTOMOTOR, ENVOLVIDO NO ACIDENTE DE TRÂNSITO, PERTENÇA AO CONSULADO-GERAL DA POLÔNIA, CERTO ERA O CONDUTOR DO AUTOMÓVEL E NÃO GOZA, NO CASO, DE IMUNIDADE DE JURISDIÇÃO* (CONVENÇÃO DE VIENA SOBRE RELAÇÕES CONSULARES DE 1963, ART. 43, PARÁGRAFO 2, LETRA OBO), *PODENDO, EM CONSEQUÊNCIA, A AÇÃO MOVIDA, TAMBÉM, CONTRA ELE, PROSSEGUIR, PARA FINAL APURAÇÃO DE SUA RESPONSABILIDADE, OU NÃO, NO ACIDENTE, COM AS CONSEQUÊNCIAS DE DIREITO.* PROVIMENTO, EM PARTE, A APELAÇÃO DOS AUTORES, PARA DETERMINAR PROSSIGA A AÇÃO CONTRA O CÔNSUL, MANTIDA A EXTINÇÃO DO PROCESSO SEM JULGAMENTO DO MÉRITO, RELATIVAMENTE A REPÚBLICA POPULAR DA POLÔNIA (CONSULADO-GERAL DA POLÔNIA EM CURITIBA)." (grifo nosso) (ACi 9701, Min. Rel. Neri da Silveira, STF, J. 04/12/1987).

Os funcionários consulares não podem ser presos nem submetidos a qualquer outra forma de limitação de sua liberdade pessoal, senão em decorrência de sentença judiciária definitiva. Os funcionários consulares não poderão ser detidos ou presos preventivamente, porém, há exceção: *em caso de crime grave e em razão de decisão de autoridade judiciária competente.*

Em caso de prisão preventiva de um membro do pessoal consular ou de instauração de processo penal, o Estado acolhedor deverá notificar, imediatamente, o chefe da repartição consular. Mas se este for o objeto de tais medidas, o fato será levado ao conhecimento do Estado que o enviou.

Como se vê, há possibilidade de indiciamento, processo e sentença contra o agente. Quando se instaurar processo penal contra um funcionário consular, este será obrigado a comparecer perante às autoridades competentes.

Quanto ao processo, é importante ler a seguinte decisão:

> PENAL E PROCESSUAL PENAL. **INDÍCIOS DE AUTORIA E MATERIALIDADE DELITIVAS. DIREITO INTERNACIONAL. CONVENÇÃO DE VIENA SOBRE RELAÇÕES CONSULARES. FUNCIONÁRIO CONSULAR: IMUNIDADE RELATIVA.** HABEAS CORPUS. RENÚNCIA DA IMUNIDADE PELO ESTADO ACREDITANTE. EXERCÍCIO DA SOBERANIA. JURISDIÇÃO DO ESTADO ACREDITADO. OBEDIÊNCIA À NORMA PAR IN PAREM NON HABET IMPERIUM. INCONSISTÊNCIA DO PLEITO. 1. **A Convenção de Viena de 1963 autoriza a instauração de procedimentos penais contra funcionários consulares (artigo 41), estabelecendo, todavia, diretrizes com a finalidade de que não sejam prejudicadas as suas funções consulares. 2. In casu, na condição de Cônsul-Geral do Estado de El Salvador, não foram violados os direitos assegurados ao paciente pela Convenção de Viena de 1963, tendo sido tomadas todas as providências pertinentes a esse fim.** 3. Devidamente informado, o Estado de El Salvador, exercendo a sua soberania, retirou os privilégios e imunidades do ora paciente (com base no artigo 45 da Convenção de Viena de 1963), não havendo que se falar em imunidade em vigor. 4. **O direito à imunidade não deve ser aplicado de forma automática pelo Estado acreditado, diante da circunstância de que pode haver a renúncia quanto a ela, justificando-se a suspensão do processo até que o Estado acreditante se manifeste quanto o seu direito à imunidade jurisdicional ou pela renúncia a essa prerrogativa.** 5. Foram observadas as formalidades legais para o recebimento da denúncia, não tendo sido demonstrados, de plano, motivos que possibilitem o trancamento da Ação Penal nº 2007.34.00.032890-1/DF. 6. Constrangimento ilegal inocorrente. Ordem denegada[161]. (grifo nosso)

Os membros de uma repartição consular poderão ser chamados a depor como testemunhas no decorrer de processo judiciário ou administrativo, não estando obrigados a prestar esclarecimentos apenas sobre fatos de interesse de seu Estado. Poderá ser tomado o depoimento do funcionário consular em seu domicílio ou na repartição consular, ou ainda ser acatado, pela autoridade local, o fornecimento de suas declarações por escrito, sempre que possível.

---

161 HC 2009.01.00.045158-6/DF, Rel. Des. Hilton Queiroz, TRF-1, J. 14/09/2009.

6.3.3. As imunidades e os bens

Os bens também são protegidos, mas, mais uma vez, com menor intensidade em comparação aos bens das missões diplomáticas.

Os locais consulares serão invioláveis na medida do estabelecido pela Convenção sobre Relações Consulares de 1963. As autoridades do Estado receptor não poderão penetrar na parte dos *locais consulares que a repartição consular utilizar, exclusivamente, para as necessidades de seu trabalho*, a não ser *com o consentimento do chefe da repartição consular*. Em caso de incêndio ou de outro sinistro, presume-se o consentimento.

Veja-se que os locais consulares, seus imóveis, os bens da repartição consular e seus meios de transporte não poderão ser objeto de *qualquer forma de requisição para fins de defesa nacional ou de utilidade pública*. Se, para tais fins, for necessária a desapropriação, tomar-se-ão as medidas adequadas para que não se perturbe o exercício das funções.

6.3.4. Direitos e facilidades

O Estado receptor concederá todas as facilidades para o exercício das funções da repartição consular. Além das imunidades, há o direito de se utilizar da bandeira e dos escudos nacionais. A aquisição de acomodações convenientes para os membros da repartição deve ser facilitada pelo Estado territorial.

Os agentes consulares, sem prejuízo das leis e regulamentos relativos às zonas cujo acesso for proibido ou limitado por razões de segurança nacional, terão direito à liberdade de movimento e circulação, bem como será garantida a liberdade de comunicação com os nacionais de seu Estado.

6.4. Primado do Direito local

As duas Convenções de Viena de 1961 e de 1963 consagram o *princípio do primado do Direito local*. Os agentes diplomáticos e os consulares devem *respeitar as leis e os regulamentos do Estado territorial onde residem e trabalham*, mesmo que gozem de privilégios e imunidades.

A primazia em questão aplica-se *somente às relações entre o agente diplomático e consular estrangeiros e o Estado acreditado ou receptor*, ou seja, entre o Brasil e os representantes estrangeiros situados e em exercício de suas funções em território nacional. Dessa maneira, ainda que sejam imunidades à jurisdição, isso não os exime do dever de cumprirem as leis brasileiras.

Todavia, o primado que se exalta atine somente às relações entre Brasil e representantes de outros Estados, haja vista que o Direito local não poderá ser *aplicado às relações funcionais entre o diplomata ou cônsul e o seu Estado de origem*, que os envia. Neste último caso, regem-se pela lei do Estado acreditante (de origem), por exemplo: os vínculos funcionais, o recebimento de salários, as férias e outros temas não serão regulados pelo Direito brasileiro, mas sim pelo Direito do Estado que envia seus representantes. É possível a um diplomata, v.g., receber salários semanalmente, o que é proibido no Brasil.

6.5. O abuso das imunidades e persona non grata

Não é raro haver *abuso das imunidades*, ou seja, agentes que, se pautando nesses privilégios, cometem crimes ou perturbam o sossego e a tranquilidade locais, afrontando o convívio pacífico, malfadando a imagem do Estado acreditante e relegando, em segundo plano, a regra *de que todos devem respeitar as leis de um país* (primado do Direito local). O art. 3º da LINDB consagra a *presunção absoluta* de que ninguém "se escusa de cumprir a lei, alegando que não a conhece".

O fato de ser imune não induz à conclusão de que o agente ou seu familiar sejam intocáveis. Na verdade, gozar desses privilégios deveria conduzir a uma conduta cada vez mais responsável e condizente com os princípios éticos elementares, mas a prática, infelizmente, nem sempre condiz com a teoria.

Quando um membro do quadro diplomático ou consular abusar de sua posição, mais precisamente, das imunidades de que goza, *elevando privilégios destinados a garantir o desempenho da função a escudo garantidor de impunidade*, embora não possa, em tese, ser processado e punido em território pátrio, não estará completamente isento de sanção. Primeiro, ele não poderá se esquivar da justiça do seu Estado de origem; segundo, o país que o envia poderá, expressamente, renunciar à imunidade; e terceiro, poderá ser expulso do Estado acreditado ou receptor, sendo declarada pessoa que não é bem-vinda, passando, no mínimo, por um procedimento vexatório e constrangedor.

Conforme Convenção de Viena sobre Relações Diplomáticas:

> Art. 9º – 1. O **Estado acreditado poderá a qualquer momento, e sem ser obrigado a justificar a sua decisão, notificar ao Estado acreditante que o Chefe da Missão ou qualquer membro do pessoal diplomático da Missão é** *persona non grata* ou que outro membro do pessoal da missão não é aceitável. O Estado acreditante, conforme o caso, retirará a pessoa em questão ou dará por terminadas as suas funções na Missão. **Uma pessoa poderá ser declarada** *non grata* **ou não aceitável mesmo antes de chegar ao território do Estado acreditado.** 2. Se o Estado acreditante se recusar a cumprir, ou não cumprir, dentro de um prazo razoável, as obrigações que lhe incumbem, nos termos do parágrafo 1º deste artigo, o Estado acreditado poderá recusar-se a reconhecer tal pessoa como membro da Missão. (grifo nosso)

E, de acordo com a Convenção de Viena sobre Relações Consulares:

> Art. 23 – 1. O **Estado receptor poderá, a qualquer momento, notificar ao Estado que envia que um funcionário consular "persona non grata"** ou que qualquer outro membro da repartição consular não é aceitável. Nestas circunstâncias, o Estado que envia, conforme o caso, ou retirará a referida pessoa ou porá termo a suas funções nessa repartição consular. 2. Se o Estado que envia negar-se a executar, ou não executar num prazo razoável, as obrigações que lhe incumbem nos termos do parágrafo 1º do presente artigo, o Estado receptor poderá, conforme o caso, retirar o exequatur à pessoa referida ou deixar de considerá-la como membro do pessoal consular. 3. **Uma pessoa nomeada membro de uma repartição consular poderá ser declarada inaceitável antes de chegar ao território do Estado receptor, ou se aí já estiver, antes de assumir suas funções na repartição consular.** O Estado que envia deverá, em qualquer dos casos, retirar a nomeação. 4. **Nos casos menciona-**

dos nos parágrafos 1º e 3º do presente artigo, o Estado receptor não é obrigado a comunicar ao Estado que envia os motivos da sua decisão. (grifo nosso)

A declaração de *persona non grata* é ato *discricionário, sem necessidade de justificação e adotável a qualquer momento*, podendo recair sobre os chefes das repartições e missões e qualquer membro do pessoal ou outro integrante.

O Estado estrangeiro deverá retirar a pessoa em questão ou dará por terminadas as suas funções na missão ou repartição. Uma pessoa poderá ser declarada *non grata* ou não aceitável até mesmo antes de chegar ao território do Estado acolhedor.

6.6. Imunidade de jurisdição dos Estados

A jurisdição pode ser conceituada como "função do Estado, destinada à solução imperativa de conflitos e exercida mediante a atuação da vontade do direito em casos concretos"[162], impondo-se sobre todos os sujeitos e incidindo sobre todas as coisas ou bens dentro de seus limites territoriais, desde que provocada, distribuindo-se conforme as regras de competência[163]. Nessa conjuntura, a imunidade emerge como exceção, diga-se também como concepção negativa dessa jurisdição.

As imunidades consagradas em tratados "permitem que as pessoas imunes (ONU, Estados estrangeiros e agentes diplomáticos) valham-se da Justiça brasileira quando quiserem, propondo demandas, mas não sejam suscetíveis de serem demandadas aqui contra sua vontade (...)"[164].

Não só os agentes diplomáticos e consulares gozam de privilégios e imunidades, como também o Estado estrangeiro; *fala-se na existência de privilégios concedidos às pessoas jurídicas de direito público externo*. Tanto quanto os seus agentes enviados ao exterior, o próprio ente estatal precisa de meios de proteção para bem conduzir seus interesses e para que possa exercer sua soberania de forma completa – não é à toa que o termo soberania deve ter dois vieses, um interno (autonomia) e outro externo (independência).

Na mesma tessitura do que se estudou sobre as imunidades diplomáticas e consulares, a dos Estados não pode ser sinônimo de impunidade e permissiva

---

162 DINAMARCO, Cândido Rangel. *Instituições de direito processual civil*. 4 ed. São Paulo: Malheiros, 2004, v. 1, p. 309.
163 Sobre competência internacional ler CPC: "Art. 88. É competente a autoridade judiciária brasileira quando: I - o réu, qualquer que seja a sua nacionalidade, estiver domiciliado no Brasil; II - no Brasil tiver de ser cumprida a obrigação; III - a ação se originar de fato ocorrido ou de ato praticado no Brasil. Parágrafo único. Para o fim do disposto no no I, reputa-se domiciliada no Brasil a pessoa jurídica estrangeira que aqui tiver agência, filial ou sucursal. Art. 89. Compete à autoridade judiciária brasileira, com exclusão de qualquer outra: I - conhecer de ações relativas a imóveis situados no Brasil; II - proceder a inventário e partilha de bens, situados no Brasil, ainda que o autor da herança seja estrangeiro e tenha residido fora do território nacional. Art. 90. A ação intentada perante tribunal estrangeiro não induz litispendência, nem obsta a que a autoridade judiciária brasileira conheça da mesma causa e das que lhe são conexas."
164 DINAMARCO, C. R. *Instituições de direito processual civil*, cit., p. 313.

de abusos por parte de uma nação em relação à outra. Além disso, a imunidade atinente aos Estados vem sofrendo um constante processo de flexibilização, pois o rol de possibilidades de processamento do ente alienígena perante a justiça interna vem aumentando.

Garante-se a imunidade aos Estados por meio do Direito Internacional *costumeiro*, ou seja, a regulação da temática se dá pelo costume internacional[165], sendo que não podem ser aplicadas a Convenção de Viena sobre Relações Diplomáticas de 1961, e, muito menos, a Convenção de Viena sobre Relações Consulares de 1963, diretamente ao Estado soberano como justificativa das medidas protetivas à pessoa jurídica de direito público externo.

O principal questionamento é sobre a extensão de aludido privilégio: quais atos são abarcados, até que ponto afasta o exercício jurisdicional do Estado anfitrião? Deve-se analisar a sua extensão e seu alcance como saída para se entender a sua aplicabilidade.

6.6.1. Da teoria absolutista à relativista

Partindo de um **prisma absolutista**[166], os Estados não podem ser responsabilizados perante os órgãos da jurisdição de outro Estado pelos atos que praticam no território deste, independentemente da natureza da conduta. Quando condicionada como absoluta, a imunidade acarreta a "exclusão de qualquer intervenção de juiz ou autoridade administrativa de um Estado, em qualquer controvérsia que diga respeito a Estado estrangeiro, diretamente, bem como em relação às emanações deste"[167].

A imunidade soberana possui suas raízes históricas relacionadas aos templos de culto ao *divino*, locais onde não se admitia o exercício da jurisdição local pelas autoridades temporais, mas sim apenas de seus representantes religiosos.

Já bem mais recente, jurisprudencialmente, a imunidade absoluta ganhou espaço com a decisão proferida pela Suprema Corte dos Estados Unidos da América, em 1812, sobre o caso da *Escuna Exchange*, dentro da qual o Chief Justice Marshall favoreceu a tese do caráter absoluto, afastando a França da jurisdição das cortes norte-americanas. Tal *decisum*, à época, influenciou vários tribunais de outros países.

Trata-se de um posicionamento clássico e demasiadamente amplo, não condizente com tendências modernas do DI.

---

165 Isso não pode induzir à ideia de que não existam leis e tratados regionais sobre o assunto. Um exemplo é a *Convenção Europeia de Basileia* sobre imunidade dos Estados (aberta para assinatura em 1972 e vigente em 1976). A Convenção possui Protocolo Adicional que instituiu a Corte Europeia sobre Imunidade do Estado, em março de 1985. Para o Brasil, esse documento não gera efeitos (*res inter alios acta, pacta tertiis nec nocet prosunt*).
166 A máxima *par in parem non habet imperium* (o igual não tem império sobre o semelhante) somente se justifica na imunidade absoluta.
167 ACCIOLY, H.; NASCIMENTO E SILVA, G. E.; CASELLA, P. B. *Manual de Direito Internacional...*, cit., p. 338.

Majoritária é a corrente doutrinária que opta pela **imunidade de jurisdição relativa** do Estado. A opção entre absolutista e relativista é de suma importância, pois "quanto mais extenso for o reconhecimento da imunidade, maior será a proteção dada ao Estado, e menos estará assegurada a proteção dos direitos do particular (...)"[168].

A transposição da teoria absoluta para a relativa no Brasil ocorreu na paradigmática decisão no caso Genny de Oliveira contra República Federal da Alemanha, Apelação Cível 9696. Conforme explica Jaeger:

> Em 1976, Genny de Oliveira ajuizou ação contra a Alemanha, perante a Justiça do Trabalho, buscando o reconhecimento de direitos trabalhistas em favor do seu falecido marido. A Alemanha arguiu sua imunidade à jurisdição, o que foi rejeitada, com base na teoria da relativização da imunidade, que vinha despontando na doutrina nacional, pela qual os atos de gestão não ensejariam imunidade. Não havia precedentes do STF nesse sentido. Posteriormente, foi reconhecida a incompetência da Justiça do Trabalho, tendo o caso sido remetido à Justiça Federal, onde então o Juiz Federal reconheceu a imunidade de jurisdição, deixando de considerar a doutrina que sugeria a classificação de atos de império e de gestão. A base da decisão que reconheceu a imunidade foi a Convenção de Viena sobre Relações Consulares[169].

Prepondera o entendimento de que a imunidade é relativa, assim verificam-se os posicionamentos de Guido Fernando Silva Soares[170], José Francisco Rezek[171], Antenor Pereira Madruga Filho[172], José Souto Maior Borges[173], Ian Brownlie[174], Arnaldo Süssekind[175] e Carlos Eduardo Caputo Bastos[176].

---

168 ACCIOLY, H.; NASCIMENTO E SILVA, G. E.; CASELLA, P. B. *Manual de Direito Internacional...*, cit., p. 338.
169 JAEGER, Guilherme Pederneiras. A Evolução da Jurisprudência Brasileira no Tema Imunidade de Jurisdição do Estado Estrangeiro. *Seminários de Direito*, 2008, p. 04.
170 SOARES, Guido. *Órgãos dos Estados nas relações internacionais*: formas da diplomacia e as imunidades. 1 ed. Rio de Janeiro: Forense, 2001, p. 260.
171 REZEK, J. F. *Direito internacional público*, cit., p. 169.
172 MADRUGA FILHO, Antenor Pereira. A imunidade de jurisdição e a aplicação direta do costume internacional pelo judiciário brasileiro. In: BASSO, Maristela; PRADO, Mauricio Almeida; ZAITZ, Daniela (coord.). *Direito do comércio internacional*: pragmática, diversidade e inovação. Curitiba: Juruá, 2005, pp. 59-80. MADRUGA FILHO, Antenor Pereira. *A renúncia à imunidade de jurisdição pelo estado brasileiro e o novo direito da imunidade de jurisdição*. Rio de Janeiro: Renovar, 2003, p. 563.
173 BORGES, José Souto Maior. *Curso de direito comunitário*: instituições de direito comunitário comparado: União Europeia e Mercosul. São Paulo: Saraiva, 2005, p. 551.
174 BROWNLIE, Ian. *Princípios de direito internacional público*. Tradução de Maria Manuela Farrajota. Lisboa: Fundação Calouste Gulbenkian, 1997, pp. 344-345.
175 SÜSSEKIND, Arnaldo. *Conflitos de leis do trabalho*: princípios de aplicação geral, empresas multinacionais, imunidade de jurisdição, normas especiais para ITAIPU. Rio de Janeiro: Freitas Bastos, 1979, p. 76.
176 BASTOS, Carlos Eduardo Caputo; MADRUGA FILHO, Antenor Pereira. A prática da imunidade dos estados: perspectiva brasileira. In: MADRUGA FILHO, Antenor Pereira; GARCIA, Márcio (coord.). *Imunidade de jurisdição e o judiciário brasileiro*. Brasília: CEDI, 2002, pp. 129-184.

Tanto o costume internacional quanto os poucos documentos internacionais sobre imunidade estatal indicam para a relativização do instituto. Conforme a Convenção Europeia sobre Imunidade dos Estados (1972), a imunidade é restrita, não podendo ser invocada, em regra, se o ato estiver relacionado a um contrato de trabalho (art. 5º). Por oportuno, cabe também citar o *Foreign Sovereign Immunity Act*, de 1976, que estabelece que não ficará imune à execução a propriedade de um Estado estrangeiro localizada dentro do território dos Estados Unidos e utilizada para uma atividade de natureza comercial (*used for a commercial activity in the United States*). A lei australiana igualmente apresenta importantes argumentos (*Foreign Immunities Act 1985*), pois afasta do manto protetor a propriedade em uso pelo Estado estrangeiro que seja substancialmente relacionada a propósitos comerciais (*that is in use by the foreign State concerned substantially for commercial purposes*).

Como meio de viabilizar a tese relativista, conciliando-a com o exercício da soberania estatal, a doutrina elaborou uma classificação dos **atos** em **de império** e **de gestão**:

Atos de Império (*Jure Imperii*)	Atos de Gestão (*Jure Gestioni*)
• São os atos praticados no exercício da função estatal, no exercício da soberania, com conotação política, aos quais se aplica a imunidade. Eles não autorizam a responsabilização do Estado estrangeiro perante o Judiciário de outro Estado. São exemplos de atos de império: os legislativos; os concernentes à atividade diplomática; os relativos às forças armadas; da administração interna dos Estados; e empréstimos públicos contraídos no estrangeiro.	• São atos de natureza privada, em que o Estado assemelha-se ao particular. Não há que se aplicar a imunidade, podendo ser proposta ação contra o ente de direito público externo. Exemplos são os contratos mercantis, de empreitada, e de trabalho.

A tese da imunidade relativa está mais coadunada com o novo papel dos Estados que, desde finda a Segunda Guerra, desenvolvem atividades cada vez mais *privatistas*, com índole empresarial. O lado lucrativo almejado pelos países, pós-1945, mostrou-se até mesmo como requisito para a manutenção das contas públicas.

O Superior Tribunal de Justiça, sintetizando o entendimento predominante na jurisprudência nacional sobre os privilégios dos Estados estrangeiros, recentemente, decidiu que a questão relativa "à imunidade de jurisdição, atualmente, não é vista de forma absoluta, sendo excepcionada, principalmente, nas hipóteses em que o objeto litigioso tenha como fundo relações de natureza meramente civil, comercial ou trabalhista". Contudo, no mesmo acórdão, registrou que "em se tratando de atos praticados numa ofensiva militar em período de guerra, a imunidade *acta jure imperii*" não comporta exceção. Assim, concluiu que não havia como "submeter a República Federal da Alemanha à jurisdição nacional para responder a ação de indenização por danos morais e materiais por ter afundado barco pesqueiro no litoral de Cabo Frio durante a Segunda Guerra"[177]. Essa esclarecedora decisão sintetiza a corrente relativista atual e, ao mesmo tempo, toca em ponto de preocupante sensibilidade para os direitos humanos. Por ora, resta lançada a sepa-

---

177 RO 72-RJ, Rel. Min. João Otávio de Noronha, STJ, J. 18/08/2009.

ração entre atos de gestão e de império como divisor de águas para se determinar a aplicabilidade ou não da imunidade de jurisdição aos Estados.

6.6.2. Extensão da imunidade e violação aos direitos humanos

Prepondera a teoria da imunidade de jurisdição relativa dos Estados, a qual parte da premissa de que os atos podem ser de império ou de gestão. Quanto aos primeiros, há que se reconhecer que são praticados no exercício da soberania, e que, embora se desenrolem dentro do território de outro Estado, não pode haver responsabilização, pois nesta situação incide a imunidade. Já em relação aos atos de gestão, de natureza privada, como a celebração de contratos de trabalho ou contratos comerciais – hipótese em que o Estado assemelha-se ao particular e nenhuma conotação carrega com exercício de sua soberania –, há que se afastar a imunidade, sendo possível, dessa maneira, a instauração de processo contra Estado estrangeiro na justiça nacional.

Da imunidade absoluta, insuscetível de exceções, progrediu-se à relativa, e sua extensão e alcance foram reduzidos, em razão de as nações após a Segunda Guerra terem começado a desempenhar funções empresariais como condição para a própria *sobrevivência* do setor público. A globalização teve forte influência na inserção desses novos papéis. A imunidade de jurisdição dos Estados estrangeiros tem sofrido constantes processos revisionais, ora perpetrados pela doutrina ora pela jurisprudência, resultando, inclusive, em várias tentativas de se regular o tema normativamente.

Brotam, hoje, questionamentos se a imunidade persistiria perante a justiça interna se estivesse frente a atos de império violadores de normas *jus cogens*[178], que são imperativas, supremas e de obediência vinculativa, não havendo escusas para sua violação. Os principais exemplos são as fontes do Direito Internacional dos Direitos Humanos, i.e., normas destinadas a proteger o ser humano, como a Declaração Universal dos Direitos Humanos e tantos outros documentos. É possível ser mantida a imunidade de um Estado estrangeiro quando pratica ato de império no exercício de sua soberania mesmo que viole uma norma de direitos humanos?

Ao nosso ver eis mais uma exceção à imunidade de jurisdição: além dos atos de gestão, os de império, se violadores de normas de direitos humanos, também

---

178 Ler Convenção de Viena sobre Direito dos Tratados de 1969: "Artigo 53. Tratado em Conflito com uma Norma Imperativa de Direito Internacional Geral (jus cogens). É nulo um tratado que, no momento de sua conclusão, conflite com uma norma imperativa de Direito Internacional geral. Para os fins da presente Convenção, uma norma imperativa de Direito Internacional geral é uma norma aceita e reconhecida pela comunidade internacional dos Estados como um todo, como norma da qual nenhuma derrogação é permitida e que só pode ser modificada por norma ulterior de Direito Internacional geral da mesma natureza. (...) Artigo 64. Superveniência de uma Nova Norma Imperativa de Direito Internacional Geral (jus cogens). Se sobrevier uma nova norma imperativa de Direito Internacional geral, qualquer tratado existente que estiver em conflito com essa norma torna-se nulo e extingue-se."

deveriam afastar o privilégio estatal e permitir responsabilização perante tribunal nacional. Esse entendimento vem crescendo e encontrando fácil aconchego na tendência moderna de flexibilização do escudo clássico que mantém a imunidade estatal. A dignidade da pessoa humana é um dos princípios fundamentais da República Federativa do Brasil, conforme art. 1º, inc. III, da CF[179], e, no seu art. 4º, inc. II, estipula-se a prevalência dos direitos humanos. Essa tendência das Cartas constitucionais de priorizar a proteção aos homens constata-se em inúmeros países[180], reproduzindo o *novo* mundo que vem, progressivamente, consolidando-se (embora com alguns percalços) após a Segunda Guerra.

O Direito Internacional dos Direitos Humanos é uma das disciplinas mais influenciadas por essa situação e a que mais influencia os demais ramos do Direito. Dessa forma, quando há a prática de ato de império violador de fonte *jus cogens*, especialmente, sobre direitos do homem, materializa-se conflito entre a soberania e a dignidade da pessoa e entre imunidade e proteção aos direitos humanos. Devem preponderar a dignidade e a proteção, como consequências lógicas da nova roupagem dada à sociedade internacional, marcada pela flexibilização da soberania e pela exaltação dos direitos.

A lógica *vestefaliana* não mais pode imperar com seus dogmas clássicos e enrijecidos, faz-se mister fundamentar a ordem jurídica internacional no Direito Internacional dos Direitos Humanos. Diante disso, é possível destacar que:

> A existência de um sistema de regras que os Estados não podem violar significa que, quando um Estado age violando tal regra, o ato não é reconhecido como soberano. Quando o ato de um Estado não é mais reconhecido como soberano, o Estado não tem mais direito a invocar a defesa da imunidade soberana. Portanto, ao reconhecer um grupo de normas imperativas, os Estados estão implicitamente consentindo em renunciar à imunidade quando eles violarem uma destas normas[181].

Todavia, em decisão histórica, de suma importância para o Direito Internacional e lamentável para os Direitos Humanos, a Corte Internacional de Justiça

---

179 Com o pós-constitucionalismo, as Constituições modernas passaram a priorizar a proteção do ser humano, tanto que os direitos das pessoas e a dignidade das mesmas situam-se em um plano normativo introdutório, de apresentação dos documentos. Essa assertiva reside nos artigos iniciais da Constituição brasileira de 1988 (do 1º ao 5º), os quais demandam leitura repetitiva. Veja o art. 1º da CF: "Art. 1º A República Federativa do Brasil, formada pela união indissolúvel dos Estados e Municípios e do Distrito Federal, **constitui-se em Estado Democrático de Direito** e tem como **fundamentos:** I - a soberania; II **- a cidadania**; III **- a dignidade da pessoa humana**; IV **- os valores sociais do trabalho e da livre iniciativa**; V - o pluralismo político. Parágrafo único. Todo o poder emana do povo, que o exerce por meio de representantes eleitos ou diretamente, nos termos desta Constituição." (grifamos)

180 Veja a Constituição de Portugal em vigor: "Princípios fundamentais – Artigo 1.º República Portuguesa. Portugal é uma República soberana, baseada na dignidade da pessoa humana e na vontade popular e empenhada na construção de uma sociedade livre, justa e solidária."

181 BELSKY, Adam C.; MERVA, Mark; ROTH-ARRIAZA, Naomi. Implied Waiver under the FSIA: A Proposed Exception to Immunity for Violations of Peremptory Norms of International Law. *California Law Review*, 1989, vol. 77, p. 394.

da ONU, em Haia, no mês de fevereiro de 2012, exarou entendimento de que a imunidade dos Estados persiste mesmo que o ato viole os direitos humanos, ou seja, não acatou a posição acima, filiou-se a uma concepção clássica e manteve a imunidade de Estado frente à justiça interna quando da prática de atos de soberania, ainda que em afronta às normas humanitárias.

6.6.2.1. Decisão da Corte de Haia de 03 fevereiro de 2012

Tratava-se de processo envolvendo Alemanha e Itália e que tinha a Grécia como interveniente[182]. A decisão foi prolatada em 03 de fevereiro de 2012 e lida no Palácio da Paz em Haia, referente ao caso sobre *Imunidade de Jurisdição dos Estados*, sendo favorável ao Estado alemão.

6.6.2.1.1. O caso originário

O imbróglio jurídico começou em 2004, quando a Corte Suprema de Cassação da Itália decidiu que a Justiça italiana ostentava competência para julgar pedido de indenização de *Luigi Ferrini* (Caso *Ferrini*) contra a Alemanha. O processo teve início no ano de 1998 em Arezzo. O pedido do Senhor Ferrini era no sentido de obter indenização por danos materiais e morais em razão de ter sido capturado pelo Exército alemão em agosto de 1944, durante a Segunda Guerra Mundial, e submetido a trabalhos forçados no país então sob controle das forças de Hitler.

Tanto o Tribunal de Arezzo como a Corte de Apelação de Florença negaram o seu pedido, fundamentando favoravelmente à aplicação da imunidade de jurisdição. Contudo, quando na Corte Suprema de Cassação, o caso se reverteu. A Corte Constitucional da Itália, em última instância, condenou o Estado alemão pela prática de crimes cometidos pelos nazistas, permitindo, inclusive, o arresto e a penhora de bens da Alemanha situados em território italiano. O Tribunal seguiu a corrente inovadora acima exposta, exaltando a proteção aos direitos humanos e a priorizando frente à imunidade de jurisdição, mesmo que relativos a atos de império, o que fez surgir outros processos com o mesmo desiderato.

Frente a isso, o governo alemão recorreu à Corte Internacional de Justiça contra a Itália em processo que se iniciou em 2008 e que tinha decisão aguardada há anos pela comunidade acadêmica.

6.6.2.1.2. Principais considerações sobre a decisão da Corte de Haia

A Corte Internacional de Justiça (CIJ), sediada em Haia, já estudada no tópico específico sobre a ONU, sentenciou em fevereiro de 2012 favoravelmente à Alemanha, filiando-se à concepção exageradamente clássica, retrógrada[183]. Ela

---

[182] Em janeiro de 2011 a Grécia apresentou petição à Corte solicitando permissão para intervir. Conforme o Estatuto da CIJ, art. 62, a um Estado é permitido intervir em determinado caso se, conforme decidido pelo organismo, a decisão do contencioso comprometer um interesse de ordem do interveniente.
[183] *IMMUNITÉS JURIDICTIONNELLES DE L'ÉTAT (ALLEMAGNE c. ITALIE; GRÈCE (INTERVENANT))*. Disponível em: http://www.icj-cij.org/docket/files/143/16884.pdf. Acesso em: 04/02/2012.

apenas confirmou a teoria atual de que quanto aos atos de império há imunidade, o que impossibilita responsabilização de uma nação frente ao Judiciário de outra, mesmo que tenham gerado um dos momentos mais aterrorizantes da história da Humanidade, como foi o regime nazista, uma das criações mais nefastas do homem, legitimado, à época, pelo Direito.

Para indicar os principais pontos da decisão da Corte Internacional de Justiça, mister para tanto relembrar alguns ensinamentos sobre a jurisdição do Tribunal, todos já estudados no começo da obra quando abordamos a ONU e sua estrutura.

Como é cediço há diferentes meios para chegar à CIJ, quais sejam: os Estados acordam voluntariamente com o fim de submeter uma determinada controvérsia à Corte; a submissão à sua jurisdição se dá por expressa previsão em um tratado como meio adotado para solucionar controvérsias; ou por adesão expressa ao Estatuto da CIJ.

A Alemanha com arrimo na *Convenção Europeia para a Solução Pacífica de Controvérsias*, de 1957, da qual é parte, instaurou em 2008 demana contra a Itália. O art. 1º deste tratado assim dispõe:

> As Altas Partes Contratantes devem submeter ao julgamento da Corte Internacional de Justiça todas as disputas internacionais legais que possam surgir entre elas, incluindo, em particular, aquelas referentes a: a. A interpretação de um tratado; b. Qualquer questão de Direito Internacional; c. A existência de qualquer fator que, se estabelecido, constituirá uma infração em uma obrigação internacional; d. A natureza ou extensão da reparação a ser feita pela infração em uma obrigação internacional.

Conciliando o art. 1º citado com a redação do art. 36 do Estatuto da CIJ, o caso foi aceito pela Corte e a Itália declarou que uma determinação do Tribunal sobre a imunidade de jurisdição seria de grande ajuda para esclarecer um dos tópicos mais complexos do Direito Internacional.

Em sua petição inicial a Alemanha se baseou em uma série de atitudes do governo italiano referentes à quebra de imunidade jurisdicional do Estado. De acordo com os pedidos iniciais, a Itália desrespeitou princípios fundamentais de Direito Internacional que contribuem para a convivência pacífica entre os Estados ao julgar a República alemã em suas cortes. Outro argumento levantado foram as medidas restritivas aplicadas em um território de propriedade alemã, Villa Vigoni, usado para fins não comerciais e de intercâmbio cultural.

A Itália, em dezembro de 2009, apresentou pedido de reconvenção, almejando, principalmente, que a Corte declarasse que a Alemanha havia violado obrigações em não prover reparação efetiva de vítimas italianas de crimes nazistas, devendo assim, ela assumir sua responsabilidade internacional e indenizá-las.

Em sua defesa, os principais argumentos do governo italiano eram de que a quebra da imunidade jurisdicional alemã tem fundamento em corrente jurisprudencial que busca aplicar no caso concreto o preceito de que as fontes *jus cogens* têm supremacia sobre as demais.

Informados apenas os principais pontos das alegações de ambas as partes envolvidas no litígio, cabe agora desenvolver análise objetiva de alguns termos da decisão.

Nessa linha, com base no art. 38 do Estatuto da Corte Internacional de Justiça, este Tribunal poderá decidir um caso com fundamento em convenção, costume ou princípio geral do direito. Dessa forma, é importante notar que não havia condições de a CIJ decidir o caso *Alemanha X Itália* com base em convenção, haja vista que a Alemanha não é parte da Convenção sobre Imunidades da ONU, já a Itália não é parte da Convenção Europeia sobre Imunidades. Sendo assim, restou apenas a aplicação da regra costumeira internacional.

E que regra é essa?

Conforme já exposto acima, o costume internacional quanto à imunidade de jurisdição dos Estados estrangeiros prolata que não pode ser afastado o privilégio estatal em relação aos atos de império. A imunidade assim, com fulcro na soberania e no princípio da igualdade entre os Estados, não permite que uma nação seja processada e julgada na justiça nacional de outra, isso tráz, por derradeiro, consequências aos direitos humanos. No caso, as vítimas que sofreram violações a direitos por resultado da prática de atos de império, como os presenciados durante conflitos armados, estão impossibilitadas de recorrerem ao seu Judiciário local. Nitidamente, eventuais lesões sofridas podem ficar sem reparação!

Mesmo verificada essa consequência drástica para os direitos do homem, a CIJ optou pela inafastabilidade da imunidade, sendo esta então a regra ainda em vigor no Direito Internacional. A CIJ manteve a posição tradicional que concebe a divisão entre atos de império e atos de gestão, petrificando as violações aos direitos humanos analisadas casuisticamente dentro do rol de exemplos de atos de império, inscucetíveis, assim, de processamento doméstico.

O caso tem como mais relevante polêmica o embate entre normas humanitárias *jus cogens* e costume internacional da imunidade. Sem muitos sobressaltos é possível concluir que deveria ter sido dada prioridade às fontes humanitárias *jus cogens,* mas não procedeu a Corte, com o devido respeito, de forma correta. Para justificar sua sentença e evitar o conflito entre fontes *jus cogens* e o costume, a CIJ percorreu caminho excessivamente formalista, pois conseguiu (ou assim tentou) afastar aludido conflito, haja vista que estava ciente a maioria dos julgadores de que as normas de direitos humanos iriam prevalecer.

Essa constatação pode ser retirada da atenta leitura dos parágrafos 81 a 94 do *decisum*. Conforme estes, as questões quanto a *jus cogens* e a costume internacional foram colocadas em locais diferentes da sentença (na parte preliminar e no mérito), o que viabilizou o afastamento de eventuais conflitos entre ambas.

Contudo, já numa linha crítica, é possível perceber com extrema facilidade que os pontos em realce redeveriam ter sido sim alocados todos no mérito, porque há escancarada contrariedade entre fontes *jus cogens* e costume internacional da imunidade dos Estados, a qual deveria ter sido enfrentada. As normas humanitárias, nessa conjuntura, têm preferência.

Podem ser extraídos da sentença da CIJ[184] alguns seguimentos merecedores de especial atenção. Primeiro, no parágrafo 82, indicou-se que a imunidade permite não só escapar de julgamento desfavorável mas sim do próprio julgamento. Por conseguinte, de acordo com a Corte, trata-se aqui necessariamente de matéria de natureza preliminar, ou seja, a ser apreciada antes de se adentrar no mérito do caso.

No parágrafo 83, a CIJ destaca que o costume internacional pode até estar evoluindo no sentido de impedir que um Estado possa invocar sua imunidade quando frente a violações graves dos Direitos Humanos ou o Direito dos Conflitos Armados. Contudo, ela restou por ressaltar que essa posição é conduzida pela Justiça italiana, não havendo outro Estado que apoie esse posicionamento. Entretanto, há que ser refutado esse argumento, especialmente porque a doutrina antes perfilhada e os documentos internacionais citados caminham num norte que eleva e reconhece o *jus cogens* de forma a flexibilizar ainda mais institutos clássicos como o da imunidade.

Dentre suas conclusões, insta ser realçado o parágrafo 91 da decisão da CIJ, onde se registrou que dado o estado atual do Direito Internacional consuetudinário, "um Estado não pode ser privado de sua imunidade, simplesmente porque ele é acusado de violações graves do Direito Internacional dos Direitos Humanos ou do Direito Internacional dos Conflitos Armados".

Quanto à relação entre *jus cogens* e imunidade do Estado há o parágrafo 92. Neste o Tribunal analisou a segunda parte da argumentação da Itália, que versava sobre a suposta violação de normas *jus cogens* pela Alemanha, durante os anos de 1943 e 1945. De acordo com a Itália, as regras de "*jus cogens* sempre prevalecem sobre quaisquer normas conflitantes do Direito Internacional contido em um tratado de Direito Internacional consuetudinário, ou seja, a regra segundo a qual um Estado goza de imunidade nos tribunais de outro Estado não tem o *status* de *jus cogens*", assim apenas caberia improcedência da ação. O presente argumento baseia-se na existência de conflito. No entanto, "na opinião do Tribunal, tal conflito não existe".

Incrivelmente, a CIJ, ao apurar a alegação italiana, sublinhou que as regras do "Direito dos Conflitos Armados que proíbem a matança de civis em território ocupado ou deportação de civis ou prisioneiros de guerra para obrigá-los a trabalhar de forma forçada" e as normas *jus cogens* não entram em conflito, pois, essas "duas categorias de normas em vigor são relativas a matérias diferentes".

Portanto, no prágrafo conclusivo 107, o Tribunal considerou que "que a recusa dos tribunais italianos para reconhecer a imunidade" da Alemanha constituiu uma violação das obrigações assumidas pelo Estado italiano.

Em aludida decisão, um dos julgadores que restou vencido foi o jurista brasileiro Antônio Augusto Cançado Trindade, que, em seu voto de mais de 80 páginas, manifestou-se pela não aplicação da imunidade frente à violação de normas

---

184 *IMMUNITÉS JURIDICTIONNELLES DE L'ÉTAT (ALLEMAGNE c. ITALIE; GRÈCE (INTERVENANT))*. Disponível em: http://www.icj-cij.org/docket/files/143/16884.pdf. Acesso em: 04/02/2012.

humanitárias. Na parte final de seus argumentos, concluiu que *jus cogens* localiza-se acima da prerrogativa ou privilégio de imunidade do Estado, firmando seu posicionamento de que não há imunidade pela prática de crimes ou de violações aos direitos humanos e ao Direito Internacional Humanitário[185].

A despeito do brilhante voto do professor Cançado Trindade, ficou mesmo assim confirmada a regra costumeira atual, que divide atos de império e atos de gestão. Quanto aos primeiros, não há exceção, ou seja, aplica-se a imunidade de jurisdição, conforme a decisão que acabamos de comentar da Corte Internacional de Justiça, de fevereiro de 2012.

6.6.3. Convenção das Nações Unidas sobre Imunidade dos Estados e sua Propriedade

A Convenção foi adotada pela Assembleia-Geral da ONU, no ano de 2004, tendo sido aberta para assinatura durante o período de 17 de janeiro de 2005 a 17 de janeiro de 2007. Ainda não entrou em vigor, o que acontecerá no trigésimo dia seguinte ao depósito do instrumento de ratificação ou adesão de número 30. Inicialmente, assinada por 28 Estados, dentre os quais não constou o Brasil.

O documento não foi, até então, ratificado pelo Brasil, mas, mesmo assim, tem servido de fonte, ainda que costumeira, pois consagra a teoria da imunidade de jurisdição relativa dos Estados, especialmente, quanto aos contratos de trabalho, conforme o seu art. 11.

6.6.4. Imunidade em matéria trabalhista?

Não há que se aventar imunidade dos Estados estrangeiros em matéria trabalhista, como acima exposto. Os contratos laborais emanam de manifestações de índole privada, sem conotação política e, muito menos, configuradores de atos soberanos.

A jurisprudência é farta nesse sentido. O Tribunal Superior do Trabalho já decidiu, em inúmeras oportunidades, que não "há imunidade de jurisdição para o Estado estrangeiro, em causa de natureza trabalhista"[186], e o Supremo Tribunal Federal segue a mesma linha:

> ESTADO ESTRANGEIRO. IMUNIDADE JUDICIÁRIA. CAUSA TRABALHISTA. Não há imunidade de jurisdição para o Estado estrangeiro, em causa de natureza trabalhista. Em princípio, esta deve ser processada e julgada pela justiça do trabalho, se ajuizada depois do advento da Constituição Federal de 1988 (art. 114). Na hipótese, porém, permanece a competência da justiça federal, em face do disposto no parágrafo 10 do art. 27 do A.D.C.T. da Constituição Federal de 1988, c/c art. 125, II, da E.C. n. 1/69. Recurso Ordinário conhecido e provido pelo Supremo Tri-

---

185 *DISSENTING OPINION OF JUDGE CANÇADO TRINDADE*. Disponível em: http://www.icj-cij.org/docket/files/143/16891.pdf. Acesso em: 08/02/2012.
186 Como no RO-MS 98.595/93.4, de relatoria do Ministro Ney Proença, do TST.

bunal Federal para se afastar a imunidade judiciária reconhecida pelo juízo federal de primeiro grau, que deve prosseguir no julgamento da causa, como de direito[187].

Conforme art. 114, I, da CF, cabe à Justiça do Trabalho processar e julgar "as ações oriundas da relação de trabalho, abrangidos os entes de direito público externo e da administração pública direta e indireta da União, dos Estados, do Distrito Federal e dos Municípios". Na linha do disposto no art. 42 do CC, estão incluídos neste dispositivo os Estados estrangeiros.

6.6.4.1. Processo de conhecimento e processo de execução

Ocorre que a não aplicação da imunidade em matéria trabalhista refere-se ao processo de conhecimento, pois não restam mais dúvidas de que pode uma nação ser reclamada em reclamatória trabalhista perante a Justiça do Trabalho. Entretanto, quanto à fase de execução, não há sedimentação convincente que autorize uma conclusão segura. Encontram-se precedentes do STF que direcionam para uma imunidade absoluta quanto à fase de execução, ou seja, literalmente: pode processar, mas não pode executar! Contudo, tais decisões do Supremo devem ser interpretadas com parcimônia.

Quando foi acionada para decidir sobre litígios, em matéria fiscal, envolvendo Estados estrangeiros, a Suprema Corte foi categórica em assegurar a imunidade na fase executória, o que impossibilitaria a execução fiscal pela União. Vejamos:

> Imunidade de jurisdição. Execução fiscal movida pela União contra a República da Coréia. É da jurisprudência do Supremo Tribunal que, salvo renúncia, é absoluta a imunidade do Estado estrangeiro à jurisdição executória: orientação mantida por maioria de votos. Precedentes: ACO 524-AgR, Velloso, DJ 9.5.2003; ACO 522-AgR e 634-AgR, Ilmar Galvão, DJ 23.10.98 e 31.10.2002; ACO 527-AgR, Jobim, DJ 10.12.99; ACO 645, Gilmar Mendes, DJ 17.3.2003[188].
>
> CONSTITUCIONAL. IMUNIDADE DE JURISDIÇÃO. EXECUÇÃO FISCAL PROMOVIDA PELA UNIÃO CONTRA ESTADO ESTRANGEIRO. CONVENÇÕES DE VIENA DE 1961 E 1963. 1. Litígio entre o Estado brasileiro e Estado estrangeiro: observância da imunidade de jurisdição, tendo em consideração as Convenções de Viena de 1961 e 1963. 2. Precedentes do Supremo Tribunal Federal: ACO 522-AgR/SP e ACO 634-AgR/SP, rel. Min. Ilmar Galvão, Plenário, 16.9.98 e 25.9.2002, DJ de 23.10.98 e 31.10.2002; ACO 527-AgR/SP, rel. Min. Nelson Jobim, Plenário, 30.9.98, DJ de 10.12.99; ACO 524 AgR/SP, rel. Min. Carlos Velloso, Plenário, DJ de 09.05.2003. 3. Agravo não provido[189].

Em matéria trabalhista, o Supremo se norteou na mesma direção, sedimentando a posição pela imunidade relativa dos Estados estrangeiros quanto a questões laborais. O processo de conhecimento para tanto é possível. Entretanto, já especificamente em relação à execução, o STF registrou que há impossibilidade jurídica ulterior em relação às medidas constritivas. Vamos entender:

---

187 AC-9696, Rel. Min. Sydney Sanches, STF, J. 31/05/1989.
188 ACO 543 AgR, Rel. Min. Sepúlveda Pertence, STF, J. 30/08/2006.
189 ACO 633 AgR, Rel. Min. Ellen Gracie, STF, J. 11/04/2007.

IMUNIDADE DE JURISDIÇÃO - RECLAMAÇÃO TRABALHISTA - LITÍGIO ENTRE ESTADO ESTRANGEIRO E EMPREGADO BRASILEIRO - EVOLUÇÃO DO TEMA NA DOUTRINA, NA LEGISLAÇÃO COMPARADA E NA JURISPRUDÊNCIA DO SUPREMO TRIBUNAL FEDERAL: DA IMUNIDADE JURISDICIONAL ABSOLUTA À IMUNIDADE JURISDICIONAL MERAMENTE RELATIVA - RECURSO EXTRAORDINÁRIO NÃO CONHECIDO. OS ESTADOS ESTRANGEIROS NÃO DISPÕEM DE IMUNIDADE DE JURISDIÇÃO, PERANTE O PODER JUDICIÁRIO BRASILEIRO, NAS CAUSAS DE NATUREZA TRABALHISTA, POIS ESSA PRERROGATIVA DE DIREITO INTERNACIONAL PÚBLICO TEM CARÁTER MERAMENTE RELATIVO. - O Estado estrangeiro não dispõe de imunidade de jurisdição, perante órgãos do Poder Judiciário brasileiro, quando se tratar de causa de natureza trabalhista. Doutrina. Precedentes do STF (RTJ 133/159 e RTJ 161/643-644). - Privilégios diplomáticos não podem ser invocados, em processos trabalhistas, para coonestar o enriquecimento sem causa de Estados estrangeiros, em inaceitável detrimento de trabalhadores residentes em território brasileiro, sob pena de essa prática consagrar censurável desvio ético-jurídico, incompatível com o princípio da boa-fé e inconciliável com os grandes postulados do direito internacional. O PRIVILÉGIO RESULTANTE DA IMUNIDADE DE EXECUÇÃO NÃO INIBE A JUSTIÇA BRASILEIRA DE EXERCER JURISDIÇÃO NOS PROCESSOS DE CONHECIMENTO INSTAURADOS CONTRA ESTADOS ESTRANGEIROS. - A imunidade de jurisdição, de um lado, e a imunidade de execução, de outro, constituem categorias autônomas, juridicamente inconfundíveis, pois - ainda que guardem estreitas relações entre si - traduzem realidades independentes e distintas, assim reconhecidas quer no plano conceitual, quer, ainda, no âmbito de desenvolvimento das próprias relações internacionais. A eventual impossibilidade jurídica de ulterior realização prática do título judicial condenatório, em decorrência da prerrogativa da imunidade de execução, não se revela suficiente para obstar, só por si, a instauração, perante Tribunais brasileiros, de processos de conhecimento contra Estados estrangeiros, notadamente quando se tratar de litígio de natureza trabalhista. Doutrina. Precedentes[190].

A posição pela impossibilidade de execução encontraria guarida nas próprias Convenções de Viena de 1961 e de 1963. A primeira dispõe claramente sobre a impenhorabilidade dos bens da missão:

Art. 22 – 1. Os locais da Missão são invioláveis. Os agentes do Estado acreditado não poderão neles penetrar sem o consentimento do Chefe da Missão. 2. O Estado acreditado tem a obrigação especial de adotar todas as medidas apropriadas para proteger os locais da Missão contra qualquer instrução ou dano e evitar perturbações à tranquilidade da Missão ou ofensas à sua dignidade. **3. Os locais da Missão, seu mobiliário e demais bens neles situados, assim como os meios de transporte da Missão, não poderão ser objeto de busca, requisição, embargo ou medida de execução.** (grifo nosso)

Embora à imunidade dos Estados não se apliquem as Convenções de Viena de 1961 e de 1963, é preciso ressaltar que esses documentos se aplicam à quase totalidade das demandas trabalhistas em trâmite ou já revestidas pela coisa julgada,

---

190   RE 222368 AgR, Rel. Min. Celso de Mello, STF, J. 30/04/2002.

que atinam a contratos laborais celebrados para prestação de serviços nas embaixadas e consulados.

Como antes dito, há que se analisar e interpretar a incidência da imunidade quanto à execução com parcimônia. A posição de alguns precedentes do STF é que, quanto à execução, a imunidade é absoluta, i.e., é possível processar, mas inviável executar. A *Consolidação dos Provimentos da Corregedoria-Geral da Justiça do Trabalho,* em seu art. 81, reproduz o entendimento do Supremo: "Salvo renúncia, é absoluta a imunidade de execução do Estado estrangeiro e dos Organismos Internacionais".

Todavia, com fulcro na doutrina moderna e com arrimo em manifestações pretorianas recentes, vislumbra-se, mais uma vez, o fenômeno de relativização da imunidade quanto ao processo de execução.

Não é falsa a assertiva de que executar os bens da missão diplomática ou da repartição consular viola normas convencionais, tornando-os, assim, insuscetíveis de constrição dessa natureza. No entanto, a imunidade, quanto ao processo de execução, não pode ser classificada como absoluta, uma vez que também foi relativizada. É importante nessa altura aclarar que não é possível executar os bens da missão ou da repartição destinados aos seus fins. Aqui incide o privilégio do Estado estrangeiro, caso contrário, não há motivação legal, convencional e muito menos costumeira que impeça medidas executórias. Tal posição ainda encontra certa resistência doutrinária, logo de quem, conforme lembra Ian Brownlie, defende a imunidade relativa dos Estados, mas não cede na fase mais decisiva, a de execução[191].

O TST já se manifestou nesse sentido:

AGRAVO DE INSTRUMENTO. IMUNIDADE DE EXECUÇÃO. RECLAMAÇÃO TRABALHISTA. LITÍGIO ENTRE ESTADO ESTRANGEIRO E EMPREGADO BRASILEIRO. Dá-se provimento ao agravo de instrumento, para melhor exame do recurso de revista, ante a aparente violação do art. 114, I, da Constituição da República. RECURSO DE REVISTA. IMUNIDADE DE EXECUÇÃO. RECLAMAÇÃO TRABALHISTA. LITÍGIO ENTRE ESTADO ESTRANGEIRO E EMPREGADO BRASILEIRO. **Na linha da jurisprudência do Supremo Tribunal Federal e do Tribunal Superior do Trabalho, a imunidade de execução continua sendo prerrogativa institucional do Estado estrangeiro, dada a intangibilidade dos seus próprios bens, ressalvada a existência, em território brasileiro, de bens, que, embora pertencentes ao Estado estrangeiro, sejam estranhos, quanto à sua destinação ou utilização, às legações diplomáticas ou representações consulares por ele mantidas em nosso País, caso em que tais bens são suscetíveis de penhora judicial para garantia do crédito trabalhista, o que será apurado e definido no processo de execução.** Recurso de revista de que se conhece e a que se dá parcial provimento[192]. (grifo nosso)

Sendo assim, não se deve alegar que o processo de execução seja impossível ou que a imunidade assume alcance absoluto de forma a inviabilizar a execução.

---

191 BROWNLIE, I. *Princípios de Direito Internacional...*, cit., p. 351.
192 RR 1301403319915100003, Rel. Min. Walmir Oliveira da Costa, 5ª T. – TST, J. 31/05/2006.

Ela é possível e pode ser operacionalizada, somente os bens afetados às missões e às repartições são intangíveis.

A singularidade dos trâmites com a figura do Estado estrangeiro no polo passivo é cristalina. Há pormenores que precisam ser observados, além da árdua tarefa de se compatibilizar as normas processuais internas com os privilégios.

Após a finalização do processo de conhecimento, com a prolatação de sentença condenatória, há a fase de liquidação[193], que tramita normalmente sem incidir qualquer forma de prerrogativa estatal. Veja-se que aqui estamos frente a uma fase que almeja individualizar, apurar valores, sem cunho executório. Conforme Sérgio Pinto Martins, não há que se falar em imunidade durante a liquidação, pois a execução sequer se iniciou[194].

Liquidada a sentença, começa a execução, e o Estado estrangeiro será citado para o oferecimento de embargos (aplica-se o art. 730 do CPC). Sobre o ato citatório[195] são plausíveis as seguintes considerações:

13 - Não é possível a citação por via postal do Estado estrangeiro ou do organismo internacional (ONU, OIT, Unesco etc.), por ser pessoa jurídica de direito público externo (CPC, art. 222, "c"). Não é aconselhável a citação por oficial de justiça, pois 'os locais da Missão são invioláveis, não podendo os agentes do Estado acreditado (o Brasil) neles penetrar sem o consentimento do Chefe da Missão'. Além disso, 'o

---

193 Art. 879 da CLT: "Sendo ilíquida a sentença exequenda, ordenar-se-á, previamente, a sua liquidação, que poderá ser feita por cálculo, por arbitramento ou por artigos. § 1º - Na liquidação, não se poderá modificar, ou inovar, a sentença liquidanda nem discutir matéria pertinente à causa principal. § 1o-A. A liquidação abrangerá, também, o cálculo das contribuições previdenciárias devidas. § 1o-B. As partes deverão ser previamente intimadas para a apresentação do cálculo de liquidação, inclusive da contribuição previdenciária incidente. § 2º - Elaborada a conta e tornada líquida, o Juiz poderá abrir às partes prazo sucessivo de 10 (dez) dias para impugnação fundamentada com a indicação dos itens e valores objeto da discordância, sob pena de preclusão. § 3o Elaborada a conta pela parte ou pelos órgãos auxiliares da Justiça do Trabalho, o juiz procederá à intimação da União para manifestação, no prazo de 10 (dez) dias, sob pena de preclusão. § 4o A atualização do crédito devido à Previdência Social observará os critérios estabelecidos na legislação previdenciária. § 5o O Ministro de Estado da Fazenda poderá, mediante ato fundamentado, dispensar a manifestação da União quando o valor total das verbas que integram o salário-de-contribuição, na forma do art. 28 da Lei no 8.212, de 24 de julho de 1991, ocasionar perda de escala decorrente da atuação do órgão jurídico. § 6o Tratando-se de cálculos de liquidação complexos, o juiz poderá nomear perito para a elaboração e fixará, depois da conclusão do trabalho, o valor dos respectivos honorários com observância, entre outros, dos critérios de razoabilidade e proporcionalidade."
194 MARTINS, Sérgio Pinto. *Direito Processual do Trabalho*. 25 ed. São Paulo: Atlas, 2006, p. 99.
195 É importante a leitura da *Consolidação dos Provimentos da Corregedoria-Geral da Justiça do Trabalho*: "Capítulo VIII Da notificação. Entes públicos. Estado estrangeiro ou organismo internacional Art. 45. As secretarias das Varas do Trabalho velarão para que nas ações ajuizadas em desfavor de entes públicos (Decreto-lei nº779/69), inclusive Estado estrangeiro ou organismo internacional, observe-se um lapso temporal para preparação da defesa de, no mínimo, 20 (vinte) dias entre o recebimento da notificação citatória e a realização da audiência.

Estado acreditado tem a obrigação especial de adotar todas as medidas apropriadas para proteger os locais da Missão contra qualquer intrusão ou dano e evitar perturbações à tranquilidade da Missão ou ofensas a sua dignidade' (Convenção de Viena sobre Relações Diplomáticas, art. 22, itens 1º e 2º, promulgada pelo Decreto 56.435, de 08.06.1965). 14 - **Diante dessas dificuldades, o juiz solicitará ao Chefe do Departamento Consular e Jurídico do Ministério das Relações Exteriores que proceda à citação.** O ofício será instruído com cópia da petição inicial e dos documentos, devendo a segunda via ser devolvida com o "ciente" do Chefe da Missão Diplomática ou a "nota verbal" de recebimento para juntada nos autos. Dessa juntada é que se conta o prazo para a resposta (CPC, art. 241, II)[196]. (grifo nosso)

Após citado, oportuniza-se o oferecimento de embargos que, para o Estado estrangeiro, é mais um meio de defesa com cognição profunda. Semelhantemente à Fazenda Pública, a ele não se lhe impõe o dever processual de garantir o juízo.

Desse desenrolar processual, o que se almeja, precipuamente, é a satisfação dos créditos trabalhistas, sem descurar dos privilégios estatais assegurados. Assim, alguns fechamentos devem ser vislumbrados de forma a findar a lide e pacificar o conflito:

1ª) O Estado paga voluntariamente: não é raro haver pagamento voluntário por parte do Estado estrangeiro condenado após ser citado para o oferecimento de embargos, algumas vezes até mesmo antes de eventual execução, logo após sentença meritória desfavorável.

2ª) Ocorre renúncia à imunidade: somente o Estado pode renunciar à sua imunidade e às de seus agentes. Neste caso, até atos de império, antes classificados, permitiriam a responsabilização. Assim procedendo, o Estado permite o processamento e a execução, mas é importante lembrar que deve haver renúncia expressa e autônoma em relação às medidas de execução. Veja a Convenção de Viena sobre Relações Diplomáticas de 1961:

Art. 32 – 1. O Estado acreditante pode renunciar à imunidade de jurisdição dos seus agentes diplomáticos e das pessoas que gozem de imunidade nos termos do artigo 37. 2. A renúncia será sempre expressa. 3. Se um agente diplomático ou uma pessoa que goza de imunidade de jurisdição nos termos do artigo 37 inicia uma ação judicial, não lhe será permitido invocar a imunidade de jurisdição no tocante a uma reconvenção diretamente ligada à ação principal. **4. A renúncia à imunidade de jurisdição no tocante às ações cíveis ou administrativas não implica renúncia à imunidade quanto às medidas de execução da sentença, para as quais nova renúncia é necessária.** (grifo nosso)

3ª) Busca por bens desafetados: aqui reside o principal argumento como forma de classificar a imunidade como relativa durante o processo de execução. Em não ocorrendo o pagamento voluntário e nem a renúncia, devem ser diligenciados bens desafetados, ou seja, não protegidos pela intangibilidade dos imóveis e móveis

---

196 REIS, Novély Vilanova da Silva. *Indicações práticas para uma melhor administração do processo civil*. Disponível em: http://www.cjf.jus.br/revista/seriemon07.htm. Acesso em: 15/01/2011.

destinados às missões. São exemplos de bens desafetados os navios mercantes e os bens das agências estatais. Recentemente, a 3ª Turma do TRT da 10ª Região exarou decisão inovadora sobre o tema e que vai ao encontro da relativização dos privilégios em sede de execução:

> 1. ESTADO ESTRANGEIRO. IMUNIDADE DE JURISDIÇÃO. **FASE EXECUTIVA. CARÁTER RELATIVO.** BENS AFETADOS ÀS ATIVIDADES DE IMPÉRIO. IMPENHORABILIDADE. **Na linha da jurisprudência do Supremo Tribunal Federal, coerente com as modernas correntes doutrinárias do Direito Internacional Público, a imunidade de jurisdição reconhecida aos estados estrangeiros, em sede de execução de sentença detém caráter relativo.** Nesse cenário, apenas os bens vinculados ao exercício das atividades de representação consular e diplomática estarão imunes à constrição judicial, não havendo, portanto, apenas em relação a eles, possibilidade de atuação do Poder Judiciário nacional (art. 84, I, do Provimento Geral Consolidado da Justiça do Trabalho). 2. ESTADO ESTRANGEIRO. DEVIDO PROCESSO LEGAL. CRITÉRIO DE DISTRIBUIÇÃO DO ÔNUS DA PROVA. Ao comparecer perante a jurisdição nacional, o Estado estrangeiro deve observar as regras e procedimentos previstos na legislação processual, editados de forma soberana pelo Estado acreditado (CF, art. 5º, LIV). Disso decorre que a aplicação de institutos processuais da legislação nacional, relativos aos critérios e parâmetros de distribuição do ônus da prova, não configura infração a preceito de normativo internacional, relativo à imunidade de execução, antes traduzindo simples expressão da soberania do Estado acreditado. Para afastar a possibilidade de apreensão de bens em sede de execução de sentença de créditos trabalhistas — gravados de caráter alimentar e integrantes do rol de direitos humanos fundamentais (CF, arts. 6º e 7º) —, deve o ente público executado comprovar, de forma clara e insofismável, que os bens indicados estão afetados à missão consular ou diplomática. Detectado o equívoco da imputação desse ônus ao Exequente, inclusive por aplicação do critério doutrinário da aptidão para a prova, cabe determinar o retorno dos autos à origem, para retomada do curso executivo legal, como entender de direito o do juízo primário. Agravo de petição conhecido e parcialmente provido[197]. (grifo nosso)

4ª) Expedição de carta rogatória: sem pagamento voluntário, não havendo renúncia e não encontrados bens desafetados, é possível a expedição de carta rogatória[198]. Opção de difícil adoção, em razão dos custos elevados para expedição do ato processual, que são incompatíveis com a hipossuficiência do demandante. Conforme *Consolidação dos Provimentos da Corregedoria-Geral da Justiça do Trabalho,* em seu art. 82: "Havendo sentença condenatória em face de Estado estrangeiro ou Organismos Internacionais, expedir-se-á, após o trânsito em julgado da decisão, carta rogatória para cobrança do crédito".

---

197 Proc. 00611-2008-001-10-00-5, Des. Rel. Douglas Alencar Rodrigues, 3ª T. – TRT-10, J. 04/07/2011.
198 Conforme CPC: "Art. 210. A carta rogatória obedecerá, quanto à sua admissibilidade e modo de seu cumprimento, ao disposto na convenção internacional; à falta desta, será remetida à autoridade judiciária estrangeira, por via diplomática, depois de traduzida para a língua do país em que há de praticar-se o ato. Art. 211. A concessão de exequibilidade às cartas rogatórias das justiças estrangeiras obedecerá ao disposto no Regimento Interno do Supremo Tribunal Federal."

5ª) Proposição de ação contra a União: como cabe à União manter relações com Estados estrangeiros, conforme art. 21, inc. I, da CF, ao autorizar o estabelecimento de representação de outro país em território nacional (direito de legação passivo), ela assumiu o risco de, caso haja débito por parte do mesmo, suportar o ônus e quitar eventuais dívidas trabalhistas. Esse entendimento, todavia, não é aceito pela jurisprudência e, muito menos, pela doutrina majoritária[199].

6.7. Imunidade de jurisdição das organizações internacionais

Como sujeitos do DI com personalidade jurídica internacional e capacidade, as OI precisam gozar de privilégios que garantam a independência de sua atuação dentro dos territórios dos Estados-membros. Elas possuem *corpus juris* próprio de Direito Internacional e, por isso, cabe "salvaguardar sua plena independência no exercício de suas funções, para o que contam elas com o regime jurídico de seus privilégios e imunidades"[200].

Pertine a elas, então, as mesmas dúvidas quanto ao alcance e à aplicabilidade desses privilégios, como frisado nos tópicos sobre as imunidades estatais.

Em relação às OI, semelhantemente aos Estados estrangeiros, adotava-se, em regra, a tese relativista, sendo que era possível o processo em relação às manifestações de cunho privado, nas quais os organismos atuavam de forma equiparável aos particulares, o que são as hipóteses das relações laborais.

A mais alta Corte trabalhista tem, em seu repertório, inúmeras decisões que confirmavam essa afirmação, as quais remetem às posições do STF também nessa direção:

> RECURSO ORDINÁRIO. ORGANIZAÇÃO DAS NAÇÕES UNIDAS - PROGRAMA DAS NAÇÕES UNIDAS PARA O DESENVOLVIMENTO - ONU/PNUD. Ação trabalhista ajuizada perante Programa das Nações Unidas para o Desenvolvimento. Ação rescisória ajuizada por Organização das Nações Unidas, sob a alegação de que a decisão rescindenda foi proferida por juiz incompetente, em face da imunidade de jurisdição da ONU, e de que houve violação dos artigos da Seção 2 da Convenção sobre Privilégios e Imunidades da ONU. **Conforme jurisprudência do Supremo Tribunal Federal, os Estados estrangeiros e os organismos internacionais não gozam de imunidade de jurisdição no processo de conhecimento. Em decorrência desse entendimento, tem-se a inaplicabilidade, no nosso or-**

---

[199] A possibilidade de se propor ação contra a União em razão da não satisfação de crédito trabalhista por Estado estrangeiro encontra muita resistência na doutrina: "(...) não prosperando a execução do julgado trabalhista em face do Estado estrangeiro, já que depende da existência, em solo nacional, de bem não afetado às funções diplomáticas ou consulares, a União não poderá ser responsabilizada por tal débito judicial, haja vista tal fato não se enquadrar em qualquer hipótese da teoria do risco (administrativo ou integral), que serve de fundamento para responsabilidade objetiva do Estado, nem na teoria do risco social." MOSER, Claudinei. Imunidade de jurisdição do Estado estrangeiro. A questão da (ir)responsabilidade da União pelo pagamento do débito judicial trabalhista. *Jus Navigandi*, Teresina, ano 12, n. 1774, 10 maio 2008. Disponível em: http://jus2.uol.com.br/doutrina/texto.asp?id=11287. Acesso em: 01/09/2010.

[200] TRINDADE, A. A. C. *Direito das Organizações ...*, cit., p. 668.

denamento jurídico, da disposição constante da Seção 2 da Convenção sobre Privilégios e Imunidades das Nações Unidas, a despeito da edição do Decreto nº 27.784/50. Recurso ordinário a que se nega provimento[201]. (grifo nosso)

RECURSO DE REVISTA ORGANISMO INTERNACIONAL ONU/PNUD IMUNIDADE DE JURISDIÇÃO. Conforme entendimento firmado nesta Corte Superior, **os Estados estrangeiros e os organismos internacionais não detêm imunidade absoluta de jurisdição.** Com efeito, o princípio da imunidade jurisdicional absoluta tem sido mitigado, de forma a abranger tão-somente os atos de império. Quanto aos atos de gestão, como o debatido na presente hipótese, em que se discutem a existência do vínculo empregatício e o direito a parcelas daí decorrentes, não detém o organismo internacional imunidade de jurisdição. Precedentes. Recurso de Revista conhecido e provido[202]. (grifo nosso)

IMUNIDADE DE JURISDIÇÃO DE ORGANISMO INTERNACIONAL. ONU/PNUD . **Os organismos internacionais não detêm imunidade de jurisdição em relação às demandas que envolvam atos de gestão,** como na hipótese em que se debate o direito a parcelas decorrentes da relação de trabalho mantida entre as partes. Recurso conhecido e provido[203]. (grifo nosso)

Contudo, os julgados acima citados começam a ser revistos e passam a não condizer com as mais recentes manifestações do TST. A imunidade das OI, em matéria trabalhista, começa a retornar a ser de alcance absoluto para o Tribunal. O tema ainda desperta manifestações dissonantes e até contraditórias entre Turmas de um único TRT[204].

6.7.1. Imunidade em matéria trabalhista?

Quanto aos Estados estrangeiros, a imunidade, em matéria trabalhista, já foi tratada, guardadas as devidas considerações sobre os processos de conhecimento e de execução. Concluiu-se que se adota a relativização do privilégio, de forma a se aceitar, sem muitas barreiras argumentativas contrárias, a propositura de reclamatória trabalhista. Às OI desenvolvia-se raciocínio assemelhado, o qual passa a ser revisto.

No ano de 2009, o TST começou a modificar sua jurisprudência quanto à imunidade de jurisdição das organizações internacionais. A Advocacia-Geral da União (AGU) conseguiu garantir, junto ao TST, a imunidade absoluta de jurisdição da ONU e do seu Programa das Nações Unidas para o Desenvolvimento (PNUD):

---

201 ROAR-56/2003-000-23-00.0, Rel. Min. Gelson de Azevedo, SBDI-2 - TST, J. 12/5/2006.
202 RR-113/2004-016-10-00.8, Rel. Min. Maria Cristina Irigoyen Peduzzi, 3ª T - TST, J. 06/9/2007.
203 RR-440-2004-020-10-00.9, Rel. Min. José Simpliciano Fontes de F. Fernandes, 2ª T - TST, J. 06/09/2007.
204 Verificaram-se no TRT da 10ª Região decisões contraditórias em diferentes Turmas. A imunidade relativa das OI consta no seguinte julgado: AP 00455-2011-003-10-00-0, Rel. Juiza Elke Doris Just, 2ª T. - TRT 10, J. 08/02/2012. Já a imunidade absoluta das OI ficou assentada na decisão: RO 01416-2010-005-10-00-2, Rel. Des. Flávia Simões Falcão, 1ª T. – TRT 10, J. 03/11/2011.

EMBARGOS. INTIMAÇÃO DO ENTE PÚBLICO ANTES DA VIGÊNCIA DA LEI Nº 11.496/2007. CIÊNCIA EM 24.08.2007. IMUNIDADE DE JURISDIÇÃO. ORGANISMOS INTERNACIONAIS. ONU/PNUD. 1. **Diferentemente dos Estados estrangeiros, que atualmente têm a sua imunidade de jurisdição relativizada, segundo entendimento do próprio Supremo Tribunal Federal, os organismos internacionais permanecem, em regra, detentores do privilégio da imunidade absoluta.** 2. Os organismos internacionais, ao contrário dos Estados, são associações disciplinadas, em suas relações, por normas escritas, consubstanciadas nos denominados tratados e/ou acordos de sede. Não têm, portanto, a sua imunidade de jurisdição pautada pela regra costumeira internacional, tradicionalmente aplicável aos Estados estrangeiros. Em relação a eles, segue-se a regra de que a imunidade de jurisdição rege-se pelo que se encontra efetivamente avençado nos referidos tratados de sede. 3. **No caso específico da ONU, a imunidade de jurisdição, salvo se objeto de renúncia expressa, encontra-se plenamente assegurada na Convenção sobre Privilégios e Imunidades das Nações Unidas, também conhecida como "Convenção de Londres", ratificada pelo Brasil por meio do Decreto nº 27.784/1950.** Acresça-se que tal privilégio também se encontra garantido na Convenção sobre Privilégios e Imunidades das Agências Especializadas das Nações Unidas, que foi incorporada pelo Brasil por meio do Decreto nº 52.288/1963, bem como no Acordo Básico de Assistência Técnica com as Nações Unidas e suas Agências Especializadas, promulgado pelo Decreto nº 59.308/1966. 4. Assim, porque amparada em norma de cunho internacional, não podem os organismos, à guisa do que se verificou com os Estados estrangeiros, ter a sua imunidade de jurisdição relativizada, para o fim de submeterem-se à jurisdição local e responderem, em consequência, pelas obrigações contratuais assumidas, dentre elas as de origem trabalhista. Isso representaria, em última análise, a quebra de um pacto internacional, cuja inviolabilidade encontra-se constitucionalmente assegurada (art. 5º, § 2º, da CF/88). 5. Embargos conhecidos, por violação ao artigo 5º, § 2º, da Constituição Federal, e providos para, **reconhecendo a imunidade absoluta de jurisdição da ONU/PNUD**, restabelecer o acórdão regional, no particular[205]. (grifo nosso)

É nítida a adoção, pelo TST, da imunidade de jurisdição das OI em seu viés absoluto, abarcando, assim, as relações laborais. Sequer é preciso fazer distinção em processo de conhecimento e de execução; a proteção aos organismos é absoluta.

São os fundamentos que levaram a essa decisão que merecem maior atenção. Veja que o TST levou em conta normas convencionais, escritas, reguladoras das imunidades das OI, pois, como exarou, não é hipótese de aplicabilidade do costume regente da imunidade estatal. Dessa maneira, o fundamento para concessão dos privilégios é a *pedra de toque*; se a imunidade for expressamente garantida como absoluta em tratado ratificado pelo Brasil, respeitado o princípio *pacta sunt servanda*, então, que assim seja. Conforme *Convenção sobre os Privilégios e Imunidades das Nações Unidas:*

> Art. II – Bens, fundos e patrimônio. Seção 2 - **A Organização das Nações Unidas, os seus bens e patrimônio, onde quer que estejam situados e independentemente do seu detentor, gozam de imunidade de qualquer procedimento judicial, salvo na medida em que a Organização a ela tenha renunciado expressamente num determinado caso. Entende-se, contudo, que a renúncia não pode ser alar-**

---

205 E-ED-RR-900/2004-019-10-00.9, Rel. Min. Caputo Bastos, TST, J. 03/09/2009.

gada a medidas de execução. Secção 3 - As instalações da organização são invioláveis. Os seus bens e patrimônio, onde quer que estejam situados e independentemente do seu detentor, estão a salvo de buscas, requisições, confiscos, expropriações ou qualquer outra medida de constrangimento executiva, administrativa, judicial ou legislativa. (grifo nosso)

A Comissão de Jurisprudência e de Precedente Normativos do TST, em fevereiro de 2012, publicou a edição da Orientação Jurisprudencial (OJ) 416 da Seção de Dissídios Individuais-I, firmando o entendimento no sentido de garantir a imunidade absoluta às OI:

> IMUNIDADE DE JURISDIÇÃO. ORGANIZAÇÃO OU ORGANISMO INTERNACIONAL. **As organizações ou organismos internacionais gozam de imunidade absoluta de jurisdição quando amparados por norma internacional incorporada ao ordenamento jurídico brasileiro, não se lhes aplicando a regra do Direito Consuetudinário relativa à natureza dos atos praticados.** Excepcionalmente, prevalecerá a jurisdição brasileira na hipótese de renúncia expressa à cláusula de imunidade jurisdicional. (grifo nosso)

A OJ 416 foi divulgada no Diário eletrônico da Justiça do Trabalho em 14/02/2012. Posteriormente, outros acórdãos do TST foram divulgados, confirmando a Orientação Jurisprudencial:

> RECURSO DE REVISTA. UNESCO. ORGANISMO INTERNACIONAL. IMUNIDADE DE JURISDIÇÃO. Esta Corte firmou o entendimento, em sessão realizada em 3/9/2009 (E-ED-RR-RR - 90000-49.2004.5.10.0019), no sentido de que os organismos internacionais têm imunidade de jurisdição absoluta, quando assegurada por norma internacional ratificada pelo Brasil. Recurso de revista conhecido e provido[206].

A despeito de alguns entendimentos dissonantes que se mostram cada vez mais raros, a imunidade absoluta das OI, inclusive para matéria trabalhista, já era aceita antes da OJ 416 do TST pelos Tribunais Regionais. É preciso reconhecer que isso pode resultar em inaceitáveis abusos por parte de alguns organismos, no entanto, o compromisso dos acordos internacionais, conforme o TST, é que deve pautar a conclusão pela sua aplicabilidade. Conforme o TRT da 2ª Região:

> (...) **Dessa forma, há de se reconhecer, na presente demanda, a imunidade de jurisdição da Unesco, em que pese sua vergonhosa participação na fraude para prejudicar a reclamante.** O Decreto 27.784/1950 recepcionou a Convenção sobre Privilégios e Imunidades das Nações Unidas, que dispôs, em seu artigo 2º (...) Já o Decreto 52.288/63, no mesmo sentido, recepcionou a Convenção sobre Privilégios e Imunidades das Agências Especializadas das Nações Unidas, contendo a mesma previsão acima referida, em seu artigo 3º. O tratado, devidamente ratificado pelo Brasil, deve ser reconhecido e aplicado no ordenamento jurídico interno, já que sequer foi realizada denúncia. O rompimento da imunidade absoluta de jurisdição não se aplica a organismos internacionais. Após a ratificação da convenção interna-

---

206 RR-1207-84.2010.5.10.0000, Rel. Min. Augusto Cesar Leite de Carvalho, 6ª T. – TST, J. 29/02/2012.

cional da qual o Brasil é signatário, deve haver estrito e regular cumprimento de seus dispositivos, posto que o ato de ratificação, sem a denúncia, faz com que a norma se incorpore ao seu ordenamento jurídico interno, após aprovação pelo Congresso Nacional, como de fato ocorreu[207]. (grifo nosso)

Falta agora a pacificação definitiva a nível jurisprudencial pelo STF. Pendentes de julgamento estão os Recursos Extraordinários 607.211 e 578.543[208], aquele suspenso até julgamento deste. No RE 578.543 já consta voto de 2009 da Relatora Ministra Ellen Gracie, reconhecendo a imunidade absoluta:

> A Min. Ellen Gracie, relatora, conheceu em parte dos recursos, e, na parte conhecida, a eles deu provimento para, reconhecendo a afronta à literal disposição contida na Seção 2 da Convenção sobre Privilégios e Imunidades das Nações Unidas, julgar procedente o pleito formulado na ação rescisória, a fim de desconstituir o acórdão do TRT da 23ª Região e reconhecer a imunidade de jurisdição e de execução da ONU/PNUD. Entendeu, em síntese, que o acórdão recorrido ofende tanto o art. 114 quanto o art. 5º, § 2º, ambos da CF, já que confere interpretação extravagante ao primeiro, no sentido de que ele tem o condão de afastar toda e qualquer norma de imunidade de jurisdição acaso existente em matéria trabalhista, bem como despreza o teor de tratados internacionais celebrados pelo Brasil que asseguram a imunidade de jurisdição e de execução da recorrente. Após, o julgamento foi suspenso com o pedido de vista da Min. Cármen Lúcia[209].

Tudo indica que restará consagrada, pela Corte Suprema, a imunidade absoluta das OI, ou seja, inclusive em matéria trabalhista, desde que prevista em tratado ou ato que assim disponha. Começa-se a se consolidar o entendimento, já exaltado por parcela da doutrina, de que os privilégios e imunidades das OI são de *natureza funcional* e decorrem de tratados instituidores ou acordos de sede, e não do exercício da soberania (atribuída somente aos Estados). Nesse sentido, tais documentos devem ser aplicados com arrimo no *princípio da especialidade*, interpretando-os de forma específica, em atendimento às funções das organizações. Se nos mesmos consta imunidade absoluta, expressamente acatada pela República Federativa do Brasil, que assim seja então adotada.

Cabe agora apenas aguardar a manifestação dos demais Ministros nos recursos referidos e manter as constantes pesquisas ao endereço eletrônico do STF.

6.8. Questões comentadas – Juiz do Trabalho

(TRT 17ª Região - 1998) Tem imunidade de jurisdição garantida em lei:
I. o embaixador acreditado em país estrangeiro;
II. o cônsul nos limites de suas gestões negociais;
III. o organismo estrangeiro;
IV. o estado estrangeiro.

---

207 Proc. 01456.2009.083.02.00-0, Rel. Des. Marcelo Freire Gonçalves, 12ª T. – TRT 2, J. 20/05/2011.
208 Veja também o RE 597.368, do Supremo Tribunal Federal.
209 Conforme Informativo 545, de 04 a 08 de maio de 2009, do STF.

Responda:
a) Todas as assertivas atendem ao enunciado da questão.
b) Somente a assertiva I atende ao enunciado da questão.
c) Somente a assertiva II não atende ao enunciado da questão.
d) As assertivas II e III não atendem ao enunciado da questão, enquanto que as assertivas I e IV atendem ao enunciado da questão.
e) Nenhuma das assertivas atende ao enunciado da questão.

Gabarito	Comentários
B	• O Embaixador acreditado em Estado estrangeiro tem imunidade de jurisdição civil, penal e fiscal, com base na Convenção de Viena sobre Relações Diplomáticas de 1961. O Cônsul tem imunidade quanto aos atos de ofício, não quanto às gestões negociais, isso conforme Convenção de Viena sobre Relações Consulares de 1963. A imunidade dos Estados estrangeiros encontra fundamento no costume internacional. Esse mesmo raciocínio aplicava-se aos organismos internacionais, só que hoje esse posicionamento foi alterado pelo TST, que leva em conta os tratados constitutivos e os acordos de sede.

(**TRT 20ª Região - 2003**) De acordo com a Convenção de Viena de 1961:
a) o agente diplomático goza da imunidade de jurisdição penal do Estado acreditado, mas não goza da imunidade de jurisdição civil e administrativa;
b) a renúncia à imunidade de jurisdição no tocante às ações cíveis ou administrativas não implica renúncia à imunidade quanto às medidas de execução de sentença, para a consecução das quais nova renúncia é necessária;
c) o agente diplomático não está sujeito a nenhuma medida de execução do Estado acreditante;
d) a imunidade de jurisdição de um agente diplomático no Estado acreditado isenta-o da jurisdição do Estado acreditante;
e) a renúncia à imunidade de jurisdição poderá ser tácita ou presumida, mas, quando expressa, deve limitar o seu alcance e vigência no tempo.

Gabarito	Comentários
B	• Os agentes diplomáticos gozam de ampla imunidade de natureza civil, penal e fiscal, com poucas exceções. Sendo que no campo penal é absoluta, pois inclui tanto os atos de ofício como os comuns. Contudo, imunidade não se confunde com impunidade, pois é possível a responsabilização junto ao Estado acreditante, que envia representantes. Ademais, é possível também a renúncia à imunidade dos agentes, que deve ser expressa e ser feita apenas pelo ente estatal. A renúncia no tocante às ações cíveis ou administrativas não afeta as medidas de execução, que exigem manifestação expressa e autônoma.

(**TRT 20ª Região - 2003**) Marque a alternativa correta:
a) os Estados estrangeiros e seus agentes gozam de imunidade de jurisdição perante as cortes judiciais brasileiras e essa imunidade tem caráter absoluto, ressalvados os casos de renúncia à imunidade de jurisdição;

b) o silêncio do Estado-réu, que não atende ao chamamento judicial, é bastante para configurar, nos termos de remansosa jurisprudência do Supremo Tribunal Federal, renúncia à imunidade de jurisdição;
c) o Estado estrangeiro não dispõe, perante o Poder Judiciário Brasileiro, de imunidade de jurisdição nas causas trabalhistas, pois essa prerrogativa de Direito Internacional Público tem caráter apenas relativo, segundo entendimento já sufragado pelo Supremo Tribunal Federal;
d) a imunidade de execução revela-se fator de empeço para a instauração, perante os tribunais brasileiros, de processos de conhecimento contra Estados estrangeiros, razão pela qual o processo, ainda na fase de conhecimento, deve ser extinto sem julgamento de mérito, ao fundamento da impossibilidade jurídica do pedido;
e) o Estado estrangeiro e seus agentes dispõem, perante os tribunais brasileiros, nas causas trabalhistas, de imunidade de jurisdição e de imunidade de execução, motivo por que não podem ser demandados, salvo nos casos em que houver renúncia, expressa ou tácita, à prerrogativa da imunidade.

Gabarito	Comentários
C	• Conforme entendimentos jurisprudenciais do TST e do STF, os Estados estrangeiros têm imunidade de jurisdição relativa, assentada na distinção entre atos de império e atos de gestão. Quanto a estes não há que se falar em imunidade, aos quais se encaixam os contratos de trabalho. • É possível a instauração de processo de conhecimento contra Estado estrangeiro em relação aos atos de gestão, todavia, a execução se mostra, em tese, inviável, considerando-se que os bens das missões e das repartições não são suscetíveis de medidas de execução. Face a essa impossibilidade, há outras soluções práticas: renúncia à imunidade pelo Estado; expedição de carta rogatória; pagamento voluntário pelo Estado; ou busca de bens desafetados.

(TRT 20ª Região - 2003) De acordo com a Convenção de Viena de 1963:
a) se um funcionário consular, ou empregado consular, vier a propor ação judicial sobre matéria relativamente a qual goze de imunidade de jurisdição de acordo com os preceitos da própria Convenção, poderá alegar, todavia, esta imunidade de jurisdição com respeito a qualquer pedido de reconvenção, ainda que ligado diretamente à demanda principal;
b) salvo indicação em coontrário, o consentimento dado para o estabelecimento de relações diplomáticas entre dois Estados implicará o consentimento para o estabelecimento de relações consulares;
c) o rompimento das relações diplomáticas implicará, *ipso facto*, a ruptura das relações consulares;
d) o Estado que negar a concessão de um exequatur está obrigado a comunicar ao Estado que envia os motivos dessa recusa;
e) os membros da repartição consular, com relação aos serviços prestados ao Estado que envia, estão sujeitos às disposições de previdência social em vigor no Estado receptor.

Gabarito	Comentários
B	• Conforme Convenção de Viena sobre Relações Consulares de 1963: "Art. 2º (...) 2. O consentimento dado para o estabelecimento de relações diplomáticas entre dois Estados implicará, salvo indicação em contrário, o consentimento para o estabelecimento de relações consulares. 3. A ruptura das relações diplomáticas não acarretará *ipso facto* a ruptura das relações consulares. (...) Art. 12 (...) 2. O Estado que negar a concessão de um exequatur não estará obrigado a comunicar ao Estado que envia os motivos dessa recusa. (...) Art. 45 (...) 3. Se um funcionário consular, ou empregado consular, propuser ação judicial sobre matéria de que goze de imunidade de jurisdição de acordo com o disposto no artigo 43, não poderá alegar esta imunidade com relação a qualquer pedido de reconvenção diretamente ligado à demanda principal. (...) Art. 55 Respeito às Leis e Regulamentos do Estado Receptor 1. Sem prejuízo de seus privilégios e imunidades, todas as pessoas que se beneficiem desses privilégios e imunidades deverão respeitar as leis e regulamentos do estado receptor. Terão igualmente o dever de não se imiscuir nos assuntos internos do referido Estado. 2. Os locais consulares não devem ser utilizados de maneira incompatível com o exercício das funções consulares. 3. As disposições do parágrafo 2º do presente artigo não excluirão a possibilidade de se instalar, numa parte do edifício onde se encontrem os locais da repartição consular, os escritórios de outros organismos ou agências, contanto que os locais a eles destinados estejam separados dos que utilize a repartição consular. Neste caso, os mencionados escritórios não serão, para os fins da presente Convenção, considerados como parte integrante dos locais consulares".

(TRT 11ª Região - 2007) Imunidade de jurisdição:
a) É questão ligada exclusivamente ao direito interno de cada Estado.
b) Tem origem no caráter sagrado dos locais dedicados aos cultos entre os povos antigos.
c) É absoluta e impede a análise das questões de fundo pelo Judiciário brasileiro.
d) A competência originária para o julgamento das questões relativas às imunidades de Estado estrangeiro no Brasil é atribuída expressamente ao STJ.
e) A inexistência de contestação da lide pelo governo alienígena impedirá sua apreciação.

Gabarito	Comentários
B	• Relacionada ao Direito Internacional, a imunidade de jurisdição, quanto aos Estados, é relativa, sendo possível o processo em relação aos atos de gestão (relações trabalhistas). O instituto possui raízes históricas ligadas aos templos de culto ao divino, locais onde não se admitia a jurisdição local das autoridades temporais, mas somente de seus representantes religiosos.

(TRT 9ª Região – 2009) Analise as proposições:
I. Diante da ausência de precedentes do STF em sentido contrário, entende-se que a imunidade de jurisdição de Estados soberanos é absoluta, mesmo quando se trate de atos de gestão por estes praticados, como ocorre nas relações de direito do trabalho.
II. São órgãos da OIT a Conferência Internacional do Trabalho, o Conselho de Administração e o *Bureau* Internacional do Trabalho.

III. A Corte Internacional de Justiça é um dos órgãos especiais da Organização das Nações Unidas, ao lado da Assembléia Geral, do Conselho de Segurança, do Conselho Econômico e Social, do Conselho de tutela e do Secretariado.

IV. Na forma do artigo 14 da Convenção de Viena sobre Relações Diplomáticas, os Chefes de Missão dividem-se em duas classes: a) Embaixadores ou Núncios; b) Enviados, Ministros ou Internúncios.

V. Os Chefes da repartição consular se dividem em quatro categorias (cônsules-gerais, cônsules, vice-cônsules e agentes consulares), e são admitidos no exercício de suas funções por uma autorização do Estado receptor denominada "exequatur", qualquer que seja a forma dessa autorização.

a) somente as proposições I, IV e V são corretas.
b) somente as proposições I e IV são corretas.
c) somente as proposições II e III são corretas.
d) somente as proposições II, III e V são corretas.
e) todas as proposições são corretas.

Gabarito	Comentários
D	• Conforme várias decisões do STF, entende-se que a imunidade de jurisdição de Estados soberanos é relativa, não incidindo sobre atos de gestão, como ocorre nas relações de Direito do Trabalho. • São órgãos da OIT, conforme sua Constituição, a Conferência Internacional do Trabalho, o Conselho de Administração e o *Bureau* Internacional do Trabalho. • Principais órgãos da ONU: Corte Internacional de Justiça, Assembleia-Geral, Conselho de Segurança, Conselho Econômico e Social, Conselho de Tutela e Secretariado. • Convenção de Viena sobre Relações Diplomáticas de 1961: "Art. 14 1. Os Chefes de Missão dividem-se em três classes: a) Embaixadores ou Núncios acreditados perante Chefes de Estado, e outros Chefes de Missão de categoria equivalente; b) Enviados, Ministros ou Internúncios, acreditados perante Chefes de Estado; c) Encarregados de Negócios, acreditados perante Ministro das Relações Exteriores. 2. Salvo em questões de precedência e etiqueta, não se fará nenhuma distinção entre Chefes de Missão em razão de sua classe". • Convenção de Viena sobre Relações Consulares de 1963: "Art. 9º Categorias de Chefes de Repartição Consular 1. Os chefes de repartição consular se dividem em quatro categorias, a saber: a) cônsules-gerais; b) cônsules; c) vice-cônsules; d) agentes consulares. 2. O parágrafo 1º deste artigo não limitará, de modo algum, o direito de qualquer das Partes Contratantes de fixar a denominação dos funcionários consulares que não forem chefes de repartição consular. (...) Art. 12 (...) 1. O Chefe da repartição consular será admitido no exercício de suas funções por uma autorização do Estado receptor denominada 'exequatur', qualquer que seja a forma dessa autorização".

(TRT 1ª Região – 2010) Considerando que, na CF, o direito internacional possui importantes referências e que uma série de assuntos de natureza internacional recebe tratamento específico no texto constitucional, assinale a opção correta.

a) As convenções internacionais sobre direitos humanos que forem aprovadas em dois turnos, nas duas casas do Congresso Nacional, por dois quintos dos votos dos presentes, serão equiparadas a emendas constitucionais.

b) Em nenhuma hipótese será concedida extradição de brasileiro naturalizado devido à prática de crime comum, de opinião ou político.

c) Na tutela dos direitos humanos e das garantias fundamentais, a CF não pode excluir tratados e convenções dos quais o Brasil não faça parte, ainda que não contenham princípios e regimes adotados constitucionalmente.
d) As duas casas do Congresso Nacional devem aprovar a indicação dos chefes de missão diplomática de caráter permanente.
e) Compete à justiça do trabalho processar e julgar ações oriundas das relações de trabalho, abrangidos os entes de direito público externo, que são os Estados estrangeiros e as organizações internacionais governamentais.

Gabarito	Comentários
E	• Conforme CF: "Art. 114 Compete à Justiça do Trabalho processar e julgar: I – as ações oriundas da relação de trabalho, abrangidos os entes de direito público externo e da administração pública direta e indireta da União, dos Estados, do Distrito Federal e dos Municípios". • Código Civil atual: "Art. 42 São pessoas jurídicas de direito público externo os Estados estrangeiros e todas as pessoas que forem regidas pelo direito internacional público".

(TRT 21ª Região – 2010) Tratando-se de trabalhador brasileiro que ingressa com ação na Justiça do Trabalho contra Estado estrangeiro, com o qual manteve relação laboral, prestando serviços em sua representação diplomática situada em Brasília, Distrito Federal, é correto afirmar:
a) em razão de o Estado estrangeiro gozar de imunidade de execução, a Justiça do Trabalho não pode conhecer a ação, se o pedido implicar em condenação ao pagamento de valores;
b) o Estado estrangeiro pode renunciar à imunidade de jurisdição, mas não pode renunciar à imunidade de execução, se o pedido formulado corresponder a condenação ao pagamento de valores;
c) não há imunidade de jurisdição, sendo possível, também, que haja execução da sentença, quando forem encontrados bens de propriedade do Estado estrangeiro que não estejam cobertos pela afetação diplomática;
d) considerando ser relativa a imunidade de execução do Estado estrangeiro, a Justiça do Trabalho é competente para processar e julgar a ação, mas os atos executórios são da competência do Supremo Tribunal Federal;
e) por ser relativa a imunidade de jurisdição do Estado estrangeiro, o Supremo Tribunal Federal, na fase de execução, poderá expedir mandado de penhora, por meio de Carta Rogatória, para bloqueio de dinheiro encontrado em conta bancária mantida em instituição brasileira.

Gabarito	Comentários
C	• A imunidade de jurisdição dos Estados estrangeiros é relativa, sendo possível o processo quanto aos atos de gestão, como os decorrentes dos contratos de trabalho. Face à impenhorabilidade dos bens afetados das missões e das repartições, há limitações quanto à execução. Todavia, esta pode prosseguir em determinadas situações: pagamento voluntário do débito; expedição de carta rogatória; renúncia à imunidade pelo Estado; ou execução quanto a bens desafetados.

(TRT 14ª Região - 2011) Analise as proposições e em seguida aponte a alternativa correta:

I. A inviolabilidade da missão diplomática tem sua justificativa atual no caráter sagrado do embaixador que vive, segundo os costumes, sob a proteção de Deus.

II. A missão diplomática é inviolável, constituindo-se em edifícios, parte de edifícios e terrenos anexos, utilizado para as finalidades da missão.

III. Um agente diplomático ou uma pessoa que goza de imunidade de jurisdição e que inicia uma ação judicial pode invocar a referida imunidade no tocante a uma reconvenção diretamente ligada a ação principal, tendo em vista a soberania do Estado acreditante.

IV. O agente diplomático goza de isenção de todos os impostos e taxas, pessoais ou reais, nacionais, regionais ou municipais, com exceção, dentre outros, dos impostos indiretos incluídos nos preços das mercadorias ou dos serviços, dos impostos e taxas sobre bens imóveis privados, situados no território do Estado acreditado, daqueles decorrentes do direito de sucessão, dos que incorrem sobre rendimentos privados ou sobre serviços específicos prestados ao agente.

V. O Estado acreditante pode renunciar, de forma expressa, à imunidade de jurisdição dos seus agentes diplomáticos, dos membros da família destes ou daqueles que com eles convivam, que não sejam nacionais do Estado acreditado, dos membros do pessoal administrativo e técnico da missão, dos criados particulares, não nacionais do Estado receptor.

a) Estão corretas as alternativas II, IV e V.
b) Estão corretas as alternativas II, III e V.
c) Estão corretas as alternativas I e III.
d) Estão corretas as alternativas I e IV.
e) Estão corretas as alternativas III, IV e V.

Gabarito	Comentários
A	• Convenção de Viena sobre Relações Diplomáticas de 1961: "Reconhecendo que a finalidade de tais privilégios e imunidades não é beneficiar indivíduos, mas, sim, a de garantir o eficaz desempenho das funções das missões diplomáticas, em seu caráter de representantes dos Estados; (...) Artigo 22 1. Os locais da Missão são invioláveis. Os agentes do Estado acreditado não poderão neles penetrar sem o consentimento do Chefe da Missão. 2. O Estado acreditado tem a obrigação especial de adotar todas as medidas apropriadas para proteger os locais da Missão contra qualquer instrução ou dano e evitar perturbações à tranquilidade da Missão ou ofensas à sua dignidade. 3. Os locais da Missão, seu mobiliário e demais bens neles situados, assim como os meios de transporte da Missão, não poderão ser objeto de busca, requisição, embargo ou medida de execução. Artigo 23 1. O Estado acreditante e o Chefe da Missão estão isentos de todos os impostos e taxas, nacionais, regionais ou municipais, sobre os locais da Missão de que sejam proprietários ou inquilinos, excetuados os que representem o pagamento de serviços específicos que lhes sejam prestados. 2. A isenção fiscal a que se refere este artigo não se aplica aos impostos e taxas cujo pagamento, na conformidade da legislação do Estado acreditado, incumbir às pessoas que contratem com acreditante ou com o Chefe da Missão. (...) Artigo 32 1. O Estado acreditante pode renunciar à imunidade de jurisdição dos seus agentes diplomáticos e das pessoas que gozem de imunidade nos termos do artigo 37. 2. A renúncia será sempre expressa.

Gabarito	Comentários
	3. Se um agente diplomático ou uma pessoa que goza de imunidade de jurisdição nos termos do artigo 37 inicia uma ação judicial, não lhe será permitido invocar a imunidade de jurisdição no tocante a uma reconvenção diretamente ligada à ação principal".

(TRT 23ª Região – 2011) Analisando se os itens abaixo (I a IV) contêm proposições verdadeiras ou falsas, indique qual alternativa corresponde, em ordem sequencial, ao resultado de tal análise, de acordo com as normas de direito internacional e a jurisprudência do STF:

I. Tanto a imunidade de jurisdição e execução dos Estados estrangeiros como a das Agências Especializadas das Nações Unidas, fulcradas nos mesmos fundamentos consuetudinários e normativos, são mitigadas pelo Judiciário brasileiro em se tratando de demandas referentes a direitos trabalhistas, eis que guardam pertinência com atos puramente negociais.

II. De acordo com a Convenção de Viena sobre Relações Diplomáticas, o agente diplomático não é obrigado a prestar depoimento como testemunha e sua residência particular não poderá ser objeto de busca, requisição, embargo ou medida de execução.

III. A renúncia pelo Estado acreditante da imunidade de jurisdição de seus agentes diplomáticos, nos temos da Convenção de Viena sobre Relações Diplomáticas, poderá ser tácita ou expressa.

IV. A renúncia pelo Estado acreditante à imunidade de jurisdição dos seus agentes diplomáticos não implica renúncia à imunidade quanto às medidas de execução da sentença, conforme estabelece a Convenção de Viena sobre Relações Diplomáticas.

    a) item I: verdadeira; item II: verdadeira; item III: falsa; item IV: verdadeira.
    b) item I: falsa; item II: verdadeira; item III: verdadeira; item IV: falsa.
    c) item I: falsa; item II: falsa; item III: verdadeira; item IV: verdadeira.
    d) item I: falsa; item II: verdadeira; item III: falsa; item IV: verdadeira.
    e) item I: verdadeira; item II: falsa; item III: falsa; item IV: falsa.

Gabarito	Comentários
D	• O STF entende que a imunidade de jurisdição dos Estados estrangeiros é relativa, sendo possível o processo em relação aos atos de gestão, como os decorrentes das relações de trabalho, com base no costume internacional em vigor. A imunidade quanto à execução, embora citada como absoluta pela Corte em alguns julgados, em razão da impenhorabilidade dos bens das missões e das repartições, hoje já está sendo flexibilizada, podendo ocorrer em caso de renúncia à imunidade ou em caso de serem encontrados bens desafetados. Sem contar que pode haver expedição de carta rogatória e até pagamento voluntário pelo Estado reclamado. Ainda que o tema não esteja pacificado no STF, de acordo com recentes decisões do TST, a imunidade das OI fundamenta-se nos tratados e não na regra costumeira. A OJ 416 do TST assim registra: "As organizações ou organismos internacionais gozam de imunidade absoluta de jurisdição quando amparados por norma internacional incorporada ao ordenamento jurídico brasileiro, não se lhes aplicando a regra do Direito Consuetudinário relativa à natureza dos atos praticados. Excepcionalmente, prevalecerá a jurisdição brasileira na hipótese de renúncia expressa à cláusula de imunidade jurisdicional". • Convenção de Viena sobre Relações Diplomáticas de 1961: "Art. 1º Para os feitos da presente Convenção: a) "Chefe de missão" é a pessoa encarregada pelo Estado acre

Gabarito	Comentários
	ditante de agir nessa qualidade; b) "Membros da missão" são o Chefe da missão e os membros do pessoal da missão; c) "Membros do pessoal da missão" são os membros do pessoal diplomático, do pessoal administrativo e técnico e do pessoal de serviço da missão; d) "Membros do pessoal diplomático" são os membros do pessoal da missão que tiverem a qualidade de diplomata; e) **"Agente diplomático" é tanto o Chefe da missão como qualquer membro do pessoal diplomático da missão; f) "Membros do pessoal administrativo e técnico" são os membros do pessoal da missão empregados no serviço administrativo e técnico da missão; g) "Membros do pessoal de serviço" são os membros do pessoal da missão empregados no serviço doméstico da missão;** h) "Criado particular" é a pessoa do serviço doméstico de um membro da missão que não seja empregado do Estado acreditante; **i) "Locais da missão" são os edifícios, ou parte dos edifícios e terrenos anexos, seja quem for o seu proprietário, utilizados para as finalidades da missão, inclusive a residência do Chefe da missão. (...) Art. 22 Os locais da missão são invioláveis.** Os agentes do Estado acreditador não poderão neles penetrar sem o consentimento do Chefe de missão. 2. O Estado acreditador tem a obrigação especial de adotar todas as medidas apropriadas para proteger os locais contra qualquer instrusão ou dano e evitar perturbações que afetem a tranquilidade da missão ou ofensas à sua dignidade. **3. Os locais da missão, o seu mobiliário e demais bens neles situados, assim como os meios de transporte da missão, não poderão ser objeto de busca, requisição, embargo ou medida de execução. Art. 30 A residência particular do agente diplomático goza da mesma inviolabilidade e proteção que os locais da missão.** Art. 31 O agente goza de imunidade de jurisdição penal do Estado acreditador. (...) 2. **O agente diplomático não é obrigado a prestar depoimento como testemunha.** (...) Art. 32 O **Estado acreditante pode renunciar à imunidade de jurisdição dos seus agentes diplomáticos e das pessoas que gozam de imunidade** nos termos do artigo 37. 2. **A renúncia será sempre expressa.** 3. Se um agente diplomático ou uma pessoa que goza de imunidade de jurisdição nos termos do artigo 37 inicia uma ação judicial, não lhe será permitido invocar a imunidade de jurisdição no tocante a uma reconvenção diretamente ligada à ação principal. 4. **A renúncia à imunidade de jurisdição no tocante às ações cíveis ou administrativas não implica renúncia à imunidade quanto às medidas de execução da sentença, para as quais nova renúncia é necessária**". (grifo nosso)

(**TRT 19ª Região – 2012**) Assinale a alternativa correta em relação aos enunciados de I a IV abaixo, de acordo com a Convenção de Viena e o entendimento da jurisprudência majoritária:

I. Consoante reiterada jurisprudência emanada do Supremo Tribunal Federal, é relativa a imunidade de jurisdição do Estado estrangeiro, de sorte que estes subordinam-se à jurisdição dos órgãos do Poder Judiciário brasileiro quando a causa tiver origem em atos de mera gestão revestidos de natureza trabalhista.

II. A Convenção de Viena sobre as relações diplomáticas (1961) e a Convenção de Viena sobre as relações consulares (1963) asseguram a inviolabilidade dos bens que estejam afetos à missão diplomática e consular, de sorte que a imunidade de execução em face de Estado estrangeiro impossibilita a realização de atos executórios direcionados aos seus bens, ressalvadas as hipóteses excepcionais de renúncia, por parte do Estado estrangeiro, à prerrogativa da intangibilidade dos seus próprios bens, ou a existência, em território brasileiro, de bens, que, embora pertencentes ao Estado estrangeiro, não tenham qualquer vinculação com as finalidades essenciais inerentes às legações diplomáticas ou representações consulares em nosso país.

III. A Convenção de Viena de 1961 prevê expressamente o princípio do pacta sunt servanda, segundo o qual todo tratado em vigor obriga as partes e deve ser cumprido por elas de boa fé.

IV. Prevalece no Supremo Tribunal Federal a tese de que os tratados e convenções internacionais que versem sobre direitos humanos de que o Brasil é signatário possui status supralegal, o que não obsta, todavia, que estes possam adquirir status constitucional quando aprovados por cada casa do Congresso Nacional, em dois turnos, por três quintos dos votos dos respectivos membros.

a) Somente as assertivas I, II e IV estão corretas.
b) Somente as assertivas I, II e III estão corretas.
c) Somente as assertivas II, III e IV estão corretas.
d) Todas as assertivas estão corretas.
e) Todas as assertivas estão erradas.

Gabarito	Comentários
A	• Tanto a doutrina quanto a jurisprudência evoluíram da imunidade absoluta para a relativa, com base em costume internacional. Há farto material pretoriano direcionando para a imunidade relativa, encontrado no STF e em outros tribunais. Em relação aos atos de gestão revestidos de natureza trabalhista pode ser instaurado processo contra o Estado estrangeiro. • Contudo, é possível processar (conhecimento), mas as medidas de execução têm o obstáculo da inviolabilidade dos bens das missões e das repartições. De acordo com a Convenção de Viena de 1961: "Artigo 22 1. Os locais da Missão são invioláveis. Os agentes do Estado acreditado não poderão neles penetrar sem o consentimento do Chefe da Missão. 2. O Estado acreditado tem a obrigação especial de adotar todas as medidas apropriadas para proteger os locais da Missão contra qualquer instrução ou dano e evitar perturbações à tranquilidade da Missão ou ofensas à sua dignidade. 3. Os locais da Missão, seu mobiliário e demais bens neles situados, assim como os meios de transporte da Missão, não poderão ser objeto de busca, requisição, embargo ou medida de execução". Conforme Convenção de Viena de 1963: "Artigo 31 Inviolabilidade dos Locais Consulares 1. Os locais consulares serão invioláveis na medida do previsto no presente artigo. 2. As autoridades do Estado receptor não poderão penetrar na parte dos locais consulares que a repartição consular utilizar exclusivamente para as necessidades de seu trabalho, a não ser com o consentimento do chefe da repartição consular, da pessoa por ele designada ou do Chefe da missão diplomática do Estado que envia. Todavia, o consentimento do chefe da repartição consular poderá ser presumido em caso de incêndio ou outro sinistro que exija medidas de proteção imediata. 3. Sem prejuízo das disposições do parágrafo 2º do presente artigo, o Estado receptor terá a obrigação especial de tomar as medidas apropriadas para proteger os locais consulares contra qualquer invasão ou dano, bem como para impedir que se perturbe a tranquilidade da repartição consular ou se atente contra sua dignidade. 4. Os locais consulares, seus imóveis, os bens da repartição consular e seus meios de transporte não poderão ser objeto de qualquer forma de requisição para fins de defesa nacional ou de utilidade pública. Se, para tais fins, for necessária a desapropriação, tomar-se-ão as medidas apropriadas para que não se perturbe o exercício das funções consulares, e pagar-se-á ao Estado que envia uma indenização rápida, adequada e efetiva". • Essa aparente impossibilidade de execução pode ser solucionada: por meio da renúncia expressa à imunidade pelo Estado ou localizando-se bens desafetados. Há ainda a possibilidade de expedição de carta rogatória. • Em relação à imunidade dos Estados, é importante ser estudada a recente decisão da Corte Internacional de Justiça, de fevereiro de 2012, sobre o tema, assunto que trabalhamos no livro.

Gabarito	Comentários
	• Convenção de Viena sobre o Direito dos Tratados de 1969, em seu art. 26: "Todo tratado em vigor obriga as partes e deve ser cumprido por elas de boa fé". Ademais, em seu art. 27, sobre Direito Interno e Observância de Tratados: "Uma parte não pode invocar as disposições de seu direito interno para justificar o inadimplemento de um tratado". • Um tratado de direitos humanos, de acordo com a jurisprudência do Supremo (RE 466.343 e outros), terá *status* supralegal, podendo, inclusive, ocupar posição mais elevada na nova pirâmide normativa brasileira, i.e., equivalente às emendas constitucionais, conforme regime do § 3º do art. 5º da CF. As convenções sobre direitos das pessoas anteriores à EC 45 de 2004 e posteriores, desde que não aprovadas com os requisitos das emendas, terão valor supralegal. Hoje, no Brasil, a lei ordinária precisa ser compatível com a CF (controle de constitucionalidade) e com as convenções (controle de convencionalidade).

6.9. Questões – Procurador do Trabalho

1 (MPT – X) Assinale alternativa INCORRETA: o agente diplomático gozará da imunidade de jurisdição penal do Estado acreditado. Gozará também da imunidade de jurisdição civil e administrativa, a não ser que se trate de:
a) uma ação sobre imóvel privado situado no território do Estado acreditado, salvo se o agente diplomático o possuir por conta do Estado acreditante para os fins da Missão;
b) uma ação sucessória na qual o agente diplomático figure, a título privado e não em nome do Estado, como executor testamentário, administrador, herdeiro ou legatário;
c) uma ação referente a qualquer profissão liberal ou atividade comercial exercida pelo agente diplomático no Estado acreditado fora de suas funções oficiais;
d) ação de execução de título executivo extrajudicial;
e) em qualquer caso, o Estado acreditante pode renunciar à imunidade de jurisdição dos seus agentes diplomáticos e das pessoas que gozem imunidade nos termos do artigo 37 da Convenção de Viena.
f) não sei.

2 (MPT – XII) Embargos à penhora sobre bem imóvel localizado no Brasil, de propriedade de estrangeiro, responsável, na qualidade de sócio, por dívida trabalhista de empresa multinacional, deverão ser julgados no foro:
( ) a) de eleição;
( ) b) da sede da empresa multinacional;
( ) c) brasileiro onde se processa a execução;
( ) d) da nacionalidade do proprietário.
( ) e) não respondida.

Questão	Gabarito
1	D
2	C

7. ATIVIDADES DO ESTRANGEIRO NO BRASIL

SUMÁRIO: 7.1. Introdução conceitual; 7.2. Proteção internacional e a livre circulação; 7.3. *Standard* do estrangeiro no Brasil; 7.3.1. O estrangeiro e a Constituição de 1988; 7.3.2. Ingresso do estrangeiro e concessão de visto; 7.3.3. Direitos e deveres; 7.3.4. Exercício de atividade remunerada no Brasil; 7.3.4.1. O trabalho desempenhado por estrangeiro em situação irregular; 7.3.5. Nacionalização do trabalho; 7.4. Estrangeiros perseguidos; 7.5. Afastamento compulsório de estrangeiros; 7.6. Questões comentadas – Juiz do Trabalho; 7.7. Questões – Procurador do Trabalho.

A *migração internacional pode ser compreendida como o processo de saída de indivíduos ou grupos de indivíduos de seu Estado de origem para outro, com o fim de fixarem moradia, normalmente motivados pela busca de melhores condições de vida.* Trata-se de fenômeno não recente, mas sim muito antigo.

Hoje, há diferentes classes de pessoas que circulam por diversas jurisdições buscando melhoramento do *in statu quo ante bellum*, mas o objetivo mediato, sempre presente, é a proteção a algum direito humano. São refugiados, asilados, trabalhadores migrantes, migrantes permanentes e transitórios e migrantes regulares que se lançam à sorte, aventuram-se, fugindo de situações que não lhes permitem viver dignamente.

A circulação internacional de pessoas não seguiu a lógica da circulação do capital. Enquanto o mundo presencia a volatilidade dos valores monetários e a inexistência de fronteiras à remessa de riquezas – os malfadados *paraísos fiscais* assim confirmam[210] – as pessoas encontram cada vez mais barreiras para ingressar em outros países, ora motivadas por medidas protecionistas nacionalistas, ora por sentimentos preconceituosos e discriminatórios – a xenofobia campeia as políticas de migração dos governos.

7.1. Introdução conceitual

Há diferentes *espécies* de estrangeiros, a depender da necessidade de proteção, mas é inafastável trazer à baila uma concepção, ainda que simplória, do que venha a ser "estrangeiro" em sentido amplo. Pode ser entendido como aquele que não é nacional, ou, ainda, a pessoa que, nascida em outro Estado, resida em outro país e aí conserve sua nacionalidade primária.

É importante não confundi-lo com apátrida, pois este se refere à pessoa que não tem nacionalidade, é anacional, situação repugnada pela ONU e pelo Direito Internacional[211]. Embora doutrinariamente distinguidos, comum é a proteção pelo

---

210 Muitos países, atualmente, oferecem condições facilitadas para a remessa e recebimento de valores, como forma de obter lucro, o que vai ao encontro dos anseios do capital. Essa situação gerou uma forma de concorrência fiscal internacional desenfreada e abusiva, resultando no surgimento de países com tributação favorecida ou *paraísos fiscais* (*tax havens*). TORRES, Heleno. *Direito Tributário Internacional*: planejamento tributário e operações transnacionais. São Paulo: Revista dos Tribunais, 2001, p. 84.
211 Sobre o tema, indicamos: Convenção de Haia, de 1930; Convenção sobre o Estatuto Jurídico da Pessoa Apátrida, de 1954; e Convenção para a Redução da Apatridia, de 1961.

mesmo estatuto legal, o que ocorre no Brasil que, por meio do Estatuto do Estrangeiro (Lei 6.815 de 1980) e do seu Decreto (Decreto 86.715 de 1981), regula a condição dos estrangeiros e dos apátridas.

Tais normas, comungadas com a Constituição Federal de 1988, corporificam um conjunto de direitos e de deveres, que é conhecido como *condição jurídica do estrangeiro*. A garantia dessa *condição* é um mínimo de proteção que deve ser angariado. Isso confirma a tese atual de que o estrangeiro é *sujeito de direitos* mesmo em outro Estado, não mais podendo ser concebido como objeto, outrora definido pelos romanos. Mas essa evolução protetiva, por mais espantoso que aparente, ainda é lenta em algumas nações, haja vista que a matéria, por enquanto, concentra-se no domínio reservado dos Estados os quais possuem liberdade para a definição de suas políticas de migração.

7.2. Proteção internacional e a livre circulação

O Direito Internacional ainda é falho quanto à proteção internacional aos estrangeiros. Não há um conjunto de normas específicas para sua proteção, sendo utilizadas convenções pertencentes ao **sistema global** (ONU) e aos **sistemas regionais** (europeu, americano e africano).

Do **sistema global,** destacam-se: Declaração Universal dos Direitos Humanos, de 1948; Pacto Internacional de Direitos Civis e Políticos, de 1966; Pacto Internacional de Direitos Econômicos, Sociais e Culturais, de 1966; Convenção contra a Tortura e outros Tratamentos ou Penas Cruéis, Desumanas ou Degradantes, de 1984; Convenção Internacional sobre a Eliminação de todas as Formas de Discriminação Racial, de 1965; Convenção Internacional para a Proteção dos Direitos de todos os Trabalhadores Migrantes e seus Familiares, de 1990; Resolução 40/144, de 1985, da Assembleia-Geral da ONU, que aprova a Declaração sobre os Direitos Humanos dos indivíduos que não são nacionais do país em que vivem; e Resolução 56/170, de 2001, do mesmo órgão da ONU, que define a Proteção aos Migrantes.

Dos **sistemas regionais,** podem ser destacados os seguintes documentos: Carta Europeia para a Proteção dos Direitos Humanos e das Liberdades Fundamentais, de 1950; Convenção Americana de Direitos Humanos, de 1969; e Convenção Africana dos Direitos Humanos e dos Povos, de 1981.

Questão importante e que desperta dissonantes posicionamentos é saber se há um direito à livre circulação internacional de pessoas, ou esse ponto pertence ao campo do exercício da soberania. Não restam dúvidas de que prepondera a última posição, pois ainda é de domínio reservado dos países disciplinar a entrada e saída de pessoas de seus territórios. Contudo, cresce a corrente que defende ser tal circulação um direito, com arrimo até na Declaração Universal e no Pacto de Direitos Civis e Políticos, que preveem o direito ao deslocamento dos seres humanos, mesmo que não em caráter absoluto (há limites, como a preservação da ordem pública). Conforme o Pacto citado:

Art. 12 – Toda a pessoa que se encontre legalmente no território de um Estado terá direito de nele circular e aí residir livremente. Toda a pessoa terá direito de sair livremente de qualquer país, inclusivamente do próprio. Os direitos anteriormente mencionados não poderão ser objeto de restrições, salvo quando estas estejam previstas na lei e sejam necessárias para proteger a segurança nacional, a ordem pública, a saúde ou a moral públicas, bem como os direitos e liberdades de terceiros, que sejam compatíveis com os restantes direitos reconhecidos no presente Pacto. Ninguém pode ser arbitrariamente privado do direito de entrar no seu próprio país.

A Convenção de Havana (sobre a condição jurídica dos estrangeiros), de 1928, embora *relembre* o direito à livre circulação em seu art. 1º, não deixa de, em vários dispositivos, ressaltar a discricionariedade do Estado para regular a matéria. No Brasil, a livre circulação vem disciplinada pela CF (art. 5º, XV: "é livre a locomoção no território nacional em tempo de paz, podendo qualquer pessoa, nos termos da lei, nele entrar, permanecer ou dele sair com seus bens") e pelo Estatuto do Estrangeiro, que reproduz, em seu art. 1º, o preceito constitucional.

7.3. *Standard* do estrangeiro no Brasil

Após a leitura da CF, particularmente, do seu art. 5º, observa-se que, embora o Poder Constituinte orginário tenha demonstrado uma *obsessão* pelo princípio da igualdade – tanto que é referido três vezes só no seu *caput* – ainda assim percebe-se que, na prática, os interesses dos nacionais e até os de ordem econômica são preservados em detrimento dos estrangeiros. Isso se dá porque predomina a tese de que a condição jurídica dos alienígenas é matéria inserta nos temas da soberania, de domínio reservado da República Federativa brasileira.

A despeito da constatação supra, no Brasil, formalmente, o estrangeiro tem o mesmo tratamento do nacional, ou seja, guardada as exceções normativas, aplica-se o princípio da igualdade entre eles. É o que se denomina de *standard* nacional, há muito consagrado no Brasil, conforme redação do próprio *caput* do art. 5º da CF. Difere-se este do *standard* internacional, em que se implementa um conjunto mínimo de direitos conforme o Direito das Gentes. Embora o primeiro seja a opção aplicada internamente há bastante tempo, as normas internacionais e os acordos assinados não podem ser descartados, pois são relevantes para a proteção.

Como outrora informado, as fontes mais importantes para a regulamentação da condição jurídica são o Estatuto do Estrangeiro (Lei 6.815 de 1980), o seu Decreto (86.715 de 1981) e a própria CF[212].

---

212 Atentar para a redação do art. 12, § 1º, da CF, sobre a condição específica dos portugueses: "Aos portugueses com residência permanente no País, se houver reciprocidade em favor de brasileiros, serão atribuídos os direitos inerentes ao brasileiro, salvo os casos previstos nesta Constituição". Veja: Estatuto da Igualdade entre Brasileiros e Portugueses, de 2001. Decreto-Lei 82, de 1971 e Decreto 3.927, de 2001.

7.3.1. O estrangeiro e a Constituição de 1988

Conforme art. 5º, cabeça, da CF de 1988, todos são iguais perante a lei, sem distinção de qualquer natureza, garantindo-se aos brasileiros e aos estrangeiros residentes no Brasil a inviolabilidade do direito à vida, à liberdade, à igualdade, à segurança e à propriedade (*standard* nacional). No entanto, há que se ter uma interpretação sistemática e ampliativa desse dispositivo, pois são, na verdade, destinatários da proteção constitucional: os brasileiros natos e naturalizados, os estrangeiros residentes, os estrangeiros não residentes (ex.: turistas), o apátrida e as pessoas jurídicas (como no caso da propriedade industrial), ou seja, todos que estejam sujeitos à ordem jurídica brasileira. Não se pode nem excluir o próprio Poder Público, que é um *destinatário diferenciado*, não no sentido de proteção, mas sim de obrigação, de dever respeito.

Mesmo intencionando igualar o tratamento entre nacionais e estrangeiros, verificam-se muitas limitações aos que não possuem um vínculo jurídico político permanente com o Estado[213].

A Constituição de 1988 apresenta poucos dispositivos que regulam as atividades do estrangeiro[214], cabendo mais à legislação infraconstitucional, especialmente ao Estatuto do Estrangeiro, disciplinar sobre a situação em solo nacional.

Quanto ao tema extradição, a CF preceitua que: "não será concedida extradição de estrangeiro por crime político ou de opinião" (art. 5º, inc. LII). Em relação ao alistamento eleitoral, não "podem alistar-se como eleitores os estrangeiros e, durante o período do serviço militar obrigatório, os conscritos" (art. 14, § 2º). Relacionado ao exercício de cargos públicos: "os cargos, empregos e funções públicas são acessíveis aos brasileiros que preencham os requisitos estabelecidos em lei, assim como aos estrangeiros, na forma da lei" (art. 37, inc. I). Quanto ao ensino em nível superior: "É facultado às universidades admitir professores, técnicos e cientistas estrangeiros, na forma da lei" (art. 207, § 1º).

É importante lembrar que, com base na Magna Carta, compete privativamente à União legislar sobre emigração e imigração, entrada, extradição e expulsão de estrangeiros (art. 22, inc. XV). E é competência dos juízes federais processar e julgar os crimes de ingresso ou permanência irregular de estrangeiro (art. 109, inc. X).

---

213 Segundo Pontes de Miranda: "nacionalidade é o vínculo jurídico-político de Direito Público interno, que faz da pessoa um dos elementos componentes da dimensão pessoal do Estado." MIRANDA, Pontes de. *Nacionalidade*, p. 53, apud, MORAES, Alexandre de. *Direito constitucional*. São Paulo: Atlas, 1997, p. 176.

214 O Brasil assinou vários documentos e participou de eventos tendentes a regular as atividades do estrangeiro, bem como outros temas atinentes à imigração: Declaração de Assunção, Declaração de Caracas, Declaração de Montevidéu, Declaração de Quito, Declaração de Lima, Compromisso de Montevidéu, Relatório Comissão Global, Relatório do Diálogo de Alto Nível sobre Migrações e Desenvolvimento.

7.3.2. Ingresso do estrangeiro e concessão de visto

Para ingressar em território nacional, a trabalho ou não, é imprescindível a obtenção de visto, uma espécie de cortesia, não um direito. Sua concessão, prorrogação ou transformação ficarão condicionadas aos interesses nacionais, ou seja, conveniência e oportunidade. A posse ou a propriedade de bens no Brasil não confere ao estrangeiro o direito de obter visto, ou autorização de permanência no território nacional. O art. 26 do Estatuto não deixa dúvidas quanto à discricionariedade: "O visto concedido pela autoridade consular configura mera expectativa de direito, podendo a entrada, a estada ou o registro do estrangeiro ser obstado (...)".

Exige-se visto para ingressar no Brasil, mas, em regra, não se exige visto de saída do estrangeiro que pretender se retirar do território nacional. O Ministro da Justiça poderá, a qualquer tempo, estabelecer a exigência de visto de saída, quando razões de segurança interna assim aconselharem.

O visto configura-se como um ato administrativo de atribuição do Ministério das Relações Exteriores que se traduz por autorização consular registrada no passaporte[215] a qual lhes permite entrar e permanecer no país, após satisfazerem as condições previstas na legislação de imigração.

São situações impeditivas para a concessão de visto, conforme art. 7º do Estatuto do Estrangeiro:

> Não se concederá visto ao estrangeiro: I - menor de 18 (dezoito) anos, desacompanhado do responsável legal ou sem a sua autorização expressa; II - considerado nocivo à ordem pública ou aos interesses nacionais; III - anteriormente expulso do País, salvo se a expulsão tiver sido revogada; IV - condenado ou processado em outro país por crime doloso, passível de extradição segundo a lei brasileira; ou V - que não satisfaça às condições de saúde estabelecidas pelo Ministério da Saúde.

Há diferentes modalidades de vistos, quais sejam:

De trânsito	• Poderá ser concedido ao estrangeiro que, para atingir o país de destino, tenha de entrar em território nacional. É válido para uma estada de até 10 dias improrrogáveis e uma só entrada. Não se exigirá visto de trânsito ao estrangeiro em viagem contínua, que só se interrompa para as escalas obrigatórias do meio de transporte utilizado.
De turista	• Poderá ser concedido ao estrangeiro que venha ao Brasil em caráter recreativo ou de visita, assim considerado aquele que não tenha finalidade imigratória, nem intuito de exercício de atividade remunerada. O prazo de validade do visto de turista será de até 5 anos, fixado pelo Ministério das Relações Exteriores, dentro de critérios de reciprocidade, e proporcionará múltiplas entradas no País, com estadas não excedentes a 90 dias, prorrogáveis por igual período, totalizando o máximo de 180 dias por ano.

---

215 Parágrafo único do art. 4º do Estatuto do Estrangeiro: "O visto é individual e sua concessão poderá estender-se a dependentes legais, observado o disposto no artigo 7º."

Temporário	• Poderá ser concedido ao estrangeiro que pretenda vir ao Brasil: em viagem cultural ou em missão de estudos; em viagem de negócios; na condição de artista ou desportista; na condição de estudante; na condição de cientista, professor, técnico ou profissional de outra categoria, sob regime de contrato ou a serviço do governo brasileiro; na condição de correspondente de jornal, revista, rádio, televisão ou agência noticiosa estrangeira; na condição de ministro de confissão religiosa ou membro de instituto de vida consagrada e de congregação ou ordem religiosa.
Permanente	• Poderá ser concedido ao estrangeiro que pretenda se fixar definitivamente no Brasil. Para obter visto permanente, o estrangeiro deverá satisfazer, além dos requisitos referidos no art. 5º do Estatuto, as exigências de caráter especial previstas nas normas de seleção de imigrantes estabelecidas pelo Conselho Nacional de Imigração. A concessão de vistos permanentes ainda pode se dar em *duas categorias*: *imigração dirigida* e *imigração espontânea*. A imigração espontânea é a que se opera por livre iniciativa e a expensas dos migrantes, quer considerados individualmente, quer coletivamente, em conjunto familiar ou grupo de famílias. A imigração dirigida far-se-á por meio de programas previamente estabelecidos, de comum acordo e com a assistência dos Estados-partes com base num acordo bilateral sobre o tema.
De cortesia	• Poderá ser concedido estritamente a personalidades e autoridades do país onde se encontra a repartição consular brasileira, em viagem não oficial ao Brasil, para visitas por prazo não superior a 90 dias.
Oficial	• Poderá ser concedido a autoridades e funcionários estrangeiros e de organismos internacionais que viajem ao Brasil em missão oficial de caráter transitório ou permanente, incluídas, nessa definição, as missões de cunho científico-cultural e a assistência técnica praticada no âmbito de acordos que contemplem expressamente a concessão de visto oficial a técnicos, peritos e cooperantes.
Diplomático	• Poderá ser concedido a autoridades e funcionários estrangeiros e de organismos internacionais que tenham *status* diplomático, que viajem ao Brasil em missão oficial.

O art. 21 da Lei 6.815 estabelece que ao natural de país limítrofe (situação corriqueira em Estados-federados como o Rio Grande do Sul) domiciliado em cidade contígua ao território nacional, respeitados os interesses da segurança nacional, poder-se-á permitir a entrada nos municípios fronteiriços a seu respectivo país, desde que apresente simples documento de identidade.

7.3.3. Direitos e deveres

Quando em território nacional, o estrangeiro gozará de direitos e se submeterá a obrigações nos exatos limites estabelecidos pela CF e pela Lei 6.815. O Código Bustamante (Código de Direito Internacional Privado), art. 1º, expressa que: "Os estrangeiros que pertençam a qualquer dos Estados contratantes gozam, no território dos demais, dos mesmos direitos civis que se concedam aos nacionais".

Em relação aos deveres, é importante destacar os impedimentos, ou seja, as atividades que não podem ser exercidas em solo nacional. O estrangeiro *não pode*: ser proprietário, armador ou comandante de navio nacional, inclusive nos serviços de navegação fluvial e lacustre; ser proprietário de empresa jornalística de qualquer espécie, e de empresas de televisão e de radiodifusão, sócio ou acionista de sociedade proprietária dessas empresas; ser responsável, orientador intelectual ou administrativo das empresas antes mencionadas; obter concessão ou autorização para a pesquisa, prospecção, exploração e aproveitamento das jazidas, minas e demais recursos minerais e dos potenciais de energia hidráulica; ser proprietário ou explorador de aeronave brasileira, ressalvado o disposto na legislação específica; ser corretor de navios, de fundos públicos, leiloeiro e despachante aduaneiro; participar da administração ou representação de sindicato ou associação profissional, bem como de entidade fiscalizadora do exercício de profissão regulamentada; ser prático de barras, portos, rios, lagos e canais; possuir, manter ou operar, mesmo como amador, aparelho de radiodifusão, de radiotelegrafia e similar, salvo reciprocidade de tratamento; prestar assistência religiosa às forças armadas e auxiliares, e também aos estabelecimentos de internação coletiva; e não pode exercer atividade de natureza política, nem se imiscuir, direta ou indiretamente, nos negócios públicos do Brasil.

No entanto, é lícito aos estrangeiros associarem-se para fins culturais, religiosos, recreativos, beneficentes ou de assistência, filiarem-se a clubes sociais e desportivos, e a quaisquer outras entidades com iguais fins, bem como participarem de reunião comemorativa de datas nacionais ou acontecimentos de significação patriótica.

7.3.4. Exercício de atividade remunerada no Brasil

Para que um estrangeiro possa trabalhar no Brasil deve estar munido da devida autorização de trabalho, a qual trata-se de ato administrativo de atribuição do Ministério do Trabalho, exigido pelas autoridades consulares brasileiras, para efeito *de concessão de vistos permanentes e/ou temporários*[216].

Algumas atividades, além das já conhecidas disposições constitucionais[217], devem ser exercidas somente por brasileiros. A Lei 7.183, de 1984, atribui privativamente aos brasileiros a profissão de aeronauta, ressalvando os casos previstos no Código Brasileiro de Aeronáutica (7.565 de 1986), que são: o exercício de função não remunerada a bordo de aeronave de serviço aéreo privado; comissários no

---

216 É importante a leitura da Resolução Normativa 64, de 2005, do Conselho Nacional de Imigração, sobre *os critérios para autorização de trabalho a estrangeiros a serem admitidos no Brasil sob visto temporário, previsto no art. 13, inciso V, da Lei nº 6.815, de 19 de agosto de 1980, com vínculo empregatício.*
217 Art. 12, § 3º, da CF: "São privativos de brasileiro nato os cargos: I - de Presidente e Vice--Presidente da República; II - de Presidente da Câmara dos Deputados; III - de Presidente do Senado Federal; IV - de Ministro do Supremo Tribunal Federal; V - da carreira diplomática; VI - de oficial das Forças Armadas; VII - de Ministro de Estado da Defesa."

serviço aéreo internacional em número que não exceda 1/3 dos que estiverem a bordo, a menos que haja acordo bilateral de reciprocidade; em caráter provisório, por no máximo seis meses, instrutores, quando não houver tripulantes brasileiros qualificados.

Outras atividades até podem ser desempenhadas por não nacionais, mas há uma nítida disparidade quanto ao tratamento. Em relação aos professores, a distinção se encontra nos §§ 1º e 2º do art. 317 da CLT. Enquanto para os nacionais se exige, almejando o registro no Ministério da Educação, "atestado, firmado por pessoa idônea, de que não responde a processo nem sofreu condenação por crime de natureza infamante", aos estrangeiros é exigida a apresentação de atestado de bons antecedentes emitido pela autoridade policial. Quanto à profissão de químico, ela só é permitida aos estrangeiros de acordo com o art. 325 da CLT, quando o diploma for obtido em escola nacional ou, caso contrário, atendo-se à reciprocidade para reconhecimento dos diplomas obtidos no exterior, restrição que não se aplica aos nacionais. O número de químicos estrangeiros não poderá ser superior a 1/3 do quadro.

O exercício de atividade remunerada recebe tratamento do Estatuto do Estrangeiro. O seu art. 97 dispõe que a "atividade remunerada e a matrícula em estabelecimento de ensino são permitidos ao estrangeiro com as restrições estabelecidas nesta Lei e no seu Regulamento". Há uma estreita conectividade entre as modalidades de vistos e o trabalho a ser exercido em território nacional, nesse sentido:

> Art. 98 – **Ao estrangeiro que se encontra no Brasil ao amparo de visto de turista, de trânsito ou temporário de que trata o artigo 13, item IV, bem como aos dependentes de titulares de quaisquer vistos temporários é vedado o exercício de atividade remunerada. Ao titular de visto temporário de que trata o artigo 13, item VI, é vedado o exercício de atividade remunerada por fonte brasileira**. Art. 99 – **Ao estrangeiro titular de visto temporário e ao que se encontre no Brasil na condição do artigo 21, § 1º, é vedado estabelecer-se com firma individual, ou exercer cargo ou função** de administrador, gerente ou diretor de sociedade comercial ou civil, bem como inscrever-se em entidade fiscalizadora do exercício de profissão regulamentada. Art. 100 – **O estrangeiro admitido na condição de temporário, sob regime de contrato, só poderá exercer atividade junto à entidade pela qual foi contratado**, na oportunidade da concessão do visto, salvo autorização expressa do Ministério da Justiça, ouvido o Ministério do Trabalho. Art. 101 – **O estrangeiro admitido na forma do artigo 18, ou do artigo 37, § 2º, para o desempenho de atividade profissional certa, e a fixação em região determinada, não poderá, dentro do prazo que lhe for fixado na oportunidade da concessão ou da transformação do visto, mudar de domicílio nem de atividade profissional, ou exercê-la fora daquela região**, salvo em caso excepcional, mediante autorização prévia do Ministério da Justiça, ouvido o Ministério do Trabalho, quando necessário. (...) Art. 104 – **O portador de visto de cortesia, oficial ou diplomático só poderá exercer atividade remunerada em favor do Estado estrangeiro, organização ou agência internacional** de caráter intergovernamental a cujo serviço se encontre no País, ou do Governo ou de entidade brasileiros, mediante instrumento internacional firmado com outro Governo que encerre cláusula

específica sobre o assunto. § 1º **O serviçal com visto de cortesia só poderá exercer atividade remunerada a serviço particular de titular de visto de cortesia, oficial ou diplomático.** (...) Art. 105 – **Ao estrangeiro que tenha entrado no Brasil na condição de turista ou em trânsito é proibido o engajamento como tripulante em porto brasileiro**, salvo em navio de bandeira de seu país, por viagem não redonda, a requerimento do transportador ou do seu agente, mediante autorização do Ministério da Justiça. (grifo nosso)

7.3.4.1. O trabalho desempenhado por estrangeiro em situação irregular

Situação que pode comportar dúvidas é acerca da posição, sob a perspectiva dos direitos sociais, dos estrangeiros irregulares no Brasil, i.e., que são empregados, exercem atividade laboral, mas que não possuem autorização de trabalho e visto. Aqui há relação laboral, subordinação e todos os elementos da relação de emprego, contudo, a condição como estrangeiro afronta o Estatuto do Estrangeiro, pois ao indivíduo não lhe foi outorgado o visto.

Resta saber se a autorização discricionária para ingressar e permanecer no Brasil é condição para o reconhecimento dos direitos dos arts. 6º e 7º da CF. A relação de emprego e os direitos sociais atinentes apenas podem ser reconhecidos após a concessão de autorização, mesmo com atividades desempenhadas antes deste marco? Com amparo na jurisprudência, *parece que o visto não é condição para o reconhecimento da relação de empregado*, se esta começou antes daquele.

O TST, há pouco tempo, confirmou esse entendimento:

> RECURSO DE REVISTA - CARÊNCIA DE AÇÃO - VÍNCULO EMPREGATÍCIO - ESTRANGEIRO EM SITUAÇÃO IRREGULAR. A Constituição Federal adota como fundamentos da República o valor social do trabalho e a dignidade da pessoa humana (art. 1º, III e IV), os quais demandam, para a sua concretização, a observância do direito fundamental à igualdade (art. 5º, *caput*). Tal direito, por sua vez, deve ser estendido a todos os brasileiros e estrangeiros residentes no País, sem distinção de qualquer natureza, salvo as limitações expressas na própria Carta Magna. **A garantia de inviolabilidade do referido direito independe, portanto, da situação migratória do estrangeiro. Dessarte, à luz dos princípios da igualdade e da dignidade da pessoa humana, e em respeito ao valor social do trabalho, a autora faz jus aos direitos sociais previstos no art. 7º da Constituição da República, que encontram no direito ao trabalho sua fonte de existência, e, por consequência, ao reconhecimento do vínculo de emprego**[218]. (grifo nosso)

---

[218] RR - 49800-44.2003.5.04.0005, Rel. Min. Luiz Philippe Vieira de Mello Filho, 1ª T - TST, P. 12/11/2010. No mesmo sentido: "RECURSO DE REVISTA. VÍNCULO DE EMPREGO. CARACTERIZAÇÃO. PERÍODO DE 13.01.1998 A 17.02.2000. ESTRANGEIRO SEM VISTO DE PERMANÊNCIA. O valor social do trabalho foi erigido à condição de fundamento da República, constitucionalmente responsável por assegurar a todos existência digna (CF, art. 170, *caput*), a qual demanda, para a sua concretização, a realização do direito fundamental à igualdade (CF, art. 5º, *caput*). Tal direito, por sua vez, estende-se a todos os brasileiros e estrangeiros residentes no País, sem distinção de qualquer natureza -, ressalvadas as restrições previstas na própria Carta Magna. A garantia de inviolabilidade do aludido direito independe, portanto, da situação migratória do es-

Não há que se falar em impossibilidade jurídica do pedido de reconhecimento de vínculo empregatício antes da autorização para aqui trabalhar. A garantia aos direitos sociais independe da situação migratória[219], pois a regra é que os estrangeiros residentes no Brasil gozem dos mesmos direitos e tenham os mesmos deveres dos nacionais, sem distinção de qualquer natureza, salvo as limitações expressas na própria Constituição.

De acordo com o TST, devem ser levados em conta o *princípio da dignidade da pessoa humana* (art. 1°, III, da CF), o *valor social do trabalho* (art. 1°, IV, da CF) e o *direito fundamental da igualdade* (*caput* do art. 5° da CF). Dessa feita, o estrangeiro, ainda que irregular, faz jus aos direitos sociais previstos na Constituição da República.

7.3.5. Nacionalização do trabalho

Do art. 352 ao 371 da CLT constam as disposições sobre a *nacionalização do trabalho*[220], com objetivos de proteger o trabalhador brasileiro e, em contrapartida, restringir a atividade remunerada pelo estrangeiro. É relevante indicar que parcela da doutrina trabalhista entende que os artigos referidos não foram recepcionados pela CF[221] por violarem o princípio da igualdade, sobretudo o *caput* do art. 5° da CF.

De qualquer maneira, conforme a CLT, consta que as empresas, individuais ou coletivas, "que explorem serviços públicos dados em concessão, ou que exerçam atividades industriais ou comerciais, são obrigadas a manter, no quadro do seu

---

trangeiro. A regra, pois, é, na lição de José Afonso da Silva, que estes estrangeiros residentes no País gozem dos mesmos direitos e tenham os mesmos deveres dos brasileiros, sendo certo que o referido art. 5° não limita, de outro lado, o gozo dos direitos sociais apenas aos brasileiros, tanto que prevê, no art. 7° da Lei Fundamental, os direitos dos trabalhadores, que são extensivos a todos, *urbanos e rurais*, sem restrições (SILVA, José Afonso da. *Curso de Direito Constitucional Positivo*, 32. ed., Ed. Malheiros, São Paulo, 2009, p. 335 e 339). Por força, pois, dos princípios da igualdade e da dignidade da pessoa humana, faz jus o autor aos direitos sociais (CF, art. 7°) - que encontram no direito ao trabalho sua fonte de existência - e, consequentemente, ao reconhecimento da relação de emprego, pois configurados os elementos fático-jurídicos indispensáveis à sua caracterização. Respalda a tese adotada a promulgação, pelo Decreto n° 6.964/2009 (DOU de 08.10.2009), do *Acordo sobre Residência para Nacionais dos Estados Partes do Mercado Comum do Sul - MERCOSUL*, que conferiu aos cidadãos dos Estados Partes do Bloco igualdade na aplicação da legislação trabalhista, independentemente da regularidade da situação migratória. Precedente da 6ª Turma. Revista conhecida e não provida." (RR-29300-72.2005.5.08.0005, Rel. Min. Rosa Maria Weber, 3ª T - TST, P. 11/06/2010)

219 VALVERDE, Antonio Martín; GUTIÉRREZ, Fremin Rodríguez-Sañudo; MURCIA, Joaquín García. *Derecho del Trabajo*. 18. ed. Madrid: Tecnos, 2009, p. 468.
220 Pesquisar: ALMEIDA, Amador Paes de. *CLT Comentada*. 6. ed. São Paulo: Saraiva, 2009; e ALMEIDA, Amador Paes de. *Curso Prático de Processo do Trabalho*. 22. ed. São Paulo: Saraiva, 2012.
221 Conforme entendimentos dos seguintes professores: MARTINS, Sérgio Pinto. *Direito do Trabalho*. 21. ed. São Paulo: Atlas, 2005, p. 631; e BARROS, Alice Monteiro de. *Curso de direito do trabalho*. 5. ed. São Paulo: LTr, 2009, p. 844.

pessoal, quando composto de 3 (três) ou mais empregados, uma proporção de brasileiros não inferior" (art. 352)[222] ao que estabelece a Consolidação.

A proporcionalidade será de 2/3 de empregados brasileiros, podendo, entretanto, ser fixada proporcionalidade inferior, em atenção às circunstâncias especiais de cada atividade. Neste último caso, deve ser emitido ato pelo Poder Executivo. A proporcionalidade aqui referida é obrigatória não só em relação à totalidade do quadro de empregados, mas também em relação à correspondente folha de salários (art. 354). Contudo, é importante frisar que a CLT preceitua que não se compreendem, na proporcionalidade, os empregados que exerçam funções técnicas especializadas, se verificada a falta de trabalhadores nacionais (art. 357).

O art. 358 apresenta norma eminentemente nacionalista, pois nenhuma empresa, ainda que não sujeita à proporcionalidade, poderá pagar a brasileiro que exerça função análoga à que é exercida por estrangeiro salário inferior ao deste. Essa normativa comporta exceções, que são os seguintes casos: a) quando, nos estabelecimentos que não tenham quadros de empregados organizados em carreira, o brasileiro contar menos de 2 (dois) anos de serviço, e o estrangeiro mais de 2 (dois) anos; b) quando, mediante aprovação do Ministério do Trabalho, houver quadro organizado em carreira em que seja garantido o acesso por antiguidade; c) quando o brasileiro for aprendiz, ajudante ou servente, e não o for o estrangeiro; e d) quando a remuneração resultar de maior produção, para os que trabalham à comissão ou por tarefa.

E ainda, como mais alguns importantes exemplos de restrição à atividade remunerada de estrangeiro no Brasil, tratados no item anterior, o art. 368 da CLT expressa que o "comando de navio mercante nacional só poderá ser exercido por brasileiro nato".

---

222 Conforme §§ 1º e 2º do art. 352 da CLT: "Sob a denominação geral de atividades industriais e comerciais compreendem-se, além de outras que venham a ser determinadas em portaria do Ministro do Trabalho, as exercidas: a) nos estabelecimentos industriais em geral; b) nos serviços de comunicações, de transportes terrestres, marítimos, fluviais, lacustres e aéreos; c) nas garagens, oficinas de reparos e postos de abastecimento de automóveis e nas cocheiras; d) na indústria da pesca; e) nos estabelecimentos comerciais em geral; f) nos escritórios comerciais em geral; g) nos estabelecimentos bancários, ou de economia coletiva, nas empresas de seguros e nas de capitalização; h) nos estabelecimentos jornalísticos, de publicidade e de radiodifusão; i) nos estabelecimentos de ensino remunerado, excluídos os que neles trabalhem por força de voto religioso; j) nas drogarias e farmácias; k) nos salões de barbeiro ou cabeleireiro e de beleza; l) nos estabelecimentos de diversões públicas, excluídos os elencos teatrais, e nos clubes esportivos; m) nos hotéis, restaurantes, bares e estabelecimentos congêneres; n) nos estabelecimentos hospitalares e fisioterápicos cujos serviços sejam remunerados, excluídos os que neles trabalhem por força de voto religioso; o) nas empresas de mineração; p) nas autarquias, empresas públicas, sociedades de economia mista e demais órgãos da Administração Pública, direta ou indireta, por empregados sujeitos ao regime da CLT. § 2º - Não se acham sujeitas às obrigações da proporcionalidade as indústrias rurais, as que, em zona agrícola, se destinem ao beneficiamento ou transformação de produtos da região e as atividades industriais de natureza extrativa, salvo a mineração."

Além disso, salvo quanto aos navios nacionais de pesca, sujeitos à legislação específica, a tripulação de navio ou embarcação nacional será constituída, pelo menos, de 2/3 de brasileiros natos (art. 369).

7.4. Estrangeiros perseguidos

Uma das motivações que vem se apresentando como constante e fomentadora do deslocamento forçado de pessoas são as perseguições em sentido *lato*. Os conflitos internos, as perseguições políticas, as perseguições por outras razões como nacionalidade, religião e etnia são causas que se apresentam verdadeiras desde a *polis* grega, mostrando-se clara nas varreduras étnicas implementadas por tiranos desde a Segunda Guerra. O regime nazista e as políticas *sociais* dos comunistas são exemplos de modelos de gestão que motivaram e motivam perseguições e o consequente deslocamento de pessoas, famílias e até grupos maiores.

Frente a isso emergem alguns institutos humanitários que almejam proteger as pessoas vítimas de perseguições. Merecem destaque o **asilo** e o **refúgio**, *instrumentos humanitários* com objetivos afins e pontos semelhantes, mas que não podem ser, tecnicamente, encarados como sinônimos.

Tanto o **asilo** quanto o **refúgio** *têm a intenção de proteger a pessoa em razão de perseguição*, sendo que, quando concedidos, não podem ser interpretados pelos outros Estados como atos inamistosos. Como se percebe, e abaixo se demonstrará, são institutos que se complementam.

Para melhor compreensão, adotou-se sistemática comparativa para o estudo dos dois.

Em relação à situação no Direito brasileiro e no Direito Internacional:

	ASILO	REFÚGIO
Previsão interna	• É princípio que rege o Brasil nas relações internacionais (art. 4, inc. X, da CF). • Estatuto dos Estrangeiros: Lei 6.815 de 1980.	• Sem previsão constitucional. • Estatuto dos Refugiados: Lei 9.474 de 1997.
Previsão em tratados	• Convenções sobre asilo: de Havana, de 1928; de Montevidéu, de 1933; de Caracas, de 1954; e de Montevidéu, de 1889 e 1939. • Veja art. 14 da Declaração Universal. • Convenção Americana de Direitos Humanos, da OEA, art. 22.	• Direito Internacional dos Refugiados. Convenção Relativa ao Estatuto dos Refugiados de 1951. Esta possuía uma limitação temporal e geográfica, pois a condição de refugiado se restringia aos acontecimentos ocorridos antes de 1º de janeiro de 1951 no continente europeu. O Protocolo sobre Estatuto dos Refugiados de 1967 suprimiu tal limitação. • Embora não esteja expressamente mencionado na Convenção Americana, o art. 22, item 8, pode ser aplicado.

Quanto às principais características e à natureza do ato:

	ASILO	REFÚGIO
Principais características	• É um instrumento político, não sujeito ao princípio da reciprocidade. Instituto de caráter latino-americano. • Tem caráter tutelar, pois visa dispensar proteção ao perseguido.	• É um instrumento apolítico, essencialmente humanitário, também não sujeito ao princípio da reciprocidade. É, ainda, de caráter convencional, internacional e universal. • Tem caráter tutelar, pois visa dispensar proteção ao perseguido.
Natureza do ato de concessão	• Ato unilateral de natureza constitutiva e trâmite mais célere.	• Ato unilateral de natureza declaratória, com procedimento administrativo mais moroso, gratuito e de caráter urgente.
Discricionariedade do Estado ou um direito?	• Entendimento majoritário: é forma discricionária de admissão do estrangeiro (soberania). STF: ato de soberania estatal, privativo do Presidente da República (Ext. 524/93 e QO 783, 784 e 785, Informativo 241 do STF). • Entendimento minoritário: é direito. No caso do Brasil, há expressa previsão de concessão de asilo sem restrições (art. 4º, X, CF).	• Entendimento ainda majoritário: é ato discricionário. • Entendimento minoritário: é vinculado, é um direito.

Os motivos que levam à concessão do **asilo** e do **refúgio** é o ponto que melhor permite constatação de suas distinções:

	ASILO	REFÚGIO
Motivos para concessão; que tipo de perseguição?	• A perseguição deve ser efetiva e ficar demonstrada, não basta fundado temor. Trata-se de perseguição individualizada de natureza política. O asilo é concedido em razão da prática de crimes políticos e ideológicos (ex.: crimes contra a segurança do Estado). OBS.: terrorismo não é crime político.	• A perseguição tem o aspecto generalizado, havendo necessidade de proteção a um número elevado de pessoas. Basta haver fundado temor de perseguição. • Estatuto dos Refugiados: "Art. 1º Será reconhecido como refugiado todo indivíduo que: I - devido a fundados temores de perseguição por motivos de raça, religião, nacionalidade, grupo social ou opiniões políticas encontre-se fora de seu país de nacionalidade e não possa ou não queira acolher-se à proteção de tal país; II - não tendo nacionalidade e estando fora do país onde antes teve sua residência habitual, não possa ou não queira regressar a ele, em função das circunstâncias descritas no inciso anterior; III - devido a grave e generalizada violação de direitos humanos, é obrigado a deixar seu país de nacionalidade para buscar refúgio em outro país".

Há pessoas excluídas, i.e., que não podem ser beneficiadas pelos institutos em estudo:

	Asilo	Refúgio
Excluídos	• Não recebe asilo aquele que é perseguido pela prática de crimes comuns ou atos atentatórios aos interesses e princípios das Nações Unidas. • Os brasileiros natos ou naturalizados não podem receber asilo político do Brasil.	• Estatuto dos Refugiados: "Art. 3º Não se beneficiarão da condição de refugiado os indivíduos que: I - já desfrutem de proteção ou assistência por parte de organismo ou instituição das Nações Unidas que não o Alto Comissariado das Nações Unidas para os Refugiados – ACNUR; II - sejam residentes no território nacional e tenham direitos e obrigações relacionados com a condição de nacional brasileiro; III - tenham cometido crime contra a paz, crime de guerra, crime contra a humanidade, crime hediondo, participado de atos terroristas ou tráfico de drogas; IV - sejam considerados culpados de atos contrários aos fins e princípios das Nações Unidas". • Consultar o MS 12510, de 2007, do STF: não é possível conceder refúgio a indivíduo que resida no Brasil ou que possua a condição de nacional.

O alcance e os direitos e deveres dos **asilados** e dos **refugiados** devem ser analisados:

	Asilo	Refúgio
Quem ingressa irregularmente pode ser asilado ou refugiado?	• Sim. O fato de o ingresso de uma pessoa em um Estado se ter efetuado clandestina ou irregularmente não impede a concessão do asilo.	• Sim. O fato de o ingresso de uma pessoa na jurisdição territorial se ter efetuado clandestina ou irregularmente não impede a concessão do refúgio.
Estende-se a terceiros ou é concedido somente ao requerente?	• Em regra, é individualizado, mas se houver pedido para concessão a outros (como familiares que acompanham o perseguido), nada impede que seja concedido também aos demais.	• Estatuto dos Refugiados: "Art. 2º Os efeitos da condição dos refugiados serão extensivos ao cônjuge, aos ascendentes e descendentes, assim como aos demais membros do grupo familiar que do refugiado dependerem economicamente, desde que se encontrem em território nacional".
Direitos e deveres dos asilados e dos refugiados	• O estrangeiro admitido no território nacional na condição de asilado político ficará sujeito a cumprir as disposições da legislação vigente e as que o governo brasileiro lhe fixar. • Pode ser concedido passaporte a asilado.	• O refugiado gozará de direitos e estará sujeito aos deveres dos estrangeiros no Brasil. O refugiado terá direito a cédula de identidade comprobatória de sua condição jurídica, carteira de trabalho e documento de viagem. • Pode ser concedido passaporte.

É importante serem frisados a classificação dos mecanismos e o princípio da não-devolução:

	ASILO	REFÚGIO
Classificação	• Pode ser classificado em: 1 - *diplomático, externo, provisório ou internacional* (muito comum na América Latina): proteção conferida ao estrangeiro nas embaixadas, nos navios ou acampamentos militares, nas aeronaves governamentais. Entende-se que não pode ser concedido em repartições consulares. • Documento de *salvo-conduto*: quando o asilado recebe o asilo diplomático pode obter salvo-conduto, que é um pedido às autoridades locais, pelo embaixador que concede o asilo, para que o perseguido se desloque da missão diplomática até o território do país concedente. • 2 - *territorial, político ou extranacional*: quando o estrangeiro entra e permanece no território do país concedente. OBS.: a concessão de asilo diplomático não importa automática concessão do político.	• Não há uma classificação doutrinariamente conhecida. • Em razão do princípio da não-devolução (o Estado não pode reenviar ou devolver o perseguido ao Estado perseguidor), podemos, então, falar em *refúgio provisório*, ou seja, até que se analise o pedido principal, os interessados ficam no país onde requereram a proteção. Após a concessão da qualidade de refugiado, tem-se o *refúgio permanente*.
Princípio da não-devolução (*non-refoulement*)	• Ele protege o perseguido, não permitindo a devolução de estrangeiros ao Estado perseguidor. Nenhum Estado é obrigado a entregar a outro ou a expulsar de seu território pessoas perseguidas.	• Ele protege o refugiado, não permitindo sua devolução ao Estado perseguidor. Nenhum Estado é obrigado a entregar ou a expulsar de seu território pessoas perseguidas.

Os procedimentos para a concessão do **asilo** e do **refúgio** são diferentes, tendo características próprias e envolvendo órgãos diversos:

	ASILO	REFÚGIO
Procedimento para concessão	• O pedido de asilo diplomático é solicitado diretamente nas embaixadas e concedido pelo Chefe da missão. Já o político, é concedido pelo Presidente da República. Após a concessão, o Ministério da Justiça (MJ) lavrará termo fixando o prazo de estada. Dentro de 30 dias, a partir do deferimento, o asilado deverá registrar-se no Departamento da Polícia Federal (DPF), sendo submetido à identificação datiloscópica.	• O refúgio pode ser solicitado a qualquer autoridade migratória. Após o pedido, a autoridade a quem for apresentada a solicitação deverá ouvir o interessado e preparar termo de declaração, que conterá todas as circunstâncias e razões do interessado. Recebida a solicitação de refúgio, o DPF emitirá protocolo em favor do solicitante e de seu grupo familiar que se encontre no território nacional, e autorizará a estada até a decisão final. O pedido é encaminhado ao Comitê Nacional para os Refugiados (CONARE), primeira instância para declarar a condição. O CONARE reunir-se-á com *quorum* de quatro membros com direito a voto, deliberando por maioria simples. O Alto Comissariado das Nações Unidas para Refugiados (ACNUR) será notificado sobre a existência do processo e poderá oferecer sugestões. • Após as diligências, relatórios, declarações e sugestões apresentadas, o CONARE, de forma fundamentada, irá ou não declarar a condição de refugiado. Se indeferida, cabe recurso ao Ministro da Justiça, no prazo de 15 dias, contados do recebimento da notificação. Em caso de recusa definitiva, pode ser expulso, só que não para o país de sua nacionalidade ou de residência habitual (princípio da não-devolução).

Em razão do recente caso Cesare Battisti, decidido pelo STF na Extradição 1085, os efeitos dos institutos para o pedido de extradição são relevantes:

	ASILO	REFÚGIO
Dos efeitos quanto à extradição	• Em princípio, o asilo não é causa de inextraditabilidade. • Conforme Extradição 524, de 1991, do STF: "Não há incompatibilidade absoluta entre o instituto do asilo político e o da extradição passiva, na exata medida em que o Supremo Tribunal Federal não está vinculado ao juízo formulado pelo poder executivo na concessão administrativa daquele benefício regido pelo direito das gentes. (...)".	• O reconhecimento administrativo da condição de refugiado é elisiva da extradição. • Estatuto dos Refugiados: "Art. 33. O reconhecimento da condição de refugiado obstará o seguimento de qualquer pedido de extradição baseado nos fatos que fundamentaram a concessão de refúgio. Art. 34. A solicitação de refúgio suspenderá, até decisão definitiva, qualquer processo de extradição pendente, em fase administrativa ou judicial, baseado nos fatos que fundamentaram a concessão de refúgio. Art. 35. Para efeito do cumprimento do disposto nos arts. 33 e 34 desta Lei, a solicitação de reconhecimento como refugiado será comunicada ao órgão onde tramitar o processo de extradição". Veja Ext. 1170, de 2010, do STF.

7.5. Afastamento compulsório de estrangeiros

Os principais mecanismos para afastamento compulsório de estrangeiros são a **expulsão**, a **deportação** e a **extradição**. Não se admite o afastamento de nacionais, o que se conhece como banimento (art. 5º, XLVII, da CF).

Além do banimento, há outros institutos que não são aceitos pelo Direito Internacional, como o desterro, consistente no confinamento de nacional em determinado lugar do próprio país. O último caso registrado no Brasil foi do ex-presidente Jânio Quadros, desterrado em 1968, no Estado de Mato Grosso do Sul.

A **expulsão** consiste em ato pelo qual o estrangeiro, *com entrada ou permanência regular* no Brasil, é obrigado a abandoná-lo. Ocorre quando ele atenta contra a segurança nacional, a ordem pública ou social, a tranquilidade ou a moralidade pública e a economia popular. No momento em que procede de forma nociva à convivência e aos interesses nacionais pode ser expulso; trata-se de uma *medida administrativa e não uma pena, de caráter discricionário, atribuída ao Presidente da República*, que se manifesta mediante Decreto.

Não poderá haver expulsão, segundo o art. 75 da Lei nº 6.815 de 1980, se o ato implicar em extradição inadmitida pela lei brasileira (caso de crime político), ou quando a pessoa tiver cônjuge brasileiro ou filho (a) brasileiro (a) que dependa de sua economia (Súmula 01 do STF).

Consumada a expulsão, o indivíduo não poderá retornar ao Brasil, salvo se o ato administrativo for revogado. Eventual ingresso fora dessa situação excepcional poderá tipificar crime do art. 338 do Código Penal: "Reingressar no território nacional o estrangeiro que dele foi expulso: Pena – reclusão de um a quatro anos, sem prejuízo de nova expulsão após o cumprimento da pena".

O afastamento compulsório pela **deportação** se dá em razão da entrada ou permanência de estrangeiro *irregular* no Brasil, quando incorre nos casos do art. 57 do Estatuto do Estrangeiro (ex.: aquele que, com visto de trânsito ou de turista, ou temporário como estudante, exercer atividade remunerada). A deportação é antecedida de notificação para que se abandone o país no prazo estabelecido pela legislação. Comumente, o estrangeiro tem o prazo de 8 dias para sair. Nessa linha, cabe citar a chamada *deportação de fato*, que ocorre na fronteira, quando alguém tenta ingressar no território nacional irregularmente e é imediatamente repelido.

Enquanto a expulsão decorre de ato discricionário do Presidente da República, *a deportação é de iniciativa da Polícia Federal*, devendo ser lavrado o termo respectivo. Eventual *habeas corpus* contra o ato de deportação deverá ser impetrado perante a Justiça Federal de primeiro grau. Diferentemente da expulsão, na deportação *é permitido o reingresso*, condicionado ao pagamento de despesas e multas decorrentes de sua deportação e desde que preencha os requisitos para sua entrada regular.

Já a **extradição** consiste em medida de cooperação penal internacional de terceiro nível, ou seja, é o mais drástico, pois afeta a livre locomoção da pessoa. É medida bilateral que envolve Estados e tem por fim combater o crime. Por ser bilateral, não é possível extradição de ofício ou automática, sem solicitação.

Consiste em ato pelo qual um Estado autoriza a liberação de um indivíduo que praticou um crime para ser *julgado (extradição instrutória)* ou para *cumprir pena (extradição executória)* em outro país. A extradição não é admitida para processos de natureza puramente administrativa, civil ou fiscal. Ela pode ser, ainda, classificada em ativa (em relação ao Estado que solicita) ou em passiva (em relação ao Estado solicitado).

Quais os requisitos para a extradição? 1) *especialidade*: a extradição deve se dar para uma finalidade específica, ou seja, para julgamento ou cumprimento de pena em decorrência da prática de um delito; 2) *identidade* ou *dupla incriminação*: a conduta ilícita praticada pelo extraditando (ou concernido) deve ser considerada crime nos dois países envolvidos; e 3) *depende da existência de tratado* entre o país solicitante e o solicitado, ou, na falta, de *promessa de reciprocidade*.

Quais os limites da extradição (impossibilidade)? 1) nos *delitos militares* (deserção, insubordinação, abandono de posto) e nos *delitos de opinião ou políticos* não é possível a medida; 2) a extradição é *medida grave*, por isso, somente deve ser entregue um indivíduo por causa da prática de crime grave; e 3) caso o Estado solicitante não se comprometa a comutar em *pena máxima privativa de liberdade de 30 anos*, o Brasil não concede extradição quando o concernido puder ser punido com pena de morte ou com prisão perpétua no país requerente.

Nessa conjuntura, é importante serem lidos os incisos LI e LII do art. 5º da CF. Em regra, brasileiro não pode ser extraditado. Não há exceção quanto ao nato. Já o brasileiro naturalizado poderá ser extraditado em duas hipóteses: *quando tiver praticado crime comum antes da naturalização ou se estiver envolvido em tráfico ilícito de entorpecentes e drogas afins*. Não pode haver extradição pela prática de crime político ou de opinião, o que será definido pelo STF durante o julgamento do pedido extradicional.

O procedimento da extradição passiva comporta três fases: 1ª) *administrativa* (Poder Executivo recebe o pedido pela via diplomática); 2ª) *judiciária* (STF examina a legalidade, conforme art. 102, I, g, da CF); 3ª) *administrativa* (entrega o indivíduo ou comunica a recusa). O sistema brasileiro é o judicial.

O Ministro Relator do STF, ao receber o processo, decreta a prisão do concernido (condição de procedibilidade). O julgamento é em plenário, a decisão, que analisa apenas requisitos formais, sem análise meritória, é definitiva, sem possibilidade de recurso.

Quando do trâmite do processo no Supremo, a defesa do extraditando somente pode versar sobre *a identidade da pessoa, defeito de forma dos documentos ou ilegalidade da extradição*. Na verdade, trata-se de processo sem dilação probatória, pois o Estado solicitante deve juntar toda a documentação necessária. Ademais, vigora a *contenciosidade limitada*, tanto que o STF não pode analisar mérito[223].

Há a possibilidade de *rejeição sumária*, a qual ocorre quando o pedido de extradição se fundamentar apenas na promessa de reciprocidade de tratamento. Já na primeira fase do processo de extradição passiva (fase administrativa), o Executivo pode efetuar a rejeição do pedido extradicional, sem encaminhar ao Supremo.

As três formas de afastamento compulsório não podem ser confundidas:

INSTITUTO:	ALGUMAS CARACTERÍSTICAS:
Expulsão	• Estrangeiro com entrada ou permanência regular. • Medida administrativa e não uma pena, de caráter discricionário. • Em regra, após a expulsão, não pode retornar ao país.
Deportação	• Estrangeiro com entrada ou permanência irregular. • Procedimento de atribuição da Polícia Federal. • Permite o reingresso ao país.
Extradição	• Ato bilateral entre Estados (não é possível extradição de ofício). • Medida de cooperação penal internacional com o objetivo de combater o crime. • Na extradição passiva, há a participação do Executivo e do Judiciário (STF); são três fases.

7.6. Questões comentadas – Juiz do Trabalho

(TRT 17ª Região - 1998) O estrangeiro residente no Brasil poderá:
I. exercer cargo de direção em banco privado.
II. ser proprietário rural.
III. ser acionista majoritário de empresa de transporte terrestre de cargas.
IV. firmar contrato com o Estado.
Responda:
a) Todas as assertivas estão corretas.
b) Somente a assertiva I está incorreta.

---

223 Há julgados importantes do STF sobre extradição: Súmula 421; Ext. 766, de 2000; Ext. 897, de 2005; Ext. 864, de 2003; Ext. 855, de 2005; Ext. 688, de 1997; Ext. 643, de 1995; Ext. 524, de 1991; e Ext. 1085 (Caso Cesare Battisti).

c) Somente a assertiva II está correta.
d) As assertivas I e IV estão incorretas e as assertivas II e III estão corretas.
e) Todas as assertivas estão incorretas.

Gabarito	Comentários
A	- O *caput* do art. 5º da CF prevê a igualdade entre nacionais e estrangeiros. Qualquer tratamento desigual permitido deve ser interpretado restritivamente. Conforme art. 95 da Lei 6.815 de 1980 (Estatuto do Estrangeiro), o "estrangeiro residente no Brasil goza de todos os direitos reconhecidos aos brasileiros, nos termos da Constituição e das leis". - De acordo com o art. 106 do Estatuto, o estrangeiro não pode: ser proprietário, armador ou comandante de navio nacional, inclusive nos serviços de navegação fluvial e lacustre; ser proprietário de empresa jornalística de qualquer espécie, e de empresas de televisão e de radiodifusão, sócio ou acionista de sociedade proprietária dessas empresas; ser responsável, orientador intelectual ou administrativo das empresas mencionadas no item anterior; obter concessão ou autorização para a pesquisa, prospecção, exploração e aproveitamento das jazidas, minas e demais recursos minerais e dos potenciais de energia hidráulica; ser proprietário ou explorador de aeronave brasileira, ressalvado o disposto na legislação específica; ser corretor de navios, de fundos públicos, leiloeiro e despachante aduaneiro; participar da administração ou representação de sindicato ou associação profissional, bem como de entidade fiscalizadora do exercício de profissão regulamentada; ser prático de barras, portos, rios, lagos e canais; possuir, manter ou operar, mesmo como amador, aparelho de radiodifusão, de radiotelegrafia e similar, salvo reciprocidade de tratamento; prestar assistência religiosa às forças armadas e auxiliares, e também aos estabelecimentos de internação coletiva; e não pode exercer atividade de natureza política, nem se imiscuir, direta ou indiretamente, nos negócios públicos do Brasil.

7.7. Questões – Procurador do Trabalho

1 (MPT – XVI) Assinale a alternativa INCORRETA acerca das disposições constitucionais quanto ao estrangeiro no Brasil:
a) É facultado às universidades admitir professores, técnicos e cientistas estrangeiros.
b) A lei regulará e limitará a aquisição ou o arrendamento de propriedade rural por pessoa física ou jurídica estrangeira e estabelecerá os casos que dependerão de autorização do Congresso Nacional.
c) Podem alistar-se como eleitores os estrangeiros residentes no país.
d) São brasileiros naturalizados os estrangeiros de qualquer nacionalidade, residentes na República Federativa do Brasil há mais de quinze anos ininterruptos e sem condenação penal, desde que requeiram a nacionalidade brasileira.
e) Não respondida.

Questão	Gabarito
1	C

8. TRATADOS INTERNACIONAIS

SUMÁRIO: 8.1. As fontes do DI e algumas questões preliminares; 8.1.1. Fontes em espécie; 8.2. A Convenção de Viena sobre Direito dos Tratados de 1969: sua importância e sua recepção pelo Brasil; 8.3. Direito dos Tratados (*Law of Treaties*); 8.3.1. Conceito, efeitos, denominação e validade; 8.3.1.1. *Gentlemen's agrément;* 8.3.2. Classificação e interpretação; 8.3.4. Formas de extinção; 8.3.5. Processo de celebração dos tratados; 8.3.5.1. O STF e o processo de celebração na CF; 8.3.5.2. Poderes envolvidos na celebração; 8.3.5.3. As quatro fases solenes; 8.3.5.3.1 Negociações preliminares e assinatura; 8.3.5.3.2. Referendo do Congresso Nacional; 8.3.5.3.2.1. A questão dos acordos executivos; 8.3.5.3.3. Ratificação do Presidente da República; 8.3.5.3.3.1. A ratificação e as diferentes *vigências*; 8.3.5.3.3.2. A adesão; 8.3.5.3.4. Promulgação e publicação; 8.3.5.3.5. Registro perante o Secretariado da ONU; 8.3.5.3.5.6. O ato de denúncia; 8.3.5.3.5.6.1. A denúncia da Convenção 158; 8.3.5.3.5.6.2. Denúncia dos tratados de direitos humanos; 8.3.5.4. Monistas e dualistas; 8.3.5.5. A posição dos tratados internacionais de direitos humanos no Brasil; 8.3.5.6. Controle jurisdicional da convencionalidade; 8.4. Questões comentadas – Juiz do Trabalho; 8.5. Questões – Procurador do Trabalho.

Os tratados são as *principais fontes primárias* do Direito Internacional, dotados de respeitável segurança jurídica em razão de se manifestarem na forma escrita e por terem como princípio-mor orientador o da *pacta sunt servanda*. Os documentos que merecem maior atenção sobre a temática são: a *Convenção de Viena sobre Direito dos Tratados de 1969*; e a *Convenção de Viena sobre Direito dos Tratados de 1986*. As normas constitucionais são também relevantes nesse ponto, particularmente no que corresponde à valoração interna e à processualística de celebração.

8.1. As fontes do DI e algumas questões preliminares

O art. 38 do Estatuto da Corte Internacional de Justiça de 1920, preceitua sobre as fontes do Direito Internacional, da seguinte forma:

> Art. 38 – 1. A Corte, cuja função seja decidir conforme o direito internacional as controvérsias que sejam submetidas, deverá aplicar; 2. **as convenções internacionais, sejam gerais ou particulares, que estabeleçam regras expressamente reconhecidas pelos Estados litigantes**; 3. **o costume internacional como prova de uma prática geralmente aceita como direito**; 4. os **princípios gerais do direito** reconhecidos pelas nações civilizadas; 5. as **decisões judiciais e as doutrinas dos publicitários de maior competência das diversas nações, como meio auxiliar** para a determinação das regras de direito, sem prejuízo do disposto no Artigo 59. 6. A presente disposição não restringe **a faculdade da Corte para decidir um litígio *ex aequo et bono***, se convier às partes. (grifo nosso)

Dessa forma, podem ser elencadas como fontes do DI: *os tratados ou convenções internacionais, os costumes internacionais e os princípios gerais do direito*. A *doutrina* e a *jurisprudência* não são fontes no aspecto técnico, mas sim *meios auxiliares*, servindo como instrumentos integrantes para interpretação.

Quando se lê o art. 38 é de suma imprescindibilidade lembrar que as fontes previstas em seu dispositivo não representam uma ordem sucessória, ou seja, não expõem uma relação hierárquica. Infere-se dessa assertiva que os *costumes*, as *con-

venções e os *princípios gerais* têm o mesmo valor hierárquico, o que permite, em âmbito internacional, que um costume possa derrogar um tratado e um tratado possa derrogar um costume. Há, todavia, exceção à regra da paridade, pois as fontes *jus cogens*[224], normalmente sobre direitos humanos, estão acima de todas as demais. Assim, conclui-se: em regra, não há hierarquia, com exceção das fontes *jus cogens*!

A *jus cogens* pode ser classificada como uma das novas fontes do DI, juntamente com outras que podem também não estar previstas no art. 38, haja vista que este é *exemplificativo*, não apresentando rol fechado ou cerrado. São consideradas novas fontes, além do *jus cogens*: a equidade e a analogia, atos unilaterais dos Estados, as decisões unilaterais das OI e a *soft law*.

8.1.1. Fontes em espécie

Com o fim de dinamizar o estudo, segue abaixo quadro resumo sobre o assunto, o qual organiza as fontes previstas no art. 38 e as consideradas como *novas*:

- **Convenções internacionais:** a principal e mais concreta fonte, com forte carga de segurança jurídica. Sem denominação específica; eis a razão de poderem ser intituladas como tratados, convenções, acordos, pactos, etc. São elaboradas de forma democrática, com a participação de todos os Estados interessados, disciplinam matérias variadas e exigem a forma escrita.
- **Costumes internacionais:** segunda grande fonte. Há uma atual tendência de codificação das normas internacionais. Foi a primeira a aparecer, caracterizando-se, nessa linha, como fonte-base anterior a todo Direito das Gentes. Para que um determinado comportamento omissivo ou comissivo configure costume internacional, fonte no sentido técnico, deve cumular dois elementos, quais sejam, de acordo com o art. 38 antes referido: 1 - *o material ou objetivo* ("prova de uma prática geral"); e 2 - *o psicológico, subjetivo ou espiritual* ("aceita como sendo o direito"), a *opinio juris*. É uma fonte jurídica, por isso, se descumprida, o sujeito é passível de sanção internacional. Trata-se de prática constante, geral, uniforme e vinculativa. Em regra, quem alega um costume tem o ônus de prová-lo.
- **Princípios gerais do Direito:** apesar de difícil identificação, são fontes autônomas. São exemplos: *pacta sunt servanda*, boa-fé, princípio da não-agressão, princípio da solução pacífica de controvérsias, princípio da autodeterminação dos povos, princípio da coexistência pacífica e princípio da continuidade do Estado. São modernamente classificados como *fontes secundárias* do Direito das Gentes. O fato de estarem previstos em tratados não tira sua característica de princípios.

---

224 Cf. art. 53 da Convenção de Viena sobre Direito dos Tratados de 1969, uma "norma imperativa de Direito Internacional geral é uma norma aceita e reconhecida pela comunidade internacional dos Estados como um todo, como norma da qual nenhuma derrogação é permitida e que só pode ser modificada por norma ulterior de Direito Internacional geral da mesma natureza."

- **Analogia e equidade:** são soluções para enfrentar o problema da falta de norma. Podem ser colocadas como formas de complementação do sistema jurídico. **Analogia:** é a aplicação a determinada situação de fato de uma norma jurídica feita para ser aplicada a um caso parecido ou semelhante. **Equidade:** ocorre nos casos em que a norma não existe ou nos casos em que ela existe, mas não é eficaz para solucionar coerentemente o caso. OBS.: Art. 38, § 2º – a aplicação da equidade (*ex aequo et bono*) pela Corte Internacional de Justiça depende de anuência expressa dos envolvidos em um litígio.
- **Atos unilaterais dos Estados:** consistem em manifestação de vontade unilateral e inequívoca, formulada com a intenção de produzir efeitos jurídicos, com o conhecimento expresso dos demais integrantes da sociedade internacional.
- **Decisões das organizações internacionais:** atos emanados das OI na sua condição de sujeitos de DI, na qualidade de pessoa jurídica, ou seja, seus atos precisam ser internacionais, não meramente internos. Decisões unilaterais *externa corporis*.
- *Jus cogens*: é norma rígida, o oposto de *soft law*. Estão previstas na Convenção de Viena sobre Direito dos Tratados de 1969, em seus arts. 53 e 64. São imperativas e inderrogáveis, opondo-se ao *jus dispositivm*. Ainda que, em regra, não haja hierarquia entre as fontes, deve-se reconhecer que *jus cogens* é a exceção, estando acima de todas as demais. Elas versam, normalmente, sobre matérias de proteção aos direitos humanos, por exemplo, a Declaração Universal de 1948.
- *Soft law*: direito flexível ou direito plástico[225], oposto de *jus cogens*. Para alguns, ainda é cedo para considerá-las fonte. Surgiu no século XX com o Direito Internacional do Meio Ambiente. Preveem programa de ação para os Estados relativamente a determinada conduta. Há fatores que indicam a existência de *soft law* no campo do próprio *Direito Internacional do Trabalho*[226].

8.2. A Convenção de Viena sobre Direito dos Tratados de 1969: sua importância e sua recepção pelo Brasil

O Direito dos Tratados encontra aconchego, especialmente, na Convenção de Viena sobre Direito dos Tratados, de 26 de maio de 1969, que entrou em vigor,

---

[225] O tema, tradicionalmente, não desperta o interesse desejado na doutrina brasileira. Podem ser citados, positivamente, escritos dos professores Guido Fernando Silva Soares e Celso D. De Albuquerque Mello. Insta destacar um artigo de Prosper Weil, denominado *Vers une normativité relative en droit international?*, de 1982. Veja: FASTENRATH, Ulrich. Relative Normativity in International Law. *European Journal of International Law*. Vol. 4, n. 3, 1993, pp. 305-340.

[226] HUSEK, Carlos Roberto. *Curso Básico de Direito Internacional Público e Privado do Trabalho*. 2. ed. São Paulo: Ltr, 2011, p. 53.

em âmbito internacional, em 27 de janeiro de 1980 (*entered into force*). Levando em conta toda a história do Direito das Gentes, eis aqui um dos documentos mais importantes para as Ciências Jurídicas, marco instaurador de um novo *mundo* quando o assunto é a relação entre os Estados e a ordem internacional.

A Convenção tem sua matriz nos costumes internacionais que regulavam a celebração dos acordos entre Estados. Ela positivou normas costumeiras e buscou harmonizar os procedimentos de negociação, elaboração, ratificação, denúncia e extinção desses complexos atos jurídicos.

O processo de sua recepção no Brasil começou em 1992. Entretanto, apenas no ano de 2009, quando algumas *gotas* de *vergonha* resolveram recair sobre Brasília, o Congresso Nacional a aprovou por meio do Decreto Legislativo 496, de 17 de julho de 2009. O depósito da ratificação ocorreu no dia 25 de setembro do mesmo ano junto ao Secretário-Geral da ONU. A promulgação presidencial aconteceu em 14 de dezembro de 2009, por meio do Decreto 7.030. Somente após esse trâmite a Convenção foi, oficialmente, recepcionada e assumiu o caráter de fonte convencional formalmente vinculante. Todavia, mesmo antes disso, ela já era adotada pelo Brasil, porém era tida como um costume internacional.

A República brasileira era a única, entre os membros do MERCOSUL, que não havia internalizado a Convenção de 1969. E, quando o fez, apresentou reservas ou salvaguardas aos arts. 25 (sobre aplicação provisória) e 66 (sobre solução judicial, arbitragem e conciliação).

Conforme a alínea d do art. 1º do documento de 1969, reserva consiste em uma declação unilateral "qualquer que seja a sua redação ou denominação, feita por um Estado ao assinar, ratificar, aceitar ou aprovar um tratado, ou a ele aderir, com o objetivo de excluir ou modificar o efeito jurídico de certas disposições do tratado em sua aplicação a esse Estado". Qualquer país tem a prerrogativa de apresentá-la, desde que não estejam expressamente vedadas. A reserva é instrumento útil para a aceitação dos tratados, pois permite adequação às normas nacionais, particularmente, à Constituição.

Cabe, então, ponderar sobre as salvaguardas apresentadas pelo Brasil. O art. 25 da Convenção preceitua o seguinte:

> Aplicação Provisória 1. Um tratado ou uma parte do tratado aplica-se provisoriamente enquanto não entra em vigor, se: a) o próprio tratado assim dispuser; ou b) os Estados negociadores assim acordarem por outra forma. 2. A não ser que o tratado disponha ou os Estados negociadores acordem de outra forma, a aplicação provisória de um tratado ou parte de um tratado, em relação a um Estado, termina se esse Estado notificar aos outros Estados, entre os quais o tratado é aplicado provisoriamente, sua intenção de não se tornar parte no tratado.

A salvaguarda a este mecanismo fundamentou-se na incompatibilidade dele com a Constituição de 1988. Os arts. 49, I, e 84, VIII, impõem que todos os tratados celebrados pelo Presidente devam ser submetidos à apreciação do Parlamento.

Já o art. 66 da Convenção assim vem redigido:

Art. 66 – Processo de Solução Judicial, de Arbitragem e de Conciliação - Se, nos termos do parágrafo 3 do artigo 65, nenhuma solução foi alcançada, nos 12 meses seguintes à data na qual a objeção foi formulada, o seguinte processo será adotado: a) qualquer parte na controvérsia sobre a aplicação ou a interpretação dos artigos 53 ou 64 poderá, mediante pedido escrito, submetê-la à decisão da Corte Internacional de Justiça, salvo se as partes decidirem, de comum acordo, submeter a controvérsia a arbitragem; b) qualquer parte na controvérsia sobre a aplicação ou a interpretação de qualquer um dos outros artigos da Parte V da presente Convenção poderá iniciar o processo previsto no Anexo à Convenção, mediante pedido nesse sentido ao Secretário-Geral das Nações Unidas.

O Brasil se opôs ao art. 66 por não aceitar a atribuição de competência obrigatória da Corte Internacional de Justiça em relação à aplicação e/ou interpretação dos arts. 53 e 64, que versam sobre norma imperativa de Direito Internacional geral, as fontes *jus cogens*.

A despeito das reservas apresentadas, sua aceitação formal pela República brasileira é um passo de suma valia para todo o Direito interno. Trata-se de convenção consagradora de princípios fundamentais, como o do *livre consentimento*, da *boa-fé*, da *pacta sunt servanda*, do *rebus sic stantibus* e do *favor contractus*. Tais ditames têm multifuncionalidade, pois não são úteis apenas à celebração de tratados, mas também às relações, em sentido amplo, entre os Estados.

Além disso, dentre os reflexos ao Direito interno que trouxe, devemos destacar a importância do seu art. 27, sobre "Direito Interno e Observância dos Tratados"; transcreve-se: "Uma parte não pode invocar as disposições de seu direito interno para justificar o inadimplemento de um tratado. Esta regra não prejudica o artigo 46". Eis o art. 46:

Disposições do Direito Interno sobre Competência para Concluir Tratados 1. Um Estado não pode invocar o fato de que seu consentimento em obrigar-se por um tratado foi expresso em violação de uma disposição de seu direito interno sobre competência para concluir tratados, a não ser que essa violação fosse manifesta e dissesse respeito a uma norma de seu direito interno de importância fundamental. 2. Uma violação é manifesta se for objetivamente evidente para qualquer Estado que proceda, na matéria, de conformidade com a prática normal e de boa fé.

O art. 27 da Convenção garante a *valorização* dos tratados em relação à legislação interna, o que melhor será estudado adiante. No entanto, cabe já registrar que, com essa normativa, as dúvidas sobre a posição dos tratados internacionais, internamente, devem ser sepultadas, pois são fontes que se localizam acima da legislação ordinária.

Como será ainda exposto, a posição do Direito Internacional dos Direitos Humanos, conforme doutrina moderna e jurisprudência recente do STF, já conseguiu atingir nível, no mínimo, *supralegal*. É preciso, agora, a partir da leitura do art. 27 da Convenção de Viena, posicionar os demais tratados em *andar* mais elevado dentro do novo *prédio* normativo nacional. Contudo, mais uma vez, é importante relembrar, essas discussões serão retomadas em momento oportuno.

8.3. Direito dos Tratados (*Law of Treaties*)

Far-se-á uma imersão no *mundo* dos tratados internacionais, que passam a ser estudados de forma específica, com base nas Convenções citadas, na Constituição Federal e na jurisprudência nacional.

Sem receio de dúvidas, o processo de celebração dos tratados e sua valoração no Brasil, partindo da jurisprudência do STF, são os pontos mais *atrativos*, acadêmica e *concurceiramente* falando. Mas há que se expor algumas considerações como premissas para os futuros itens da obra.

8.3.1. Conceito, efeitos, denominação e validade

O que é um tratado internacional?

Conforme art. 2º, 1, a, da Convenção de Viena de 1969, atento também à Convenção de Viena de 1986[227], ele pode ser **conceituado** como um: *acordo internacional, concluído por escrito, celebrado pelos Estados e pelas organizações internacionais, regido pelo Direito Internacional, quer conste de um instrumento único, quer de dois ou mais instrumentos conexos e sem denominação específica.*

Beviláqua entende que tratado internacional é "um ato jurídico, em que dois ou mais Estados concordam sobre a criação, modificação ou extinção de algum direito", sendo que a definição "abrange todos os atos jurídicos bilaterais ou multilaterais do direito público internacional, que, realmente, podem ser designados pela denominação geral de tratados, mas que recebem (...) qualificações diversas"[228].

Partindo-se da definição convencional e da perspectiva doutrinária, infere-se que se está frente a um instrumento de matriz *contratual*. Contudo, aos contratos do Direito Civil não é comparável, pois os sujeitos envolvidos, os interesses presentes e o Direito regulador não se confundem. Todavia, tanto os contratos civis quanto os tratados são acordos em que as partes manifestam, voluntariamente, suas intenções e as formalizam, devendo, assim, cumprirem o pactuado de boa-fé.

Dessa maneira, o tratado internacional, em regra, **produz efeitos** somente entre os celebrantes, ele "não cria nem obrigações nem direitos para um terceiro Estado sem seu consentimento" (art. 34 da Convenção de 1969). Pode, entretanto, nascer uma obrigação, para um terceiro Estado, de uma disposição se "as partes nesse tratado tiverem a intenção" de assim ocorrer, ficando condicionada à aceitação expressa pelo terceiro Estado da obrigação estipulada (art. 35 da Convenção de 1969).

Quando da elaboração dessas importantes fontes escritas do DI, os tratados possuem uma moldura já tradicional, isto é, sua forma e estrutura de redação segue, normalmente, uma tendência.

---

227 A Convenção de Viena sobre Direito dos Tratados entre Estados e Organizações Internacionais ou entre Organizações Internacionais, de 1986, possibilitou às OI celebrarem tratados internacionais.

228 BEVILÁQUA, Clovis. *Direito público internacional.* Tomo II. 2. ed. Rio de Janeiro: Freitas Bastos, 1939, p. 13.

O texto das convenções internacionais possui uma primeira parte formada por um *preâmbulo*, consistente nas justificativas e exposição dos motivos que levaram à elaboração do documento. É no preâmbulo que constam as partes contratantes, com a menção das credenciais dos seus representantes.

Logo após o preâmbulo, adentra-se na *parte dispositiva*. Consiste em uma sequência de artigos numerados, que estabelecem todas as cláusulas de operatividade do acordo. A parte dispositiva, a principal, reconheça-se, é integrada por disposições de direito subjetivo, cláusulas finais relativas à ratificação e à troca dos seus instrumentos, à sua entrada em vigor, à possibilidade de denúncia ou prorrogação, à possibilidade de adesão e de revisão.

Por vezes, conforme conceito acima citado, os acordos internacionais, se necessário for, possuirão *anexos*. Os anexos e apêndices, diferentemente do preâmbulo, integram o corpo normativo do tratado e seus preceitos têm natureza convencional, ou seja, vinculam.

Percebe-se que o documento conceituado pelo art. 2º da Convenção de Viena não possui uma **denominação** específica, a ele podendo ser atribuído qualquer título, como convenção, tratado, acordo, carta, protocolo, constituição, etc. No entanto, é comum os celebrantes utilizarem *denominações específicas* para algumas matérias. *Convenção* costuma ser utilizado para os assuntos multilaterais, dela participando um número considerável de países, dispondo sobre temas complexos de interesse geral do DI, como a Convenção de Viena sobre Relações Diplomáticas de 1961. *Acordo* é, usualmente, bilateral ou plurilateral, podendo também ser multilateral, trata-se de um termo genérico dado aos tratados internacionais, por exemplo, Acordo de Camp David. *Protocolo* costuma se apresentar como um tratado acessório a outro principal, como o Protocolo Adicional à Convenção Interamericana sobre Cartas Rogatórias de 1979. *Memorando de entendimento* designa tratados sobre temas técnicos ou específicos, como o Memorando de Entendimento sobre Cooperação entre as Academias Diplomáticas entre Brasil e Colômbia de 2005. *Carta ou Constituição* designa tratados constitutivos das OI, como a constituição da OIT ou as Cartas da OEA e da ONU. Já *Tratado* é aplicado para atos solenes que versam sobre assuntos de interesse global ou regional, como o Tratado para a Constituição de um Mercado Comum do Sul, também conhecido como Tratado de Assunção de 1991.

Em regra, como se vê, não há denominação específica, porém, existe exceção. São as *concordatas*, espécies de tratados celebrados entre Estados e a Santa Sé, a exemplo da Concordata de Bolonha. Elas são:

> (...) tratados concluídos com a Santa Sé, sobre matéria religiosa e que preveem privilégios para cidadãos católicos (...). O termo concordata só é utilizado quando o tratado versar sobre as relações entre a Igreja Católica e o Estado-parte no acordo, prevendo normalmente privilégios para cidadãos católicos. (...) Desde o Decreto nº 119-A, de 7 de janeiro de 1890, a celebração das mesmas (concordatas), no Brasil, deve ser considerada inconstitucional, ante a separação entre a Igreja e o Estado. Por dispensarem aos cidadãos católicos um tratamento especial e mais vantajoso em

relação aos demais membros da Sociedade (não-católicos), violam as concordatas os princípios constitucionais da liberdade de consciência e de crença[229].

Independentemente da denominação, semelhante aos contratos do Direito Civil, para que um tratado seja válido deve ostentar condições de **validade**, as quais são: *capacidade das partes celebrantes; habilitação dos agentes signatários; consentimento mútuo; formalidade; e objeto lícito e possível.*

8.3.1.1. Gentlemen's agrément

Deve-se ter em mente os elementos consagrados pelo art. 2º da Convenção de 69. Sendo assim, alguns acordos, por exclusão, não podem se servir da roupagem dos tratados para produzem efeitos ou vincularem *mais que suas próprias forças*.

Os acordos entre cavalheiros ou *gentlemen's agrément* não podem ser concebidos como tratados em sentido estritamente técnico. Sua conclusão não se dá por Estados soberanos, mas sim por pessoas naturais, normalmente Estadistas, que assumem compromissos de pura índole moral, "cuja vitalidade não ultrapassará aquele momento em que uma dessas pessoas deixe a função governativa"[230]; são, portanto, provisórios.

8.3.2. Classificação e interpretação

Diferentes critérios são apontados para a **classificação** dos tratados. Optou-se aqui por selecionar os mais comuns e de fácil memorização. *Quanto ao número de partes*, eles podem ser bilaterais (duas partes), plurilaterais (mais de duas partes) e multilaterais (grande número de partes). *Quanto à natureza do objeto*, há o tratado normativo ou tratado-lei (produzem norma de conduta para as partes) e contratuais ou tratados-contrato (resultam num negócio jurídico). *Quanto ao procedimento*, há os tratados em sentido estrito (apresentam mais de uma fase entre a assinatura e a ratificação) e os acordos em forma simplificada (apenas uma fase; a assinatura já os torna obrigatórios).

Quanto à **interpretação ou hermenêutica dos tratados**, há regras gerais estabelecidas na Convenção de Viena sobre Direito dos Tratados. Conforme art. 31, um tratado "deve ser interpretado de boa-fé, segundo o sentido comum dos termos do tratado em seu contexto e à luz de seu objeto e finalidade". O princípio da boa-fé integra a regra da *pacta sunt servanda*.

O "contexto" referido no art. 31 engloba, além do preâmbulo, dispositivo e anexos, qualquer acordo relativo ao tratado em referência e feito entre todas as partes por ocasião da conclusão do mesmo, bem como qualquer outro instrumento relativo ao tratado celebrado, desde que aceito pelas partes.

Há, também, meios suplementares de interpretação, de acordo com o art. 32 da Convenção de 1969, sendo os principais exemplos: os trabalhos preparatórios do tratado e as circunstâncias de sua conclusão.

---

229 MAZZUOLI, V. O. *Curso de Direito Internacional...*, cit., pp. 371-372.
230 REZEK, J. F. *Direito Internacional Público*, cit., p. 19.

Além das regras, há também espécies de interpretação.

A *interpretação autêntica* é proporcionada pelos próprios Estados pactuantes, podendo se apresentar de forma expressa (acordos de interpretação) ou tácita (aplicação idêntica do tratado por todos). Ela é realizada em conjunto por todas as partes que celebraram o documento.

Já a *interpretação jurisdicional* emana de instâncias detentoras de poder jurisdicional. Nesse caso, o tratado é objeto de análise e interpretação por Corte internacional.

E, não menos importante, há a *interpretação no âmbito interno*, que é feita somente por uma das partes do acordo, quando esta comunica às demais qual o seu posicionamento acerca do sentido que pretende dar ao acordo, não vinculando, por derradeiro, os outros envolvidos.

8.3.3. Formas de extinção

Conforme o documento sobre Direito dos Tratados de 1969, são motivações para extinção: a) a execução integral do tratado; b) a expiração do prazo convencional; c) a verificação de condição resolutória, prevista expressamente; d) acordo mútuo entre as partes; e) a renúncia unilateral, por parte do Estado ao qual o tratado beneficia de modo exclusivo; f) a impossibilidade de execução; g) a denúncia, admitida expressamente ou tacitamente pelo próprio tratado; h) a inexecução do tratado, por uma das partes contratantes; i) a guerra sobrevinda entre as partes contratantes; e j) a prescrição liberatória.

Conforme classificação da doutrina[231], os tratados podem ser **extintos por vontade das partes ou ab-rogação**, maneira na qual se exige, em princípio, a vontade comum dos celebrantes. Também podem deixar de existir **em razão de tratado superveniente sobre o mesmo assunto** e que reúna todas as partes do documento anterior. Ainda pode ocorrer a **superveniência de norma imperativa de direito internacional geral** (*jus cogens*), conforme art. 64 da Convenção de Viena de 1969. E, por fim, merece destaque a extinção pela **vontade unilateral**, o que é possível por meio da denúncia.

8.3.4. Processo de celebração dos tratados

Cada Estado soberano estabelece suas normas internas para a celebração dos tratados internacionais, cada sujeito do DI terá seus mecanismos de recepção. É assunto reservado à competência estatal, contudo, com a incorporação da Convenção de Viena de 1969 pelo Brasil e com a tendência de padronização – até mesmo como forma de harmonizar a vivência internacional – as normas internacionais têm cada vez mais capacidade de influência na processualística de celebração.

8.3.4.1. O STF e o processo de celebração na CF

Conforme o Supremo Tribunal Federal, interpretando a Constituição de 1988, os atos internacionais não têm *aplicabilidade imediata* (e nem produzem

---

231   REZEK, J. F. *Direito Internacional Público*, cit., pp. 143-146.

efeitos diretos) no Brasil. Foi essa a opção do Poder Constituinte originário, ou seja, os tratados precisam passar pelo processo de celebração que, de acordo com a Corte Suprema, termina com a promulgação e a publicação, quando o documento externo passa a vincular internamente.

Há críticas à posição do Supremo, especificamente, quanto ao último requisito (promulgação e publicação), utilizado no processo legislativo das leis. Neste ponto, o Tribunal tem entendimento demasiadamente clássico e nacionalista. Hoje, já se defende, conforme abaixo será esmiuçado, que as convenções sobre direitos humanos (onde podemos incluir as da OIT), logo após a ratificação pelo Presidente da República, não necessitam da promulgação e da publicação, vigorando interna e internacionalmente.

Todavia, nessa altura, cabe apenas exaltar a imprescindibilidade de incorporação expressa, de recepção, de aceitação de uma norma internacional para que produza seus efeitos em território nacional.

Com o devido respeito ao leitor, tomaremos a liberdade de transcrever decisão extensa, mas de leitura indispensável:

(...) **ATO INTERNACIONAL CUJO CICLO DE INCORPORAÇÃO, AO DIREITO INTERNO DO BRASIL, AINDA NÃO SE ACHAVA CONCLUÍDO À DATA DA DECISÃO DENEGATÓRIA DO EXEQUATUR, PROFERIDA PELO PRESIDENTE DO SUPREMO TRIBUNAL FEDERAL** – RELAÇÕES ENTRE O DIREITO INTERNACIONAL, O DIREITO COMUNITÁRIO E O DIREITO NACIONAL DO BRASIL – **PRINCÍPIOS DO EFEITO DIRETO E DA APLICABILIDADE IMEDIATA – AUSÊNCIA DE SUA PREVISÃO NO SISTEMA CONSTITUCIONAL BRASILEIRO – INEXISTÊNCIA DE CLÁUSULA GERAL DE RECEPÇÃO PLENA E AUTOMÁTICA DE ATOS INTERNACIONAIS, MESMO DAQUELES FUNDADOS EM TRATADOS DE INTEGRAÇÃO** – RECURSO DE AGRAVO IMPROVIDO. A RECEPÇÃO DOS TRATADOS OU CONVENÇÕES INTERNACIONAIS EM GERAL E DOS ACORDOS CELEBRADOS NO ÂMBITO DO MERCOSUL ESTÁ SUJEITA À DISCIPLINA FIXADA NA CONSTITUIÇÃO DA REPÚBLICA. – **A recepção de acordos celebrados pelo Brasil no âmbito do MERCOSUL está sujeita à mesma disciplina constitucional que rege o processo de incorporação, à ordem positiva interna brasileira, dos tratados ou convenções internacionais em geral.** É, pois, na Constituição da República, e não em instrumentos normativos de caráter internacional, que reside a definição do iter procedimental pertinente à transposição, para o plano do direito positivo interno do Brasil, dos tratados, convenções ou acordos – inclusive daqueles celebrados no contexto regional do MERCOSUL – concluídos pelo Estado brasileiro. Precedente: ADI 1.480-DF, Rel. Min. CELSO DE MELLO. – **Embora desejável a adoção de mecanismos constitucionais diferenciados, cuja instituição privilegie o processo de recepção dos atos, acordos, protocolos ou tratados celebrados pelo Brasil no âmbito do MERCOSUL, esse é um tema que depende, essencialmente, quanto à sua solução, de reforma do texto da Constituição brasileira, reclamando, em consequência, modificações de jure constituendo.** Enquanto não sobrevier essa necessária reforma constitucional, a questão da vigência doméstica dos acordos celebrados sob a égide do MERCOSUL continuará sujeita ao mesmo tratamento normativo que a Constituição brasileira dispensa aos tratados internacionais em geral. PROCEDI-

MENTO CONSTITUCIONAL DE INCORPORAÇÃO DE CONVENÇÕES INTERNACIONAIS EM GERAL E DE TRATADOS DE INTEGRAÇÃO (MERCOSUL). – **A recepção dos tratados internacionais em geral e dos acordos celebrados pelo Brasil no âmbito do MERCOSUL depende, para efeito de sua ulterior execução no plano interno, de uma sucessão causal e ordenada de atos revestidos de caráter político-jurídico, assim definidos: (a) aprovação, pelo Congresso Nacional, mediante decreto legislativo, de tais convenções; (b) ratificação desses atos internacionais, pelo Chefe de Estado, mediante depósito do respectivo instrumento; (c) promulgação de tais acordos ou tratados, pelo Presidente da República, mediante decreto, em ordem a viabilizar a produção dos seguintes efeitos básicos, essenciais à sua vigência doméstica: (1) publicação oficial do texto do tratado e (2) executoriedade do ato de direito internacional público, que passa, então – e somente então – a vincular e a obrigar no plano do direito positivo interno.** Precedentes. **O SISTEMA CONSTITUCIONAL BRASILEIRO NÃO CONSAGRA O PRINCÍPIO DO EFEITO DIRETO E NEM O POSTULADO DA APLICABILIDADE IMEDIATA DOS TRATADOS OU CONVENÇÕES INTERNACIONAIS** (...)[232]. (grifo nosso)

Já se sabe que o processo de incorporação com assento na Constituição de 1988 é indispensável, resta, então, definir as fases práticas do mesmo.

8.3.4.2. Poderes envolvidos na celebração

Em atendimento à separação dos Poderes, na processualística de celebração dos tratados, há a participação dos **Poderes Executivo e Legislativo**. Cada uma das fases, cada uma das manifestações, em conjunto, *formam ato subjetivamente complexo* e, muitas vezes, *moroso*. Almeja-se uma harmônica coordenação:

> (...) é atribuída a incumbência de examinar, uma vez consumada a celebração do ato pelo Presidente, se tal decisão pode ser mantida, em nome do interesse nacional. A harmônica coordenação entre os Poderes Legislativo e Executivo da União, nesse assunto, decorre de preceito constitucional inscrito no art. 21, I, segundo o qual compete à União 'manter relações com Estados estrangeiros e participar de organizações internacionais'[233].

---

232 CR 8279 AgRg/AT, Min. Celso de Mello, STF, J. 17/06/1998. Esta decisão versa sobre o famoso caso *Porto de Belém*, muito citado na doutrina internacionalista. Veja também decisão do STJ: "AGRAVO REGIMENTAL. CARTA ROGATÓRIA. EXEQUATUR DENEGADO. PEDIDO DE 'DEVOLUÇÃO E ENTREGA' DE VEÍCULO. LEGALIDADE DO REGISTRO NO BRASIL. CARÁTER EXECUTÓRIO DO PEDIDO. VIA ELEITA INADEQUADA. A pretendida entrega de veículo à Justiça rogante requer a desconsideração da legalidade de seu registro no Brasil, o que é inviável no âmbito da carta rogatória, em razão dos limites decorrentes do exercício de juízo meramente delibatório e da aplicação do contraditório limitado, nos termos do art. 9º da Resolução n. 9/2005 desta Corte. Ausente a ratificação pelo Brasil do Acordo de Assunção sobre Restituição de Veículos Automotores Terrestres e/ou Embarcações que Transpõem Ilegalmente as Fronteiras entre os Estados Partes do Mercosul, a República da Bolívia e a República do Chile, não há como aplicar suas disposições ao caso. Agravo regimental improvido". (AgRg na CR 2966, Min. Rel. Cesar Asfor Rocha, STJ, J. 28/05/2009).

233 MARTINS, Estevão Rezende. A apreciação de tratados e acordos internacionais pelo Congresso Nacional. In: CANÇADO TRINDADE, Antônio Augusto (ed.). *A incorporação das*

Conforme a CF, em seu art. 21, inc. I, compete à União "manter relações com Estados estrangeiros e participar de organizações internacionais", sendo que compete privativamente ao Presidente da República, conforme art. 84, inc. VII e VIII, "manter relações com Estados estrangeiros e acreditar seus representantes diplomáticos" e "celebrar tratados, convenções e atos internacionais, sujeitos a referendo do Congresso Nacional". O art. 49, inc. I, da Magna Carta, dispõe sobre a competência exclusiva do Congresso Nacional para "resolver definitivamente sobre tratados, acordos ou atos internacionais que acarretem encargos ou compromissos gravosos ao patrimônio nacional".

8.3.4.3. As quatro fases solenes

Há *quatro fases solenes* que devem ser respeitadas para a recepção de tratados internacionais. Começa com as **negociações preliminares e assinatura**, quando então o documento, num segundo momento, será submetido, internamente, ao Congresso Nacional para **referendo**. Em caso de aprovação, juízo positivo do Parlamento, numa terceira fase, manifesta-se o Chefe de Estado, que *poderá* **ratificar** o documento, e, se assim proceder, numa quarta e última etapa, mediante Decreto, o Presidente da República **promulgará e publicará** o tratado.

8.3.4.3.1. Negociações preliminares e assinatura

É uma primeira fase *internacional,* quando são constituídas conferências *ad hoc* e comissões especiais para o debate e o desenvolvimento das negociações sobre o projeto de tratado. Nesse momento é fundamental a participação de especialistas (*experts*) sobre o objeto da futura convenção. É momento em que o tecnicismo e as opiniões acadêmicas têm maior relevo.

Após as negociações, devem os participantes *adotar* o texto, pois o tratado é um acordo de vontades. A sua adoção, numa conferência internacional, efetua-se pela maioria de 2/3 dos países presentes e votantes, salvo se esses, pela mesma maioria, decidirem aplicar uma outra regra.

Superadas as negociações, adotado o documento, os representantes estatais irão, então, *autenticá-lo*. Essa é a função do ato de *assinatura,* ele autentica – após as negociações e a adoção – e encerra a primeira fase. Todavia, nem sempre o ato de assinatura é imediato, pode ser oportunizada a *assinatura diferida,* que constitui na concessão de um prazo mais longo para assinar, com o fim de habilitar aqueles que não participaram dos debates inaugurais.

Em regra, não é a partir da assinatura que o documento é vinculativo aos Estados participantes. Entretanto, excepcionalmente, a Convenção de Viena de 1969, em seu art. 12, assim possibilita:

> Consentimento em Obrigar-se por um Tratado Manifestado pela Assinatura 1. O consentimento de um Estado em obrigar-se por um tratado manifesta-se pela

---

normas internacionais de proteção dos direitos humanos no direito brasileiro. 2. ed. San José, Costa Rica/Brasília: IIDH, 1996, p. 264.

assinatura do representante desse Estado: a) quando o tratado dispõe que a assinatura terá esse efeito; b) quando se estabeleça, de outra forma, que os Estados negociadores acordaram em dar à assinatura esse efeito; ou c) quando a intenção do Estado interessado em dar esse efeito à assinatura decorra dos plenos poderes de seu representante ou tenha sido manifestada durante a negociação. 2. Para os efeitos do parágrafo 1: a) a rubrica de um texto tem o valor de assinatura do tratado, quando ficar estabelecido que os Estados negociadores nisso concordaram; b) a assinatura ad referendum de um tratado pelo representante de um Estado, quando confirmada por esse Estado, vale como assinatura definitiva do tratado.

As *reservas*, conforme já transcritas, *são declarações unilaterais feitas com o objetivo de excluir ou modificar o efeito jurídico de certas disposições do tratado*. Elas podem ser apresentadas já nesse primeiro momento, juntamente com a assinatura, embora seja mais comum sua apresentação na terceira etapa, na ratificação[234].

Problemática a ser enfrentada diz respeito a quem tem *capacidade* para negociar, adotar e assinar um determinado tratado em nome da República Federativa do Brasil. O *Presidente da República*, como Chefe de Estado, tem *competência originária* para fazê-lo, não precisando de autorização em apartado, pois a própria Constituição, direta e originariamente, atribui-lhe tal função. Também não precisam de autorização especial o Ministro das Relações Exteriores e os Chefes de missão diplomática, os embaixadores[235], só que suas competências são *derivadas*.

Dessa maneira, podem participar da primeira fase: o Presidente (competência originária), o Ministro das Relações Exteriores e os embaixadores (competência derivada). É possível que outra autoridade também assine, porém, precisará de uma autorização específica para tanto, o que o tornará um *plenipotenciário*. Trata-se da *carta de plenos poderes*, documento firmado pelo Presidente da República e referendado pelo Ministro das Relações Exteriores. Conforme art. 7º da Convenção de Viena, a adoção ou autenticação de texto de tratado, bem como a expressão de consentimento em obrigar-se pelo mesmo, deve ser efetuada por pessoa detentora de plenos poderes. E o art. 2º, 1, c, da mesma Convenção conceitua:

> 'plenos poderes' significa um documento expedido pela autoridade competente de um Estado e pelo qual são designadas uma ou várias pessoas para representar o Estado na negociação, adoção ou autenticação do texto de um tratado, para manifestar o consentimento do Estado em obrigar-se por um tratado ou para praticar qualquer outro ato relativo a um tratado.

Após a assinatura, o tratado poderá ser enviado ao Congresso Nacional; é o que se dessume da leitura (sempre conjunta) dos arts. 49, inc. I, e 84, inc. VIII, da CF. Essa incumbência de enviar ao Congresso é do Presidente da República, o que, em regra, *não é automática ou obrigatória*, sendo possível, inclusive, ser postergada

---

234 É importante não haver confusão entre a *apresentação de reservas na assinatura* e a *assinatura com reserva de ratificação*. Este último é o procedimento mais comum, pois o signatário deixa claro que haverá posterior ratificação, quando então há vinculação do tratado ao Estado participante.
235 É plenipotenciário *ratione personae*.

essa submissão ou mesmo ocorrer o arquivamento, se entender o Presidente que as negociações não foram a contento. Entretanto, se houver intenção do Chefe de Estado em ratificar (terceira fase), isso só será possível se passar antes pelo crivo do Congresso (segunda fase).

Por fim, aqui já deve ser feito imprescindível alerta, *de interesse para a área trabalhista*. Como regra, a submissão dos tratados após a negociação, adoção e assinatura, é *discricionária*, ou seja, fica ao juízo de conveniência e oportunidade presidencial. Contudo, há exceção, atinente às *convenções da Organização Internacional do Trabalho*. Nesses casos, há vinculação, i.e., *deve* o Chefe de Estado, dentro de determinado prazo, submeter a convenção da OIT ao Congresso, conforme art. 19, § 5º, b, da Constituição da OIT:

> b) cada um dos Estados-Membros **compromete-se a submeter, dentro do prazo de um ano**, a partir do encerramento da sessão da Conferência (**ou, quando, em razão de circunstâncias excepcionais, tal não for possível, logo que o seja, sem nunca exceder o prazo de 18 meses após o referido encerramento**), **a convenção à autoridade ou autoridades em cuja competência entre a matéria**, a fim de que estas a transformem em lei ou tomem medidas de outra natureza; (grifo nosso)

As convenções e recomendações da OIT serão novamente estudadas no tópico específico sobre Direito Internacional do Trabalho.

8.3.4.3.2. Referendo do Congresso Nacional

Todos os atos devem ser referendados (*ad referendum*), por determinação constitucional, pelo Congresso Nacional, em decorrência de uma leitura conjunta do art. 49, inc. I, e do art. 84, VIII, ambos da CF.

Na prática, é preparada uma *Exposição de Motivos*, na qual o Ministro das Relações Exteriores explica as razões que levaram à assinatura do instrumento, e o Presidente, mediante *Mensagem*, submete-a ao Congresso Nacional.

No Congresso, o ato internacional é encaminhado para exame e aprovação, sucessivamente, pela Câmara dos Deputados e pelo Senado Federal[236]. Antes de ser levado aos respectivos Plenários das duas Casas, o instrumento é avaliado pelas *Comissões de Constituição e Justiça* e de *Relações Exteriore*s e por outras *Comissões especiais* interessadas na matéria em questão. Caso não seja aprovado pela Câmara, o instrumento sequer é enviado ao Senado.

Em caso de rejeição, pela Câmara ou pelo Senado, encerra-se o processo de celebração. Veja-se que a manifestação do Congresso sobre um tratado somente será *definitiva* se negativa. Se rejeitar, neste caso, apenas comunica o repúdio ao tratado por meio de *Mensagem* ao Presidente, que estará impossibilitado de ratificar. Caso contrário, se afirmativa, se referendar, prossegue o *iter*.

---

236 Aplica-se, analogicamente, o art. 64 da CF: "A discussão e votação dos projetos de lei de iniciativa do Presidente da República, do Supremo Tribunal Federal e dos Tribunais Superiores terão início na Câmara dos Deputados."

Em caso de aprovação do tratado pelas Casas do Congresso, será emitido um *Decreto Legislativo*, a ser promulgado pelo Presidente do Senado Federal. O *quorum* para aprovação é de *maioria simples*, salvo se versar a convenção sobre matéria de direitos humanos, quando *poderá* (faculdade) ser aprovada com os requisitos das emendas constitucionais, conforme § 3º do art. 5º da CF: "Os tratados e convenções internacionais sobre direitos humanos que forem aprovados, em cada Casa do Congresso Nacional, em dois turnos, por três quintos dos votos dos respectivos membros, serão equivalentes às emendas constitucionais". É nesse momento que *poderá* ser aplicada a *nova sistemática de incorporação especial* das fontes do Direito Internacional dos Direitos Humanos, o que, gize-se, já foi colocada em prática[237].

Nessa altura, como o tratado foi negociado e delineado durante a primeira fase, cabe ao Parlamento aprovar ou rejeitar, estando impossibilitado de *emendar* o conteúdo do tratado[238], sob pena de afrontar as competências do Executivo exercidas durante a primeira etapa. O que não impede que sejam feitas sugestões ao Presidente para o momento da ratificação, como a apresentação de alguma reserva referente a certos artigos.

Se não pode emendar, é possível ao Congresso se *retratar*[239]. Não há óbices para que ocorra a retratação, isto é, para que um instrumento aprovado mediante Decreto Legislativo seja, posteriormente, reanalisado ao constatar-se uma afronta à CF, permitindo, assim, uma nova manifestação congressual. Mas há limite temporal para tanto. A retratação *somente pode ocorrer antes da ratificação pelo Presidente*, depois se mostra inviável.

8.3.4.3.2.1. A questão dos acordos executivos

Os *acordos executivos*, também conhecidos como *acordos em forma simplificada*, podem ser categorizados como compromissos que dizem respeito a assuntos rotineiros da atividade diplomática e que não necessitam de aprovação do Congresso Nacional[240].

---

237 Por meio do Decreto 6.949, de 25 de agosto de 2009, o Presidente promulgou o primeiro tratado equivalente à emenda constitucional, a *Convenção Internacional sobre os Direitos das Pessoas com Deficiência e seu Protocolo Facultativo*, assinados em Nova York, em 30 de março de 2007. O Congresso Nacional aprovou-os previamente, por meio do Decreto Legislativo 186, de 09 de julho de 2008, com base no § 3º do art. 5º.
238 ACCIOLY, Hildebrando. *Tratado de direito internacional público*. Tomo II. Rio de Janeiro: Imprensa Nacional, 1934, pp. 413-414. *Embora não seja possível emendar, alterar o conteúdo do tratado, é viável apresentar emendas ao projeto de Decreto Legislativo, situações que não se confundem,* conforme MAZZUOLI, Valério de Oliveira. O Poder Legislativo e os tratados internacionais: o *treaty-making power* na Constituição brasileira de 1988. *Revista de Informação Legislativa*. Brasília, a. 38, n. 150, abr-jun, 2001, p. 42.
239 GABSCH, Rodrigo D´Araujo. *Aprovação de Tratados Internacionais pelo Brasil*: possíveis opções para acelerar o seu processo. Brasília: Fundação Alexandre de Gusmão, 2010, p. 97.
240 MEDEIROS, Antonio Paulo Cachapuz de. *O Poder de Celebrar Tratados:* Competência dos poderes constituídos para a celebração de tratados, à luz do Direito Internacional, do Direito Comparado e do Direito Constitucional Brasileiro. Porto Alegre: Sergio Antonio Fabris Editor, 1995, p. 10 *et seq*.

São mecanismos de Política Externa do Brasil há muito tempo utilizados e, aparentemente, conforme o texto constitucional e o que acima foi dissertado, eles estariam violando a Constituição Federal, haja vista que a sua incorporação ao nosso ordenamento se dá sem o crivo parlamentar.

Fato é que, até hoje, são utilizados pelo Poder Executivo Federal, ficando a critério deste conceituar o que é acordo executivo (não remete ao Congresso) e o que não é (remete ao Congresso). Podem ser citados como exemplos os Acordos celebrados com a Croácia (2000), com Cuba (2002) e com a Jamaica (2007). Na prática brasileira, versam sobre *matérias de competência exclusiva do Executivo*, sobre *assuntos inerentes à rotina diplomática ordinária (isenção de visto e passaporte)* ou acerca da *interpretação de tratados tradicionais*[241].

Como são plenamente colocados em prática, mesmo que com duvidosa condição de compatibilidade com o texto magno, podemos concluir que há dois processos de celebração dos tratados no Brasil. O *solene e completo* (mais importante), que comporta as 4 fases em estudo, com referendo congressual, e o processo *abreviado* ou de *forma simples,* referente aos acordos executivos.

8.3.4.3.3. Ratificação do Presidente da República

Respeitando o processo tradicional e solene para a incorporação, referendado o tratado pelo Legislativo, independentemente se com os requisitos das emendas constitucionais ou não, o instrumento deverá ser enviado ao Presidente para, se assim entender, ratificá-lo. Eis a terceira fase, atribuição exclusiva do Chefe da Nação, sem possibilidade de delegação (a carta de plenos poderes não pode ser utilizada).

É a partir da ratificação que o Estado brasileiro se *vincula em âmbito internacional*, assumindo, formalmente, compromisso perante a sociedade internacional. Trata-se de *consentimento expresso e definitivo*, confirmando a assinatura da primeira fase.

A ratificação é ato administrativo de natureza sui generis classificado como: unilateral, externo, expresso, político, circunstancial, irretroativo (ex nunc), irretratável[242], sem prazo pré-definido e discricionário. O Presidente ratificará se assim entender conveniente e oportuno ao país.

Nota-se que, em tese, a ratificação é discricionária. Contudo, por razões técnicas e com arrimo no art. 19, § 5º, c e d, da Constituição da OIT, é lícito concluir que a ratificação das convenções da OIT são obrigatórias. Entendimento, todavia, presente somente na esfera doutrinária, haja vista que, pelo momento, não vem sendo aplicado às convenções da OIT. Algumas delas, por sinal, sequer foram ratificadas pelo Estado brasileiro, v.g., *Convenção 23 relativa ao Reapatriamento dos Marítimos (1926), Convenção 129 relativa à Inspeção do Trabalho na Agricultura (1969), Convenção 175 sobre Trabalho a Tempo Parcial (1994), Convenção sobre Trabalho Marítimo (2006) e Convenção referente ao Trabalho na Pesca (2007).*

---

241 GABSCH, R. D. *Aprovação de Tratados Internacionais pelo Brasil...*, cit., pp. 154-188.
242 O que não impede a *denúncia*; são institutos que não se confundem. A irretratabilidade se refere, especificamente, ao ato de ratificação.

8.3.4.3.3.1. A ratificação e as diferentes vigências

É importante sedimentar, para fins de compreensão e até clareamento de todo o processo em averiguação, as diferenças entre **vigência internacional do tratado, vigência internacional para o Brasil e vigência interna**[243].

A **vigência internacional do tratado** é o termo inicial em que o documento começa a vigorar internacionalmente, quando produz seus efeitos; ela relaciona-se ao documento em si. Quando se exige um número mínimo de ratificações (ratificação condicionada ou diferida) e este mínimo é alcançado, começa, então, a vigência internacional, o que não depende da ratificação do Brasil, se o *quorum* já foi atingido.

Outro instituto é o da **vigência internacional para o Brasil**, que ocorre quando há ratificação pelo Presidente da República. Aqui começa a vigência internacional para o Estado ratificante, o que pode ou não coincidir com a anterior.

E diferente, também, é a **vigência interna**, que acontece após a promulgação e publicação, ou seja, na quarta e última fase. Restam, porém, serem sublinhadas as ressalvas quanto às convenções sobre direitos humanos, que, de acordo com a doutrina moderna, não precisariam da última etapa. Dessa forma, a vigência internacional para o Brasil se daria ao mesmo tempo que a vigência interna.

8.3.4.3.3.2. A adesão

A *adesão* assemelha-se à *ratificação*, elas têm a mesma natureza e têm como fim vincular o Estado a um tratado. Todavia, o seu momento é diferente, podendo o Brasil aderir a uma convenção mesmo não tendo participado da primeira fase de negociações. Se negociou, então pode ratificar! Se não negociou e, mesmo assim, tem interesse no tratado, então poderá aderir (ex post-facto). Quando se utiliza do instrumento de adesão, o Poder Executivo Federal ou obteve prévia autorização do Congresso para tanto ou submete o documento, *a posteriori,* para ser referendado.

8.3.4.3.4. Promulgação e publicação

É uma fase *interna* passível de todas as críticas, a começar pela constatação de que não possui previsão constitucional e nem convencional, sendo ainda orientada pela supra-referida jurisprudência do Supremo. A sua exigência atual apenas demonstra que, formalmente, no Brasil não se adotou o sistema da recepção automática dos tratados.

É um momento complementar que visa a atender aos princípios da legalidade e da publicidade, semelhante ao que ocorre com o processo constitucional legislativo das leis ordinárias. É perfectibilizado por meio de Decreto do Presidente, que dá executoriedade ao ato internacional; é o *nascedouro da vigência interna*.

Essa quarta etapa é criticada, especialmente em relação ao processo de incorporação dos tratados sobre direitos humanos, para os quais bastariam os três primeiros níveis para que emanassem seus efeitos em âmbitos interno e externo,

---

243 GABSCH, R. D. *Aprovação de Tratados Internacionais pelo Brasil...*, cit., p. 52.

Direito Internacional | 211

ou seja, a partir da ratificação, o Brasil não só está obrigado perante a sociedade internacional, mas também já deve aplicar a norma de direitos humanos em nível nacional: "a edição do referido decreto presidencial, materializando internamente o texto convencional, não se faz necessária"[244]. Tal posicionamento segue a linha de que *os tratados internacionais sobre direitos humanos têm aplicabilidade imediata após a ratificação*, não necessitando de promulgação e publicação[245].

8.3.4.3.5. Registro perante o Secretariado da ONU

Superadas as 4 fases acima expostas, o tratado já pode ser considerado como celebrado, torna-se vinculativo, interna e internacionalmente, para o Brasil. A processualística findou-se.

No entanto, conforme art. 102 da Carta da ONU, todos os tratados e acordos internacionais concluídos por qualquer membro da organização "deverão, dentro do mais breve prazo possível, ser registrados e publicados pelo Secretariado" das Nações Unidas. Essa não é uma condição de validade, mas sim uma formalidade que, caso não atendida, gerará o seguinte efeito, conforme o mesmo art. 102: "Nenhuma parte em qualquer tratado ou acordo internacional que não tenha sido registrado (...) poderá invocar tal tratado ou acordo perante qualquer órgão das Nações Unidas". Embora não seja uma condição de validade e não possa ser considerada uma fase do processo de celebração, resulta em consequência relevante: a inoponibilidade.

O registro perante o Secretariado torna *público* o pactuado, permitindo o conhecimento, por parte de toda a sociedade internacional, sobre eventual convenção celebrada, evitando o desenvolvimento de relações *secretas* entre os sujeitos do DI, o que deve ser repudiado.

O atendimento ao art. 102 da Carta de São Francisco, pelo Brasil, se dá por meio do encaminhamento do documento, pela Divisão de Atos Internacionais, à Missão brasileira junto às Nações Unidas em Nova York, com o fim de serem registrados junto ao Secretariado.

8.3.4.3.6. O ato de denúncia

Se para se vincular a um documento internacional podem ser utilizadas a adesão ou a ratificação, para se afastar, desobrigar-se, faz-se uso da *denúncia*. Este ato é de competência do Presidente da República, é unilateral e dele não participa o Poder Legislativo. Por meio da denúncia, é informado e tornado público que, a partir de uma determinada data, o tratado não mais vigorará internamente.

---

244 MAZZUOLI, Valério de Oliveira. *Os Tratados Internacionais de Proteção dos Direitos Humanos e sua Incorporação no Ordenamento Brasileiro*. Disponível em: http://www.mt.trf1. gov.br/judice/jud13/tratados.htm. Acesso em: 03/07/2008.
245 Nesse sentido: PIOVESAN, Flávia. *Direitos humanos e o direito constitucional internacional*. São Paulo: Max Limond, 1996, p. 111; e ROCHA, Fernando Luiz Ximenes. A incorporação dos tratados e convenções internacionais de direitos humanos no direito brasileiro. *Revista de Informação Legislativa*, Brasília: Senado Federal, n. 130, 1996, p. 81.

A ratificação é ato expresso. A denúncia, também com efeitos internos e internacionais relevantes, demanda, em regra, a forma expressa. Porém, conforme será delineado no subtópico sobre *revisão das convenções da OIT*, a denúncia pode, igualmente, se concretizar de modo tácito.

O instrumento utilizado para se desvincular de norma internacional é materializado por meio de ato unilateral do Executivo, sem o crivo do Parlamento; é a praxe!

Esse procedimento, entretanto, gera muitas críticas, porque o processo de incorporação precisa da participação dos dois Poderes, levando anos, muitas vezes, para ser concluído, sendo que a denúncia resulta da unilateralidade presidencial. Se da leitura conjunta dos art. 49, inc. I, e art. 84, inc. VIII, da CF, direciona-se para a necessidade de participação do Executivo e do Legislativo para internalizar ato internacional, a desvinculação deste deve trilhar igual caminho, ainda que o ato de *denúncia* não esteja expressamente previsto na Constituição.

Há doutrina robusta que baliza essa posição pela inviabilidade do ato denuncial unisubjetivo, é o caso de Pontes de Miranda, que assevera que aprovar "tratado, convenção ou acordo, permitindo que o Poder Executivo o denuncie, sem consulta, nem aprovação, é subversivo dos princípios constitucionais"[246].

Cabe, ainda, destacar que a denúncia não é um ato irreversível. É, na verdade, plenamente *retratável*, ou seja, após se desvincular de uma convenção, nada impede que o Estado, *arrependido*, acabe aderindo à mesma novamente. Isso já aconteceu com o Brasil quanto à Convenção 81 da OIT, denunciada em 1971, mas novamente internalizada em 1987.

8.3.4.3.6.1. A denúncia da Convenção 158[247]

A denúncia *unilateral* foi utilizada para a desobrigação do Brasil quanto à *Convenção 158 da OIT* (relativo ao término da relação de trabalho por iniciativa do empregador). O Brasil ratificou esse tratado multilateral em 04 de janeiro de 1995, após aprovação, pelo Congresso, por meio do Decreto Legislativo nº 68. A promulgação se deu em 10 de abril de 1996, com o Decreto 1.855. Mas a eficácia da norma em território brasileiro foi curta, pois, já em 20 de novembro de 1996, ela foi denunciada mediante Decreto[248] do Presidente da República, à época, Senhor Fernando Henrique Cardoso.

---

246 MIRANDA, Pontes. *Comentários à Constituição de 1967*. 2. ed. São Paulo: Revista dos Tribunais, tomo III, p. 109.
247 A Recomendação166 complementa a Convenção 158, ambas da OIT.
248 Decreto 2.100 de 1996: "Torna pública a denúncia, pelo Brasil, da Convenção da OIT nº. 158, relativa ao Término da Relação de Trabalho por Iniciativa do Empregador. O Presidente da República torna público que deixará de vigorar para o Brasil, a partir de 20 de novembro de 1997, a Convenção da OIT nº 158, relativa ao Término da Relação de Trabalho por Iniciativa do Empregador, adotada em Genebra, em 22 de junho de 1982, visto haver sido denunciada por nota do Governo brasileiro à Organização Internacional do Trabalho, tendo sido a denúncia registrada, por esta última, a 20 de novembro de 1996."

Logo após sua ratificação, a constitucionalidade da Convenção 158 foi questionada, perante o STF, por meio da Ação Direta de Inconstitucionalidade 1.480. Foi publicada a seguinte decisão, em sede cautelar:

(...) TRATADO INTERNACIONAL E RESERVA CONSTITUCIONAL DE LEI COMPLEMENTAR.- O primado da Constituição, no sistema jurídico brasileiro, é oponível ao princípio pacta sunt servanda, inexistindo, por isso mesmo, no direito positivo nacional, o problema da concorrência entre tratados internacionais e a Lei Fundamental da República, cuja suprema autoridade normativa deverá sempre prevalecer sobre os atos de direito internacional público. Os tratados internacionais celebrados pelo Brasil - ou aos quais o Brasil venha a aderir - não podem, em consequência, versar matéria posta sob reserva constitucional de lei complementar. É que, em tal situação, a própria Carta Política subordina o tratamento legislativo de determinado tema ao exclusivo domínio normativo da lei complementar, que não pode ser substituída por qualquer outra espécie normativa infraconstitucional, inclusive pelos atos internacionais já incorporados ao direito positivo interno. LEGITIMIDADE CONSTITUCIONAL DA CONVENÇÃO Nº 158/OIT, DESDE QUE OBSERVADA A INTERPRETAÇÃO CONFORME FIXADA PELO SUPREMO TRIBUNAL FEDERAL.- A Convenção nº 158/OIT, além de depender de necessária e ulterior intermediação legislativa para efeito de sua integral aplicabilidade no plano doméstico, configurando, sob tal aspecto, mera proposta de legislação dirigida ao legislador interno, não consagrou, como única consequência derivada da ruptura abusiva ou arbitrária do contrato de trabalho, o dever de os Estados partes, como o Brasil, instituírem, em sua legislação nacional, apenas a garantia da reintegração no emprego. Pelo contrário, a Convenção nº 158/OIT expressamente permite a cada Estado-Parte (Artigo 10), que, em função de seu próprio ordenamento positivo interno, opte pela solução normativa que se revelar mais consentânea e compatível com a legislação e a prática nacionais, adotando, em consequência, sempre com estrita observância do estatuto fundamental de cada País (a Constituição brasileira, no caso), a fórmula da reintegração no emprego e/ou da indenização compensatória. Análise de cada um dos Artigos impugnados da Convenção nº 158/OIT (Artigos 4º a 10)[249].

Antes mesmo da análise meritória por parte do Supremo, ocorreu o arquivamento da Ação 1.480 devido à perda do objeto, com base no argumento de que a Convenção 158 não mais se achava incorporada ao sistema de Direito positivo interno brasileiro, pois, com a denúncia, deixou de existir o próprio objeto sobre o qual incidiram os atos estatais.

Os contornos polêmicos sobre a Convenção 158 não se encerraram com o arquivamento. Embora extinta a Adin 1.480, ainda tramita a de nº 1.625, de 16/06/1997. Entendendo ser impossível a denúncia sem a participação do Legislativo, a Confederação Nacional dos Trabalhadores na Agricultura (CONTAG) e a Central Única dos Trabalhadores (CUT) ingressaram com Ação Direta de Inconstitucionalidade de nº 1.625, com o objetivo principal de ver declarado inconstitucional o ato denuncial, por não ter tido a oitiva do Congresso Nacional[250].

---
249 ADIN 1480 MC / DF, Rel. Min. Celso de Mello, STF, J. 04/09/1997.
250 Na Adin 1625, discute-se também o termo inicial para a contagem do prazo para denúncia. Essa questão será trabalhada no item específico sobre registro, ratificação e denúncia das convenções da OIT.

Em 2009, o Ministro Joaquim Barbosa exarou manifestação contrária à denúncia unilateral. Merece destaque:

> (...) não ser possível ao Presidente da República denunciar tratados sem o consentimento do Congresso Nacional. Salientou, inicialmente, que nenhuma das Constituições brasileiras tratou especificamente do tema relativo à denúncia de tratados internacionais e que os artigos 49, I e 84, VIII, da CF/88, embora não admitissem a participação do Congresso Nacional na denúncia dos tratados, também não seriam expressos ao vedar essa participação. (...) Observou, ademais, que a tendência, cada vez mais crescente, de textos constitucionais repartirem as competências em matéria de denúncia de tratados representaria o surgimento, no direito comparado, do princípio da 'co-participação parlamento-governo em matéria de tratado', segundo o qual é da própria essência do tratado que ele, para comprometer um Estado interna e externamente, precise da deliberação do órgão parlamentar e do órgão executivo, (...) a intervenção do Parlamento não significaria, entretanto, o esvaziamento por completo da atuação do Poder Executivo nesse campo, o qual continuaria com a prerrogativa de decidir quais tratados deveriam ser denunciados e o momento de fazê-lo. (...) disse que a Convenção sob análise não seria um tratado comum, mas um tratado que versa sobre direitos humanos, apto a inserir direitos sociais no ordenamento jurídico brasileiro. Nesse contexto, caberia cogitar da aplicação do novo § 3º do art. 5º da CF, introduzido pela EC 45/2004, a essa Convenção. No ponto, afirmou que, apesar de o Decreto que incorporou a Convenção ao direito brasileiro ser de 1996, ainda que não se admitisse a tese de que os tratados de direitos humanos anteriores à EC 45/2004 possuíssem estatura constitucional, seria plausível defender que possuíssem estatura supralegal, porém infraconstitucional. Reconhecido o caráter supralegal aos tratados de direitos humanos e considerando-se a Convenção 158 da OIT como um tratado de direitos humanos, concluir-se-ia não ser possível sua denúncia pelo Poder Executivo sem a intervenção do Congresso Nacional. Do contrário, permitir-se-ia que uma norma de grau hierárquico bastante privilegiado pudesse ser retirada do mundo jurídico sem a intervenção de um órgão legislativo, e, ainda, que o Poder Executivo, por vontade exclusiva, reduzisse de maneira arbitrária o nível de proteção de direitos humanos garantido aos indivíduos no ordenamento jurídico nacional[251].

A Ação não teve ainda seu julgamento concluído, mas já tem três manifestações pela inconstitucionalidade (Maurício Correa, Carlos Britto e Joaquim Barbosa) e uma pela constitucionalidade (Nelson Jobim)[252].

Os opositores à denúncia unilateral da Convenção da OIT não são poucos. Corroborando os argumentos do tópico imediatamente anterior, manifesta-se Arnaldo Süssekind:

> Ora, as convenções de caráter normativo da OIT, inclusive a 158, precisamente porque têm por finalidade a integração das suas normas na legislação dos países que as ratificaram, atribuem a faculdade da denúncia ao *Membro* isto é, ao Estado e não ao respectivo *governo*. Destarte, a aprovação da Convenção 158 pelo Congresso Nacional (...) não importou em autorizar o Poder Executivo a denunciar a correspondente ratificação se e quando lhe aprouver, porque, juridicamente, Estado e Governo são entidades distintas e os textos da OIT fazem nitidamente essa distinção[253].

---

251 Informativo 549, de 2009, do STF.
252 Informativo 549, de 2009, do STF.
253 SÜSSEKIND, Arnaldo. *Direito Constitucional do Trabalho*. 2. ed. São Paulo: Renovar, 2001, p. 140.

A processualística de celebração dos tratados no Brasil consiste em *ato subjetivamente complexo*, envolvendo Executivo e Legislativo, e *essa dupla subjetividade* deve ser interpretada e aplicada nos *dois caminhos*, no acatamento e na desvinculação das normas internacionais. Adota-se a *teoria do ato contrário*[254], a denúncia deverá observar o procedimento previsto para aprovação. Caso contrário, dar-ser-iam *superpoderes* ao Chefe de Estado que, algumas vezes, não age orientado pelos ditames do bem comum. A utilização, ainda hoje, da denúncia unilateral não só fere o princípio da separação dos poderes, como também desmerece o novo papel do Parlamento após a redemocratização e afronta o Estado Democrático.

8.3.4.3.6.2. Denúncia dos tratados de direitos humanos

A denúncia de um tratado é modalidade de extinção do documento, consistindo em ato unilateral do Estado - mais especificamente, do Chefe de Estado, mediante Decreto – que manifesta a vontade de não mais se obrigar a uma norma internacional. Frise-se: não há a participação do Congresso Nacional no ato de denúncia, o que se critica veementemente, conforme acima ressaltado.

Desvincular-se, unilateralmente, de uma convenção comum sem a participação parlamentar já é criticável, ainda mais problemática e vulnerável a refutações é a denúncia quanto aos tratados de direitos humanos.

Conforme Convenção de Viena sobre Direito dos Tratados de 1969, em seu art. 56:

> Denúncia, ou Retirada, de um Tratado que não Contém Disposições sobre Extinção, Denúncia ou Retirada 1. Um tratado que não contém disposição relativa à sua extinção, e que não prevê denúncia ou retirada, não é suscetível de denúncia ou retirada, a não ser que: a) se estabeleça terem as partes tencionado admitir a possibilidade da denúncia ou retirada; ou b) um direito de denúncia ou retirada possa ser deduzido da natureza do tratado. 2. Uma parte deverá notificar, com pelo menos doze meses de antecedência, a sua intenção de denunciar ou de se retirar de um tratado, nos termos do parágrafo 1.

Quando incorporadas ao ordenamento nacional, as convenções protetivas das pessoas insuflam o compartimento de direitos presentes. Seria o ato unilateral denuncial *potente* a ponto de afastar ou extirpar tais *conquistas*? É entendimento moderno em crescimento o de que os tratados que versam sobre direitos humanos não sejam suscetíveis à denúncia.

Tal impossibilidade resta clara quando as convenções são aprovadas com os requisitos das emendas constitucionais, conforme § 3º do art. 5º da CF. Os direitos enunciados ficam resguardados pela cláusula pétrea direitos e garantias individuais, prevista no art. 60, § 4º, inc. IV, da Carta Magna.

Não se pode aceitar que a denúncia possa desfazer documento escrito celebrado com a participação de dois Poderes de Estado (Executivo e Legislativo). Ademais – respeitada a opinião sobre a possibilidade de recepção com fulcro somente no § 2º do art. 5º – as obrigações estatais e os direitos da pessoa vislumbrados nos documentos incorporados a nível *formal* e, *materialmente,* constitucional são inafastáveis:

---

[254] Cf. ROUSSEAU, Charles. *Droit International Public*. Paris: Recueil Sirey, 1953.

(...) se tais direitos internacionais passaram a compor o quadro constitucional, não só no campo material, mas também formal, não há como admitir que um ato isolado e solitário do Poder Executivo subtraia tais direitos do patrimônio popular – ainda que a possibilidade de denúncia esteja prevista nos próprios tratados de direitos humanos ratificados, como já apontado. É como se o Estado houvesse renunciado a essa prerrogativa de denúncia, em virtude da 'constitucionalização formal' do tratado no âmbito jurídico interno[255].

A denúncia de tratado de direitos humanos equivalente às emendas constitucionais pode gerar a responsabilização do Presidente da República, pela prática de crime de responsabilidade:

> De acordo com o § 3º do artigo 5º, uma vez aprovados os tratados de direitos humanos, em cada Casa do Congresso Nacional, em dois turnos, por três quintos dos votos dos respectivos membros, serão eles 'equivalentes às emendas constitucionais'. Passando a ser equivalentes às emendas constitucionais, isto significa que não poderão esses tratados ser denunciados mesmo com base em Projeto de Denúncia encaminhado pelo Presidente da República ao Congresso Nacional. Caso o presidente entenda por bem denunciar o tratado e realmente o denuncie (perceba-se que o Direito Internacional aceita a denúncia feita pelo Presidente, não se importando se, de acordo com seu direito interno, está ele autorizado ou não a denunciar o acordo), poderá ser responsabilizado por violar disposição expressa da Constituição (...)[256].

E as convenções da OIT? Podem ser denunciadas? São de direitos humanos? Elas são de direitos humanos, entretanto, são, na prática, denunciadas pelo Brasil; essa é a conduta, infelizmente, ainda predominante, acatada por parcela da doutrina[257] e pela própria estrutura normativa da OIT. Na prática, elas são denunciadas, o que já ocorrera, por exemplo, com a Convenção 158 da OIT. Mas insta relembrar que tramita no STF a Ação Direta nº 1625, que tem como objetivo a declaração de inconstitucionalidade do Decreto presidencial que denunciou a Convenção 158, e na qual se discute, principalmente, a impossibilidade de denúncia unilateral. No próprio voto do Ministro Joaquim Barbosa, de 2009, classifica-se o documento da OIT como de "direitos humanos", mas entende o douto Ministro ser possível a denúncia da Convenção 158 desde que com a anuência do Congresso[258].

8.3.4.4. Monistas e dualistas

Há celeuma interminável que circunda os bancos acadêmicos sobre as relações entre o Direito Internacional e o Direito Interno. Face a essa indefinição de qual modelo seja adotado no Brasil, a divisão entre **monistas** e **dualistas** tem cada vez menos importância. O próprio STF já se manifestou que "é no texto constitucional que se

---

255 PIOVESAN, Flávia. *Tratados internacionais de direitos humanos e a reforma do Judiciário*. Direitos fundamentais: estudos em homenagem ao Professor Ricardo Lobo Torres. Rio de Janeiro: Renovar, 2006, p. 425.
256 MAZZUOLI, V. O. O novo § 3º do artigo 5º da Constituição e sua eficácia, cit., p. 192.
257 FERNANDES, António Monteiro. *Direito do Trabalho*. 14. ed. Coimbra: Almedina, 2009, p. 74.
258 Informativo 549, de 2009, do STF.

deve buscar a solução normativa para a questão da incorporação dos tratados" e, não, na "controvérsia doutrinária que antagoniza monistas e dualistas"[259].

Todavia, no presente trabalho, é indeclinável a missão de desenvolver as teorias. Encabeçando o grupo dos defensores da **tese dualista** está Karl H. Triepel[260]. Na corrente dualista não haveria conflito entre tratados e normas internas, pois ela concebe a existência de duas ordens jurídicas independentes e autônomas, uma composta pelas normas internas e outra pelas internacionais. O tratado, para ser aplicado nacionalmente, precisa de um procedimento expresso, solene e próprio, ou seja, não haveria aceitação imediata, sendo que a simples ratificação não seria suficiente para a vigência interna. Há a necessidade de internalização por meio de ato nacional complementar; é a adoção da *teoria da mediatização*. Esta vertente supervaloriza a lei ordinária frente ao tratado.

O dualismo ainda pode ser classificado em *radical* ou *moderado*. O radical exige uma dupla atuação do Parlamento, devendo, ao final do processo de celebração, ser editada lei para que o documento internacional seja, efetivamente, internalizado. Já o moderado, se encaixaria nas quatro fases acima expostas, em que há uma manifestação do Parlamento brasileiro, a ratificação pelo Presidente e a elaboração de decreto executório (promulgação e publicação). Por essa razão, a maioria da doutrina brasileira afirma que o modelo brasileiro é o do dualismo.

Já o **monismo** contrapõe-se ao dualismo e tem como principal expoente Hans Kelsen[261]. Conforme Albuquerque Mello, o monismo consiste na tese de que há uma única ordem jurídica, dentro da qual habitariam normas nacionais e internacionais[262]. Tal corrente também sofre ramificações: *monismo nacionalista* – primazia do Direito interno frente ao Internacional, uma lei ordinária estaria, hierarquicamente, acima de um tratado internacional; *monismo internacionalista* – supremacia do Direito Internacional frente ao nacional, um tratado estaria, hierarquicamente, acima de uma lei ordinária; e *monismo moderado* – lei ordinária e tratado se situariam no mesmo patamar, trata-se da *paridade hierárquica*, cujo eventual conflito seria solucionado com base nos critérios da especialidade (*lex specialis derogat legi generali*) e da cronologia (*lex posterior derrogat priori*), que podem ser encontrados no art. 5º da LINDB (Lei de Introdução às Normas do Direito Brasileiro)[263].

Não há orientação segura e pacífica sobre a situação no Brasil, muitos fatores influem para tanto. Primeiro, a CF não é clara e, muito menos, expressa sobre a recepção das normas internacionais. E mais, o próprio STF não se manifestou ainda a contento, de forma a dar fim aos debates. Já quanto à doutrina, para desalento: oscila vertiginosamente!

---

259 Conforme ADIN 1.480, do STF, várias vezes já citada na presente obra.
260 Cf. TRIEPEL, Karl Heinrich. *As relações entre o direito interno e o direito internacional*. Tradução de Amílcar de Castro. Sem Editora, 1964.
261 KELSEN, Hans. *Teoria geral do direito e do Estado*. São Paulo: Martins Fontes, 1998, p. 515 *et seq.*
262 MELLO, C. D. A. *Curso de Direito Internacional...*, cit., pp. 111-112.
263 Trata-se da antiga LICC, ou seja, Lei de Introdução ao Código Civil, que foi rebatizada de Lei de Introdução às Normas do Direito Brasileiro (LINDB), conforme Lei 12.376, de 2010.

Mas, dentro dessa obscuridade, é indelével apresentar fechamentos interpretativos, com o fim de adotarmos um posicionamento.

Em sede jurisprudencial, é importante reconhecer que prepondera o entendimento de que a posição do STF é pelo monismo. Os demais tribunais assim já se manifestaram: "O STF já fixou o entendimento de que o sistema constitucional brasileiro segue a teoria monista do direito internacional"[264] e "Prevalência da teoria monista na República Federativa do Brasil"[265]. Entretanto, a própria jurisprudência da Corte suprema (citada literalmente acima), ao exigir o decreto executório do Presidente para internalização dos tratados (promulgação e publicação), não bastando a ratificação, encaixa-se ao que se estudou sobre o dualismo na feição moderada.

Assim, é com base nessa situação narrada que a doutrina majoritária pende para o dualismo[266]: "(...) é necessário salientar que, por opção do legislador constituinte brasileiro de 1988, adotou a nossa Constituição o modelo dualista (...). Isso se depreende dos artigos 84, incisos VII e VIII, 49, inciso I, e 59, inciso V, art. 102, III b, todos da Constituição da República brasileira"[267]. Nessa linha, é necessário destacar que:

> A doutrina predominante tem entendido que, em face do vazio e silêncio constitucional, o Brasil adota a corrente dualista, pela qual há duas ordens jurídicas diversas: a ordem interna e a ordem internacional. Para que o tratado ratificado produza efeitos no ordenamento jurídico interno, faz-se necessária a edição de um ato normativo nacional. No caso brasileiro, este ato tem sido um decreto de execução, expedido pelo Presidente da República, com a finalidade de conferir execução e cumprimento ao tratado ratificado no âmbito interno[268].

Mesmo que majoritária a orientação doutrinária pelo dualismo e, ainda que seja, aparentemente, contraditória a afirmação de que o STF é monista, pois possui jurisprudência com "cara" de dualista, nossa posição é pelo monismo. Esse modo de pensar tem cada vez mais adeptos, sendo hoje a matriz mais condizente com as normas internacionais e com a Constituição Federal.

A adoção do modelo monista ganha forças, especialmente, no que toca ao Direito Internacional dos Direitos Humanos. Filiando-se ao monismo e explicando a consequência prática para a incorporação dos tratados humanitários, está a professora Flávia Piovesan. Esta destaca a desnecessidade de promulgação e publi-

---

264 AC 200451015348080, Des. Rel. Liliane Roriz, TRF 2, DJU 21/05/2007.
265 AMS 200184000097476, Des. Rel. José Maria Lucena, TRF 5, DJ 25/08/2004.
266 "O método adotado no direito constitucional brasileiro tem sido comumente classificado como dualista." CRIVELLI, Ericson. *Direito Internacional do Trabalho Contemporâneo*. São Paulo: Ltr, 2010, p. 73.
267 ARAUJO, Luis Gustavo. A incorporação dos tratados de proteção internacional de direitos humanos e as normas do direito interno: consolidações e críticas. *Revista Liberdades*, n. 6, jan-abr, 2011, p. 06.
268 GOMES, Luiz Flávio; PIOVESAN, Flávia. *O Sistema Interamericano de Proteção dos Direitos Humanos e o Direito Brasileiro*. São Paulo: RT, 2000, pp. 158-59.

cação das normas internacionais humanitárias, pois tais documentos têm *aplicabilidade imediata, bastando a sua ratificação*²⁶⁹ e *dispensando-se o decreto executório* do Presidente; afinal, as ordens interna e internacional são interdependentes.

Respeitados os entendimentos antagônicos e as polêmicas presentes, acata-se o *monismo* sob a forma *internacionalista*, porque as normas sobre direitos humanos estão acima da legislação ordinária (onde devem residir as convenções da OIT). A supremacia convencional encontra guarida, inclusive, no Código Tributário Nacional (CTN)²⁷⁰ ²⁷¹ e no Código de Processo Penal Militar (CPPM)²⁷².

8.3.4.5. A posição dos tratados internacionais de direitos humanos no Brasil

Devido à complexidade do tema e levando em conta a natureza da obra, dissertaremos sobre a aplicação dos tratados com base na jurisprudência do STF.

O posicionamento do Supremo Tribunal Federal, desde os anos 70 (RE 80.004, de 1977), sempre foi o de aceitar a paridade hierárquica entre todos os tratados internacionais (de direitos humanos ou não) e a legislação ordinária. Sendo assim, como um tratado restaria no mesmo nível valorativo de uma lei, qualquer conflito entre ambos poderia ser solucionado pelos *critérios da especialidade e da cronologia*. Para os defensores do monismo, estaria o STF consagrando o monismo na forma moderada.

Ocorre que, hoje, para responder à pergunta sobre a aplicação e sobre a posição dos tratados no ordenamento jurídico brasileiro, conforme o STF, deve ser feita distinção entre **tratados comuns ou tradicionais** (que não versam sobre direitos humanos) e tratados **sobre direitos humanos**.

---

269 PIOVESAN, Flávia. *Direitos humanos e o direito constitucional internacional*, cit., p. 111.
270 Art. 98 do CTN: "Os tratados e as convenções internacionais revogam ou modificam a legislação tributária interna, e serão observados pela que lhes sobrevenha."
271 Quanto aos tratados em matéria tributária, atentar para a isenção heterônoma: "EMENTA: AGRAVO REGIMENTAL. ICMS. ACORDO GERAL DE TARIFAS E COMÉRCIO - GATT. RECEPÇÃO PELA CONSTITUIÇÃO FEDERAL DE 1988. COMPETÊNCIA DO CHEFE DE ESTADO PARA FIRMAR TRATADOS INTERNACIONAIS. ISENÇÃO HETERÔNOMA. NÃO-OCORRÊNCIA. A decisão agravada está em conformidade com o entendimento firmado pelo Plenário desta Corte no julgamento do RE 229.096 (rel. orig. min. Ilmar Galvão, rel. p/ acórdão min. Cármen Lúcia, Pleno, DJ de 11.04.2008), no qual foi dado provimento a recurso extraordinário interposto contra acórdão que entendera não-recepcionada pela Constituição federal de 1988 a isenção de ICMS relativa à mercadoria importada de país signatário do Gatt, quando isento de similar nacional. Entendeu a Corte que a limitação prevista no art. 151, III, da Constituição (isenção heterônoma) não se aplica às hipóteses em que a União atua como sujeito de direito na ordem internacional. Agravo regimental a que se nega provimento." (AI 223336, Rel. Min. Joaquim Barbosa, 2ª T. – STF, J. 21/10/2008).
272 Art. 1º do CPPM: "O processo penal militar reger-se-á pelas normas contidas neste Código, assim em tempo de paz como em tempo de guerra, salvo legislação especial que lhe for estritamente aplicável. Divergência de normas 1º Nos casos concretos, se houver divergência entre essas normas e as de convenção ou tratado de que o Brasil seja signatário, prevalecerão as últimas."

220 | Capítulo 1

Quanto aos comuns, a posição do Supremo ainda é a mesma desde 1977, ou seja, eles têm o mesmo valor de uma lei ordinária. Aplica-se, portanto, em caso de conflito, os critérios acima citados. Este é o entendimento atual quanto aos tratados não consagradores de artigos protetores da pessoa humana. Para os monistas, o STF estaria consagrando, em relação às convenções tradicionais, o monismo moderado.

A inovação, ainda que tímida, diz respeito à aplicação dos tratados sobre direitos humanos.

Tudo começou com a discussão sobre a possibilidade ou não de prisão civil de depositário infiel. O assunto já encontra, por sinal, consagração na Súmula Vinculante 25 do STF: "É ilícita a prisão civil de depositário infiel, qualquer que seja a modalidade do depósito"[273]. Veja que a Súmula não permite a prisão civil de depositário infiel de qualquer modalidade, independentemente de ser contratual ou judicial.

O primeiro precedente do Supremo que fomentou a edição do entendimento sumular vinculante foi o RE 466.343, de 2005 (com decisão publicada em 12/12/2008)[274], o que caracterizou um passo importante no caminhar do STF para se tornar uma Corte efetivamente humanizada e democrática, na linha do Estado Democrático de Direito de 1988. O princípio de interpretação da norma mais favorável à vítima (*pro homine*) influenciou a redação do Acórdão, haja vista que o Tribunal escolheu para aplicação a norma mais favorável à pessoa, norma esta que foi objeto de um processo de *revalorização* frente às demais fontes do Direito interno.

No RE 466.343, que teve como Relator o Ministro Cezar Peluso, foi negado provimento e foi acatada a tese da *supralegalidade*. A prisão civil do depositário infiel foi considerada incompatível com o Pacto de San Jose da Costa Rica, o qual, com essa nossa jurisprudência, passa a ter o caráter *supralegal* (acima da legislação ordinária e abaixo da CF). O documento supralegal precisa ser compatível com a CF, tanto que é objeto de controle abstrato de constitucionalidade, afinal, conforme já exarado pelo Pretório Excelso, o exercício do *treaty-making power* pelo Estado brasileiro "está sujeito à observância das limitações jurídicas emergentes do texto constitucional. Os tratados celebrados pelo Brasil estão subordinados à autoridade normativa da Constituição da República"[275].

Com a realocação valorativa na pirâmide normativa brasileira, o Direito Internacional dos Direitos Humanos passa a exigir uma *dupla compatibilidade vertical* das normas infraconstitucionais, já que estas devem ser compatíveis com a Constituição (controle de constitucionalidade) e com as convenções sobre direitos do homem (controle de convencionalidade).

---

273 Precedentes importantes para a edição da Súmula, todos os STF: RE 562.051; RE 349.703; RE 466.343; HC 87.585; HC 95.967; HC 91.950; HC 93.435; HC 96.687; HC 96.582; HC 90.172; HC 95.170.
274 Dessa histórica decisão muitos outros julgados surgiram, basta leitura dos Informativos 471, 477, 498 e 531, do STF.
275 MI 772, Rel. Min. Celso de Mello, Pleno – STF, J. 24/10/2007.

A supralegalidade das normas humanitárias espraiou-se pelas Cortes nacionais, como no STJ:

> A Convenção Americana sobre Direitos Humanos, em seu art. 7º, § 7º, vedou a prisão civil do depositário infiel, ressalvada a hipótese do devedor de alimentos. Contudo, a jurisprudência pátria sempre admitiu a constitucionalidade do art. 5º, LXVII, da CF/1988, o qual prevê expressamente a prisão do depositário infiel. Isso em razão de o referido tratado internacional ter ingressado em nosso ordenamento jurídico na qualidade de norma infraconstitucional, porquanto, com a promulgação da Constituição de 1988, inadmissível seu recebimento com força de emenda constitucional. A edição da EC n. 45/2004 acresceu ao art. 5º da CF/1988 o § 3º, estabelecendo novo panorama nos acordos internacionais relativos a direitos humanos em território nacional. A CF/1988, de índole pós-positivista e fundamento de todo o ordenamento jurídico, expressa, como vontade popular, que a República Federativa do Brasil, formada pela união indissolúvel dos estados, municípios e do Distrito Federal, constitui-se em Estado democrático de direito e tem como um dos seus fundamentos a dignidade da pessoa humana como instrumento realizador de seu ideário de construção de uma sociedade justa e solidária. **O *Pretório Excelso*, realizando interpretação sistemática dos direitos humanos fundamentais, promoveu considerável mudança acerca do tema em foco, assegurando os valores supremos do texto magno. O órgão pleno da Excelsa Corte, por ocasião do histórico julgamento do RE 466.343-SP, Relator Min. Cezar Peluso, reconheceu que os tratados de direitos humanos têm hierarquia superior à lei ordinária, ostentando status normativo supralegal, o que significa que toda lei antagônica às normas emanadas de tratados internacionais sobre direitos humanos é destituída de validade, máxime em face do efeito paralisante dos referidos tratados em relação às normas infralegais autorizadoras da custódia do depositário infiel. Dessa forma, no plano material, as regras provindas da Convenção Americana de Direitos Humanos, em relação às normas internas, são ampliativas do exercício do direito fundamental à liberdade, razão pela qual paralisam a eficácia normativa da regra interna em sentido contrário**, haja vista que não se trata aqui de revogação, mas de invalidade. Precedentes citados do STF: RE 253.071-GO, DJ 29/6/2001; RE 206.482-SP, DJ 5/9/2003; HC 96.772-SP, DJe 21/8/2009; do STJ: RHC 26.120-SP, DJe 15/10/2009; HC 139.812-RS, DJe 14/9/2009; AgRg no Ag 1.135.369-SP, DJe 28/9/2009; RHC 25.071-RS, DJe 14/10/2009; EDcl no REsp 755.479-RS, DJe 11/5/2009; REsp 792.020-RS, DJe 19/2/2009, e HC 96.180-SP, DJe 9/2/2009[276]. (grifo nosso)

É imprescindível ressaltar que a teoria da supralegalidade, vitoriosa no *Pretório Excelso*, é condizente com o recente texto do § 3º do art. 5º da CF. Um tratado de direitos humanos poderá ser aprovado pelo Congresso com os requisitos das emendas constitucionais, ingressando em nosso ordenamento, material e formalmente, com força de norma constitucional, assim não o sendo apenas *descerá* um nível da pirâmide, ao patamar de fonte supralegal.

Resta, destarte, *desenhar* a resposta ao seguinte questionamento: quais *andares* podem ser *habitados* pela norma internacional sobre direitos dos homens?

---

276 REsp 914.253-SP, Rel. Min. Luiz Fux, STJ, J. 02/12/2009.

SUPRACONSTITUCIONAL	• O tratado sobre direitos humanos estaria acima da Constituição. Tese ainda não consagrada no Brasil. Apenas levantada pontualmente por alguns doutrinadores, como o Emérito Professor Celso D. Albuquerque Mello. Há quem tente sustentar que, com arrimo no § 4º do art. 5º da CF[277,] haveria abertura para a *supraconstitucionalidade*[278] no Brasil.
CONSTITUCIONAL	• Antes mesmo do atual § 3º[279] do art. 5º da CF (equivalente às emendas), já se defendia a possibilidade de recepção dos tratados de direitos humanos com valor *material* de norma constitucional[280,] só que com base na *cláusula material* ou *de abertura* do § 2º[281] do mesmo art. 5º, posição esta adotada pelo Professor Arnaldo Süssekind[282.] Esse foi também o voto (vencido) do Ministro Celso de Mello do STF, durante o julgamento do RE 466.343. Agora, com o mencionado § 3º, as convenções de direitos humanos podem ter, *material e formalmente*, valor de norma constitucional.
SUPRALEGAL	• Se não equivalentes às emendas constitucionais, as convenções de direitos do homem são *supralegais*, acima da lei e abaixo da CF. Esse é o valor mínimo que podem possuir. Essa foi a tese vencedora norteada pelo voto do Ministro Gilmar Mendes, do STF, quando do julgamento do RE 466.343.

---

277 O § 4º do art. 5º da CF: "O Brasil se submete à jurisdição de Tribunal Penal Internacional a cuja criação tenha manifestado adesão."
278 Cf. GOMES, Luis Flávio; MAZZUOLI, Valério de Oliveira. *Direito Supraconstitucional*: Do absolutismo ao Estado Constitucional e Humanista de Direito. Col. Direito e Ciências afins. V. 5. São Paulo: Revista dos Tribunais, 2010, p. 80 *et seq*.
279 O § 3º do art. 5º da CF: "Os tratados e convenções internacionais sobre direitos humanos que forem aprovados, em cada Casa do Congresso Nacional, em dois turnos, por três quintos dos votos dos respectivos membros, serão equivalentes às emendas constitucionais."
280 "No nosso entender a diferença existe, e nela está fundada a única e exclusiva serventia do imperfeito § 3º do artigo 5º da Constituição, fruto da Emenda Constitucional nº 45/2004. Falar que um tratado tem 'status de norma constitucional' é o mesmo que dizer que ele integra o bloco de constitucionalidade material (e não formal) da nossa Carta Magna, o que é menos amplo que dizer que ele é 'equivalente a uma emenda constitucional', o que significa que esse mesmo tratado já integra formalmente (além de materialmente) o texto constitucional. Perceba-se que, neste último caso, o tratado assim aprovado será, além de materialmente constitucional, também formalmente constitucional. Assim, fazendo-se uma interpretação sistemática do texto constitucional em vigor, a constitucionais e internacionais de garantismo jurídico e de proteção à dignidade humana, chega-se à seguinte conclusão: o que o texto constitucional reformado quis dizer é que esses tratados de direitos humanos ratificados pelo Brasil, que já têm status de norma constitucional, nos termos do § 2º do artigo 5º, poderão ainda ser formalmente constitucionais (ou seja, ser equivalentes às emendas constitucionais), desde que, a qualquer momento, depois de sua entrada em vigor, sejam aprovados pelo quorum do § 3º do mesmo artigo 5º da Constituição." MAZZUOLI, Valério de Oliveira. O novo § 3º do artigo 5º da Constituição e sua eficácia. In: GOMES, Eduardo Biacchi; REIS, Tarcísio Hardman (coord.). *O direito constitucional internacional após a emenda 45/04 e os direitos fundamentais*. São Paulo: Lex Editora, 2007, p. 186.
281 O § 2º do art. 5º da CF: "Os direitos e garantias expressos nesta Constituição não excluem outros decorrentes do regime e dos princípios por ela adotados, ou dos tratados internacionais em que a República Federativa do Brasil seja parte."
282 SÜSSEKIND, A. *Direito Constitucional do Trabalho*, cit. p. 70.

SUPRALEGAL	• Hoje, "a produção da legislação ordinária, doravante, está sujeita não mais a uma senão a duas compatibilidades verticais (teoria de dupla compatibilidade vertical): toda produção legislativa ordinária deve ser compatível com a Constituição bem como com os Tratados de Direitos Humanos. A lei que conflita com a Constituição é inconstitucional; se se trata de lei antinômica anterior à Constituição de 1988 fala-se em não-recepção; a lei que conflita com os TDH é inválida (vigente, mas inválida), mesmo que se trate de lei anterior à sua vigência no Direito interno"[283.]
LEGAL	• Na atualidade, somente os tratados tradicionais ou comuns podem *habitar* esse *andar* térreo do *prédio* normativo brasileiro, o que configura a *paridade hierárquica* há décadas já aplicada pelo STF.

Em relação aos tratados de direitos humanos incorporados antes da inclusão do § 3º do art. 5º da CF, o que ocorreu em 2004, também não pairam dúvidas em galgá-los, no mínimo, ao caráter supralegal. Agora, nada impede, conforme vem se entendendo de forma majoritária, que o Congresso os reaprecie e os eleve à categoria de equivalentes às emendas constitucionais[284]. Nesse sentido, não poderia ser relegada a manifestação do próprio Ministro Gilmar Mendes, que assim se manifesta:

> Nesse sentido, é possível concluir que, diante da supremacia da Constituição sobre os atos normativos internacionais, a previsão da prisão civil do depositário infiel (art. 5º, LXVII) não foi revogada pela adesão do Brasil ao Pacto Internacional dos Direitos Civis e Políticos (art. 11) e à Convenção Americana sobre Direitos Humanos – Pacto de San Jose da Costa Rica (art. 7º, 7), mas deixou de ter aplicabilidade diante do efeito paralisante desses tratados em relação à legislação infraconstitucional (...) Tendo em vista o caráter supralegal (...). De qualquer forma, o legislador constitucional não fica impedido de submeter o Pacto Internacional dos Direitos Civis e Políticos e a Convenção Americana sobre Direitos Humanos – Pacto de San Jose da Costa Rica, além de outros tratados de direitos humanos, ao procedimento especial de aprovação previsto no art. 5º, § 3º, da Constituição, tal como definido pela EC n. 45/2004, conferindo-lhe *status* de emenda constitucional[285].

Se as convenções sobre direitos do homem possuem, no mínimo, valor supralegal, cabe, então, gizar que a legislação ordinária brasileira, além da tradicional compatibilidade constitucional, deve guardar compatibilidade convencional.

8.3.4.6. Controle jurisdicional da convencionalidade

Pesquisados os assuntos mais relevantes do Direito dos Tratados e, no término do item, tendo sido trabalhado o *status* do Direito Internacional dos Direitos

---

283 GOMES, Luiz Flávio. *Estado constitucional de direito e a nova pirâmide jurídica*. São Paulo: Premier Máxima, 2008, p. 01.
284 PEDRAS, Cristiano Villela. A Incorporação dos Tratados de Direitos Humanos na Constituição. *Estado de Direito*, nº 26, ano IV, 2010, p. 22.
285 MENDES, Gilmar Ferreira; COELHO, Inocêncio Mártires; BRANCO, Paulo Gustavo Gonet. *Curso de Direito Constitucional*. 4. ed. São Paulo: Saraiva, 2009, p. 755.

Humanos no Brasil, de acordo com o STF, resta, então, tecer considerações sobre temática de recente surgimento, o *controle jurisdicional da convencionalidade*[286].

Tentar-se-á compreender o assunto partindo-se da premissa de que os tratados de direitos humanos podem tem valor constitucional (equivalentes às emendas, conforme § 3º do art. 5º da CF) ou supralegal (de acordo com recente posição do Supremo).

Se a intenção é delinear sobre controle, isso induz à ideia de que há normas superiores e normas inferiores. Independentemente do caráter da convenção sobre direitos humanos (se supralegal ou se equivalente às EC), fato é que a legislação infraconstitucional interna não pode prevalecer sobre os ditames internacionais convencionais humanistas. Logo se percebe que, atualmente, as leis devem ostentar dupla compatibilidade vertical, atendendendo ao texto da CF (controle de constitucionalidade) e ao texto das convenções de direitos humanos (controle de convencionalidade).

Os tratados de direitos humanos com *status* supralegal – que foram incorporados antes da EC 45 de 2004 ou que, embora posteriores, não foram aprovados com os requisitos das emendas – caracterizam-se por veicularem normas que estão acima da legislação ordinária e abaixo da CF; é a situação do já referido Pacto de São José da Costa Rica ou Convenção Americana de Direitos Humanos. Logo, as leis internas do Brasil que contrariem o disciplinado em tratado supralegal podem ser consideradas ilegais.

Tal ilegalidade é passível de manifestação concreta por qualquer magistrado no trâmite de um processo, independentemente de provocação. Não é juridicamente possível, nesses casos, o recurso à Ação Direta de Inconstitucionalidade, Ação Declaratória de Constitucionalidade e Arguição de Descumprimento de Preceito Fundamental, pela simples razão de não se tratar de afronta à preceito constitucional, mas sim supralegal.

De outra banda, se uma lei contrariar tratado de direitos humanos inserido no ordenamento interno pelo regime do § 3º do art. 5º, ou seja, material e formalmente constitucional, há uma situação de inconstitucionalidade. E essa *mácula* pode ser combatida por meio de dois caminhos, quais sejam: o *sistema difuso*, em que o juiz reconhece a inconstitucionalidade no desenrolar de processo, independentemente de provocação; e o *sistema concentrado*, dentro do qual o STF conhece da inconstitucionalidade por provocação, conforme arts. 102 e 103 da CF, mediante julgamento nas Ações Direta, Declaratória e de Arguição de Descumprimento.

8.4. Questões comentadas – Juiz do Trabalho

(TRT 12ª Região - 2002) Leia atentamente as proposições abaixo e indique a alternativa correta:

I. tratado é o acordo internacional celebrado por escrito entre Estados e regido pelo direito internacional, constante de um instrumento único ou de dois ou mais instrumentos conexos e qualquer que seja sua denominação particular;

---

[286] Principal obra sobre o tema: MAZZUOLI, Valério de Oliveira. *O Controle Jurisdicional da Convencionalidade das Leis*. São Paulo: Revista dos Tribunais, 2009. O autor afirma haver quatro modalidades de controle das leis: de legalidade, de supralegalidade, de convencionalidade e de constitucionalidade.

II. são classificados como fechados os tratados que não permitem a adesão de outros sujeitos, restringindo-se, exclusivamente, aos contratantes;

III. não se pode confundir a vigência de um tratado no âmbito internacional com sua vigência no plano nacional, porquanto aquela constitui pressuposto essencial para que o instrumento ratificado possa ter eficácia jurídica em relação ao Estado que o ratificou;

IV. além da "denúncia expressa", que deverá observar as condições expostas, as convenções da OIT prevêem a "denúncia tácita", resultante da ratificação do instrumento de revisão da convenção anteriormente ratificada;

V. as recomendações e as resoluções aprovadas por conferências de organismos internacionais, ou alguns de seus órgãos, não são tratados, sendo insusceptíveis de ratificação.

a) todas as proposições são corretas.
b) todas as proposições são incorretas.
c) apenas uma proposição é correta.
d) apenas duas proposições são corretas.
e) apenas três proposições são corretas.

Gabarito	Comentários
A	• Conforme Convenção de Viena sobre Direito dos Tratados de 1969, tratado é um acordo internacional, celebrado entre Estados, na forma escrita, regido pelo Direito Internacional, constante de um instrumento único ou de dois ou mais instrumentos conexos e sem uma denominação particular ou específica. Há diferentes formas de classificá-los, uma delas é que podem ser tidos como abertos ou fechados. Nesta última situação, não permitem o ingresso de outros sujeitos. As convenções da OIT são tratados multilaterais abertos. • Os tratados, para produzirem efeitos, no Brasil, transcorrem o processo de celebração (4 fases solenes), que envolve Executivo e Legislativo. Diferenciam-se vigência internacional do tratado e vigência nacional. A primeira diz respeito ao documento em si, quando, por exemplo, atinge um número mínimo de ratificações (ratificação condicionada) e passa a vigorar internacionalmente. Agora, para ser aplicado internamente, ter vigência nacional, precisa ser recepcionado. • Há peculiaridades quanto às convenções da OIT, como na fase de negociações, submissão à autoridade interna e ratificação. Quanto à denúncia, além da expressa, é possível a denúncia tácita, resultante da ratificação do instrumento de revisão de convenção anteriormente ratificada. • Diferentemente das convenções (tratados em sentido técnico), as recomendações e as resoluções são insusceptíveis de ratificação pelo Presidente.

(**TRT 5ª Região – 2006**) O STF, ao julgar a aplicabilidade de tratados celebrados pelo Brasil no âmbito do MERCOSUL, decidiu pela inconstitucionalidade da recepção plena e automática das normas de direito internacional, mesmo daquelas que, elaboradas no contexto da integração regional, representam a expressão de um direito comunitário. Segundo o entendimento exposto na decisão, é necessário que a norma internacional seja transposta para a ordem jurídica nacional de acordo com os instrumentos constitucionais que consagram a sua recepção. A decisão do STF acima mencionada consagra o

a) princípio da coordenação.
b) monismo internacionalista.
c) dualismo.
d) monismo nacionalista.
e) preceito da jurisdição una.

Gabarito	Comentários
D	• A questão trata do monismo e do dualismo. Deveria ter sido anulada, face a não sedimentação do tema, tanto que o próprio gabarito (letra D) não está de todo correto, além disso, a letra C não está de toda errada. • A doutrina majoritária pende para a corrente dualista. A jurisprudência indica que o STF optou pelo monismo, embora a decisão indicada no enunciado da questão tenha mais relação com o dualismo. Trata-se de assunto polêmico, que deve ser relido no tópico específico do livro. • Como o examinador indicou como correta a letra D (monismo nacionalista), assim nos manifestaremos. Entendeu a banca que o STF é monista. O monismo é, sem dúvidas, a corrente mais abalizada, adotada, por exemplo, pelo professor Arnaldo Süssekind. Como a banca do TRT da 5ª Região, de 2006, partiu da premissa de que o Supremo é monista (o que prepondera nos concursos da área trabalhista), restaram duas alternativas: a letra B (monismo internacionalista) e a letra D (monismo nacionalista). Certo é que não se trata do monismo na forma internacionalista, porque realmente a Corte não deu mais valor ao tratado, restando, assim, somente o monismo na feição nacionalista (letra D).

(TRT 5ª Região – 2006) Acerca das convenções internacionais e da imunidade de jurisdição, assinale a opção correta.
a) A ratificação de convenção da Organização Internacional do Trabalho (OIT) não importa revogação ou alteração de qualquer lei, sentença, costume ou acordo que garanta aos trabalhadores condições mais favoráveis.
b) Os tratados e convenções internacionais sobre direitos humanos são equivalentes a lei complementar, quando aprovados em cada Casa do Congresso Nacional, em dois turnos, por três quintos dos votos dos respectivos membros.
c) A imunidade dos membros de quadro diplomático alcança as reconvenções apresentadas em ações por eles próprios ajuizadas.
d) Segundo jurisprudência do Tribunal Superior do Trabalho, a imunidade à execução de crédito na justiça do trabalho alcança os bens de missão diplomática, inclusive os bens que não estejam afetos às atividades da missão.
e) O diplomata pode renunciar à imunidade de jurisdição.

Gabarito	Comentários
A	• Conforme art. 19 da Constituição da OIT: "8. Em caso algum, a adoção de uma convenção ou de uma recomendação pela Conferência, ou a ratificação de uma convenção por um Membro devem ser consideradas como podendo afetar qualquer lei, qualquer sentença, qualquer costume ou qualquer acordo que assegurem condições mais favoráveis para os trabalhadores interessados que as previstas pela convenção ou recomendação".

Gabarito	Comentários
	• Conciliando a jurisprudência atual do Supremo (RE 466.343) com a nova redação do § 3º do art. 5º da CF, conclui-se que um tratado de direitos humanos poderá ser equivalente às emendas constitucionais ou, no mínimo, terá *status* supralegal (acima da lei e abaixo da Constituição). • As imunidades dos agentes diplomáticos e de seus familiares são extremamente amplas, com poucas exceções (ex.: reconvenção). É possível, inclusive, a renúncia, só que apenas pelo Estado que os envia. • Segundo a jurisprudência do STF, é possível a instauração de processo de conhecimento contra Estado estrangeiro em questões trabalhistas, todavia, a execução se mostra, em tese, inviável, face aos bens das missões e das repartições não serem suscetíveis de medidas de execução. Levando em conta essa impossibilidade, há outras soluções práticas: renúncia expressa à imunidade pelo Estado; expedição de carta rogatória; pagamento voluntário pelo Estado; ou busca de bens desafetados (não utilizados para a missão).

(**TRT 21ª Região – 2010**) Examine as assertivas abaixo e indique, a seguir, a resposta correta:

I. as normas de um tratado internacional sobre direitos humanos, devidamente incorporado ao direito brasileiro, poderão integrar o elenco das denominadas "cláusulas pétreas" constitucionais;

II. a denúncia é ato unilateral pelo qual o Estado requer a extinção de Convenção ou Tratado Internacional em vigor em vários outros Estados, por força da caducidade das suas normas;

III. os Tratados Internacionais somente podem ser firmados pelos Estados, não se admitindo a participação de outros sujeitos;

IV. os Tratados Internacionais devidamente incorporados ao direito brasileiro submetem-se ao controle abstrato de constitucionalidade, por força da natureza jurídica das suas normas;

V. as convenções internacionais sobre direitos humanos que forem aprovadas apenas por maioria simples em cada casa do Congresso Nacional brasileiro não adquirem vigência normativa própria dos Tratados.

a) apenas as assertivas I, III e IV estão corretas.
b) apenas as assertivas I, III e V estão corretas.
c) apenas as assertivas II e V estão corretas.
d) apenas as assertivas I e IV estão corretas.
e) apenas as assertivas II, III e V estão corretas.

Gabarito	Comentários
D	• Os tratados internacionais, suscetíveis de controle abstrato de constitucionalidade e que podem ser celebrados por Estados e OI, podem ser denunciados. O ato de denúncia, no Brasil, é feito de forma unilateral pelo Presidente da República, e tem como fim afastar a obrigatoriedade do documento para o Estado brasileiro. Entende-se que não é possível a denúncia dos tratados de direitos humanos, e um dos principais argumentos é que os direitos previstos, após a celebração do documento, integram o elenco das cláusulas pétreas.

Gabarito	Comentários

	• § 3º do art. 5º da CF: "Os tratados e convenções internacionais sobre direitos humanos que forem aprovados, em cada Casa do Congresso Nacional, em dois turnos, por três quintos dos votos dos respectivos membros, serão equivalentes às emendas constitucionais".
	• O processo de celebração dos tratados: 1 – negociações preliminares e assinatura; 2 – manifestação do Congresso Nacional, conforme art. 49, inc. I, da CF; 3 – ratificação do Chefe de Estado; e 4 – promulgação e publicação.
	• Veja o inc. I do art. 49 da CF: "É da competência exclusiva do Congresso Nacional: I - resolver definitivamente sobre tratados, acordos ou atos internacionais que acarretem encargos ou compromissos gravosos ao patrimônio nacional;". OBS.: A expressão "resolver definitivamente" deve ser lida com parcimônia, pois não se confunde com o ato de ratificação que é de competência do Presidente. Ademais, o Congresso só resolve definitivamente, com o término do processo de celebração, quando rejeita a convenção, impedindo, assim, a ratificação.
	• Posiçao dos tratados de direitos humanos:
	  • Os tratados de DH têm caráter supraconstitucional. Entendimento do professor Celso D. A. Mello, minoritário.
	  • Os tratados de DH têm força de norma constitucional. O Ministro Celso de Mello, do STF, durante o julgamento do RE 466.343, defendeu que tem valor de norma constitucional no sentido material, com base na cláusula de abertura do § 2º do art. 5º da CF (voto vencido). Hoje, para que sejam equivalentes às emendas constitucionais, faz-se mister serem aprovados com os requisitos do § 3º do art. 5º, quando, então, terão valor de norma constitucional em sentido material e formal.
	  • Caso não aprovados com os requisitos das emendas, os tratados de DH terão caráter supralegal (acima da lei ordinária e abaixo da CF). Esta é a tese da supralegalidade encabeçada pelo Ministro Gilmar Mendes e que restou vencedora no STF, conforme RE 466.343.
	  • Somente os tratados comuns (que não versam sobre DH) têm força de lei ordinária.

(TRT 2ª Região – 2010) Sobre tratados internacionais, temos:

I. As Convenções da Organização Internacional do Trabalho não se aplicam no Brasil se não forem aprovadas pelo "quorum" referente aos direitos humanos.

II. Tratados multilaterais, em geral, admitem reservas, o que não acontece com os tratados bilaterais.

III. A vigência internacional do Tratado pode não coincidir com sua vigência interna.

IV. Os tratados de direitos humanos, após a EC-45/2004, que forem aprovados por 3/5 dos votos em cada casa do Congresso, em dois turnos, serão equivalentes às Emendas Constitucionais.

V. Os tratados que não estabelecem matéria de direitos humanos devem ser aprovados no Congresso pelo *quorum* de 2/3 dos membros do Congresso.

Assinale a alternativa correta:
a) As alternativas I, II e V estão corretas.
b) As alternativas II, III e V estão corretas.
c) As alternativas I, IV e V estão corretas.
d) As alternativas II, III e IV estão corretas.
e) As alternativas III e V estão corretas.

Gabarito	Comentários
D	• As convenções da OIT podem ser aprovadas pelo *quorum* comum do Congresso (maioria simples) ou com os requisitos das emendas constitucionais, do § 3º do art. 5º da CF: "Os tratados e convenções internacionais sobre direitos humanos que forem aprovados, em cada Casa do Congresso Nacional, em dois turnos, por três quintos dos votos dos respectivos membros, serão equivalentes às emendas constitucionais". • Há diferentes critérios para classificação dos tratados. Eles podem ser multilaterais ou bilaterais, sendo que é possível a aplicação das reservas (declaração unilateral para não cumprimento de um ou mais artigos de um tratado) somente quanto aos multilaterais. • A vigência internacional do tratado é o termo inicial em que o documento começa a vigorar internacionalmente. A vigência internacional para o Brasil ocorre quando da ratificação pelo Presidente da República. E a vigência interna, se for acatada a quarta fase do processo de celebração, acontece após a promulgação e publicação.

(**TRT 1ª Região – 2011**) Em matéria de Tratados Internacionais, é correto afirmar:

I. É um acordo internacional celebrado entre Estados, por escrito e regido pelo Direito Internacional.

II. Todos os Tratados assinados e ratificados pelo Brasil entram na legislação interna como Lei Ordinária Federal.

III. O instrumento de aprovação dos Tratados Internacionais pelo Congresso Nacional é o Decreto de Promulgação.

IV. Compete exclusivamente ao Congresso Nacional resolver em definitivo, sobre Tratados Internacionais que acarretem compromisso gravoso ao patrimônio nacional.

V. O Tratado, no Brasil, não se posiciona hierarquicamente superior à Constituição Federal, cabendo ao STJ – Superior Tribunal de Justiça, julgar em recurso especial as causas decididas pelos Tribunais Regionais Federais, dos Estados, do Distrito Federal e dos Territórios, que em única ou última instância contrariem o Tratado.

Estão corretas as assertivas
a) III, IV e V.
b) I, II e III.
c) I, III e V.
d) I, IV e V.
e) II, IV e V.

Gabarito	Comentários
D	• Tratado é um acordo internacional, regido pelo Direito Internacional, escrito, celebrado por Estados e sem denominação específica. Ele pode ingressar em nosso ordenamento equivalente às emendas constitucionais ou com caráter supralegal, no caso de normas sobre direitos humanos, ou como lei ordinária, no caso de tratados comuns. Dentro do processo de celebração, cabe ao Congresso Nacional aprovar o documento internacional por meio de Decreto Legislativo, viabilizando a possível ratificação pelo Presidente. • Art. 49, inc. I, da CF: "É da competência exclusiva do Congresso Nacional: I - resolver definitivamente sobre tratados, acordos ou atos internacionais que acarretem encargos ou compromissos gravosos ao patrimônio nacional;"

Gabarito	Comentários
	• CF: "Art. 105. Compete ao Superior Tribunal de Justiça: (...) III - julgar, em recurso especial, as causas decididas, em única ou última instância, pelos Tribunais Regionais Federais ou pelos tribunais dos Estados, do Distrito Federal e Territórios, quando a decisão recorrida: a) contrariar tratado ou lei federal, ou negar-lhes vigência; b) julgar válido ato de governo local contestado em face de lei federal; c) der a lei federal interpretação divergente da que lhe haja atribuído outro tribunal".

(TRT 14ª Região - 2011) Em matéria de vigência dos tratados internacionais, no Brasil, analise as proposições e assinale a alternativa correta:

I. É competência privativa do Presidente da República celebrar tratados, convenções e atos internacionais, sujeitos ao referendo do Congresso Nacional.

II. Compete exclusivamente ao Congresso Nacional resolver definitivamente sobre tratados, acordos ou atos internacionais que acarretem encargos ou compromissos gravosos ao patrimônio nacional.

III. Os tratados e convenções internacionais sobre direitos humanos devem passar pelo crivo de cada Casa do Congresso e de suas Comissões, tomadas as deliberações por maioria dos votos, presentes a maioria absoluta de seus membros.

IV. Os tratados internacionais só terão vigência no Brasil, após a aprovação pelo Congresso Nacional, por via da Resolução, após a ratificação externa do Presidente da República e sua publicação no Diário Oficial da União.

V. Compete ao STJ julgar, em recurso ordinário, as causas decididas, em única ou última instância, pelos Tribunais Regionais Federais e estaduais, quando a decisão recorrida contrariar tratado ou lei federal.

a) Estão corretas as alternativas I e III.
b) Estão corretas as alternativas II e IV.
c) Estão corretas as alternativas III e V.
d) Estão corretas as alternativas IV e V.
e) Estão corretas as alternativas I e II.

Gabarito	Comentários
E	• CF: "Art. 5º (...) § 3º Os tratados e convenções internacionais sobre direitos humanos que forem aprovados, em cada Casa do Congresso Nacional, em dois turnos, por três quintos dos votos dos respectivos membros, serão equivalentes às emendas constitucionais (...) Art. 49. É da competência exclusiva do Congresso Nacional: I - resolver definitivamente sobre tratados, acordos ou atos internacionais que acarretem encargos ou compromissos gravosos ao patrimônio nacional; (...) Art. 84. Compete privativamente ao Presidente da República: (...) VIII - celebrar tratados, convenções e atos internacionais, sujeitos a referendo do Congresso Nacional; (...) Art. 105. Compete ao Superior Tribunal de Justiça: (...) III - julgar, em recurso especial, as causas decididas, em única ou última instância, pelos Tribunais Regionais Federais ou pelos tribunais dos Estados, do Distrito Federal e Territórios, quando a decisão recorrida: a) contrariar tratado ou lei federal, ou negar-lhes vigência; b) julgar válido ato de governo local contestado em face de lei federal; c) der a lei federal interpretação divergente da que lhe haja atribuído outro tribunal".

8.5. Questões – Procurador do Trabalho

1 (MPT - XIV) Assinale a alternativa CORRETA:
( ) a) No Brasil a ratificação da convenção internacional de trabalho se dá por ato do Poder Executivo, cumprindo ao Poder Legislativo requerer junto ao Conselho Administrativo da Organização Internacional do Trabalho o seu respectivo depósito, para que haja, nos doze meses seguintes, a sua promulgação.
( ) b) As convenções internacionais de trabalho ratificadas ficam sujeitas ao chamado controle permanente, pelo qual o Estado infrator pode responder a representações formais em duas modalidades distintas: a reclamação, de iniciativa de associação profissional ou econômica; e a queixa, de iniciativa de outro Estado-membro da OIT.
( ) c) São sujeitos das Convenções internacionais de trabalho as organizações sindicais de trabalhadores e de empregadores dos países-membros da OIT, presentes à Conferência Internacional do Trabalho, que as aprova.
( ) d) No Brasil, de acordo com a sua Constituição, há uma interdependência das ordens jurídicas nacional e internacional, o que implica a incorporação automática do texto das convenções internacionais ratificadas ao ordenamento jurídico pátrio.
( ) e) Não respondida.

Questão	Gabarito
1	D

9. DIREITO INTERNACIONAL DO TRABALHO (DIT)

> **SUMÁRIO:** 9.1. Apresentação; 9.2. A questão da autonomia; 9.3. A situação atual do DIT; 9.4. Desenvolvimento da disciplina e seus fundamentos; 9.5. As principais fontes e os principais objetivos; 9.6. Organização Internacional do Trabalho (OIT); 9.6.1. Criação pelo Tratado de *Versailles;* 9.6.2. Sede, características e competências; 9.6.3. Objetivos e exercício do mandato; 9.6.4. Estados-membros e fundamento da OIT; 9.6.5. O tripartismo; 9.6.6. Estrutura da OIT; 9.6.6.1. Conferência Internacional do Trabalho (CIT); 9.6.6.1.1. Votação por braço no ar, por chamada nominal ou por voto secreto; 9.6.6.2. Conselho de Administração (CA); 9.6.6.3. Repartição Internacional do Trabalho (RIT); 9.6.6.4. Conferências regionais; 9.6.7. A Constituição da OIT e seu anexo; 9.6.7.1. A Constituição; 9.6.7.2. A Declaração de Filadélfia; 9.6.8. Declaração sobre os Princípios e Direitos Fundamentais do Trabalho; 9.6.8.1. A Declaração de 1998 e o Brasil; 9.6.9. Atividade normativa; 9.6.9.1. Convenções da OIT; 9.6.9.1.1. Principais características; 9.6.9.1.2. Alguns pontos sobre sua celebração; 9.6.9.1.3. Classificação conforme a natureza de suas normas; 9.6.9.1.4. Classificação das convenções pela OIT e os temas prioritários; 9.6.9.1.5. As oito convenções dos temas prioritários; 9.6.9.1.6. Convenções da OIT: ratificações, vigências, denúncias e registro dos atos; 9.6.9.1.7. Revisão das convenções; 9.6.9.1.8. As convenções ratificadas e denunciadas pelo Brasil; 9.6.9.2. Recomendações da OIT; 9.6.9.2.1. Principais características; 9.6.9.3. Convenções X Recomendações; 9.6.9.3.1. Interpretação; 9.6.9.3.2. Aspectos material e formal; 9.6.9.3.3. Resoluções da OIT; 9.6.10. Fiscalização do cumprimento das normas da OIT; 9.6.10.1. Sistemas de controle; 9.6.10.1.1. Sistema automático ou regular; 9.6.10.1.1.1. Comissão de Peritos em Convenções e Recomendações; 9.6.10.1.1.2. Comissão de Aplicação de normas de Convenções e Recomendações; 9.6.10.1.2. Sistema provocado ou contencioso; 9.6.10.1.2.1. Reclamações; 9.6.10.1.2.2. Queixas; 9.6.10.1.3. Sistema especial; 9.6.10.1.3.1. Comissão de Investigação e Conciliação; 9.6.10.1.3.2. Comitê de Liberdade Sindical; 9.7. Questões comentadas – Juiz do Trabalho; 9.8. Questões – Procurador do Trabalho.

9.1. Apresentação

O *Direito Internacional do Trabalho* (DIT) é disciplina com amplo campo de abordagem, atinente à proteção dos direitos humanos de segunda dimensão (econômicos, sociais e culturais). Contudo, em razão da *complementariedade* das gerações de direitos, também está *preocupado* com direitos civis e políticos (de primeira dimensão).

A tendência é a de incluir dentro do DIT "normas e princípios amplos referentes aos direitos fundamentais do ser humano, (...), o que se chamou de 'Direitos Humanos Social-trabalhistas'"[287], o que corrobora a sua vocação universal.

Mesmo antes da ONU (1945), já havia convenções destinadas a assegurar um mínimo existencial social internacional. A Organização Internacional do Trabalho (OIT), por exemplo, funciona desde 1919. Mas o DIT não se resume apenas à OIT ou às suas convenções e recomendações, relaciona-se com todo o arcabouço tendente a proteger o ser humano, independentemente de qual organismo esteja envolvido.

---

287 HUSEK, C. R. *Curso Básico de Direito Internacional Público e Privado do Trabalho*, cit., p. 56.

9.2. A questão da autonomia

O Direito Internacional do Trabalho consiste em disciplina pertencente ao Direito Internacional Público e não ao Direito do Trabalho, não podendo, por enquanto, ser qualificado como ramo autônomo. Nesse sentido, o DIT não pode ser confundido com o Direito do Trabalho Internacional, pois este último é ramo do Direito Internacional Privado.

Há corrente doutrinária que defende o seguinte: "não será nem Direito Internacional Público, nem Direito Internacional Privado, senão um tipo novo. Sua missão consistirá em regular universalmente os princípios fundamentais das legislações internas do trabalho"[288]. No entanto, prevalece o entendimento de que se situa como ramo do Direito Internacional Público[289], especialmente, porque os instrumentos normativos e os métodos para aprovação e aplicação das normas da OIT são iguais aos empregados pelo Direito Internacional clássico, sem esquecer que a OIT é organismo especializado da ONU, assim, ambas são organizações internacionais com objetivos afins.

9.3. A situação atual do DIT

Estar incutido dentro do Direito Internacional Público traz outras consequências além de classificar a disciplina como não autônoma. O processo de globalização influenciou todo o Direito Internacional, o que também acarretou em modificar a OIT e o DIT.

Nesse limiar, é necessário reconhecer que a OIT passa por momento de crise, o que, por consequência, ocasiona uma crise no próprio Direito Internacional do Trabalho. Este não se resume à OIT, mas esta ainda é importante ator para o desenvolvimento da disciplina.

O DIT "vive um momento de crise do seu modelo normativo, tal como ele foi engendrado nas primeiras décadas do século XX (...), que tem como vetor principal o processo de globalização econômica"[290]. Um dos "aspectos mais marcantes da presente crise é a perda de centralidade da OIT, como fonte formal do direito internacional do trabalho"[291].

A OIT passa por uma perda de centralidade normativa, fomentada por diferentes fatores. Assim, destaca-se a existência de outros centros de emissão de normas internacionais trabalhistas. Os blocos regionais, novos sujeitos do DI, que têm como exemplos o MERCOSUL e a União Europeia (veja capítulo sobre Direito Comunitário), e até mesmo a OMC em seus acordos comerciais, diversificam as fontes do DIT.

---

288 *Apud* SÜSSEKIND, Arnaldo. *Direito Internacional do Trabalho*. 3. ed. São Paulo: LTr, 2000, p. 18.
289 HUSEK, C. R. *Curso Básico de Direito Internacional Público e Privado do Trabalho*, cit., p. 58.
290 CRIVELLI, E. *Direito Internacional do Trabalho Contemporâneo*, cit., p. 23.
291 CRIVELLI, E. *Direito Internacional do Trabalho Contemporâneo*, cit., p. 23.

A despeito da situação atual, o DIT e a OIT não podem ser relegados em segundo plano, pois apenas encontram maiores barreiras para se consolidarem como instrumentos centrais dos campos para os quais foram criados. Continuam, outrossim, sendo importantes e merecem estudo direcionado, como adiante se seguirá.

9.4. Desenvolvimento da disciplina e seus fundamentos

Em termos históricos, a revolução industrial – iniciada na Inglaterra, em meados do século XVIII, expandindo-se pelos outros países durante o século XIX – pode ser considerada o primeiro fenômeno mundial a incentivar o estabelecimento de regras mínimas para os trabalhadores. Foi em meados do século XIX que emergiram as primeiras legislações internacionais concretas para a proteção do trabalhador.

O DIT teve seu **desenvolvimento a nível internacional** com a criação da OIT em 1919. Em seguida, foi corporificado e ganhou espaço definitivo com a Declaração Universal dos Direitos Humanos, de 1948, e com os dois Pactos Internacionais de Nova York, de 1966. Na verdade, podemos elaborar a seguinte fórmula para entender o DIT que, hoje, estudamos:

CRIAÇÃO DA OIT EM 1919
+
DECLARAÇÃO UNIVERSAL DOS DIREITOS HUMANOS DE 1948
+
DOIS PACTOS INTERNACIONAIS DE NOVA YORK DE 1966
=
NOVA DIMENSÃO DO DIT

Conforme art. 22 da Declaração Universal dos Direitos Humanos:

> Todo homem, como membro da sociedade, tem direito à segurança social e à realização, pelo esforço nacional, pela cooperação internacional e de acordo com a organização e recursos de cada Estado, **aos direitos econômicos, sociais e culturais indispensáveis à sua dignidade e ao livre desenvolvimento de sua personalidade.** (grifo nosso)

O aludido artigo da Declaração expõe a índole social presente no Direito Internacional do Trabalho. Nesse sentido, é possível deduzir que os **fundamentos** do DIT decorrem de *motivos de ordem econômica, de índole social e de caráter técnico*. As *causas de ordem econômica* decorrem da necessidade de se estabelecer, internacionalmente, um equilíbrio do custo das medidas sociais de tutela aos trabalhadores, com o fim de evitar a concorrência entre os Estados que logravam uma produção mais barata em decorrência da não adoção de medidas protetivas (dessa vertente emanam os estudos sobre o *dumping social*). Os *motivos de índole social* são consequência da necessidade de se estabelecer princípios reservados à promoção da universalização da justiça social e da dignidade do trabalhador. Já as *razões de índole técnica* fundamentam o DIT na medida em que as convenções e as recomendações e os estudos e pesquisas realizados pela OIT servem de subsídios para a elaboração de normas legislativas pelos Estados-membros[292].

9.5. As principais fontes e os principais objetivos

O DIT, atualmente, encontra suas **principais fontes escritas** numa espécie de *Código Internacional do Trabalho*, o qual não é um Código no sentido formal, pois não se trata de documento unificado que possa ser intitulado como tal. Ele é, na verdade, constituído pelo conjunto de normas editadas pela OIT que formam um Código mundial sobre regras trabalhistas, em sentido material.

As convenções e as recomendações da OIT são as mais importantes fontes escritas do DIT. De sua leitura, é possível inferir, sem muitos percalços, que um dos principais **objetivos** da disciplina é regular os direitos e obrigações dos dois polos envolvidos numa relação de trabalho, quais sejam: os empregadores e os empregados. Ela estipula, para tanto, padrões mínimos que devem ser atendidos pelos Estados, para que sejam melhoradas as condições de trabalho, alcançando-se a justiça social e a paz mundial, o que gerará, por conseguinte, a concretização de um mínimo existencial internacional não só em relação aos direitos de primeira geração (civis e políticos), como também aos de segunda geração (econômicos, sociais e culturais)[293]. Na regulação dos direitos e das obrigações dos dois polos da relação laboral, o DIT, por meio das normas internacionais, tem como meta *universalizar a tutela à atividade laborativa*.

9.6. Organização Internacional do Trabalho (OIT)

Uma das mais citadas características dos direitos humanos, de qualquer dimensão, é a historicidade. Eles evoluíram e foram reconhecidos de forma gradativa, conforme o desenvolvimento da sociedade. Desse modo, na medida em que se

---

292 "Reconhecendo, embora, a importância dos aspectos econômicos que fundamentam o Direito Internacional do Trabalho, afigura-se-nos, todavia, que seu principal esteio é de caráter social e concerne à universalização dos princípios da Justiça Social e da dignificação do trabalhador. É certo que razões de ordem econômica constituíam sério obstáculo à consecução desses ideais; mas são exatamente esses ideais que configuram a finalidade preponderante do direito universal do trabalho." SÜSSEKIND, Arnaldo *et al*. *Instituições de Direito do Trabalho*. 16. ed. São Paulo: LTr, 1996, pp. 1396-1397.

293 Veja Informativo do STF 345, de 2004: "'(...) INOPONIBILIDADE DO ARBÍTRIO ESTATAL À EFETIVAÇÃO DOS DIREITOS SOCIAIS, ECONÔMICOS E CULTURAIS. CARÁTER RELATIVO DA LIBERDADE DE CONFORMAÇÃO DO LEGISLADOR. CONSIDERAÇÕES EM TORNO DA CLÁUSULA DA 'RESERVA DO POSSÍVEL'. NECESSIDADE DE PRESERVAÇÃO, EM FAVOR DOS INDIVÍDUOS, DA INTEGRIDADE E DA INTANGIBILIDADE DO NÚCLEO CONSUBSTANCIADOR DO 'MÍNIMO EXISTENCIAL'. VIABILIDADE INSTRUMENTAL DA ARGUIÇÃO DE DESCUMPRIMENTO NO PROCESSO DE CONCRETIZAÇÃO DAS LIBERDADES POSITIVAS (DIREITOS CONSTITUCIONAIS DE SEGUNDA GERAÇÃO)."

declaravam direitos, celebravam-se tratados e eram criados organismos internacionais. Nessa conjuctura, encaixa-se a OIT, organização criada em 1919, pelo Tratado de *Versailles*, responsável pela internacionalização da proteção do trabalhador. Internamente, havia também documentos que consagravam a proteção dos direitos sociais – merecem destaque a Constituição do México, de 1917, e a da Alemanha (*Weimer*), de 1919.

9.6.1. Criação pelo Tratado de *Versailles*

A OIT foi **criada** em 1919 pelo Tratado de *Versailles*, ou Tratado de Paz, resultado da Conferência da Paz. Esse documento entrou em vigor em 10 de janeiro de 1920. A disciplina da organização constava, mais especificamente, na Parte XIII do tratado.

A Parte XIII dividia-se na 1ª Seção, o preâmbulo e em quatro capítulos: Capítulo 1, sobre a Organização, arts. 387 a 389; Capítulo 2, sobre o Funcionamento, arts. 400 a 420; Capítulo 3, sobre Prescrições Gerais, arts. 421 a 423; e Capítulo 4, sobre Medidas transitórias, arts. 424 a 426. A Seção 2ª preceituava sobre os Princípios gerais, art. 427. Os *princípios gerais* eram: princípio diretivo; direito de associação; pagamento de salário condizente; adoção de jornada de oito horas específicas; adoção de um descanso semanal; suspensão de trabalho para as crianças e a necessidade de impor aos menores as limitações necessárias para protegê-los física e espiritualmente, permitindo o desenvolvimento e o progresso; salário igual, sem distinção de sexo, e tratamento equitativo a todos os trabalhadores; e serviço de inspeção que inclua as mulheres.

O Tratado de *Versailles* foi um pacto de paz, celebrado por países europeus, que teve como principais objetivos, dentre outros, encerrar, oficialmente, a Primeira Guerra Mundial, após seis árduos meses de negociações desenvolvidos em Paris, e criar uma organização internacional responsável pela manutenção da paz, a Sociedade ou Liga das Nações. Ele configurou-se como continuação do armistício de novembro de 1918. O documento consta de 15 partes e anexos:

- Parte I - Pacto da Sociedade das Nações (arts. 1 a 26 e anexo).
- Parte II - As Fronteiras da Alemanha (arts. 27 a 30).
- Parte III - Cláusulas para Europa (arts. 31 a 117 e anexos).
- Parte IV - Direitos e interesses alemães fora da Alemanha (arts. 118 a 158 e anexos).
- Parte V - Cláusulas militares, navais e aéreas (arts. 159 a 213).
- Parte VI - Prisioneiros de guerra e cemitérios (arts. 214 a 226).
- Parte VII - Sanções (arts. 227 a 230).
- Parte VIII - Reparações (arts. 231 a 247 e anexos).
- Parte IX - Cláusulas financeiras (arts. 248 a 263).
- Parte X - Cláusulas econômicas (arts. 264 a 312).
- Parte XI - Navegação aérea (arts. 313 a 320 e anexos).

- Parte XII - Portos, vias marítimas e vias férreas (arts. 321 a 386).
- **Parte XIII – Organização Internacional do Trabalho (arts. 387 a 399).**
- **Procedimentos (arts. 400 a 427 e anexo).**
- Parte XIV - Garantias (arts. 428 a 433).
- Parte XV - Previsões e diversos (arts. 434 a 440 e anexo).

A Organização Internacional do Trabalho pertencia ao sistema da Liga das Nações, ambas, como acima exposto, criadas pelo Tratado de *Versailles* de 1919. Ocorre que a Sociedade das Nações falhou em seu mais importante desiderato: manutenção da paz. Esse fato ocasionou sua substituição pela atual Organização das Nações Unidas. A ONU foi criada em 1945 pela Carta de São Francisco e perdura até os dias de hoje. Alguns meses após a instituição das Nações Unidas, no ano de 1946, a OIT, por meio de acordo específico[294], passou a compor o sistema dessa organização, na condição de organismo especializado.

9.6.2. Sede, características e competências

Conforme o art. 1º da Constituição da OIT:

> É criada uma Organização permanente encarregada de trabalhar para a realização do programa exposto no preâmbulo da presente Constituição e na Declaração relativa aos fins e objetivos da Organização Internacional do Trabalho, adotada em Filadélfia a 10 de Maio de 1944 e cujo texto se encontra em anexo à presente Constituição.

Sediada, desde a sua fundação, em Genebra, na Suíça, a OIT **é uma organização internacional, multilateral, intergovernamental, especial, permanente** e com **personalidade jurídica própria**, ostentando capacidade para atuar em âmbito internacional, podendo, para tanto, manter relações com Estados e outras organizações. É sujeito do Direito Internacional, possuindo todas as imunidades de jurisdição já estudadas. Possui quadro funcional próprio, estrutura permanente e sistema para edição, aplicação, interpretação e fiscalização das normas internacionais trabalhistas.

A organização em testilha baseia-se no tripartismo, o que é perfeitamente notável quando da análise da funcionalidade da Conferência Internacional do Trabalho, onde há a participação de representantes de três setores da sociedade: governo, trabalhadores e empregadores. O tripartismo da OIT já influencia a constituição de outras entidades, como é o caso da Comissão Sociolaboral do MERCOSUL.

Por ser uma OI com atuação universal, ela tem **competência** ampla e elástica (não rígida), abarcando temas relacionados à proteção internacional dos

---

294 Acordo assinado em Nova York, em 30 de maio de 1946: "Art. 1º (...) as Nações Unidas reconhecem a Organização Internacional do Trabalho como um organismo especializado, competente para empreender a ação que considere apropriada, de conformidade com seu instrumento constitutivo básico (...)."

238 | Capítulo 1

direitos sociais. Com a anexação da Declaração de Filadélfia, em 1944, à sua Constituição, a OIT viu sua competência ainda mais ampliada, hoje já protegendo o ser humano que trabalha, o inativo, aquele que vai ingressar no mercado de trabalho e seus dependentes.

Em razão dos efeitos danosos da grande depressão econômica durante o período entre Guerras Mundiais e em decorrência do estopim da Segunda Grande Guerra, a OIT adotou a Declaração de Filadélfia como anexo de sua Constituição. Tanto a Constituição da OIT como essa Declaração serviram como modelos para a elaboração da Carta das Nações Unidas de 1945 e para a Declaração Universal de 1948.

Para alcançar a proteção ampla deste extenso rol de destinatários, à OIT cabe estimular e promover programas que possibilitem a proteção: à vida e à saúde do trabalhador em todas as ocupações; à formação profissional; à transferência de trabalhadores, aí incluído o tema sobre a migração de mão de obra; de salários adequados às necessidades do trabalhador e de seus dependentes, com a garantia de alimentação básica e habitação, lazer e cultura condizentes com um padrão mínimo de qualidade de vida; e de iguais oportunidades profissionais e educacionais.

9.6.3. Objetivos e exercício do mandato

Tanto os destinatários quanto os programas desenvolvidos pela OIT estão caracterizados pela amplitude, ou seja, sua clientela não deixa de ser diversificada. Para que seus programas de proteção sejam implementados, a organização estipulou **objetivos estratégicos** que norteiam a atuação dos órgãos que compõem seu quadro estrutural. São objetivos estratégicos da OIT: promover os princípios fundamentais e direitos no trabalho através de um sistema de supervisão e de aplicação de normas; promover melhores oportunidades de emprego/renda para mulheres e homens em condições de livre escolha, de não-discriminação e de dignidade; aumentar a abrangência e a eficácia da proteção social; e fortalecer o tripartismo e o diálogo social.

Os objetivos são estabelecidos com fulcro nos principais documentos que regulamentam o funcionamento da OIT, quais sejam: Constituição da OIT, Declaração de Filadélfia e Declaração sobre os Princípios e Direitos Fundamentais do Trabalho.

A OIT, no exercício do seu **mandato**, formula normas internacionais do trabalho, promove o desenvolvimento e a interação das organizações de empregadores e de trabalhadores e presta cooperação técnica, principalmente, nas áreas de formação e reabilitação profissional, políticas e programas de emprego e de empreendedorismo, administração do trabalho, direito e relações do trabalho, condições de trabalho, desenvolvimento empresarial, cooperativas, previdência social, estatísticas e segurança e saúde ocupacional.

9.6.4. Estados-membros e fundamento da OIT

Quanto à **membresia**, frise-se que integram seu quadro de *membros somente Estados*, sendo composta pela maioria dos países do mundo. Podem ser Estados-partes da OIT, conforme art. 1º da sua Constituição, §§ 2º, 3º e 4º:

1. Todos os Estados que já pertenciam à Organização a 1º de novembro de 1945.
2. Qualquer Estado, membro das Nações Unidas, que comunique ao Diretor-Geral da Repartição Internacional do Trabalho (RIT) sua aceitação formal das obrigações contidas na mencionada Constituição.
3. Qualquer Estado que, embora não pertencendo à ONU, comunique ao Diretor-Geral da RIT sua formal aceitação do contido na Constituição e tenha sua admissão aprovada por 2/3 dos delegados presentes à Conferência Internacional e, bem assim, 2/3 dos votos dos respectivos delegados governamentais.

Como muitas outras OI, há a possibilidade de retirada do quadro de membros. Para exercer o direito de retirada, deverá ser apresentado prévio aviso ao Diretor-Geral da Repartição Internacional do Trabalho, o qual surtirá efeitos após dois anos do recebimento, devendo ocorrer, também, satisfação de todas as obrigações financeiras e, por fim, ser garantida a validade da ratificação das convenções, durante o período de vigência das mesmas, com todas as obrigações que lhes correspondam. Nada impede o retorno do Estado *arrependido*, mas há que serem cumpridos todos os requisitos para novo ingresso.

Com arrimo na Constituição da OIT, os membros podem ser divididos em natos (pertencem à OIT desde 1945) e em admitidos (os que optaram, voluntariamente, por nela ingressar após 1945). O Brasil é membro nato e um dos fundadores.

Finalizando, gize-se destacar que a OIT, conforme seu próprio site:

> (...) funda-se no princípio de que a paz universal e permanente só pode basear-se na justiça social. Fonte de importantes conquistas sociais que caracterizam a sociedade industrial, a OIT é a estrutura internacional que torna possível abordar estas questões e buscar soluções que permitam a melhoria das condições de trabalho no mundo[295].

Os objetivos da organização são alcançados com o respeito aos seus principais documentos fundantes e reguladores, por meio da participação de seus membros que devem respeitar a sistemática decisional tripartida. **Fundamenta-se** a OIT no princípio de que a paz universal só pode ser atingida por meio da justiça social.

9.6.5. O tripartismo

A sistemática tripartite nasceu motivada pela fortificação dos movimentos sindicais, face à voz que se pretendia dar ao corpo social. Tradicionalmente, somente os Estados podiam negociar convenções, mas como era necessário insuflar esse processo com ares mais humanos, mostrava-se imprescindível oportunizar aos envolvidos nas relações de *trabalho* o direito de participar das votações sobre convenções de *trabalho*.

---

295 Veja: www.ilo.org. Acesso em: 31/08/2010.

Com a ânsia de se desenvolver mecanismo que garantisse a participação não só dos Estados na elaboração das normas da OIT, introduziu-se a fórmula segundo a qual os delegados governamentais igualariam com seus votos os votos dos empregadores e dos trabalhadores, tanto na Conferência Internacional do Trabalho como no Conselho de Administração.

Os órgãos colegiados são de composição tripartite, formados por representantes dos governos, das associações sindicais de trabalhadores e de empregadores.

Não possuem, todavia, essa composição os destinados a tratar de interesses específicos de governos, exame específico de questões técnicas ou judiciais, como a *Comissão de representantes governamentais para questões financeiras da CIT.*

A obrigação dos Estados de enviarem às organizações de trabalhadores e de empregadores interessados cópias dos relatórios que devem submeter anualmente à OIT, quanto ao cumprimento das convenções ratificadas, atende também ao modelo ora em exposição. Isso se deve ao fato de o tripartismo não dizer respeito somente à estrutura, mas é, sim, um princípio de atuação a ser constantemente incentivado pela organização, em âmbito internacional e interno. A Recomendação 113, de 1960, incentivou a sua implementação na esfera nacional.

O sistema tripartite, adotado desde a fundação da OIT, caracteriza-a como a única do sistema da ONU com esse mecanismo, o qual constitui pedra angular da entidade. Com isso, suas decisões carregam mais legitimidade e maior aceitabilidade.

9.6.6. Estrutura da OIT

Conforme art. 2º da Constituição da OIT, a sua estrutura é composta, basicamente, pelos seguintes órgãos: "a) uma Conferência Geral dos Representantes dos Membros; b) um Conselho de Administração composto conforme o estabelecido no art. 7º; c) um *Bureau* Internacional do Trabalho sob a direção do Conselho de Administração".

Eis os três principais órgãos da OIT: Conferência Internacional do Trabalho (CIT) ou Assembleia-Geral; Conselho de Administração (CA); e Repartição Internacional do Trabalho (RIT) ou Secretariado.

Além dos órgãos básicos, ainda integram a OIT o *Instituto Internacional de Estudos Sociais,* o *IIES* (criado em 1960 para o ensino e pesquisa no campo das relações sociais e de trabalho), o *Centro Internacional de Aperfeiçoamento Profissional e Técnico* (criado em 1963 para proporcionar formação especializada e avançada, visando à formação de técnicos, dirigentes e outros), várias *comissões e comitês,* que serão estudados, e um *Tribunal Administrativo* (para resolver conflitos decorrentes de funcionários da organização).

9.6.6.1. Conferência Internacional do Trabalho (CIT)

A Conferência é o *órgão supremo* e *central,* com natureza jurídica *sui generis,* o mais importante da OIT. É ela quem *delineia as diretrizes e políticas gerais da organização,* possuindo, para tanto, *poder deliberativo máximo,* o que a caracteriza como uma espécie de instância de natureza *parlamentar*. Da CIT emana a regulamentação internacional do trabalho, por meio de *convenções internacionais* e *recomendações*.

Além do poder deliberativo, no sentido de editar normas internacionais de suma importância para o Direito Internacional do Trabalho, ela exerce outras funções atinentes à funcionalidade da OIT, tais como aprovar o orçamento e decidir sobre a admissão de novos Estados não pertencentes às Nações Unidas.

Como um dos órgãos que materializa o tripartismo, ela é integrada por todos os membros da OIT, sendo que cada Estado presente em plenário terá 4 delegados: 2 representantes do governo, 1 dos trabalhadores e 1 dos empregadores.

Cada delegado terá o direito de votar individualmente em todas as questões submetidas às deliberações, podendo se fazer acompanhar por conselheiros técnicos, num máximo de dois. Quando tiverem de ser discutidas questões que digam respeito especialmente às mulheres, pelo menos uma das pessoas designadas como conselheiros técnicos terá de ser do sexo feminino, medida observadora da igualdade material. Um delegado poderá, mediante nota escrita dirigida ao Presidente da CIT, designar um dos seus conselheiros técnicos como seu suplente e dito suplente, nessa qualidade, poderá participar nas deliberações e nas votações.

Os poderes dos delegados e dos seus conselheiros técnicos serão submetidos à verificação da Conferência, a qual poderá, por uma maioria de 2/3 dos votos dos delegados presentes, recusar a admissão de qualquer delegado ou de qualquer conselheiro técnico que esta considere não ter sido designado em conformidade com a Constituição da OIT.

A CIT tem uma atuação dinâmica, exigindo versatilidade, por essa razão se reunirá sempre que necessário, mas, pelo menos, uma vez ao ano.

Como todo órgão plenário, com grande número de participantes, deve ser presidido. Ela elegerá um presidente e três vice-presidentes. Estes três últimos serão, respectivamente, um delegado governamental, um delegado dos empregadores e um delegado dos trabalhadores.

O presidente da CIT desempenha as seguintes funções: abrir e fechar a sessão de votação; dirigir as deliberações; zelar pela conservação da ordem e pelo cumprimento do Regulamento; atribuir ou retirar o direito à palavra; submeter as propostas à votação; e proclamar o resultado dos escrutínios.

9.6.6.1.1. Votação por braço no ar, por chamada nominal ou por voto secreto

Quanto ao procedimento para votação, o Regimento Interno da CIT preceitua relevantes regras. Conforme seu art. 19, a Conferência poderá votar por **braço no ar, por chamada nominal** ou **por voto secreto**.

A **primeira hipótese** será a regra e será escrutinada pelo Secretariado e proclamada pelo Presidente. Havendo incerteza sobre o resultado da votação, o Presidente terá o direito de proceder a uma votação por chamada nominal.

A segunda situação (**chamada nominal**) será adotada em todos os casos determinados pela Constituição da organização, em que uma maioria de 2/3 dos votos é requerida. A votação por chamada nominal deverá, igualmente, ocorrer em qualquer assunto, sempre que um pedido para tal seja apresentado por braço no ar por, pelo menos, 90 delegados na sessão, ou pelo presidente de um grupo ou pelo seu representante devidamente mandatado para esse efeito por um parecer escrito enviado ao Presidente.

O **voto secreto** será utilizado na votação para a eleição do Presidente, podendo ainda ocorrer para qualquer assunto não incluído nas duas situações anteriores (caráter subsidiário) e desde que um pedido para esse efeito seja apresentado. O art. 20, do mesmo Regimento, assegura que nenhuma votação será considerada se o número de votos expressos, afirmativos e negativos, for inferior à metade do número de delegados presentes na sessão da Conferência e que possuam direito de voto.

9.6.6.2. Conselho de Administração (CA)

O Conselho de Administração exerce as funções de *órgão administrativo, diretivo e executivo*. Conforme seu próprio nome, sua *mais relevante função é a de administrar*, de forma colegiada, a OIT. Um exemplo prático é a *gerência do orçamento da organização*, após a aprovação pela CIT.

Ele será composto por 56 pessoas, divididas da seguinte maneira: 28 representantes dos governos; 14 representantes dos empregadores; e 14 representantes dos trabalhadores. Das 28 pessoas que representam os governos, 10 serão nomeadas pelos membros cuja importância industrial seja a mais considerável e 18 serão nomeados pelos membros designados para esse efeito pelos delegados governamentais à Conferência. A composição do Conselho será renovada de três em três anos.

Para o desempenho de suas atividades, o CA poderá criar comissões especializadas com o fim de fiscalizar o cumprimento das normas internacionais de proteção ao trabalho, bem como investigar as condições da prestação dos serviços.

O CA estabelecerá o seu próprio regulamento, reunindo-se nas épocas por ele fixadas. Dever-se-á proceder a uma sessão especial sempre que 16 pessoas pertencentes ao Conselho tiverem formulado um pedido por escrito neste sentido.

9.6.6.3. Repartição Internacional do Trabalho (RIT)

A *Repartição Internacional do Trabalho* ou *Secretariado* consiste em secretaria *técnico-administrativa*. Ela *documenta e divulga as atividades da OIT, publica as convenções e recomendações* adotadas. Por isso, *centraliza e distribui as informações relativas à regulamentação internacional* das condições dos trabalhadores e do regime de trabalho.

Uma de suas mais importantes atividades acadêmicas é a edição da Revista Internacional do Trabalho e da Série Legislativa.

A RIT possuirá quaisquer outros poderes e funções que a Conferência ou o Conselho de Administração considerem conveniente atribuir-lhe. Ela está sob a direção do CA.

O Secretariado é dirigido por um Diretor-Geral, designado pelo Conselho de Administração, do qual receberá instruções e perante o qual ficará responsável pelo bom funcionamento da RIT. O Diretor-Geral ou o seu suplente assistirão a todas as sessões do Conselho. O Diretor é eleito pelo Conselho, com um mandato de 5 anos, permitida uma recondução. Já o pessoal da Repartição será escolhido pelo próprio Diretor-Geral em conformidade com as regras aprovadas pelo Conselho de Administração.

9.6.6.4. Conferências regionais

Não raras vezes, há autores que inserem as *Conferências regionais* dentro do rol de órgãos da OIT, o que não procede. Por esse motivo, serão citadas em tópico apartado.

As Conferências regionais não são órgãos da OIT, muito menos adotam convenções ou recomendações, mas sim resoluções e monções, com a participação de delegados dos países, dos empregados e dos empregadores.

Elas são realizadas, normalmente, com vistas a tratar de problemas comuns a um conjunto de países, permitindo análise preliminar de determinadas temáticas, para, se for o caso, apresentação para discussão e decisão pela Conferência Internacional. As Conferências atuam conforme normas emanadas do Conselho de Administração.

9.6.7. A Constituição da OIT e seu anexo

O texto atual da *Constituição da OIT* foi aprovado em 1946, durante a 29ª reunião da Conferência Internacional do Trabalho, realizada em Montreal, no Canadá. Ele substituiu a redação primeira de 1919 (ano de criação da organização). A de 1919 já havia sofrido emendas em 1922, 1934 e 1945. A última emenda, que contém o texto atual, foi realizada em 1946, com vigência a partir de 20 de abril de 1948, tendo sido o instrumento de emenda ratificado pelo Brasil em 13 de abril de 1948.

O texto atual da Constituição também já sofreu importantes alterações, destacadamente as sofridas nos anos de 1953, 1962, 1964, 1972 e 1986. Em 1986, importantes modificações foram oportunizadas ao documento, durante a 72ª Conferência, realizada em Genebra.

Em anexo à *Constituição*, há a *Declaração referente aos fins e objetivos da Organização* ou, simplesmente, *Declaração de Filadélfia*, datada de 1944.

9.6.7.1. A Constituição

Neste estudo, primeiro se atentará para o texto da Constituição, para, somente após, analisar o que consta na Declaração de Filadélfia.

Em seu *preâmbulo*, o texto constitucional *considera* "que a paz para ser universal e duradoura deve assentar sobre a justiça social", "que existem condições de trabalho que implicam, para grande número de indivíduos, miséria e privações", "que o descontentamento que daí decorre põe em perigo a paz e a harmonia universais" e "que é urgente melhorar essas condições no que se refere" a vários assuntos, por exemplo, à regulamentação das horas de trabalho, à fixação da duração máxima do dia e da semana de trabalho, à luta contra o desemprego, à garantia de um salário que assegure condições de existência convenientes, à proteção dos trabalhadores contra as moléstias graves ou profissionais e os acidentes do trabalho, à proteção das crianças, dos adolescentes e das mulheres, às pensões de velhice e de invalidez, à afirmação do princípio de liberdade sindical, e outras medidas análogas. O documento ainda *considera* que "a não adoção por qualquer nação de um regime de trabalho realmente humano cria obstáculos aos esforços das outras nações desejosas de melhorar a sorte dos trabalhadores nos seus próprios territórios".

O art. 1º da Constituição estabelece que a OIT é uma OI permanente, encarregada de "promover a realização do programa exposto no preâmbulo da presente Constituição" e na Declaração de Filadélfia. No mesmo artigo, constam os Estados que são considerados membros, conforme já exposto (outro artigo já estudado, o art. 2º).

Do art. 3º ao 10, constam normas sobre a estrutura da OIT, bem como a composição, o funcionamento e as competências dos principais órgãos. Temáticas já trabalhadas em item em separado.

Conforme art. 11, os Ministérios dos Estados-membros, encarregados de questões relativas aos trabalhadores, possuem meios para se comunicar com o Diretor-Geral por intermédio do representante do governo no Conselho de Administração.

A OIT, na linha do preceituado no art. 12, cooperará com qualquer OI de caráter geral "encarregada de coordenar as atividades de organizações de direito internacional público de funções especializadas, e também, com aquelas dentre estas últimas organizações, cujas funções se relacionem com as suas próprias". Cabe dizer que a organização poderá tomar as medidas que se impuserem para que os representantes das organizações de direito internacional público participem, sem direito de voto, de suas próprias deliberações. É possível, também, que a OIT desenvolva mecanismo tendente a consultar as organizações não governamentais, inclusive organizações de empregadores, empregados, agricultores e cooperativistas. O art. 13 dispõe sobre a relação da OIT com a ONU, o que já fora tratado em outra oportunidade.

Do art. 14 ao 34, há regras sobre o funcionamento dos órgãos da OIT, votações, reuniões, recomendações e convenções, *quorum*, fiscalização, reclamações e queixas, registro e comunicação dos documentos. Todos temas já tratados ou que serão estudados em tópicos próprios.

Do art. 35 ao 38, há as Disposições Gerais, dentre as quais merece destaque o art. 36 que trata das emendas à Constituição da OIT. As emendas à Constituição precisam da aprovação de 2/3 dos votos dos presentes na Conferência Internacional do Trabalho, sendo que tais emendas, após aprovação, somente entrarão em vigor, internacionalmente, quando forem ratificadas por 2/3 dos Estados-membros, incluindo cinco dentre os dez representantes no Conselho de Administração como sendo os de maior importância industrial.

O art. 37 preceitua sobre importante norma de interpretação. Quaisquer "questões ou dificuldades relativas à interpretação da presente Constituição e das convenções ulteriores concluídas pelos Estados-Membros, em virtude da mesma", serão submetidas à apreciação da Corte Internacional de Justiça, da ONU.

Do art. 39 ao 40, encontram-se preceitos sobre as *Disposições Diversas*, muitas já estudadas. Cabe, no entanto, citar, devido à importância, o art. 39: "*A Organização Internacional do Trabalho deve ter personalidade jurídica, e, precipuamente, capacidade para: a) adquirir bens, móveis e imóveis, e dispor dos mesmos; b) contratar; c) intentar ações*" (grifo nosso). O art. 40, por sua vez, estabelece que a OIT "gozará, nos territórios de seus Membros, dos privilégios e das imunidades necessárias à consecução dos seus fins", e os delegados, membros do CA, o Diretor-Geral e os funcionários da RIT *"gozarão, igualmente, dos privilégios e imunidades necessárias para exercerem, com inteira independência, as funções que lhes competem, relativamente à Organização"*(grifo nosso).

9.6.7.2. A Declaração de Filadélfia

Em anexo ao texto da *Constituição*, há Declaração da maior importância, referente aos *fins e objetivos da OIT* – a Declaração de *Filadélfia*. A Conferência da OIT se reuniu na 26ª sessão, em 1944, e adotou-a. Como as demais Declarações da OIT, ela *complementa* a própria Constituição.

A Declaração, em seu art. I, reafirma os princípios fundamentais da organização, em especial, os seguintes: a) o trabalho não é uma mercadoria; b) a liberdade de expressão e de associação é uma condição indispensável a um progresso ininterrupto; c) a penúria, seja onde for, constitui um perigo para a prosperidade geral; e d) a luta contra a carência, em qualquer nação, deve ser conduzida com infatigável energia, e com um esforço internacional contínuo e conjugado, no qual os representantes dos empregadores e dos empregados discutam, em igualdade, com os dos governos, e tomem com eles decisões de caráter democrático, visando o bem comum.

Após a reafirmação dos princípios, a Conferência, no art. II, afirmou que: a) todos os seres humanos de qualquer raça, crença ou sexo, têm o direito de assegurar o bem-estar material e o desenvolvimento espiritual dentro da liberdade e da dignidade, da tranquilidade econômica e com as mesmas possibilidades; b) a realização de condições que permitam o exercício de tal direito deve constituir o principal objetivo de qualquer política nacional ou internacional; c) quaisquer planos ou medidas, no terreno nacional ou internacional, máxime os de caráter econômico e financeiro, devem ser considerados sob esse ponto de vista e somente aceitos, quando favorecerem, e não entravarem, a realização desse objetivo principal; d) compete à OIT apreciar, no domínio internacional, tendo em vista tal objetivo, todos os programas de ação e medidas de caráter econômico e financeiro; e e) no desempenho das funções que lhe são confiadas, a OIT tem capacidade para incluir em suas decisões e recomendações quaisquer disposições que julgar convenientes, após levar em conta todos os fatores econômicos e financeiros de interesse.

Há uma expressa atribuição à OIT de auxiliar a sociedade internacional na concretização dos programas vitais para todas as nações, como por exemplo: proporcionar emprego integral para todos e elevar os níveis de vida; dar a cada trabalhador uma ocupação na qual ele tenha a satisfação de utilizar, plenamente, sua habilidade e seus conhecimentos e de contribuir para o bem geral; adotar normas referentes aos salários e às remunerações, ao horário e às outras condições de trabalho, a fim de permitir que todos usufruam do progresso e, também, que todos os assalariados, que ainda não o tenham, percebam, no mínimo, um salário vital; assegurar o direito de ajustes coletivos; incentivar a cooperação entre empregadores e trabalhadores para melhoria contínua da organização da produção e a colaboração de uns e outros na elaboração e na aplicação da política social e econômica; garantir a proteção da infância e da maternidade; e obter um nível adequado de alimentação, de alojamento, de recreação e de cultura (art. III). Em complemento, o art. IV dispõe sobre a obrigação da OIT em cooperar com as demais organizações internacionais que atuem em terrenos semelhantes às suas missões. No art. V consta a afirmação da Conferência de que os princípios contidos na Declaração interessam a todos os povos.

9.6.8. Declaração sobre os Princípios e Direitos Fundamentais do Trabalho

Em 1994, a OIT deu início a trabalhos com o objetivo de reagir frente à crise do DIT, citada no começo do capítulo. Para tanto, *no ano de 1995*, o Conselho de Administração definiu um conjunto de 7 convenções como sendo o de normas e direitos fundamentais (Convenções de nº 29, 105, 87, 98, 100, 111 e 138). Em 1999, acrescentou, neste rol, a de nº 182, totalizando em *8 as atuais convenções classificadas como fundamentais*.

Baseada nas convenções fundamentais, surgiu, em 1998, a *Declaração sobre os Princípios e Direitos Fundamentais do Trabalho*. De natureza promocional, visava a fornecer uma orientação de comportamento, tendo como objetivos centrais promover os direitos e princípios fundamentais e desenvolver a cooperação técnica para auxiliar em sua efetivação.

A Declaração confirma e reafirma os princípios, objetivos e valores da OIT. Ela pode ser considerada a *Declaração dos Temas Prioritários,* pois se baseia nas convenções que, em conjunto, constituem *padrões mínimos trabalhistas*. Quais são os temas com suas respectivas convenções?

- Liberdade sindical e negociação coletiva: Convenção 87 e Convenção 98.
- Trabalhos forçados: Convenção 29 e Convenção 105.
- Discriminação: Convenção 100 e Convenção 111.
- Trabalho infantil: Convenção 138 e Convenção 182.

Dessas oito, somente a de nº 87 ainda não foi ratificada pelo Brasil; as demais já se encontram em vigor em território nacional.

O art. 2º, item 2, da Declaração apresenta preceito inovador, que seria, abaixo, novamente abordado, mas que, em razão de sua importância, merece antecipação. De acordo com este, todos os Estados-membros, mesmo que não tenham ratificado as convenções tidas como fundamentais, têm o dever geral, resultado simplesmente de pertencerem à organização, de respeitar, promover e realizar, de boa fé e de acordo com a Constituição, os princípios relativos aos direitos fundamentais, que são: a) a liberdade de associação e o reconhecimento efetivo do direito de negociação coletiva; b) a eliminação de todas as formas de trabalho forçado ou obrigatório; c) a abolição efetiva do trabalho infantil; e d) a eliminação da discriminação em matéria de emprego e de profissão.

A Declaração de 1998 recorda que, ao aderirem livremente à OIT, "todos os seus membros aceitaram os princípios e direitos enunciados na sua Constituição e na Declaração de Filadélfia, e comprometeram-se a trabalhar na realização dos objetivos gerais da Organização, em toda a medida das suas possibilidades e da sua especificidade". Tais princípios e direitos foram formulados e desenvolvidos sob a forma de direitos e de obrigações específicos nas convenções fundamentais.

Uma das principais preocupações da OIT, conforme documento de 1998, é incentivar a ratificação de todos os tratados fundamentais, bem como fiscalizar seus cumprimentos, sendo que é por meio dessas ratificações que a OIT visa a proteger os direitos e princípios básicos do trabalho. Para tanto, em *seu anexo*, há passos sobre a atividade fiscalizatória das convenções. O objetivo geral do documento é "encorajar os esforços realizados pelos Membros da Organização a fim de promoverem os princípios e direitos fundamentais consagrados na Constituição da OIT, bem como na Declaração de Filadélfia e reiterados na presente Declaração".

9.6.8.1. A Declaração de 1998 e o Brasil

A CF de 1988 possui pontos coincidentes com o art. 2º da Declaração da OIT de 1998, a saber: liberdade de associação (art. 5º, inc. XVII); reconhecimento das convenções e acordos coletivos de trabalho (art. 7º, XXVI); eliminação de todas as formas de trabalho forçado ou obrigatório (art. 5º, XLVII, c); salário mínimo (art. 7º, IV); liberdade para o exercício de qualquer trabalho (art. 5º, XIII); valor social do trabalho (art. 1º, IV); abolição do trabalho infantil (art. 6º); e eliminação de qualquer forma de discriminação (art. 7º, XXXII).

O documento da OIT de 1998 serve de base para o desenvolvimento de programas a nível internacional e priorização de alguns temas pela OIT. Ele também fomenta o desenvolvimento de projetos internos que visam a extirpar, por exemplo, a discriminação nas relações laborais.

Nessa linha, pode ser citado o *Programa Internacional para a Eliminação do Trabalho Infantil*, que, além de ter sido abrigado pelo Brasil logo no ano da sua implementação em escala mundial, em 1992, foi um dos instrumentos de cooperação da OIT que mais articulou, mobilizou e legitimou as iniciativas nacionais de combate ao trabalho infantil.

O Programa logrou, de forma estratégica e oportuna, potencializar os vários movimentos no país em defesa dos direitos da criança e do adolescente por meio de duas convenções fundamentais que tratam do trabalho infantil: Convenção 138 (idade mínima) e Convenção 182 (piores formas). Com mais de 100 programas de ação financiados pela OIT, mostrou-se que é possível não somente implementar políticas integradas de retirada e proteção da criança e do adolescente do trabalho precoce, como também desenhar ações preventivas junto à família, à escola, à comunidade e à própria criança.

Outro importante exemplo é o *Projeto Igualdade Racial*, que fomentou o desenvolvimento de uma política nacional para a eliminação da discriminação no emprego e na ocupação e promoção da igualdade racial no Brasil. O aludido projeto decorre do compromisso do Brasil com o seguimento da Declaração da OIT sobre os Princípios e Direitos Fundamentais no Trabalho, de 1998.

O principal objetivo do projeto de igualdade racial é contribuir com o fortalecimento das políticas públicas que visam à eliminação da discriminação racial e de gênero no mercado de trabalho brasileiro e à redução das desigualdades socioeconômicas entre brancos e negros, com atenção especial à situação das mulheres negras.

O ano de 2005 foi decretado pelo Presidente da República em exercício como o ano de promoção da igualdade racial. Dessa forma, todas as atividades previstas pelo projeto têm a finalidade de potencializar as metas e programas, realizados em âmbito federal, com o objetivo de efetivar aspectos referentes a uma política de ações afirmativas no mundo do trabalho.

Especificamente quanto à política integrada para a igualdade de gênero, a OIT deverá atuar em três níveis ou etapas, quais sejam: no político, procurando aumentar a representatividade feminina nos órgãos tripartidos da OIT; nos programas e atividades de cooperação técnica, com o incremento do tema referente à igualdade dos sexos; e no institucional, ao dar ao tema uma maior perspectiva por meio de sistemas de programação e de observação.

Além da Constituição e das duas Declarações estudadas, há que se atentar para outros documentos também relevantes para o estudo do Direito Internacional do Trabalho, quais sejam: *a Declaração Tripartite de Princípios sobre Empresas Multinacionais e Política Social, de 2000;* e *Declaração da OIT sobre a Justiça Social para uma Globalização Equitativa, de 2008.*

9.6.9. Atividade normativa

A produção normativa da OIT é representada pelas *convenções, recomendações e resoluções*. É importante notar que a atividade normativa, em sentido amplo, incluiria a própria Constituição e as Declarações complementares. Todavia, aqui se adentra no estudo da produção de normas em sentido estrito, das fontes que emanam do órgão máximo da organização – a Conferência Internacional do Trabalho.

9.6.9.1. Convenções da OIT

Os tratados celebrados assumem papel de suma importância internamente. Mais que compromissos internacionais, são fontes que complementam e enriquecem o *quadro fundamental de direitos de segunda dimensão*; as normas internacionais são uma *complementação aos direitos sociais-trabalhistas* já existentes. Além dos "direitos do trabalhor expressamente referidos nos arts. 7º a 11º da Constituição e dos estatuídos nas leis que ela recepcionou, integram o nosso direito positivo os constantes dos tratados internacionais que o Brasil seja parte (...)"[296].

---

296 SÜSSEKIND, A. *Direito Constitucional do Trabalho*, cit., p. 70.

9.6.9.1.1. Principais características

As convenções da OIT são *tratados multilaterais, normativos, abertos aos países-membros da organização, possuem vigência indeterminada, são permanentes e mutalizáveis* (uma vez que a saída de uma das partes não impede a execução do documento pelas demais). Elas são elaboradas pela *Conferência Internacional do Trabalho*, exigindo-se, para aprovação, *quorum de 2/3 dos delegados presentes* (atentar para o modelo tripartite).

São tratados em sentido técnico, fonte escrita do Direito Internacional com a imperatividade que lhe cabe, podendo ser denominadas tratados *especiais,* diferenciados. As peculiaridades que as circundam possibilitam essa denominação, como o próprio átrio originário de sua produção, que é uma Assembleia-Geral integrada não apenas por representantes dos governos, mas também dos empregados e dos empregadores. Outras características atípicas já foram ou ainda serão aventadas.

9.6.9.1.2. Alguns pontos sobre sua celebração

As fontes sócio-laborais vinculativas da OIT são tratados internacionais, *aplicando-se-lhes, destarte*, todas as fases para sua celebração, i.e., as etapas solenes estudadas em tópico próprio, sendo possível, inclusive, a apresentação de reservas. Por isso, a leitura do presente subitem necessita ser feita em conjunto com o capítulo sobre a *celebração dos tratados internacionais*.

Há, porém, algumas *peculiaridades* que merecem destaque e que destoam da processualística tradicional de celebração dos tratados, quais sejam: **1ª**) durante a primeira fase, de negociações preliminares e assinaturas, as convenções da OIT não são negociadas por Estados, mas pelos delegados presentes na sessão de votação da Conferência Internacional, observado o modelo do tripartismo (governos + trabalhadores + empregadores); **2ª**) estudou-se alhures que a submissão de um tratado assinado durante a primeira fase é discricionária por parte do Presidente, contudo, quanto às convenções da OIT, o envio à autoridade nacional, o Congresso, é ato vinculativo, com prazo estipulado, conforme art. 19, § 5º, b, da Constituição da OIT[297]; e **3ª**) em relação à ratificação, há o entendimento de que este ato administrativo do Chefe de Estado, especificamente em relação às convenções da OIT, seria vinculado, ou seja, medida obrigatória pelo Presidente da República, por questões técnicas, com base no art. 19, § 5º, c e d, da Constituição da OIT. Entretanto, este último ponto não é pacífico e há normativas que não foram ratificadas pelo Estado brasileiro. A ratificação é perfectibilizada com o depósito do instrumento de ratificação junto à Repartição Internacional do Trabalho, conforme art. 20 da Constituição da OIT.

---

297 Conforme: "b) cada um dos Estados-Membros *compromete-se a submeter, dentro do prazo de um ano, a partir do encerramento da sessão da Conferência (ou, quando, em razão de circunstâncias excepcionais, tal não for possível, logo que o seja, sem nunca exceder o prazo de 18 meses após o referido encerramento), a convenção à autoridade ou autoridades em cuja competência entre a matéria*, a fim de que estas a transformem em lei ou tomem medidas de outra natureza;" (grifo nosso)

Como premissa do Direito dos Tratados, somente os Estados que ratificaram as convenções estão obrigados a cumpri-las e a concretizá-las. Sem a aceitação, formalmente, não há que se falar em necessidade de obediência ao documento:

> Sem a adesão ao tratado multilateral aberto, por ato soberano, o Estado não estará vinculado ao respectivo instrumento, o qual, obviamente, não poderá gerar, no plano interno, os direitos e obrigações estabelecidos em suas normas. **Daí a importância de se distinguir entre ato-regra, pelo qual a Conferência cria as normas constantes da convenção, e o ato-condição, pelo qual os Estados aderem ao tratado**[298]. (grifo nosso)

Todavia, tal princípio não pode ser usado como escusa pelos não aderentes para desrespeitarem os direitos sociais consagrados nas convenções classificadas como fundamentais, relegando ao nível de insignificância os princípios relativos aos direitos fundamentais. É importante ressaltar que a OIT desenvolveu preceito normativo que cerca os Estados, com o fim de ceifar o desrespeito deliberado. Mesmo não havendo acatamento expresso de uma convenção fundamental, não há possibilidade de não se preservar o quadro protetivo mínimo dos direitos econômicos, sociais e culturais, conforme estipula a Declaração da OIT relativa aos Princípios e Direitos Fundamentais no Trabalho:

> Declara que todos os Membros, mesmo que não tenham ratificado as convenções em questão, têm o dever, que resulta simplesmente de pertencerem à Organização, de respeitar, promover e realizar, de boa fé e de acordo com a Constituição, os princípios relativos aos direitos fundamentais que são objeto dessas convenções (...).

Há diferentes tipos de convenções da OIT, sobre diversos temas tocantes às relações de trabalho, muitas vezes conectadas com assuntos nem sempre comuns ao cotidiano da organização, a qual tem as funções cada vez mais alargadas.

9.6.9.1.3. Classificação conforme a natureza de suas normas

De acordo com a natureza de suas normas, as convenções trabalhistas podem ser classificadas em **auto-aplicáveis, de princípios** e **promocionais**[299].

As **auto-aplicáveis** possuem disposições que não demandam regulamentação complementar para serem colocadas em prática pelos Estados ratificantes. Se celebradas pelos países, elas não necessitarão de norma interna que lhes garanta efetividade.

Quanto às **de princípio**, há a necessidade de adoção de lei ou outro ato regulamentar para que tenham efetiva aplicação nacional, salvo se já existir norma interna em vigor compatível com a convenção ratificada. Normalmente, tais tratados são aprovados simultaneamente com recomendações. Estas, dentre outras funções, também servem para complementar uma determinada convenção, podendo versar sobre assuntos que nesta não foram dispostos satisfatoriamente.

E há as convenções **promocionais**, que fixam objetivos e metas, bem como estabelecem programas para a consecução de certos fins. Os programas devem ser

---

298 SÜSSEKIND, A. *Direito Constitucional do Trabalho*, cit., p. 73.
299 SÜSSEKIND, A. *Direito Constitucional do Trabalho*, cit., pp. 73-74.

atendidos pelos Estados ratificantes, por meio da perfectibilização de medidas sucessivas e progressivas, dentro de determinados prazos.

9.6.9.1.4. Classificação das convenções pela OIT e os temas prioritários

A própria OIT encetou uma classificação de suas convenções de acordo com os temas nelas versados. Dessa forma, há **convenções fundamentais**, **prioritárias** e **divididas por categorias**, que chamaremos de **comuns**.

De todas as convenções aprovadas pela OIT, oito foram designadas como fundamentais, as quais integram a Declaração de Princípios Fundamentais e Direitos no Trabalho da OIT (1998).

Há outras quatro convenções que se referem a alguns assuntos de especial importância e que foram consideradas como prioritárias.

Todas as demais foram classificadas em 12 categorias, sendo denominadas comuns, pelo fato de não se encaixarem nas duas primeiras espécies, o que não minora sua importância para fins de proteção aos direitos trabalhistas.

São arroladas como **convenções fundamentais**:

29 - Trabalho forçado (1930): dispõe sobre a eliminação do trabalho forçado ou obrigatório em todas as suas formas. Admitem-se algumas exceções, tais como o serviço militar, o trabalho penitenciário adequadamente supervisionado e o trabalho obrigatório em situações de emergência, como guerras, incêndios, terremotos, etc.

87 - Liberdade sindical e proteção do direito de sindicalização (1948): estabelece o direito de todos os trabalhadores e empregadores de constituir organizações que considerem convenientes e de a elas se afiliarem, sem prévia autorização, e dispõe sobre uma série de garantias para o livre funcionamento dessas organizações, sem ingerência das autoridades públicas.

98 - Direito de sindicalização e de negociação coletiva (1949): estipula proteção contra todo ato de discriminação que reduza a liberdade sindical, proteção das organizações de trabalhadores e de empregadores contra atos de ingerência de umas nas outras, e medidas de promoção da negociação coletiva.

100 - Igualdade de remuneração (1951): preconiza a igualdade de remuneração e de benefícios entre homens e mulheres por trabalho de igual valor.

105 - Abolição do trabalho forçado (1957): proíbe o uso de toda forma de trabalho forçado ou obrigatório como meio de coerção ou de educação política; como castigo por expressão de opiniões políticas ou ideológicas; a mobilização de mão de obra; como medida disciplinar no trabalho, punição por participação em greves, ou como medida de discriminação.

111 - Discriminação (emprego e ocupação) (1958): preconiza a formulação de uma política nacional que elimine toda discriminação em matéria de emprego, formação profissional e condições de trabalho por motivos de raça, cor, sexo, religião, opinião política, ascendência nacional ou origem social, e promoção da igualdade de oportunidades e de tratamento.

138 - Idade mínima (1973): objetiva a abolição do trabalho infantil, ao estipular que a idade mínima de admissão ao emprego não deverá ser inferior à idade de conclusão do ensino obrigatório.

182 - Piores formas de trabalho infantil (1999): defende a adoção de medidas imediatas e eficazes que garantam a proibição e a eliminação das piores formas de trabalho infantil.

Já as convenções **prioritárias** assim se apresentam:

144 - Consulta tripartite (1976): dispõe sobre a consulta efetiva entre representantes do governo, dos empregadores e dos trabalhadores sobre as normas internacionais do trabalho.

81 - Inspeção do trabalho (1947): dispõe sobre a manutenção de um sistema de inspeção do trabalho nas indústrias, no comércio e na agricultura. Tais sistemas devem operar dentro dos parâmetros estabelecidos nestes instrumentos.

129 - Inspeção do trabalho na agricultura (1969): dispõe sobre a manutenção de um sistema de inspeção do trabalho nas indústrias, no comércio e na agricultura. Tais sistemas devem operar dentro dos parâmetros estabelecidos nestes instrumentos.

122 - Política de emprego (1964): dispõe sobre o estabelecimento de uma política ativa para promover o emprego estimulando o crescimento econômico e o aumento dos níveis de vida.

As convenções **comuns, divididas por categorias**, são inúmeros documentos sobre diversos temas. Em tópico adiante, há quadro com todas as convenções ratificadas pela República brasileira. As comuns são separadas conforme as seguintes categorias:

1 – Direitos humanos básicos	7 – Segurança social
2 – Emprego	8 – Emprego de mulheres
3 – Políticas sociais	9 – Emprego de crianças e jovens
4 – Administração do trabalho	10 – Trabalhadores migrantes
5 – Relações industriais	11 – Trabalhadores indígenas
6 – Condições de trabalho	12 – Outras categorias especiais

Além de ressaltar a importância de suas convenções, a OIT preocupou-se em elencar alguns **temas** como **prioritários**, i.e., alguns assuntos que demandam maior atenção e que podem ser considerados como padrões mínimos a serem respeitados. São objetos de proteção que todos os integrantes da organização devem respeitar, bem como fiscalizar sua observância, pois compõem os padrões mínimos para a sobrevivência do trabalhador, como forma de garantir um mínimo existencial social.

É importante que não sejam confundidos os temas prioritários com as convenções prioritárias, haja vista que os 4 temas prioritários são representados por 8 convenções, exatamente as tidas como fundamentais.

São temas prioritários da OIT: **liberdade sindical e negociação coletiva; trabalhos forçados; discriminação; e trabalho infantil**. Tais temáticas compõem a base da Declaração de Princípios e Direitos Fundamentais do Trabalho de 1998. Cada um deles possui duas convenções, sendo assim, um total de oito, que são as fundamentais acima elencadas:

TEMAS PRIORITÁRIOS	CONVENÇÕES FUNDAMENTAIS
Liberdade sindical e negociação coletiva	Convenção 87 e Convenção 98
Trabalhos forçados	Convenção 29 e Convenção 105
Discriminação	Convenção 100 e Convenção 111
Trabalho infantil	Convenção 138 e Convenção 182

9.6.9.1.5. As oito convenções dos temas prioritários

Seguem, abaixo, as oito convenções da OIT que representam os temas prioritários da organização e que compõem os padrões mínimos trabalhistas. É importante a leitura atenta das mesmas para se evitar tautologia. Cabe também dizer que serão transcritos os pontos reputados como mais relevantes. Não optamos por apenas anexar ao final do livro porque a intenção é induzir à leitura dos textos convencionais, haja vista que sua cobrança em certames públicos demonstra que basta conhecimento da literalidade.

Separamos as convenções, de acordo com os temas, da seguinte forma: liberdade sindical e negociação coletiva (Convenções 87 e 98); trabalho infantil (Convenções 138 e 182); trabalho forçado (Convenções 29 e 105); e discriminação (Convenções 100 e 111). É necessário, mais uma vez, um lembrete: o único desses documentos que ainda não foi ratificado pelo Brasil foi a Convenção de nº 87.

E esse ponto merece observação. A Convenção 87 entrou em vigor, em âmbito internacional, em 04 de julho de 1950, tendo sido já adotada por 108 países. Ela não foi ratificada pelo Brasil em decorrência dos textos das Constituições de 1946 e de 1967. E mais, a Constituição atual, de 1988, adota a unicidade de representação sindical em todos os níveis e mantém a contribuição compulsória, medidas que geram empecilhos à sua internalização.

LIBERDADE SINDICAL E NEGOCIAÇÃO COLETIVA

Convenção n.º 87 da OIT de 1948, sobre a liberdade sindical e a proteção do direito sindical

ARTIGO 2

Os trabalhadores e as entidades patronais, sem distinção de qualquer espécie, têm o direito, sem autorização prévia, de constituírem organizações da sua escolha, assim como o de se filiarem nessas organizações, com a única condição de se conformarem com os estatutos destas últimas.

ARTIGO 3

1. As organizações de trabalhadores e de entidades patronais têm o direito de elaborar os seus estatutos e regulamentos administrativos, de eleger livremente os seus representantes, organizar a sua gestão e a sua atividade e formular o seu programa de ação.

2. As autoridades públicas devem abster-se de qualquer intervenção susceptível de limitar esse direito ou de entravar o seu exercício legal.

ARTIGO 4

As organizações de trabalhadores e de entidades patronais não estão sujeitas à dissolução ou à suspensão por via administrativa.

ARTIGO 5

As organizações de trabalhadores e de entidades patronais têm o direito de constituírem federações e confederações, assim como o de nelas se filiarem; e as organizações, federações ou confederações têm o direito de se filiarem em organizações internacionais de trabalhadores e de entidades patronais.

ARTIGO 9

2. De acordo com os princípios estabelecidos pelo parágrafo 8 do artigo 19 da Constituição da Organização Internacional do Trabalho, a ratificação desta Convenção por um Membro não deverá ser considerada como afetando qualquer lei, decisão, costumes ou acordos já existentes que concedam aos membros das forças armadas e da polícia garantias previstas na presente Convenção.

ARTIGO 10

Na presente Convenção o termo «organização» significa toda e qualquer organização de trabalhadores ou de entidades patronais que tenha por fim promover e defender os interesses dos trabalhadores ou do patronato.

ARTIGO 14

As ratificações formais da presente Convenção serão comunicadas ao Diretor-geral do Secretariado Internacional do Trabalho e por ele registradas.

ARTIGO 15

1. A presente Convenção obrigará apenas os membros da Organização Internacional do Trabalho cuja ratificação tiver sido registrada pelo Diretor-geral.

2. Entrará em vigor doze meses depois de as ratificações de dois membros terem sido registradas pelo Diretor-geral.

3. Em seguida, esta Convenção entrará em vigor para cada membro doze meses depois da data em que tiver sido registrada a sua ratificação.

ARTIGO 16

1. Qualquer membro que tenha ratificado a presente Convenção pode denunciá-la decorrido um período de dez anos (...).

Convenção n.º 98 da OIT, de 1949, sobre a aplicação dos princípios do direito de sindicalização e de negociação coletiva

ARTIGO 1

1. Os trabalhadores gozarão de adequada proteção contra atos de discriminação com relação a seu emprego.

2. Essa proteção aplicar-se-á especialmente a atos que visem:
a) sujeitar o emprego de um trabalhador à condição de que não se filie a um sindicato ou deixe de ser membro de um sindicato;
b) causar a demissão de um trabalhador ou prejudicá-lo de outra maneira por sua filiação a um sindicato ou por sua participação em atividades sindicais fora das horas de trabalho ou, com o consentimento do empregador, durante o horário de trabalho.

ARTIGO 2

1. As organizações de trabalhadores e de empregadores gozarão de adequada proteção contra atos de ingerência de umas nas outras, ou por agentes ou membros de umas nas outras, na sua constituição, funcionamento e administração.

2. Serão principalmente considerados atos de ingerência, nos termos deste Artigo, promover a constituição de organizações de trabalhadores dominadas por organizações de empregadores ou manter organizações de trabalhadores com recursos financeiros ou de outra espécie, com o objetivo de sujeitar essas organizações ao controle de empregadores ou de organizações de empregadores.

ARTIGO 5

1. A legislação nacional definirá a medida em que se aplicarão às forças armadas e à polícia as garantias providas nesta Convenção.

ARTIGO 6

Esta Convenção não trata da situação de funcionários públicos a serviço do Estado e nem será de algum modo interpretada em detrimento de seus direitos ou situação funcional.

ARTIGO 8

1. Esta Convenção obrigará unicamente os países-membros da Organização Internacional do Trabalho cujas ratificações tiverem sido registradas pelo Diretor-geral.

2. Esta Convenção entrará em vigor doze meses após a data de registro, pelo Diretor-geral, das ratificações de dois países-membros.

3. A partir de então, esta Convenção entrará em vigor, para todo país-membro, doze meses após a data do registro de sua ratificação.

ARTIGO 11

1. O País-membro que ratificar esta Convenção poderá denunciá-la ao final de um período de dez anos (...).

ARTIGO 14
O Conselho de Administração do Secretariado da Organização Internacional do Trabalho apresentará à Conferência Geral, quando considerar necessário, relatório sobre o desempenho desta Convenção e examinará a conveniência de incluir na pauta da Conferência a questão de sua revisão total ou parcial.

TRABALHO INFANTIL

Convenção n.º 138 da OIT de 1973, sobre idade mínima para admissão a emprego

ARTIGO 1
Todo Estado-membro, no qual vigore esta Convenção, compromete-se a seguir uma política nacional que assegure a efetiva abolição do trabalho infantil e eleve, progressivamente, a idade mínima de admissão a emprego ou a trabalho a um nível adequado ao pleno desenvolvimento físico e mental do jovem.

ARTIGO 2
1. Todo Estado-membro que ratificar esta Convenção especificará, em declaração anexa à sua ratificação, uma idade mínima para admissão a emprego ou trabalho em seu território e em meios de transporte registrados em seu território; ressalvado o disposto nos artigos 4º a 8º desta Convenção, nenhuma pessoa com idade inferior a essa idade será admitida a emprego ou trabalho em qualquer ocupação.

2. Todo Estado-membro que ratificar esta Convenção poderá posteriormente notificar o Diretor-geral da Secretaria Internacional do Trabalho, por declarações ulteriores, que estabelece uma idade mínima superior à anteriormente definida.

3. A idade mínima fixada nos termos do parágrafo 1º deste artigo não será inferior à idade de conclusão da escolaridade compulsória ou, em qualquer hipótese, não inferior a 15 anos.

4. Não obstante o disposto no parágrafo 3º deste artigo, o Estado-membro, cuja economia e condições do ensino não estiverem suficientemente desenvolvidas, poderá, após consulta com as organizações de empregadores e de trabalhadores interessadas, se as houver, definir, inicialmente, uma idade mínima de 14 anos.

ARTIGO 3
1. Não será inferior a dezoito anos a idade mínima para admissão a qualquer tipo de emprego ou trabalho que, por sua natureza ou circunstância em que é executado, possa prejudicar a saúde, a segurança e a moral do jovem.

2. Serão definidas por lei ou regulamentos nacionais ou pela autoridade competente, após consulta com as organizações de empregadores e de trabalhadores interessadas, se as houver, as categorias de emprego ou trabalho às quais se aplica o parágrafo 1º deste artigo.

3. Não obstante o disposto no parágrafo 1º deste artigo, a lei ou regulamentos nacionais ou a autoridade competente poderão, após consulta às orga

nizações de empregadores e de trabalhadores interessadas, se as houver, autorizar emprego ou trabalho a partir da idade de dezesseis anos, desde que estejam plenamente protegidas a saúde, a segurança e a moral dos jovens envolvidos e lhes seja proporcionada instrução ou formação adequada e específica no setor da atividade pertinente.

ARTIGO 4

1. A autoridade competente, após consulta com as organizações de empregadores e de trabalhadores interessadas, se as houver, poderá, na medida do necessário, excluir da aplicação desta Convenção limitado número de categorias de emprego ou trabalho a respeito das quais se puserem reais e especiais problemas de aplicação.

ARTIGO 5

1. O Estado-membro, cuja economia e condições administrativas não estiverem suficientemente desenvolvidas, poderá, após consulta com as organizações de empregadores e de trabalhadores, se as houver, limitar inicialmente o alcance de aplicação desta Convenção.

2. Todo Estado-membro que se servir do disposto no parágrafo 1º deste artigo especificará, em declaração anexa à sua ratificação, os setores de atividade econômica ou tipos de empreendimentos aos quais aplicará as disposições da Convenção.

3. As disposições desta Convenção serão, no mínimo, aplicáveis a: mineração e pedreira; indústria manufatureira; construção; eletricidade, água e gás; serviços de saneamento; transporte, armazenamento e comunicações; plantações e outros empreendimentos agrícolas de fins comerciais, excluindo, porém, propriedades familiares e de pequeno porte que produzam para o consumo local e não empreguem regularmente mão de obra remunerada.

ARTIGO 6

Esta Convenção não se aplica a trabalho feito por crianças e jovens em escolas de educação profissional ou técnica ou em outras instituições de treinamento em geral ou a trabalho feito por pessoas de no mínimo 14 anos de idade em empresas em que esse trabalho é executado dentro das condições prescritas pela autoridade competente, após consulta com as organizações de empregadores e de trabalhadores interessadas, onde as houver, e é parte integrante de:

a) curso de educação ou treinamento pelo qual é principal responsável escola ou instituição de formação;
b) programa de treinamento principalmente ou inteiramente numa empresa, que tenha sido aprovado pela autoridade competente, ou
c) programa de orientação para facilitar a escolha de uma profissão ou de uma linha de formação.

ARTIGO 7

1. As leis ou regulamentos nacionais podem permitir o emprego ou trabalho de jovens entre 13 e 15 anos em serviços leves (...).

ARTIGO 8
1. A autoridade competente, após consulta com as organizações de empregadores e de trabalhadores interessadas, se as houver, podem, mediante licenças concedidas em casos individuais, permitir exceções à proibição de emprego ou trabalho disposto no artigo 2º desta Convenção, para fins tais como participação em representações artísticas.

Convenção n.º 182 da OIT de 1999, sobre proibição das piores formas de trabalho infantil e a ação imediata para sua eliminação
ARTIGO 1
Todo Estado-membro que ratificar a presente Convenção deverá adotar medidas imediatas e eficazes que garantam a proibição e a eliminação das piores formas de trabalho infantil em regime de urgência.
ARTIGO 2
Para os efeitos desta Convenção, o termo criança aplicar-se-á a toda pessoa menor de 18 anos.
ARTIGO 3
Para os fins desta Convenção, a expressão as piores formas de trabalho infantil compreende:
 (a) todas as formas de escravidão ou práticas análogas à escravidão, como venda e tráfico de crianças, sujeição por dívida, servidão, trabalho forçado ou compulsório, inclusive recrutamento forçado ou compulsório de crianças para serem utilizadas em conflitos armados;
 (b) utilização, demanda e oferta de criança para fins de prostituição, produção de material pornográfico ou espetáculos pornográficos;
 (c) utilização, demanda e oferta de criança para atividades ilícitas, particularmente para a produção e tráfico de drogas conforme definidos nos tratados internacionais pertinentes;
 (d) trabalhos que, por sua natureza ou pelas circunstâncias em que são executados, são susceptíveis de prejudicar a saúde, a segurança e a moral da criança.
ARTIGO 8
Os Estados-membros tomarão as devidas providências para se ajudarem mutuamente na aplicação das disposições desta Convenção por meio de maior cooperação e/ou assistência internacional, inclusive o apoio ao desenvolvimento social e econômico, a programas de erradicação da pobreza e à educação universal.

TRABALHO FORÇADO

Convenção n.º 29 da OIT de 1930, sobre trabalho forçado ou obrigatório
ARTIGO 1
1. Todo país-membro da Organização Internacional do Trabalho que ratificar esta Convenção compromete-se a abolir a utilização do trabalho forçado ou obrigatório, em todas as suas formas, no mais breve espaço de tempo possível.

2. Com vista a essa abolição total, só se admite o recurso a trabalho forçado ou obrigatório, no período de transição, unicamente para fins públicos e como medida excepcional, nas condições e garantias providas nesta Convenção.

ARTIGO 2

1. Para fins desta Convenção, a expressão "trabalho forçado ou obrigatório" compreenderá todo trabalho ou serviço exigido de uma pessoa sob a ameaça de sanção e para o qual não se tenha oferecido espontaneamente.

2. A expressão "trabalho forçado ou obrigatório" não compreenderá, entretanto, para os fins desta Convenção:
   a) qualquer trabalho ou serviço exigido em virtude de leis do serviço militar obrigatório com referência a trabalhos de natureza puramente militar;
   b) qualquer trabalho ou serviço que faça parte das obrigações cívicas comuns de cidadãos de um país soberano,
   c) qualquer trabalho ou serviço exigido de uma pessoa em decorrência de condenação judiciária, contanto que o mesmo trabalho ou serviço seja executado sob fiscalização e o controle de uma autoridade pública e que a pessoa não seja contratada por particulares, por empresas ou associações, ou posta à sua disposição;
   d) qualquer trabalho ou serviço exigido em situações de emergência, ou seja, em caso de guerra ou de calamidade ou de ameaça de calamidade, como incêndio, inundação, fome, tremor de terra, doenças epidêmicas ou epizoóticas, invasões de animais, insetos ou de pragas vegetais, e em qualquer circunstância, em geral, que ponha em risco à vida ou ao bem-estar de toda ou parte da população;
   e) pequenos serviços comunitários que, por serem executados por membros da comunidade, no seu interesse direto, podem ser, por isso, considerados como obrigações cívicas comuns de seus membros, desde que esses membros ou seus representantes diretos tenham o direito de ser consultados com referência à necessidade desses serviços.

ARTIGO 10

1. Será progressivamente abolido o trabalho forçado ou obrigatório exigido a título de imposto, a que recorre a autoridade administrativa para execução de obras públicas.

2. Entrementes, onde o trabalho forçado ou obrigatório for reclamado a título de imposto ou exigido por autoridades administrativas para a execução de obras públicas, a autoridade interessada assegurar-se-á primeiramente que:
   a) o trabalho a ser feito ou o serviço a ser prestado é de interesse real e direto da comunidade convocada para executá-lo ou prestá-lo;
   b) o trabalho ou serviço é de necessidade real ou premente;
   c) o trabalho ou serviço não representará um fardo excessivo para a população atual, levando-se em consideração a mão de obra disponível e sua capacidade para se desincumbir da tarefa;

d) o trabalho ou serviço não implicará o afastamento do trabalhador do local de sua residência habitual;
e) a execução do trabalho ou a prestação do serviço será conduzida de acordo com as exigências da religião, vida social e da agricultura.

ARTIGO 11
1. Só adultos do sexo masculino fisicamente aptos, cuja idade presumível não seja inferior a dezoito anos nem superior a quarenta e cinco, podem ser convocados para trabalho forçado ou obrigatório. Ressalvadas as categorias de trabalho enumeradas no Artigo 10º desta Convenção (...).

ARTIGO 12
1. O período máximo, durante o qual uma pessoa pode ser submetida a trabalho forçado ou obrigatório de qualquer espécie, não ultrapassará 60 dias por período de doze meses, incluídos nesses dias o tempo gasto, de ida e volta, em seus deslocamentos para a execução do trabalho.
2. Toda pessoa submetida a trabalho forçado ou obrigatório receberá certidão que indique os períodos do trabalho que tiver executado.

ARTIGO 13
1. O horário normal de trabalho de toda pessoa submetida a trabalho forçado ou obrigatório será o mesmo adotado para trabalho voluntário, e as horas trabalhadas além do período normal serão remuneradas na mesma base das horas de trabalho voluntário.
2. Será concedido um dia de repouso semanal a toda pessoa submetida a qualquer forma de trabalho forçado ou obrigatório, e esse dia coincidirá, tanto quanto possível, com os dias consagrados pela tradição ou costume nos territórios ou regiões concernentes.

ARTIGO 14
1. Com a exceção do trabalho forçado ou obrigatório a que se refere o Artigo 10º desta Convenção, o trabalho forçado ou obrigatório, em todas as suas formas, será remunerado em espécie, em base não-inferior à que prevalece para espécies similares de trabalho na região onde a mão de obra é empregada ou na região onde é recrutada, prevalecendo a que for maior.

ARTIGO 16
l. As pessoas submetidas a trabalho forçado ou obrigatório não serão transferidas, salvo em caso de real necessidade, para regiões onde a alimentação e o clima forem tão diferentes daqueles a que estão acostumadas a que possam por em risco sua saúde.
2. Em nenhum caso será permitida a transferência desses trabalhadores antes de se poder aplicar rigorosamente todas as medidas de higiene e de habitação necessárias para adaptá-los às novas condições e proteger sua saúde.
3. Quando for inevitável a transferência, serão adotadas medidas que assegurem a adaptação progressiva dos trabalhadores às novas condições de alimentação e de clima, sob competente orientação médica.

4. No caso de serem os trabalhadores obrigados a executar trabalho regular com o qual não estão acostumados, medidas serão tomadas para assegurar sua adaptação a essa espécie de trabalho, em particular no tocante a treinamento progressivo, às horas de trabalho, aos intervalos de repouso e à melhoria ou ao aumento da dieta que possa ser necessário.

ARTIGO 18
1. O trabalho forçado ou obrigatório no transporte de pessoas ou mercadorias, tal como o de carregadores e barqueiros, deverá ser suprimido o quanto antes possível e, até que seja suprimido (...).

ARTIGO 21
O trabalho forçado ou obrigatório não será utilizado para trabalho subterrâneo em minas.

Convenção n.º 105 da OIT de 1957, relativa à abolição do trabalho forçado

ARTIGO 1
Todo país-membro da Organização Internacional do Trabalho que ratificar esta Convenção compromete-se a abolir toda forma de trabalho forçado ou obrigatório e dele não fazer uso:
a) como medida de coerção ou de educação política ou como punição por ter ou expressar opiniões políticas ou pontos de vista ideologicamente opostos ao sistema político, social e econômico vigente;
b) como método de mobilização e de utilização da mão de obra para fins de desenvolvimento econômico;
c) como meio de disciplinar a mão de obra;
d) como punição por participação em greves;
e) como medida de discriminação racial, social, nacional ou religiosa.

ARTIGO 2
Todo país-membro da Organização Internacional do Trabalho que ratificar esta Convenção compromete-se a adotar medidas para assegurar a imediata e completa abolição do trabalho forçado ou obrigatório, conforme estabelecido no Artigo 1º desta Convenção.

DISCRIMINAÇÃO

Convenção n.º 100 da OIT de 1951, sobre a igualdade de remuneração de homens e mulheres por trabalho de igual valor

ARTIGO 1
Para os fins desta Convenção:
a) o termo "remuneração" compreende o vencimento ou salário normal, básico ou mínimo, e quaisquer vantagens adicionais pagas, direta ou indiretamente, pelo empregador ao trabalhador em espécie ou *in natura*, e resultantes do emprego;

b) a expressão "igual remuneração de homens e mulheres trabalhadores por trabalho de igual valor" refere-se a tabelas de remuneração estabelecidas sem discriminação baseada em sexo.

ARTIGO 2

1. Todo país-membro deverá promover, por meios apropriados aos métodos em vigor para a fixação de tabelas de remuneração, e, na medida de sua compatibilidade com esses métodos, assegurar a aplicação, a todos os trabalhadores, do princípio da igualdade de remuneração de homens e mulheres trabalhadores por trabalho de igual valor.

2. Esse princípio pode ser aplicado por meio de:
a) leis ou regulamentos nacionais;
b) mecanismos legalmente estabelecidos e reconhecidos para a fixação de salários;
c) convenções ou acordos coletivos entre empregadores e trabalhadores, ou
d) a combinação desses meios.

ARTIGO 3

1. Quando esta ação facilitar a aplicação das disposições desta Convenção, medidas serão tomadas para promover uma avaliação objetiva de empregos com base no trabalho a ser executado.

2. Os métodos a serem seguidos nessa avaliação serão decididos pelas autoridades responsáveis pela fixação de tabelas de remuneração ou, onde forem fixadas por convenções, acordos ou contratos coletivos, pelas partes contratantes.

3. As diferenças entre as tabelas de remuneração, que correspondem, sem consideração de sexo, a diferenças no trabalho a ser executado, conforme verificadas por essa avaliação objetiva, não serão consideradas como contrárias ao princípio da igualdade de remuneração de homens e mulheres trabalhadores por trabalho de igual valor.

ARTIGO 4

Todo país-membro deverá colaborar com as organizações de empregadores e de trabalhadores interessadas, da maneira mais conveniente, para fazer cumprir as disposições desta Convenção.

Convenção n.º 111 da OIT de 1958, sobre a discriminação em matéria de emprego e profissão

ARTIGO 1

(1) Para os fins da presente Convenção, o termo «discriminação» compreende:

a) Toda a distinção, exclusão ou preferência fundada na raça, cor, sexo, religião, opinião política, ascendência nacional ou origem social, que tenha por efeito destruir ou alterar a igualdade de oportunidades ou de tratamento em matéria de emprego ou profissão;

b) Toda e qualquer distinção, exclusão ou preferência que tenha por efeito destruir ou alterar a igualdade de oportunidades ou de tratamento em matéria de emprego ou profissão, que poderá ser especificada pelo Estado-membro interessado depois de consultadas as organizações representativas de patrões e trabalhadores, quando estas existam, e outros organismos adequados.

(2) As distinções, exclusões ou preferências fundadas em qualificações exigidas para determinado emprego não são consideradas como discriminação.

(3) Para fins da presente Convenção as palavras «emprego» e »profissão» incluem não só o acesso à formação profissional, ao emprego e às diferentes profissões, como também as condições de emprego.

ARTIGO 2
Todo o Estado-membro para qual a presente Convenção se encontre em vigor compromete-se a definir e aplicar uma política nacional que tenha por fim promover, por métodos adequados às circunstâncias e aos usos nacionais, a igualdade de oportunidades e de tratamento em matéria de emprego e profissão, com o objetivo de eliminar toda a discriminação.

ARTIGO 3
Todo o Estado-membro para a qual a presente Convenção se encontre em vigor deve, por métodos adequados às circunstâncias e aos usos nacionais:
a) Esforçar-se por obter a colaboração das organizações representativas de patrões e trabalhadores e de outros organismos apropriados, com o fim de favorecer a aceitação e aplicação desta política;
b) Promulgar leis e encorajar os programas de educação próprios a assegurar esta aceitação e esta aplicação;
c) Revogar todas as disposições legislativas e modificar todas as disposições ou práticas administrativas que sejam incompatíveis com a referida política;
d) Seguir a referida política no que diz respeito a empregos dependentes da fiscalização direta de uma autoridade nacional;
e) Assegurar a aplicação da referida política nas atividades dos serviços de orientação profissional, formação profissional e colocação dependentes da fiscalização de uma autoridade nacional;
f) Indicar, nos seus relatórios anuais sobre a aplicação da Convenção, as medidas tomadas em conformidade com esta política e os resultados obtidos.

ARTIGO 4
Não são consideradas como discriminação as medidas tomadas contra uma pessoa que, individualmente, seja objeto da suspeita legítima de se entregar a uma atividade prejudicial à segurança do Estado ou cuja atividade se encontra realmente comprovada, desde que a referida pessoa tenha o direito de recorrer a uma instância competente, estabelecida de acordo com a prática nacional.

> **ARTIGO 5**
> (1) As medidas especiais de proteção ou de assistência previstas em outras convenções ou recomendações adotadas pela Conferência Internacional do Trabalho não devem ser consideradas como medidas de discriminação.
> (2) Todo o Estado-membro pode, depois de consultadas as organizações representativas de patrões e trabalhadores, quando estas existam, definir como não discriminatórias quaisquer outras medidas especiais que tenham por fim salvaguardar as necessidades particulares de pessoas em relação às quais a atribuição de uma proteção e assistência especial seja, de uma maneira geral, reconhecida como necessária, por razões tais como o sexo, a invalidez, os encargos da família ou o nível social ou cultural.

9.6.9.1.6. Convenções da OIT: ratificações, vigências, denúncias e registro dos atos

Além dos aspectos já levantados sobre o processo de celebração e outros que colocam as convenções trabalhistas em posição de destaque, ainda serão abordados mais exigências e requisitos intrínsecos aos tratados produzidos no âmago da Conferência Internacional do Trabalho.

As **ratificações** *das convenções da OIT* serão comunicadas ao Diretor-geral da Repartição Internacional do Trabalho (ou Secretariado), que deverá **registrar** tais atos.

É regra de Direito Internacional Público que as convenções obrigarão somente os Estados que as ratificaram. Assim, também se opera junto às convenções da OIT, que vinculam somente os membros da organização cuja ratificação tenha sido registrada pelo Diretor-geral. Todavia, a não ratificação de uma convenção fundamental, conforme várias vezes referido, não possibilita o desrespeito aos princípios de direitos fundamentais do trabalho.

As convenções, em regra, entrarão em **vigor, em âmbito internacional,** *doze meses após a data em que tenham sido registradas, pelo Diretor-geral, no mínimo, duas ratificações de Estados-membros.* É necessário observar que esta regra não é absoluta. A Convenção 29 da OIT, por exemplo, diferentemente das demais, não exige esse número mínimo de duas ratificações.

A **vigência interna**, para cada Estado-membro, *ocorrerá doze meses após a data do registro da sua ratificação*, desde que já vigore internacionalmente. A Constituição da OIT prevê que os Estados devem promover, durante os doze meses subsequentes ao depósito do instrumento de ratificação, a adoção das medidas complementares necessárias à efetiva aplicação dos princípios expressos no tratado. É importante esclarecer que o decreto promulgatório do Presidente, a quarta e última fase do processo de celebração dos tratados, pode ocorrer a qualquer tempo, pois não é ele que vincula o Estado brasileiro à OIT, esta obrigação internacional se dá pela ratificação, anterior à própria expedição do decreto presidencial internamente[300].

---

300 SÜSSEKIND, A. *Direito Internacional...*, cit., p. 203. Da mesma obra: "(...) o Presidente da República expede o decreto de promulgação indicando o Decreto Legislativo do Congresso

A ratificação, conforme a seguir, possui um *prazo de validade de dez anos*. Essa conclusão se retira da análise da denúncia.

Há possibilidade de **denúncia** aos tratados da OIT. Os Estados-membros *podem denunciar as convenções depois de decorridos dez anos da data inicial da sua entrada em vigor*, sendo que o *ato de denúncia será feito por meio de comunicação formal* ao Diretor-geral da Repartição Internacional do Trabalho. O ato denuncial, individualmente considerado, na mesma linha da ratificação, deverá ser registrado. A denúncia somente *produzirá efeitos passados doze meses da data do seu registro*, ou seja, o país denunciante deve aguardar esse período de doze meses para se considerar livre da obrigação assumida[301].

Uma importante dúvida perdura sobre o termo inicial para se contar o prazo de dez anos para denúncia, tendo em vista que não se encontra expressamente escrito, se é a partir da vigência *interna* (vigência subjetiva) ou da *internacional* (vigência objetiva). Duas correntes têm interpretações antagônicas: a primeira entende que os dez anos contam da data em que teve início a vigência internacional; de outra banda, a outra defende que os dez anos contam da data da vigência da convenção em cada Estado.

Embora reconhecendo que a primeira corrente seja a dominante no âmbito da OIT, o professor Arnaldo Süssekind filia-se à segunda, a qual defende a tese de que o prazo transcorre a partir da vigência interna de cada Estado[302].

A denúncia não é um ato irreversível. É, na verdade, plenamente retratável, i.e., após se desvincular de uma convenção, nada impede que o Estado, arrependido, acabe aderindo à mesma novamente. Isso já aconteceu com o Brasil quanto à Convenção 81 da OIT, denunciada em 1971, mas novamente internalizada em 1987.

Por fim, cabe ao Diretor-geral da Repartição comunicar ao Secretário-geral das Nações Unidas sobre as ratificações, declarações e atos de denúncia que tenha registrado.

9.6.9.1.7. Revisão das convenções

Nessa altura, já se consegue vislumbrar com certa facilidade que as convenções, uma vez aprovadas pela instância máxima da organização, a CIT, ficam abertas à ratificação dos Estados- membros. Elas *caminham* pelo *percurso* tradicional de celebração dos tratados, observadas as peculiaridades que a transformam em tratados especiais, o que se apercebe desde a primeira fase de negociações.

O registro, as vigências e a possibilidade de denúncia constam acima, e, agora, permitem um entendimento quiçá escorreito sobre a *revisão das convenções*.

Nacional que aprovou a Convenção, a data do registro da ratificação na RIT, o dia em que entrará em vigor para o Brasil; e determina que a convenção, cujo texto reproduz em idioma português, 'seja executada e cumprida tão inteiramente como nela se contém.'" (p. 230).
301 SÜSSEKIND, A. *Direito Internacional* ..., cit., p. 239.
302 SÜSSEKIND, Arnaldo. Organização Internacional do Trabalho – OIT – denúncia da Convenção no 158 pelo Brasil – efeitos e conseqüências. *Direito do Trabalho e Previdência Social – Pareceres*. Vol. IX, São Paulo: LTr, 1998, p. 36.

A ratificação de uma convenção fica aberta aos Estados-partes até que ocorra a decisão pela Conferência Internacional de revisar, total ou parcialmente, o documento. A revisão da antiga se dá por uma nova convenção que, caso não possua artigo que preceitue diferentemente, cessará a possibilidade de ratificação da convenção revisada. A cada novo tratado, a CIT tem autonomia para definir seus preceitos.

Embora com liberdade deliberatória, a Conferência Internacional do Trabalho costuma evitar controvérsias sobre matérias temáticas, almejando, assim, dar mais segurança jurídica procedimental à sua produção normativa. Por esse motivo, a Convenção 80, de 1946, ratificada pelo Brasil em 13 de abril de 1948 e que versa sobre *Revisão dos Artigos Finais* trouxe regras que são observadas para as demais convenções:

Art. 8 — 1. Caso a Conferência adote uma nova convenção para a revisão total ou parcial da presente e, salvo determinação em contrário desta nova convenção: a) a ratificação, por um Membro, da nova convenção acarretará, *ipso facto*, a denúncia da presente convenção sob reserva de que a nova convenção haja entrado em vigor; b) a partir da entrada em vigor da nova convenção, a presente deixará de ser objeto de ratificação por parte dos Estados-Membros. 2. A presente convenção permanecerá, entretanto, em vigor, em sua forma e substância para os Estados-Membros que a tiverem ratificado e que não ratificarem a nova.

Se, da ratificação, surge a vinculação internacional do Estado frente à OIT e aos demais Estados, da denúncia emerge a declaração de que um país não mais pretende acatar determinada convenção, por isso, em regra, dá-se de forma expressa. Mas, quando há revisão de uma convenção por outra, *a denúncia se apresenta na forma tácita*, pois a ratificação de nova convenção, por Estado-membro, acarretará, *ipso facto*, a denúncia da convenção antiga.

É interessante frisar que a denúncia, na forma expressa, deve respeitar o prazo antes referido, qual seja: de 10 anos. Já a denúncia tácita não possui prazo limite para acontecer.

Faz-se também necessário registrar crítica feita pela doutrina ao sistema de revisão de convenções da OIT. Caso um Estado ratifique uma nova convenção em revisão à antiga, a nova começa a vigorar em seu território. Contudo, a antiga convenção, a revista, pode continuar a ser aplicada por país que não acatou a convenção revisora. Tal "procedimento, dito dualista (...) não é isento de críticas, haja vista a dualidade de normas sobre a mesma matéria"[303].

9.6.9.1.8. As convenções ratificadas e denunciadas pelo Brasil

Embora tenhamos dado ênfase a oito convenções, é importante reconhecer que há outros tratados relevantes sobre Direito Internacional do Trabalho. Merecem destaque as convenções ratificadas pelo Brasil, bem como as denunciadas, arroladas sistematicamente abaixo[304]:

---

303 HUSEK, C. R. *Curso Básico de Direito Internacional Público e Privado do Trabalho*, cit., p. 132.
304 Fonte: http://www.oit.org.br/convention. Acesso em: 20/01/2012.

Convenção	Título	Adoção OIT	Ratificação Brasil	Observação
3	Convenção relativa ao Emprego das Mulheres antes e depois do parto (Proteção à Maternidade)	1919	26/04/1934	Denunciada, como resultado da ratificação da Convenção n.º 103 em 26/07/1961.
4	Convenção relativa ao Trabalho Noturno das Mulheres	1919	26/04/1934	Denunciada em 12/05/1937.
5	Idade Mínima de Admissão nos Trabalhos Industriais	1919	26/04/1934	Denunciada, como resultado da ratificação da Convenção n.º 138 em 28/06/2001.
6	Trabalho Noturno dos Menores na Indústria	1919	26/04/1934	
7	Convenção sobre a Idade Mínima para Admissão de Menores no Trabalho Marítimo (Revista em 1936)	1920	08/06/1936	Denunciada, como resultado da ratificação da Convenção n.º 58 em 09/01/1974.
11	Direito de Sindicalização na Agricultura	1921	25/04/1957	
12	Indenização por Acidente do Trabalho na Agricultura	1921	25/04/1957	
14	Repouso Semanal na Indústria	1921	25/04/1957	
16	Exame Médico de Menores no Trabalho Marítimo	1921	08/06/1936	
19	Igualdade de Tratamento (Indenização por Acidente de Trabalho)	1925	25/04/1957	
21	Inspeção dos Emigrantes a Bordo dos Navios	1926	18/06/1965	
22	Contrato de Engajamento de Marinheiros	1926	18/06/1965	
26	Métodos de Fixação de Salários Mínimos	1928	25/04/1957	
29	Trabalho Forçado ou Obrigatório	1930	25/04/1957	
41	Convenção Relativa ao Trabalho Noturno das Mulheres (Revista em 1934)	1934	08/06/1936	Denunciada, como resultado da ratificação da Convenção n.º 89 em 24/04/1957.
42	Indenização por Enfermidade Profissional (Revista)	1934	08/06/1936	
45	Emprego de Mulheres nos Trabalhos Subterrâneos das Minas	1935	22/09/1938	

Convenção	Título	Adoção OIT	Ratificação Brasil	Observação
52	Férias remuneradas	1936	22/09/1938	Denunciada, como resultado da ratificação da Convenção n.º 132 em 23/09/1998.
53	Certificados de Capacidade dos Oficiais da Marinha Mercante	1936	12/10/1938	
58	Idade Mínima no Trabalho Marítimo (Revista)	1936	12/10/1938	Denunciada, como resultado da ratificação da Convenção n.º 138 em 26/06/2001.
80	Revisão dos Artigos Finais	1946	13/04/1948	
81	Inspeção do Trabalho na Indústria e no Comércio	1947	11/10/1989	
88	Organização do Serviço de Emprego	1948	25/04/1957	
89	Trabalho Noturno das Mulheres na Indústria (Revista)	1948	25/04/1957	
91	Férias Remuneradas dos Marítimos (Revista)	1949	18/06/1965	Denunciada, como resultado da ratificação da Convenção n.º 146 em 24/09/1998.
92	Alojamento de Tripulação a Bordo (Revista)	1949	08/06/1954	
93	Convenção sobre Salários, Duração de Trabalho a Bordo e Tripulação (Revista em 1949)	1949	18/06/1965	A Convenção não entrou em vigor.
94	Cláusulas de Trabalho em Contratos com Órgãos Públicos	1949	18/06/1965	
95	Proteção do Salário	1949	25/04/1957	
96	Concernente aos escritórios remunerados de empregos	1949	21/06/1957	
97	Trabalhadores migrantes (Revista)	1949	18/06/1965	
98	Direito de Sindicalização e de Negociação Coletiva	1949	18/11/1952	
99	Métodos de Fixação de Salário Mínimo na Agricultura	1951	25/04/1957	
100	Igualdade de Remuneração de Homens e Mulheres Trabalhadores por Trabalho de Igual Valor	1951	25/04/1957	

Convenção	Título	Adoção OIT	Ratificação Brasil	Observação
101	Férias Remuneradas na Agricultura	1952	25/04/1957	Denunciada, como resultado da ratificação da Convenção n.º 132 em 23/09/1998.
102	Normas Mínimas da Seguridade Social	1952	15/06/2009	
103	Amparo à Maternidade (Revista)	1952	18/06/1965	
104	Abolição das Sanções Penais no Trabalho Indígena	1955	18/06/1965	
105	Abolição do Trabalho Forçado	1957	18/06/1965	
106	Repouso Semanal no Comércio e nos Escritórios	1957	18/06/1965	
107	Populações Indígenas e Tribais	1957	18/06/1965	Denunciada, como resultado da ratificação da Convenção n.º 169 em 25/07/2002.
108	Documentos de Identidade dos Marítimos	1958	05/11/1963	Denunciada, como resultado da ratificação da Convenção n.º 185, em 21/01/2010
109	Convenção sobre os Salários, a Duração do Trabalho a Bordo e as Lotações (Revista em 1958)	1958	30/11/1966	A Convenção não entrou em vigor.
110	Convenção sobre as Condições de Emprego dos Trabalhadores em Fazendas	1958	01/03/1965	Denunciada em 28/08/1970.
111	Discriminação em Matéria de Emprego e Ocupação	1958	26/11/1965	
113	Exame Médico dos Pescadores	1959	01/03/1965	
115	Proteção Contra as Radiações	1960	05/09/1966	
116	Revisão dos Artigos Finais	1961	05/09/1966	
117	Objetivos e Normas Básicas da Política Social	1962	24/03/1969	
118	Igualdade de Tratamento entre Nacionais e Estrangeiros em Previdência Social	1962	24/03/1969	
119	Proteção das Máquinas	1963	16/04/1992	
120	Higiene no Comércio e nos Escritórios	1964	24/03/1969	
122	Política de Emprego	1964	24/03/1969	

Convenção	Título	Adoção OIT	Ratificação Brasil	Observação
124	Exame Médico dos Adolescentes para o Trabalho Subterrâneo nas Minas	1965	21/08/1970	
125	Certificados de Capacidade dos Pescadores	1966	21/08/1970	
126	Alojamento a Bordo dos Navios de Pesca	1966	12/04/1994	
127	Peso Máximo das Cargas	1967	21/08/1970	
131	Fixação de Salários Mínimos, Especialmente nos Países em Desenvolvimento	1970	04/05/1983	
132	Férias remuneradas (Revista)	1970	23/09/1998	
133	Alojamento a Bordo de Navios (Disposições Complementares)	1970	16/04/1992	
134	Prevenção de Acidentes do Trabalho dos Marítimos	1970	25/07/1996	
135	Proteção de Representantes de Trabalhadores	1971	18/05/1990	
136	Proteção Contra os Riscos da Intoxicação pelo Benzeno	1971	24/03/1993	
137	Trabalho portuário	1973	12/08/1994	
138	Idade Mínima para Admissão	1973	28/06/2001	
139	Prevenção e Controle de Riscos Profissionais Causados por Substâncias ou Agentes Cancerígenos	1974	27/06/1990	
140	Licença Remunerada para Estudos	1974	16/04/1992	
141	Organizações de Trabalhadores Rurais	1975	27/09/1994	
142	Desenvolvimento de Recursos Humanos	1975	24/11/1981	
144	Consultas Tripartites sobre Normas Internacionais do Trabalho	1976	27/09/1994	
145	Continuidade no Emprego do Marítimo	1976	18/05/1990	
146	Convenção Relativa às Férias Anuais Pagas dos Marítimos	1976	24/09/1998	
147	Normas Mínimas da Marinha Mercante	1976	17/01/1991	

Convenção	Título	Adoção OIT	Ratificação Brasil	Observação
148	Contaminação do Ar, Ruído e Vibrações	1977	14/01/1982	
151	Direito de Sindicalização e Relações de Trabalho na Administração Pública	1978	15/06/2010	
152	Segurança e Higiene dos Trabalhos Portuários	1979	18/05/1990	
154	Fomento à Negociação Coletiva	1981	10/07/1992	
155	Segurança e Saúde dos Trabalhadores	1981	18/05/1992	
158	Término da Relação de Trabalho por Iniciativa do Empregador	1982	05/01/1995	Denunciada em 20/11/1996.
159	Reabilitação Profissional e Emprego de Pessoas Deficientes	1983	18/05/1990	
160	Estatísticas do Trabalho (Revista)	1985	02/07/1990	
161	Serviços de Saúde do Trabalho	1985	18/05/1990	
162	Utilização do Amianto com Segurança	1986	18/05/1990	
163	Bem-Estar dos Trabalhadores Marítimos no Mar e no Porto	1987	04/03/1997	
164	Proteção à Saúde e Assistência Médica aos Trabalhadores Marítimos	1987	04/03/1997	
166	Repatriação de Trabalhadores Marítimos	1987	04/03/1997	
167	Convenção sobre a Segurança e Saúde na Construção	1988	19/05/2006	
168	Promoção do Emprego e Proteção Contra o Desemprego	1988	24/03/1993	
169	Sobre Povos Indígenas e Tribais	1989	25/07/2002	
170	Segurança no Trabalho com Produtos Químicos	1990	23/12/1996	
171	Trabalho noturno	1990	18/12/2002	
174	Convenção sobre a Prevenção de Acidentes Industriais Maiores	1993	02/08/2001	
176	Convenção sobre segurança e saúde nas minas	1995	18/05/2006	

Convenção	Título	Adoção OIT	Ratificação Brasil	Observação
178	Convenção Relativa à Inspeção das Condições de Vida e de Trabalho dos Trabalhadores Marítimos	1996	21/12/2007	
182	Convenção sobre Proibição das Piores Formas de Trabalho Infantil e Ação Imediata para sua Eliminação	1999	02/02/2000	
185	Convenção sobre os Documentos de Identidade da gente do mar (Revista)	2003	21/01/2010	

9.6.9.2. Recomendações da OIT

Embora não possuam a mesma *força* das convenções, as recomendações assumem papéis relevantes dentro da produção normativa da organização. Alguns assuntos de suma importância para as relações trabalhistas encontram aconchego somente nelas, por isso, não devem ser desprezadas.

9.6.9.2.1. Principais características

As recomendações *não são tratados em sentido técnico*, sendo desnecessário submetê-las a todas as fases do processo de celebração já estudado, bem como à ratificação pelo Presidente da República. Ainda que não sejam convenções, elas também são aprovadas pela Conferência Internacional do Trabalho, sendo, para isso, exigido *quorum de 2/3 dos delegados presentes*.

Tratam-se de fonte normativa da OIT que cria certas *obrigações de caráter formal*, porém, não são vinculativas, *assumem natureza sugestiva*, são *fontes materiais* de Direito. Sendo assim, seu descumprimento por um Estado-membro não acarreta sanção jurídica (como ocorre nos tratados), mas apenas *sanção de cunho moral*.

A despeito das diferenças, elas têm pontos em comum com as convenções. A começar que ambas são aprovadas pela Conferência. E mais, elas serão submetidas à autoridade interna brasileira – ao Congresso Nacional – para que tome medidas com o fim de adotar ou não o disciplinado pela recomendação. Ademais, lembra o Professor Arnaldo Süssekind, tanto as convenções quanto as recomendações devem ser enviadas ao Congresso dentro do prazo de 12 meses que é contado a partir de sua aprovação pela Conferência Internacional e que pode se estender de forma excepcional: "O governo de cada Estado-membro tem a obrigação de encaminhar as convenções e recomendações às autoridades competentes no prazo de 12 meses, contado do encerramento da reunião da Conferência que as aprovou"[305].

O ato do Congresso de acatar e decidir aplicar as recomendações em âmbito interno baseia-se na conveniência e oportunidade. Contudo, deve o Estado brasileiro informar ao Diretor-geral da Repartição Internacional qual medida adotou e até que ponto pretende agir.

---

305 SÜSSEKIND, A. *Direito Internacional* ..., cit., p. 210.

Tanto as recomendações quanto as convenções devem ser submetidas ao Parlamento nacional, mas ambas, posteriormente, seguem caminhos diversos. A primeira, se caso for, *poderá servir de base para a edicação de uma lei que transcreva, na íntegra, os seus preceitos*; somente assim possuirá obrigatoriedade interna, caso contrário, servirá apenas como orientação. Já a segunda, a convenção, se referendada congressualmente, segue para a ratificação do Presidente, conforme processualística de celebração.

Entretanto, a importância das recomendações não pode ser minorada pelo fato de não se afigurarem como integrantes da categoria de tratados. É essencial reconhecer que elas exprimem diretrizes gerais que poderão, futuramente, tornarem-se uma convenção, embora, num primeiro momento, não sejam suscetíveis de obter o consenso internacional necessário para tanto. Isso aconteceu com a Recomendação 98, de 1954, e a Convenção 132, de 1970, sobre férias remuneradas.

Noutros casos, a recomendação desempenha uma função complementar relativamente a uma convenção. Disposições que não podem figurar no corpo de uma convenção estarão dentro de uma recomendação, exemplos são a Convenção 158 e a Recomendação 166, ambas de 1982, sobre cessação da relação de trabalho por iniciativa do empregador.

Sendo assim, há que se reconhecer que elas não são totalmente irrelevantes sob o ponto de vista da vinculação, mesmo que esta assuma uma conotação mais política que jurídica. Há, no mínimo, "o dever de diligência relativamente à transposição das diretrizes de uma recomendação para as legislações nacionais"[306].

9.6.9.3. Convenções *x* Recomendações

As duas principais fontes da OIT (não únicas) merecem abordagem comparativa, ressaltando-se semelhanças e diferenças, com o fim de complementar o que se desenvolveu de forma específica sobre cada uma.

9.6.9.3.1. Interpretação

Conforme art. 19 da Constituição da OIT:

> 8. **Em caso algum, a adoção de uma convenção ou de uma recomendação** pela Conferência, ou a ratificação de uma convenção por um Membro **devem ser consideradas como podendo afetar qualquer lei, qualquer sentença, qualquer costume ou qualquer acordo que assegurem condições mais favoráveis para os trabalhadores** interessados que as previstas pela convenção ou recomendação. (grifo nosso)

As convenções e recomendações da OIT devem ser orientadas e interpretadas segundo o *princípio da vedação ao retrocesso*. O art. 19 da Constituição da OIT consagra, expressamente, que, em nenhuma hipótese, a adoção de uma convenção ou recomendação internalizada por Estado- membro poderá afetar lei, sentença, costume ou qualquer acordo que garanta condições mais favoráveis aos trabalhadores. Veda-se a possibilidade de uma fonte internacional trabalhista restringir ou retroceder, de acordo com uma das características dos direitos humanos: a vedação ao retrocesso

---

306 FERNANDES, A. M. *Direito do Trabalho*, cit., pp. 72-73.

social[307]. Ao nosso ver, a própria CF, em seu art. 3º, inc. II, assegura que um dos objetivos fundamentais da República é garantir o desenvolvimento nacional, sob os aspectos jurídico e econômico. Dessa maneira, o retroceder deve ser refutado.

Não obstante um dos objetivos primordiais da OIT, expressamente consagrado no preâmbulo da sua Constituição, seja a universalização tanto quanto possível uniforme das normas internacionais do trabalho – de modo a equilibrar o ônus da proteção ao trabalhador que recai sobre a produção –, é cediço que tal princípio "não deve ser invocado com absolutismo, de forma a reduzir direitos assegurados aos trabalhadores nos países em que uma convenção se torne aplicável por força da sua ratificação"[308].

Além de fomentar a não possibilidade de retrocesso quanto à proteção, disciplinando as normas mínimas de caráter internacional da OIT, o art. 19 também está abrindo espaço para a aplicação da regra interpretativa do *pro homine* ou da *interpretação da norma mais favorável à vítima*. Em caso de conflito de normas, deve ser adotada a mais favorável à pessoa. Os conflitos entre normas sobre direitos humanos devem ser solucionados pela aplicação da fonte mais favorável, *pro homine*.

9.6.9.3.2. Aspectos material e formal

Além de não poderem ingressar com o fim de minorar o escudo de proteção dos trabalhadores, as convenções e as recomendações têm outro ponto em comum: e*las podem tratar do mesmo assunto*. Exemplo: a Convenção 182 e a Recomendação 190 versam sobre o mesmo assunto, que são as piores formas de trabalho infantil. *Veja-se que as convenções e as recomendações, sob o aspecto material, não comportam diferenças. Visto que podem ter objetos afins*, não há assuntos reservados ou exclusivos de uma ou de outra, não há reserva de matérias.

No entanto, nessa altura, cabe um questionamento: quando, então, a Conferência Internacional do Trabalho decide que uma matéria será objeto de convenção ou de recomendação? A dúvida surge pelo fato de que a diferença prática das duas é drástica, pois uma é tratado e a outra possui natureza apenas sugestiva. Veja o que preceitua o art. 19 da Constituição da OIT:

> 1. Se a Conferência se pronunciar no sentido de adotar propostas relativas a um ponto da ordem de trabalhos, **terá de determinar se essas propostas deverão tomar a forma: a) de uma convenção internacional; b) ou de uma recomendação, quando o ponto tratado, ou um dos seus aspectos, não permitir a adoção imediata de uma convenção.** (grifo nosso)

As recomendações são adotadas quando o assunto não está *maduro* o suficiente para ser aprovado como convenção. O art. 19 é claro: quando o assunto em debate *não permitir adoção imediata como convenção*[309].

---

307 Sobre vedação ao retrocesso social, veja: ADIN nº 2.065-0-DF, ADIN nº 3.105-8-DF, MS nº 24.875-1-DF e ADIN nº 3.104-DF, todas do STF. E o Resp nº 617757, do STJ.
308 SÜSSEKIND, A. *Direito Internacional...*, cit., pp. 233-234.
309 Conforme art. 41 do Regimento Interno da CIT: "Se uma convenção não obtiver, na votação final, a maioria de dois terços dos votos requerida para a sua adoção mas apenas uma maioria simples, a Conferência decidirá imediatamente se a convenção deve ser entregue ao Comitê de

Dessa feita, *não há diferença entre elas quanto ao aspecto material, já que versam sobre o mesmo assunto*. O que as distingue são: a natureza de suas normas e alguns aspectos formais.

A convenção é tratado em sentido técnico, já a recomendação, não, esta é uma orientação aos Estados, que, se for o caso, poderão transformá-la em lei.

Pereira e Quadros destacam mais um ponto em comum: as duas fontes exigem *quorum* de 2/3 para aprovação. Mas os mesmos autores ressaltam que as convenções são obrigatórias depois de internalizadas, já as recomendações são, em regra, meramente indicativas[310].

A convenção deve ser submetida ao tradicional processo de celebração dos tratados internacionais, pois ela imprescinde de ratificação. As convenções são fontes formais de Direito, gerando direitos subjetivos aos cidadãos. As recomendações, por sua vez, são fontes materiais, servem de modelo ou inspiração ao legislador infraconstitucional. A recomendação não é ratificada, apenas precisa passar pelo crivo do Congresso Nacional.

9.6.9.3.3. Resoluções da OIT

As *resoluções* são decisões adotadas por uma *Comissão de Resoluções* instalada, especificamente, para debater e decidir acerca de uma proposta apresentada para apreciação da CIT. Elas são instrumentos jurídicos que "apresentam densidade jurídica ainda menor que"[311] as recomendações.

Conforme Regulamento da CIT, art. 15:

> 3. Quaisquer resoluções e quaisquer emendas que não sejam moções de ordem deverão ser apresentadas por escrito numa das línguas oficiais ou em espanhol. 4. (1) Nenhuma resolução referente a uma questão na ordem de trabalhos, que não seja uma moção de ordem, poderá ser apresentada numa sessão da Conferência se o respectivo texto não tiver sido entregue no secretariado da Conferência com antecedência mínima de dois dias. (2) Essa resolução deverá ser traduzida e distribuída pelo secretariado no dia seguinte ao da entrega, no máximo. 5. Além das disposições pertinentes do presente artigo, as resoluções relativas às questões que não se encontram na ordem de trabalhos da Conferência serão submetidas às regras especiais enunciadas no artigo 17. 6. As emendas a uma resolução poderão ser apresentadas sem aviso prévio se o texto da emenda for entregue, por escrito, ao secretariado da Conferência antes de ser submetido à discussão. 7. (1) As emendas serão submetidas à votação antes da resolução à qual se referem. (2) Se uma moção ou uma resolução for objeto de várias emendas, o Presidente determinará a ordem pela qual estas serão submetidas à discussão e à votação, observando-se as seguintes disposições: a) quaisquer moções ou resoluções ou quaisquer emendas deverão ser submetidas à votação; b) as emendas poderão ser submetidas à votação isoladamente ou em alternativa a outras emendas, consoante a decisão do Presidente, mas se as emendas forem sub-

---

Redação, para ser transformada em recomendação. No caso de a Conferência se pronunciar a favor da entrega ao Comitê de Redação, as propostas contidas na convenção serão submetidas à aprovação pela Conferência, sob forma de uma recomendação, antes do fim da sessão."
310 PEREIRA, A. G.; QUADROS, F. *Manual de direito internacional público,* cit., p. 557.
311 CRIVELLI, E. *Direito Internacional do Trabalho Contemporâneo,* cit., p. 75.

metidas à votação em alternativa a outras emendas, a moção ou resolução só será considerada emendada depois de ter sido submetida à votação isoladamente e de ter sido adotada a emenda que tiver recolhido o maior número de votos afirmativos; c) se uma moção ou resolução for emendada no seguimento de uma votação, a moção ou resolução assim emendada será submetida à Conferência para votação final.

As resoluções versam, normalmente, sobre assuntos internos da OIT, a exemplo do exercício das suas competências, como no sistema de controle do cumprimento das normas. Podem também ser utilizadas como anexos às convenções e às recomendações ou como meio de suprir lacunas normativas, isto é, temas ainda não tratados nos principais instrumentos normativos, como ocorreu com o direito de greve[312]. Elas *têm um papel de orientação normativa*. O *quorum* para a aprovação é de maioria simples.

9.6.10. Fiscalização do cumprimento das normas da OIT

Conforme tratado constitutivo, Declarações e resoluções internas, depreende-se que, internacionalmente, as missões de fiscalizar e garantir a proteção mínima do trabalhador são exercidas, precipuamente, pela OIT. O Direito Internacional do Trabalho, "tal qual foi constituído e articulado pela OIT, baseia-se no binômio elaboração-controle – tarefa da organização internacional, de um lado, e internalização e execução, papel do Estado-nação, de outro"[313].

Constata-se que há dependência entre as duas esferas para a efetividade do controle sobre o cumprimento das normas. A OIT necessita das ações estatais, para tanto, fomenta a cooperação técnica e o *diálogo* entre seus órgãos e seus membros.

9.6.10.1. Sistemas de controle

É necessário haver mecanismos e sistemas próprios para que haja uma fiscalização eficiente quanto ao cumprimento das normas, sob pena de o aparato formal não possuir a efetividade prática almejada. Os mecanismos de fiscalização da OIT estão entre os mais antigos dessa espécie.

Desse modo, a doutrina adota nomenclatura própria para a classificação dos sistemas de controle. Aqui, seguir-se-á a divisão em **sistema automático (ou regular), provocado (ou contencioso)** e **especial**[314].

9.6.10.1.1. Sistema automático ou regular

O sistema automático independe de provocação prévia dos Estados-membros e dos atores sociais para ser utilizado. Ele está em funcionamento desde 1926,

---

312 Sobre direito de greve, veja: Resolução de 1957, que versa sobre a abolição da legislação antissindical nos Estados-membros, e de 1970, acerca de direitos sindicais e sua relação com as liberdades civis.
313 CRIVELLI, E. *Direito Internacional do Trabalho Contemporâneo,* cit., p. 29.
314 POTOBSKY, Geraldo W. von; BARTOLOMEI DE LA CRUZ, Héctor G. *La Organización Internacional del Trabajo.* Buenos Aires: Astrea, 1990, pp. 91-152. Tentamos conciliar a nomenclatura adotada por Potobsky e Bartolomei com a desenvolvida pelo Professor Arnaldo Süssekind, em seu livro *Direito Internacional do Trabalho* (pp. 230-231).

sendo movido a partir da exigência convencional (Constituição da OIT) de os Estados-partes apresentarem relatórios periódicos sobre a internalização e aplicação das convenções ratificadas, bem como informações sobre as não-ratificadas. Os relatórios, uma espécie *de prestação de contas,* devem refletir o estágio nacional de acatabilidade dos direitos consagrados nos tratados aprovados pela CIT.

Além disso, tais relatórios estatais, antes de serem enviados, precisam ser submetidos à consulta das organizações mais representativas de empregadores e de trabalhadores. Uma forma de fomentar, ainda mais, a participação de outros integrantes não-estatais da sociedade.

Os documentos remetidos são analisados pela *Comissão de Peritos em Convenções e Recomendações.* Esta, por derradeiro, elabora suas conclusões, as quais são apresentadas, anualmente, à *Comissão de Aplicação de Convenções e Recomendações,* órgão permanente e tripartite (1-1-1), que exerce papel político e jurídico na apreciação dos relatórios da Comissão de Peritos.

9.6.10.1.1.1. Comissão de Peritos em Convenções e Recomendações

A presente Comissão foi criada em 1926 e desenvolve importante função dentro do sistema regular de controle, fiscalizando o cumprimento das convenções da OIT e de algumas recomendações. Neste último caso, isso ocorre somente quando indicadas pelo Conselho de Administração.

Ela possui atribuições amplas e métodos sofisticados de funcionamento, sendo composta por peritos que exercem mandato de 3 anos, os quais devem desenvolver suas atividades de forma independente.

Os relatórios da Comissão de Peritos são documentos de natureza jurídica, onde são destacados os aspectos jurídicos e fáticos sobre os quais se requer a aplicação concreta de uma determinada convenção trabalhista. O professor Arnaldo Süssekind qualifica as suas funções como "quase-judiciárias"[315], tendo em vista que o órgão não pode ser considerado um tribunal (sem caráter judiciário) e, portanto, não aplica penalidades.

Cabe à Comissão examinar: as comunicações de caráter informativo sobre a observância de certas normas constitucionais; as comunicações de caráter declaratório, atinentes a obrigações assumidas em relação a convenções que possibilitam opções entre dois ou mais regimes jurídicos, exclusão de determinadas partes ou limitações no seu âmbito de incidência; as comunicações de caráter declaratório, referentes à aplicação de convenções ratificadas; os relatórios anualmente devidos em relação a certo número de convenções ratificadas; e os relatórios devidos por todos os Estados-membros, relativos à aplicação de convenções e/ou recomendações sobre um mesmo tema, escolhidas, anualmente, pelo Conselho de Administração.

Quando da análise dos relatórios enviados, a Comissão toma como critérios a *eficácia, a legalidade* e a *efetividade.* Dentro desses padrões, chega-se a uma conclusão.

---

315 SÜSSEKIND, A. *Direito Internacional do Trabalho,* cit., p. 232.

É importante a leitura atenta do art. 22 da Constituição da OIT, o qual dispõe que os Estados-partes comprometem-se a apresentar à Repartição Internacional do Trabalho "relatório anual sobre as medidas por eles tomadas para execução das convenções a que aderiram. Esses relatórios serão redigidos na forma indicada" pelo Conselho de Administração e deverão conter as informações por este requeridas. Contudo, o Conselho, no ano de 1976, criou novas regras sobre o envio de relatórios. Agora, o espaçamento temporal a ser observado é de 4 anos para as convenções em geral, com exceção apenas dos casos dos tratados *sobre liberdade sindical, trabalho forçado, discriminação, política de emprego, trabalhadores migrantes, inspeção do trabalho e consulta tripartite,* em que o envio deverá ser feito a cada 2 anos.

Verificado o descumprimento das obrigações originadas da Constituição ou das convenções, a Comissão de Peritos adotará as seguintes medidas:

- **Demanda direta**: a Comissão pede que o Estado supostamente violador adote medidas com vistas ao cumprimento dos direitos desrespeitados. O presente expediente tem trâmite não divulgado, por essa razão é, normalmente, acatado e implementado pelo Estado demandado.
- **Contato direito**: em 1969, foram adotadas as *Missões de Contatos Diretos*, por proposta da Comissão de Peritos. Tal mecanismo tem como objetivo o envio de Missões ao território dos Estados onde há dúvidas sobre a aplicação e o respeito a uma convenção. Tais Missões são compostas por funcionários da OIT com conhecimentos técnicos. Estabeleceu-se, assim, a possibilidade de verificação *in loco,* mas condicionada à concordância expressa pelo Estado contatado.
- **Observações públicas:** são comentários e observações sobre eventual prática de Estado violador, inseridos no relatório da Comissão de Peritos, a serem submetidos à Conferência Internacional do Trabalho. Procedimento vexatório que dá conhecimento, aos demais integrantes da OIT, de conduta que afronta direitos sociais.

9.6.10.1.1.2. Comissão de Aplicação de normas de Convenções e Recomendações

Trata-se de órgão de funcionamento anual, composto por membros designados pela CIT, e criado pela mesma resolução que instituiu a Comissão anteriormente estudada (também no ano de 1926).

A Comissão de Aplicação desempenha papel técnico, sendo suas decisões de natureza jurídica e política. Os seus membros analisam os relatórios da Comissão de Peritos e elaboram outro relatório com recomendações endereçadas aos peritos e ao Conselho de Administração. O relatório final da Comissão de Aplicação é votado pela Conferência Internacional do Trabalho.

Deliberado o relatório pela CIT, este, aprovado ou não, será publicado e divulgado por diferentes meios de comunicação. Essa publicação configura uma sanção de caráter moral (não jurídica), que enseja, nos países que nela são citados, críticas por parte de integrantes dos meios político e jurídico, como parlamentares, estudiosos e a própria imprensa.

9.6.10.1.2. Sistema provocado ou contencioso

Além do sistema regular, há o provocado, que pode ser acionado a partir de solicitações de um Estado, de uma organização de trabalhadores ou empregadores ou por decisão *ex officio* do Conselho de Administração.

9.6.10.1.2.1. Reclamações

É o mais antigo mecanismo em funcionamento da OIT, previsto nos arts. 24 e 25 da sua Constituição.

Conforme a Constituição da OIT, no art. 24, qualquer reclamação pode ser dirigida à Repartição Internacional do Trabalho por uma organização profissional de trabalhadores ou de empregadores. Tal reclamação poderá ser transmitida pelo Conselho de Administração ao governo de um determinado Estado, para que este seja convidado a prestar declarações convenientes sobre alguma convenção que, embora ratificada, não tenha sido executada e cumprida de forma satisfatória.

Caso o Estado seja convidado a prestar esclarecimentos sobre o não cumprimento da convenção objeto da reclamação, mas não forneça declarações num prazo razoável ou, dentro do prazo, porém, de forma incompleta ou insatisfatória, poderá o Conselho de Administração, a seu juízo, tornar pública a reclamação. Veja que é um procedimento vexatório. É possível, inclusive, ser tornada pública a própria resposta incompleta do país violador (art. 25 da Constituição).

9.6.10.1.2.2. Queixas

As queixas materializam o procedimento contencioso mais formal e moroso da OIT, por isso, menos utilizado. Ele está previsto nos arts. 26 a 34 da Constituição.

Conforme art. 26, cada Estado-membro poderá apresentar queixa à Repartição Internacional do Trabalho contra outro membro (Estado denunciando Estado) que não esteja assegurando, de forma satisfatória, a execução de uma convenção que um e outro tenham ratificado. As queixas podem ser iniciadas também pelo Conselho de Administração, *ex officio*, ou por delegado da Conferência Internacional do Trabalho.

O Estado não precisa invocar qualquer prejuízo direto seu ou de alguma pessoa sob sua jurisdição como requisito para formulação de queixa. Resta gizar que o interesse não é individual dos trabalhadores ou empregadores como no mecanismo de reclamações, mas sim é um interesse geral, relacionado a toda a sociedade internacional.

Semelhantemente ao exposto sobre o mecanismo de reclamações, o Conselho de Administração também pode contatar o governo do Estado supostamente violador para que preste esclarecimentos sobre a queixa apresentada. Tal atitude não deixa de ser uma forma de defesa prévia.

Na hipótese de o Estado convidado não fornecer qualquer informação ou vier a fazê-lo de forma insatisfatória, o Conselho poderá, então, constituir uma *Comissão de Inquérito* que terá por missão estudar a questão levantada e apresentar relatório a respeito.

Constituída a Comissão de Inquérito, cada um dos membros, quer estejam ou não diretamente interessados na queixa, comprometer-se-ão a pôr à disposição da Comissão qualquer informação, que tenham em sua posse, relativa ao objeto da queixa. Conforme art. 28 da Constituição, a Comissão, após exame aprofundado, elaborará um relatório no qual relatará as suas constatações sobre todos os elementos de fato, assim como as recomendações que pense dever formular a respeito das medidas a tomar para dar satisfação ao governo queixoso e a respeito dos prazos dentro dos quais as medidas devem ser tomadas.

De acordo com o art. 29 da Constituição, findo o relatório, cabe ao Direitor-geral da RIT levá-lo ao conhecimento do Conselho de Administração e a cada um dos governos interessados, assegurando sua publicação.

Cada um dos governos interessados deverá informar ao Diretor-geral, dentro de 3 meses, se aceitam ou não as recomendações contidas no relatório da Comissão de Inquérito. Se não as aceitarem, devem informar se desejam submeter o assunto à Corte Internacional de Justiça (CIJ), da ONU. Percebe-se que do procedimento administrativo-político (queixas), no âmbito da OIT, pode a questão se transformar em assunto a ser tratado em instância judicial (Corte Internacional de Justiça).

Se a controvérsia for submetida à CIJ, o art. 31 da Constituição preceitua que a decisão judicial "relativamente a uma queixa ou a uma questão que lhe tenha sido apresentada em conformidade com o artigo 29 não será suscetível de recurso". A Corte pode, inclusive, confirmar, emendar ou anular as conclusões ou recomendações feitas pela Comissão de Inquérito.

Se um Estado-membro não se conformar com as recomendações eventualmente contidas no relatório da Comissão de Inquérito ou na decisão da Corte Internacional de Justiça, o Conselho de Administração poderá recomendar à CIT a adoção de qualquer medida que lhe pareça conveniente para assegurar a execução de aludidas recomendações (art. 33).

O governo considerado *culpado*, em caso de cumprimento voluntário das recomendações feitas, poderá, em qualquer ocasião, informar ao Conselho de Administração que tomou todas as medidas necessárias. Para garantia comprobatória de que realmente atendeu aos ditames fixados pela Comissão de Inquérito ou pela Corte, poderá solicitar ao CA que indique uma Comissão de Inquérito para verificar suas afirmações (art. 34).

9.6.10.1.3. Sistema especial

Verificou o Conselho de Administração que o conteúdo dos arts. 24 e 26 da Constituição da OIT eram incompletos para fins de fiscalização dos direitos consagrados na Convenção 87 da OIT, de 1948 (liberdade sindical), e na Convenção 98, de 1949 (sindicalização e negociação coletiva). Por isso, entendeu-se por bem criar um sistema especial de controle.

Para a operacionalização do novo aparato, o Conselho criou, em 1950, a *Comissão de Investigação e Conciliação*, e, em 1951, o *Comitê de Liberdade Sindical*.

9.6.10.1.3.1. Comissão de Investigação e Conciliação

Esta Comissão *mista* foi criada mediante prévio acordo entre o Conselho Econômico e Social da ONU e a OIT, incumbindo-lhe a função de analisar casos de Estados que são membros da ONU e da OIT.

A instalação da Comissão de Investigação pode ser solicitada por governos e organizações de empregadores e trabalhadores. Sua composição, casuisticamente, varia entre 3 e 5 integrantes, sendo todos indicados pelo Conselho de Administração entre pessoas independentes e integrantes do Escritório Internacional do Trabalho.

9.6.10.1.3.2. Comitê de Liberdade Sindical

O presente Comitê de Liberdade Sindical, criado em 1951, ocupa-se da aplicação das Convenções 87 e 98. Sua composição é tripartite de 9 membros, indicados pelo Conselho de Administração entre seus membros titulares.

Como o Comitê é uma *comissão permanente do Conselho de Administração*, é ele quem analisa as queixas e reclamações sobre atividade sindical que são enviadas ao Conselho. Ele também pode se utilizar do mecanismo de contatos diretos.

O Comitê de Liberdade Sindical tem uma vasta atividade decisória, possuindo *decisões* que já foram adotadas pelo CA, denominadas de *Recopilação de Decisões*: conjunto de *julgados* que servem de precedentes normativos.

9.7. Questões comentadas – Juiz do Trabalho

(TRT 12ª Região - 2002) Examine as proposições abaixo acerca da Organização Internacional do Trabalho – OIT e indique a alternativa correta:

I. A OIT foi criada pelo Tratado de Versailles, em 1919, como parte da Sociedade das Nações;

II. A estrutura básica da OIT se constitui dos seguintes órgãos: Conferência Internacional do Trabalho, Conselho de Administração, Conselho de Gestão Internacional e Repartição Internacional do Trabalho;

III. O Conselho de Gestão é o órgão de composição tripartida (representantes de governos, de associações sindicais de trabalhadores e de organizações de empregadores) que administra, em nível superior, a OIT;

IV. A Conferência Internacional do Trabalho é o único órgão da OIT competente para adotar as convenções e recomendações de que trata a Constituição da Organização;

V. As convenções da OIT são classificadas, basicamente, quanto à sua natureza, em auto-aplicáveis, de princípios e promocionais.

a) todas as proposições são corretas.
b) todas as proposições são incorretas.
c) apenas uma proposição é correta.
d) apenas duas proposições são corretas.
e) apenas três proposições são corretas.

Gabarito	Comentários
E	• A OIT é uma organização internacional, permanente, com personalidade jurídica própria e baseada no tripartismo, integrante do sistema das Nações Unidas. Contudo, mesmo antes da criação da ONU (1945), já existia, pois fora instituída pelo Tratado de *Versailles*, de 1919, sendo, na época, integrante da Sociedade das Nações. A sua estrutura básica é formada por três órgãos (dentre os quais não há Conselho de Gestão Internacional): a Conferência Internacional do Trabalho, que é órgão plenário, supremo, com poder deliberativo máximo, de onde emanam todas as convenções e as recomendações; o Conselho de Administração, que é o órgão administrativo, diretivo e executivo, sua mais relevante função é a de administrar, de forma colegiada, a OIT; e a Repartição Internacional do Trabalho, a secretaria da organização. • Conforme o Professor Arnaldo Süssekind, as convenções da OIT podem ser classificadas, quanto à natureza, em auto-aplicáveis, de princípios e promocionais.

(TRT 20ª Região - 2003) A propósito da OIT, é correto afirmar que:

I. A iniciativa de propor uma convenção internacional pode partir, por exemplo, de um Estado-membro ou de uma Conferência Regional.

II. As suas Recomendações destinam-se a orientar o Direito interno de cada Estado-membro; cuidam-se, portanto, de diretrizes sem força vinculante.

III. Ratificação é o ato formal pelo qual um Estado-membro da OIT decide adotar uma convenção internacional, a qual passa a incorporar o seu direito interno.

IV. A OIT surgiu ao cabo da II Guerra Mundial, como órgão subsidiário da Organização das Nações Unidas, tendo como missão regular as relações de trabalho no âmbito dos Estados-membros.

Marque:
a) todas as proposições são corretas.
b) todas as proposições são incorretas.
c) apenas as proposições II e III são corretas.
d) apenas a proposição IV é incorreta.
e) apenas as proposições II e IV são incorretas.

Gabarito	Comentários
D	• A OIT foi criada em 1919. A ONU surgiu após a Segunda Guerra Mundial, em 1945. A OIT celebrou acordo especial em 1946 para o fim de integrar o sistema das Nações Unidas, como organismo especializado, posição que até hoje ostenta. • Da Conferência Internacional da OIT emanam as recomendações e as convenções. As primeiras fixam diretrizes sem força vinculante, com a finalidade de orientar o Direito interno do Estado-membro. As convenções são tratados, sendo assim, devem ser ratificadas como forma de manifestação formal e expressa de que o membro decidiu adotar aludido documento. A capacidade de iniciativa para propor uma convenção pode partir de um Estado-membro ou de uma Conferência Regional.

(TRT 2ª Região – 2005) Não é órgão existente no âmbito da Organização Internacional do Trabalho:
a) O Comitê de Liberdade Sindical.
b) O Comitê de Combate ao Trabalho Infantil.
c) A Conferência Geral.
d) O Conselho de Administração.
e) Nenhuma das anteriores.

Gabarito	Comentários
B	• A Conferência Geral e o Conselho de Administração, juntamente com a Repartição Internacional, são os principais órgãos da OIT. O Comitê de Liberdade Sindical é órgão encarregado pela fiscalização das normas da OIT. Já o Comitê de Combate ao Trabalho Infantil não integra a organização.

(TRT 2ª Região – 2005) Assinale a alternativa incorreta:
a) A Organização Internacional do Trabalho – OIT – foi criada ao final da Segunda Guerra Mundial, em 1946, juntamente com a Organização das Nações Unidas – ONU.
b) A Organização Internacional do Trabalho – OIT – é órgão de colaboração da Organização das Nações Unidas – ONU.
c) A estrutura básica da OIT é formada pelos seguintes órgãos: Conferência Internacional do Trabalho, Conselho de Administração e Repartição Internacional do Trabalho.
d) A representação dos Estados na OIT é tripartite, formada por membros do governo, de empregados e de empregadores.
e) A Conferência Internacional do Trabalho é o órgão supremo da OIT, reunindo todos os Estados-membros.

Gabarito	Comentários
A	• OIT: criada em 1919, baseada no tripartismo (governo, empregados e empregadores). ONU: criada em 1945. A OIT é organismo especializado das Nações Unidas. • Estrutura básica da OIT: Conferência Internacional do Trabalho (órgão supremo), Conselho de Administração (executivo) e Repartição Internacional do Trabalho (secretaria).

(TRT 5ª Região – 2006) Com relação à OIT e a convenções e recomendações internacionais do trabalho, assinale a opção correta.
a) A OIT foi criada na Conferência de Filadélfia de 1944.
b) O Conselho de Administração, órgão deliberativo máximo da OIT, tem uma estrutura tripartite, com delegações formadas por representantes do governo, dos trabalhadores e dos empregadores dos Estados-membros.
c) As recomendações são normas da OIT destinadas a constituir regras gerais aos Estados deliberantes que as incluem em sua ordem jurídica interna.
d) A Declaração de Filadélfia, de 1944, enunciou o princípio segundo o qual o trabalho é uma mercadoria.
e) São normas da OIT: convenções, recomendações e resoluções.

Gabarito	Comentários
E	• Em anexo à Constituição da OIT, há a Declaração de Filadélfia, de 1944, relativa aos seus fins e objetivos. A OIT foi criada em 1919, é uma OI tripartite, constituída, basicamente: de uma Conferência Internacional (órgão deliberativo máximo), de um Conselho de Administração e de uma Repartição Internacional do Trabalho. Sua atividade normativa se materializa por meio de convenções, recomendações e resoluções.

(TRT 13ª Região – 2006) A liberdade sindical:
a) é de competência exclusiva dos Estados.
b) somente pode ser objeto de fiscalização internacional se o Estado for signatário do Tratado de Varsóvia.
c) é regulamentada pela Organização dos Estados Americanos.
d) é acompanhada pelo Comitê de Liberdade Sindical da OIT.
e) é regulamentada pela Recomendação.

Gabarito	Comentários
D	• O Comitê de Liberdade Sindical foi criado em 1951 e possui 9 membros. É uma comissão permanente do Conselho de Administração, sendo responsável pela fiscalização das normas internacionais relacionadas à atividade sindical. Como o Comitê é uma comissão do CA, é ele quem analisa as queixas e reclamações sobre liberdade sindical.

(TRT 13ª Região – 2006) Assinale a hipótese correta quanto à composição da Conferência Internacional do Trabalho:
a) Compõe-se de quatro delegados de cada Estado-membro, sendo um designado pelos respectivos Governos, um pela ONU, um pelos empregadores e um pelos empregados.
b) Compõe-se de cinco delegados de cada Estado-membro, sendo dois designados pelos respectivos Governos, um pela OIT, um pelos empregadores e um pelos empregados.
c) Compõe-se de seis delegados de cada Estado-membro, sendo dois designados pelos respectivos Governos, dois pelos empregadores e dois pelos empregados.
d) Compõe-se de quatro delegados, sendo dois designados pelos respectivos Governos, um pelos empregadores e um pelos empregados.
e) Compõe-se de três delegados, sendo um designado pelos respectivos Governos, um pelos empregadores e um pelos empregados.

Gabarito	Comentários
D	• Com base no tripartismo, a CIT é integrada por 2 delegados dos respectivos governos, um dos empregadores e um dos empregados.

(TRT 3ª Região – 2007) Sobre a Organização Internacional do Trabalho – OIT –, é errado afirmar:
a) A OIT compõe o sistema das Nações Unidas, apesar de dispor de orçamento e pessoal próprios.
b) A Constituição da OIT, datada de 1919, disciplina temas relacionados à elaboração, adoção, aplicação e controle das Normas Internacionais do Trabalho.
c) Entre os objetivos da OIT estão o de controlar a aplicação das Normas Internacionais do Trabalho que visam a promover direitos humanos fundamentais, aplicando penalidades pecuniárias, em caso de descumprimento.

d) A Declaração relativa aos Princípios e Direitos Fundamentais no Trabalho afirma que todos os Estados-membros têm o compromisso de efetivar as convenções fundamentais, ainda que não as tenham ratificado.
e) A OIT é fundada em estrutura tripartite, baseada no diálogo social.

Gabarito	Comentários
C	• A OIT integra o sistema da ONU, como muitas outras agências especializadas. Rol exemplificativo das agências da ONU: Agência Internacional de Energia Atômica; Organização da Aviação Civil Internacional; Fundo Internacional de Desenvolvimento Agrícola; Organização Internacional do Trabalho; Organização Marítima Internacional; União Internacional de Telecomunicações; Fundo Monetário Internacional; Organização Mundial da Saúde; e Banco Mundial. • A Constituição da OIT define a estrutura, as finalidades, os objetivos e procedimentos da Organização, autorizando a criação de novos órgãos. Trata, também, da elaboração, adoção, aplicação e controle das normas internacionais do trabalho. • São objetivos atuais da OIT: promover os princípios fundamentais e direitos no trabalho através de um sistema de supervisão e de aplicação de normas; promover melhores oportunidades de emprego e renda para mulheres e homens em condições de livre escolha, de não discriminação e de dignidade; aumentar a abrangência e a eficácia da proteção social; e fortalecer o tripartismo e o diálogo social. • Os Estados-membros que não ratificaram as convenções fundamentais da OIT, de acordo com a Declaração, têm o compromisso de acatar, de boa-fé, os direitos que são objetos das convenções.

(TRT 3ª Região – 2007) Sobre a Organização Internacional do Trabalho (OIT), é correto afirmar:
a) A Conferência Internacional do Trabalho é uma assembléia geral que se reúne três vezes por ano em Genebra, para tratar de assuntos ligados à admissão de novos Estados-membros, aprovação de Normas Internacionais do Trabalho, discussão sobre grandes orientações, inclusive orçamento.
b) O Conselho de Administração designa o Diretor-geral, para o mandato anual.
c) Em geral, as Convenções, ao contrário das Recomendações, prescindem de ratificação para serem aplicadas pelos países-membros.
d) As reclamações relativas à inobservância dos princípios de liberdade sindical seguem um procedimento especial ligado ao Comitê de Liberdade Sindical.
e) Apesar do vasto programa de cooperação técnica internacional, não existem ainda programas de formação ou de educação sobre as Normas Internacionais do Trabalho.

Gabarito	Comentários
D	• Conforme a Constituição da OIT, em seu art. 3º: "1. A Conferência Geral dos representantes dos Membros convocará sessões sempre que seja necessário e pelo menos uma vez por ano". A Conferência é o órgão supremo, uma assembleia-geral para os Estados-membros. Ela possui poder deliberativo máximo dentro da organização, dando azo a toda regulamentação internacional do trabalho, por meio de convenções internacionais e recomendações.

Gabarito	Comentários
	• O mandato do Direitor-geral é de 5 anos. • As convenções da OIT são tratados em sentido técnico, demandando, por derradeiro, ratificação. Já as recomendações não precisam passar pelas fases dos tratados, prescindem de ratificação, são meras sugestões. • Há, na atualidade, programas de formação e de educação específicos sobre as *Normas Internacionais do Trabalho*.

(**TRT 11ª Região - 2007**) Proteção internacional do trabalho:
a) A Declaração sobre os Princípios e Direitos Fundamentais no Trabalho garante a livre associação e negociação coletiva das condições de trabalho.
b) As normas internacionais admitem que, em circunstâncias especiais, a proibição da discriminação em função do sexo seja temporariamente afastada pelo Estado.
c) Em função da organização das importantes forças políticas representadas, a Declaração da OIT de 1998 não conseguiu incluir qualquer item condenando o trabalho forçado.
d) A Convenção no 182, da OIT, estabeleceu as condições para o trabalho da mulher.
e) A Declaração sobre os Princípios e Direitos Fundamentais no Trabalho foi adotada em 1998, depois de votada pela Comissão de Peritos.

Gabarito	Comentários
A	• Declaração de 1998: "2. Declara que todos os Membros, ainda que não tenham ratificado as convenções aludidas, têm um compromisso derivado do fato de pertencer à Organização de respeitar, promover e tornar realidade, de boa fé e de conformidade com a Constituição, os princípios relativos aos direitos fundamentais que são objeto dessas convenções, isto é: a) a liberdade sindical e o reconhecimento efetivo do direito de negociação coletiva; b) a eliminação de todas as formas de trabalho forçado ou obrigatório; c) a abolição efetiva do trabalho infantil; e d) a eliminação da discriminação em matéria de emprego e ocupação".

(**TRT 2ª Região – 2009**) Analise as proposições abaixo e responda:
I. A Organização Internacional do Trabalho – OIT, criada pelo Tratado de Versalhes e reconhecida pela ONU, em 1946, como organização especializada e competente para questões trabalhistas é composta pelos seguintes órgãos: Conferência Internacional do Trabalho, Conselho de Administração e Repartição Internacional do Trabalho, sendo que a sua produção normativa é constituída de Convenções, Recomendações e Resoluções.

II. As convenções da Organização Internacional do Trabalho se constituem em tratados multilaterais de caráter normativo que visam a regular determinadas relações sociais, sendo que no Brasil, uma vez aprovadas pelo Congresso Nacional, passam a fazer parte do nosso direito positivo.

III. Desde que já vigore internacionalmente, a convenção obrigará o Estado-membro em relação à Organização Internacional do Trabalho doze meses após a data em que registrar a respectiva ratificação.

IV. Pode ocorrer a denúncia expressa das convenções da Organização Internacional do Trabalho por ato explícito do Estado-membro, no fim de um período de dez anos, a partir da data de entrada em vigor inicial; bem como pode ocorrer a denúncia tácita que decorre da ratificação de nova convenção pelo Estado-membro em revisão da anterior, sendo que neste caso independe de prazo de vigência da ratificação.
a) Apenas I e II estão corretas.
b) Apenas II está incorreta.
c) Apenas III e IV estão corretas.
d) Apenas II e IV estão incorretas.
e) Todas estão corretas.

Gabarito	Comentários
B	• Órgãos da OIT: Conferência Internacional do Trabalho ou Assembleia-Geral, Conselho de Administração e Repartição Internacional do Trabalho. • Convenções da OIT: são tratados multilaterais, abertos (aos países-membros), de natureza normativa e elaborados pela Conferência Internacional do Trabalho. São os conhecidos tratados-normativos ou tratados-leis. A vigência internacional das convenções internacionais sobre direito do trabalho começa após segunda ratificação, e após um prazo mínimo de 12 meses. A denúncia é possível após período de 10 anos. São convenções com vigência indeterminada, ou seja, são permanentes. Também são mutalizáveis, uma vez que a saída de uma das partes não impede a execução do tratado pelos demais integrantes. Quanto à processualística para recepção dos tratados, as fases são as tradicionais, iguais às demais que já estudamos. • Recomendações da OIT: não têm a natureza de tratados; são adotadas pela Conferência Internacional do Trabalho sempre que a matéria não esteja *madura*, sem condições de ser objeto de tratado. Quanto às recomendações, não há ratificação. • Resoluções: tratam de assuntos internos da OIT ou são anexos às convenções e às recomendações.

(**TRT 8ª Região - 2009**) Das 183 Convenções da OIT aprovadas até junho de 2001, as deliberações da estrutura tripartite da OIT designaram oito como fundamentais, as quais integram a Declaração de Princípios Fundamentais e Direitos no Trabalho da OIT (1998). Estas convenções devem ser ratificadas e aplicadas por todos os Estados-Membros da OIT. São estas: nº 29 Trabalho forçado (1930); nº 87 Liberdade sindical e proteção do direito de sindicalização (1948); nº 98 Direito de sindicalização e de negociação coletiva (1949); nº 100 Igualdade de remuneração (1951); nº 105 Abolição do trabalho forçado (1957); nº 111 Discriminação (emprego e ocupação) (1958); nº 138 Idade Mínima (1973) e nº 182 Piores Formas de Trabalho Infantil (1999): defende a adoção de medidas imediatas e eficazes que garantam a proibição e a eliminação das piores formas de trabalho infantil. Considerando tal assertiva, assinale a alternativa correta.
a) É tipificado como atividades abrangidas pela descrição de "Piores Formas de Trabalho Infantil": A utilização, o recrutamento ou a oferta de crianças para a prostituição, a produção de pornografia ou atuações pornográficas. O trabalho em empresas circenses, em funções de bilheteiro ou vendedor e outras semelhantes. A utilização, recrutamento ou a oferta de crianças para a realização de atividades ilícitas, em particular a produção e o tráfico de

entorpecentes, tais como definidos nos tratados internacionais pertinentes. O trabalho que, por sua natureza ou pelas condições em que é realizado, é suscetível de prejudicar a saúde, a segurança ou a moral das crianças.

b) A Convenção nº 98 da OIT trata sobre a aplicação dos princípios do direito de sindicalização e de negociação coletiva da OIT, com relação aos trabalhadores em geral, inclusive os funcionários a serviço do Estado, com exceção dos militares e suas organizações sindicais. Esta convenção fixa que os trabalhadores gozarão de adequada proteção contra atos de discriminação com relação a seu emprego, sendo que essa proteção aplicar-se-á especialmente a atos que visem a: 1) sujeitar o emprego de um trabalhador à condição de que não se filie a um sindicato ou deixe de ser membro de um sindicato; 2) causar a demissão de um trabalhador ou prejudicá-lo de outra maneira por sua filiação a um sindicato ou por sua participação em atividades sindicais fora das horas de trabalho ou, com o consentimento do empregador, durante o horário de trabalho.

c) A Convenção nº 100 da OIT estabelece proposições relativas ao princípio da igualdade de remuneração de homens e mulheres trabalhadores por trabalho de igual valor. Neste sentido, todo país-membro deverá, por meios adaptados aos métodos em vigor para a fixação das taxas de remuneração, incentivar e, na medida em que isto é compatível com os ditos métodos, assegurar a aplicação, a todos os trabalhadores, do princípio da igualdade de remuneração de mão de obra masculina e mão de obra feminina por trabalho de igual valor. Para os fins da Convenção o termo "remuneração" compreende o vencimento ou salário normal, básico ou mínimo, e quaisquer vantagens adicionais pagas, direta ou indiretamente, pelo empregador ao trabalhador em espécie ou in natura, e resultantes do emprego. Para os fins da Convenção, o termo "igualdade" corresponde a uma situação de fato onde a mão de obra feminina não sofra discriminação em virtude do sexo, sendo permitida a adoção de políticas de inclusão, com incentivo a contratação de mão de obra feminina, com equivalência de remuneração com a mão de obra masculina, em trabalho de igual valor.

d) A Convenção nº 111 da OIT dispõe sobre a discriminação em matéria de emprego e profissão. Para os fins da Convenção, o termo "discriminação" compreende: 1) toda distinção, exclusão ou preferência, com base em raça, cor, sexo, religião, opinião política, nacionalidade ou origem social, que tenha por efeito anular ou reduzir a igualdade de oportunidade ou de tratamento no emprego ou profissão; 2) qualquer outra distinção, exclusão ou preferência que tenha por efeito anular ou reduzir a igualdade de oportunidade ou tratamento no emprego ou profissão, conforme pode ser determinado pelo país-membro, após consultar organizações representativas de empregadores e de trabalhadores, se as houver, e outros organismos adequados. Não são consideradas discriminatórias medidas especiais de proteção ou de assistência providas em outras convenções ou recomendações adotadas pela Conferência Internacional do Trabalho. Também não serão consideradas discriminatórias quaisquer medidas que afetem uma pessoa sobre a qual recaia legítima suspeita de estar se dedicando ou se achar envolvida em atividades prejudiciais à segurança do Estado, contanto que à pessoa envolvida assista o direito de apelar para uma instância competente de acordo com a prática nacional.

e) A Convenção nº 138 que dispõe sobre a idade mínima para admissão de emprego considera ser aplicável, no mínimo, às seguintes atividades: mineração e pedreira; indústria manufatureira; construção; eletricidade, água e gás; serviços sanitários; transporte, armazenamento e comunicações; plantações, outros empreendimentos agrícolas de fins comerciais, propriedades familiares e de pequeno porte que produzam para o consumo local, mesmo que não empreguem regularmente mão de obra remunerada. Todavia, a Convenção é inaplicável a trabalho feito por crianças e jovens em escolas de educação vocacional ou técnica ou em outras instituições de treinamento em geral ou a trabalho feito por pessoas de, no mínimo, quatorze anos de idade em empresas em que esse trabalho for executado dentro das condições prescritas pela autoridade competente, após consulta com as organizações de empregadores e de trabalhadores, onde as houver, e constituir parte integrante de: a) curso de educação ou treinamento pelo qual é principal responsável uma escola ou instituição de treinamento; b) programa de treinamento, principalmente ou inteiramente numa empresa, que tenha sido aprovado pela autoridade competente, ou c) programa de orientação vocacional para facilitar a escolha de uma profissão ou de especialidade de treinamento.

GABARITO	COMENTÁRIOS
D	• Convenção 111 da OIT: "Artigo 1.º (1) Para os fins da presente Convenção, o termo «discriminação» compreende: a) Toda a distinção, exclusão ou preferência fundada na raça, cor, sexo, religião, opinião política, ascendência nacional ou origem social que tenha por efeito destruir ou alterar a igualdade de oportunidades ou de tratamento em matéria de emprego ou profissão; b) Toda e qualquer distinção, exclusão ou preferência que tenha por efeito destruir ou alterar a igualdade de oportunidades ou de tratamento em matéria de emprego ou profissão, que poderá ser especificada pelo Estado-membro interessado depois de consultadas as organizações representativas de patrões e trabalhadores, quando estas existam, e outros organismos adequados. (2) As distinções, exclusões ou preferências fundadas em qualificações exigidas para determinado emprego não são consideradas como discriminação. (...) Artigo 5.º (1) As medidas especiais de proteção ou de assistência previstas em outras convenções ou recomendações adotadas pela Conferência Internacional do Trabalho não devem ser consideradas como medidas de discriminação. (2) Todo o Estado-membro pode, depois de consultadas as organizações representativas de patrões e trabalhadores, quando estas existam, definir como não discriminatórias quaisquer outras medidas especiais que tenham por fim salvaguardar as necessidades particulares de pessoas em relação às quais a atribuição de uma proteção e assistência especial seja, de uma maneira geral, reconhecida como necessária, por razões tais como o sexo, a invalidez, os encargos da família ou o nível social ou cultural".

(**TRT 8ª Região – 2009**) De acordo com as convenções da OIT, todas as afirmações estão corretas, exceto:
  a) De acordo com a Convenção nº 111 da OIT, pode-se conceituar discriminação como toda distinção, exclusão ou preferência, com base em raça, sexo, religião, nacionalidade ou origem social, que tenha por efeito anular a igualdade de oportunidade ou de tratamento no emprego ou profissão, assim como qualquer outra distinção, exclusão ou preferência que tenha por efeito anular ou reduzir a igualdade de oportunidade ou tratamento no emprego ou profissão, conforme pode ser determinado pelo país-membro concernente, após consultar organizações representativas de empregadores e de trabalhadores, se as houver, e outros organismos adequados.
  b) Os países nos quais vigora a Convenção nº 111 deverão adotar e seguir uma política nacional destinada a promover, por meios adequados às condições e à prática nacionais, a igualdade de oportunidade e de tratamento em matéria de emprego e profissão, objetivando a eliminação de toda discriminação nesse sentido.
  c) Todo país-membro da Organização Internacional do Trabalho que ratificar a Convenção nº 105 compromete-se a abolir toda forma de trabalho forçado ou obrigatório e dele não fazer uso: como medida de coerção ou de educação política ou como punição por ter ou expressar opiniões políticas ou pontos de vista ideologicamente opostos ao sistema político, social e econômico vigente; como meio de disciplinar a mão de obra; como punição por participação em greves; como medida de discriminação racial, social, nacional ou religiosa.
  d) A Convenção no 155, que se refere à segurança, à saúde dos trabalhadores e ao ambiente de trabalho, aplicar-se-á, nos países-membros que a ratificarem, a todos os ramos de atividade econômica. Os países-membros que ratificarem a citada convenção ficarão obrigados a pôr em prática e reexaminar periodicamente uma política nacional coerente em matéria de segurança, saúde dos trabalhadores e ambiente de trabalho, cujo objetivo será a prevenção dos acidentes e dos perigos para a saúde resultantes do trabalho quer estejam relacionados com o trabalho quer ocorram durante o trabalho, reduzindo ao mínimo as causas dos riscos inerentes ao ambiente de trabalho, na medida em que isso for razoável e praticamente realizável.
  e) A Convenção nº 169 aplica-se aos povos tribais em países independentes, cujas condições sociais, culturais e econômicas os distingam de outros setores da coletividade nacional, e que estejam regidos, total ou parcialmente, por seus próprios costumes ou tradições ou por legislação especial, e aos povos em países independentes, considerados indígenas pelo fato de descenderem de populações que habitavam o país ou uma região geográfica pertencente ao país na época da conquista ou da colonização ou do estabelecimento das atuais fronteiras estatais e que, seja qual for sua situação jurídica, conservam todas as suas próprias instituições ou parte delas.

Gabarito	Comentários
D	• Convenção 155 da OIT: "Artigo 1o 1. A presente Convenção aplica-se a todas as áreas de atividade econômica. (...) Artigo 4o 1. Todo Membro deverá, em consulta às organizações mais representativas de empregadores e de trabalhadores, e levando em conta as condições e a prática nacionais, formular, por em prática e reexaminar periodicamente uma política nacional coerente em matéria de segurança e saúde dos trabalhadores e o meio ambiente de trabalho. 2. Essa política terá como objetivo prevenir os acidentes e os danos à saúde que forem consequência do trabalho, tenham relação com a atividade de trabalho, ou se apresentarem durante o trabalho, reduzindo ao mínimo, na medida que for razoável e possível, as causas dos riscos inerentes ao meio ambiente de trabalho".

(TRT 21ª Região – 2010) Sobre a Organização Internacional do Trabalho, é correto afirmar:
a) Foi criada em consequência da segunda grande guerra mundial, passando a integrar, como pessoa jurídica de direito internacional, a Liga das Nações.
b) São seus órgãos o Conselho de Administração, a Conferência Internacional do Trabalho, a Corte Internacional do Trabalho e a Repartição Internacional do Trabalho.
c) Possui composição tripartite, com representantes dos governos, das organizações de direitos humanos e das associações sindicais.
d) A sua atividade normativa ocorre por meio de convenções internacionais, de recomendações e de pareceres normativos.
e) Nenhuma das alternativas está correta.

Gabarito	Comentários
E	• A OIT foi criada em 1919, tendo pertencido à Liga das Nações. Após a criação da ONU, em 1945, passou a integrar o sistema das Nações Unidas. Seu quadro estrutural básico é: Conferência Internacional do Trabalho, Conselho de Administração e Repartição Internacional do Trabalho. É uma OIT tripartite, possuindo representantes dos governos, dos empregados e dos empregadores; e sua atividade normativa se resume em convenções, recomendações e resoluções.

(TRT 15ª Região - 2010) A respeito da Convenção 138 da OIT, que trata da idade mínima para o trabalho, assinale a alternativa correta:
a) A idade mínima para o trabalho fixada pela convenção, como regra geral, não poderá ser inferior a dezesseis anos.
b) As leis nacionais não poderão permitir o emprego de jovens entre treze e quinze anos, mesmo em serviços leves e que não prejudiquem a saúde e a respectiva frequência escolar.
c) Não será inferior a vinte e um anos a idade mínima para o ingresso em qualquer tipo de trabalho que possa prejudicar a saúde, a segurança e a moral do jovem.
d) A convenção cria a possibilidade de a autoridade competente autorizar, após consulta, às organizações de empregadores e trabalhadores interessadas, mediante licenças em casos individuais, o trabalho de jovem que

não tenha atingido a idade mínima, para fins tais como a participação em representações artísticas.
e) Todas as alternativas estão incorretas.

Gabarito	Comentários
D	• Convenção 138 da OIT: "Art. 8º 1. A autoridade competente poderá conceder, mediante prévia consulta às organizações interessadas de empregadores e de trabalhadores, quando tais organizações existirem, por meio de permissões individuais, exceções à proibição de ser admitido ao emprego ou de trabalhar, que prevê o artigo 2º da presente Convenção, no caso de finalidades tais como as de participar em representações artísticas".

(TRT 6ª Região – 2010) Analise as assertivas abaixo e depois assinale a alternativa CORRETA:

I. A Conferência Internacional do Trabalho é o órgão deliberativo da Organização Internacional do Trabalho e corresponde à sessão plenária de seus Estados-membros presentes por intermédio de suas respectivas delegações tripartites compostas de um representante governamental, um representante dos trabalhadores e um representante dos empregadores.

II. A Conferência Internacional do Trabalho é o órgão deliberativo da Organização Internacional do Trabalho e corresponde à sessão plenária de seus Estados-membros presentes por intermédio de suas respectivas delegações compostas de técnicos indicados pelos respectivos governos conforme os pontos que então estejam na sua ordem do dia.

III. Além da função normativa de elaboração de Convenções, Recomendações ou Resoluções, a Conferência Internacional do Trabalho também possui a atribuição de definir a execução das políticas e programas da Organização Internacional do Trabalho, sendo responsável pela eleição do Diretor-geral e pela elaboração de uma proposta de programa e orçamento bienal.

IV. Na Conferência Internacional do Trabalho, cada delegado poderá contar com a assistência de consultores técnicos e possui direito a um voto individual e independente dos demais componentes de sua delegação.

a) As assertivas I e IV estão corretas.
b) As assertivas I e III estão corretas.
c) Apenas a assertiva II está errada.
d) Apenas a assertiva IV está correta.
e) Todas as assertivas estão erradas.

Gabarito	Comentários
D	• Constituição da OIT: "Artigo 3º 1. A Conferência Geral dos representantes dos Membros convocará sessões sempre que seja necessário e pelo menos uma vez por ano. Será composta por quatro representantes de cada um dos Membros, de entre os quais dois serão os delegados do Governo e os outros dois representarão, respectivamente, por um lado, os empregadores, por outro, os trabalhadores de cada um dos Membros. 2. Cada delegado poderá ser acompanhado por conselheiros técnicos, num máximo de dois para cada um dos diferentes assuntos inscritos na ordem de trabalhos da sessão. Quando tiverem de ser discutidas, na Conferência, questões que digam respeito

Gabarito	Comentários
	especialmente às mulheres, pelo menos uma das pessoas designadas como conselheiros técnicos terá de ser do sexo feminino. 3. Qualquer Membro responsável pelas relações internacionais de territórios não metropolitanos poderá designar como conselheiros técnicos suplementares, para acompanhar cada um de seus delegados: a) pessoas por si designadas como representantes de qualquer desses territórios para determinadas questões que entrem no quadro da competência própria das autoridades do referido território; b) pessoas por si designadas para acompanhar os seus delegados no que respeita às questões relativas a territórios sem governo autônomo. 4. Se se tratar de um território colocado sob a autoridade conjunta de dois ou mais Membros, outras pessoas poderão ser designadas para acompanhar os conselheiros técnicos dos delegados destes Membros. 5. Os Membros comprometem-se a designar os delegados e os conselheiros técnicos não governamentais de acordo com as organizações profissionais mais representativas quer dos empregadores, quer dos trabalhadores do país considerado, sob reserva de que tais organizações existam. 6. Os conselheiros técnicos só serão autorizados a tomar a palavra a pedido do delegado do qual são adjuntos e com a autorização especial do Presidente da Conferência; não poderão participar nas votações. 7. Um delegado poderá, mediante uma nota escrita dirigida ao Presidente, designar um dos seus conselheiros técnicos como seu suplente e o dito suplente, nessa qualidade, poderá participar nas deliberações e nas votações. 8. Os nomes dos delegados e dos seus conselheiros técnicos serão comunicados ao Bureau Internacional do Trabalho pelo Governo de cada um dos Membros. 9. Os poderes dos delegados e dos seus conselheiros técnicos serão submetidos à verificação da Conferência, a qual poderá, por uma maioria de dois terços dos votos expressos pelos delegados presentes, recusar a admissão de qualquer delegado ou de qualquer conselheiro técnico que esta considere não ter sido designado em conformidade com os termos do artigo presente. Artigo 4º 1. Cada delegado terá o direito de votar individualmente em todas as questões submetidas às deliberações da Conferência".

(TRT 8ª Região – 2011) É CORRETO afirmar que:
a) Nos termos da Convenção no 29 da Organização Internacional do Trabalho, a expressão "trabalho forçado ou obrigatório" designará todo trabalho ou serviço exigido de um indivíduo sob ameaça de qualquer penalidade, exceto se o trabalhador tiver se oferecido espontaneamente.
b) Nos termos da Lei no 7.064, de 1982, que disciplina a situação de trabalhadores contratados ou transferidos para prestar serviços no exterior, aplica-se a legislação do país do local da prestação de serviços apenas se esta for mais favorável, observando-se, prioritariamente, a legislação brasileira, em qualquer caso.
c) A Convenção no 138 da Organização Internacional do Trabalho, que trata da idade mínima para admissão no emprego, permite, no seu art. 8º, o trabalho de crianças e adolescentes de qualquer idade em representações artísticas, desde que autorizado pela autoridade competente, por meio de licença concedida para cada menor individualmente, devendo, ainda, especificar o número de horas de duração da atividade e as condições do exercício da tarefa.
d) A Convenção no 100 da Organização Internacional do Trabalho, que versa sobre os princípios da não-discriminação, admite expressamente que se possa estabelecer diferenças remuneratórias, independentemente da avaliação do trabalho, desde que se faça em razão de gênero e para garantir remuneração superior à mão de obra feminina, considerando a desigualdade de oportunidade de emprego ou profissão em relação às trabalhadoras.

e) O Estado estrangeiro goza sempre de imunidade de jurisdição, não podendo ser processado e tampouco julgado pelo Poder Judiciário brasileiro, senão por atos de império.

Gabarito	Comentários
C	• Convenção 138 da OIT: "Art. 8º 1. A autoridade competente poderá conceder, mediante prévia consulta às organizações interessadas de empregadores e de trabalhadores, quando tais organizações existirem, por meio de permissões individuais, exceções à proibição de ser admitido ao emprego ou de trabalhar, que prevê o artigo 2º da presente Convenção, no caso de finalidades tais como as de participar em representações artísticas. 2. As permissões assim concedidas limitarão o número de horas do emprego ou trabalho autorizadas e prescreverão as condições em que esse poderá ser realizado".

(TRT 23ª Região – 2011) De acordo com a Convenção no 182 da OIT, indique qual das seguintes alternativas NÃO está abrangida na expressão "piores formas de trabalho infantil", dentre as já definidas como tais por aquela Convenção:
a) Todas as formas de escravidão ou práticas análogas, tais como venda ou tráfico, cativeiro ou sujeição por dívida, servidão, trabalho forçado ou obrigatório.
b) A utilização, demanda, oferta, tráfico ou aliciamento para fins de exploração sexual comercial, produção de pornografia ou atuações pornográficas.
c) A utilização, recrutamento e oferta de adolescente para outras atividades ilícitas, particularmente para a produção e tráfico de drogas.
d) O recrutamento forçado ou compulsório de adolescente para ser utilizado em conflitos armados.
e) A utilização do trabalho da criança ou adolescente na construção civil e na metalurgia.

Gabarito	Comentários
E	• Convenção 182 da OIT: "Art. 3º Para efeitos da presente Convenção, a expressão 'as piores formas de trabalho infantil' abrange: a) todas as formas de escravidão ou práticas análogas à escravidão, tais como a venda e tráfico de crianças, a servidão por dívidas e a condição de servo, e o trabalho forçado ou obrigatório, inclusive o recrutamento forçado ou obrigatório de crianças para serem utilizadas em conflitos armados; b) a utilização, o recrutamento ou a oferta de crianças para a prostituição, a produção de pornografia ou atuações pornográficas; c) a utilização, recrutamento ou a oferta de crianças para a realização de atividades ilícitas, em particular a produção e o tráfico de entorpecentes, tais como definidos nos tratados internacionais pertinentes; e, d) o trabalho que, por sua natureza ou pelas condições em que é realizado, é suscetível de prejudicar a saúde, a segurança ou a moral das crianças".

(TRT 23ª Região – 2011) À luz da Declaração da Organização Internacional do Trabalho sobre os Princípios e Direitos Fundamentais no Trabalho, assinale a alternativa que NÃO corresponde a um direito fundamental previsto como tal na referida declaração:
a) A liberdade sindical e o reconhecimento efetivo do direito de negociação coletiva.
b) A eliminação das fraudes na formalização das relações de trabalho.

c) A eliminação de todas as formas de trabalho forçado ou obrigatório.
d) A efetiva abolição do trabalho infantil.
e) A eliminação da discriminação em matéria de emprego e ocupação.

Gabarito	Comentários
B	• Declaração da OIT: "2. Declara que todos os Membros, ainda que não tenham ratificado as convenções aludidas, têm um compromisso derivado do fato de pertencer à Organização de respeitar, promover e tornar realidade, de boa fé e de conformidade com a Constituição, os princípios relativos aos direitos fundamentais que são objeto dessas convenções, isto é: a) a liberdade sindical e o reconhecimento efetivo do direito de negociação coletiva; b) a eliminação de todas as formas de trabalho forçado ou obrigatório; c) a abolição efetiva do trabalho infantil; e d) a eliminação da discriminação em matéria de emprego e ocupação".

(TRT 23ª Região – 2011) Analisando se os itens abaixo (I a IV) contêm proposições verdadeiras ou falsas, indique qual alternativa corresponde, em ordem sequencial, ao resultado de tal análise:

I. A Organização Internacional do Trabalho, criada pelo Tratado de *Versailles* como organismo especializado da Organização das Nações Unidas, tem sua atuação voltada para a busca da paz e da justiça social.

II. De acordo com a Convenção nº 138 da OIT, a idade mínima fixada para admissão a emprego ou trabalho no território dos países-membros será, regra geral, não inferior à idade de conclusão da escolaridade obrigatória ou, em qualquer hipótese, não inferior a quatorze anos (ressalvadas as exceções previstas na própria norma).

III. O Tratado de Assunção consagra expressamente, no âmbito do Mercosul, a livre circulação de bens, serviços e trabalhadores.

IV. Os países que integram a Organização Mundial do Comércio, reconhecendo o protagonismo desta Oganização no que se refere ao estabelecimento de condições mínimas de trabalho no âmbito do comércio internacional, aprovaram, em 1996, na Conferência Ministerial de Cingapura, a adoção de um selo social, com vistas a garantir padrões trabalhistas mínimos no universo do comércio internacional, cuja implementação encontra-se aguardando o término da Rodada de Doha.

V. O Brasil, tendo ratificado as Convenções reconhecidas pela OIT como fundamentais, encontra-se, ao menos sob o prisma formal perante aquele organismo, na condição de país que respeita todos os princípios e direitos fundamentais no trabalho consagrados pela OIT.

a) item I: verdadeira; item II: falsa; item III: verdadeira; item IV: verdadeira; item V: verdadeira.
b) item I: falsa; item II: verdadeira; item III: falsa; item IV: falsa; item V: falsa.
c) item I: falsa; item II: verdadeira; item III: verdadeira; item IV: verdadeira; item V: verdadeira.
d) item I: verdadeira; item II: falsa; item III: falsa; item IV: falsa; item V: falsa.
e) item I: falsa; item II: falsa; item III: falsa; item IV: falsa; item V: falsa.

Gabarito	Comentários
E	• A OIT, criada em 1919 pelo Tratado de *Versailles*, pertencia ao sistema da Liga das Nações. Após a criação da ONU (em 1945), tornou-se um organismo especializado do sistema das Nações Unidas. • Convenção 138 da OIT: "Art. 2 - 1. Todo Membro, que ratifique a presente Convenção, deverá especificar, em uma declaração anexa à sua ratificação, a idade mínima de admissão ao emprego ou ao trabalho em seu território e nos meios de transporte registrados em seu território; à exceção do disposto nos artigos 4 e 8 da presente Convenção, nenhuma pessoa com idade menor à idade declarada, deverá ser admitida ao emprego ou trabalhar em qualquer ocupação. 2. Todo Membro, que tenha ratificado a presente Convenção, poderá notificar, posteriormente, o Diretor-geral do Secretariado da Organização Internacional do Trabalho, mediante outra declaração, que estabeleça uma idade mínima mais alta que a que determinou inicialmente. 3. A idade mínima fixada em cumprimento do disposto no parágrafo 1 do presente artigo, não deverá ser inferior à idade em que cessa a obrigação escolar, ou em todo caso, a quinze anos. 4. Não obstante os dispositivos do parágrafo 3 deste artigo, o Membro cuja economia e sistemas educacionais não estejam suficientemente desenvolvidos poderá, mediante prévia consulta às organizações de empregadores e de trabalhadores interessadas, se tais organizações existirem, especificar, inicialmente, uma idade mínima de quatorze anos. 5. Todo Membro, que tenha especificado uma idade mínima de quatorze anos, conforme o disposto no parágrafo precedente, deverá declarar, nos relatórios que se comprometeu a apresentar por força do artigo 22 da Constituição da Organização Internacional do Trabalho: *a)* que subsistem os motivos para tal especificação, ou *b)* que renuncia ao direito de continuar amparando-se no parágrafo acima, a partir de uma determinada data". • Tratado de Assunção do MERCOSUL, de 1991: "Art. 1º - Os Estados Partes decidem constituir um Mercado Comum, que deverá estar estabelecido a 31 de dezembro de 1994, e que se denominará 'Mercado Comum do Sul' (MERCOSUL). Este Mercado Comum implica: A livre circulação de bens serviços e fatores produtivos entre os países, através, entre outros, da eliminação dos direitos alfandegários restrições não tarifárias à circulação de mercado de qualquer outra medida de efeito equivalente (...)". • Na primeira Conferência Ministerial da OMC, realizada em Cingapura (09 a 13 de dezembro de 1996), os Ministros examinaram questões relativas aos trabalhos referentes aos dois primeiros anos da OMC, assinando, assim, uma Declaração que estabelecia uma direção política para o futuro da organização. Embora os Estados Unidos e a Noruega tenham tentado incluir, em definitivo, uma cláusula social, ficou definido, pela maioria presente, que é a OIT o organismo competente para estabelecer normas sobre direitos fundamentais dos trabalhadores. • Ao menos formalmente, o Brasil não se encontra na condição de país que respeita todos os princípios e direitos fundamentais do trabalhado consagrados pela OIT, pois não ratificou a Convenção nº 87, que trata de liberdade e organização sindical. São fundamentais os seguintes documentos: • Liberdade sindical e negociação coletiva: Convenção 87 e Convenção 98. • Trabalhos forçados: Convenção 29 e Convenção 105. • Discriminação: Convenção 100 e Convenção 111. • Trabalho infantil: Convenção 138 e Convenção 182. • A ratificação, pelo Estado brasileiro, da Convenção 87 representaria importante passo no caminho de uma sindicalização independente e desvinculada do Poder Público, o que não se constata hoje no país.

(TRT 1ª Região – 2011) Dentre as Convenções Internacionais da OIT, algumas se destacam e são consideradas fundamentais ou prioritárias. Assinale a alternativa em que há duas delas.

a) Convenção no 100 (sobre salário igual entre homens e mulheres); Convenção no 103 (sobre amparo à maternidade); Convenção no 161 (sobre serviços de saúde do trabalho).
b) Convenção no 81 (sobre inspeção no trabalho); Convenção no 132 (sobre férias remuneradas); Convenção no 134 (sobre a prevenção de acidentes do trabalho dos marítimos).
c) Convenção no 135 (sobre proteção de representantes dos trabalhadores); Convenção no 178 (sobre inspeção do trabalho do marítimo); Convenção no 87 (sobre liberdade sindical).
d) Convenção no 111 (sobre discriminação em matéria de emprego e ocupação); Convenção no 176 (sobre segurança e saúde nas minas); Convenção no 182 (sobre as piores formas de trabalho infantil).
e) Convenção no 29 (sobre a abolição de trabalho forçado); Convenção no 171 (sobre trabalho noturno); Convenção no 169 (sobre povos indígenas).

Gabarito	Comentários
D	• Convenções fundamentais: 29 - Trabalho forçado (1930); 87 - Liberdade sindical e proteção do direito de sindicalização (1948); 98 - Direito de sindicalização e de negociação coletiva (1949); 100 - Igualdade de remuneração (1951); 105 - Abolição do trabalho forçado (1957); 111 - Discriminação (emprego e ocupação) (1958); 138 - Idade mínima (1973); e 182 - Piores formas de trabalho infantil (1999). • Convenções prioritárias: 144 - Consulta tripartite (1976); 81 - Inspeção do trabalho (1947); 129 - Inspeção do trabalho na agricultura (1969); e 122 - Política de emprego (1964).

(TRT 1ª Região – 2011) A OIT – Organização Internacional do Trabalho, ao produzir suas Convenções Internacionais dá a elas uma classificação peculiar. A classificação correta é:

a) tripartites, promocionais, prioritárias.
b) autoaplicável, tripartite, promocionais.
c) promocionais, fundamentais, prioritárias.
d) de princípios, tripartites, fundamentais.
e) promocionais, autoaplicáveis, de princípios.

Gabarito	Comentários
E	• De acordo com a natureza de suas normas, as convenções trabalhistas podem ser classificadas em auto-aplicáveis, de princípios e promocionais. As auto-aplicáveis possuem disposições que não demandam regulamentação complementar. Quanto às de princípio, já há a necessidade de adoção de lei ou outro ato regulamentar para que tenham efetiva aplicação nacional. E há as convenções promocionais, que fixam objetivos e metas, bem como estabelecem programas para a consecução de certos fins.

(TRT 16ª Região – 2011) Analise as afirmativas e assinale a alternativa CORRETA, de acordo com a Convenção 182 da OIT:

I. Todo Estado-membro, após consulta com organizações de empregadores ou de trabalhadores, estabelecerá ou designará mecanismos apropriados para monitorar a aplicação das disposições que dão cumprimento à presente Convenção.

II. Para os fins desta Convenção, a expressão "as piores formas de trabalho infantil" não compreende recrutamento obrigatório de crianças para serem utilizadas em conflitos armados.

III. Esta Convenção obrigará unicamente os Estados-membros da Organização Internacional do Trabalho cujas ratificações tiverem sido registradas pelo Diretor-geral da Secretaria Internacional do Trabalho.

a) Todas estão corretas.
b) Todas estão erradas.
c) Apenas as afirmativas II e III estão erradas.
d) Apenas as afirmativas I e II estão erradas.
e) Apenas a afirmativa II está errada.

Gabarito	Comentários
D	• Convenção 182 da OIT: "Art. 3º Para efeitos da presente Convenção, a expressão "as piores formas de trabalho infantil" abrange: a) todas as formas de escravidão ou práticas análogas à escravidão, tais como a venda e tráfico de crianças, a servidão por dívidas e a condição de servo, e o trabalho forçado ou obrigatório, inclusive o recrutamento forçado ou obrigatório de crianças para serem utilizadas em conflitos armados; b) a utilização, o recrutamento ou a oferta de crianças para a prostituição, a produção de pornografia ou atuações pornográficas; c) a utilização, recrutamento ou a oferta de crianças para a realização de atividades ilícitas, em particular a produção e o tráfico de entorpecentes, tais como definidos nos tratados internacionais pertinentes; e, d) o trabalho que, por sua natureza ou pelas condições em que é realizado, é suscetível de prejudicar a saúde, a segurança ou a moral das crianças. (...) Art. 5º 1. Todo Membro, após consulta às organizações de empregadores e de trabalhadores, deverá estabelecer ou designar mecanismos apropriados para monitorar a aplicação dos dispositivos que colocam em vigor a presente Convenção".

(TRT 14ª Região - 2011) Analise as proposições e, ao final, assinale a alternativa que está correta:

I. O Brasil assinou e ratificou as Convenções Internacionais do Trabalho de no 98 (sindicalização e negociação coletiva); 132 (férias remuneradas); 155 (segurança e saúde dos trabalhadores); 182 (proibição das piores formas de trabalho infantil).

II. São consideradas Convenções Internacionais fundamentais as de no 29 (abolição do trabalho forçado); 87 (liberdade sindical); 98 (sindicalização e negociação coletiva); 100 (salário igual entre homens e mulheres); 105 (abolição do trabalho forçado); 111 (discriminação em matéria de emprego e ocupação); 138 (idade mínima para o emprego); 182 (proibição das piores formas de trabalho infantil).

III. Dentre as Convenções Internacionais do Trabalho que o Brasil ratificou e posteriormente denunciou, temos: a de no 4 (trabalho noturno das mulheres); 158

(término da relação de trabalho por iniciativa do empregador); 107 (sobre populações indígenas e tribais); 178 (sobre inspeção do trabalho marítimo).
IV. As Convenções Internacionais do Trabalho auto-aplicáveis geram efeitos, de forma imediata, não exigindo uma regulamentação para que seja aplicada.
V. As Convenções Internacionais do Trabalho são fontes de Direito material e embora não criem obrigações específicas para o Estado que as ratifica, este é fiscalizado pela OIT, quanto à sua necessária implantação.
a) Estão corretas as alternativas I, III e V.
b) Estão incorretas as alternativas I, II e III.
c) Estão corretas as alternativas I, II e IV.
d) Estão incorretas as alternativas III, IV e V.
e) Estão corretas as alternativas I, III e IV.

Gabarito	Comentários
C	• Quanto às convenções ratificadas e denunciadas pelo Brasil, veja o item específico do livro com o título "As convenções ratificadas e denunciadas pelo Brasil", onde consta lista de todos os documentos recepcionados e denunciados. • Convenções fundamentais que versam sobre os temas prioritários da OIT: 29 (abolição do trabalho forçado); 87 (liberdade sindical); 98 (sindicalização e negociação coletiva); 100 (salário igual entre homens e mulheres); 105 (abolição do trabalho forçado); 111 (discriminação em matéria de emprego e ocupação); 138 (idade mínima para o emprego); 182 (proibição das piores formas de trabalho infantil). • De acordo com a natureza de suas normas, as convenções trabalhistas podem ser classificadas em auto-aplicáveis, de princípios e promocionais. As auto-aplicáveis possuem disposições que não demandam regulamentação complementar para serem colocadas em prática pelos Estados ratificantes. • As características do item V reportam-se às recomendações, e não às convenções da OIT.

(TRT 3ª Região – 2012) A respeito da Organização Internacional do Trabalho, leia as afirmações abaixo e, em seguida, assinale a alternativa correta:
I. A OIT foi criada em 1919, como parte do Tratado de Versalhes, que pôs fim à Primeira Guerra Mundial. Fundou-se sobre a convicção primordial de que a paz universal e permanente somente pode estar baseada na justiça social. A partir de 1946, um ano após o nascimento da Organização das Nações Unidas, a OIT passou a fazer parte desse Sistema.
II. O Brasil está entre os membros fundadores da OIT e participa da Conferência Internacional do Trabalho desde sua primeira reunião.
III. A OIT, junto com a Organização Mundial do Comércio - OMC, são as únicas agências do Sistema das Nações Unidas com estrutura tripartite.
IV. As convenções e as recomendações são consideradas normas internacionais do trabalho e, uma vez ratificadas por decisão soberana de um país, passam a fazer parte de seu ordenamento jurídico.
V. Na primeira Conferência Internacional do Trabalho, realizada em 1919, a OIT adotou seis convenções, sobre limitação da jornada de trabalho, proteção à maternidade, luta contra o desemprego, definição da idade mínima para o trabalho na indústria e proibição do trabalho noturno de mulheres e menores de 18 anos.

a) Somente as afirmativas I e II estão corretas.
b) Somente as afirmativas I e III estão corretas.
c) Somente as afirmativas II, III e IV estão corretas.
d) Somente as afirmativas II, IV e V estão corretas.
e) Somente as afirmativas I, II e V estão corretas.

Gabarito	Comentários
E	• A OIT foi criada em 1919, como parte do Tratado de Versalhes. Fundou-se sobre a convicção primordial de que a paz universal e permanente somente pode estar baseada na justiça social. A partir de 1946, alguns meses após o *nascimento* da ONU, a OIT passou a fazer parte do sistema das Nações Unidas como organismo especializado. Dentre os Estados fundadores da OIT está o Brasil, que participa desde a primeira conferência (quando se adotaram seis convenções). • A OIT é a única do sistema da ONU com estrutura tripartite. • Convenção: tratado, precisa de ratificação. Recomendaçao: sugestão, não necessita de ratificação. As duas devem ser submetidas ao Congresso Nacional.

(**TRT 3ª Região – 2012**) São órgãos da Organização Internacional do Trabalho, exceto:
a) A Conferência geral constituída pelos Representantes dos Estados-membros.
b) O Conselho de Administração.
c) A Repartição Internacional do Trabalho sob a direção do Conselho de Administração.
d) As Conferências Regionais.
e) O Programa das Nações Unidas para o Desenvolvimento.

Gabarito	Comentários
E	• O Programa das Nações Unidas para o Desenvolvimento é um órgão da ONU, que tem por mandato promover o desenvolvimento e eliminar a pobreza no mundo. Ele elabora relatórios e estudos sobre o desenvolvimento humano sustentável e as condições de vida das populações, bem como executa projetos que contribuam para melhorar essas condições de vida nos países onde possui representação.

(**TRT 3ª Região – 2012**) A Declaração da OIT sobre os Princípios e Direitos Fundamentais no Trabalho estabelece o seguinte, exceto:
a) Todos os Membros têm um compromisso derivado do fato de pertencer à Organização de respeitar, promover e tornar realidade, de boa fé e de conformidade com a Constituição da OIT, os princípios relativos aos direitos fundamentais que são objeto de convenções que foram reconhecidas como fundamentais dentro e fora da Organização, ainda que não tenham ratificado as convenções aludidas.
b) São direitos fundamentais: a liberdade sindical e o reconhecimento efetivo do direito de negociação coletiva; a eliminação de todas as formas de trabalho forçado ou obrigatório; a abolição efetiva do trabalho infantil; a eliminação da discriminação em matéria de emprego e ocupação; a proteção à saúde e à segurança no trabalho.

c) No momento de se incorporarem livremente à OIT, todos os Membros aceitaram os princípios e direitos enunciados em sua Constituição e na Declaração de Filadélfia, e se comprometeram a se esforçarem por alcançar os objetivos gerais da Organização na medida de suas possibilidades e atendendo a suas condições específicas.
d) As normas do trabalho não deveriam ser utilizadas com fins comerciais protecionistas.
e) Constitui obrigação da Organização a ajuda a seus Membros, em resposta às necessidades que tenham sido estabelecidas e expressadas, para alcançar os objetivos propostos.

Gabarito	Comentários
B	• Declaração da OIT: "1. Lembra: a) que no momento de incorporar-se livremente à OIT, todos os Membros aceitaram os princípios e direitos enunciados em sua Constituição e na Declaração de Filadélfia, e se comprometeram a esforçar-se por alcançar os objetivos gerais da Organização na medida de suas possibilidades e atendendo a suas condições específicas; b) que esses princípios e direitos têm sido expressados e desenvolvidos sob a forma de direitos e obrigações específicos em convenções que foram reconhecidas como fundamentais dentro e fora da Organização. 2. Declara que todos os Membros, ainda que não tenham ratificado as convenções aludidas, têm um compromisso derivado do fato de pertencer à Organização de respeitar, promover e tornar realidade, de boa fé e de conformidade com a Constituição, os princípios relativos aos direitos fundamentais que são objeto dessas convenções, isto é: a) a liberdade sindical e o reconhecimento efetivo do direito de negociação coletiva; b) a eliminação de todas as formas de trabalho forçado ou obrigatório; c) a abolição efetiva do trabalho infantil; e d) a eliminação da discriminação em matéria de emprego e ocupação. (...) 5. Sublinha que as normas do trabalho não deveriam utilizar-se com fins comerciais protecionistas e que nada na presente Declaração e seu seguimento poderá invocar-se nem utilizar-se de outro modo com esses fins; ademais, não deveria de modo algum colocar-se em questão a vantagem comparativa de qualquer país sobre a base da presente Declaração e seu seguimento".

(TRT 3ª Região – 2012) Compreendem-se dentre as piores formas de trabalho infantil, nos termos da Convenção 182 da OIT, exceto:
a) A sujeição por dívida, a servidão, o recrutamento forçado ou obrigatório de crianças para serem utilizadas em conflitos armados.
b) A retenção de documentos ou objetos pessoais de crianças, com o fim de retê-las no local de trabalho.
c) A utilização, a demanda e a oferta de crianças para fins de prostituição, produção de pornografia ou atuações pornográficas.
d) A utilização, o recrutamento e a oferta de crianças para atividades ilícitas, particularmente para a produção e tráfico de entorpecentes conforme definidos nos tratados internacionais pertinentes.
e) Os trabalhos que, por sua natureza ou pelas circunstâncias em que são executados, são suscetíveis de prejudicar a saúde, a segurança e a moral das crianças.

Gabarito	Comentários
B	- Convenção 182 da OIT: "Art. 3o Para efeitos da presente Convenção, a expressão 'as piores formas de trabalho infantil' abrange: a) todas as formas de escravidão ou práticas análogas à escravidão, tais como a venda e tráfico de crianças, a servidão por dívidas e a condição de servo, e o trabalho forçado ou obrigatório, inclusive o recrutamento forçado ou obrigatório de crianças para serem utilizadas em conflitos armados; b) a utilização, o recrutamento ou a oferta de crianças para a prostituição, a produção de pornografia ou atuações pornográficas; c) a utilização, recrutamento ou a oferta de crianças para a realização de atividades ilícitas, em particular a produção e o tráfico de entorpecentes, tais como definidos nos tratados internacionais pertinentes; e, d) o trabalho que, por sua natureza ou pelas condições em que é realizado, é suscetível de prejudicar a saúde, a segurança ou a moral das crianças".

(**TRT 19ª Região – 2012**) Assinale a alternativa correta em relação aos enunciados abaixo, de acordo com a Constituição da OIT e a Declaração de Filadélfia:

I. A Constituição da Organização Internacional do Trabalho foi aprovada em Conferência Internacional realizada em Montreal no ano de 1946 e tem como fins e objetivos aqueles constantes na Declaração de Filadélfia aprovada no ano de 1944.

II. O preâmbulo da Constituição da Organização Internacional do Trabalho, em seus considerandos, afirma expressamente os princípios da liberdade sindical e o de que para igual trabalho, mesmo salário.

III. A Organização Permanente da Organização Internacional do Trabalho compreende apenas a Conferência Geral e um Conselho de Administração.

IV. Dentre os princípios fundamentais sobre os quais repousa a Organização Internacional do Trabalho encontra-se o de que o trabalho não é uma mercadoria.

V. A Organização Internacional do Trabalho tem a obrigação de auxiliar as nações do mundo na execução de diversos programas, tendo como prioritários os que visem a assegurar uma proteção adequada da vida e da saúde dos trabalhadores nas ocupações de risco acentuado.

a) Todas as assertivas estão corretas.
b) Somente as assertivas I, II e III estão corretas.
c) Somente as assertivas III, IV e V estão corretas.
d) Somente as assertivas I, II e IV estão corretas.
e) Somente as assertivas IV e V estão corretas.

Gabarito	Comentários
D	• O texto atual da Constituição da OIT foi aprovado em 1946, durante a 29ª reunião da Conferência Internacional do Trabalho, realizada em Montreal, no Canadá. A vigência se deu a partir de 20 de abril de 1948, tendo sido o instrumento ratificado pelo Brasil em 13 de abril de 1948. Em anexo à Constituição, há a Declaração referente aos fins e objetivos da Organização ou simplesmente Declaração de Filadélfia, datada de 1944. • Conforme parte do preâmbulo da Constituição da OIT: "Considerando (...) que é urgente melhorar essas condições no que se refere, por exemplo, à regulamentação das horas de trabalho, à fixação de uma duração máxima do dia e da semana de trabalho, ao recrutamento da mão de obra, à luta contra o desemprego, empregados no estrangeiro, à afirmação do princípio 'para igual trabalho, mesmo salário', à afirmação.

Gabarito	Comentários
	do princípio de liberdade sindical, à organização do ensino profissional e técnico, e outras medidas análogas". • A OIT é uma OI permanente com personalidade jurídica própria e possui a seguinte estrutura básica: Conferência Internacional do Trabalho, Conselho de Administração e Repartição Internacional do Trabalho. • Conforme Declaração de Filadélfia: "A Conferência reafirma os princípios fundamentais sobre os quais repousa a Organização, principalmente os seguintes: a) o trabalho não é uma mercadoria; (...)" • Conforme Declaração de Filadélfia: "A Conferência proclama solenemente que a Organização Internacional do Trabalho tem a obrigação de auxiliar as Nações do Mundo na execução de programas que visem a: a) proporcionar emprego integral para todos e elevar os níveis de vida; b) dar a cada trabalhador uma ocupação na qual ele tenha a satisfação de utilizar, plenamente, sua habilidade e seus conhecimentos e de contribuir para o bem geral; c) favorecer, para atingir o fim mencionado no parágrafo precedente, as possibilidades de formação profissional e facilitar as transferências e migrações de trabalhadores e de colonos, dando as devidas garantias a todos os interessados; d) adotar normas referentes aos salários e às remunerações, ao horário e às outras condições de trabalho, a fim de permitir que todos usufruam do progresso e, também, que todos os assalariados, que ainda não o tenham, percebam, no mínimo, um salário vital; e) assegurar o direito de ajustes coletivos, incentivar a cooperação entre empregadores e trabalhadores para melhoria contínua da organização da produção e a colaboração de uns e outros na elaboração e na aplicação da política social e econômica; f) ampliar as medidas de segurança social, a fim de assegurar tanto uma renda mínima e essencial a todos a quem tal proteção é necessária, como assistência médica completa; g) assegurar uma proteção adequada da vida e da saúde dos trabalhadores em todas as ocupações; h) garantir a proteção da infância e da maternidade; i) obter um nível adequado de alimentação, de alojamento, de recreação e de cultura; j) assegurar as mesmas oportunidades para todos em matéria educativa e profissional"

(TRT 19ª Região – 2012) Assinale a alternativa correta em relação às Convenções nº 138 e 182 da OIT, conforme os enunciados abaixo:

I. Segundo a Convenção nº 138 da Organização Internacional do Trabalho, a idade mínima de admissão a todo tipo de emprego ou trabalho, que, por sua natureza ou condições em que se realize, possa ser perigoso para a saúde, segurança ou moralidade dos menores, não deverá ser inferior a 21 (vinte e um) anos.

II. A legislação nacional ou a autoridade competente, mediante prévia consulta às organizações de empregadores e de trabalhadores interessadas, quando tais organizações existirem, poderá autorizar o emprego ou trabalho a partir da idade de dezesseis anos, sempre que fiquem plenamente garantidas a saúde, a segurança e a moralidade dos adolescentes, e que estes tenham recebido instrução ou formação profissional adequada e específica, no ramo de atividade correspondente.

III. A legislação nacional poderá permitir o emprego ou trabalho de pessoas de treze a quinze anos de idade, em trabalhos leves, desde que observadas algumas condições.

IV. Tendo em vista o caráter restritivo da Convenção nº 182 da Organização Internacional do Trabalho, a expressão "as piores formas de trabalho infantil" abrange apenas todas as formas de escravidão ou práticas análogas à escravidão, tais como a venda e tráfico de crianças, a servidão por dívidas e a condição de servo, a utilização, o recrutamento ou a oferta de crianças para a prostituição, a produção de pornografia ou atuações pornográficas, e a utilização, recrutamento ou a oferta de crianças para a realização de atividades ilícitas, em particular a produção e o tráfico de entorpecentes, tais como definidos nos tratados internacionais pertinentes.

V. A Convenção nº 182 da Organização Internacional do Trabalho não estabelece um rol taxativo das piores formas de trabalho infantil, sendo possível à legislação nacional ou à autoridade competente do Estado determinar o trabalho que, por sua natureza ou pelas condições em que é realizado, é suscetível de prejudicar a saúde, a segurança ou a moral das crianças.

a) Todas as assertivas estão erradas.
b) Somente as assertivas I e III estão erradas.
c) Somente as assertivas II e III estão erradas.
d) Somente as assertivas II e III e V estão corretas.
e) Somente as assertivas I, II e V estão corretas.

Gabarito	Comentários
D	• Convenção 138 da OIT: "Artigo 3o 1. A idade mínima de admissão a todo tipo de emprego ou trabalho, que, por sua natureza ou condições em que se realize, possa ser perigoso para a saúde, segurança ou moralidade dos menores, não deverá ser inferior a dezoito anos. (...) 3. Não obstante o disposto no parágrafo 1 deste artigo, a legislação nacional ou a autoridade competente, mediante prévia consulta às organizações de empregadores e de trabalhadores interessadas, quando tais organizações existirem, poderá autorizar o emprego ou trabalho a partir da idade de dezesseis anos, sempre que fiquem plenamente garantidas a saúde, a segurança e a moralidade dos adolescentes, e que estes tenham recebido instrução ou formação profissional adequada e específica, no ramo de atividade correspondente (...) Artigo 7o 1. A legislação nacional poderá permitir o emprego ou trabalho de pessoas de treze a quinze anos de idade, em trabalhos leves, com a condição de que estes". • Convenção 182 da OIT: "Artigo 3o Para efeitos da presente Convenção, a expressão 'as piores formas de trabalho infantil' abrange: a) todas as formas de escravidão ou práticas análogas à escravidão, tais como a venda e tráfico de crianças, a servidão por dívidas e a condição de servo, e o trabalho forçado ou obrigatório, inclusive o recrutamento forçado ou obrigatório de crianças para serem utilizadas em conflitos armados; b) a utilização, o recrutamento ou oferta de crianças para a prostituição, a produção de pornografia ou atuações pornográficas; c) a utilização, recrutamento ou a oferta de crianças para a realização de atividades ilícitas, em particular a produção e o tráfico de entorpecentes, tais como definidos nos tratados internacionais pertinentes; e, d) o trabalho que, por sua natureza ou pelas condições em que é realizado, é suscetível de prejudicar a saúde, a segurança ou a moral das crianças. Artigo 4o 1. Os tipos de trabalhos a que se refere o Artigo 3o, d), deverão ser determinados pela legislação nacional ou pela autoridade competente, após consulta às organizações de empregadores e de trabalhadores interessadas e levando em consideração as normas internacionais na matéria, em particular os parágrafos 3 e 4 da Recomendação sobre as piores formas de trabalho infantil, 1999. 2. A autoridade competente, após consulta às organizações de empregados e de trabalhadores interessadas, deverá localizar os tipos de trabalho determinados conforme o parágrafo 1º deste Artigo. 3. A lista dos tipos de trabalho determinados conforme o parágrafo 1º deste Artigo deverá ser examinada periodicamente e, caso necessário, revista, em consulta com às organizações de empregados e de trabalhadores interessadas".

(**TRT 19ª Região – 2012**) Assinale a alternativa incorreta:
a) No procedimento contencioso da "reclamação" assegurado na Constituição da OIT, há legitimação de organização profissional de empregados ou de empregadores, e tem por objeto o descumprimento de convenção ratificada.
b) Na estrutura da OIT, é da competência do Conselho de Administração processar e deliberar sobre "reclamações" acerca de não execução satisfatória de uma convenção ratificada pelo Estado-membro denunciado.
c) Deixando um Estado-membro da OIT de submeter uma convenção aprovada pela Conferência deste organismo à autoridade competente interna de seu país, outro Estado-membro, que tenha ratificado a mesma convenção, pode formular "queixa" junto à organização.
d) Os membros da Comissão de Peritos da OIT são representantes dos governos dos Estados-membros.
e) Para que uma convenção ou uma recomendação seja aceita em votação final pela Conferência, são necessários dois terços dos votos presentes.

Gabarito	Comentários
D	• Há uma obrigação genérica de todos os órgãos da OIT no sentido de fiscalizarem e zelarem pelo cumprimento das normas decorrentes da organização. Contudo, há dois órgãos que merecem destaque: a Comissão de Peritos e o Comitê de Liberdade Sindical. A Comissão de Peritos foi criada em 1926, possui 26 peritos que devem atuar de forma imparcial e exercem mandato de 3 anos. As decisões da Comissão são tomadas mediante consenso. Trata-se de órgão de natureza administrativa, com caráter técnico, permanente e especializado, competente pelo monitoramento e adimplemento das obrigações consagradas nas normas internacionais do trabalho. Ela fiscaliza o cumprimento das convenções da OIT e de algumas recomendações, neste último caso somente quando indicadas pelo Conselho de Administração. A Comissão age de ofício ou por provocação deste Conselho, de um Estado-membro ou de organização de empregados ou empregadores. Já o Comitê de Liberdade Sindical foi criado em 1951 e possui 9 membros. É uma comissão permanente do Conselho de Administração, sendo responsável pela fiscalização das normas internacionais relacionadas à atividade sindical. • Para a operacionalização das atividades de fiscalização, mediante provocação, há dois mecanismos práticos para acionamento: as queixas e as reclamações. Conforme a Constituição da OIT, em seu art. 24, qualquer reclamação pode ser dirigida à Repartição Internacional do Trabalho por uma organização profissional de trabalhadores ou de empregadores, a qual poderá ser transmitida pelo Conselho de Administração ao governo de um determinado Estado, para que este seja convidado a prestar declarações convenientes sobre alguma convenção que, embora ratificada, não tenha sido executada e cumprida de forma satisfatória. Além das reclamações (com procedimento mais simples), a Constituição da OIT também trata do mecanismo de queixas (mais complexo e moroso). Conforme art. 26, cada membro da OIT poderá apresentar queixa à Repartição Internacional do Trabalho contra outro membro (Estado denunciando Estado) que não esteja assegurando de forma satisfatória a execução de uma convenção que um e outro tenham ratificado. É um procedimento envolvendo somente Estados.

9.8. Questões – Procurador do Trabalho

1 (MPT – X) A Conferência Geral dos representantes dos países-membros que compõem a Organização Internacional do Trabalho realizará tantas reuniões quantas necessárias, com, pelo menos, uma anual. Pergunta-se: Como se compõe a delegação de cada país?
a) De seis membros, sendo 2 do governo; 2 representantes dos trabalhadores e 2 representantes dos empregadores.
b) De seis membros, sendo 3 representantes do governo, 1 dos trabalhadores e 2 dos empregadores.
c) De seis membros, sendo 3 representantes do governo, 2 dos trabalhadores e 1 dos empregadores.
d) De cinco membros, sendo 3 do governo, 1 dos empregadores e 1 dos trabalhadores.
e) De quatro membros, sendo 2 representantes do governo, 1 dos empregadores e 1 dos trabalhadores.
f) Não sei.

2 (MPT – X) Leia atentamente as assertivas abaixo e escolha a alternativa CORRETA: Tendo em conta a Constituição da Organização Internacional do Trabalho:
I. O Conselho de Administração será renovado a cada três anos. Se por qualquer razão as eleições do Conselho de Administração não puderem ser realizadas antes de expirar esse prazo, o Conselho continuará exercendo suas funções até que possam realizar-se.
II. O Diretor-geral da OIT será nomeado pelo Conselho de Administração, de quem receberá instruções e perante o qual será responsável pelo bom desempenho do Escritório e pela execução das demais atribuições que lhe possam ser confiadas.
III. As nomeações feitas pelo Diretor-geral deverão recair sobre pessoas de diferentes nacionalidades, sempre que preencherem os requisitos necessários para as diversas funções a serem desempenhadas na Organização. Metade dessas pessoas deverão ser mulheres.
IV. Todo Membro da Organização se obriga a respeitar o caráter exclusivamente internacional das funções do Diretor-geral e do pessoal e não tentará exercer influência sobre os mesmos no desempenho de suas funções.
a) Todas as assertivas estão corretas.
b) A assertiva IV está incorreta.
c) As assertivas V e IV estão incorretas.
d) As assertivas I e IV estão corretas.
e) Apenas as assertivas I e IV estão corretas.
f) Não sei.

3 (MPT – XI) Diante das assertivas a seguir elencadas, indique a alternativa CORRETA:
I. A Organização Internacional do Trabalho (OIT) possui estrutura bipartite, com representação paritária de trabalhadores e empregadores.

II. No âmbito da Organização Internacional do Trabalho (OIT), cabe à Comissão de Expertos processar e julgar as reclamações e queixas apresentadas contra os Estados-membros, nos casos de não cumprimento das Convenções ratificadas.

III. As Convenções adotadas pela Organização Internacional do Trabalho (OIT) possuem eficácia jurídica imediata no âmbito do direito interno dos Estados-membros que se filiam à teoria dualista.

IV. Integram a estrutura orgânica básica da Organização Internacional do Trabalho (OIT), apenas o Conselho de Administração, a Conferência Internacional do Trabalho e a Repartição Internacional do Trabalho.

( ) a) Apenas a alternativa IV está correta.
( ) b) A alternativa II está correta.
( ) c) As alternativas III e IV estão incorretas.
( ) d) As alternativas I e IV estão corretas.
( ) e) **Não** respondida.

4 (MPT – XII) Assinale a alternativa CORRETA:
De acordo com a Constituição da Organização Internacional do Trabalho, aprovada uma convenção em assembleia geral, o Brasil, como Estado-membro, deve apresentá-la ao Congresso Nacional para seu exame e deliberação, aprovando-a ou não no prazo:
( ) a) de 30 dias a contar da data da assembleia geral.
( ) b) máximo de 18 meses, a partir do encerramento da sessão da Conferência.
( ) c) de 06 meses, a contar da publicação da ata da assembleia geral da OIT que aprovou a convenção.
( ) d) em qualquer prazo, em face do princípio da soberania nacional.
( ) e) não respondida.

5 (MPT – XIII) Assinale a assertiva INCORRETA:
( ) a) Os tratados bilaterais ou plurilaterais são instrumentos de aplicação restrita aos Estados contratantes e que não permanecem abertos à ratificação de outros países.
( ) b) A Organização Internacional do Trabalho constitui pessoa jurídica de direito internacional *sui generis*, razão porque não se aplicam às suas representações os privilégios e imunidades assegurados às representações das pessoas de direito público externo.
( ) c) Característica marcante da Organização Internacional do Trabalho é o seu caráter tripartite, com a representatividade dos empregados, dos empregadores e das entidades governamentais.
( ) d) A Conferência Internacional do Trabalho é o órgão supremo da Organização Internacional do Trabalho, que elabora a regulamentação internacional do trabalho por meio de convenções, recomendações e resoluções.
( ) e) Não respondida.

6 (MPT – XIII) Em relação às normas emanadas da Organização Internacional do Trabalho:

I. As convenções universais constituem tratados multilaterais e criam obrigações internacionais a cargo do Estado que as ratifica.

II. Por meio das recomendações, os Estados-membros são convidados a adotar medidas ou, ao menos, certos princípios, criando para si a obrigação de natureza formal de submissão da recomendação à autoridade competente.

III. As resoluções não criam obrigações, ainda que de índole formal, para os Estados-membros, destinando-se a convidar organismos internacionais ou governos nacionais a adotarem medidas nelas preconizadas.

IV. À Conferência Internacional do Trabalho, constituída de delegados dos governos, dos trabalhadores e dos empregadores, compete discutir e aprovar o texto das convenções multilaterais.

De acordo com as assertivas acima, pode-se afirmar que:
( ) a) Todas as assertivas estão corretas.
( ) b) Apenas as assertivas I, III e IV estão corretas.
( ) c) Somente as assertivas I e III estão corretas.
( ) d) Todas as assertivas estão incorretas.
( ) e) Não respondida.

7 (MPT – XV) Analise as assertivas abaixo:

I. As convenções da Organização Internacional do Trabalho são tratados internacionais abertos para a ratificação dos Estados-membros.

II. As recomendações não necessitam de ratificação, visando, apenas, a orientar as políticas, legislações e práticas nacionais.

III. As convenções internacionais são consideradas fontes normativas heterônomas do direito, desde que seja realizada a ratificação pelo Estado-membro da Organização Internacional do Trabalho.

IV. A recomendação é considerada fonte jurídica material, uma vez que cumpre o importante papel político e cultural de induzir os Estados a aperfeiçoar sua legislação interna na direção traçada por esse documento programático internacional.

De acordo com as assertivas acima, pode-se afirmar que:
( ) a) Somente as assertivas I e II estão corretas.
( ) b) Somente as assertivas III e IV estão corretas.
( ) c) Todas as assertivas estão corretas.
( ) d) Todas as assertivas estão incorretas.
( ) e) Não respondida.

8 (MPT – XVI) A respeito da Organização Internacional do Trabalho, examine as seguintes afirmações:

I. A Constituição da OIT contém normas e princípios aos quais os Estados-membros aderem com obrigatoriedade de observância, mesmo que não tenham ratificado convenções específicas.

II. As convenções são aprovadas por maioria de dois terços dos integrantes da Conferência Internacional do Trabalho, composta por representantes de trabalhadores e empregadores de todos os Estados-membros.

III. O sub-princípio da norma mais favorável, integrante do princípio da proteção, está previsto no texto da Constituição da OIT.

IV. A Convenção relativa à proteção do direito de organização e aos processos de fixação das condições de trabalho da função pública preconiza que as organizações de trabalhadores da função pública devem beneficiar-se de uma proteção adequada contra todos os atos de ingerência das autoridades públicas na sua formação, funcionamento e administração.

Agora responda, de acordo com o conteúdo das proposições:
a) Apenas as proposições I, II e IV estão corretas.
b) Todas as proposições estão corretas.
c) Apenas as proposições II e III estão erradas.
d) Apenas a proposição II está errada.
e) Não respondida.

Questão	Gabarito
1	E
2	B
3	A
4	B
5	B
6	A
7	C
8	D

10. ORGANIZAÇÃO MUNDIAL DO COMÉRCIO (OMC) E CONCORRÊNCIA INTERNACIONAL

> **SUMÁRIO:** 10.1. Acordo Geral sobre Tarifas e Comércio (GATT); 10.1.1. A evolução e os princípios do GATT; 10.2. OMC; 10.2.1. Funcionamento, estatuto e imunidades; 10.2.2. Principais objetivos e funções; 10.2.3. Estrutura; 10.2.4. Princípios da OMC; 10.2.5. Das rodadas de negociações; 10.2.6. Sistema de solução de controvérsias; 10.3. Padrões mínimos trabalhistas; 10.4. *Dumping social*; 10.5. Cláusula social; 10.6. Selo ou etiqueta social; 10.7. Questões comentadas – Juiz do Trabalho.

Adentra-se em conteúdo atinente ao *Direito do Comércio Internacional*, sub-ramo do *Direito Internacional Econômico*, responsável pela pesquisa e estudo de pontos, muitas vezes, inobservados pelo *Direito Internacional Público*, referente aos indivíduos e às empresas que estabelecem uma densa teia de relações mútuas de natureza econômica, comercial e social.

10.1. Acordo Geral sobre Tarifas e Comércio (GATT)

O GATT (*General Agreement on Tariffs and Trade*), ou, simplesmente, Acordo Geral sobre Tarifas e Comércio, é importante tópico de estudo do Direito do Comércio Internacional. Antecedeu à atual Organização Mundial do Comércio (OMC) e teve seu funcionamento após a Segunda Guerra.

Foram das Conferências de *Bretton Woods*, realizadas em 1944, no acaso da Segunda Guerra, que se originou o GATT. O sistema *Bretton Woods* foi definido em julho de 1944, com o objetivo de estabelecer sistema de gerenciamento econômico internacional com regras para as relações comerciais e financeiras entre os países mais industrializados. Ele foi o primeiro exemplo de uma ordem monetária totalmente negociada, tendo como objetivo gerenciar as relações monetárias. Nessa ocasião, estabeleceu-se o Banco Internacional para a Reconstrução e Desenvolvimento (BIRD), mais tarde Banco Mundial, e o Fundo Monetário Internacional (FMI).

Além do FMI e do BIRD, foi sugerida a criação da Organização Internacional do Comério, porém, ela não entrou em funcionamento, já que o governo norte-americano não aceitou a Carta de Havana. Dessa forma, em 1947, em substituição, assina-se o Acordo do GATT, durante a Rodada de Genebra.

O GATT começou a ser aplicado, provisoriamente, a partir de 1948, mantendo esse caráter até emergir a OMC, em 1995. Durante sua vigência, ele foi atualizado por sucessivas rodadas de negociação como, dentre outras, as de Genebra (1955-1956), Kennedy (1963-1967), Tóquio (1973-1979) e, principalmente, do Uruguai (1986-1994), o que resultou num *sistema multilateral de comércio*.

10.1.1. A evolução e os princípios do GATT

Os primeiros artigos do Acordo GATT de 1947 disciplinam os princípios básicos que norteiam o comércio internacional, balisados nos *valores elementares de igualdade, reciprocidade e mútua vantagem*.

O art. I do Acordo preceitua que as partes devem conceder o tratamento da **nação mais favorecida** aos bens provenientes de outros Estados. Sendo assim, proíbe-se a discriminação entre eles na imposição de barreiras aduaneiras às importações.

O art. II, atinente às listas de concessão presentes em anexos ao GATT, consagra o **princípio do congelamento dos direitos aduaneiros**, quando encerrada a respectiva negociação.

O art. III dispõe sobre o **princípio do tratamento nacional**, conforme o qual uma vez pagas as tarifas ao abrigo do art. II, os produtos estrangeiros estarão sujeitos ao regime dos produtos nacionais, isto é, as tarifas devem ser a única restrição à importação.

Na continuidade dos artigos do documento do GATT, são tratados temas como: livre trânsito de mercadorias; direito *anti-dumping*[316]; direito de compensação; avaliação dos bens para efeitos aduaneiros; taxas e formalidades de exportação e importação; marcas de origem; e publicação e administração de regulamentos comerciais. O Acordo ainda prevê restrições às normas citadas, como forma de uma cláusula de salvaguarda, permitindo a imposição temporária de restrições às importações que causem prejuízos drásticos aos produtos nacionais, ou ainda preceitos sobre proteção da vida humana, animal ou vegetal, da proteção da propriedade intelectual ou de preservação dos recursos naturais, sem esquecer da cláusula de salvaguarda sobre a função social e ambiental do comércio internacional.

Com a importante Rodada do Uruguai, o Acordo GATT de 1947 teve seu quadro normativo atualizado, com a implementação de um processo ainda mais liberalizador do comércio mundial.

Em 1994, ocorreu significativa evolução do modelo de 1947. O GATT passa a consistir em um acordo integrado por vários instrumentos jurídicos, como protocolos e certificações relativos a concessões, protocolos de adesão, decisões e memorandos.

10.2. Organização Mundial do Comércio (OMC)

A Organização Mundial do Comércio (OMC)[317], ou *World Trade Organization*, é uma organização internacional com personalidade jurídica internacional[318] e com quadro institucional próprios, sediada em Genebra, na Suíça. Hoje, ela é composta por 153 membros, inclusive o Brasil, e tem como línguas oficiais o inglês, o espanhol e o francês.

---

316 Pesquisar em: BARRAL, Welber. *Dumping e comércio internacional:* a regulamentação anti-dumping após a Rodada Uruguai. Rio de Janeiro: Forense, 2000.
317 Fonte sobre a temática, indica-se: CARVALHO, Evandro Menezes de. *Organização Mundial do Comércio.* Curitiba: Juruá, 2006.
318 Pairam dúvidas sobre a relação da ONU com a OMC, embora seja levemente preponderante o entendimento de que a OMC integre o sistema das Nações Unidas.

10.2.1. Funcionamento, estatuto e imunidades

Com as sucessivas rodadas de negociação do GATT, com relevo para a do Uruguai, de 1986 a 1994, foi criado o Acordo de Marrakesh, de 15 de abril de 1994, o qual instituiu a atual OMC[319]. Tal tratado estabeleceu o dia 1º de janeiro de 1995 para a sua entrada em vigor, não havendo exigência de número mínimo de ratificações.

Como a OMC é um sujeito do DI, com personalidade e capacidade, a ela são garantidas todas as imunidades e privilégios atinentes às organizações internacionais. Os seus funcionários e representantes gozam de imunidades funcionais, indispensáveis às suas independências.

10.2.2. Principais objetivos e funções

Como a OMC tem um amplo campo de atuação, embora sua finalidade já sedimentada seja a regulação do comércio internacional, seus objetivos são muitos. Conforme seu Estatuto, a *organização deve implementar os acordos, servir como foro de negociações e monitorar as políticas comerciais dos membros.*

Sob a perspectiva social, *destacam-se como objetivos a melhoria dos padrões de vida, o desenvolvimento econômico e a utilização eficiente e sustentável dos recursos*, dando especial relevo à promoção do emprego e ao aumento do rendimento real das pessoas.

Dignos de nota também são o *desenvolvimento sustentável e a assistência aos Estados em desenvolvimento*. Embora os direitos humanos não estejam expressamente previstos no sistema do GATT e da OMC, a sua proteção pode ser incorporada em muitas de suas disposições.

10.2.3. Estrutura

Os principais órgãos da OMC que, no momento, merecem destaque são: **Conferência Ministerial, Conselho Geral** e **Secretariado**.

A **Conferência Ministerial**, órgão máximo da OMC, é integrada por representantes de todos os membros, reunindo-se ao menos uma vez de dois em dois anos, competindo-lhe exercer as funções da OMC. É ela quem decide sobre todas as questões abrangidas pelos acordos multilaterais, se assim acionada por um dos membros.

O **Conselho Geral** é composto por todos os Estados-membros, reunindo-se conforme a necessidade. Ele exerce as funções da Conferência Ministerial definidas nas reuniões, em conformidade com o Acordo da OMC. O Conselho também desempenha importante papel como *Órgão de Resolução de Litígios* e como *Órgão de Exame das Políticas Comerciais*.

---

319 COSTA, José Augusto Fontoura. Do GATT à OMC: uma análise construtiva. *Sequência: Estudos Jurídicos e Políticos*, ano XXXII, n. 62, jul. 2011, pp. 161-192.

Tanto na Conferência como no Conselho, cada um de seus integrantes tem direito a um voto, sendo que as decisões, em regra, são tomadas por maioria dos votos.

Por fim, o **Secretariado** é dirigido por um Diretor-geral, nomeado pela Conferência Ministerial a qual irá definir suas competências e seus deveres. É o Diretor que nomeia o pessoal do Secretariado e determina suas funções. O Diretor e o pessoal têm o estatuto de funcionários internacionais.

10.2.4. Princípios da OMC

Os princípios que já norteavam o GATT, desde 1947, foram aperfeiçoados pela OMC. A atuação da organização baseia-se nos princípios que regulam o livre comércio, visando a assegurar o tratamento igualitário entre os Estados, afastando situações privilegiadas que acarretem o comprometimento da livre concorrência, viga-mestre do sistema multilateral de comércio.

O **princípio da não-discriminação**, no que se refere a bens, é corolário do que respeita ao preceito da **nação mais favorecida**. Esta expressão significa que, se um país conceder a outro um benefício, terá obrigatoriamente que estender aos demais membros da OMC a mesma vantagem ou situação benéfica. É interessante notar que o art. III do GATT de 1994, na parte ainda referente a bens, estabelece o **princípio do tratamento nacional**, o qual impede o tratamento diferenciado aos produtos internacionais a fim de evitar desfavorecê-los na competição com os produtos internos.

O **princípio da previsibilidade** visa a impedir a restrição ao comércio internacional, garantindo a previsibilidade acerca das regras e do acesso ao comércio por meio da consolidação dos compromissos tarifários para bens e das listas de ofertas em serviços.

Com o **princípio da concorrência leal**, almeja-se garantir um comércio internacional justo, sem práticas desleais, como o fornecimento de subsídios pelos Estados aos empresários do setor agrícola, gerando preços abaixo do valor de mercado, afetando a concorrência. Sobre a matéria já foram celebrados Acordos Anti-dumping e de Subsídios, que, além de regularem tais práticas, também previram medidas para combater os danos delas provenientes.

O **princípio da proibição de restrições quantitativas**, do art. XI do GATT de 1994, impede que os países façam restrições quantitativas, ou seja, imponham quotas ou proibições a certos produtos internacionais como forma de proteger a produção nacional. A OMC aceita apenas o uso das tarifas como forma de proteção, desde que a lista de compromissos dos países preveja o uso de quotas tarifárias.

E há o **princípio do tratamento especial e diferenciado para países em desenvolvimento**. Trata-se de uma espécie de princípio da igualdade material, pois leva em conta situações peculiares dos países em que as economias estão em fase de desenvolvimento. A igualdade está presente no art. XXVIII e na Parte IV do GATT de 1994. Por este princípio, os países em desenvolvimento terão vantagens tarifárias, além de medidas mais favoráveis.

10.2.5. Das rodadas de negociações

Bem como no período do GATT, na atual vigência da OMC as atividades são materializadas por meio de rodadas de negociações. A mais recente é a Rodada de Doha (Agenda de Desenvolvimento de Doha), iniciada em 2001 e, até agora, não finalizada. As Rodadas de negociações são:

- **1ª rodada**: Genebra - em 1947, com 23 países participantes. Tema principal: tarifas.
- **2ª rodada**: Annecy - 1949, com 13 países participantes. Tema principal: tarifas.
- **3ª rodada**: Torquay - em 1950, com 38 países participantes. Tema principal: tarifas.
- **4ª rodada**: Genebra - em 1955, com 26 países participantes. Tema principal: tarifas.
- **5ª rodada**: Dillon - em 1960, com 26 países participantes. Tema principal: tarifas.
- **6ª rodada**: Kennedy - em 1964, com 62 países participantes. Temas principais: tarifas e medidas anti-dumping.
- **7ª rodada**: Tóquio - em 1973, com 102 países participantes. Temas principais: tarifas, medidas não tarifárias e cláusula de habilitação.
- **8ª rodada**: Uruguai - em 1986, com 123 países participantes. Temas principais: tarifas, agricultura, serviços, propriedade intelectual, medidas de investimento e novo marco jurídico.
- **9ª rodada**: Doha - em 2001, com 149 países participantes. Temas principais: tarifas, agricultura, serviços, facilitação de comércio e solução de controvérsias.

10.2.6. Sistema de solução de controvérsias

Cabe à OMC gerenciar seu próprio sistema de solução de controvérsias. Ele foi desenvolvido para solucionar os conflitos gerados pela aplicação dos acordos sobre comércio internacional entre os Estados-membros da OMC. O sistema foi instituído durante a Rodada do Uruguai, sendo responsável pela estabilização da economia mundial, garantindo, assim, o respeito aos preceitos básicos da livre concorrência.

O sistema desenvolvido na Rodada do Uruguai tem como marco o Acordo obrigatório, aos membros da OMC, intitulado *Entendimento Relativo às Normas e Procedimentos sobre Solução de Controvérsias* (ESC). O ESC consolidou uma visão mais sistêmica e legalista (*rule-oriented*) das relações comerciais internacionais.

Conforme o ESC, o sistema da OMC tem jurisdição para processar[320] e resolver quaisquer controvérsias, entre os membros da organização, que derivem dos acordos firmados no âmbito da OMC, inclusive do seu tratado constitutivo.

---

320 CRETELLA NETO, José. *Direito Processual na Organização Mundial do Comércio - OMC*. Rio de Janeiro: Forense, 2003, p. 10 *et seq.*

O sistema é quase-judicial, sendo também quase-automático, e somente poderá ser interrompido pelo consenso entre as partes envolvidas na controvérsia ou pelo consenso entre todos os membros da OMC para interromper uma fase (*consenso reverso*).

Os métodos de solução de controvérsias previstos no ESC são, como instâncias obrigatórias, as consultas entre os membros envolvidos na controvérsia e a decisão quase-judicial, materializada pelo relatório dos painéis. Contudo, poderá ainda haver: recurso ao Órgão de Apelação, pelo membro que discorde do relatório; bons ofícios, conciliação ou mediação; ou arbitragem.

A solução das controvérsias cabe ao *Órgão de Solução de Controvérsias* (OSC). O OSC é composto por todos os membros da OMC, que se reúnem regularmente, normalmente uma vez por mês, para tomar as decisões de sua alçada. O processo de decisão do OSC é baseado no consenso, o que não quer dizer unanimidade.

Para desempenhar suas funções, o OSC se utiliza de painéis, a primeira instância no procedimento. Os painéis são compostos por três especialistas, que apresentam relatório circunstanciado sobre a controvérsia e uma análise jurídica quanto à reclamação. Os painelistas atuam em caráter pessoal, independentemente dos governos.

Além do OSC, há outro órgão, o *Órgão de Apelação*, que, por sinal, foi uma das novidades da Rodada do Uruguai. A instância de apelação é integrada por sete pessoas, de reconhecida competência e com experiência comprovada em Direito e comércio internacional, cujos nomes serão aprovados por consenso pelo OSC.

Obtida a decisão, adentra-se na fase de implementação, momento pós-jurisdicional, em que se buscará o cumprimento. A decisão, no âmbito do sistema de solução de controvérsias em estudo, não tem caráter reparatório, nem de penalização, haja vista que o objetivo fundamental da fase de implementação é forçar o membro a cumprir o decidido.

O Brasil iniciou sua participação no sistema da OMC em 1995[321], na posição de reclamante, juntamente com a Venezuela, contra os EUA no sentido que estes estariam infringindo os arts. I e III do GATT e o art. II do *Agreement on Technical Barriers to Trade*. Atualmente, o Brasil já participou de 23 casos como reclamante, 14 como reclamado e ainda 49 como terceira parte.

10.3. Padrões mínimos trabalhistas

Os agentes econômicos devem seguir os padrões mínimos trabalhistas, respeitando direitos básicos dos trabalhadores, não estando autorizados a atingir fins independentemente dos meios utilizados. Há que se estabelecer limitação para a majoração do capital, há que se tornar competitivo, em âmbito internacional, desde que o caminho seja percorrido com o respeito a padrões mínimos trabalhistas.

---

321 Para uma perspectiva brasileira sobre a OMC, veja: LAFER, Celso. *A OMC e a regulamentação do comércio internacional:* uma visão brasileira. Porto Alegre: Livraria do Advogado, 1998.

Os padrões mínimos são normas concernentes às relações de trabalho presentes no Direito Internacional dos Direitos Humanos e no Direito Internacional do Trabalho, ou seja, presentes nos mais diversos tratados internacionais sobre direitos humanos e nas convenções da OIT.

A expressão "padrões mínimos trabalhistas" encontra relação com a Declaração Relativa aos Princípios e Direitos Fundamentais do Trabalho, adotada em junho de 1998. Essa Declaração elenca alguns pontos prioritários, alguns direitos básicos que devem ser atendidos.

Os temas principais da OIT e suas respectivas convenções:

- **Liberdade sindical e negociação coletiva**: Convenção 87 e Convenção 98.
- **Trabalhos forçados**: Convenção 29 e Convenção 105.
- **Discriminação**: Convenção 100 e Convenção 111.
- **Trabalho infantil**: Convenção 138 e Convenção 182.

10.4. *Dumping social*

Individualmente considerada, a palavra *dumping* pode ser entendida como uma prática desleal que consiste na comercialização de produtos num preço abaixo do praticado pelo mercado. Esses produtos possuem valores *predatórios*, com o objetivo de se atingir lucro elevado, prejudicando, dessa maneira, a concorrência internacional e podendo gerar fenômenos de especulação empresarial. Isso acarreta, destarte, em ações que podem resultar em concentração de poder ou em abuso de poder econômico.

O Tratado de Assunção de 1991, que criou o MERCOSUL, prevê dispositivo específico sobre o assunto:

> Artigo 4º – Nas relações com terceiros países, os Estados Partes assegurarão condições equitativas de comércio. Para tal fim, aplicarão suas legislações nacionais, para inibir importações cujos preços estejam influenciados por subsídios, dumping qualquer outra prática desleal. Paralelamente, os Estados Partes coordenarão suas respectivas políticas nacionais com o objetivo de elaborar normas comuns sobre concorrência comercial.

O art. VI, do Acordo GATT de 1947, prevê a vedação à prática do *dumping* e se este ocasionar prejuízos à indústria nacional, a autoridade competente do Estado prejudicado poderá determinar a aplicação de direitos compensatórios com base nos danos sofridos.

Já a expressão *dumping* social carrega conotação mais específica, conectada com a violação de direitos trabalhistas; de qualquer forma depende do entendimento acima exposto. O presente fenômeno representa a estreita ligação entre comércio internacional e a necessidade de respeito aos padrões mínimos trabalhistas.

O *dumping* social é uma prática que atenta contra os padrões mínimos trabalhistas, consiste em atitude que reduz os custos de produção de produtos e serviços por meio do desrespeito aos direitos sociais. O preço de uma mercadoria é fixado muito abaixo do hodiernamente praticado, mas não em razão de investimentos tecnológicos ou aprimoramento da forma de gerenciamento empresarial, e sim porque os encargos e custos laborais foram minorados ou extirpados, gerando, por conseguinte, a possibilidade de se reduzir drasticamente o preço final ao consumidor. São exemplos clássicos a fixação de salários abaixo do permitido legalmente, o aumento ilimitado das jornadas de trabalho, a utilização de trabalho infantil, o recurso ao trabalho escravo, o uso indiscriminado de mão de obra carcerária e tantos outros.

É interessante constatar que ainda que deficitário quanto à proteção dos direitos econômicos, sociais e culturais, o bloco MERCOSUL possui previsão normativa regional (não expressa) que pode fomentar o combate ao *dumping* ora em análise. A Declaração Sociolaboral do MERCOSUL permite a negociação coletiva para regular as condições de trabalho conforme as práticas nacionais, além de estabelecer regras reportando-se às oito convenções da OIT (arts. 1º ao 9º). Veja: "Art. 10 – Os empregadores ou suas organizações e as organizações ou representações de trabalhadores têm direito de negociar e celebrar convenções e acordos coletivos para regular as condições de trabalho, em conformidade com as legislações e práticas nacionais" e "Art. 14 – Os Estados Partes comprometem-se a promover o crescimento econômico, a ampliação dos mercados interno e regional e a executar políticas ativas referentes ao fomento e criação do emprego, de modo a elevar o nível de vida e corrigir os desequilíbrios sociais e regionais".

Nessa linha, vem se mostrando, gradativamente, presente nos foros de debate internacional a reivindicação de nações desenvolvidas, como Estados Unidos e Canadá, no sentido de se combater com maior efetividade essa prática violadora dos direitos básicos do ser humano laborador. De outra banda, países em desenvolvimento não partilham da mesma postura, pois entendem que esse interesse por parte de Estados, como o norte-americano, apenas estaria *camuflando* um discurso tendente a estabelecer ainda mais medidas de proteção aos seus mercados internos. O Brasil, em particular, ainda que se mostre favorável ao combate do *dumping* social – caso assim não agisse estaria afrontando as próprias convenções da OIT sobre assunto ratificadas – também se diz, por meio de seus interlocutores, receoso quanto à real intenção do bloco estatal de primeiro mundo.

A China é cada vez mais citada como violador-mor dos padrões mínimos trabalhistas e é, hoje, a primeira colocada como praticante do *dumping* social. Essa realidade contrasta até mesmo com a normativa interna do país, que, em 1997, adotou a *Lei de Anti-dumping e Anti-subsídio do Povo da República da China*.

Como mecanismos para coibir a prática do *dumping* social há as cláusulas sociais e os selos sociais.

10.5. Cláusula social

Uma das mais aclamadas e, paradoxalmente, repudiadas estratégias para coibir as violações ao quadro de direitos integrantes do mínimo existencial é a cláusula social (ou norma social).

Ela consiste em dispositivo previsto em acordos ou tratados internacionais, especialmente nos que tangem ao comércio internacional. Tal instituto visa a vincular o crescimento econômico ao respeito dos padrões mínimos de trabalho, e, levando em conta que se apresentam como um contraponto ao *dumping* social, não deixam de ser classificadas como medidas *anti-dumping*. Pode ser aplicada de forma negativa (previsão de sanções retaliatórias aos países violadores dos padrões mínimos) ou positiva (favorecimento e incentivo aos países que respeitem os direitos).

Em razão de estarem normatizadas em pactos, a adoção de cláusulas sociais mostra-se uma medida preventiva de combate ao *dumping*, o que pode ser complementada por meio de imposições de salvaguarda (medidas repressivas).

O tema sobre normas sociais já se encontrava referido, ainda que indiretamente, no Tratado de *Versailles*, de 1919, quando prescrevia a seus signatários que desenvolvessem esforços para garantir condições justas e humanas de trabalho na produção de bens destinados ao comércio internacional. Ademais, a Carta de Havana, de 1948, também refere em seu art. 7º sobre a necessidade de padrões justos de trabalho. E, ainda, quando da fundação do GATT, os Estados Unidos tentaram, sem sucesso, inluir o assunto no Acordo Geral.

O argumento favorável à adoção das mesmas em acordos comerciais surgiu com maior intensidade na Rodada do Uruguai (ocorrida de 1986 a 1994, que resultou na fundação da OMC). Nesse período, outras medidas de mesma espécie surgiram, mas com outros objetivos protetores, como as cláusulas ambientais. Já ocorreu de a China ter alguns de seus produtos vetados em negociações comerciais face às cláusulas sociais.

Para sua maior efetividade, entende-se que a previsão das cláusulas deveria se dar, principalmente, em acordos do comércio internacional nos quais há a possibilidade de estabelecimento de penalidades dotadas de estrutura orgânica com maior capacidade sancionadora; aqui se fala na atuação da OMC. Neste ponto repousa uma dúvida, se cabe à OIT ou à OMC combater o *dumping* social.

É preciso reconhecer que, nos últimos anos, vem preponderando o entendimento de que cabe à OIT discutir e adotar medidas nesse sentido. A OMC não se considera o local apropriado para tais debates. Na primeira Conferência Ministerial da organização em Cingapura, em 1996, os Ministros, naquela oportunidade, emitiram uma Resolução, na qual renovaram os compromissos de respeitar as normas básicas de proteção internacional do trabalhador, mas reconheceram que seria a Organização Internacional do Trabalho o ente competente para estabelecer normas sobre o tema. Na oportunidade, ainda destacaram a necessidade de atuação conjunta dos dois organismos.

Realisticamente, é fundamental se defender que as cláusulas sociais devem ser adotadas por meio dos acordos da OMC, devido à eficiência de seu sistema sancionador. Como elucida Liliana Jubilut:

> A aproximação do comércio internacional, por meio da OMC, e dos direitos humanos, trará benefícios para ambos. Enquanto estes ganharão mais um fórum para serem debatidos, bem como um sistema de proteção mais aperfeiçoado e dotado de

maior força no cenário internacional, a OMC passará a ter sua atividade relacionada com aspectos morais e éticos, o que reforçará a aceitação de suas regras. Além disto, ela terá a oportunidade de corrigir alguns efeitos negativos criados pela sua atuação, e com isto aperfeiçoar o seu sistema de ação[322].

Por fim, como alternativa à cláusula social, outras propostas também podem ser encontradas, o que é o caso dos selos ou etiquetas.

10.6. Selo ou etiqueta social

À semelhança de outras estratégias para proteção dos direitos humanos, como o *selo verde*, a etiqueta social se trata de certificação estampada em produtos, informando a procedência do mesmo e constando a confirmação de que dentro do seu processo produtivo os indivíduos participantes tiveram seus direitos trabalhistas respeitados.

O selo pode ser conferido a empresas exportadoras ou pode, inclusive, ser concedido a Estados, por iniciativa de uma organização internacional. Assim, quando o produto sair de seu território (exportado), receberá essa etiqueta de *qualidade social*, ou seja, um *carimbo* comprobatório de compatibilidade entre crescimento econômico e respeito aos padrões mínimos trabalhistas; eis uma alternativa para se combater o *dumping* social.

10.7. Questões comentadas – Juiz do Trabalho

(TRT 5ª Região – 2006) Julgue os seguintes itens, relativos à concorrência internacional.

I. São formas de manifestação do denominado *dumping social* o traslado de empresas de um Estado para outro, à procura de menores custos de mão de obra ou de vantagens tributárias, e a estratégia deliberada de fixação de salários baixos para atrair empresas de outros Estados.

II. Selo social é a etiqueta estampada em embalagens de mercadorias destinadas à exportação. Esse selo garante que o produto foi manufaturado em respeito às normas fundamentais das relações de trabalho.

III. A denominada cláusula social procura desvincular os direitos trabalhistas fundamentais dos acordos comerciais celebrados entre Estados.

IV. Carta social é uma declaração solene por meio da qual se reconhecem e se proclamam direitos, identificando-se metas ou objetivos a serem alcançados em relação a aspectos trabalhistas ou sociais.

V. A Carta Social de Turim, de 1961, foi uma tentativa frustrada de adoção das cartas sociais, tendo pouca relevância na história do direito do trabalho na Comunidade Europeia.

---

322 JUBILUT, Liliana Lyra. Os direitos humanos como paradigma do comércio no Direito Internacional. In: AMARAL JUNIOR, Alberto do. *Direito do Comércio Internacional.* São Paulo: Juarez de Oliveira, 2002, pp. 171-185.

Estão certos apenas os itens:
a) I, II e III.
b) I, II e IV.
c) I, III e V.
d) II, IV e V.
e) III, IV e V.

Gabarito	Comentários
B	• O *dumping social* é uma forma de desrespeito aos padrões mínimos trabalhistas, e consiste na adoção de medidas tendentes à obtenção de lucro por meio da minoração dos custos sociais e trabalhistas. São exemplos: o traslado de empresas de um Estado para outro, a procura de menores custos de mão de obra ou de vantagens tributárias, e a estratégia deliberada de fixação de salários baixos para atrair empresas. • São estratégias de combate ao *dumping social* o selo social e a cláusula social. O primeiro é uma etiqueta estampada em embalagens de mercadorias destinadas à exportação. Esse selo garante que o produto foi manufaturado em respeito às normas fundamentais das relações de trabalho. Já a cláusula social está prevista em acordos ou tratados internacionais, e visa a vincular os direitos trabalhistas fundamentais aos documentos celebrados. • As Cartas Sociais são declarações solenes por meio das quais se reconhecem e se proclamam direitos, identificando-se metas ou objetivos a serem alcançados em relação a aspectos trabalhistas ou sociais. • A Carta Social Europeia, feita em Turim, em 1961, é documento da maior relevância, recepcionada por vários Estados europeus. Ela foi aberta à assinatura dos Estados-membros do Conselho da Europa em 18 de outubro de 1961.

(TRT 11ª Região - 2007) OMC - Organização Mundial do Comércio:
a) Surgiu em 1947 como desdobramento da OMC – Organização Mundial do Comércio, criada em Havana em 1919.
b) Entre seus propósitos estão o de ser um centro de resolução de litígios entre Estados em matéria comercial.
c) A Conferência das Nações Unidas sobre o Comércio e Emprego resultou na criação da OIT e da OMC.
d) O GATS – Acordo Geral sobre Serviços silencia sobre a livre circulação de trabalhadores.
e) Ao consagrar a necessidade de regras comerciais livres e transparentes, a OMC não contribui para o fortalecimento do papel dos trabalhadores.

Gabarito	Comentários
B	• Com as sucessivas rodadas de negociação do GATT, com relevo para a do Uruguai, de 1986 a 1994, foi criado o Acordo de Marrakesh, de 15 de abril de 1994, o qual instituiu a atual OMC. Tal tratado estabeleceu o dia 1º de janeiro de 1995 para a sua entrada em vigor, não havendo exigência de número mínimo de ratificações. Cabe à OMC gerenciar seu próprio sistema de solução de controvérsias. Ele foi desenvolvido para solucionar os conflitos gerados pela aplicação dos acordos sobre comércio internacional. O sistema desenvolvido na Rodada do Uruguai tem como marco o Acordo obrigatório aos membros da OMC com o título de *Entendimento Relativo às Normas e Procedimentos sobre Solução de Controvérsias* (ESC).

(TRT 21ª Região – 2010) Em relação ao comércio e à concorrência internacional, leia as assertivas abaixo e marque, em seguida, a alternativa correta:

I. A Organização Mundial do Comércio (OMC) é agência especializada da Organização das Nações Unidas, não detendo personalidade jurídica própria e, em sua função normativa, no plano do comércio internacional, edita normas que visam a eliminar as restrições às importações de produtos e assegurar equilíbrio e liberdade às transações empresariais.

II. O "dumping" é a temporária e artificial redução de preços para oferta de bens e serviços por preços inferiores àqueles vigentes no mercado, provocando oscilações em detrimento do concorrente e subsequente elevação no exercício de especulação abusiva.

III. Considera-se prática de "dumping social" a comercialização de produtos com preços mais elevados do que a média, em detrimento dos consumidores, na situação em que o produtor recebe subsídio estatal.

IV. As denominadas "cláusulas sociais" constituem medidas "antidumping", sob a forma de normas inseridas em tratados e convenções internacionais, visando a assegurar a livre circulação de mercadorias e produtos de primeira necessidade em países subdesenvolvidos.

V. O chamado "selo social" corresponde à inclusão, nos produtos, de uma etiqueta indicativa de que o seu produtor atendeu às normas básicas de proteção ambiental estabelecidas pela Organização Mundial do Comércio.

a) Apenas a assertiva II está correta.
b) Apenas as assertivas I e II estão corretas.
c) Apenas as assertivas I e V estão corretas.
d) Apenas as assertivas I, IV e V estão corretas.
e) Apenas as assertivas III e IV estão corretas.

Gabarito	Comentários
A	• A OMC tem sua sede em Genebra, na Suíça, e entrou em funcionamento em 01/01/1995. É uma organização internacional com personalidade jurídica própria, composta por 153 membros (inclusive o Brasil) que versa sobre o comércio entre as nações. No âmbito da OMC, são negociados e assinados acordos que almejam regular o comércio internacional. Dentre suas funções, cabem destaque: gerenciar os acordos que disciplinam o sistema multilateral de comércio, servir de local para debates sobre comércio internacional e supervisionar a adoção dos acordos. • Há nítida relação entre a proteção do trabalhador em âmbito internacional e o comércio internacional, especialmente em relação à prática do *dumping*. Dumping consiste, conforme a questão, na: "temporária e artificial redução de preços para oferta de bens e serviços por preços inferiores àqueles vigentes no mercado, provocando oscilações em detrimento do concorrente e subsequente elevação no exercício de especulação abusiva". • A cláusula social tem como fim extirpar o *dumping social*. Este pode consistir na contratação de trabalhadores com um custo baixo (trabalho escravo ou infantil) para que o produto final tenha um preço não elevado, gerando concorrência desleal. A proposta de cláusula social tem como objetivo evitar tal fenômeno. Trata-se de incluir, nos tratados ou acordos internacionais, dispositivos sobre padrões mínimos de trabalho. Outra alternativa seria o selo de aprovação, afixado aos produtos originários de países que respeitam as normas protetoras dos direitos sociais.

11. APLICAÇÃO DA LEI TRABALHISTA ESTRANGEIRA

> **SUMÁRIO:** Aplicação da Lei Trabalhista Estrangeira; 11.1. Direito Internacional do Trabalho e conceitos básicos; 11.1.1. Elementos de conexão; 11.2. Direito Internacional Privado do Trabalho; 11.2.1. Contrato internacional de trabalho e elemento de conexão; 11.2.1.1. Os elementos *lex loci contractus* e autonomia da vontade; 11.2.1.1.1. Convenção de Roma de 1980; 11.2.1.2. O elemento *lex loci executionis*; 11.2.1.3. Relações laborais com elementos próprios; 11.2.1.4. O cancelamento do Enunciado 207 do TST; 11.2.1.5. O critério da norma mais favorável; 11.2.1.6. Lei 7.064 de 1982; 11.2.1.6.1. Definição da norma mais favorável; 11.3.1.2. Outros pontos da Lei 7.064 de 1982; 11.3. Questões comentadas – Juiz do Trabalho; 11.4. Questões – Procurador do Trabalho.

Por vezes um contrato de trabalho possui um elemento estrangeiro, ou seja, há alguma característica que o qualifica como um contrato internacional de trabalho. Ora é a nacionalidade de uma das partes, ora é o local da execução que ocorre no exterior. Esse elemento estrangeiro, que pode ser chamado de *elemento de estraneidade*, gerará um conflito que pode ser resumido no seguinte questionamento: qual lei deverá regular o contrato? Veja que se depara com um *conflito de leis no espaço*, pois há a possibilidade, a depender do critério adotado, de se aplicar a lei estrangeira ou a nacional para regular a relação em questão.

Para o enfrentamento de tais indagações, serão estudados o *Direito Internacional Privado* (DIPr) e, posteriormente, o *Direito Internacional Privado do Trabalho*, este dependente dos conceitos introdutórios oportunizados por aquele.

11.1. Direito Internacional Privado e conceitos básicos

O conflito de leis no espaço é o principal objeto de estudo do Direito Internacional Privado. Dentro de um sistema jurídico, há **relações jurídicas típicas** (reguladas unicamente pelo ordenamento nacional) e **relações jurídicas atípicas** (que envolvem mais de um ordenamento). Um contrato de trabalho que possui somente elementos nacionais é uma relação típica, não apresentando maiores dificuldades para se definir qual lei deverá ser aplicada. Já um contrato internacional de trabalho, sendo uma relação atípica, pois possui *elemento de estraneidade*, demandará um juízo mais acurado para se desvendar qual lei o regerá, haja vista que, como já exposto, gera conflito espacial normativo.

Dentro desse processo de identificação da relação, importante realçar a *teoria da qualificação*. O processo de qualificação do DIPr consiste em técnica que visa enquadrar a questão jurídica dentro do sistema legal de determinado Estado. A qualificação atine ao *objeto de conexão*, este é formado por conceitos jurídicos constantes na norma do DIPr (capacidade da pessoa, bem móvel, bem imóvel, personalidade, etc).

Para prosseguimento, sendo assim, é possível concluir que a relação atípica possui elemento de estraneidade. Ela gera um conflito espacial, o qual precisa ser solucionado. É preciso buscar a indicação de qual norma deverá ser aplicada ao caso concreto, e cabe ao *elemento de conexão* desempenhar este papel.

11.1.1. Elementos de conexão

Elemento de conexão é a chave para indicar a lei a solucionar os conflitos. As diversas legislações nacionais de Direito Internacional Privado – no caso brasileiro, principalmente, a Lei de Introdução às Normas do Direito Brasileiro (LINDB) e o Código Bustamante – apontam a lei competente para solucionar os conflitos. Valladão define os elementos de conexão como circunstâncias diretamente ligadas ao caso, usadas para indicar a norma competente para reger o caso concreto[323].

Há diferentes elementos de conexão que podem nortear a aplicabilidade, por exemplo: nacionalidade, *lex domicilli, lex loci delicti commissi, lex rei sitae, lex loci celebrationis, lex regit actum, lex loci executionis, lex contractus*, autonomia da vontade, *lex patriae,* etc.

Para melhor compreensão, veja a redação do art. 7o da LINDB: "A lei do país em que domiciliada a pessoa determina as regras sobre o começo e o fim da personalidade, o nome, a capacidade e os direitos de família". Conceituados e qualificados os institutos jurídicos presentes no art. 7º, tais como "personalidade", "nome" e "capacidade", resta então definir qual lei será aplicado, melhor, qual o elemento de conexão consagrado no art. 7º? É a *lei do domicílio*, que, por sinal, é a atual regra no ordenamento brasileiro, a qual substituiu a antiga regra da nacionalidade.

A LINDB, além de ser a *Lei das leis*[324] do Brasil, também é responsável pela indicação do Direito substantivo (nacional ou estrangeiro) a ser aplicado, haja vista

---

323 VALLADÃO, Haroldo. *Direito Internacional Privado*. 4 ed. V. 1. Ed. Freitas Bastos, 1974, p. 254.
324 A LINDB disciplina as outras leis: "Art. 1o Salvo disposição contrária, a lei começa a vigorar em todo o país quarenta e cinco dias depois de oficialmente publicada. § 1o Nos Estados, estrangeiros, a obrigatoriedade da lei brasileira, quando admitida, se inicia três meses depois de oficialmente publicada. § 2º (Revogado pela Lei 12.036, de 2009) § 3o Se, antes de entrar a lei em vigor, ocorrer nova publicação de seu texto, destinada a correção, o prazo deste artigo e dos parágrafos anteriores começará a correr da nova publicação. § 4o As correções a texto de lei já em vigor consideram-se lei nova. Art. 2o Não se destinando à vigência temporária, a lei terá vigor até que outra a modifique ou revogue. § 1o A lei posterior revoga a anterior quando expressamente o declare, quando seja com ela incompatível ou quando regule inteiramente a matéria de que tratava a lei anterior. § 2o A lei nova, que estabeleça disposições gerais ou especiais a par das já existentes, não revoga nem modifica a lei anterior. § 3o Salvo disposição em contrário, a lei revogada não se restaura por ter a lei revogadora perdido a vigência. Art. 3o Ninguém se escusa de cumprir a lei, alegando que não a conhece. Art. 4o Quando a lei for omissa, o juiz decidirá o caso de acordo com a analogia, os costumes e os princípios gerais de direito. Art. 5o Na aplicação da lei, o juiz atenderá aos fins sociais a que ela se dirige e às exigências do bem comum. Art. 6º A Lei em vigor terá efeito imediato e geral, respeitados o ato jurídico perfeito, o direito adquirido e a coisa julgada. § 1º Reputa-se ato jurídico perfeito o já consumado segundo a lei vigente ao tempo em que se efetuou. § 2º Consideram-se adquiridos assim os direitos que o seu titular, ou alguém por ele, possa exercer, como aqueles cujo começo do exercício tenha termo pré-fixo, ou condição pré-estabelecida inalterável, a arbítrio de outrem. § 3º Chama-se coisa julgada ou caso julgado a decisão judicial de que já não caiba recurso."

ser o local onde podem ser encontrados os principais elementos de conexão para cada situação ou matéria. De acordo com a norma de introdução:

OBJETOS DE CONEXÃO:	ELEMENTOS DE CONEXÃO:
Pessoa (capacidade, nome e personalidade)	*Lei do domicílio da pessoa*
Sucessão	*Lei do domicílio do falecido*
Bens que acompanham o proprietário	*Lei do domicílio do proprietário*
Penhor	*Lei do domicílio de quem tem a posse*
Obrigações contratuais e extracontratuais	*Lei do local onde se constituíram*
Pessoas jurídicas	*Lei do local onde se constituíram*
Bens móveis (que não acompanham) e imóveis	*Lei da situação da coisa*
Celebração do casamento	*Lei do local da celebração*

Todavia, a pergunta que particularmente se impõe no presente capítulo é: frente a um contrato internacional de trabalho, qual é o elemento de conexão? Observando-se, sempre, as limitações para a aplicação de eventual lei estrangeira, conforme art. 17 da LINDB: "As leis, atos e sentenças de outro país, bem como quaisquer declarações de vontade, não terão eficácia no Brasil, quando ofenderem a soberania nacional, a ordem pública e os bons costumes".

Até o momento nos utilizamos de conceitos introdutórios e gerais das *normas adjetivas* e *formais*[325] do Direito Internacional Privado, tais como: *elemento de estraneidade, relação atípica, conflito de leis no espaço, qualificação, objeto de conexão* e *elemento de conexão*. Isso tudo teve um desiderato explícito, que foi o de balizar nossas pesquisas com o fim de viabilizar a especificação da abordagem, de forma a se ingressar no *Direito Internacional Privado do Trabalho* e responder à pergunta do parágrafo imediatamente anterior.

11.2. Direito Internacional Privado do Trabalho

Quando a relação atípica assume feição laboral afunila-se então o Direito Internacional Privado tradicional, emergindo, assim, o *Direito Internacional Privado do Trabalho*. É mais especificamente a este que é atribuída a missão de resolver os conflitos de leis no espaço em virtude da possível incidência da *lei trabalhista estrangeira*.

11.2.1. Contrato internacional de trabalho e elemento de conexão

Há diferentes elementos de conexão que poderiam ser adotados para o disciplinamento do contrato internacional de trabalho. Ver-se-á que muitos elementos oscilam quanto à possibilidade de adoção, havendo pensamentos favoráveis

---

325 São normas que indicam outra lei, ou seja, são indiretas e formais, e não materiais, elas não solucionam por si o conflito no espaço, mas sim indicam outra fonte para tanto.

e contrários. Mas nessa perspectiva, é importante frisar que no momento fala-se em contrato com certas peculiaridades em comparação aos pactos tradicionais, porque em um dos polos da relação está presente empregado, situação esta que costumeiramente não é esquecida pela doutrina e pela jurisprudência, o que resta por influenciar no critério adotado.

11.2.1.1. Os elementos *lex loci contractus* e autonomia da vontade

Poder-se-ia cogitar a adoção do art. 9º da LINDB para os contratos internacionais de trabalho. O art. 9º preceitua que:

> Para qualificar e reger as obrigações, aplicar-se-á a lei do país em que se constituirem. § 1o Destinando-se a obrigação a ser executada no Brasil e dependendo de forma essencial, será esta observada, admitidas as peculiaridades da lei estrangeira quanto aos requisitos extrínsecos do ato. § 2o A obrigação resultante do contrato reputa-se constituída no lugar em que residir o proponente. (grifamos)

Conforme *caput* do artigo referido, o elemento de conexão aplicável às obrigações em geral é a *lei do país em que se constituírem* ou *lex loci contractus*. Embora esta seja a regra para os contratos em geral, majoritariamente não se acatava para os de trabalho.

No entanto, é preciso já ressaltar que em abril de 2012 importante postura foi tomada pelo TST quanto à aplicação da lei trabalhista aos contratos, posição essa que trouxe reflexos para o estudo da matéria, de forma que até a *lex loci contractus*, hoje, não está descartada.

Outro elemento aventado é o da **autonomia da vontade** (*lex voluntatis*).

É escorreito, talvez indeclinável, inicialmente apresentar uma distinção não corriqueiramente feita pela maioria da doutrina. A *autonomia da vontade* que agora se expõe, como elemento de conexão, não se confunde com a *autonomia da vontade* do Direito do Trabalho. Esta se mostra presente e atuante nas relações trabalhistas, no contrato de trabalho interno. Por derradeiro, é cristalina a redação do art. 444 da CLT, que dispõe "as relações contratuais de trabalho podem ser objeto de livre estipulação das partes interessadas em tudo quanto não contravenha às disposições de proteção ao trabalho (...)", eis o reconhecimento da liberdade contratual e da autonomia no campo do Direito do Trabalho.

Ademais, é importante também destacar que quando se fala em Direito Coletivo do Trabalho, em que o foco são as negociações coletivas, situações em que os trabalhadores estão bem representados e possuem mecanismos que os permitem *lutar* em melhores condições, não há vedação à autonomia da vontade. Na verdade, esta é a premissa do Direito Sindical e das negociações coletivas:

> RECURSOS DE REVISTA DA PETROS E DA PETROBRÁS. MATÉRIA COMUM – ABONO SALARIAL – NATUREZA INDENIZATÓRIA – CONCESSÃO DE PARCELA POR ACORDO COLETIVO APENAS PARA OS EMPREGADOS DA ATIVA. NÃO EXTENSÃO AOS INATIVOS. ORIENTAÇÃO JURISPRUDENCIAL 346 DA SBDI – 1 DO TST. **1. O art. 7º, XXVI, da CF**

estabelece o reconhecimento dos acordos e convenções coletivas de trabalho, priorizando a autonomia de vontade das partes, quando autoriza que, mediante instrumentos normativos, as partes convenentes estabeleçam condições específicas de trabalho. 2. Nesse contexto e, nos termos da Orientação Jurisprudencial 346 da SBDI-1 do TST, se a categoria pactuou, mediante instrumentos normativos, a natureza indenizatória dos abonos, devidos apenas aos trabalhadores em atividade, desconsiderar essa pactuação torna irremediavelmente inócuas as normas coletivas e afronta o dispositivo constitucional supracitado[326]. (grifo nosso)

Feitas as devidas ponderações, cabe então direcionar à autonomia da vontade como elemento de conexão a ser (ou não) aplicada ao contrato internacional de trabalho.

Fato é que o paradigma de aplicação em estudo dá ampla liberdade aos contratantes para definirem qual normativa (se a nacional ou a estrangeira) poderá incidir no caso.

A própria existência da *lex voluntatis* como elemento de conexão no DIPr brasileiro é questionada por muitos doutrinadores. Em razão da redação do art. 9º da LINDB, há muita dissonância na doutrina sobre a possibilidade de aplicação de tal preceito no Brasil.

Sobre o assunto, conforme Maria Helena Diniz:

> (...) o art. 9º da LICC é cogente, não podendo as partes alterá-lo. Há autores, como Oscar Tenório, que não excluem a possibilidade de se aplicar a autonomia da vontade, desde que ela seja admitida pela lei do país onde a obrigação se constituir (lex loci celebrationis), sem que se contrarie norma imperativa. Mas, na verdade, será inaceitável a autonomia da vontade para indicar a lei aplicável; haverá tal autonomia para escolha do local para regulamentação de seus interesses ou do foro (choise of forum clause; AJ, 45:2 e 73:88; RTJ, 10:401, 34:404 e 35:155) etc. Logo o art. 9º não excluirá a manifestação da livre vontade dos contratantes se ela for admitida pela lei do local do contrato (lex loci contractus)[327].

Como se vê, o tema está longe de pacificação. Mas para não nos afastarmos de nossos objetivos propostos para o presente Livro, parte-se da premissa de que a autonomia da vontade é um elemento existente e presente no art. 9º da LINDB, todavia, não vem sendo aceito como parâmetro indicativo para os contratos internacionais de trabalho.

Em razão da teórica condição de *vulnerabilidade* do empregado frente ao empregador, vem preponderando o entendimento de que a autonomia da vontade não pode ser aplicada aos contratos internacionais de trabalho, especialmente, devido à situação de hipossuficiência do empregado e da subordinação que caracteriza a relação. Caso autorizados a assim escolherem, por lógico que restaria preponderante a vontade do empregador que detém poder de direção e dita as regras intralaborais. A empresa contratante escolheria a lei mais favorável aos seus interesses, abando-

---

326 RR 2222/2007-654-09-00, Rel. Min. Maria Doralice Novaes, TST, P. 04/12/2009.
327 DINIZ, Maria Helena. *Lei de introdução ao código civil brasileiro interpretada*. 9 ed. São Paulo: Saraiva, 2002, p. 277.

nando as que fossem mais protetoras aos trabalhadores, achando um meio, mesmo que aparentemente legítimo, de violar os *padrões mínimos trabalhistas*.

As razões que levam à não aceitação do elemento de conexão autonomia da vontade assemelham-se às mesmas expostas para não se aceitar a **arbitragem** como solução para as demandas trabalhistas. Embora prevista na Lei 9.307 de 1996 (Lei da Arbitragem), a cláusula compromissória não é admissível no contrato de trabalho, devido à posição desvantajosa do trabalhador no momento da contratação. O TST reconhece a arbitragem como incompatível com o princípio protetivo que informa o Direito Individual do Trabalho, bem como em razão da ausência de equilíbrio entre as partes, destarte, os direitos trabalhistas são indisponíveis e irrenunciáveis:

> ARBITRAGEM. APLICABILIDADE AO DIREITO INDIVIDUAL DE TRABALHO. QUITAÇÃO DO CONTRATO DE TRABALHO. 1. A Lei 9.307/96, ao fixar o juízo arbitral como medida extrajudicial de solução de conflitos, restringiu, no art.1º, o campo de atuação do instituto apenas para os litígios relativos a direitos patrimoniais disponíveis. **Ocorre que, em razão do princípio protetivo que informa o direito individual do trabalho, bem como em razão da ausência de equilíbrio entre as partes, são os direitos trabalhistas indisponíveis e irrenunciáveis. Por outro lado, quis o legislador constituinte possibilitar a adoção da arbitragem apenas para os conflitos coletivos, consoante se observa do art. 114, §§ 1º e 2º, da Constituição da República. Portanto, não se compatibiliza com o direito individual do trabalho a arbitragem.** 2. Há que se ressaltar, no caso, que a arbitragem é questionada como meio de quitação geral do contrato de trabalho. Nesse aspecto, a jurisprudência desta Corte assenta ser inválida a utilização do instituto da arbitragem como sucedâneo da homologação da rescisão do contrato de trabalho. Com efeito, a homologação da rescisão do contrato de trabalho somente pode ser feita pelo sindicato da categoria ou pelo órgão do Ministério do Trabalho, não havendo previsão legal de que seja feito por laudo arbitral. Recurso de Embargos de que se conhece e a que se nega provimento[328]. (grifo nosso)

Com o fim de evitar maiores prejuízos aos trabalhadores, optou o TST por não acatar a arbitragem como meio de solução. Nessa esteira, devido à necessidade de proteção ao trabalhador, não se aplica a autonomia da vontade como elemento de conexão. É de se reconhecer, todavia, que o tema não está completamente pacífico. Podem ser encontradas poucas decisões e alguns suspiros doutrinários que entendem ser possível a autonomia da vontade *in casu*[329].

Mantém-se a indicação pela corrente majoritária, *de que não cabe aplicação da autonomia da vontade*, conforme argumentos expostos. Nesse sentido:

328　ED-RR - 79500-61.2006.5.05.0028, Rel. Min. João Batista Brito Pereira, TST, J. 30/03/2010.
329　PEDREIRA, Pinho. O contrato internacional de trabalho. *Revista da Academia Nacional de Direito do Trabalho*, v. 2, n. 2, São Paulo, 1994, p. 74. No mesmo sentido, favorável à autonomia da vontade, manifestou-se o TST em RR 357.639, de relatoria do Juiz Convocado Mauro César Martins de Souza.

Em matéria trabalhista, dá-se a aplicação da 'lex loci executionis' face ao princípio da territorialidade (Código de Bustamante) pertinente diante da natureza cogente das normas respectivas (Süssekind), que são de ordem pública internacional (Délio Maranhão), aspectos a afastar a possibilidade de derrogação pela vontade das partes (Deveali), da necessidade de tratamento idêntico dos empregados que ombreiam (Durand, Jaussaud e Gilda Russomano) e do fato de as prestações que entre si devem as partes estarem ligadas, geograficamente, ao lugar da execução do contrato (Manoel Alonso Olea)[330].

Logo, quanto à lei que regulará um contrato internacional de trabalho não podem as partes escolherem autonomamente. Com a devida vênia, este entendimento, ainda majoritário, pode ser reputado como retrógrado, desatualizado, pois, modernamente, sob a perspectiva do Direito Comparado e até Comunitário, a autonomia vem sendo gradativamente acatada, inclusive quanto a contratos internacionais de natureza laboral.

Hoje a *lex voluntatis* como elemento de conexão já é aceita em muitos países e encontra aconchego em convenções.

11.2.1.1.1. Convenção de Roma de 1980

A Convenção de Roma, de 1980, *sobre lei aplicável às obrigações contratuais*, embora pertencente ao acervo comunitário da União Europeia, no qual não se inclui o Brasil, em algumas oportunidades é citada pela doutrina e pela jurisprudência nacionais para se defender a necessidade de inclusão da autonomia da vontade em nosso ordenamento.

O tratado de Roma, em seu art. 1º sedimenta que "1. O disposto na presente convenção é aplicável às obrigações contratuais nas situações que impliquem um conflito de leis". A liberdade de escolha vem consagrada no art. 3º:

> *Liberdade de escolha* 1. **O contrato rege-se pela lei escolhida pelas partes. Esta escolha deve ser expressa ou resultar de modo inequívoco das disposições do contrato ou das circunstâncias da causa**. Mediante esta escolha, as partes podem designar a lei aplicável à totalidade ou apenas a uma parte do contrato. 2. Em qualquer momento, as partes podem acordar em sujeitar o contrato a uma lei diferente da que antecedentemente o regulava, quer por força de uma escolha anterior nos termos do presente artigo, quer por força de outras disposições da presente convenção. Qualquer modificação, quanto à determinação da lei aplicável, ocorrida posteriormente à celebração do contrato, não afeta a validade formal do contrato, na acepção do disposto no artigo 9º, nem prejudica os direitos de terceiros. 3. A escolha pelas partes de uma lei estrangeira, acompanhada ou não da escolha de um tribunal estrangeiro, não pode, sempre que todos os outros elementos da situação se localizem num único país no momento dessa escolha, prejudicar a aplicação das disposições não derrogáveis por acordo, nos termos da lei desse país, e que a seguir se denominam por 'disposições imperativas'. 4. A existência e a validade do consentimento das partes, quanto à escolha da lei aplicável, são reguladas pelo disposto nos artigos 8º 9º e 11º. (nós grifamos)

---

330 RR 5030, Rel. Min. Marco Aurélio, TST, J. 23/08/1984.

Já o seu art. 6º versa especificamente sobre o contrato de trabalho:

1. Sem prejuízo do disposto no artigo 3º, a escolha pelas partes da lei aplicável ao contrato de trabalho, não pode ter como consequência privar o trabalhador da proteção que lhe garantem as disposições imperativas da lei que seria aplicável, na falta de escolha, por força do nº 2 do presente artigo. 2. Não obstante o disposto no artigo 4º e na falta de escolha feita nos termos do artigo 3º, o contrato de trabalho é regulado: a) Pela lei do país em que o trabalhador, no cumprimento do contrato, presta habitualmente o seu trabalho, mesmo que tenha sido destacado temporariamente para outro país, ou b) Se o trabalhador não prestar habitualmente o seu trabalho no mesmo país, pela lei do país em que esteja situado o estabelecimento que contratou o trabalhador, a não ser que resulte do conjunto das circunstâncias que o contrato de trabalho apresenta uma conexão mais estreita com um outro país, sendo em tal caso aplicável a lei desse outro país. (grifamos)

Com arrimo nos artigos perfilhados, vê-se que a Convenção de Roma de 1980, aplicável aos Estados-membros da União Europeia que a ratificaram, determina no seu art. 3º que as partes podem escolher a lei aplicável aos contratos. E, acrescente-se, no art. 4º há regra supletiva, utilizada em caso de ausência na escolha da norma pelos contratantes[331].

A Convenção de Roma consagrou o processo paulatino de substituição de dois elementos de conexão mais utilizados pelos países, quais sejam: lei do local

---

331   Art. 4º da Convenção de Roma: "Lei aplicável na falta de escolha 1. Quando a lei aplicável ao contrato não tiver sido escolhida nos termos do artigo 3º, o contrato é regulado pela lei do país com o qual apresente uma conexão mais estreita. Todavia, se uma parte do contrato for separável do resto do contrato e apresentar uma conexão mais estreita com um outro país, a essa parte poderá aplicar-se, a título excepcional, a lei desse outro país. 2. Sem prejuízo do disposto no nº 5, presume-se que o contrato apresenta uma conexão mais estreita com o país onde a parte que está obrigada a fornecer a prestação característica do contrato tem, no momento da celebração do contrato, a sua residência habitual ou, se se tratar de uma sociedade, associação ou pessoa coletiva, a sua administração central. Todavia, se o contrato for celebrado no exercício da atividade econômica ou profissional dessa parte, o país a considerar será aquele em que se situa ou seu estabelecimento principal ou, se, nos termos do contrato, a prestação deverá ser fornecida por estabelecimento diverso do estabelecimento principal, o da situação desse estabelecimento. 3. Quando o contrato tiver por objeto um direito real sobre um bem imóvel, ou um direito de uso de um bem imóvel, presume-se, em derrogação do disposto no nº 2, que o contrato apresenta uma conexão mais estreita com o país onde o imóvel se situa. 4. A presunção do nº 2 não é admitida quanto ao contrato de transporte de mercadorias. Presume-se que este contrato apresente uma conexão mais estreita com o país em que, no momento da celebração do contrato, o transportador tem o seu estabelecimento principal, se o referido país coincidir com aquele em que se situa o lugar da carga ou da descarga ou do estabelecimento principal do expedidor. Para efeitos de aplicação do presente número, são considerados como contratos de transporte de mercadorias os contratos de fretamento relativos a uma única viagem ou outros contratos que tenham por objeto principal o transporte de mercadorias. 5. O disposto no nº 2 não se aplica se a prestação característica não puder ser determinada. As presunções dos nºs 2, 3 e 4 não serão admitidas sempre que resulte do conjunto das circunstâncias, que o contrato apresenta uma conexão mais estreita com outro país."

da celebração e lei do local da execução. Ambos, por sinal, ainda com muita força dentro do Direito brasileiro. O tratado em análise preceitua também sobre os *vínculos mais estreitos*[332].

Deduz-se, dessa maneira, que o elemento de conexão autonomia da vontade, mundialmente, demonstra ter grande prestígio. Além da Convenção de Roma, pode ser referida a *Convenção de Viena Sobre Compra e Venda Internacional*, de 1980. Na esfera dos Princípios UNIDROIT[333], de 2004, há a possibilidade não só de aplicação de uma lei forasteira, mas sim também dos próprios princípios para regência dos contratos.

11.2.1.2. O elemento *lex loci executionis*

Em regra, no Brasil aplica-se o critério territorial, ou seja, a lei do local onde são executados ou prestados os serviços. *Os contratos de trabalho são regulados pela lei do local da execução, a lex loci executionis.*

A *lex loci executionis* encontra respaldo na CLT, art. 651. Este dispositivo versa sobre competência[334] e deve ser lido em sintonia com a CF, atentando-se para os parágrafos reveladores de normas excepcionantes:

> Art. 651 - A competência das Juntas de Conciliação e Julgamento **é determinada pela localidade onde o empregado, reclamante ou reclamado, prestar serviços**

---

332 No mesmo sentido é a *Convenção Interamericana do México, de 1994, sobre o direito aplicável aos contratos internacionais*, adotada pela Organização dos Estados Americanos.

333 Devem ser destacados os trabalhos do *Instituto Internacional para Unificação do Direito Privado*, ou UNIDROIT, que publica uma série de normas que instituem princípios tendentes a regular os contratos internacionais.

334 Sobre competência da Justiça do Trabalho, atentar para alguns julgados do TST, v.g.: "A - AGRAVO DE INSTRUMENTO EM RECURSO DE REVISTA. COMPETÊNCIA TERRITORIAL. DOMICÍLIO DO AUTOR. Constatada aparente divergência jurisprudencial, merece ser provido o agravo de instrumento para determinar o processamento do apelo denegado. Agravo de Instrumento conhecido e provido. B - RECURSO DE REVISTA. COMPETÊNCIA TERRITORIAL. DOMICÍLIO DO AUTOR. De acordo com a regra geral estabelecida no artigo 651, caput, da CLT, a competência territorial para o ajuizamento da reclamação trabalhista será definida pela localidade onde o empregado, reclamante ou reclamado, prestar serviços ao empregador, ainda que tenha sido contratado noutro local ou no estrangeiro. No caso concreto, não há fundamento legal que ampare a tese do reclamante de que deve ser reconhecida a competência do foro de seu domicílio. (...)." (RR-77200-32.2009.5.10.0821, Rel. Min. Dora Maria da Costa, TST, J. 02/05/2012). "RECURSO DE REVISTA. PROCESSO ELETRÔNICO - COMPETÊNCIA DA JUSTIÇA DO TRABALHO. A competência da Justiça do Trabalho para processamento de ações de conhecimento em que figure como ré empresa em recuperação judicial é assegurada pelo art. 6º, § 2º, da Lei nº 11.101/2005, de acordo com o qual - as ações de natureza trabalhista, inclusive as impugnações a que se refere o art. 8º desta Lei, serão processadas perante a justiça especializada até a apuração do respectivo crédito, que será inscrito no quadro-geral de credores pelo valor determinado em sentença -. Recurso de Revista não conhecido." (RR-5200-60.2008.5.02.0055, Rel. Min. Márcio Eurico Vitral Amaro, TST, J. 09/05/2012).

ao empregador, ainda que tenha sido contratado noutro local ou no estrangeiro. § 1º - Quando for parte de dissídio agente ou viajante comercial, a competência será da Junta da localidade em que a empresa tenha agência ou filial e a esta o empregado esteja subordinado e, na falta, será competente a Junta da localização em que o empregado tenha domicílio ou a localidade mais próxima. § 2º - A competência das Juntas de Conciliação e Julgamento, estabelecida neste artigo, estende-se aos dissídios ocorridos em agência ou filial no estrangeiro, desde que o empregado seja brasileiro e não haja convenção internacional dispondo em contrário. § 3º - Em se tratando de empregador que promova realização de atividades fora do lugar do contrato de trabalho, é assegurado ao empregado apresentar reclamação no foro da celebração do contrato ou no da prestação dos respectivos serviços. (grifamos)

Da mesma forma é o Código de Direito Internacional Privado, Código Bustamante ou Código de Havana, de 1928, incorporado ao ordenamento nacional por meio do Decreto 18.871, de 13 de agosto de 1929. Em seu art. 182 dispõe que as "demais causas de rescisão e sua forma e efeitos subordinam-se à lei territorial" e no seu art. 198 arrebata que também é "territorial a legislação sobre acidentes do trabalho e proteção social do trabalhador".

Corroborando diplomas legais e convencionais havia o Enunciado 207 do TST, de 1985, cujo conteúdo asseverava: "A relação jurídica trabalhista é regida pelas leis vigentes no país da prestação de serviço e não por aquelas do local da contratação".

A *lex loci executionis* ficou definida como elemento regra frente aos conflitos espaciais de leis trabalhistas. Ela aplica-se também aos Estados estrangeiros que celebram contrato de trabalho no Brasil, pois o serviço é prestado em território nacional. E mais, em caso de prestação de serviço em embaixada brasileira no exterior, por não ser extensão do território nacional[335], aplica-se, igualmente, a lei do local da execução:

> TRABALHADOR BRASILEIRO – TRABALHO PRESTADO À EMBAIXADA BRASILEIRA – LEGISLAÇÃO APLICÁVEL. Trabalhador brasileiro domiciliado em país estrangeiro e que passe a prestar serviços à embaixada brasileira, aplica-se a lei do local da prestação dos serviços, porque se trata dc contratação e prestação naquele país. Aplicação do princípio contido no artigo 114 da Constituição Federal e no Enunciado 207 do TST[336].

Com base em tais dispositivos legais e convencionais, é possível se aperceber que o critério territorial pode ser considerado como a regra, contudo, regra está que possui cada vez mais exceções.

Algumas relações laborais, pelas suas peculiaridades, não podem ser reguladas pela lei do local da execução, o que exigiu o desenvolvimento de elementos de conexão próprios, os quais materializam exceções à *lex loci executionis*.

---

335 Aqui se refere aos contratos internacionais de trabalho. Outro tratamento é dado aos agentes consulares e diplomáticos de carreira, que possuem um vínculo funcional com o Estado acreditante. Este assunto deve ser estudado nos itens específicos sobre imunidades dos agentes.
336 RO 20000180127, Rel. Juiz Pedro Paulo Teixeira Manus, TRT 2ª, J. 14/08/2001.

11.2.1.3. Relações laborais com elementos próprios

Alguns contratos possuem regras específicas quanto à lei aplicável, assim delineados pela doutrina e pela jurisprudência:

- **Transferência temporária de empregados para o exterior**: aplica-se a lei do local habitual de prestação de serviços. Se os serviços são prestados, habitualmente, no Brasil, mas ocorre transferência temporária, ou seja, executa-os, temporariamente, em outro país, ainda assim se mantém a aplicação da lei brasileira. Incide sobre o contrato de trabalho a *teoria da irradiação*, em razão de a lei trabalhista nacional incidir fora do nosso território. E o que se entende por transferência temporária? Não há regra explícita para responder a este questionamento, logo, a solução será casuística. Recomenda-se definir transferência temporária com base no parágrafo único do art. 1º da Lei 7.064, de 1982, que exclui de sua aplicação os empregados transferidos em caráter transitório, assim consideradas as transferências por período não superior a 90 dias.
- **Ferroviários e rodoviários (prestam serviços por diferentes Estados)**: aplica-se a lei do país do estabelecimento que dirige a prestação de serviços, do qual emanam as ordens.
- **Marítimos e aeronautas**: aplica-se a lei de seu pavilhão, local em que os serviços em terra costumam ser executados. Veja o Código Bustamante: "Art. 279. Sujeitam-se também à lei do pavilhão os poderes e obrigações do capitão e a responsabilidade dos proprietários e armadores pelos seus atos".
- **Contrato executado parte no exterior e parte no Brasil**[337]: aplica-se a lei brasileira a todo o contrato de trabalho, ainda que sua execução tenha se iniciado no estrangeiro.
- **Fronteiriços (trabalhadores brasileiros que prestam serviços do outro lado da fronteira para empregadores também brasileiros, que apenas exploram atividade econômica nos países fronteiriços)**: aplica-se a lei brasileira para o trabalho realizado do outro lado da fronteira[338].

11.2.1.4. O cancelamento do Enunciado 207 do TST

O TST, por meio do seu Enunciado 207, consignou que a "relação jurídica trabalhista é regida pelas leis vigentes no país da prestação de serviço e não por aquelas do local da contratação". Eis a consagração jurisprudencial da *lex loci executionis*, o que restou por consolidar decisões dos Tribunais Regionais.

Todavia, nos últimos anos não eram poucas as críticas à Súmula 207, muitos bradavam no sentido de se cancelar ou se revisar a mesma.

---

337 Aqui há a figura do *depeçage*, ou seja, fracionamento do contrato de trabalho.
338 Atentar para o Decreto-Lei 691, de 1969, sobre "a não aplicação, aos contratos de técnicos estrangeiros, com estipulação de pagamento de salários em moeda estrangeira, de diversas disposições da legislação trabalhista, e dá outras providências."

Foi então que, em 16 de abril de 2012, por meio da Resolução 181 do TST[339], ocorreu o aguardado cancelamento.

O ponto de partida decisivo de natureza legislativa para o cancelamento foi a edição da Lei 11.962, de 2009, que alterou o *caput* do art. 1º da Lei 7.064, de 1982. Esta passou a regular a situação de trabalhadores contratados ou transferidos para prestar serviços no exterior, sem mais especificar uma determinada classe de trabalhadores.

O que calha de resto asseverar é que a Lei 7.064 *consagra o princípio da norma mais favorável*. O seu art. 3º , inc. II, dispõe que deverá ser assegurada a "aplicação da legislação brasileira de proteção ao trabalho, naquilo que não for incompatível com o disposto nesta Lei, quando mais favorável do que a legislação territorial, no conjunto de normas e em relação a cada matéria".

Os muitos opositores da Súmula 207, além das críticas já assinaladas acima, também destacavam a incompatibilidade de regras entre a Súmula (lei do local da execução) e a Lei 7.064 (norma mais favorável).

O *leading case* no âmbito do TST que tornou praticamente inevitável o cancelamento do Enunciado foi processo envolvendo a Braspetro Oil Service Company, subsidiária da Petrobrás. Eis o julgado de suma imprescindibilidade:

> PRESTAÇÃO DE SERVIÇOS NO EXTERIOR – CONFLITO DE LEIS TRABALHISTAS NO ESPAÇO – EMPRESA ESTRANGEIRA SUBSIDIÁRIA DE EMPRESA ESTATAL BRASILEIRA 1. **Em harmonia com o princípio da Lex loci execucionis, esta Eg. Corte editou em 1985 a Súmula nº 207, pela qual adotou o princípio da territorialidade**, sendo aplicável a legislação protetiva do local da prestação dos serviços aos trabalhadores contratados para laborar no estrangeiro. 2. **Mesmo antes da edição do verbete, contudo, a Lei nº 7.064, de 1982, instituiu importante exceção ao princípio da territorialidade, prevendo normatização específica para os trabalhadores de empresas prestadoras de serviços de engenharia no exterior.** 3. Segundo o diploma, **na hipótese em que o empregado inicia a prestação dos serviços no Brasil e, posteriormente, é transferido para outro país, é aplicável a legislação mais favorável (art. 3º, II)**. Por outro lado, quando o empregado é contratado diretamente por empresa estrangeira para trabalhar no exterior, aplica-se o princípio da territorialidade (art. 14). 4. **Apesar de o diploma legal ter aplicação restrita às empresas prestadoras de serviços de engenharia, a jurisprudência desta Eg. Corte Superior passou, progressivamente, a se posicionar favoravelmente à sua aplicação a outras empresas**, como se pode observar em vários precedentes. Essa tendência também tem sido verificada no ordenamento jurídico de outros países. 5. **Atento à jurisprudência que veio se firmando no âmbito desta Eg. Corte, o legislador, por meio da Lei nº 11.962/2009, alterou a redação do art. 1º da Lei nº 7.064/82, estendendo o diploma a todos os trabalhadores contratados no Brasil ou transferidos por seus empregadores para prestar serviços no exterior.** 6. No caso concreto, o empregado foi contratado pela Braspetro Oil Service Company, empresa subsidiária da Petrobras constituída em outro país, para prestar serviços nas águas territoriais da Angola. 7. **Por se tratar de empresa subsidiária da maior empresa estatal

---

339   A Resolução 181 do TST também alterou as Súmulas 221 e 368.

brasileira, que tem suas atividades estritamente vinculadas ao país, entendo aplicável a legislação mais favorável ao trabalhador – no caso, a brasileira -, em razão dos estreitos vínculos do empregador com o ordenamento jurídico nacional. Embargos conhecidos e desprovidos[340]. (grifamos)

De acordo com o voto da Relatora do processo acima referido, o princípio da *lex loci executionis* vem sendo paulatinamente substituído pela aplicação da norma mais favorável ao trabalhador. E isso se constata com a nova redação dada ao art. 1º da Lei 7.064 de 1982.

Com o cancelamento do Enunciado 207 ampliam-se as possibilidade para feitura de pedidos e formulação de reclamações perante a Justiça do Trabalho com base na CLT, e não obrigatoriamente com fulcro na lei estrangeira do local da prestação dos serviços. Essa alteração confere mais força às leis trabalhistas brasileiras.

Poucos dias após a publicação da Resolução 181 do TST, o mesmo Tribunal prolatou a seguinte decisao:

> ADICIONAL DE TRANSFERÊNCIA. RECONHECIMENTO DA NATUREZA JURÍDICA SALARIAL. CONDENAÇÃO DA RECLAMADA AO PAGAMENTO DE DIFERENÇAS DE HORAS EXTRAS, PELA INTEGRAÇÃO DO REFERIDO ADICIONAL. TRABALHADOR CONTRATADO NO BRASIL PARA PRESTAR SERVIÇOS NO EXTERIOR. LEI 7.064/82. AUSÊNCIA DOS PRESSUPOSTOS DE CABIMENTO DO RECURSO DE REVISTA. DECISÃO DO TRIBUNAL REGIONAL QUE RECONHECEU A NATUREZA JURÍDICA SALARIAL DO ADICIONAL DE TRANSFERÊNCIA PREVISTO NA LEI 7.064/82. (...) Hipótese em que o Tribunal Regional concluiu pela natureza salarial do adicional de transferência previsto na Lei 7.064/82, que rege as relações envolvendo a contratação de trabalhadores no Brasil para prestar serviços no exterior. **O Tribunal Pleno desta Corte Superior, em sessão realizada no último dia 16.4.2012, cancelou a Súmula 207, o que torna inviável, a partir de então, o trânsito de recurso de revista por suposta afronta àquele verbete. Consideração de que o recente cancelamento da Súmula 207/TST deveu-se, exatamente, à evolução da jurisprudência do TST, que passou a julgar aplicável o direito brasileiro, afastando a aplicação do referido verbete, que consagrava o princípio da *lex loci executionis* em hipóteses como as dos autos. *Observância do princípio da norma mais favorável, ao possibilitar a aplicação da norma vigente do local da contratação, e não a do país da prestação dos serviços, caso aquela se mostre mais favorável ao trabalhador.*** Recurso que não logra demonstrar a incorreção ou o desacerto do despacho negativo de admissibilidade do recurso de revista[341]. (grifamos)

11.2.1.5. O critério da norma mais favorável

Mesmo antes do cancelamento do Enunciado 207 (em 2012) e da alteração da Lei 7.064 (em 2009), muitos já defendiam o critério da norma mais favorável

---

340 E-RR - 219000-93.2000.5.01.0019, Rel. Min. Maria Cristina Irigoyen Peduzzi, SDI-I – TST, J. 22/09/2011.
341 AIRR-641-86.2010.5.03.0047, Juiz Conv. Rel. Flavio Portinho Sirangelo, TST, J. 18/04/2012.

como regra a ser adotada no Brasil, o que derrogaria por completo a territorialidade e colocaria por terra as situações excepcionais antes perfilhadas.

Já havia doutrina que afirmava que o "conflito de leis do trabalho é, hoje, resolvido pela aplicação da norma mais favorável ao trabalhador. A afirmação encontra apoio na lei e na doutrina"[342]. Quanto ao contrato de trabalho a ser exercido no exterior, a jurisprudência não hesitava: "(...) Ao trabalhador que é transferido para o estrangeiro deve ser aplicada a lei que lhe é mais favorável"[343] e "O contrato de trabalho a ser cumprido no exterior deve ser regido pela legislação mais favorável ao empregado"[344].

Com a alteração da Lei 7.064 e o cancelamento do Enunciado 207, o critério territorial perde mais espaço, cedendo cada vez mais terreno ao *critério de benevolência*. Na verdade, acreditamos que essa situação dará mais liberdade decisional aos magistrados. Tendência que já se percebia antes de tais mudanças, com julgados que aventavam a possibilidade de se recorrer até mesmo à autonomia da vontade, neste sentido vide a seguinte decisão:

> CONFLITO DE LEIS NO ESPAÇO - DIR. INTERNACIONAL PRIVADO DO TRABALHO - **POSSÍVEL A APLICAÇÃO DA AUTONOMIA DA VONTADE E O PRINCÍPIO DO VÍNCULO MAIS ESTREITO (CONVENÇÃO DE ROMA, POR ANALOGIA), BEM COMO O ARTIGO 3º, II DA LEI 7.064/82 (POR ANALOGIA), DESDE QUE NÃO OFENDAM A ORDEM PÚBLICA, OS BONS COSTUMES E A SOBERANIA NACIONAL (ART.17, DA LICC), AFASTANDO-SE, POR CONSEGUINTE, A APLICAÇÃO DA SÚMULA 207 DO TST E O ARTIGO 9º, DA LICC.** A Súmula 207 é de teor contrário ao artigo 9º, da Lei de Introdução ao Código Civil. A prestigiada Súmula determina a aplicação da lei do território para a solução de litígio resultante de um contrato internacional (é o caso dos autos, pois, o trabalho foi desenvolvido em território americano), o que também está de acordo com o Código de Bustamante (Convenção de Havana), do qual o Brasil é signatário e o dispositivo citado da LICC determina a aplicação da 'Lex loci contractus', isto a lei do local da contratação, e que necessariamente não é a lei do local da prestação de serviços. O Código de Bustamante (Decreto 18.871/29) especifica, nos artigos.182 c 198: 'Art.182. As demais causas de rescisão e sua forma e efeitos subordinam-se à lei territorial.'; 'Art. 198. Também é territorial a legislação sobre acidentes do trabalho e proteção social do trabalhador'. E o artigo 9º, da LICC estabelece: 'Para qualificar e reger as obrigações, aplicar-se-á a lei do país em que se constituírem.' **De qualquer modo, a escolha não é simples, porque depende de diversos fatores que devem ser levados em conta no julgamento de um caso concreto, ainda mais, porque nem sempre a regra legal aplica-se ao caso trabalhista, como bem se observa na mensagem da Súmula apontada. Por outro lado, a referida Súmula não pode ser aplicada indiscriminadamente, porque se assim ocorrer, muitas injustiças poderiam ser cometidas

---

342 ROMITA, Arion Sayão. Conflito de Normas em Direito do Trabalho. In: MALLET, Estêvão; ROBORTELLA, Luiz Carlos Amorim (coord.). *Direito e Processo do Trabalho – Estudos em homenagem ao Prof. Octávio Bueno Magano*. São Paulo: LTr, 1996, p. 74.
343 RO 11.077, Rel. Juiz Júlio Menandro de Carvalho, TRT 1a, J. 14/02/1990.
344 RO 8.998, Rel. Juiz Roberto José Amarante Davis, TRT 1a, J. 20/11/1991.

afastando a aplicação do Direito protetivo do Trabalho para trabalhadores brasileiros que eventualmente tivessem desenvolvido suas atividades em países de leis menos protetivas. Melhor seria a solução proposta pela Convenção de Roma de 19.6.1980, que permite a aplicação das regras que mais se coadunam com o caso concreto e em alguns conflitos, como a regra dos vínculos mais estreitos, ou ainda a aplicação do princípio da autonomia da vontade das partes, quando tratar-se, por exemplo, de altos empregados e não de empregados hipossuficientes. **Para ficarmos no âmbito da legislação nacional também possível a aplicação por analogia da Lei 7.064/82 no seu artigo 3º. inciso II: 'A empresa responsável pelo contrato de trabalho do empregado transferido assegurar-lhe-á, independentemente da observância da legislação do local da execução dos serviços (o que contraria a Súmula 207). II - A aplicação da legislação brasileira de proteção ao trabalho (o que contraria o art. 9º, da LICC), naquilo que não for incompatível com o disposto nesta lei, quando mais favorável ao que a legislação territorial, no conjunto das normas e em relação a cada matéria.'** Desse modo, nem sempre se há de aplicar a Súmula 207 do TST, como no presente caso, porque o autor foi contratado e trabalhou nos Estados Unidos, sem que seu contrato fosse regido por normas norte-americanas ou por normas brasileiras. Assim, se no contrato de trabalho, que a par de se desenvolver em território estrangeiro, passou a ter incidência de uma regra de pensão vitalícia por força de decisão advinda dentro do território nacional, não se entende possível a suspensão e/ou a extinção de tal pagamento, após recebido por longo período (no caso 30 anos). Com os elementos constantes dos autos, a lacuna legislativa e a impossibilidade de serem aplicados o artigo 9º, da LICC (Lex loci contractus) e a Súmula 207 (lex loci executionis), ante a singularidade dos fatos narrados, *entende-se possível a utilização de outro caminho hermenêutico, com base em interpretação mais consentânea com o ordenamento jurídico nacional e com os pontos de ligação mais estreitos (vínculos mais estreitos) que possam tornar mais justa a decisão em relação à norma contratual prevalente e a lei substantiva pátria, sem ferir a lei de ordem pública*, a soberania nacional e os bons costumes (art. 17, LICC). Na verdade, entendemos que de certo modo, salvo o obstáculo intransponível do artigo 17 da Lei de Introdução ao Código Civil, o aplicador da norma está livre para bem aplicar, no caso concreto, em princípio o artigo 9º da LICC - que é o único dispositivo que se refere a lei contratual, quando este tem um elemento estranho ao país (Lex contractus) -, a Súmula 207 do TST - que tem o condão de possibilitar a aplicação da lei territorial (Lex fori) - ou, eventualmente, não se enquadrando o caso concreto a nenhum raciocínio com arrimo na lei ou na jurisprudência conhecidas, em outro instrumento interpretativo, como os já mencionados (vínculos mais estreitos, autonomia da vontade, "Lex causae" e etc). Quando, como no fato em análise, a ordem de pagamento, mediante acordo celebrado validamente, em virtude do encerramento das atividades da empresa nos Estados Unidos, é da empresa, sem base na legislação norte-americana e sem base na legislação brasileira, tem-se decisão acordada (acordo de vontades), contratual e ao mesmo tempo administrativa, da empresa nacional para o empregado brasileiro, implementando a este um benefício como forma de compensá-lo pela paralisação das atividades no local. **A regra aplicável é a da vontade das partes (empregador e empregado) com a dos vínculos mais estreitos (legislação brasileira para ambas as empresas) e com a aplicação do Direito protetivo (teoria do conglobamento). (...)**[345].

---

345 Proc. 20090088063, Del. Carlos Roberto Husek, TRT–2, J. 05/05/2009.

11.2.1.6. Lei 7.064 de 1982

A Lei 7.064 de 1982 regula a situação dos trabalhadores contratados no Brasil ou transferidos por seus empregadores para prestar serviço no exterior. Essa norma foi alterada pela Lei 11.962, de 03 de julho de 2009. Antes da alteração, a Lei 7.064 aplicava-se *somente aos trabalhadores contratados no Brasil, ou transferidos por empresas prestadoras de serviços de engenharia, inclusive, consultoria, projetos, e obras, montagem, gerenciamento e congêneres*. Infere-se que a incidência era restrita, hoje, já regula *a situação de trabalhadores contratados no Brasil ou transferidos por seus empregadores para prestar serviço no exterior*, conforme novo art. 1º, sem direcionamento da atividade.

Todavia, o art. 1º comporta exceções. Ficam excluídos da aplicação da Lei 7.064 os empregados transferidos de forma transitória para o exterior. Entende-se transferência transitória aquela que não ultrapasse 90 dias. Para que configure uma transferência transitória e não se aplique a Lei 7.064, é imprescindível que o empregado tenha ciência expressa dessa transitoriedade e receba, além da passagem de ida e de volta, diárias durante o período de trabalho no exterior, as quais não terão natureza salarial.

11.2.1.6.1. Definição da norma mais favorável

Dúvida há para se definir o que se entende por norma mais favorável, critério expressamente adotado pela Lei 7.064.

Há duas teorias: a **conglobante** e a da **acumulação**. Ambas estão presentes nos repertórios jurisprudenciais e nas enciclopédias do Direito.

A **teoria conglobante** defende que, ao se analisar as leis em conflito, deve-se optar pela mais favorável. Nesse processo de escolha, é necessário levar em conta o dispositivo legal como um todo, não havendo a possibilidade de se analisar apenas parcelas das leis em conflito. Exige-se uma visão global, conglobante.

Além dessa, há a **corrente da acumulação (ou atomista)**, que entende ser possível, para se definir a lei mais favorável, levar em conta segmentos do dispositivo legal, ou seja, podem ser analisadas partes das leis.

A teoria da acumulação divide-se em **acumulação por artigos** e **acumulação por matérias**. A primeira, por artigos, permite que sejam levados em conta artigos de forma individualizada, sendo aceita uma consideração individual de cada um. A última, a acumulação por matéria, aceita a comparação por matérias, ou seja, permite que se analisem vários dispositivos, parte de uma lei, desde que estejam relacionados a uma única temática, por exemplo: horas extras e repouso semanal.

De acordo com o art. 3º da Lei 7.064:

> A empresa responsável pelo contrato de trabalho do empregado transferido assegurar-lhe-á, independentemente da observância da legislação do local da execução dos serviços: I – os direitos previstos nesta Lei; **II – a aplicação da legislação brasileira de proteção ao trabalho, naquilo que não for incompatível com o disposto nesta Lei, quando mais favorável do que a legislação territorial, no conjunto de normas e em relação a cada matéria.** (grifo nosso)

E é da leitura do dispositivo transcrito que se define a teoria adotada. Há posicionamentos pela teoria conglobante, bem como pela da acumulação por matéria. Quanto a esta última a expressão "em relação a cada matéria", da parte final do inc. II do art. 3º, é um indicativo de que a da acumulação por matéria foi adotada.

É preciso reconhecer, entretanto, que a teoria conglobante vem ganhando cada vez mais espaço, e sua feição assume uma forma mais mitigada, que, para alguns, seria até uma terceira corrente. Sobre o assunto o TST decidiu:

> (...) face ao princípio jurídico da norma mais benéfica, a respeito do que a doutrina aponta para três teorias na aferição da norma mais benéfica: a) a teoria do conglobamento; b) a teoria da acumulação; e, c) a teoria do conglobamento orgânico ou por instituto (BARROS, Alice Monteiro de. Curso de Direito do Trabalho. São Paulo: LTR. 2005. p. 169). Sustenta a doutrina trabalhista (artigo 8º, *caput*, da CLT), **com a mencionada Desembargadora desta Egrégia Corte, que o legislador brasileiro adotou a teoria do conglobamento orgânico ou por instituto, que é parcial, - naquilo que não for incompatível com o disposto nesta Lei,** (...), no conjunto de normas e em relação a cada matéria -, referindo-se ao preceito do artigo 3º, inciso II, da Lei n.º 7.064, de 1982[346]. (grifamos)

11.2.1.6.2. Outros pontos da Lei 7.064

Mister serem gizados alguns outros pontos da Lei 7.064.

O empregado, cujo contrato estava sendo executado no território brasileiro, será considerado transferido quando efetivamente removido para o exterior.

Embora a Lei em comento preveja a aplicação da lei mais favorável, quanto à Previdência Social, Fundo de Garantia por Tempo de Serviço (FGTS) e Programa de Integração Social (PIS) deverá ser aplicada a legislação brasileira sobre a matéria. Perceba-se que não se perquire qual lei é mais favorável.

Após dois anos de permanência no exterior, será facultado ao empregado gozar, anualmente, de férias no Brasil, correndo por conta da empresa empregadora, ou para a qual tenha sido cedido, o custeio da viagem. Caso retorne ao Brasil, caberá à empresa custear o retorno do empregado.

O período de duração da transferência será computado no tempo de serviço do empregado para todos os efeitos da legislação brasileira, ainda que a lei local de prestação do serviço considere essa prestação como resultante de um contrato autônomo e determine a liquidação dos direitos oriundos da respectiva cessação.

A contratação de trabalhador, por empresa estrangeira, para trabalhar no exterior está condicionada à prévia autorização do Ministério do Trabalho.

11.3. Questões comentadas – Juiz do Trabalho

(TRT 22ª Região – 2006) Consideradas as afirmações abaixo, marque a letra que contém a resposta correta:

I. Podem trabalhar regularmente no Brasil os estrangeiros amparados em visto temporário.

---

346 RR 226-20.2010.5.03.0107, Rel. Min. Lelio Bentes Correa, TST, J. 11/10/2011.

II. Tratado internacional é o ato bilateral ou multilateral ao qual se deseja atribuir especial relevância política, por exemplo: os tratados de paz, tratados de amizade e cooperação. Para vigorar no Brasil, basta o tratado ser aprovado pelo Senado Federal, mediante Decreto Legislativo assinado por seu presidente.

III. A lei material brasileira se aplica, em princípio, ao trabalho subordinado prestado no território nacional, independente da nacionalidade ou do domicílio das partes, o que não impede a aplicação da lei estrangeira, se assim tiver sido acordado ou por força do princípio da autonomia da vontade, quando esta lei garantir condição mais benéfica, inclusive quando se tratar de trabalho prestado a pessoas jurídicas de direito público externo. Trata-se da aplicação da regra "par in parem non habet judicium".

IV. "Dumping social" é a venda em um mercado estrangeiro de um produto a preço abaixo de seu valor justo, preço que geralmente se considera menor do que o que se cobra pelo produto dentro do país exportador, ou em sua venda a terceiros países. De modo geral, é reconhecido como uma prática injusta de comércio, passível de prejudicar os fabricantes de produtos similares no país importador. Tal prática busca a competitividade internacional em detrimento dos direitos e garantias dos trabalhadores, mediante a não observância dos padrões trabalhistas internacionalmente reconhecidos, tais os que utilizam o trabalho infantil e o trabalho escravo.

V. A livre circulação de trabalhadores em um mercado comum significa o deslocamento de um país para outro, sem restrições de trânsito, e, também, a ausência de restrição ao exercício da atividade profissional, sob a proteção das leis do trabalho. Decorre do princípio da não-discriminação. O Tratado de Assunção garante, expressamente, a livre circulação de trabalhadores entre os Estados-membros do Mercosul.

a) Somente I e II estão erradas.
b) Somente III está errada.
c) IV está correta.
d) III e IV estão erradas.
e) III, IV e V estão erradas.

Gabarito	Comentários
C	• O visto temporário poderá ser concedido ao estrangeiro que pretenda vir ao Brasil: em viagem cultural ou em missão de estudos; em viagem de negócios; na condição de artista ou desportista; na condição de estudante; na condição de cientista, professor, técnico ou profissional de outra categoria, sob regime de contrato ou a serviço do Governo brasileiro; na condição de correspondente de jornal, revista, rádio, televisão ou agência noticiosa estrangeira; na condição de ministro de confissão religiosa ou membro de instituto de vida consagrada e de congregação ou ordem religiosa. • Tratado internacional é um acordo internacional, celebrado por Estados ou OI, regido pelo DI, escrito, podendo se apresentar em instrumento único ou conexos e sem denominação específica. Para vigorar internamente, precisa passar por todas as fases do processo de celebração, não bastando a mera aprovação do Congresso (Câmara e Senado). • A lei brasileira aplica-se ao trabalho prestado em território nacional. Enunciado 207 do TST (cancelado em 2012). Entende-se, majoritariamente, que a autonomia da vontade não é elemento de conexão aplicável ao contrato individual de trabalho. A expressão "par in parem non habet judicium" atine à imunidade de jurisdição absoluta dos Estados.

Gabarito	Comentários
	• Dentre as várias conceituações de "dumping social", é aceitável a forma conforme consta no item IV. É importante apenas lembrar que é uma prática que afronta os padrões mínimos trabalhistas; tenta-se majorar o lucro por meio da violação aos direitos sociais. • O Tratado de Assunção do MERCOSUL não garante, expressamente, a livre circulação de trabalhadores entre os Estados-membros do bloco.

(**TRT 2ª Região – 2009**) Considere as seguintes proposições e responda:

I. No que concerne à norma jurídica a ser aplicada à relação de emprego, o princípio da "lex loci execucionis", foi expressamente assimilado pela jurisprudência do Tribunal Superior do Trabalho, prevalecendo a aplicação das normas do país em que há a prestação de serviços e não por aquelas do local da contratação.

II. O estado estrangeiro não dispõe de imunidade de jurisdição nas causas trabalhistas, pois essa prerrogativa de Direito Internacional Público tem caráter apenas relativo, segundo entendimento já sufragado pelo Supremo Tribunal Federal.

III. Aos empregados de navios e aeronaves deve ser observado o princípio do pavilhão, segundo o qual a lei a ser aplicada diz respeito ao local da contratação.

IV. O silêncio do Estado-réu, que não atende ao chamamento judicial, é bastante para configurar, nos termos de jurisprudência do Supremo Tribunal Federal, renúncia à imunidade de jurisdição.

a) Apenas I, II e III estão corretas.
b) Apenas II e IV estão corretas.
c) Apenas I e II estão corretas.
d) Apenas II, III e IV estão corretas.
e) Todas estão corretas.

Gabarito	Comentários
C	• Princípio da *lex loci execucionis*: "A relação jurídica é regida pelas leis vigentes no país da prestação de serviço e não por aquelas do local da contratação". (Enunciado 207 do TST, cancelado). "Lei de proteção que regerá a relação jurídica de emprego. A lei do lugar onde executado o contrato de trabalho será aplicada por força do princípio da lex executionis", conforme E-RR 6.641/83, do TST. Ainda, ler: RR 1.318/90.0, do TST. • O Estado estrangeiro não dispõe de imunidade de jurisdição nas causas trabalhistas, pois essa prerrogativa de Direito Internacional Público tem caráter apenas relativo, segundo entendimento já sufragado pelo Supremo Tribunal Federal. Para tanto, veja: "EMBARGOS. INTIMAÇÃO DO ENTE PÚBLICO ANTES DA VIGÊNCIA DA LEI Nº 11.496/2007. CIÊNCIA EM 24.08.2007. IMUNIDADE DE JURISDIÇÃO. ORGANISMOS INTERNACIONAIS. ONU/PNUD. 1. Diferentemente dos Estados estrangeiros, que atualmente têm a sua imunidade de jurisdição relativizada, segundo entendimento do próprio Supremo Tribunal Federal, os organismos internacionais permanecem, em regra, detentores do privilégio da imunidade absoluta. (...)". Conforme julgado no processo E-ED-RR-900/2004-019-10-00.9, do TST, de 2009. • Marítimos e aeronautas: o critério que se aplica é o da aplicação da lei de seu pavilhão, local em que os serviços em terra são executados, conforme o Código Bustamante, arts. 279 e 298. • A renúncia à imunidade de jurisdição é expressa.

(**TRT 15ª Região - 2010**) Empregado brasileiro de empresa do setor de tecnologia da informação, com contrato em curso no Brasil, é transferido para a matriz situada no exterior, em agosto de 2009, para prestar serviços de natureza não transitória. Assinale a alternativa correta:
    a) Os preceitos da Lei 7.064/82 não se aplicam ao caso em tela, uma vez que aludida legislação regula apenas a situação de trabalhadores transferidos por empresas prestadoras de serviços de engenharia, projetos e obras, montagens, gerenciamento e congêneres.
    b) Aplica-se a este trabalhador, no interregno laborado no exterior, o princípio da *lex loci executionis* para reger os seus direitos laborais, ainda que a legislação estrangeira, em algumas matérias, seja menos benéfica do que a lei brasileira.
    c) Aplica-se a este trabalhador, no interregno laborado no exterior, a legislação do local da contratação (*lex loci contractus*).
    d) Aplica-se a este trabalhador, no interregno laborado no exterior, a legislação eleita pelas partes, uma vez que se trata de trabalho especializado, no qual prevalece o princípio da autonomia da vontade.
    e) Aplica-se a este trabalhador, no interregno laborado no exterior, a legislação brasileira de proteção ao trabalho, compatibilizada com a Lei 7.064/82, quando mais favorável que a legislação territorial, no conjunto de normas em relação a cada matéria.

Gabarito	Comentários
E	• Desde julho de 2009, todos os trabalhadores brasileiros que prestam serviço no exterior passaram a ter sua relação de emprego regulamentada pelos artigos da Lei 7.064, de 1982, antes aplicada somente aos funcionários de empresas prestadoras de serviços de engenharia, consultoria, projetos e obras, montagens, gerenciamento e congêneres. A Lei 11.962, publicada no DOU em 06 de julho de 2009, deixou expresso que todos os "trabalhadores contratados no Brasil ou transferidos por seus empregadores para prestar serviço no exterior" estão submetidos ao mesmo regime. • Arts. da Lei 7.064 de 1982: "Art. 1o – Esta Lei regula a situação de trabalhadores contratados no Brasil ou transferidos por seus empregadores para prestar serviço no exterior. Parágrafo único. Fica excluído do regime desta Lei o empregado designado para prestar serviços de natureza transitória, por período não superior a 90 (noventa) dias, desde que: a) tenha ciência expressa dessa transitoriedade; b) receba, além da passagem de ida e volta, diárias durante o período de trabalho no exterior, as quais, seja qual for o respectivo valor, não terão natureza salarial. Art. 2º – Para os efeitos desta Lei, considera-se transferido: I - o empregado removido para o exterior, cujo contrato estava sendo executado no território brasileiro; II - o empregado cedido à empresa sediada no estrangeiro, para trabalhar no exterior, desde que mantido o vínculo trabalhista com o empregador brasileiro; III - o empregado contratado por empresa sediada no Brasil para trabalhar a seu serviço no exterior. Art. 3º – A empresa responsável pelo contrato de trabalho do empregado transferido assegurar-lhe-á, independentemente da observância da legislação do local da execução dos serviços: I - os direitos previstos nesta Lei; II - a aplicação da legislação brasileira de proteção ao trabalho, naquilo que não for incompatível com o disposto nesta Lei, quando mais favorável do que a legislação territorial, no conjunto de normas e em relação a cada matéria. Parágrafo único. Respeitadas as disposições especiais desta Lei, aplicar-se-á a legislação brasileira sobre Previdência Social, Fundo de Garantia por Tempo de Serviço - FGTS e Programa de Integração Social - PIS/PASEP".

(**TRT 2ª Região – 2010**) Analise as proposições abaixo e assinale a alternativa correta:

I. O artigo 651, da Consolidação das Leis do Trabalho, em matéria de competência internacional, se alinha à súmula 207, do Tribunal Superior do Trabalho e ao Código de Bustamante (Convenção de Havana de 1929), determinando-se a observância da *lex loci executionis* (lei do local da execução).

II. O artigo 651, da Consolidação das Leis do Trabalho, em matéria de competência internacional está em consonância com o artigo 9º, da Lei de Introdução ao Código Civil e, na verdade, adota a *lex loci contractus* (lei do local do contrato) e não a lei do local da execução contratual.

III. A legislação trabalhista privilegia a *lex voluntatis* (lei da vontade das partes) e neste sentido, tanto pode ser competente para dirimir um conflito trabalhista em que uma das partes é empregado brasileiro com trabalho no exterior, a Justiça brasileira como a Justiça do território estrangeiro onde se desenvolveu a atividade laboral.

IV. A Lei 7.064/82 e a Lei 11.962/09 (que dispõem sobre trabalhadores que prestam serviços no exterior) estão em consonância com o artigo 651, da Consolidação das Leis do Trabalho, no que tange basicamente a *lex loci executionis*, salvo se a legislação brasileira for mais favorável, o que faz aproximá-las do Código de Bustamante.

V. Em matéria de ação trabalhista de empregados transferidos para o exterior, a competência da Justiça do Trabalho aproxima-se da competência internacional prevista no artigo 88, do Código de Processo Civil, ao determinar a competência concorrente da autoridade judiciária brasileira.

a) As alternativas I, II e IV são corretas.
b) As alternativas I, III e V são corretas.
c) As alternativas III e V são corretas.
d) As alternativas I, IV e V são corretas.
e) As alternativas II e V são corretas.

Gabarito	Comentários
D	• Em regra, aplica-se o critério territorial, ou seja, a lei do local da execução dos serviços, local de sua prestação. Assim constava do antigo Enunciado 207 do TST. Os contratos de trabalho serão regulados pelas leis do local da execução, e não pela lei do local da constituição da obrigação ou onde se celebrou o contrato, mas sim a *lex loci executionis*. A CLT, em seu art. 651: "A competência das Juntas de Conciliação e Julgamento é determinada pela localidade onde o empregado, reclamante ou reclamado, prestar serviços ao empregador, ainda que tenha sido contratado noutro local ou no estrangeiro". Da mesma forma é o Código Bustamante, em seu art. 198: "Também é territorial a legislação sobre acidentes do trabalho e proteção social do trabalhador". • Lei 7.064, de 1982: "Art. 1o – Esta Lei regula a situação de trabalhadores contratados no Brasil ou transferidos por seus empregadores para prestar serviço no exterior. (Redação dada pela Lei 11.962, de 2009) (...) Art. 3º – A empresa responsável pelo contrato de trabalho do empregado transferido assegurar-lhe-á, independentemente da observância da legislação do local da execução dos serviços: I - os direitos previstos nesta Lei; II - a aplicação da legislação brasileira de proteção ao trabalho, naquilo que

> não for incompatível com o disposto nesta Lei, quando mais favorável do que a legislação territorial, no conjunto de normas e em relação a cada matéria".
> • Art. 88 do CPC, competência relativa: "É competente a autoridade judiciária brasileira quando: I - o réu, qualquer que seja a sua nacionalidade, estiver domiciliado no Brasil; II - no Brasil tiver de ser cumprida a obrigação; III - a ação se originar de fato ocorrido ou de ato praticado no Brasil. Parágrafo único. Para o fim do disposto no no I, reputa-se domiciliada no Brasil a pessoa jurídica estrangeira que aqui tiver agência, filial ou sucursal".

(TRT 1ª Região – 2011) Em matéria de trabalho no exterior, analise as assertivas abaixo.

I. A jurisprudência sumulada do TST considera como certa a aplicação da lei do local da execução.

II. A Convenção de Havana (Código de Bustamante), adotada pelo Brasil, considera aplicável a lei do local de execução, isto é, do território.

III. As Leis específicas que dispõem sobre trabalhadores contratados no Brasil e transferidos para trabalho no exterior, consideram a autonomia da vontade, para aplicação do Direito.

IV. A jurisprudência sumulada do TST está de acordo com a Convenção de Havana (Código de Bustamante) e com as leis específicas que dispõem sobre trabalhadores contratados no Brasil e transferidos para o Exterior.

V. Aplica-se ao trabalhador contratado no Brasil e transferido para o exterior sempre a legislação territorial, isto é, do local da contratação.

Estão corretas as assertivas:
a) IV e V.
b) I e II.
c) I e III.
d) II e III.
e) II e V.

Gabarito	Comentários
B	• Em regra, aplica-se o critério territorial, ou seja, a lei do local da execução dos serviços, local de sua prestação. Antigo Enunciado 207 do TST: "A relação jurídica trabalhista é regida pelas leis vigentes no país da prestação de serviço e não por aquelas do local da contratação". A CLT, em seu art. 651: "A competência das Juntas de Conciliação e Julgamento é determinada pela localidade onde o empregado, reclamante ou reclamado, prestar serviços ao empregador, ainda que tenha sido contratado noutro local ou no estrangeiro". Segundo o Código Bustamante, em seu art. 198: "Também é territorial a legislação sobre acidentes do trabalho e proteção social do trabalhador". • Lei 7.064 de 1982: "Art. 1o – Esta Lei regula a situação de trabalhadores contratados no Brasil ou transferidos por seus empregadores para prestar serviço no exterior. (Redação dada pela Lei 11.962 de 2009) (...) Art. 3º – A empresa responsável pelo contrato de trabalho do empregado transferido assegurar-lhe-á, independentemente da observância da legislação do local da execução dos serviços: I - os direitos previstos nesta Lei; II - a aplicação da legislação brasileira de proteção ao trabalho, naquilo que não for incompatível com o disposto nesta Lei, quando mais favorável do que a legislação territorial, no conjunto de normas e em relação a cada matéria".

11.4. Questões – Procurador do Trabalho

1 (MPT – XII) Assinale a alternativa CORRETA:

I. Pelo entendimento uniforme do Tribunal Superior do Trabalho, a relação jurídica de trabalho é regida pelas leis vigentes no país da contratação (*lex loci regit actum*), nos termos do artigo 9º da LICC e do Código de Bustamante ratificado pelo Brasil.

II. A empresa responsável pelo contrato de trabalho do empregado transferido para prestar serviços no exterior assegurar-lhe-á, independentemente da observância da legislação do local da execução dos serviços, os direitos elencados na Lei nº 7.064/82 e a aplicação da legislação brasileira que for mais benéfica que lei territorial no conjunto de normas em relação a cada matéria.

III. O Brasil adota o sistema monista, o que vale dizer que os tratados internacionais ratificados adentram no direito interno com força de lei complementar, exceto aqueles que versarem sobre direitos humanos, os quais sempre terão força equivalente à Emenda Constitucional.

IV. Eventuais direitos e garantias individuais introduzidos pela ratificação do Pacto de San Jose da Costa Rica são ineficazes, quando forem embasados por simples normas principiológicas de eficácia retida, previstas na Constituição Federal brasileira.

( ) a) Todas as assertivas estão incorretas.
( ) b) Apenas as assertivas I e II estão corretas.
( ) c) Apenas as assertivas II e III estão corretas.
( ) d) Apenas a assertiva II está correta.
( ) e) Não respondida.

Questão	Gabarito
1	D

12. NORMAS INTERNACIONAIS DE PROTEÇÃO ÀS CRIANÇAS E AOS ADOLESCENTES

> **SUMÁRIO:** 12.1. Sistemas de proteção; 12.2. Comentários às normas; 12.2.1. Declaração Universal dos Direitos Humanos de 1948; 12.2.2. Pacto Internacional sobre Direitos Civis e Políticos de 1966; 12.2.3. Pacto Internacional sobre Direitos Econômicos, Sociais e Culturais de 1966; 12.2.4. Convenção Americana de Direitos Humanos de 1969; 12.2.5. Protocolo de San Salvador de 1988; 12.2.6. Declaração de Genebra ou Carta da Liga sobre a Criança de 1924; 12.2.7. Declaração dos Direitos da Criança de 1959; 12.2.8. Regras Mínimas das Nações Unidas para a Administração da Justiça da Infância e da Juventude de 1984; 12.2.9. Convenção sobre os Direitos da Criança de 1989; 12.3. Questões comentadas – Juiz do Trabalho; 12.4. Questões – Procurador do Trabalho.

A criança e o adolescente são seres em desenvolvimento, demandando maior atenção do Estado e empenho familiar para que as futuras gerações estejam dotadas de conhecimento, saúde e preparo para conduzirem uma sociedade internacional que se torna cada vez mais complexa e perversa.

Ser prioridade absoluta não é unicamente um direito, mas antes de tudo um dever inalienável e impostergável de quem escreve este livro e de quem o lê[347]. Os direitos não podem mais se perenizar no mundo do *faz de contas* ou redundar em versos românticos ou, ainda, agrupar palavras belas como se poesia salvasse vidas.

As normas internacionais de proteção requerem a atenção de todos e seu respeito, sua implementação e sua difusão, em território nacional, necessitam de nosso empenho. A criança é a condutora de nosso futuro, porque ela é o futuro personificado. O estado de calamidade que a infância se encontra hoje, infelizmente, dá uma ideia do que nos espera.

12.1. Sistemas de proteção

No estudo das normas internacionais de proteção às crianças e aos adolescentes deve-se ter em mente a natureza e o alcance das mesmas.

Há documentos com alcance geral, que protegem toda pessoa humana, indistintamente, não relevando critérios como a nacionalidade, a etnia, a idade, o sexo e a religião, e que, por consequência, acabam por incluir em seu aparato protetor as crianças e os adolescentes. De outra banda, há convenções com alcance direcionado, que outorgam direitos especificamente a determinado grupo.

Essa elucidação inicial diz respeito aos **sistemas homogêneo** e **heterogêneo** de proteção internacional.

O **sistema homogêneo** identifica-se pela universalidade, em razão de todos os direitos dos seres humanos serem tutelados e não de um grupo em específico.

---

[347] Art. 227 da CF: "É dever da família, da sociedade e do Estado assegurar à criança, ao adolescente e ao jovem, com absoluta prioridade, o direito à vida, à saúde, à alimentação, à educação, ao lazer, à profissionalização, à cultura, à dignidade, ao respeito, à liberdade e à convivência familiar e comunitária, além de colocá-los a salvo de toda forma de negligência, discriminação, exploração, violência, crueldade e opressão."

É a proteção indistinta à pessoa, sem especificação do sujeito; todos são titulares de direitos: homens, mulheres, crianças, idosos, etc. Os principais documentos do sistema homogêneo são[348]:

- Declaração Universal dos Direitos Humanos, de 1948.
- Pacto Internacional sobre Direitos Civis e Políticos, de 1966.
- Pacto Internacional sobre Direitos Econômicos, Sociais e Culturais, de 1966.
- Convenção Americana de Direitos Humanos, de 1969.
- Protocolo de San Salvador, de 1988.

O **sistema heterogêneo** tem como objetivo proteger um grupo de pessoas, individualizando e direcionando o arcabouço de proteção. Leva-se em conta a necessidade de maior atenção que se deve destinar a uma parcela da sociedade, como crianças, mulheres, idosos e portadores de necessidades especiais. É um nítido processo de especificação do sujeito[349]. Este sistema não anula ou revoga o anterior, eles são, sim, plenamente coexistentes e complementares. O conjunto de normas internacionais que compõem o *mundo* heterogêneo se justifica pela situação de hipossuficiência dos que demandam maior atenção, credores de proteção especial, a exemplo das crianças.

Bobbio doutrina:

> (...) deixa-se claro que os direitos da criança são considerados como um *ius singulare* com relação a um *ius commune*; o destaque que se dá a essa especificidade, através do novo documento, deriva de um processo de especificação do genérico, no qual se realiza o respeito à máxima *suum cuique tribuere*[350].

Destacamos como os mais importantes documentos do sistema heterogêneo as seguintes normativas[351]:

- Declaração de Genebra, de 1924.
- Declaração dos Direitos da Criança, de 1959.
- Regras Mínimas das Nações Unidas para a Administração da Justiça da Infância e da Juventude, de 1984.
- Convenção sobre os Direitos da Criança, de 1989.
- Convenção 138 da OIT, de 1973.
- Convenção 182 da OIT, de 1999.

---

348 DOLINGER, Jacob. *Direito internacional privado*: a criança no direito internacional. Rio de Janeiro: Renovar, 2003, p. 85.
349 FEIX, Virginia. Por uma política pública nacional de acesso à Justiça. *Estudos Avançados* (18), n. 51, 2004, p. 219.
350 BOBBIO, Norberto. *A era dos direitos*. Rio de Janeiro: Campus, 2004, p. 34.
351 ROSSATO, Luciano Alves; LÉPORE, Paulo Eduardo; CUNHA, Rogério Sanches. *Estatuto da Criança e do Adolescente Comentado*. São Paulo: Revista dos Tribunais, 2010, pp. 55-69.

Gize-se que foram selecionados os documentos mais relevantes de cada sistema. Disso pode-se inferir que não se esgotam, pois há tantos outros que também protegem as crianças e que, aqui, não foram arrolados devido à necessidade de direcionamento do estudo. Como exemplo, cita-se a própria Convenção sobre os Aspectos Civis do Sequestro Internacional de Crianças, assinada em Haia, no ano de 1980, e promulgada pelo Brasil em 14 de abril de 2000 (Decreto 3.413).

12.2. Comentários às normas

Em relação às Convenções da OIT, 138 e 182, não iremos, neste espaço, desenvolver considerações, em razão de já terem sido trabalhadas em tópico próprio (Direito Internacional do Trabalho). Apenas indicamos que sejam estudadas em conjunto com as Recomendações 146 (sobre idade mínima de admissão ao emprego) e 190 (sobre a proibição das piores formas de trabalho infantil), ambas da OIT, as quais complementam as primeiras convenções.

12.2.1. Declaração Universal dos Direitos Humanos de 1948

A Declaração Universal de 1948 foi instituída pela Resolução 217-A/III da Assembleia-Geral das Nações Unidas. Fora aprovada por 56 Estados, obtendo 8 abstenções, atingindo, dessa forma, a unanimidade, já que não houve voto contrário.

Esse documento está fundamentado em *dogmas jusnaturalistas*, pois se baseia no princípio da dignidade da pessoa humana, centrando o homem como base de sua normativa.

A Declaração prevê direitos de primeira e segunda gerações[352], *é bipartite*. Não há relação hierárquica entre as gerações (ou dimensões), as quais guardam paridade valorativa e, na verdade, complementam-se, enriquecem-se.

Não só direitos da pessoa humana estão previstos, há também a conformação de deveres, conforme seu art. 29:

> 1. Toda pessoa tem deveres para com a comunidade, em que o livre e pleno desenvolvimento de sua personalidade é possível. 2. No exercício de seus direitos e liberdades, toda pessoa estará sujeita apenas às limitações determinadas pela lei, exclusivamente com o fim de assegurar o devido reconhecimento e respeito dos direitos e liberdades de outrem e de satisfazer às justas exigências da moral, da ordem pública e do bem-estar de uma sociedade democrática. 3. Esses direitos e liberdades não podem, em hipótese alguma, ser exercidos contrariamente aos propósitos e princípios das Nações Unidas.

---

352 "Quem formulou a tese das gerações de direito foi Karel Vasak, em conferência ministrada em 1979, no Instituto Internacional de Direitos Humanos, em Estrasburgo. Pela primeira vez, ele falou em gerações de direitos, inspirado na bandeira francesa: liberté, egalité, fraternité. A primeira geração, liberté: os direitos de liberdade e os direitos individuais. A segunda geração, egalité: os direitos de igualdade e econômico-sociais. A terceira geração diz respeito a solidarité: os direitos de solidariedade. E assim por diante". TRINDADE, Antônio Augusto Cançado. *Seminário Direitos Humanos das Mulheres*: A Proteção Internacional. Disponível em: http://www.dhnet.org.br/direitos/militantes/cancadotrindade/Cancado_Bob. htm. Acesso em: 22/07/2009.

Sob o *aspecto formal*, é uma mera resolução. *Não é tratado em sentido técnico*. Teoricamente, possuiria cunho apenas moral, não carregando imperatividade, nem vinculando os Estados. Ocorre que deve ser respeitada mesmo não sendo uma convenção, *haja vista que tem força jurídica*, pelos seguintes motivos: *primeiro*, porque decorre da Carta da ONU (de 1945) e, se os países que ingressaram nas Nações Unidas, ratificaram sua Carta, que é tratado, então, por derradeiro, acataram a Declaração Universal; *segundo*, porque a Declaração pode ser considerada uma fonte *jus cogens*[353]; *e, por fim*, porque ela ainda pode ser considerada costume internacional, conforme já ressaltado pela jurisprudência internacional[354].

Devido ao fato de *a ONU ter adotado o universalismo* – e não a tese do relativismo cultural – para elaborar a Declaração, tem-se que os direitos humanos expressos são universais, bastando a condição de ser pessoa para usufruí-los, não se permitindo discriminações, afinal:

> (...) não existem distinções entre os homens, seja pela segmentação da pele, formato dos olhos, altura, pelos ou por quaisquer outras características físicas, visto que todos se qualificam como espécie humana. Não há diferenças biológicas entre os seres humanos. Na essência são todos iguais. 4. Raça e racismo. A divisão dos seres humanos em raças resulta de um processo de conteúdo meramente político-social. Desse pressuposto origina-se o racismo que, por sua vez, gera a discriminação e o preconceito segregacionista (...) [355].

Para os universalistas, os direitos humanos, dentre as várias características, são *indivisíveis, universais, interdependentes e interrelacionados*, conforme consagrado pela Declaração de Viena, de junho de 1993.

Em seus considerandos, a Declaração Universal de 1948 reconhece que a dignidade inerente a todos os "membros da família humana e de seus direitos é o fundamento da liberdade, da justiça e da paz no mundo". Ainda, sob um viés histórico, destaca que o "desprezo e o desrespeito pelos direitos humanos resultaram em atos bárbaros que ultrajaram a consciência da humanidade".

O documento, em seu limiar, admite que "o advento de um mundo em que os homens gozem de liberdade de palavra, de crença e da liberdade de viverem a salvo do temor e da necessidade foi proclamado como a mais alta aspiração da sociedade". Além disso, arrebata que os direitos devem ser protegidos pelo Estado de Direito.

---

353 *Jus cogens* são normas rígidas, imperativas e inderrogáveis, opondo-se ao antigo *jus dispositivm*. Estão previstas na Convenção de Viena sobre Direito dos Tratados de 1969, em seus arts. 53 e 64.

354 A Corte Internacional de Justiça já se manifestou no sentido de dar força jurídica à Declaração Universal. No julgamento de 24 de maio de 1980, quando da retenção, como reféns, dos funcionários que trabalhavam na embaixada norte-americana em Teerã, a Corte decidiu que "privar indevidamente seres humanos de sua liberdade, e sujeitá-los a sofrer constrangimentos físicos é, em si mesmo, incompatível com os princípios da Carta das Nações Unidas e com os princípios fundamentais enunciados na Declaração Universal dos Direitos Humanos."

355 HC 82424, Rel. Min. Moreira Alves, STF, J. 16/09/2003.

O art. 3º assegura o mais básico dos direitos, o de viver. Nesse artigo, o direito à vida não se resume ao estar respirando, devendo se concretizar como direito de viver bem, com qualidade, em harmonia, com segurança e esperança. A vida não é um direito abstrato, mas concreto e imanente, possuindo desdobramentos. O estado de vivência demanda outros direitos que o complementam, o da educação qualificada e o de possuir gestores públicos honestos.

O direito à vida dá azo a um interminável rol de outros tantos direitos que dele se originam e a ele se complementam, formando um *espaço interminável de garantias*.

Conforme art. 25 da Declaração:

> 1. Toda pessoa tem direito a um padrão de vida capaz de assegurar a si e a sua família saúde e bem-estar, inclusive alimentação, vestuário, habitação, cuidados médicos e os serviços sociais indispensáveis, e direito à segurança em caso de desemprego, doença, invalidez, viuvez, velhice ou outros casos de perda dos meios de subsistência fora de seu controle. 2. A maternidade e a infância têm direito a cuidados e assistência especiais. Todas as crianças nascidas dentro ou fora do matrimônio gozarão da mesma proteção social.

Como *declara direitos de primeira e segunda dimensões, estão previstos direitos econômicos, sociais e culturais*. Assim, toda pessoa: tem direito ao trabalho, à livre escolha de emprego, a condições justas e favoráveis de trabalho e à proteção contra o desemprego; tem direito a organizar sindicatos e neles ingressar para proteção de seus interesses; tem direito a repouso e lazer, inclusive, à limitação razoável das horas de trabalho e férias periódicas remuneradas; tem direito a um padrão de vida capaz de assegurar a si e à sua família saúde e bem-estar, inclusive alimentação, vestuário, habitação, cuidados médicos e os serviços sociais indispensáveis; e direito à segurança em caso de desemprego, doença, invalidez, viuvez, velhice ou outros casos de perda dos meios de subsistência fora de seu controle; a maternidade e a infância têm direito a cuidados e assistência especiais; tem direito à instrução (a instrução será gratuita, pelo menos nos graus elementares e fundamentais; a instrução elementar será obrigatória[356]; a instrução técnico-profissional será acessível a todos,

---

356 Quanto a este tema, é imprescindível a leitura do julgado do STF: "RECURSO EXTRAORDINÁRIO - CRIANÇA DE ATÉ SEIS ANOS DE IDADE - ATENDIMENTO EM CRECHE E EM PRÉ-ESCOLA - EDUCAÇÃO INFANTIL - DIREITO ASSEGURADO PELO PRÓPRIO TEXTO CONSTITUCIONAL (CF, ART. 208, IV) - COMPREENSÃO GLOBAL DO DIREITO CONSTITUCIONAL À EDUCAÇÃO - DEVER JURÍDICO CUJA EXECUÇÃO SE IMPÕE AO PODER PÚBLICO, NOTADAMENTE AO MUNICÍPIO (CF, ART. 211, § 2º) - RECURSO IMPROVIDO. - A educação infantil representa prerrogativa constitucional indisponível, que, deferida às crianças, a estas assegura, para efeito de seu desenvolvimento integral, e como primeira etapa do processo de educação básica, o atendimento em creche e o acesso à pré-escola (CF, art. 208, IV). - Essa prerrogativa jurídica, em consequência, impõe, ao Estado, por efeito da alta significação social de que se reveste a educação infantil, a obrigação constitucional de criar condições objetivas que possibilitem, de maneira concreta, em favor das 'crianças de zero a seis anos

bem como a instrução superior, esta baseada no mérito), e os pais têm prioridade de direito na escolha do gênero de instrução que será ministrado a seus filhos.

A Declaração Universal e os dois Pactos Internacionais de 1966 (e seus Protocolos Facultativos) que abaixo serão estudados, além de serem os instrumentos mais importantes do sistema global (ONU) de proteção aos direitos humanos, conjuntamente, formam a *Carta Internacional de Direitos Humanos,* fonte, direta ou indireta, de todas as demais normas para a proteção das pessoas, especialmente, as de índole regional, integrantes dos sistemas regionais.

12.2.2. Pacto Internacional sobre Direitos Civis e Políticos de 1966

Entrou em vigor em 23 de março de 1976, e possui, hoje, cerca de 155 Estados-membros. É um documento com auto-aplicabilidade. Esse Pacto ora *trata de obrigações negativas do Estado (ninguém será submetido à tortura), ora positivas (determinam que o Estado tome medidas para efetivar os direitos).*

O presente tratado internacional incorporou vários dispositivos à Declaração Universal e *expandiu o repertório de direitos civis e políticos,* de primeira geração, presentes na Declaração de 1948. O Pacto *ocupa posição supralegal em nosso ordenamento,* possuindo caráter especial já citado, expressamente, em importante julgado do Supremo Tribunal Federal[357].

---

de idade' (CF, art. 208, IV), o efetivo acesso e atendimento em creches e unidades de pré-escola, sob pena de configurar-se inaceitável omissão governamental, apta a frustrar, injustamente, por inércia, o integral adimplemento, pelo Poder Público, de prestação estatal que lhe impôs o próprio texto da Constituição Federal. - A educação infantil, por qualificar-se como direito fundamental de toda criança, não se expõe, em seu processo de concretização, a avaliações meramente discricionárias da Administração Pública, nem se subordina a razões de puro pragmatismo governamental. - Os Municípios que atuarão, prioritariamente, no ensino fundamental e na educação infantil (CF, art. 211, § 2º) não poderão demitir-se do mandato constitucional, juridicamente vinculante, que lhes foi outorgado pelo art. 208, IV, da Lei Fundamental da República, e que representa fator de limitação da discricionariedade político-administrativa dos entes municipais, cujas opções, tratando-se do atendimento das crianças em creche (CF, art. 208, IV), não podem ser exercidas de modo a comprometer, com apoio em juízo de simples conveniência ou de mera oportunidade, a eficácia desse direito básico de índole social. - Embora resida, primariamente, nos Poderes Legislativo e Executivo, a prerrogativa de formular e executar políticas públicas, revela-se possível, no entanto, ao Poder Judiciário, determinar, ainda que em bases excepcionais, especialmente nas hipóteses de políticas públicas definidas pela própria Constituição, sejam estas implementadas pelos órgãos estatais inadimplentes, cuja omissão, por importar em descumprimento dos encargos político-jurídicos que sobre eles incidem em caráter mandatório, mostra-se apta a comprometer a eficácia e a integridade de direitos sociais e culturais impregnados de estatura constitucional. A questão pertinente à 'reserva do possível'. Doutrina." (RE 410715 AgR, Rel. Min. Celso de Mello, STF, J. 22/11/2005).

[357] "DIREITO PROCESSUAL. HABEAS CORPUS. PRISÃO CIVIL DO DEPOSITÁRIO INFIEL. PACTO DE SÃO JOSÉ DA COSTA RICA. ALTERAÇÃO DE ORIENTAÇÃO DA JURISPRUDÊNCIA DO STF. CONCESSÃO DA ORDEM. 1. A matéria em julgamento neste habeas corpus envolve a temática da (in)admissibilidade da prisão civil

Quanto às crianças, traz dispositivo específico que merece leitura:

> Art. 24 – 1. Toda criança terá direito, sem discriminação alguma por motivo de cor, sexo, língua, religião, origem nacional ou social, situação econômica ou nascimento, às medidas de proteção que a sua condição de menor requer por parte de sua família, da sociedade e do Estado. 2. Toda criança deverá ser registrada imediatamente após seu nascimento e deverá receber um nome. 3. Toda criança terá o direito de adquirir uma nacionalidade.

Estabelece o art. 6º que o "direito à vida é inerente à pessoa humana. Este direito deverá ser protegido pelas Leis. Ninguém poderá ser arbitrariamente privado de sua vida". Assim, os Estados-membros devem comprometer-se a:

> 1. garantir que toda pessoa, cujos direitos e liberdades reconhecidos no presente Pacto hajam sido violados, possa dispor de um recurso efetivo, mesmo que a violência tenha sido perpetrada por pessoas que agiam no exercício de funções oficiais; 2. garantir que toda pessoa que interpuser tal recurso terá seu direito determinado pela competente autoridade judicial, administrativa ou legislativa ou por qualquer outra autoridade competente prevista no ordenamento jurídico do Estado em questão e a desenvolver as possibilidades de recurso judicial; (...)

O art. 9º preceitua que: "Toda pessoa tem direito à liberdade e à segurança pessoais".

Quanto aos mecanismos de proteção do documento, é importante lembrar que foi criado um órgão específico para a sua fiscalização, trata-se do *Comitê de Direitos Humanos*, órgão *com atuação imparcial e de natureza política*, composto por 18 membros.

A atuação dos membros do Comitê se dará de forma independente e separada dos Estados. A existência deste tem relação com os mecanismos de controle. *É ele quem solicita relatórios, aprecia-os e os devolve aos Estados-membros com observa-*

---

do depositário infiel no ordenamento jurídico brasileiro no período posterior ao ingresso do Pacto de São José da Costa Rica no direito nacional. 2. Há o caráter especial do Pacto Internacional dos Direitos Civis Políticos (art. 11) e da Convenção Americana sobre Direitos Humanos - Pacto de San Jose da Costa Rica (art. 7°, 7), ratificados, sem reserva, pelo Brasil, no ano de 1992. A esses diplomas internacionais sobre direitos humanos é reservado o lugar específico no ordenamento jurídico, estando abaixo da Constituição, porém acima da legislação interna. O status normativo supralegal dos tratados internacionais de direitos humanos subscritos pelo Brasil, torna inaplicável a legislação infraconstitucional com ele conflitante, seja ela anterior ou posterior ao ato de ratificação. 3. Na atualidade a única hipótese de prisão civil, no Direito brasileiro, é a do devedor de alimentos. O art. 5°, §2°, da Carta Magna, expressamente estabeleceu que os direitos e garantias expressos no caput do mesmo dispositivo não excluem outros decorrentes do regime dos princípios por ela adotados, ou dos tratados internacionais em que a República Federativa do Brasil seja parte. O Pacto de São José da Costa Rica, entendido como um tratado internacional em matéria de direitos humanos, expressamente, só admite, no seu bojo, a possibilidade de prisão civil do devedor de alimentos e, consequentemente, não admite mais a possibilidade de prisão civil do depositário infiel. 4. Habeas corpus concedido." (HC 95967, Rel. Min. Ellen Gracie, STF, J. 11/11/2008).

ções, podendo enviá-los à ONU, mais especificamente, ao Conselho Econômico e Social. Como se vê, ele tem uma função de assessoramento e de supervisão.

Há dois mecanismos de proteção estabelecidos pelo Pacto.

O primeiro é o sistema de relatórios (*reports*), que assim vem disciplinado no seu art. 40: "1. Os estados partes no presente Pacto comprometem-se a submeter relatórios sobre as medidas por eles adotadas para tornar efetivos os direitos reconhecidos (...) e sobre o progresso alcançado (...)".

O segundo mecanismo é o de conciliação ou de consultas mútuas:

> Art. 41 – 1. De acordo com o presente artigo, todo o Estado-Signatário no presente Pacto poderá declarar em qualquer momento que reconhece a competência do Comitê para receber e analisar as comunicações em que um Estado alegue que outro Estado-Signatário não cumpre as obrigações que lhe impõe este Pacto. As comunicações efetuadas em virtude do presente artigo só poderão ser admitidas e analisadas se apresentadas por um Estado-Signatário que tenha feito uma declaração na qual reconheça, no que se refere a si próprio, a competência do Comitê. O Comitê não admitirá qualquer comunicação relativa a um Estado-Signatário que não tenha feito essa declaração.

Há, ainda, o terceiro sistema, o mais eficiente, o de petições individuais. Esse mecanismo não foi criado pelo Pacto, mas sim acrescentado *a posteriori* por um Protocolo Facultativo, o *Protocolo Facultativo referente ao Pacto Internacional sobre os Direitos Civis e Políticos*. Trata-se de uma função investigativa, quase judicial, do Comitê. Se assim o desejarem os Estados-membros (o Protocolo exige aceitação expressa), os indivíduos poderão peticionar/denunciar violações dos direitos previstos no Pacto.

Para ser utilizado o terceiro mecanismo, o Estado deve ratificar o Pacto e o Protocolo Facultativo. A petição, para ser apreciada pelo Comitê, precisará atender a alguns requisitos, consagrados pelo art. 5º do Protocolo Facultativo, quais sejam:

> O Comitê examina as comunicações recebidas em virtude do presente Protocolo, tendo em conta todas as informações escritas que lhe são submetidas pelo particular e pelo Estado Parte interessado. O Comitê não examinará nenhuma comunicação de um particular sem se assegurar de que: a. A mesma questão não está a ser examinada por outra instância internacional de inquérito ou de decisão; b. O particular esgotou todos os recursos internos disponíveis. Esta regra não se aplica se os processos de recurso excederem prazos razoáveis.

O Comitê não admitirá as comunicações apresentadas que sejam anônimas ou cuja apresentação considere constituir um abuso de direito ou que sejam incompatíveis com as disposições do Pacto.

Em caso de admissão da petição, o Estado terá o prazo de 6 meses para fazer observações, feitas estas, a vítima pode acrescentar dados à sua manifestação. Sendo assim, em sessão fechada, o Comitê decide e comunica sua conclusão. Essa pode determinar que o Estado repare os danos. Contudo, a decisão do Comitê não tem força jurídica, não vincula, pois ele não é um tribunal, não é obrigatória; desse modo, as consequências são no plano político (*power of embarrassment*).

Há ainda que se destacar um *segundo Protocolo Facultativo*, o qual proíbe que seja instituída a pena de morte a qualquer pessoa que esteja sob jurisdição de um Estado-parte. Ele entrou em vigor em 1991. Reserva alguma pode ser feita ao presente protocolo, salvo quando se trate de pena de morte em tempo de guerra declarada.

12.2.3. Pacto Internacional sobre Direitos Econômicos, Sociais e Culturais de 1966

Este é o segundo Pacto a ser estudado, conhecido como Pacto de Nova York; o primeiro já foi apresentado em item anterior.

Trata de direitos de segunda geração, tendo entrado em vigor em 03 de janeiro de 1976. Esse Pacto *almeja reafirmar os direitos econômicos, sociais e culturais estatuídos na Declaração Universal, pois agora constante de um tratado internacional.* Tal documento também almeja estabelecer responsabilidades para os Estados-partes, na forma de um sistema de *international accountability*.

Diferentemente do tratado anterior, com aplicação imediata, o presente tem aplicação mediata, progressiva, exigindo investimentos técnicos e financeiros por parte dos Estados. Conforme enunciado em seu art. 2º:

> Cada estado parte no presente Pacto compromete-se a adotar medidas, tanto por esforço próprio como pela assistência e cooperação internacionais, principalmente nos planos econômico e técnico, até o máximo de seus recursos disponíveis, que visem a assegurar, progressivamente, por todos os meios apropriados, o pleno exercício dos direitos reconhecidos no presente Pacto, incluindo, em particular, a adoção de medidas legislativas.

Quanto à proteção às crianças e aos adolescentes, o documento em comento preceitua:

> Art. 10 – (..) 3. Deve-se adotar medidas especiais de proteção e assistência em prol de todas as crianças e adolescentes, sem distinção alguma por motivo de filiação ou qualquer outra condição. Deve-se proteger as crianças e adolescentes contra a exploração econômica e social. O emprego de crianças e adolescentes, em trabalho que lhes seja nocivo à moral e à saúde, ou que lhes faça correr perigo de vida, ou ainda que lhes venha a prejudicar o desenvolvimento normal, será punido por lei. Os Estados devem também estabelecer limites de idade, sob os quais fique proibido e punido por lei o emprego assalariado da mão de obra infantil. (...) Artigo 12 – (...) §2. As medidas que os Estados partes no presente Pacto deverão adotar, com o fim de assegurar o pleno exercício desse direito, incluirão as medidas que se façam necessárias para assegurar: 1. A diminuição da mortinatalidade e da mortalidade infantil, bem como o desenvolvimento são das crianças. (...) Artigo 13 – (...) §1. Os Estados partes no presente Pacto reconhecem o direito de toda pessoa à educação. Concordam em que a educação deverá visar ao pleno desenvolvimento da personalidade humana e do sentido de sua dignidade e a fortalecer o respeito pelos direitos humanos e liberdades fundamentais. Concordam ainda que a educação deverá capacitar todas as pessoas a participar efetivamente de uma sociedade livre, favorecer a compreensão, a tolerância e a amizade entre todas as nações e entre todos os grupos raciais, étnicos ou religiosos e promover as atividades das Nações Unidas em prol da manutenção da paz.

Diferentemente do Pacto de Direitos Civis, o Social *prevê uma única forma de monitoramento, que é a de relatórios periódicos*. Sua deficiência protetora é tão cristalina que sequer constou, originariamente, em seu corpo algum órgão responsável pela análise desses documentos. Coube ao Conselho Econômico e Social da ONU a função de criar (só em 1985) um Comitê responsável pela fiscalização do Pacto em estudo. Hoje – embora sem previsão convencional originária – há o *Comitê sobre Direitos Econômicos, Sociais e Culturais*, com atribuição de examinar relatórios, bem como de formular conclusões.

Ao enviar seus relatórios, os Estados-partes devem fornecer informações sobre as medidas judiciais, administrativas e legislativas implementadas ou a serem adotadas. Fora esse sistema de *prestação de contas* por parte dos Estados-membros ao Comitê, não há previsão convencional expressa de outra ferramenta como *interstate communications* ou até petições individuais. Eis o que torna esse Pacto de Nova York falho e deficitário quanto ao aparato normativo de proteção.

Levando em conta esse quadro, em 10 de dezembro de 2008, a Assembleia-Geral da ONU, durante a celebração do 60º aniversário da assinatura da Declaração Universal, aprovou o *Protocolo Facultativo ao Pacto de Direitos Econômicos, Sociais e Culturais*. Trata-se de instrumento adicional que tem como principal desiderato a instituição de mecanismo de denúncias individuais aos Estados pelas violações aos direitos da pessoa enunciados no Pacto. A atribuição de receber e examinar as comunicações é do Comitê de Direitos Econômicos, Sociais e Culturais, o que dá nova roupagem ao órgão, que, antes, meramente burocrático, agora pode desempenhar papel mais concreto na fiscalização dos direitos sociais.

O Protocolo Facultativo, para ter aplicabilidade, deve ser expressamente acatado pelo Estado-parte, o que, até o momento, não foi feito pelo Brasil, diferentemente de nações como Equador, Espanha, Mongólia e Bolívia, que já o ratificaram. Embora já haja quem o tenha acatado, o Protocolo Facultativo, de suma importância para o sistema global de proteção aos direitos humanos de segunda geração, não possui vigência internacional, visto que, por ora, não angariou o número mínimo de ratificações exigidas[358].

A despeito disso, fato é que se trata de Protocolo que, conforme seus próprios *considerandos*, reafirma a "universalidade, indivisibilidade, interdependência e interrelação de todos os direitos humanos e liberdades fundamentais", e isso acontece em razão da *força* que se dá ao Comitê, o qual poderá receber comunicações particulares[359], conforme art. 2º do Protocolo:

---

358 Art. 18 do Protocolo Facultativo ao Pacto de Direitos Sociais: "Entrada em vigor 1. O presente Protocolo entrará em vigor três meses após a data do depósito junto ao Secretário-Geral das Nações Unidas do décimo instrumento de ratificação ou adesão. 2. Para cada Estado ratificante ou aderente ao presente Protocolo, após o depósito do décimo instrumento de ratificação ou adesão, o Protocolo entrará em vigor três meses após a data de depósito do seu instrumento de ratificação ou adesão."

359 Art. 3º do Protocolo Facultativo ao Pacto de Direitos Sociais: "Admissibilidade. O Comitê

Comunicações podem ser submetidas por ou no interesse de indivíduos ou grupos de indivíduos, sob a jurisdição de um Estado Parte, reivindicando serem vítimas de uma violação por aquele Estado Parte de qualquer um dos direitos econômicos, sociais e culturais arrolados no Pacto. Quando a comunicação é submetida no interesse de indivíduos ou grupos de indivíduos, isso deve ser feito com o consentimento deles, a não ser que o autor possa justificar agir no interesse deles sem tal consentimento.

Também sob a condição de prévia aceitação expressa pelos países partes, conforme o art. 10 do Protocolo, qualquer Estado signatário do Protocolo pode declarar que reconhece a competência do Comitê para "receber e considerar comunicações em que um Estado Parte alega que outro Estado Parte não está cumprindo com suas obrigações previstas neste Pacto".

Os *novos mecanismos emergem como importantes medidas tendentes a garantir o respeito aos direitos constantes, implícita ou expressamente*, no Pacto Internacional de Direitos Econômicos, Sociais e Culturais. *Expressos* estão: o direito à igualdade em geral e à não discriminação no gozo dos direitos (art. 2.2); o direito à igualdade entre homens e mulheres (art. 3); o direito ao trabalho (art. 6); o direito a condições de trabalho equitativas e satisfatórias (art. 7); o direito a fundar e a se associar a sindicatos (art. 8); o direito à greve (art. 8.1.d); o direito à segurança social e ao seguro social (art. 9); o direito à proteção e à assistência familiar (art. 10); o direito a um nível de vida adequado (art. 11); o direito à alimentação adequada (art. 11); o direito ao vestuário (art.11); o direito à moradia (art.11); o direito ao mais alto nível possível de saúde física e mental (art. 12); o direito à educação (art. 13); o direito ao ensino primário obrigatório e gratuito (art. 14); e o direito à cultura e a gozar dos benefícios do progresso científico (art. 15).

12.2.4. Convenção Americana de Direitos Humanos de 1969

A Convenção Americana de Direitos Humanos, de 1969, também conhecida como Pacto de San Jose da Costa Rica, pertence ao sistema regional americano de proteção aos direitos humanos, conduzido pela Organização dos Estados Americanos, a OEA[360].

Trata-se de instrumento da maior importância dentro do sistema interamericano de direitos humanos, tendo entrado em vigor no ano de 1978. Apenas Estados-membros da OEA podem aderir ao tratado.

Os direitos *assegurados na Convenção Americana são essencialmente os de primeira e segunda gerações*, àqueles relativos à garantia da liberdade, à vida, ao devido

---

não deve considerar uma comunicação a não ser que ele tenha se certificado que todos os recursos internos disponíveis tenham sido esgotados. Essa não será a regra quando a aplicação de tais recursos seja injustificadamente prolongada."

360 Veja a seguinte aula sobre o tema: MACHADO, Diego Pereira. *Sistema regional americano de proteção dos direitos humanos*. São Paulo: TV LFG, 2010. Vídeo 60 min. Disponível em: www.tvlfg.com.br. Acesso em 14/04/2011.

processo legal, ao direito a um julgamento justo, ao direito à compensação em caso de erro judiciário, ao direito à privacidade, ao direito à liberdade de consciência e religião, ao direito de participar do governo, ao direito à igualdade, entre outros.

O Pacto especifica os direitos civis e políticos (de primeira geração) e apenas menciona, superficialmente, os direitos sociais (de segunda geração) em seu art. 26. Em razão da precariedade quanto à proteção destes últimos, a OEA adotou o *Protocolo Adicional à Convenção Americana, denominado Protocolo de San Salvador, de 1988*[361].

A Convenção assegura que toda pessoa tem o direito de ter sua vida respeitada (art. 4º, 1). Em caso de um adolescente ser processado e encarcerado, "devem ser separados dos adultos e conduzidos a tribunal especializado, com a maior rapidez possível, para seu tratamento" (art. 5º, 4).

Toda pessoa tem direito à liberdade e, acima de tudo, à segurança pessoal (art. 7º, 1).

Especificamente quanto às crianças, o Pacto disciplina que: "Toda criança terá direito às medidas de proteção que a sua condição de menor requer, por parte da sua família, da sociedade e do Estado" (art. 19).

Como quase todo tratado sobre direitos humanos, a Convenção Americana possui mecanismos de monitoramento e proteção. Não basta um documento apenas declarar direitos, imprescindível é também assegurar, prever mecanismos processuais e operacionais no sentido de zelar pela preservação das garantias humanas. Claro que há vicissitudes se compararmos diferentes tratados de proteção ao ser humano, pois alguns ostentam mecanismos falhos, adotando, por exemplo, somente o sistema de relatórios, enquanto outros criam órgãos próprios e aplicam mecanismos dos mais variados, como o de consultas mútuas e o de petições individuais, sendo este último o mais eficiente na atualidade.

Ciente da necessidade de se desenvolver um aparato regional eficiente, a OEA optou por adotar, no Pacto de San Jose, o sistema de petições individuais.

O mecanismo de denúncias particulares da OEA *envolve dois órgãos, um de natureza administrativa, política, sediado em Washington, e outro de natureza jurisdicional, uma verdadeira Corte internacional prolatora de sentenças internacionais. O primeiro é a* **Comissão Interamericana de Direitos Humanos**, *o segundo é a* **Corte Interamericana de Direitos Humanos**. Os dois atuam em conjunto.

À **Comissão** cabe admitir as petições individuais, fazendo um juízo de admissibilidade. Tem legitimidade para apresentar denúncias contra Estados-membros da OEA, quanto à violação de direitos humanos, *qualquer pessoa ou grupo de pessoas, ou entidades não governamentais legalmente reconhecidas em um ou mais Estados-membros da OEA* (art. 44).

As queixas devem atender aos requisitos previstos no art. 46 da Convenção:

---

361 Decreto brasileiro 3.321, de 30 de dezembro de 1999, que promulga o *Procotolo Adicional à Convenção Americana sobre Direitos Humanos em Matéria de Direitos Econômicos, Sociais e Culturais*.

1. Para que uma petição ou comunicação apresentada de acordo com os artigos 44 ou 45 seja admitida pela Comissão será necessário: 1. que hajam sido interpostos e esgotados os recursos da jurisdição interna, de acordo com os princípios de Direito Internacional geralmente reconhecidos; 2. que seja apresentada dentro do prazo de seis meses, a partir da data em que o presumido prejudicado em seus direitos tenha sido notificado da decisão definitiva; 3. que a matéria da petição ou comunicação não esteja pendente de outro processo de solução internacional; e 4. que, no caso do artigo 44, a petição contenha o nome, a nacionalidade, a profissão, o domicílio e a assinatura da pessoa ou pessoas ou do representante legal da entidade que submeter a petição. 2. As disposições das alíneas "a" e "b" do inciso 1 deste artigo não se aplicarão quando: 1. não existir, na legislação interna do Estado de que se tratar, o devido processo legal para a proteção do direito ou direitos que se alegue tenham sido violados; 2. não se houver permitido ao presumido prejudicado em seus direitos o acesso aos recursos da jurisdição interna, ou houver sido ele impedido de esgotá-los; e 3. houver demora injustificada na decisão sobre os mencionados recursos.

À **Corte** cabe julgar os pedidos admitidos pela Comissão e não solucionados em âmbito administrativo. Sendo que somente os Estados-membros da OEA e a própria Comissão têm direito de submeter um caso diretamente ao Tribunal. A sentença internacional da Corte Interamericana é inapelável e definitiva, não necessitando de homologação pelo Superior Tribunal de Justiça para ser executada em território nacional[362] em razão de o Brasil ter acatado, expressamente, a competência do Tribunal no ano de 1998.

Não causa espanto o fato de o Brasil já ter sido provocado, pelo sistema regional americano, para responder e adotar medidas quanto ao desrespeito de direitos das crianças e dos adolescentes. Um exemplo é a Resolução da Corte Interamericana de Direitos Humanos, de 03 de julho de 2007, que versa sobre medidas provisórias referentes aos jovens internados no Complexo Tatuapé da Fundação Casa.

12.2.5. Protocolo de San Salvador de 1988

Eis o *Protocolo Adicional à Convenção Americana sobre Direitos Humanos em matéria de Direitos Econômicos, Sociais e Culturais* ou *Protocolo de San Salvador*, de 1988, consagrador dos direitos de segunda dimensão, tão deficitários quanto aos quesitos proteção e promoção dentro dos sistemas global (ONU) e regional (OEA).

---

362 "Não é necessário que uma decisão da Corte Interamericana de Direitos Humanos seja internalizada por meio de homologação de sentença estrangeira ou de concessão de exequatur a carta rogatória. As decisões da Corte têm eficácia e aplicabilidade imediata no ordenamento interno brasileiro. As afirmações foram feitas pelo ministro Gilson Dipp, do Superior Tribunal de Justiça (STJ), durante palestra no Seminário 'O Sistema Interamericano de Proteção dos Direitos Humanos e o Brasil', proferida nesta terça-feira (17) pela manhã, no auditório externo do Tribunal." BASTOS, Roberta. Notícias do Superior Tribunal de Justiça. 15:44 - Ministro Dipp: *Decisões da Corte Interamericana têm eficácia e aplicação imediata*, Brasília, 17 mai. 2005. Disponível em: http://www.stj.gov.br/webstj/Noticias/detalhes_noticias.asp?seq_noticia=14018. Acesso em: 09/08/2009.

O Protocolo de San Salvador, em seu preâmbulo, exalta:

> Considerando a estreita relação que existe entre a vigência dos direitos econômicos, sociais e culturais e a dos direitos civis e políticos, porquanto as diferentes categorias de direito constituem um todo indissolúvel que encontra sua base no reconhecimento da dignidade da pessoa humana, pelo qual exigem uma tutela e promoção permanente, com o objetivo de conseguir sua vigência plena, sem que jamais possa justificar-se a violação de uns a pretexto da realização de outros; (...) Levando em conta que, embora os direitos econômicos, sociais e culturais fundamentais tenham sido reconhecidos em instrumentos internacionais anteriores, tanto de âmbito universal como regional, é muito importante que esses direitos sejam reafirmados, desenvolvidos, aperfeiçoados e protegidos, a fim de consolidar na América, com base no respeito pleno dos direitos da pessoa, o regime democrático representativo de governo, bem como o direito de seus povos ao desenvolvimento, à livre determinação e a dispor livremente de suas riquezas e recursos naturais; (...).

Os Estados-partes comprometem-se a adotar as medidas necessárias a fim de conseguirem a plena efetividade dos direitos sociais. Contudo, o seu art. 1º, como muitos documentos com a mesma finalidade, peca ao não dar aplicabilidade imediata aos direitos, mas sim apenas progressiva, condicionando as ações aos recursos disponíveis e ao grau de desenvolvimento do país.

Aos Estados também estão endereçados os arts. 2º, 3º e 4º. Dessa forma, se o exercício dos direitos estabelecidos no Protocolo "ainda não estiver garantido por disposições legislativas ou de outra natureza, os Estados partes comprometem-se a adotar, de acordo com suas normas constitucionais e com as disposições deste Protocolo, as medidas legislativas ou de outra natureza" que se mostrarem necessárias para o respeito efetivo do rol de direitos consagrados. Ademais, cabe aos países-membros assegurar o exercício dos direitos "sem discriminação alguma por motivo de raça, cor, sexo, idioma, religião, opiniões políticas ou de qualquer outra natureza, origem nacional ou social, posição econômica, nascimento ou qualquer outra condição social". E, por derradeiro, não se poderá "restringir ou limitar qualquer dos direitos reconhecidos ou vigentes num Estado em virtude de sua legislação interna ou de convenções internacionais, sob pretexto de que este Protocolo não os reconhece ou os reconhece em menor grau", sendo que os Estados-membros somente poderão adotar restrições e limitações ao gozo e exercício dos direitos "mediante leis promulgadas com o objetivo de preservar o bem-estar geral dentro de uma sociedade democrática, na medida em que não contrariem o propósito e razão dos mesmos".

O *Protocolo de San Salvador consagra, expressamente, os seguintes direitos*: direito ao trabalho (art. 6º); condições justas, equitativas e satisfatórias de trabalho (art. 7º); direitos sindicais (art. 8º); direito à previdência social (art. 9º); direito à saúde (art. 10); direito a um meio ambiente sadio (art. 11); direito à alimentação (art. 12); direito à educação (art. 13); direito aos benefícios da cultura (art. 14); direito à constituição e proteção da família (art. 15); direito da criança (art. 16); proteção de pessoas idosas (art. 17); e proteção de deficientes (art. 18).

Na esteira dos documentos já estudados, o Protocolo Adicional define meios de proteção.

O mais comum e menos coercitivo é o sistema de relatórios. Conforme art. 19, os Estados comprometem-se a apresentar "relatórios periódicos sobre as medidas progressivas que tiverem adotado para assegurar o devido respeito aos direitos". Todos os relatórios serão apresentados ao Secretário-Geral da OEA, que os transmitirá ao *Conselho Interamericano Econômico e Social e ao Conselho Interamericano de Educação, Ciência e Cultura*, a fim de que os examinem. Cópias dos relatórios serão remetidas também à Comissão Interamericana de Direitos Humanos.

A Comissão Interamericana, estudada no tópico anterior sobre o Pacto de San Jose, também exerce papel fundamental para o cumprimento dos preceitos do Protocolo de San Salvador. Ela poderá formular as observações e recomendações que considerar pertinentes sobre a situação dos direitos econômicos, sociais e culturais estabelecidos no Protocolo em todos ou em alguns dos Estados-partes.

Além dos relatórios, sabiamente, optou-se pelo sistema de petições individuais como um recurso a ser acionado em caso de violação dos direitos econômicos, sociais e culturais. Em caso de descumprimento por ação imputável diretamente a um Estado-parte do Protocolo, isso poderá ensejar, mediante participação da Comissão Interamericana de Direitos Humanos e, quando cabível, da Corte Interamericana de Direitos Humanos, a aplicação do sistema de petições individuais regulado pelos arts. 44 a 51 e 61 a 69 da Convenção Americana sobre Direitos Humanos.

O documento de San Salvador admite reservas sobre uma ou mais disposições específicas do Protocolo no momento de aprová-lo, assiná-lo, ratificá-lo ou de aderi-lo, desde que não sejam incompatíveis com o objetivo e o fim do mesmo. Conforme art. 21: "1. Este Protocolo fica aberto à assinatura e à ratificação ou adesão de todo Estado Parte na Convenção Americana sobre Direitos Humanos". O Brasil promulgou o Protocolo Adicional por meio do Decreto 3.321 de 1999.

12.2.6. Declaração de Genebra ou Carta da Liga sobre a Criança de 1924

A partir de agora, serão apresentados comentários acerca dos documentos do sistema heterogêneo.

A Declaração de Genebra *foi o primeiro documento de caráter amplo a tratar somente da criança*, em nível internacional. Esse documento, quando de sua elaboração, teve profunda colaboração da União Internacional Salve as Crianças, associação criada em 1919, em Londres.

A Carta da Liga *ainda tratava a criança como mero objeto de proteção, não a elevando ao grau de sujeito de direitos*; assim, o paradigma ainda era o mesmo. A Declaração de Genebra, como qualquer Declaração de direitos, não era um tratado em sentido técnico, mas sim uma recomendação, em tese, sem obrigatoriedade.

12.2.7. Declaração dos Direitos da Criança de 1959

É uma recomendação também, não podendo ser conceituada como tratado em sentido técnico, pois ainda carente de coercibilidade. É documento interpretativo e complementar da Declaração Universal de 1948.

De qualquer maneira, ela foi fundamental para a quebra de paradigma, *visto que a criança de objeto de proteção (recipiente passivo) passou a ser considerada sujeito de direitos, e, paralelamente, em sentido amplo, a infância passou a ser considerada um sujeito coletivo de direitos.*

A Declaração reconhece que a criança, em decorrência de sua imaturidade física e mental, precisa de proteção e cuidados especiais, inclusive proteção legal apropriada.

O documento almeja que a criança tenha uma infância feliz e possa gozar dos direitos e das liberdades previstos. Para o desenvolvimento completo e harmonioso de sua personalidade, a criança precisa de amor, compreensão e segurança, sendo *obrigações da sociedade e das autoridades públicas propiciar-lhe cuidados especiais.*

À criança deverá ser assegurada ampla oportunidade para brincar e divertir-se, visando aos propósitos da sua educação. A sociedade e as autoridades públicas empenhar-se-ão em promover o gozo desse direito de forma efetiva.

12.2.8. Regras Mínimas das Nações Unidas para a Administração da Justiça da Infância e da Juventude de 1984

Essas Regras foram aprovadas em Pequim, num Congresso Internacional de Criminologia e Justiça da ONU, e adotadas pela Assembleia-Geral das Nações Unidas no dia 20 de novembro de 1984. O presente documento também é conhecido como *Regras de Beijing.*

Servem como modelo a ser adotado pelos Estados na implementação e organização da administração da Justiça da infância e da juventude. Sua aplicabilidade condiciona-se ao contexto dos padrões econômicos, sociais e culturais que predomina em cada um dos Estados-membros.

Além de estabelecer direitos dos jovens, as Regras delineiam normas para a organização da investigação e processamento dos atos infracionais praticados por adolescente, assegurando, assim, garantias processuais básicas (ampla defesa, presunção de inocência, contraditório, defesa técnica, etc). Elas disciplinam, ainda, o cumprimento das medidas sancionadoras em decorrência da prática de ato em contraste com a lei.

De acordo com as Regras da ONU: os Estados-membros procurarão, em consonância com seus respectivos interesses gerais, promover o bem-estar da criança e do adolescente e de sua família; os Estados se esforçarão para criar condições que garantam à criança e ao adolescente uma vida significativa na comunidade, fomentando, durante o período de idade em que ele é mais vulnerável a um comportamento desviado, um processo de desenvolvimento pessoal e de educação o mais isento possível do crime e da delinquência; conceder-se-á a devida atenção à adoção de medidas concretas que permitam a mobilização de todos os recursos disponíveis, com a inclusão da família, de voluntários e outros grupos da comunidade, bem como da escola e demais instituições comunitárias, com o fim de promover o bem-estar da criança e do adolescente, reduzir a necessidade da intervenção legal e tratar, de modo efetivo, equitativo e humano a situação de conflito com a lei; e, em cada jurisdição nacional, procurar-se-á promulgar um conjunto de leis, normas e disposições aplicáveis especificamente aos jovens infratores, assim como aos órgãos e instituições encarregados das funções de administração da Justiça da Infância e da Juventude.

12.2.9. Convenção sobre os Direitos da Criança de 1989

Tratado internacional integrante do sistema global da ONU e do sistema heterogêneo de proteção à criança, vigente desde 1990, *consagrador da doutrina da proteção integral e do princípio da prioridade absoluta*, acolhendo a *concepção do desenvolvimento integral da criança*.

Conforme art. 1º da Convenção, considera-se criança: "todo ser humano com menos de dezoito anos de idade, a não ser que, em conformidade com a lei aplicável à criança, a maioridade seja alcançada antes".

A Convenção, em seus *considerandos*, reconhece que a criança, para o pleno e harmonioso desenvolvimento de sua personalidade, deve crescer no seio da família, em um ambiente de felicidade, amor e compreensão, dogmas esses já exaltados em documentos citados alhures.

Quanto à sua aplicabilidade, a Convenção preceitua, conforme art. 2º, que os Estados- membros "respeitarão os direitos enunciados na presente Convenção e assegurarão sua aplicação a cada criança sujeita à sua jurisdição, sem distinção alguma, independentemente de raça, cor, sexo, idioma, crença, opinião política ou de outra índole, (...) ou qualquer outra condição da criança (...)".

Todas as ações relativas às crianças, levadas a efeito por autoridades administrativas ou órgãos legislativos, devem considerar, primordialmente, o interesse maior da criança (art. 3º).

A Convenção *prevê direitos civis e políticos, econômicos, sociais e culturais, bem como outros direitos humanos e conceitos novos*. Segue rol genérico dos direitos preceituados na Convenção de 1989:

- **O direito da criança à vida**, à máxima sobrevivência e ao desenvolvimento - art. 6º.
- **O direito da criança ao registro após seu nascimento, a um nome, a uma nacionalidade** e, na medida do possível, "de conhecer seus pais e ser cuidada por eles" - art. 7º.
- **O direito da criança de preservar sua identidade, inclusive a nacionalidade, o nome e as relações familiares** - art. 8º.
- **O direito da criança de não ser separada dos pais contra a vontade dos mesmos**, exceto quando "tal separação é necessária ao interesse maior da criança" - art. 9º, 1.
- **O dever dos Estados de facilitar a reunificação familiar**, permitindo que viajem para os seus territórios ou para fora dos mesmos - art. 10º.
- **O dever de combater a transferência ilícita de crianças para o exterior e a retenção ilícita** das mesmas no exterior - art. 11.

- O dever de respeitar os pontos de vista da criança e o direito da criança "de ser ouvida em qualquer procedimento judicial ou administrativo que lhe diga respeito" - art. 12.
- O direito da criança à liberdade de expressão - art. 13.
- O direito da criança à liberdade de pensamento, de consciência e de crença - art. 14.
- O direito da criança à liberdade de associação e à liberdade de reunião pacífica - art. 15.
- O direito da criança à proteção da lei contra interferência arbitrária e ilícita em sua privacidade, família, lar ou correspondência e o direito de não estar sujeita a "atentados ilícitos" à sua honra e reputação - art. 16.
- O direito da criança de ter "acesso às informações e dados de diversas fontes nacionais e internacionais, especialmente os voltados à promoção de seu bem-estar social, espiritual e moral e saúde física e mental" - art. 17.
- O reconhecimento do princípio de que ambos os pais têm responsabilidades comuns e primordiais na educação e desenvolvimento da criança e de que "os interesses superiores da criança constituirão sua preocupação básica" - art. 18, 1.
- O direito da criança de proteção contra todas as formas de violência e abuso - art. 19.
- O direito da criança de proteção especial e assistência quando privada da sua família - art. 20.
- Sempre que a adoção for reconhecida ou permitida, os Estados-partes "atentarão para o fato de que a consideração primordial seja o interesse maior da criança" - art. 21.
- Os direitos das crianças refugiadas - art. 22.
- Os direitos da criança portadora de deficiências físicas ou mentais - art. 23.
- O direito da criança de gozar do melhor padrão possível de saúde e serviços médicos - art. 24.
- O direito da criança internada a "exame periódico de avaliação do tratamento ao qual está sendo submetida e de todos os demais aspectos relativos à sua internação" - art. 25.
- O direito da criança de usufruir da previdência social, inclusive do seguro social - art. 26.
- O direito da criança a um nível de vida adequado - art. 27.
- O direito da criança à educação - art. 28 - e aos objetivos da referida educação - art. 29.
- O direito das crianças pertencentes às minorias étnicas, religiosas ou linguísticas, bem como o direito das crianças de origem indígena, de ter sua própria cultura, professar e praticar sua própria religião e utilizar seu próprio idioma - art. 30.
- O direito da criança ao descanso e ao lazer - art. 31.

- **O direito da criança à proteção contra a exploração econômica e o trabalho perigoso** - art. 32.
- **O direito da criança à proteção contra o uso ilícito de drogas e substâncias psicotrópicas** - art. 33.
- **O direito da criança à proteção** "contra todas as formas de exploração e abuso sexual" - art. 34.
- **A prevenção de sequestro, venda ou tráfico de crianças** - art. 35.
- **O direito da criança à proteção contra todas as demais formas de exploração** que sejam prejudiciais a qualquer aspecto do seu bem-estar - art. 36.
- **O direito de proteção contra imposição de tortura e de outros tratamentos ou penas cruéis, desumanas ou degradantes**, inclusive pena de morte - art. 37, a.
- **O direito da criança de não ser privada da sua liberdade** de forma arbitrária ou ilegal - art. 37, b.
- **O direito da criança de ser tratada com humanidade** quando privada da sua liberdade - art 37, c.
- **O direito da criança às proteções legais relativas à privação da sua liberdade** - art. 37, d.
- **O direito da criança**, em casos de conflito armado, de que **sejam respeitadas as normas do Direito Internacional Humanitário** aplicáveis - art 38, 1.
- **O direito da criança a medidas apropriadas para estimular a recuperação física e psicológica e a reintegração social** no caso de qualquer forma de abandono, exploração e abuso - art. 39.
- Princípios da justiça juvenil - art. 40.

Os Estados assumem papel proativo para a concretização de tais direitos, conforme art. 4º:

> Os Estados Partes adotarão todas as medidas administrativas, legislativas e de outra índole com vistas à implementação dos direitos reconhecidos na presente Convenção. Com relação aos direitos econômicos, sociais e culturais, os Estados Partes adotarão essas medidas utilizando ao máximo os recursos disponíveis e, quando necessário, dentro de um quadro de cooperação internacional.

Para monitorar o respeito à Convenção, foi criado o *Comitê para os Direitos da Criança*, composto por 10 especialistas, com mandato de 4 anos. Esse órgão, criado em 1991, tem a função de analisar os progressos realizados pelos Estados, por meio da análise de relatórios, com funcionamento semelhante ao dos Pactos de 1966.

Por fim, há três Protocolos Facultativos à Convenção, um sobre *venda de crianças, prostituição e pornografia infantil*, outro sobre *o envolvimento de crianças em conflitos armados* e um terceiro que prevê o mecanismo de denúncias particulares a serem apreciadas pelo Comitê acima citado. Os dois primeiros documentos já foram ratificados pelo Brasil em 2004 e ambos aplicam o sistema de relatórios.

O terceiro Protocolo Facultativo, após anos de pressões feitas por ONG's internacionais, foi disponibilizado para apresentação de assinaturas, em fevereiro de 2012, no Palácio das Nações Unidas dentro da 19ª sessão do Conselho dos Direitos

Humanos. Inicialmente, registraram-se mais de 20 assinaturas de países, dentre eles, o Brasil. Sua principal inovação é o estabelecimento do mecanismo de petições individuais. Por enquanto, é apenas uma vitória simbólica, pois, até o momento, não foi ratificado pelo Brasil e sua vigência internacional não se concretizou.

12.3. Questões comentadas – Juiz do Trabalho

(TRT 5ª Região – 2006) Acerca das normas internacionais de proteção da criança e do adolescente, assinale a opção correta.
 a) De acordo com a Convenção 138 da OIT, a idade mínima para admissão ao emprego ou trabalho não pode ser inferior àquela em que cessar a obrigatoriedade escolar, não podendo, em todo caso, ser inferior a quinze anos.
 b) Entre as piores formas de trabalho infantil previstas na Convenção 182 da OIT, não se inclui a utilização de criança para fins de produção de material pornográfico.
 c) Considera-se criança, para os efeitos da Convenção da Organização das Nações Unidas sobre os direitos da criança, todo ser humano com menos de dezesseis anos.
 d) A Declaração da OIT sobre os princípios e direitos fundamentais no trabalho consagra a possibilidade do trabalho obrigatório.
 e) As piores formas de trabalho infantil não são reconhecidas pelo direito internacional.

Gabarito	Comentários
A N U L A D A	• Conforme comissão organizadora do concurso, no que diz respeito à assertiva da letra A, "De acordo com a Convenção 138 da OIT, a idade mínima para admissão ao emprego ou trabalho não pode ser inferior àquela em que cessar a obrigatoriedade escolar, não podendo, em todo caso, ser inferior a quinze anos", posta a julgamento e que faz parte do texto do art. 2.º da mencionada convenção, há exceções quanto à idade mínima, o que justificou a anulação da questão, por falta de resposta objetiva.

(TRT 18ª Região – 2006) Os Estados signatários do Pacto Internacional sobre Direitos Econômicos, Sociais e Culturais, adotado pela XXI Sessão da Assembleia-Geral das Nações Unidas, em 19 de dezembro de 1966, reconheceram o direito de toda pessoa ao gozo de condições de trabalho equitativas e satisfatórias. A propósito das garantias estabelecidas no referido diploma, assinale a alternativa correta.
 a) Os Estados signatários do Pacto Internacional sobre Direitos Econômicos, Sociais e Culturais garantiram a percepção de salário equitativo e igual por trabalho de igual valor, sem distinções de espécie alguma e o descanso, o gozo do tempo livre, a limitação racional das horas de trabalho e as férias periódicas pagas, exceto a remuneração dos feriados.
 b) Os Estados signatários do Pacto Internacional sobre Direitos Econômicos, Sociais e Culturais garantiram a percepção de salário equitativo e igual por trabalho de igual valor, sem distinções de espécie alguma e o direito de greve, exercido em conformidade com as leis de cada país, sem nenhuma restrição.

c) Os Estados signatários do Pacto Internacional sobre Direitos Econômicos, Sociais e Culturais garantiram a percepção de salário equitativo e igual por trabalho de igual valor, sem distinções de espécie alguma e o direito dos sindicatos de formar federações ou confederações nacionais e o direito destas de fundar organizações sindicais internacionais ou de filiarem-se às mesmas.

d) Os Estados signatários do Pacto Internacional sobre Direitos Econômicos, Sociais e Culturais garantiram o direito de greve, exercido em conformidade com as leis de cada país, sem nenhuma restrição e igual oportunidade para todos de serem promovidos, dentro do seu trabalho, à categoria que lhes corresponda não considerando senão os fatores tempo de serviço e capacidade.

e) Os Estados signatários do Pacto Internacional sobre Direitos Econômicos, Sociais e Culturais garantiram o direito de greve, exercido em conformidade com as leis de cada país, sem nenhuma restrição e o descanso, o gozo do tempo livre, a limitação racional das horas de trabalho e as férias periódicas pagas, exceto a remuneração dos feriados.

Gabarito	Comentários
ANULADA	• Pacto Internacional sobre Direitos Econômicos, Sociais e Culturais, de 1966: "Art. 7º Os Estados Partes do presente pacto reconhecem o direito de toda pessoa de gozar de condições de trabalho justas e favoráveis, que assegurem especialmente: a) uma remuneração que proporcione, no mínimo, a todos os trabalhadores: i) um salário equitativo e uma remuneração igual por um trabalho de igual valor, sem qualquer distinção; em particular, as mulheres deverão ter a garantia de condições de trabalho não inferiores às dos homens e receber a mesma remuneração que ele por trabalho igual; ii) uma existência decente para eles e suas famílias, em conformidade com as disposições do presente Pacto. b) a segurança e a higiene no trabalho; c) igual oportunidade para todos de serem promovidos, em seu trabalho, à categoria superior que lhes corresponda, sem outras considerações que as de tempo de trabalho e capacidade; d) o descanso, o lazer, a limitação razoável das horas de trabalho e férias periódicas remuneradas. Art. 8º 1. Os Estados Partes do presente pacto comprometem-se a garantir: a) o direito de toda pessoa de fundar com outras sindicatos e de filiar-se ao sindicato de sua escolha, sujeitando-se unicamente aos estatutos da organização interessada, com o objetivo de promover e de proteger seus interesses econômicos e sociais. O exercício desse direito só poderá ser objeto das restrições previstas em lei e que sejam necessárias, em uma sociedade democrática, no interesse da segurança nacional ou da ordem pública, ou para proteger os direitos e as liberdades alheias; b) o direito dos sindicatos de formar federações ou confederações nacionais e o direito desta de formar organizações sindicais internacionais ou de filiar-se às mesmas; c) o direito dos sindicatos de exercer livremente suas atividades, sem quaisquer limitações além daquelas previstas em lei e que sejam necessárias, em uma sociedade democrática, no interesse da segurança nacional ou da ordem pública, ou para proteger os direitos e as liberdades das demais pessoas; d) o direito de greve, exercido de conformidade com as leis de cada país. 2. O presente artigo não impedirá que se submeta a restrições legais o exercício desses direitos pelos membros das forças armadas, da política ou da administração pública. 3. nenhuma das disposições do presente artigo permitirá que os Estados Partes da Convenção de 1948 da Organização Internacional do Trabalho, relativa à liberdade sindical e à proteção do direito sindical, venha a adotar medidas legislativas que restrinjam - ou a aplicar a lei de maneira a restringir - as garantias previstas na referida Convenção".

(TRT 22ª Região – 2006) Consideradas as afirmações abaixo, marque a letra que contém a resposta correta:

I. Na Convenção sobre os Direitos da Criança, da Organização das Nações Unidas, os Estados partes reconhecem o direito da criança de estar protegida contra a exploração econômica e contra o desempenho de qualquer trabalho que possa ser perigoso ou interferir em sua educação, ou que seja nocivo para sua saúde ou para seu desenvolvimento físico, mental, espiritual, moral ou social. Também se comprometem à adoção de medidas legislativas, administrativas, sociais e educacionais com vistas a assegurar esse direito, levando em consideração as disposições pertinentes de outros instrumentos internacionais, competindo-lhes, em particular, estabelecer uma idade ou idades mínimas para a admissão em empregos; estabelecer regulamentação apropriada relativa a horários e condições de emprego; e estabelecer penalidades ou outras sanções apropriadas a fim de assegurar o cumprimento efetivo do direito.

II. A Convenção 138 da Organização Internacional do Trabalho, sobre idade mínima para admissão a emprego, prevê que esse limite mínimo seja fixado pelos Estados-membros em idade não inferior à da conclusão da escolaridade compulsória, ou, em qualquer hipótese, inferior a quinze anos. Ressalva-se, no entanto, ao Estado--membro cuja economia e condições do ensino não estiverem suficientemente desenvolvidas, após consulta com as organizações de empregadores e de trabalhadores interessadas, se houver, definir, inicialmente, uma idade mínima de quatorze anos.

III. A Recomendação 146 da Organização Internacional do Trabalho, sobre idade mínima de admissão a emprego, prevê a adoção de providências para garantir e controlar as condições em que as crianças e os adolescentes recebam orientação profissional e formação nas empresas, nas instituições de formação ou em escolas de ensino profissional ou técnico, e para estabelecer normas para sua proteção e desenvolvimento.

IV. A Convenção 182 da Organização Internacional do Trabalho prevê, entre as piores formas de trabalho infantil, que devem ser proibidas e eliminadas para os menores de dezoito anos de idade, expressamente, a utilização, demanda e oferta de crianças para fins de prostituição, produção de material pornográfico e espetáculos pornográficos, bem como para atividades ilícitas, particularmente a produção e tráfico de drogas conforme definidos em tratados internacionais pertinentes; e trabalhos que, por sua natureza ou pelas circunstâncias em que são executados, são suscetíveis de prejudicar a saúde, a segurança e a moral da criança.

V. A Recomendação 190 da Organização Internacional do Trabalho alinha, expressamente, entre os casos de trabalho perigoso em que se inserem as piores formas de trabalho infantil: os trabalhos em que a criança ficar exposta a abusos de ordem física, psicológica ou sexual; os trabalhados subterrâneos, debaixo d'água, em alturas perigosas ou em locais confinados; os trabalhos que se realizem com máquinas, equipamentos e ferramentas perigosas, ou que impliquem a manipulação ou transporte manual de cargas pesadas; os trabalhos realizados em um meio insalubre, no qual as crianças estiverem expostas, por exemplo, a substâncias, agentes ou processos perigosos ou a temperaturas, níveis de ruído ou de vibrações prejudiciais à saúde; os trabalhos que sejam executados em condições especialmente difíceis,

como os horários prolongados ou noturnos, ou trabalhos que retenham injustificadamente a criança em locais do empregador; e o trabalho infantil doméstico.
a) Todas estão corretas.
b) Somente I está errada.
c) Somente II está errada.
d) Somente III e IV estão erradas.
e) Somente V está errada.

Gabarito	Comentários
E	• Recomendação 190 da OIT: "II - Trabalho Perigoso 1 - Ao determinar e localizar onde se praticam os tipos de trabalho a que se refere o artigo 3º, d) da Convenção, deveriam ser levadas em consideração, entre outras coisas: a) os trabalhos em que a criança ficar exposta a abusos de ordem física, psicológica ou sexual; b) os trabalhos subterrâneos, debaixo d'água, em alturas perigosas ou em locais confinados; c) os trabalhos que se realizam com máquinas, equipamentos e ferramentas perigosas, ou que impliquem a manipulação ou transporte manual de cargas pesadas; d) os trabalhos realizados em um meio insalubre, no qual as crianças estiverem expostas, por exemplo, a substâncias, agentes ou processos perigosos ou a temperatura, níveis de ruído ou de vibrações prejudiciais a saúde; e e) os trabalhos que sejam executados em condições especialmente difíceis, como os horários prolongados ou noturnos, ou trabalhos que retenham injustificadamente a criança em locais do empregador. (...) 4 - No que concerne aos tipos de trabalho a que se faz referência no artigo 3º, d) da Convenção e no parágrafo 3 da presente Recomendação, a legislação nacional ou a autoridade competente, após consultas às organizações de empregadores e de trabalhadores interessadas, poderá autorizar o emprego ou trabalho a partir da idade de 16 anos, desde que fiquem plenamente garantidas a saúde, a segurança às crianças e que estas tenham recebido instrução ou formação profissional adequada e específica na área da atividade correspondente".

(TRT 13ª Região – 2006) A Convenção nº 182 da OIT para proteção do trabalho infantil:
a) dá combate à prostituição e à pornografia infantis.
b) disciplina as atividades lícitas não remuneradas.
c) oferece proteção ao trabalho a pessoas menores de 15 (quinze) anos.
d) aceita o princípio de que nos países pobres o trabalho de menores ajuda na renda familiar.
e) delega as questões de natureza educacional ao âmbito da UNESCO.

Gabarito	Comentários
A	- Convenção 182 da OIT: "Art. 3º Para efeitos da presente Convenção, a expressão 'as piores formas de trabalho infantil' abrange: a) todas as formas de escravidão ou práticas análogas à escravidão, tais como a venda e tráfico de crianças, a servidão por dívidas e a condição de servo, e o trabalho forçado ou obrigatório, inclusive o recrutamento forçado ou obrigatório de crianças para serem utilizadas em conflitos armados; b) a utilização, o recrutamento ou a oferta de crianças para a prostituição, a produção de pornografia ou atuações pornográficas; c) a utilização, recrutamento ou a oferta de crianças para a realização de atividades ilícitas, em particular a produção e o tráfico de entorpecentes, tais como definidos nos tratados internacionais pertinentes; e d) o trabalho que, por sua natureza ou pelas condições em que é realizado, é suscetível de prejudicar a saúde, a segurança ou a moral das crianças".

Capítulo 1

(TRT 3ª Região – 2007) Acerca do trabalho infantil, analise as proposições abaixo e, em seguida, assinale a alternativa correta:

I. O Brasil ratificou as Convenções 138 e 182 da Organização Internacional do Trabalho, consideradas fundamentais.

II. Segundo a Convenção 138 da OIT, a idade mínima geral para admissão no emprego ou no trabalho é de 15 anos, admitidas exceções para serviços leves ou perigosos.

III. Estão incluídos no campo de aplicação da Convenção 138 os aprendizes.

IV. Quando a economia e as condições de ensino de um Estado-membro não estiverem suficientemente desenvolvidas, a Convenção 138 permite o trabalho infantil em serviços leves a partir de 12 anos.

V. Entre as piores formas de trabalho infantil, na forma da Convenção 182 da OIT, está o trabalho infantil doméstico, ainda que remunerado.
a) Se apenas as afirmativas III e IV forem falsas.
b) Se apenas as afirmativas IV e F forem falsas.
c) Se apenas as afirmativas I e II forem falsas.
d) Se apenas as afirmativas III e V forem falsas.
e) Se todas as alternativas anteriores forem falsas.

Gabarito	Comentários
D	• Convenção 138 da OIT, promulgada no Brasil pelo Decreto 4.134 de 15/02/2002. Convenção 182 da OIT, promulgada no Brasil pelo Decreto 3.597 de 12/09/2000. • Convenção 138: "Artigo 1º Todo país-membro em que vigore esta Convenção compromete-se a seguir uma política nacional que assegure a efetiva abolição do trabalho infantil e eleve progressivamente, a idade mínima de admissão a emprego ou a trabalho a um nível adequado ao pleno desenvolvimento físico e mental do adolescente. Artigo 2º (...) 4. Não obstante o disposto no Parágrafo 3º deste Artigo, o país-membro, cuja economia e condições do ensino não estiverem suficientemente desenvolvidas, poderá, após consulta às organizações de empregadores e de trabalhadores concernentes, se as houver, definir, inicialmente, uma idade mínima de quatorze anos. (...) Artigo 7º 1. As leis ou regulamentos nacionais poderão permitir o emprego ou trabalho a pessoas entre treze e quinze anos em serviços leves que: (...) 4. Não obstante o disposto nos parágrafos 1º e 2º deste Artigo, o país-membro que se tiver servido das disposições do parágrafo 4º do Artigo 2º poderá, enquanto continuar assim procedendo, substituir as idades de treze e quinze anos pelas idades de doze e quatorze anos e a idade de quinze anos pela idade de quatorze anos dos respectivos Parágrafos 1º e 2º deste Artigo". • Convenção 182: "Artigo 3º Para efeitos da presente Convenção, a expressão 'as piores formas de trabalho infantil' abrange: a) todas as formas de escravidão ou práticas análogas à escravidão, tais como a venda e tráfico de crianças, a servidão por dívidas e a condição de servo, e o trabalho forçado ou obrigatório, inclusive o recrutamento forçado ou obrigatório de crianças para serem utilizadas em conflitos armados; b) a utilização, o recrutamento ou a oferta de crianças para a prostituição, a produção de pornografia ou atuações pornográficas; c) a utilização, recrutamento ou a oferta de crianças para a realização de atividades ilícitas, em particular a produção e o tráfico de entorpecentes, tais como definidos nos tratados internacionais pertinentes; e, d) o trabalho que, por sua natureza ou pelas condições em que é realizado, é suscetível de prejudicar a saúde, a segurança ou a moral das crianças". • Conforme Decreto 4134: "Art. 2o Para os efeitos do art. 2o, item 1, da Convenção, fica estabelecido que a idade mínima para admissão a emprego ou trabalho é de dezesseis anos".

12.4. Questões – Procurador do Trabalho

1 (MPT – XIII) Em relação às normas internacionais de proteção da criança e do adolescente:

I. A Convenção da Organização das Nações Unidas sobre os Direitos da Criança, adotada em 1989, acolhe a concepção do desenvolvimento e proteção integrais da criança, reconhecendo-a como verdadeiro sujeito de direito, a exigir proteção especial e prioridade absoluta.

II. Entre as piores formas de trabalho infantil, previstas na Convenção nº 182 da Organização Internacional do Trabalho, incluem-se a escravidão e práticas análogas, o recrutamento para a prostituição e o recrutamento para a produção e tráfico de entorpecentes.

III. A Convenção nº 138 da Organização Internacional do Trabalho, relativa à idade mínima para o trabalho, prevê a idade de 16 (dezesseis) anos para o ingresso no mercado de trabalho.

IV. O sistema jurídico brasileiro, a partir da Constituição Federal de 1988, adotou os princípios que vigoram nos principais tratados internacionais de proteção à criança.

De acordo com as assertivas acima, pode-se afirmar que:
( ) a) Todas as assertivas estão corretas.
( ) b) Apenas as assertivas I, II e IV estão corretas.
( ) c) Apenas as assertivas I e III estão corretas.
( ) d) Apenas as assertivas III e IV estão corretas.
( ) e) Não respondida.

2 (MPT – XIV) No que concerne à Convenção nº 182 da OIT, que trata das piores formas de trabalho infantil, assinale a alternativa INCORRETA:
( ) a) Dentre as piores formas de trabalho infantil, a Convenção enumera trabalhos que, por sua natureza ou pelas circunstâncias em que são executados, são susceptíveis de prejudicar a saúde, a segurança e a moral da criança.
( ) b) Os Estados-membros deverão, tendo em vista a importância da educação para a eliminação do trabalho infantil, adotar medidas efetivas para, num determinado prazo, levar em consideração a situação especial das meninas.
( ) c) A instituição de sanções penais depende de prévia consulta a organizações de trabalhadores e empregadores, em cada Estado-membro.
( ) d) Para os efeitos da Convenção nº 182 da OIT, o termo criança aplica-se a toda pessoa menor de 18 (dezoito) anos.
( ) e) Não respondida.

3 (MPT – XV) Em relação às normas internacionais de proteção da criança e do adolescente, analise as assertivas abaixo:

I. De acordo com a Convenção nº 138 da Organização Internacional do Trabalho, não será inferior a dezoito anos a idade mínima para admissão a qualquer tipo de emprego ou trabalho que, por sua natureza ou circunstância em que é executado, possa prejudicar a saúde, a segurança e a moral do jovem.

II. A Convenção nº 138 da Organização Internacional do Trabalho estabelece que as leis ou regulamentos nacionais podem permitir o emprego ou trabalho de jovens entre 13 e 15 anos em serviços leves que não prejudiquem sua saúde, desenvolvimento ou frequência escolar, sua participação em programas de orientação profissional ou de formação aprovados pela autoridade competente ou sua capacidade de se beneficiar da instrução recebida.

III. Dentre as piores formas de trabalho infantil, previstas na Convenção nº 182 da Organização Internacional do Trabalho, incluem-se todas as formas de escravidão ou práticas análogas à escravidão, utilização, demanda e oferta de criança para fins de prostituição e o recrutamento para a produção e tráfico de drogas.

IV. De acordo com a Convenção no 182 da Organização Internacional do Trabalho, todo Estado-membro, tendo em vista a importância da educação para a eliminação do trabalho infantil, adotará medidas efetivas, para, num determinado prazo, dispensar a necessária e apropriada assistência direta para retirar crianças das piores formas de trabalho infantil e assegurar sua reabilitação e integração social.

De acordo com as assertivas acima, pode-se afirmar que:
( ) a) Todas as assertivas estão corretas.
( ) b) Apenas as assertivas I, II e IV estão corretas.
( ) c) Apenas as assertivas III e IV estão corretas.
( ) d) Todas as assertivas estão incorretas.
( ) e) Não respondida.

4 (MPT – XVI) Assinale a alternativa INCORRETA quanto à Convenção sobre os Direitos da Criança:
    a) Os Estados partes devem adotar as medidas necessárias para impedir a exploração de crianças em espetáculos ou materiais pornográficos.
    b) Os Estados partes reconhecem o direito da criança de estar protegida contra a exploração econômica e contra o desempenho de qualquer trabalho que possa ser perigoso ou interferir em sua educação, ou que seja nocivo para sua saúde ou para seu desenvolvimento físico, mental, espiritual, moral ou social.
    c) Fica limitada a jornada de trabalho ao mínimo de oito horas diárias, com uma hora de intervalo, salvo legislação nacional mais benéfica.
    d) Considera-se como criança todo ser humano com menos de dezoito anos de idade, a não ser que, em conformidade com a lei aplicável à criança, a maioridade seja alcançada antes.
    e) Não respondida.

Questão	Gabarito
1	B
2	C
3	A
4	C

CAPÍTULO 2

Direito Comunitário

1. DIREITO DA INTEGRAÇÃO E DIREITO COMUNITÁRIO

> **SUMÁRIO:** 1.1. Distinção, conceitos e características; 1.1.1. Do Direito Comunitário ao Direito da União; 1.2. Fases do processo de integração – ZUMUU; 1.3. Questões comentadas – Juiz do Trabalho.

1.1. Distinção, conceitos e características

O **Direito Comunitário** não se confunde com o **Direito da Integração**. Embora afins em alguns aspectos, não são disciplinas idênticas, não são sinônimos, versam sobre objetos diversos, tratam de conceitos próprios e abordam normas distintas. O Direito Comunitário pode até ser considerado uma forma de Direito de Integração aperfeiçoado, evoluído[363], veja a seguir os motivos.

O Direito da Integração tem como objeto principal a integração de natureza eminentemente comercial e econômica, visando ao incentivo do comércio internacional de uma região. Conforme Roberto Luiz Silva, ele é um *desdobramento do Direito Internacional Clássico*, decorrendo dos tratados internacionais entre Estados soberanos, criando, por conseguinte, zonas econômicas privilegiadas em que o nível de aproximação varia[364]. Um bloco regional formado por Estados que se fundamente nos preceitos da disciplina em questão adota, em regra, o procedimento clássico de recepção das normas internacionais, pois elas *não têm efeito direto* e *aplicabilidade imediata*. Tanto a tomada de decisões intrabloco quanto a adoção das mesmas depende de demasiada *carga de subjetividade*, ou seja, de *vontade polí-*

---

363 MACHADO, Diego Pereira; DEL'OLMO, Florisbal de Souza. *Direito da Integração, Direito Comunitário, MERCOSUL e União Europeia*. Salvador: Juspodivm, 2011, pp. 29-44.
364 SILVA, Roberto Luiz. *Direito Comunitário e da Integração*. 1. ed. Porto Alegre: Síntese, 1999, p. 44.

tica por parte dos países-membros, o que pode até comprometer as ambições fixadas inicialmente quando da criação do agrupamento.

É essa a situação do Mercado Comum do Sul (MERCOSUL ou Cone Sul), regido pelo Direito da Integração, em que os tratados e os atos unilaterais dos órgãos regionais precisam ser expressamente recepcionados. Dessa maneira, não há que se falar em aplicabilidade imediata, conforme já se manifestou o STF[365]. Ademais, a própria sistemática de tomada de decisões no interior da estrutura orgânica mercosulista é consensual. Veja-se que as decisões em órgãos como o Conselho do Mercado Comum ou Grupo Mercado Comum são tomadas por meio do consenso de todos os Estados-membros, exigindo, em regra, a unanimidade, constituindo, assim, dinâmica de "um simples entendimento entre Estados"[366]. Materializa-se aqui o modelo tradicional de organização dos organismos internacionais, qual seja: *o intergovernamental.*

Embora na doutrina sejam encontradas citações que se refiram a Direito Comunitário do MERCOSUL, e até editais, como das carreiras trabalhistas, que situem o bloco como pertencente à disciplina, tecnicamente, não se deve falar em normas comunitárias no MERCOSUL. Na verdade, a maioria dos agrupamentos entre Estados está inserta no estudo do Direito de Integração.

Reconhece Wolkmer que é "deveras desafiador projetar um Direito Comunitário para as nações latino-americanas, não só marcadas pelo forte legalismo de cunho nacional-monista, mas, sobretudo, pela histórica tradição do Estado como fonte privilegiada de produção legislativa"[367].

O principal representante do Direito Comunitário, seu criador, reconheça-se, é o bloco União Europeia (UE), o mais integrado e desenvolvido, modelo para os demais, a despeito das crises de ordem financeira e econômica que assolam alguns dos membros. O modelo comunitário europeu já começou a influenciar outros blocos, um importante exemplo é o da Comunidade Andina de Nações (CAN) a qual optou por molde semelhante ao europeu em seu documento constitutivo, ainda que muito precise ser feito para que possa ser considerada comunidade inteiramente regulada pelo Direito Comunitário. Este consiste em *disciplina autônoma*, não inserida dentro do Direito Internacional e, muito menos, dentro dos Direitos internos, sendo possuidor das seguintes características[368]:

---

365 CR 8279 AgR/AT - ARGENTINA, Min. Celso de Mello, STF, J. 17/06/1998.
366 VENTURA, Deisy. *As assimetrias entre o MERCOSUL e a União Europeia*: os desafios de uma associação inter-regional. Barueri: Manole, 2003, p. 75.
367 WOLKMER, Antônio Carlos. Integração e direito comunitário latino-americano. In: PIMENTEL, Luiz Otávio (org). *Mercosul no Cenário Internacional*: Direito e Sociedade. Curitiba: Juruá, 1998, v. I, p. 48.
368 MACHADO, D. P.; DEL´OLMO, F. S. *Direito da Integração, Direito Comunitário, MERCOSUL e União Europeia*, cit., pp. 29-34.

- Os Estados, unidos por uma comunidade, estão submetidos a instituições de caráter supranacional.
- As normas comunitárias possuem aplicação direta em relação aos ordenamentos nacionais.
- Há um órgão central com função executiva e de natureza supranacional.
- Possui sistema jurisdicional bem definido, que é base do sistema de solução de controvérsias.
- Há Tribunal de Justiça, permanente, que zelará pela aplicação e respeito ao Direito Comunitário.
- No Direito Comunitário não são só os aspectos econômicos e comerciais que são levados em consideração, outros desafios de natureza social e política também são objetos das normas.
- Parte do exercício da soberania dos Estados é delegada a órgãos com poder supranacional.
- Os Estados-membros ainda são soberanos, embora esta soberania esteja limitada pela supranacionalidade.

A diferença essencial entre o ordenamento comunitário e o internacional consiste em que este não se impõe à ordem jurídica dos Estados, não existindo, como se sabe, uma ascendência jurídica de tribunal internacional sobre as cortes nacionais. Já em relação ao Direito Comunitário (supranacional), ocorre, fruto de sua composição *sui generis*, uma subordinação das ordens jurídicas internas ao Tribunal de Justiça da União Europeia.

Com arrimo nos pontos acima expostos, a doutrina tem apresentado como peculiaridades básicas do Direito Comunitário a *aplicabilidade imediata* (suas normas adquirem imediatamente o *status* de direito positivo no ordenamento jurídico de cada Estado-membro), o *efeito direto* (cria direitos e obrigações por si mesmo) e a *prevalência*[369] (a norma comunitária tem primazia sobre a norma interna dos países integrantes da Comunidade)[370].

1.1.1. Do Direito Comunitário ao Direito da União

É importante, nessa fase do estudo, já se ter cristalizado o entendimento quanto à utilização da expressão "Direito Comunitário". Observa-se que o termo Direito Comunitário está popularizado nos meios acadêmicos e expressamente

---

369 Anexa ao Tratado sobre o Funcionamento da UE consta a importante Declaração sobre o primado do Direito Comunitário, que preceitua: "A Conferência lembra que, em conformidade com a jurisprudência constante do Tribunal de Justiça da União Europeia, os Tratados e o direito adotado pela União com base nos Tratados primam sobre o direito dos Estados-Membros, nas condições estabelecidas pela referida jurisprudência. (...)."
370 FERREIRA, María Carmen; OLIVERA, Julio Ramos. *Las relaciones laborales en el Mercosur*. Montevideo: Fundação de Cultura Universitária, 1997, p. 103.

consagrado nos editais de concursos, sendo assim, recorrer a ele apenas facilitará a compreensão do leitor. Contudo, modernamente, vem se empregando as expressões "Direito da União" ou "Direito da União Europeia", como uma nova denominação do Direito Comunitário. Cabe dizer que ele foi rebatizado em razão da unificação da personalidade jurídica da União Europeia, conforme Tratado de Lisboa de 2007.

A tendência da doutrina[371] e das futuras edições da presente obra é a de se adotar a expressão "Direito da União" ao invés de "Direito Comunitário", mas implementaremos essa modificação de forma paulatina, de acordo com a sedimentação doutrinária, legal e jurisprudencial. Para já familiarizar o jurista com a nova nomenclatura, no decorrer do livro recorreremos ora a "Direito da União" ora a "Direito Comunitário".

1.2. Fases do processo de integração - ZUMUU

Tema preliminar e imprescindível para a continuidade do estudo são as fases do processo de integração, com as quais será possível situar, comparar e compreender os blocos de maior relevo: MERCOSUL e União Europeia.

Há diferentes fases do processo de integração que estão relacionadas com o nível de autonomia existente entre os Estados-partes de um bloco regional. Quanto maior a integração, menor a autonomia, e vice-versa.

Os blocos regionais são criados mediante tratados internacionais que, já no momento de sua assinatura, estipulam qual o nível de integração deve ser atingido, bem como as fases que deve transcorrer. A União Europeia, por exemplo, passou antes pelo modelo de união aduaneira para atingir o mercado comum europeu e, depois, consolidar a união econômica e monetária.

Para facilitar o estudo e compreensão, elaboramos uma regra para memorização que minorará a dificuldade no estudo das fases. Com ela, será possível situar o MERCOSUL e a União Europeia com facilidade e, assim, esclarecer suas diferenças básicas.

É a regra do **ZUMUU!**

Por questão de transparência com o leitor, é necessário antes advertir que as fases do processo de integração e a regra ZUMUU têm fins unicamente didáticos. Apresentando caráter abstrato, não se mostra uma regra que vincule ou obrigue os blocos a assim evoluírem.

Há blocos, como o MERCOSUL, que adotam, expressamente, o *princípio da gradualidade,* no sentido de que devem avançar fase após fase, de forma sucessiva. Há, por outro lado, outros que adotaram, desde sua criação, o modelo de um mercado comum, sem antes passarem pela união aduaneira. Existem, também,

---

[371] Como exemplo, citamos a seguinte obra: PAIS, Sofia Oliveira. *Direito da União Europeia.* Lisboa: Quid Juris, 2011.

os que estão na fase de zona de livre comércio, mas que já implantaram algumas medidas existentes na união aduaneira.

Pois bem, eis a regra **ZUMUU**!

Veja que nos deparamos com cinco letras, o **Z**, o **U**, o **M**, o **U** e o **U** novamente, juntos: **ZUMUU**! Cada uma dessas letras representa uma etapa do processo de integração, estando o nível de integração representado pela ordem sucessória das letras.

A primeira fase, a primeira letra da regra ZUMUU, o Z, representa o mais ameno nível de integração, é a zona de livre comércio (também conhecida como área de livre comércio); já a última fase, que possui o mais elevado nível de integração, é o último U, a união política.

E mais, quando a terceira etapa é atingida de uma forma sucessiva, o M, de mercado comum (ZU**M**UU), isso não significa que as duas etapas anteriores foram extintas. Na verdade, uma complementa e enriquece a outra, o bloco que atingiu o mercado comum e se propôs a transpassar as duas anteriores (princípio da gradualidade), também mantém as características dessas duas etapas precedentes, da zona de livre comércio e da união aduaneira.

Veja o significado de cada letra e um conceito para cada fase ou nível do processo de integração.

Regra do **ZUMUU**[372]:

1. Z (zona de livre comércio ou área de livre comércio) – são extintos os direitos alfandegários, bem como outras formas de restrição comercial, com o intuito de aumentar a circulação dos produtos decorrentes dos integrantes do bloco econômico. A maioria dos blocos, na atualidade, limita-se a este nível de integração, sendo que a zona de livre comércio foi o primeiro mecanismo a ser utilizado.

2. U (união aduaneira) – além de uma zona de livre comércio, a união aduaneira prevê a adoção das mesmas tarifas e da mesma política comercial para o comércio de produtos originários de fora da região que compõe o bloco econômico entre os Estados-partes. Aqui se fala em uma tarifa externa comum. *O MERCOSUL hoje é uma união aduaneira, tida como incompleta*[373]*, ainda não atingiu seu objetivo principal, que é o mercado comum.*

3. M (mercado comum) – engloba as duas fases anteriores e é caracterizado pela livre circulação de todos os fatores de produção: de bens, de trabalhadores (mão de obra), de serviços, de capitais e de concorrência, o que Carlos Roberto

---

372 MACHADO, D. P.; DEL'OLMO, F. S. *Direito da Integração, Direito Comunitário, MERCOSUL e União Europeia*, cit., p. 45.

373 A fase de união aduaneira do MERCOSUL não foi completamente implementada, por isso, o bloco pode ser classificado como uma união aduaneira incompleta ou imperfeita. Dentre os principais motivos dessa imperfeição, destacam-se as listas de exceção de produtos adotadas para a sua TEC, Tarifa Externa Comum.

Husek denomina de as "cinco liberdades básicas"[374]. O Tratado de Assunção, de 1991, que criou o MERCOSUL, tem como fim atingir esta terceira fase do processo de integração. Foi a União Europeia, por meio de seus tratados comunitários, que incluiu no léxico jurídico a noção de mercado comum[375], tanto que o mercado comum europeu está em plena prática.

4. U (união econômica e monetária) – constitui em mais um estágio da fase integracionista e tem sua origem no Tratado de Maastricht (ou da União Europeia) [376], que criou a moeda única, no caso, o euro, emitida por um banco central independente, o Banco Central Europeu. *A União Europeia é união econômica e monetária.*

5. U (união política) – há único governo supranacional e a instituição de Constituição única, podendo levar à formação de uma confederação de Estados. Não há, ainda, bloco econômico nesta fase.

É de se destacar que alguns doutrinadores acrescentam mais uma fase, que seria anterior ao Z, o nível menos intenso de aproximação: a área de preferência comercial. Nela, dois ou mais Estados acordam quanto à redução de tarifas de importação para apenas alguns produtos de suas pautas comerciais, sendo que a autonomia entre os participantes é aguda. Em razão de sua pouca utilização prática e não aceitação como uma fase do processo de integração, não a incluímos na regra supracitada, mas fica aqui o registro.

1.3. Questões comentadas – Juiz do Trabalho

(TRT 6ª Região – 2010) Leia atentamente as assertivas abaixo e, depois, responda a alternativa CORRETA:

I. O Direito Comunitário consiste num conjunto de regras adotadas por comunidades integradas – econômica e politicamente – com a finalidade de regulamentar as relações multilaterais existentes entre os Estados-membros.

II. As principais fontes do Direito Comunitário são os Tratados Internacionais.

III. O processo de integração econômica do MERCOSUL ainda não atingiu o plano da supranacionalidade como é o caso da União Europeia, motivo pelo qual suas deliberações seguem as regras clássicas do Direito Internacional.

IV. Pelo princípio da subsidiariedade, a Comunidade só atua quando as suas finalidades institucionais não possam ser realizadas pelos Estados-membros.

V. É possível dizer que Direito Comunitário é um "tertium genus entre o Direito Interno e o Direito Internacional, sem, todavia, confundir-se com estes".

---

374 HUSEK, Carlos Roberto. *Curso de direito internacional público*. 3. ed. São Paulo: Ltr, 2000, p. 132.
375 CAMPOS, João Mota de. *Manual de Direito Comunitário*. 2. ed. Curitiba: Juruá, 2009, p. 380.
376 ACCIOLY, Elizabeth. *MERCOSUL e União Europeia*: Estrutura Jurídico-Institucional. 4. ed. Curitiba: Juruá, 2010, p. 30.

a) Todas as assertivas estão corretas.
b) Apenas a assertiva II está correta.
c) Apenas a assertiva IV está correta.
d) Apenas a assertiva III está correta.
e) Apenas as assertivas IV e V estão corretas.

Gabarito	Comentários
A	• O Direito Comunitário (atualmente Direito da União) surgiu com a criação da União Europeia. A UE é, hoje, uma comunidade econômica, social, cultural e politicamente integrada, com alto nível de aproximação, marcada pela supranacionalidade e composta por ordem jurídica própria, autônoma em relação ao Direito Internacional e em relação aos Direitos internos dos 27 países-membros. Ela possui conjunto de fontes comunitárias originárias e derivadas com a finalidade de regulamentar as relações multilaterais existentes entre os seus integrantes. Embora autôno em relação ao Direito Internacional, as principais fontes do Direito da União são os tratados comunitários, que instituíram ou reformaram o bloco. Com base na subsidiariedade, a União só atua quando as suas finalidades institucionais não possam ser realizadas pelos Estados- membros. • Diferentemente da UE, o MERCOSUL é uma união aduaneira incompleta, baseada ainda no Direito da Integração, ramo do Direito Internacional clássico, suas deliberações seguem as regras clássicas de recepção das normas internacionais.

2. MERCOSUL

> **SUMÁRIO:** 2.1. Apresentação; 2.2. Formação e período de transição; 2.2.1. O Tratado de Assunção e os princípios; 2.2.2. Protocolo de Ouro Preto: personalidade e estrutura; 2.3. Órgãos e capacidade decisória; 2.3.1. Conselho do Mercado Comum, Grupo Mercado Comum e Comissão de Comércio; 2.3.2. Comissão Parlamentar Conjunta e Parlamento; 2.3.3. Foro Consultivo Econômico-Social e a Secretaria; 2.3.4. Tribunal Administrativo-Trabalhista; 2.4. Os Estados-membros; 2.5. Fontes: classificação, incorporação e hierarquia; 2.6. Normas processuais; 2.7. Solução de controvérsias; 2.7.1. As controvérsias e os particulares; 2.8. Cidadania sul-americana; 2.8.1. Área de livre residência com direito a trabalho; 2.8.2. Direitos sociais e livre circulação de trabalhadores; 2.8.3. Carta Social do MERCOSUL; 2.8.4. Acordo Multilateral de Seguridade Social do MERCOSUL; 2.9. Sistema de Pagamento em Moeda Local (SML); 2.10. Tarifa Externa Comum (TEC); 2.10.1. União aduaneira incompleta; 2.11. Questões comentadas – Juiz do Trabalho; 2.12. Questões – Procurador do Trabalho.

2.1. Apresentação

O *principal objetivo do Mercado Comum do Sul (MERCOSUL) é a formação do mercado comum*, de acordo com o exposto no art. 1º do Tratado de Assunção, de 1991. Essa é a fase que enseja a presença das cinco liberdades fundamentais e a regulamentação de outros tantos assuntos.

Para o alcance de aludida finalidade, o art. 5º do Tratado previu uma série de instrumentos. O objetivo ainda não foi atingido, encontrando-se o bloco na segunda fase do processo de integração, na segunda letra de nossa regra ZUMUU, ou seja, é uma união aduaneira, tida como incompleta[377].

2.2. Formação e período de transição

São fundamentais algumas considerações sobre a evolução histórica do bloco, tomando por base algumas datas e os principais documentos constitutivos.

- **1960** – é criada pelo Tratado de Montevidéu a Associação Latino-Americana de Livre Comércio (ALALC). Foi a primeira tentativa de instituir uma zona de livre comércio na América Latina, mas não gerou os frutos almejados. A ALALC visava a integrar toda a América Latina e Caribe. A finalidade principal era implantar um mercado comum regional.
- **1980** – é criada, mediante a celebração de outro Tratado de Montevidéu, a Associação Latino-Americana de Integração (ALADI), em substituição à ALALC. Ela, até hoje, está em fase de transição, não atingiu seus objetivos. A ALADI visou a reestruturar a ALALC, trazendo conceitos mais flexíveis de integração. Ela tem por fim o desenvolvimento econômico-social e o comércio intrarregional harmônico e equilibrado da América Latina, com ênfase eminentemente comercialista, almejan-

---

377 MACHADO, D. P.; DEL'OLMO, F. S. *Direito da Integração, Direito Comunitário, MERCOSUL e União Europeia*, cit., p. 57.

do criar um mercado comum sul-americano. Ainda sediada em Montevidéu, conta com funcionários próprios. São membros: Argentina, Bolívia, Brasil, Chile, Colômbia, Cuba, Equador, México, Paraguai, Peru, Uruguai e Venezuela.

Essas duas associações de Estados não geraram os resultados esperados, o que conduziu a outras tentativas, nas décadas de 80 e 90. No entanto, é importante não desprezar a relevância da ALADI, pois ela *está relacionada ao processo de ingresso de novos países-membros ao MERCOSUL.*

- **1985** – é inaugurada a Ponte Internacional Presidente Tancredo Neves, que une Argentina e Brasil, em Foz do Iguaçu, firmando-se a *Declaração de Iguaçu.* Foram dados os primeiros passos para uma integração efetiva e futura formação de bloco econômico para a região.
- **1986** – é firmada a Ata para a Integração Argentino-Brasileira, instrumento que criou o PICAB (Programa de Integração e Cooperação entre Argentina e Brasil) o qual é calcado nos princípios de gradualidade, flexibilidade, simetria, equilíbrio, tratamento preferencial frente a outros mercados, harmonização progressiva de políticas e participação do setor empresarial.
- **1990** – celebra-se a Ata de Buenos Aires, assinada entre Carlos Menen (Argentina) e Fernando Collor (Brasil), para futura criação do Mercado Comum do Sul.
- **1991** – em 26 de março, é assinado o Tratado de Assunção, que constitui o MERCOSUL. Esse documento, conforme seu preâmbulo, levou em conta a "evolução dos acontecimentos internacionais, em especial a consolidação de grandes espaços econômicos" e almejou fazer com que esse "processo de integração" constituísse numa "resposta adequada a tais acontecimentos". Cria-se uma zona de livre comércio, e uma estrutura institucional básica é dada ao bloco. Países que *assinaram o Tratado de Assunção e que ainda são os membros plenos: Brasil, Argentina, Paraguai e Uruguai (ver situação da Venezuela em tópico sobre membros).*
- **1994** – é celebrado o Protocolo de Ouro Preto, documento adicional ao Tratado de Assunção, que deu personalidade jurídica de Direito Internacional ao bloco e consagrou a estrutura institucional.

Após 1994, o MERCOSUL passou por diferentes momentos, ora eufóricos, ora desoladores. É de se reconhecer que, atualmente, está em um quadro estático, às vezes até inanimado, pois o processo integracionista realmente não flui, estacionou-se na união aduaneira (ZUMUU). A concretização do mercado comum (ZUMUU), objetivo específico mais importante do Tratado de Assunção, mostra-se distante.

O bloco passou por uma fase de transição até atingir a estrutura que hoje ostenta. Com a celebração do Tratado de Assunção, em 1991, começa um período de adaptação, período de transição, assim definido pelo próprio, em seu art. 5º, que define os principais instrumentos:

Durante o período de transição, os principais instrumentos para a constituição do Mercado Comum são: a) Um Programa de Liberação Comercial, que consistirá em reduções tarifárias progressivas, lineares e automáticas, acompanhadas da eliminação de restrições não tarifárias ou medidas de efeito equivalente, assim como de outras restrições ao comércio entre os Estados Partes, para chegar a 31 de dezembro de 1994 com tarifa zero, sem barreiras não tarifárias sobre a totalidade do universo tarifário (Anexo I); b) A coordenação de políticas macroeconômicas que se realizará gradualmente e de forma convergente com os programas de desgravação tarifária e eliminação de restrições não tarifárias, indicados na letra anterior; c) Uma tarifa externa comum, que incentiva a competitividade externa dos Estados Partes; d) A adoção de acordos setoriais, com o fim de otimizar a utilização e mobilidade dos fatores de produção e alcançar escalas operativas eficientes.

A fase transitória ficou estabelecida de 1991 até 31 de dezembro de 1994. Durante esse lastro transitório (de 1991 a 1994), almejou-se a implementação do programa de desgravação tarifária e a negociação de instrumentos imprescindíveis para a política comercial comum dos Estados-membros. *A fase de transição viabilizou a constituição da atual união aduaneira, que teve seu início em 01 de janeiro de 1995.*

No decorrer do período transitório não existiam todos os órgãos que, atualmente, operacionalizam a integração regional. De 1991 a 1994, havia somente dois: o Conselho de Mercado Comum e o Grupo Mercado Comum. Com o começo da fase que podemos chamar de definitiva, com a consolidação da união aduaneira, com a celebração do Protocolo de Ouro Preto, mais quatro órgãos são criados, quais sejam: Comissão de Comércio do MERCOSUL, Comissão Parlamentar Conjunta, Foro Consultivo Econômico-Social e Secretaria Administrativa do MERCOSUL.

2.2.1. O Tratado de Assunção e os princípios

O Tratado de Assunção de 1991, essencialmente econômico, é marco para a formação do MERCOSUL, tendo entrado em vigor no Brasil por meio do Decreto nº 350, de 21 de novembro de 1991.

Esse tratado fixa objetivos comuns a serem concretizados de forma gradativa e por meio de programas conjuntos. Em seu conteúdo percebe-se que há poucas normas básicas obrigatórias e seu texto contém, sobretudo, enunciações programáticas e princípios genéricos não desenvolvidos[378]. Ele permitiu a vinculação contratual (*pacta sunt servanda*), à luz do Direito Internacional Público, entre países para a fundação de um mercado comum e é a *pedra fundamental* para o processo de integração.

---

378 DARTAYETE, María Cristina. Armonización de normas en el Mercosur. *Revista de Derecho del Mercosur*. Buenos Aires, ano 3, n. 1, 1999, p. 64. O fato de ostentar enunciações programáticas não pode induzir à ideia de que o Tratado de Assunção não tenha preceitos que possam ser aplicados sem a necessidade de edição de leis internas, pois ele tem. É o caso do seu art. 7º.

Como ele mesmo expressa, é um tratado para a constituição do mercado comum, i.e., um evento futuro, que não começaria com sua entrada em vigor. O documento é apenas o ponto de partida. Previa-se a implementação do mercado comum até 31 de dezembro de 1994, data que, fixada de forma provisória, como se percebe, não foi cumprida.

É no documento de Assunção que encontramos os princípios norteadores do processo integracionista, quais sejam: *flexibilidade, gradualidade, equilíbrio, reciprocidade* e *não discriminação*[379].

Em relação ao princípio da flexibilidade, ele induz à maleabilidade e à versatilidade, operando como norma de procedimento para a tomada de decisões. Constitui-se um dos elementos para a interpretação do Tratado de Assunção, o que possibilita o ajustamento dos elementos que fazem parte do documento.

O princípio da gradualidade consiste no desejo de que a integração ocorra em etapas definitivas, conforme já exposto durante o estudo da regra ZUMUU. Dessa feita, uma etapa só inicia depois de encerrada a anterior, de forma sucessiva e cronológica.

Já o princípio do equilíbrio possibilita, equitativamente, o acesso de todos a um mercado comum, com igualdade de condições, impedindo, assim, o desequilíbrio das ações integrativas.

O princípio da reciprocidade ou igualdade de tratamento preceitua que cada Estado-membro deverá assumir direitos e obrigações equitativas. Ele oportuniza um sistema de mútuo controle entre os membros.

E, por fim, o princípio da não discriminação entre os países partes, que impõe a supressão de toda diferença baseada em critérios como a nacionalidade. *Aqui reside a base para a futura implementação da livre circulação de trabalhadores.*

Além dos cinco princípios básicos norteadores, vale frisar também o princípio democrático, o qual não está previsto de forma expressa, não está tipificado no texto do Tratado de Assunção, mas que, indiscutivelmente, deve ser observado pelos já membros – fala-se aqui em estabilidade democrática – e pelos que pretendam ingressar – fala-se em condição para ingresso.

O princípio democrático, cláusula democrática ou compromisso democrático, está previsto no Protocolo de Ushuaia sobre Compromisso Democrático no MERCOSUL, Bolívia e Chile. Conforme art. 8º, o Protocolo é parte integrante do Tratado de Assunção. Na linha do preceituado no art. 1º, a "plena vigência das instituições democráticas é condição essencial para o desenvolvimento dos processos de integração entre os Estados partes do presente Protocolo". Assim, toda ruptura da ordem democrática em uma das nações *mercosulistas* implicará na aplicação dos procedimentos previstos no seu art. 3º.

---

379 MACHADO, D. P.; DEL'OLMO, F. S. *Direito da Integração, Direito Comunitário, MERCOSUL e União Europeia*, cit., p. 69.

2.2.2. Protocolo de Ouro Preto: personalidade e estrutura

O *Protocolo Adicional ao Tratado de Assunção sobre a Estrutura Institucional do MERCOSUL*, de 1994, ou, simplesmente, Protocolo de Ouro Preto, consiste em documento adicional ao Tratado de Assunção.

Com ele, o MERCOSUL ganhou personalidade jurídica de Direito Internacional (art. 34 do Protocolo) e capacidade para atuação em âmbito internacional. Salienta-se que já ostentava personalidade jurídica interna antes de 1994. O bloco configura-se como uma *organização internacional intergovernamental que se encaixa no conceito de sujeito do Direito das Gentes*.

O art. 35 do Procolo de Ouro Preto dispõe que o MERCOSUL poderá "praticar todos os atos necessários à realização de seus objetivos, em especial contratar, adquirir ou alienar bens móveis e imóveis, comparecer em juízo, conservar fundos e fazer transferências", podendo celebrar acordos de sede (art. 36).

Ademais, a estrutura institucional do bloco *mercosulista* somente se consolidou com a celebração do Protocolo de Ouro Preto de 1994. Uma estrutura administrativa não existia durante o período provisório. Por intermédio desse Anexo, a Secretaria Administrativa, sediada em Montevidéu, foi elevada ao *status* de órgão permanente do bloco, corporificando um quadro com funcionários próprios.

2.3. Órgãos e capacidade decisória

Com base no Protocolo de Ouro Preto, em seu art. 1º, a estrutura institucional do MERCOSUL contará com os seguintes órgãos:

- O Conselho do Mercado Comum (CMC).
- O Grupo Mercado Comum (GMC).
- A Comissão de Comércio do MERCOSUL (CCM).
- A Comissão Parlamentar Conjunta (CPC).
- O Foro Consultivo Econômico-Social (FCES).
- A Secretaria Administrativa do MERCOSUL (SAM).

Desse rol, *os três primeiros* (Conselho do Mercado Comum, Grupo Mercado Comum e Comissão de Comércio do MERCOSUL) *têm capacidade decisória e são de natureza intergovernamental*. Suas *decisões são tomadas mediante consenso com a presença de todos* os membros.

Quanto à capacidade decisória, *há que se reconhecer que o recente Tribunal Permanente de Revisão, criado pelo Protocolo de Olivos de 2002*, igualmente, emite decisões vinculativas, ostentando assim, poder decisório. O *Parlamento do MERCOSUL, o Parlasul*, ao menos formalmente, também tem capacidade decisória[380].

---

380 MACHADO, D. P.; DEL'OLMO, F. S. *Direito da Integração, Direito Comunitário, MERCOSUL e União Europeia*, cit., p. 76.

A Comissão Parlamentar Conjunta e o Foro Consultivo Econômico-Social são classificados como instituições de natureza consultiva. Tanto a Comissão quanto o Foro podem emitir recomendações, que também são adotadas mediante consenso com a presença de todos os Estados- membros. Já a Secretaria Administrativa, consiste em órgão de apoio administrativo.

Há ainda entidades de suma importância para os direitos sociais, são elas: Reunião de Ministros do Trabalho, Subgrupo de trabalho nº 10 – Assuntos Laborais, Emprego e Seguridade Social (SGT-10) e a Comissão Sociolaboral do MERCOSUL.

2.3.1. Conselho do Mercado Comum, Grupo Mercado Comum e Comissão de Comércio

O **Conselho do Mercado Comum (CMC)** possui presidência *pro tempore*, ou seja, exercida de forma rotativa pelos Estados-partes, respeitando-se a ordem alfabética, por período de seis meses, conforme o art. 12 do Tratado de Assunção e o art. 5º do Protocolo de Ouro Preto.

O CMC fará quantas reuniões forem necessárias, sendo que, no mínimo, deverá ocorrer um encontro por semestre com a participação dos Presidentes dos Estados-partes. Conforme prevê o Protocolo de Ouro Preto, em seu art. 8º, são funções e atribuições do CMC: velar pelo cumprimento do Tratado de Assunção, de seus Protocolos e dos acordos firmados em seu âmbito; formular políticas e promover as ações necessárias à conformação do mercado comum; exercer a titularidade da personalidade jurídica do MERCOSUL; negociar e firmar acordos em nome do bloco com terceiros países, grupos de países e organizações internacionais (essas funções podem ser delegadas ao Grupo Mercado Comum por mandato expresso); manifestar-se sobre as propostas que lhe sejam elevadas pelo Grupo Mercado Comum; criar reuniões de ministros e pronunciar-se sobre os acordos que lhe sejam remetidos pelas mesmas; criar os órgãos que estime pertinentes, assim como modificá-los ou extingui-los; esclarecer, quando estime necessário, o conteúdo e o alcance de suas Decisões; designar o Diretor da Secretaria Administrativa do MERCOSUL; adotar decisões em matéria financeira e orçamentária; e homologar o Regimento Interno do Grupo Mercado Comum.

Por fim, o art. 9º do Protocolo de Ouro Preto preceitua: "O Conselho do Mercado Comum manifestar-se-á mediante Decisões, as quais serão obrigatórias para os Estados partes". Como já dito, o Conselho tem natureza intergovernamental e competência decisória.

Logo após o CMC, emerge o **Grupo Mercado Comum (GMC),** órgão executivo do MERCOSUL, com amplos poderes para atuação, cabendo a ele implementar as decisões do Conselho. Conforme o art. 11 do Protocolo de Ouro Preto, o Grupo Mercado Comum será composto "por quatro membros titulares e quatro membros alternos por país, designados pelos respectivos Governos, dentre os quais devem constar necessariamente representantes dos Ministérios das Relações Exteriores, dos Ministérios da Economia (ou equivalentes) e dos Bancos Centrais", sendo a coordenação dos trabalhos de responsabilidade dos Ministérios das Relações Exteriores.

As reuniões do GMC serão realizadas de forma ordinária ou extraordinária, quantas vezes se fizerem necessárias, nos exatos termos estipulados por seu Regimento Interno.

São funções e atribuições do Grupo (art. 14 do Protocolo): velar, nos limites de suas competências, pelo cumprimento do Tratado de Assunção, de seus Protocolos e dos acordos firmados em seu âmbito; propor projetos de decisão ao Conselho do Mercado Comum; tomar as medidas necessárias ao cumprimento das decisões adotadas pelo Conselho do Mercado Comum; fixar programas de trabalho que assegurem avanços para o estabelecimento do mercado comum; criar, modificar ou extinguir órgãos tais como subgrupos de trabalho e reuniões especializadas, para o cumprimento de seus objetivos; manifestar-se sobre as propostas ou recomendações que lhe forem submetidas pelos demais órgãos do MERCOSUL no âmbito de suas competências; negociar, com a participação de representantes de todos os Estados-partes, por delegação expressa do Conselho do Mercado Comum e dentro dos limites estabelecidos em mandatos específicos concedidos para esse fim, acordos em nome do MERCOSUL com terceiros países, grupos de países e organismos internacionais. O Grupo Mercado Comum, quando dispuser de mandato para tal fim, procederá à assinatura dos mencionados acordos. O Grupo Mercado Comum, quando autorizado pelo Conselho do Mercado Comum, poderá delegar os referidos poderes à Comissão de Comércio; aprovar o orçamento e a prestação de contas anual apresentada pela Secretaria Administrativa do MERCOSUL; adotar Resoluções em matéria financeira e orçamentária, com base nas orientações emanadas do Conselho do Mercado Comum; submeter ao Conselho do Mercado Comum seu Regimento Interno; organizar as reuniões do Conselho do Mercado Comum e preparar os relatórios e estudos que este lhe solicitar; eleger o Diretor da Secretaria Administrativa do MERCOSUL; supervisionar as atividades da Secretaria Administrativa do MERCOSUL; e homologar os Regimentos Internos da Comissão de Comércio e do Foro Consultivo Econômico-Social.

De acordo com o art. 15 do Protocolo: "O Grupo Mercado Comum manifestar-se-á mediante Resoluções, as quais serão obrigatórias para os Estados partes". Trata-se de mais um órgão de natureza intergovernamental com capacidade decisória.

A **Comissão de Comércio do MERCOSUL (CCM)** é o órgão encarregado de assistir o Grupo, incumbindo-lhe velar pela aplicação dos instrumentos de política comercial comum acordados pelos Estados-partes para o funcionamento da união aduaneira, bem como acompanhar e revisar os temas e matérias relacionados com as políticas comerciais comuns. Ela é integrada por quatro membros titulares e por quatro membros alternos por Estado-parte e, na mesma linha do Grupo Mercado Comum, será também coordenada pelos Ministérios das Relações Exteriores. Reunir-se-á pelo menos uma vez por mês ou sempre que solicitado pelo Grupo Mercado Comum ou por qualquer dos Estados-partes.

São funções e atribuições da Comissão (art. 19 do Protocolo): velar pela aplicação dos instrumentos comuns de política comercial intra-MERCOSUL e com terceiros países, organismos internacionais e acordos de comércio; considerar e pronunciar-se sobre as solicitações apresentadas pelos Estados-partes com respeito à aplicação e ao cumprimento da tarifa externa comum e dos demais instrumentos de política comercial comum; acompanhar a aplicação dos instrumentos de política comercial comum nos Estados-partes; analisar a evolução dos instrumentos de política comercial comum para o funcionamento da união aduaneira e formular propostas a respeito ao Grupo Mercado Comum; tomar as decisões vinculadas à administração e à aplicação da tarifa externa comum e dos instrumentos de política comercial comum acordados pelos Estados-partes; informar ao Grupo Mercado Comum sobre a evolução e a aplicação dos instrumentos de política comercial comum, sobre o trâmite das solicitações recebidas e sobre as decisões adotadas a respeito delas; propor ao Grupo Mercado Comum novas normas ou modificações às normas existentes referentes à matéria comercial e aduaneira do MERCOSUL; propor a revisão das alíquotas tarifárias de itens específicos da tarifa externa comum, inclusive para contemplar casos referentes a novas atividades produtivas no âmbito do MERCOSUL; estabelecer os comitês técnicos necessários ao adequado cumprimento de suas funções, bem como dirigir e supervisionar as atividades dos mesmos; desempenhar as tarefas vinculadas à política comercial comum que lhe solicite o Grupo Mercado Comum; e adotar o Regimento Interno, que submeterá ao Grupo Mercado Comum para sua homologação.

Além das funções e atribuições acima estabelecidas, caberá à Comissão de Comércio do Mercosul desempenhar importante papel no sistema de solução de controvérsias do bloco. Quanto ao papel da CCM insta salientar que ela é uma importante porta de entrada aos reclames dos particulares, uma raridade num ambiente em que se prioriza a arbitragem e em que não há tribunal de justiça.

Se o **Conselho do Mercado Comum** se manifesta mediante *decisões* e o **Grupo Mercado Comum**, por meio de *resoluções*, a **Comissão** atua junto aos membros do bloco por intermédio das *diretrizes*, sendo que estas, tais como as duas primeiras, são obrigatórias aos Estados-partes, tendo em vista que esses *três órgãos têm natureza intergovernamental e capacidade decisória.*

2.3.2. Comissão Parlamentar Conjunta e Parlamento

A **Comissão Parlamentar Conjunta (CPC)** tratava-se de órgão de natureza consultiva que emitia recomendações direcionadas ao GMC, representativo dos parlamentares dos países-membros do MERCOSUL. Vinha disciplinada nos arts. 22 a 27 do Protocolo de Ouro Preto. Contudo, foi substituída pelo Parlamento do MERCOSUL.

O **Parlamento do MERCOSUL (Parlasul)** constitui-se em órgão de natureza intergovernamental e unicameral criado em 09 de dezembro de 2005, pelo Protocolo Constitutivo do Parlamento do MERCOSUL[381], em atendimento à Decisão do Conselho do Mercado Comum 49/2004. Embora criado em 2005, o Parlasul foi instalado em Montevidéu, Uruguai, só em 07 de maio de 2007, data que marca sua primeira sessão, que contou com a presença de parlamentares de Brasil, Argentina, Uruguai, Paraguai e de Venezuela.

O Parlasul é instituição democrática que representa a pluralidade ideológica e política dos povos dos países-membros. Ele se coaduna com a democracia, tanto que se pauta nos seguintes princípios, conforme art. 3º de seu Protocolo: no pluralismo e na tolerância como garantias da diversidade de expressões políticas, sociais e culturais dos povos da região; na transparência da informação e das decisões para criar confiança e facilitar a participação dos cidadãos; na cooperação com os demais órgãos do MERCOSUL e com os âmbitos regionais de representação cidadã; no respeito aos direitos humanos em todas as suas expressões; no repúdio a todas as formas de discriminação, especialmente às relativas a gênero, cor, etnia, religião, nacionalidade, idade e condição socioeconômica; na promoção do patrimônio cultural, institucional e de cooperação latino-americana nos processos de integração; na promoção do desenvolvimento sustentável no MERCOSUL e no trato especial e diferenciado para os países de economias menores e para as regiões com menor grau de desenvolvimento; na equidade e na justiça nos assuntos regionais e internacionais, e na solução pacífica das controvérsias.

Para cumprir seus propósitos, o Protocolo Constitutivo, em seu art. 4º, estabeleceu as competências do Parlasul. Destacamos algumas: velar, no âmbito de sua competência, pela observância das normas do Direito da Integração; velar pela preservação do regime democrático nos Estados-partes; elaborar e publicar anualmente um relatório sobre a situação dos direitos humanos nos Estados-partes, levando em conta os princípios e as normas do MERCOSUL; efetuar pedidos de informações ou opiniões por escrito aos órgãos decisórios e consultivos do MERCOSUL estabelecidos no Protocolo de Ouro Preto sobre questões vinculadas ao desenvolvimento do processo de integração; organizar reuniões públicas, sobre questões vinculadas ao desenvolvimento do processo de integração, com entidades da sociedade civil e os setores produtivos; receber, examinar e se for o caso encaminhar aos órgãos decisórios petições de qualquer particular, sejam pessoas físicas ou jurídicas, dos Estados-partes; emitir declarações, recomendações e relatórios sobre questões vinculadas ao desenvolvimento do processo de integração, por iniciativa própria ou por solicitação de outros órgãos do MERCOSUL; propor projetos de normas para consideração pelo Conselho do Mercado Comum; manter relações institucionais com os Parlamentos de tercei-

---

381   Brasil: Decreto 6.105, de 30/04/2007.

ros Estados e outras instituições legislativas; e fomentar o desenvolvimento de instrumentos de democracia representativa e participativa no bloco.

No exercício de suas competências, o Parlasul pode se manifestar por meio de *pareceres, projetos de normas, anteprojetos de normas, declarações, recomendações, relatórios e disposições.*

O Parlamento regional possui 90 cadeiras de mercodeputados, 18 de cada país-membro, com mandato de 4 anos, sendo permitido reeleição. Os agentes políticos que integram a Representação Brasileira – uma espécie de comissão mista permanente – foram designados pela Resolução nº 1/2007 do Congresso Nacional. Essa Representação não exerce papel importante somente junto ao Parlamento, mas também em âmbito interno, especialmente quanto ao processo de celebração dos acordos do bloco sujeitos à apreciação legislativa. Quanto à escolha dos mercoparlamentares e o prazo limite para a realização das eleições diretas, previsto para 2010, convém lembrar que Argentina, Uruguai e Paraguai já as realizaram para eleger seus representantes regionais. No Brasil, isso ainda não ocorreu. Havia previsão de serem realizadas em 2010, juntamente com a eleição presidencial de outubro, o que não se concretizou.

2.3.3. Foro Consultivo Econômico-Social e Secretaria

O **Foro Consultivo Econômico-Social (FCES)** é o órgão de representação dos setores econômicos e sociais e será integrado por igual número de representantes de cada Estado-parte. O Foro, como o próprio nome induz, terá função consultiva e manifestar-se-á, mediante recomendações, ao Grupo Mercado Comum. Não possui, por derradeiro, capacidade decisória, suas manifestações não obrigam.

A **Secretaria Administrativa do MERCOSUL (SAM)** fornece apoio operacional, ficando responsável pela prestação de serviços aos demais órgãos do bloco. Sua sede permanente é na cidade de Montevidéu.

Na chefia da Secretaria estará um Diretor, o qual será nacional de um dos Estados-partes e será eleito pelo Grupo Mercado Comum. Ele será designado pelo Conselho do Mercado Comum, mediante prévia consulta aos membros do MERCOSUL. Terá mandato de dois anos, vedada a reeleição, havendo rotatividade entre os países.

Quanto ao quadro funcional da Secretaria Administrativa, importa destacar que ela possui funcionários próprios e é um dos raros órgãos de caráter permanente do MERCOSUL.

2.3.4. Tribunal Administrativo-Trabalhista

Há inúmeras outras entidades insertas na estrutura do MERCOSUL. Merece, porém, destaque o **Tribunal Administrativo-Trabalhista (TAT)** devido à sua conectividade com os direitos trabalhistas.

O TAT tem a finalidade de dirimir controvérsias de natureza administrativo--trabalhistas dos funcionários ou prestadores de serviços que tenham laborado para as instituições do MERCOSUL[382]. Trata-se de instância criada nos moldes do Tribunal Administrativo da ALADI.

É importante destacar que o MERCOSUL *não possui instituições permanentes e, muito menos, funcionários próprios, com exceção da Secretaria Administrativa (SAM) e do Tribunal Permanente de Revisão (TPR)*. Destarte, resta concluir que as *demandas de natureza laboral, envolvendo os funcionários do bloco perante o TAT, estão adstritas aos que trabalham nesses dois órgãos*.

O TAT é composto por quatro membros titulares, um de cada país, designado pelo Grupo Mercado Comum para exercer um mandato de 2 anos. Ele delibera por maioria, sendo que, em caso de empate, caberá ao presidente em exercício desempatar. Suas decisões não são passíveis de revisão.

O Tribunal é regido por um Estatuto próprio, conforme as Decisões 04/96 e 30/02 do Conselho do Mercado Comum e as Resoluções 42/97 e 01/03 do Grupo Mercado Comum.

2.4. Os Estados-membros

O bloco é formado por *Brasil, Argentina, Paraguai* e *Uruguai*, que são os membros efetivos, permanentes e de pleno direito. Esses quatro são os países integrantes originários.

Há, ainda, a participação de outros países associados: *Bolívia, Chile, Colômbia, Equador e Peru*. Os associados beneficiam-se de vantagens nas relações econômico-comerciais com os membros efetivos e podem participar, desde que convidados, das reuniões do bloco, para debater assuntos de interesse comum, *mas sem direito a voto e a veto como os permanentes*. O *México* assumiu a condição de mero observador.

Situação que merece atenção é a da Venezuela.

Até final de junho de 2012, a República Bolivariana da Venezuela estava em processo de adesão para ser o quinto integrante de pleno direito. Antes de iniciar este processo já era um associado, só que se desvinculou do posto para viabilizar sua entrada como pleno. Diz-se "em processo de adesão" porque até a data citada somente os Parlamentos de Brasil, Argentina e Uruguai haviam se manifestado favoravelmente ao seu ingresso, enquanto que o de Paraguai não, o qual, por sinal, demonstrava certa resistência em decidir da mesma forma.

Mas, em meados de 2012 acontecimentos conturbadores da ordem democrática no Paraguai acarretaram a suspensão de seus direitos de participação no bloco MERCOSUL (uma das sanções mais amenas). Esses fatos fomentaram intenções de se concluir o processo de adesão da Venezuela, alocando-a no patamar

---

[382] MENEZES, Wagner. Mercado Comum do Sul (MERCOSUL). In: MERCADANTE, Araminta de Azevedo; CELLI JUNIOR, Umberto; ARAUJO, Leandro Rocha de (coord.). *Blocos Econômicos e Integração na América Latina, África e Ásia*. Curitiba: Juruá, 2008, p. 149.

de quinto integrante efetivo, tudo à revelia da República do Paraguai (suspensa). Há que se ter, todavia, parcimônia quanto a este assunto.

Nessa altura do estudo, para melhor compreensão tecer-se-á, sucintamente, comentário sobre a adesão de novos países-membros, pensando no caso prático da Venezuela, para que, logo após, analise-se a medida de suspensão, citando o Paraguai como exemplo.

O Tratado de Assunção de 1991 previu a possibilidade de ingresso de novos integrantes. Por ser parte da Associação Latino-Americana de Integração, a Venezuela preencheu uma condição importante para tanto. Veja a disciplina do Tratado de Assunção sobre o tema:

> Artigo 20 – **O presente Tratado estará aberto à adesão, mediante negociação, dos demais países-membros da Associação Latino-Americana de Integração**, cujas solicitações poderão ser examinadas pelos Estados partes depois de cinco anos de vigência deste Tratado. Não obstante, poderão ser consideradas antes do referido prazo as solicitações apresentadas por países-membros da Associação Latino-Americana de Integração que não façam parte de esquemas de integração subregional ou de uma associação extra-regional. **A aprovação das solicitações será objeto de decisão unânime dos Estados partes**. (grifo nosso)

Atendido esse requisito básico, e dando continuidade ao procedimento de ingresso da Venezuela, o Poder Executivo brasileiro, internamente, submeteu à consideração do Congresso Nacional o texto do *Protocolo de Adesão da República Bolivariana da Venezuela ao MERCOSUL,* por meio da Mensagem nº 82, de 2007. Na Câmara dos Deputados, o projeto de decreto legislativo (430/2008) foi aprovado em dezembro de 2008, já no Senado Federal foi em dezembro de 2009. Nesta última Casa, a aprovação foi por um *quorum* de 35 votos a favor e 27 contrários. Sendo assim, o Brasil cumpriu com sua função para viabilizar o ingresso de Hugo Chávez ao MERCOSUL.

O pedido venezuelano de ingresso havia sido aceito pelos Parlamentos de Brasil, Uruguai e Argentina. Faltava unicamente o paraguaio a se manifestar. Pendente apenas este, essa condição *sine qua non* impossibilitava concluir que a Venezuela era um membro pleno. Estava sim em fase de adesão, em processo de aceitação, iniciado em 2006.

Somente quando do término de todo o processo, a Venezuela seria membro pleno, com os mesmos direitos e obrigações de Brasil, Argentina, Paraguai e Uruguai, quando então disporia de quatro anos para se adaptar às fontes primárias e secundárias do bloco, bem como para adotar a Nomenclatura Comum e implantar uma Tarifa Externa Comum, nos moldes hoje vigentes.

Como se apercebe, a resistência paraguaia obstaculizava a inclusão do quinto e novo Estado-parte.

Todavia, como já mencionado, em final de junho de 2012, reunidos em Mendonza, na Argentina, os Chefes de Estados do MERCOSUL anunciaram a manutenção da suspensão dos direitos de participação do Paraguai, em razão da desaprovação do processo de destituição do então presidente Fernando Lugo. Com isso a *barreira* para aceitação foi, aparentemente, *superada*, e, na mesma oportunidade, a Venezuela foi anunciada pelos mesmos Chefes de Estado como quinto integrante, tendo sido fixada data para adesão formal e definitiva: o dia 31 de julho de 2012.

É importante asseverar que a suspensão do Paraguai foi o divisor de águas para o aguardado (ou temido) anúncio da entrada da Venezuela. O principal fundamento para a *suspensão temporária* do Paraguai foi o *Procotolo de Ushuaia*, sobre compromisso democrático no MERCOSUL, Bolívia e Chile.

Conforme o Protocolo de Ushuaia, art. 1º, a "plena vigência das instituições democráticas é condição essencial para o desenvolvimento dos processos de integração", sendo que o documento "se aplicará às relações que decorram dos respectivos Acordos de Integração vigentes entre os Estados Partes do presente protocolo, no caso de ruptura da ordem democrática em algum deles" (art. 2º). Ademais, preceitua que toda "ruptura da ordem democrática em um dos Estados Partes (...) implicará a aplicação dos procedimentos previstos nos artigos seguintes" (art. 3º).

E o art. 5º consigna que as medidas a serem tomadas frente à ruptura da ordem democrática "compreenderão desde a suspensão do direito de participar dos diferentes órgãos dos respectivos processos de integração até a suspensão dos direitos e obrigações resultantes destes processos". E foi assim que decidiram os Estados-membros quanto ao Paraguai, em Mendonza, em junho de 2012. A suspensão, entretanto, é temporária, conforme art. 7º do mesmo Protocolo, cujas medidas "cessarão a partir da data da comunicação a tal Estado da concordância dos Estados que adotaram tais medidas de que se verificou o pleno restabelecimento da ordem democrática, que deverá ocorrer tão logo o restabelecimento seja efetivo".

Em termos práticos, as principais consequências políticas para a nação suspensa foram a não possibilidade de participar de reuniões e a impossibilidade, mais grave, de não votar. Ademais, ficou também estabelecido que o Estado paraguaio estará excluído do que estabelece o art. 40 do Protocolo de Ouro Preto, quanto à incorporação das fontes do Direito da Integração. Tal situação persistirá até que o governo de Assunção restaure a ordem democrática, o que, espera-se, se dê durante as eleições marcadas para abril de 2013.

É pertinente também lembrar que, além do MERCOSUL, a UNASUL, a União de Nações Sul-americanas, adotou medida da mesma magnitude, afastando o Paraguai da tomada de decisões no seio do bloco sul-americano.

Com base em tudo o que foi exposto, para fomentar a reflexão e alertar o leitor quanto a este tema, é lícito sublinhar que a classificação da Venezuela como quinto membro, ao lado de Brasil, Argentina, Paraguai e Uruguai pode ser temerário, a despeito de assim ter sido anunciado pelos presentes em Mendonza. Mister relembrar que a suspensão do Paraguai é temporária, sendo assim, quando de seu retorno ao bloco nada impede que se oponha ao ingresso da Venezuela. E não só, embora o país de Hugo Chávez tenha sido divulgado como novo integrante permanente e já esteja assinando documentos como tal, acredita-se que o assunto renderá protestos paraguaios e acadêmicos, como vem se constantando, principalmente em razão da forma como decorreu, haja vista que a *manobra* liderada pelo Brasil em Mendonza pode acarretar crise interna o que, por óbvio, apenas afeta negativamente um bloco já petrificado.

Nessa esteira, em termos jurídicos, o próprio Protocolo de Adesão da Venezuela ao MERCOSUL dispõe, em seu art. 12, que a inserção do país ao bloco só terá validade após a ratificação dos países-membros, dentre eles o Paraguai. E por mais irônico que aparente ser esta próxima informação, mas o Paraguai é o Estado depositário do Protocolo de Adesão dos venezuelanos, bem como dos respectivos instrumentos de ratificação dos demais.

2.5. Fontes: classificação, incorporação e hierarquia

Não há uma Constituição escrita do MERCOSUL, no sentido formal, de outro modo: não há documento formalmente reconhecido como tal, documento único com esta nomenclatura. Enfim, o bloco não possui um tratado que estabeleça (ou que tentou estabelecer) a Constituição do MERCOSUL.

Há, na verdade, uma espécie de Constituição, porém, no sentido material, representada pelo conjunto de todas as fontes.

As fontes podem *ser classificadas em originárias (ou primárias), complementares e derivadas (ou secundárias)*[383].

São fontes originárias o Tratado de Assunção de 1991 (tratado constitutivo) e todos os demais protocolos que fazem parte do documento de Assunção, tal como o Protocolo de Ouro Preto de 1994.

Já as fontes complementares, são os acordos celebrados no âmbito do Tratado de Assunção e seus protocolos. Elas, como o próprio nome sinaliza, complementam as originárias, logo, sua existência depende destas.

Quanto às fontes derivadas, compõem-se dos atos unilaterais das instituições do bloco, no exercício de suas funções. São as decisões do Conselho do Mercado Comum, as resoluções do Grupo Mercado Comum e as diretrizes da Comissão de Comércio do MERCOSUL.

O art. 41 do Protocolo de Ouro Preto assim reproduz:

> As fontes jurídicas do Mercosul são:
> I. O Tratado de Assunção, seus protocolos e os instrumentos adicionais ou complementares; **(FONTES ORIGINÁRIAS)**
> II. Os acordos celebrados no âmbito do Tratado de Assunção e seus protocolos. **(FONTES COMPLEMENTARES)**
> III. As Decisões do Conselho do Mercado Comum, as Resoluções do Grupo Mercado Comum e as Diretrizes da Comissão de Comércio do Mercosul, adotadas desde a entrada em vigor do Tratado de Assunção. **(FONTES DERIVADAS)**

---

383 MACHADO, D. P.; DEL'OLMO, F. S. *Direito da Integração, Direito Comunitário, MERCOSUL e União Europeia*, cit., p. 94.

O art. 42, ainda do Protocolo de Ouro Preto, estabelece que as normas emanadas dos órgãos do MERCOSUL (Conselho do Mercado Comum, Grupo Mercado Comum e Comissão de Comércio do MERCOSUL) *terão caráter obrigatório e deverão ser incorporadas aos ordenamentos jurídicos nacionais dos Estados-membros quando necessário*, mediante procedimentos previstos na legislação de cada um deles.

A *obrigatoriedade* mencionada no art. 42 não significa que as decisões, resoluções e diretrizes devem ser internalizadas, haja vista que é faculdade, prerrogativa estatal decidir se um tratado ou qualquer outro ato internacional poderá integrar o seu ordenamento. Isso, embora seja a regra vigente no Direito Internacional Público, de fato, prejudica o processo de integração, pois muitos Estados-membros deixam de recepcionar atos importantes para o futuro do MERCOSUL. Nessa tessitura, há, para alento, o instituto da *vigência simultânea*.

Com o fim de se harmonizar o arcabouço jurídico do bloco, adotou-se o mecanismo da simultaneidade. Trata-se da vigência simultânea, a qual materializa a *rara possibilidade de incorporação obrigatória*.

Para garantir a vigência simultânea das fontes derivadas, deve-se aplicar uma sistemática de incorporação diferenciada, prevista no art. 40 do Protocolo de Ouro Preto:

> A fim de garantir a vigência simultânea nos Estados partes das normas emanadas dos órgãos do Mercosul previstos no Artigo 2º deste Protocolo, deverá ser observado o seguinte procedimento: i) Uma vez aprovada a norma, os Estados partes adotarão as medidas necessárias para a sua incorporação ao ordenamento jurídico nacional e comunicarão as mesmas à Secretaria Administrativa do Mercosul; ii) Quando todos os Estados partes tiverem informado sua incorporação aos respectivos ordenamentos jurídicos internos, a Secretaria Administrativa do Mercosul comunicará o fato a cada Estado parte; iii) As normas entrarão em vigor simultaneamente nos Estados partes 30 dias após a data da comunicação efetuada pela Secretaria Administrativa do Mercosul, nos termos do item anterior. Com esse objetivo, os Estados partes, dentro do prazo acima, darão publicidade do início da vigência das referidas normas por intermédio de seus respectivos diários oficiais.

Como se vê, as normas do Direito *mercosulista* obedecem ao tradicional processo de recepção do Direito Internacional, já que elas precisam ser expressamente incorporadas para produzirem efeitos nacionalmente. E, com exceção às situações em que se aplica a vigência simultânea, essa inserção é faculdade do Estado-membro.

Há, todavia, fontes que não precisam passar pela processualística de celebração. Não se fala, neste caso, em faculdade ou não de adoção do ato, mas sim em literal desnecessidade de transposição solene e autônoma.

Algumas fontes derivadas não precisam ser recepcionadas, pois sua edição pelo órgão respectivo é o bastante para serem cumpridas pelos Estados. *É uma situação excepcional de aplicação direta do Direito derivado*, incomum no âmbito do Direito da Integração. *As fontes derivadas emanadas dos órgãos do MERCOSUL (e somente estas!) que regulamentem aspectos da organização ou funcionamento do bloco e as que possuam conteúdo já contemplado pela legislação nacional do Estado-parte não precisam ser recepcionadas* para que tenham validade interna[384].

Além disso, e finalizando o item, é de se reconhecer que as fontes em estudo possuem rol hierárquico, havendo prevalência de uma em relação à outra. Para sintetizar essa relação de hierarquia, segue o quadro:

FONTES ORIGINÁRIAS
FONTES COMPLEMENTARES
FONTES DERIVADAS
DECISÕES
RESOLUÇÕES
DIRETRIZES

2.6. Normas processuais

O *processo civil internacional do MERCOSUL* guarda importância ímpar para a concretização das aspirações integracionistas do bloco e é composto por várias normas. Mais de treze acordos principais e complementares já foram firmados, em sua maioria tratados de direito processual internacional e de cooperação judiciária.

Dentre esses, está o **Protocolo de Las Leñas sobre cooperação e assistência jurisdicional em matéria civil, comercial, laboral e administrativa**, de 1992, que trata do reconhecimento e execução de decisões e cooperação judicial internacional[385].

---

384 Conforme Decisão 23/00 do Conselho do Mercado Comum: "Art. 5º As normas emanadas dos órgãos do MERCOSUL não necessitarão de medidas internas para a sua incorporação, nos termos do artigo 42 do Protocolo de Ouro Preto, quando: a) os Estados partes entendam, conjuntamente, que o conteúdo da norma trata de assuntos relacionados ao funcionamento interno do MERCOSUL. Este entendimento será explicitado no texto da norma com a seguinte frase: 'Esta norma (Diretiva, Resolução ou Decisão) não necessita ser incorporada ao ordenamento jurídico dos Estados partes, por regulamentar aspectos da organização ou do funcionamento do MERCOSUL.'"

385 "Sentença estrangeira: Protocolo de Las Leñas: homologação mediante carta rogatória. O Protocolo de Las Leñas ("Protocolo de Cooperação e Assistência Jurisdicional em Matéria Civil, Comercial, Trabalhista, Administrativa" entre os países do MERCOSUL) não afetou a exigência de que qualquer sentença estrangeira - à qual é de equiparar-se a decisão interlocutória concessiva de medida cautelar - para tornar-se exequível no Brasil, há de ser previamente submetida à homologação do Supremo Tribunal Federal, o que obsta à admissão de seu reconhecimento incidente, no foro brasileiro, pelo juízo a que se requeira a execução; inovou, entretanto, a convenção internacional referida, ao prescrever, no art. 19, que a homologação (dito reconhecimento) de sentença provinda dos Estados partes se faça mediante rogatória, o que importa admitir a iniciativa da autoridade judiciária competente do foro de origem e que o exequatur se defira independentemente da citação do requerido, sem prejuízo da posterior manifestação do requerido, por meio de agravo à decisão concessiva ou de embargos ao seu cumprimento." (CR 7613 AgR, Min. Rel. Sepúlveda Pertence, STF, J. 03/04/1997).

Há, também, o **Protocolo de Buenos Aires sobre jurisdição internacional em matéria contratual,** de 1994, que significou um passo importante para a uniformização do direito processual civil internacional do MERCOSUL.

O **Protocolo de Ouro Preto de Medidas Cautelares,** de 1994, propôs a finalização do processo codificador do auxílio jurisdicional internacional entre os Estados-partes do MERCOSUL e determinou um nível de especial relevância para a cooperação cautelar. Conforme o documento, não será mais necessária a homologação de medidas cautelares pelo Superior Tribunal de Justiça, quando proferidas dentro de um Estado-parte do MERCOSUL. A autoridade jurisdicional requerida poderá, contudo, recusar cumprimento de uma carta rogatória referente a medidas cautelares quando entender que ela é manifestamente contrária à sua ordem pública.

Há o **Protocolo de São Luis em matéria de responsabilidade civil emergente de acidentes de trânsito,** de 1996, que regula o foro e a lei aplicável à responsabilidade civil por acidentes desse tipo.

E, por fim, destaca-se o **Protocolo de Santa Maria sobre jurisdição internacional em matéria de relações de consumo,** de 1996, é um protocolo específico que objetiva suprir as lacunas deixadas pelo Protocolo de Buenos Aires, de 1994.

2.7. Solução de controvérsias

De 1991 a 2002, a composição de conflitos no âmbito do Cone Sul se dava com base no Protocolo de Brasília para Solução de Controvérsias, de 1991. Ocorre que tal fonte do Direito de Integração foi derrogada pelo *Protocolo de Olivos para Solução de controvérsias no MERCOSUL, de 2002.* Assim, esta é a atual normativa sobre o tema[386].

Para a solução das controvérsias envolvendo Estados-membros do MERCOSUL, o Protocolo de Olivos desenvolveu três etapas: *1 - negociações diretas; 2 - arbitragem; e 3 - Tribunal Permanente de Revisão (TPR).*

A terceira etapa é inovação do Protocolo de Olivos, trata-se da criação de um Tribunal não *ad hoc,* mas sim permanente, jurisdicional, que desenvolve atividade revisional, composto por cinco julgadores e com sede em Assunção, no Paraguai.

Além da atividade recursal, revisional, a Corte Permanente do MERCOSUL poderá, também, funcionar como primeira instância. Isso pode ocorrer em hipótese de acesso direto ao Tribunal, quando as questões não forem decididas em sede de negociações diretas. Conforme art. 23 do Protocolo de Olivos, as partes na controvérsia poderão, desde que de forma expressa, submeter suas controvérsias diretamente ao TPR, ou seja, este não atuará em grau recursal, mas sim como primeira instância decisória. Nessa situação, o Tribunal terá as mesmas competências

---

[386] Brasil: Decreto 922, de 10/09/1993. E art. 50 do Protocolo de Olivos, norma intertemporal: "As controvérsias em trâmite iniciadas de acordo com o regime do Protocolo de Brasília continuarão a ser regidas exclusivamente pelo mesmo até sua total conclusão."

que um Tribunal arbitral *ad hoc*, e não poderia ser diferente, pois é suprimida a fase da arbitragem, ela não é acionada.

Tanto os Tribunais arbitrais quanto o Tribunal Permanente de Revisão emitem decisões obrigatórias e possuem jurisdição obrigatória definida pelo Protocolo de Olivos.

Os laudos arbitrais dos Tribunais *ad hoc* são obrigatórios, para os Estados-partes, na controvérsia a partir de sua notificação e terão, em relação a eles, força de coisa julgada, se transcorrido o prazo para interposição de recurso de revisão[387].

Em relação aos laudos do TPR, o sistema estabelece que são inapeláveis e também obrigatórios para as partes, a partir da notificação, ostentando, como não poderia ser diferente, força de coisa julgada. Isso não os isenta de sofrerem um eventual pedido de esclarecimentos, conforme art. 28: "Qualquer dos Estados partes na controvérsia poderá solicitar um esclarecimento do laudo do Tribunal Arbitral *Ad Hoc* ou do Tribunal Permanente de Revisão e sobre a forma com que deverá cumprir-se o laudo, dentro de quinze (15) dias subsequentes à sua notificação".

Os laudos de ambos os tribunais devem ser cumpridos no prazo máximo de trinta dias, contados da notificação. Podem os Tribunais estabelecerem prazos específicos para cumprimento no dispositivo de suas decisões.

Na linha do preceituado no art. 33 do estatuto de Olivos, é obrigatória a jurisdição dos Tribunais arbitrais e do Tribunal Permanente, não havendo necessidade de acordo especial ou de declaração autônoma e expressa neste sentido.

2.7.1. As controvérsias e os particulares

Embora o sistema de soluções de controvérsias seja prioritariamente destinado a solucionar os litígios envolvendo Estados-membros do MERCOSUL, existem, ainda, regras que regulamentam os litígios envolvendo particulares. A acessibilidade dos particulares, tanto pessoas físicas como jurídicas, ao sistema do Protocolo de Olivos é limitada, podendo formular apenas reclamações particulares, não estando autorizados a recorrer ao Tribunal arbitral e, muito menos, ao Tribunal Permanente de Revisão. Ademais, esse mecanismo de reclamações particulares pode ser perpetrado somente por um particular contra um Estado-membro do MERCOSUL. Não pode ser acionado entre particulares e, menos ainda, contra outro Estado não integrante do bloco.

A disciplina do art. 39 do Procolo de Olivos merece citação *ipsis litteris*:

> O procedimento estabelecido no presente Capítulo aplicar-se-á às reclamações efetuadas por particulares (pessoas físicas ou jurídicas) em razão da sanção ou aplicação, por

---

387 Art. 31 do Protocolo de Olivos: "1. Se um Estado parte na controvérsia não cumprir total ou parcialmente o laudo do Tribunal Arbitral, a outra parte na controvérsia terá a faculdade, dentro do prazo de um (1) ano, contado a partir do dia seguinte ao término do prazo referido no artigo 29.1, e independentemente de recorrer aos procedimentos do artigo 30, de iniciar a aplicação de medidas compensatórias temporárias, tais como a suspensão de concessões ou outras obrigações equivalentes, com vistas a obter o cumprimento do laudo."

qualquer dos Estados partes, de medidas legais ou administrativas de efeito restritivo, discriminatórias ou de concorrência desleal, em violação do Tratado de Assunção, do Protocolo de Ouro Preto, dos protocolos e acordos celebrados no marco do Tratado de Assunção, das Decisões do Conselho do Mercado Comum, das Resoluções do Grupo Mercado Comum e das Diretrizes da Comissão de Comércio do Mercosul.

As reclamações devem ser endereçadas à Seção Nacional do Grupo Mercado Comum onde tenham as pessoas suas residências habituais ou a sede de seus negócios, em caso de pessoas jurídicas.

Fora esses mecanismos, os particulares podem recorrer a outros documentos internacionais para solucionar controvérsias, tais como *o Acordo sobre Arbitragem Comercial Internacional do MERCOSUL de 1998* e o *Protocolo de Cooperação e Assistência Jurisdicional em Matéria Civil, Comercial, Trabalhista e Administrativa (Protocolo de Las Leñas) de 1992*. Aqui, já se está fora do sistema de solução disciplinado pelo Protocolo de Olivos.

Há que se destacar, também, a possibilidade de reclamação particular no âmbito da Comissão de Comércio do MERCOSUL, especificamente quanto aos atos por esta praticados, conforme art. 21 do Protocolo de Ouro Preto.

2.8. Cidadania sul-americana

O MERCOSUL ainda não desenvolveu instituto assemelhado à cidadania europeia. O bloco latino vem tentando implementar acordos que viabilizem uma futura livre circulação de pessoas e trabalhadores, característica principal da fase mercado comum, já atingida pela UE[388].

Não se deve falar em cidadania sul-americana ou *mercosulista*, utopia ainda sedimentada em acordos como o de livre residência.

A cidadania europeia vem preceituada no art. 17 do Tratado de Roma e é um instituto complementar à cidadania nacional, não a substituindo, nem a derrogando: é extensível a todo nacional de qualquer dos países integrantes da União.

Quanto a uma cidadania aos moldes europeus, Ventura destaca que o MERCOSUL, mais retórico que real, ainda engatinha "na construção de uma cidadania sul-americana"[389].

2.8.1. Área de livre residência com direito a trabalho

O MERCOSUL está na segunda fase do processo de integração, constitui-se em união aduaneira com uma tarifa externa comum vigente desde 1995 (ZUMUU). O Tratado de Assunção tem como meta primordial a criação do mercado comum, o qual, até o presente momento, não foi implantado.

---

388 MACHADO, D. P.; DEL´OLMO, F. S. *Direito da Integração, Direito Comunitário, MERCOSUL e União Europeia,* cit., p. 122.
389 VENTURA, Deisy; ILLES, Paulo. Estatuto do estrangeiro ou lei de imigração? *Revista Le Monde Diplomatique.* Ano 4, n. 37, 2010, pp. 14-15.

Para consolidar a união aduaneira e dar os primeiros passos para a formação do mercado comum, o bloco vem tomando medidas com fito de começar a garantir as cinco liberdades que caracterizam a terceira fase do processo de integração (ZUMUU), quais sejam: livre circulação de bens, de trabalhadores (mão de obra), de serviços, de capitais e de concorrência.

Em dezembro de 2002, foi celebrado o *Acordo sobre Residência para Nacionais dos Estados Partes do MERCOSUL, Bolívia e Chile*. Esse documento outorga o direito à residência aos cidadãos originários dos Estados-membros do MERCOSUL, da Bolívia e do Chile, sendo necessária apenas a comprovação da nacionalidade[390]. Trata-se de uma área de livre residência com direito a trabalho.

O Acordo consagra o direito de ir e vir, de trabalho, de associação, de culto, de reunião familiar, bem como materializa avanços importantes nas áreas trabalhista e educacional.

Especificamente em relação aos direitos trabalhistas, há uma definição precisa de igualdade quanto à aplicação da legislação laboral interna dos Estados, além do compromisso de acordos de reciprocidade em legislação previdenciária, com o fim de assegurar direitos sociais.

Os Estados participantes do Acordo devem garantir aos originários de outro país signatário o mesmo tratamento dado aos seus nacionais. É um direito explícito à residência garantido em âmbito de Direito da Integração do MERCOSUL.

Esse direito à residência pode ser exercido em duas etapas, uma de cunho temporário e outro permanente. Todo cidadão de um dos Estados-membros do MERCOSUL pode requerer a residência temporária em território de outro membro. Tal residência durará, no máximo, dois anos e, para requerê-la, basta a comprovação da nacionalidade. Antes de expirar o prazo de dois anos, há a possibilidade de o cidadão requerer a residência permanente, esta sem prazo final pré-fixado.

Atualmente, o Acordo que disciplina o direito à residência no âmbito do MERCOSUL, de 2002, está em vigor para o Brasil somente com o Uruguai e a Argentina. Para colocar este Acordo de 2002 em prática, Argentina e Brasil, de forma bilateral, a partir de 03 de abril de 2006, tomaram medidas para assegurar o exercício do direito em questão.

Com o reconhecimento interno da residência, *o cidadão e seus familiares passam a gozar dos mesmos direitos e liberdades civis, sociais, culturais e econômicas concedidos aos nacionais do país de recepção,* em particular: o direito ao trabalho e à livre iniciativa; o direito de petição; o direito de entrar, permanecer, transitar e sair do território das partes; o direito de associação; e a liberdade de culto.

Não se pode confundir o direito à residência, o qual se acaba de estudar, com o direito de viagem. Este é adquirido de forma mais simples e está apartado daquele, podendo ser exercido independentemente do direito à residência. O direito de viagem também é uma forma de se tentar colocar em prática a livre circulação de

---

390 Além da comprovação da nacionalidade, há a necessidade, também, de apresentação de documentos de identificação, o que pode ser classificado como mera exigência burocrática.

pessoas e consiste na possibilidade de qualquer nacional ou residente regular, originário de um dos Estados-membros ou associados do MERCOSUL, viajar munido apenas da carteira de identidade. O deslocamento, portando apenas o documento de identidade, é possível somente nos territórios de Brasil, Uruguai, Paraguai, Argentina, Venezuela, Bolívia, Chile, Colômbia, Equador e Peru.

Ambos os direitos, de residência e de viagem, são passos importantes e concretos à fortificação da integração regional na América do Sul, mas não se igualam ao instituto da cidadania europeia.

A possibilidade de as pessoas residirem e se deslocarem dentro dos países signatários do Acordo estudado não se confunde com a livre circulação de pessoas e trabalhadores, a qual é característica da fase mercado comum (ZUMUU), já sedimentada na União Europeia. Destacam Villatore e Gomes:

> A livre circulação de trabalhadores no MERCOSUL depende de ações mais efetivas para existir entre os Estados partes, com cuidados não somente com o empregado, sua qualificação, seus direitos trabalhistas, sua integridade e intimidade protegidas, mas também com relação ao seu futuro, através de atendimento de suas necessidades vitais básicas, incluindo o seu direito Previdenciário e, por último, com a proteção e os direitos referentes à sua família[391].

A liberdade de residir e até de trabalhar no MERCOSUL está baseada em normas do Direito Internacional clássico, as quais não têm a mesma dimensão e aplicabilidade das fontes do Direito Comunitário. No entanto, embora no âmbito do bloco do Cone Sul não tenha sido implementada a livre circulação de trabalhadores (onde não se requer tramitação migratória alguma), é lícito reconhecer que a área de livre residência, ou direito de residência, representa importante passo para o processo integracionista[392].

2.8.2. Direitos sociais e livre circulação de trabalhadores

Viga mestre dos direitos sociais em nível de Direito da Integração do MERCOSUL é a *liberdade de circulação de trabalhadores*, uma das facetas da livre circulação de pessoas. Como antes exposto, o MERCOSUL ainda não implementou a liberdade de circulação de trabalhadores propriamente dita, apenas deu um passo evolutivo, celebrando o Acordo sobre livre residência.

Não basta autorizar residência, tem que haver uma ampla liberdade de trânsito dos trabalhadores, como já ocorre em nível europeu. A liberdade de circulação a que se refere deve assegurar, no mínimo, os seguintes direitos: de responder a ofertas de emprego efetivamente oferecidas, em qualquer Estado-membro; de o trabalhador entrar no território dos Estados-membros do bloco

---

391 VILLATORE, Marco Antônio; GOMES, Eduardo Biacchi. *Aspectos sociais e econômicos da livre circulação de trabalhadores e o dumping social*. Disponível em: http://www.buscalegis.ufsc.br/revistas/index.php/buscalegis/article/view/32205/31430. Acesso em: 01/09/2010.
392 MACHADO, D. P.; DEL´OLMO, F. S. *Direito da Integração, Direito Comunitário, MERCOSUL e União Europeia,* cit., p. 126.

e dentro deles se deslocar livremente, sem restrições, a fim de procurar emprego; de residir em qualquer dos membros, a fim de aí exercer uma atividade laboral de acordo com as regras que regulam o emprego dos trabalhadores nacionais do Estado de acolhimento; e de permanecer no território do Estado-membro no qual tenha exercido um emprego.

Conforme análise do Tratado de Assunção, infere-se que o MERCOSUL dá demasiada ênfase aos aspectos econômicos, e acaba relegando a segundo plano aspectos sociais, o que prejudica a efetiva aproximação. O Tratado não contemplava questões sociolaborais expressas, tanto que, *ao se referir à circulação dos meios produtivos, em seu art. 1º, menciona, apenas implicitamente, a livre circulação de trabalhadores*. Essa falha no texto do documento obrigou o bloco a tomar medidas, ainda que tímidas, para a proteção dos direitos sociais.

Um ano após a fundação do MERCOSUL foi criado o Subgrupo de Trabalho para Assuntos Sociolaborais, dependente do Grupo Mercado Comum, sendo nomeado em 1995 como SGT10. O SGT10 se organiza em uma estrutura tripartite (ministérios de trabalho, empregadores e sindicatos), funcionando de forma semelhante à Organização Internacional do Trabalho.

A partir dos acordos originários do trabalho do SGT10, o MERCOSUL foi dotando sua estrutura com outros organismos especiais com capacidade técnica para atuação no campo dos direitos sociais ou sociolaborais.

A evolução (lenta) do MERCOSUL quanto à proteção dos direitos sociais pode ser resumida da seguinte forma:

- **1994** – cria-se o Foro Consultivo Econômico-Social, por meio do Protocolo de Ouro Preto, composto pelas organizações de empregadores, trabalhadores e da sociedade civil.
- **1997** – firma-se a primeira norma de conteúdo sociolaboral do MERCOSUL, o Acordo Multilateral de Seguridade Social do Mercado Comum do Sul. É criado o Observatório do Mercado de Trabalho, dependente do SGT10.
- **1998** – os quatro presidentes firmam a Declaração Sociolaboral do MERCOSUL, ou Carta Social do MERCOSUL, o mais importante documento sobre direitos sociolaborais.
- **2000** – é proclamada a Carta de Buenos Aires sobre Compromisso Social.
- **2001** – é editada a primeira resolução sociolaboral de aplicação direta aos países partes, a Resolução sobre Formação Profissional (59/91).
- **2003** – o CMC sanciona, pela primeira vez, uma norma sociolaboral (de aplicação direta), a Recomendação 01/03, que estabelece o Repertório de Recomendações Práticas sobre Formação Profissional. Neste mesmo ano, o CMC convoca a Primeira Conferência Regional de Emprego.
- **2004** – em dezembro, é criado o Grupo de Alto Nível para a elaboração de uma estratégia para o MERCOSUL dirigida ao crescimento do emprego.

Sem previsão expressa da livre circulação de trabalhadores no Tratado de Assunção, sem implementação na prática dessa liberdade, com uma união aduaneira incompleta e sem um tratado de âmbito regional específico sobre os direitos sociais, o MERCOSUL caminha distante do modelo de um bloco integrado nos aspectos econômico e social. O que há de mais concreto é a Carta Social de 1998.

2.8.3. Carta Social do MERCOSUL

A *Carta Social do MERCOSUL de 1998*, firmada na cidade do Rio de Janeiro, tecnicamente conhecida como *Declaração Sociolaboral do MERCOSUL*, é documento consagrador dos direitos de segunda geração, prevendo os seguintes princípios: da não discriminação e da promoção da igualdade; da eliminação do trabalho forçado; da abolição do trabalho infantil e aumento progressivo da idade mínima para ingresso no mercado de trabalho; da liberdade sindical, negociação coletiva e direito de greve.

Esse documento é tomado apenas como parâmetro pelos Estados, ou seja, fixa diretrizes no tocante à legislação de atividade sociolaboral dos Estados-membros do bloco, conforme seu art. 20.

Exemplo de direitos[393] previstos na Carta Social: seguridade, liberdade sindical, greve, abolição do trabalho forçado, saúde e diálogo social[394].

Para a promoção e proteção dos direitos previstos na Carta, foi criado um órgão específico. Trata-se da *Comissão Sociolaboral*, órgão tripartite, de fiscalização, que se manifesta mediante consenso, auxiliando o Grupo Mercado Comum, de caráter promocional e não sancionador, dotado de instâncias nacionais e regional e com o objetivo de fomentar e acompanhar a aplicação do instrumento.

Dentro de sua atividade de fiscalização, a Comissão examina e comenta os relatórios fornecidos pelos Estados, formula planos e programas de ação, elabora recomendações, interpreta a Carta, propõe alterações ao documento e presta esclarecimentos sobre os direitos sociais previstos[395].

---

393 O documento faz menção expressa aos *trabalhadores migrantes e fronteiriços*: "Art. 4º Trabalhadores Migrantes e Fronteiriços 1 – Todo trabalhador migrante, independentemente de sua nacionalidade, tem direito à ajuda, informação, proteção e igualdade de direitos e condições de trabalho reconhecidos aos nacionais do país em que estiver exercendo suas atividades, em conformidade com a legislação profissional de cada país. 2 – Os Estados partes comprometem-se a adotar medidas tendentes ao estabelecimento de normas e procedimentos comuns relativos à circulação dos trabalhadores nas zonas de fronteira e a levar a cabo as ações necessárias para melhorar as oportunidades de emprego e as condições de trabalho e de vida destes trabalhadores."

394 Art. 13 da Carta: "Diálogo social. Os Estados partes comprometem-se a fomentar o diálogo social nos âmbitos nacional e regional, instituindo mecanismos efetivos de consulta permanente entre representantes dos governos, dos empregadores e dos trabalhadores, a fim de garantir, mediante o consenso social, condições favoráveis ao crescimento econômico sustentável e com justiça social da região e a melhoria das condições de vida de seus povos."

395 Art. 20 da Carta: "Aplicação e Seguimento 1 – Os Estados partes comprometem-se a respeitar os direitos fundamentais inscritos nesta Declaração e a promover sua aplicação em

2.8.4. Acordo Multilateral de Seguridade Social do MERCOSUL

O *Acordo Multilateral de Seguridade Social do MERCOSUL* e seu *Regulamento Administrativo*, feitos em Montevidéu, em 15 de dezembro de 1997, promulgados no Brasil pelo Decreto 5.722, de março de 2006, foram celebrados pelos Estados-membros plenos do bloco regional: Argentina, Brasil, Paraguai e Uruguai.

Seu objetivo principal, conforme preâmbulo, é estabelecer normas que regulem as relações de seguridade social entre os países integrantes do MERCOSUL.

Conforme art. 2º do Acordo, os direitos à seguridade social serão garantidos aos trabalhadores que prestem ou tenham prestado serviços em quaisquer dos Estados-membros, sendo-lhes reconhecidos, assim como a seus familiares, os mesmos direitos e estando sujeitos às mesmas obrigações sociais que os nacionais dos países acima citados. O âmbito de aplicação do documento é ainda mais amplo, pois também é adotado para a proteção dos trabalhadores de qualquer outra nacionalidade residentes no território de um dos Estados-partes, desde que prestem ou tenham prestado serviços nestes.

O trabalhador, sujeito-alvo, estará submetido à legislação do Estado-parte em cujo território exerça a atividade laboral (art. 4º). Adota-se o critério territorial, do local da execução, para a definição da lei aplicável. Contudo, há exceções, conforme art. 5º do Acordo:

> a) o trabalhador de uma empresa com sede em um dos Estados partes que desempenhe tarefas profissionais, de pesquisa, científicas, técnicas ou de direção, ou atividades similares, e outras que poderão ser definidas pela Comissão Multilateral Permanente prevista no Artigo 16, Parágrafo 2, e que seja deslocado para prestar serviços no território de outro Estado, por um período limitado, continuará sujeito à legislação do Estado parte de origem até um prazo de doze meses, suscetível de ser prorrogado, em caráter excepcional, mediante prévio e expresso consentimento da Autoridade Competente do outro Estado parte; b) o pessoal de voo das empresas de transporte aéreo e o pessoal de trânsito das empresas de transporte terrestre continuarão exclusivamente sujeitos à legislação do Estado parte em cujo território a respectiva empresa

> conformidade com a legislação e as práticas nacionais e as convenções e acordos coletivos. Para tanto, recomendam instituir, como parte integrante desta Declaração, uma Comissão Sociolaboral, órgão tripartite, auxiliar do Grupo Mercado Comum, que terá caráter promocional e não sancionador, dotado de instâncias nacionais e regional, com o objetivo de fomentar e acompanhar a aplicação do instrumento. A Comissão Sociolaboral Regional manifestar-se-á por consenso dos três setores, e terá as seguintes atribuições e responsabilidades: a) examinar, comentar e encaminhar as memórias preparadas pelos Estados partes, decorrentes dos compromissos desta Declaração; b) formular planos, programas de ação e recomendações tendentes a fomentar a aplicação e o cumprimento da Declaração; c) examinar observações e consultas sobre dificuldades e incorreções na aplicação e cumprimento dos dispositivos contidos na Declaração; d) examinar dúvidas sobre a aplicação dos termos da Declaração e propor esclarecimentos; e) elaborar análises e relatórios sobre a aplicação e o cumprimento da Declaração; f) examinar e apresentar as propostas de modificação do texto da Declaração e lhes dar o encaminhamento pertinente. 2 – As formas e mecanismos de encaminhamento dos assuntos acima listados serão definidos pelo regulamento interno da Comissão Sociolaboral Regional."

tenha sua sede; c) os membros da tripulação de navio de bandeira de um dos Estados partes continuarão sujeitos à legislação do mesmo Estado. Qualquer outro trabalhador empregado em tarefas de carga e descarga, conserto e vigilância de navio, quando no porto, estará sujeito à legislação do Estado parte sob cuja jurisdição se encontre o navio; 2. Os membros das representações diplomáticas e consulares, organismos internacionais e demais funcionários ou empregados dessas representações serão regidos pelas legislações, tratados e convenções que lhes sejam aplicáveis.

Quanto às prestações à saúde previstas no Acordo, o seu art. 6º preceitua que elas serão outorgadas ao "trabalhador deslocado temporariamente para o território de outro Estado, assim como para seus familiares e assemelhados, desde que a Entidade Gestora do Estado de origem autorize a sua outorga".

Um dos pontos cruciais atine à "Totalização de períodos de seguro ou contribuição". Segundo o art. 7º: "Os períodos de seguro ou contribuição cumpridos nos territórios dos Estados partes serão considerados para a concessão das prestações por velhice, idade avançada, invalidez ou morte (...)". Isso na forma e nas condições do Regulamento Administrativo.

Outro assunto de importância ímpar é o respeitante aos "regimes de aposentadoria e pensões de capitalização individual". O art. 9º dispõe que o Acordo será aplicável também aos trabalhadores filiados a um regime de aposentadoria e pensões de capitalização individual estabelecido por algum dos Estados-partes para a obtenção das prestações por velhice, idade avançada, invalidez ou morte.

O art. 17 do documento em análise assinala que, a partir da sua entrada em vigor, "ficarão derrogados os Acordos Bilaterais de Seguridade Social ou de Previdência Social celebrados entre os Estados partes", o que, todavia, não significará, em nenhum caso, a perda de direitos já adquiridos.

Em anexo ao Acordo Multilateral, há o *Regulamento Administrativo para a Aplicação ao Acordo Multilateral de Seguridade Social do Mercado Comum do Sul.*

A despeito de todos os seus artigos, para o presente desiderato, resta apenas mencionar o objeto normativo do art. 3º do Regulamento, que trata do "deslocamento temporário de trabalhadores".

2.9. Sistema de Pagamento em Moeda Local (SML)

O MERCOSUL não possui moeda única. No entanto, deve-se reconhecer que, ao menos, instituiu um Sistema de pagamento em Moeda Local (SML), que, no momento, envolve somente Brasil e Argentina. O SML é um sistema de pagamentos destinado a operações comerciais que permite aos importadores e exportadores brasileiros e argentinos realizarem ações de pagamentos e recebimentos em suas respectivas moedas, o real e o peso.

2.10. Tarifa Externa Comum (TEC)

A TEC caracteriza o MERCOSUL como uma união aduaneira, ela o situa na regra ZUMUU. O MERCOSUL criou sua TEC em 1994 por meio da Decisão

22/94 do Conselho Mercado Comum. Contudo, a tarifa foi efetivamente implantada em 01 de janeiro de 1995, data que marca o início do regime de adequação final à união aduaneira.

A Tarifa *mercosulista* foi estipulada com arrimo nos seguintes *critérios:* pequeno número de alíquotas; baixa dispersão; maior homogeneidade possível das taxas de promoção efetiva (exportações) e de proteção efetiva (importações); e nível de agregação para o qual seriam definidas as alíquotas, de seis dígitos.

A TEC foi elaborada com base na Nomenclatura Comum do MERCOSUL (NCM) e estruturada com base na Nomenclatura do Sistema Harmonizado de Designação e Codificação de Mercadorias (art. 1º da Decisão 22/94). Originalmente, ela constava de onze níveis tarifários cujas alíquotas variavam de um mínimo de 0% até um máximo de 20%, com aumentos de dois pontos percentuais. Hoje, há alíquotas que variam de 0% a 35%, sendo que os patamares médios se concentram em 15%. Cabe ao Grupo Mercado Comum a administração das modificações da TEC, na linha do preceituado no art. 8º da Decisão 22/94: "O Conselho do Mercado Comum delega ao Grupo Mercado Comum a competência para aprovar modificações das alíquotas da Tarifa Externa Comum".

2.10.1. União aduaneira incompleta

Como referido no início da presente obra, o MERCOSUL é uma união aduaneira imperfeita, incompleta. Há diferentes motivos que podem ser aventados como causas para essa incompletude.

Podemos citar o insucesso na harmonização de políticas nacionais ou até mesmo o déficit de incorporação de suas normas aos ordenamentos nacionais[396], principalmente, por parte do Brasil. Porém, o motivo marcante é a grande quantidade de produtos nas listas de exceções à Tarifa Externa Comum do bloco, o que enfraquece a consolidação de uma união aduaneira.

Cada um dos quatro Estados-membros do MERCOSUL, quando da instituição da TEC, pôde elaborar uma lista de exceção, composta por produtos do setor de bens de capital, informática e telecomunicações. Trata-se de produtos cuja incorporação imediata à TEC poderia, teoricamente, causar problemas às respectivas economias nacionais.

A lista de exceção brasileira possui, hoje, 92 produtos, mas a tendência é de que esse rol diminua gradativamente. Devido à gradativa diminuição do número

---

396 Por não ter obtido sucesso na harmonização das políticas nacionais, encontra-se estagnado: "há um *déficit* de incorporação de suas normas (resoluções e decisões) ao ordenamento jurídico de seus Estados-membros, principalmente por parte do Brasil e, sobretudo, existe uma quantidade inaceitável de listas de exceção à tarifa externa comum". CELLI JUNIOR, Umberto. Teoria Geral da Integração: em busca de um modelo alternativo. In: MERCADANTE, Araminta de Azevedo *et al. Blocos Econômicos e Integração na América Latina, África e Ásia.* Curitiba: Juruá, 2008, p. 32.

de produtos que não sofrem a incidência da TEC, apresenta-se, cada vez mais árdua, a missão de se incluir um novo produto.

É de responsabilidade da Câmara de Comércio Exterior (CAMEX) analisar os pedidos para inclusão de produtos na lista de exceção brasileira. O número de pedidos aumenta consideravelmente, mas o seu acatamento não segue o mesmo sentido, porque, como dito, a tendência é que não haja mais exceções à TEC.

Até que ocorra a extinção das listas de exceções, os quatro países-membros do MERCOSUL poderão elaborar listas contendo um número máximo de produtos excluídos da incidência da TEC. Esse número máximo está distribuído da seguinte forma: Brasil e Argentina, máximo de 100 produtos; Uruguai, máximo de 225 produtos; e Paraguai, máximo de 649 produtos.

2.11. Questões comentadas – Juiz do Trabalho

(TRT 11ª Região - 2007) Mercosul - Mercado Comum do Sul:
a) O Protocolo de Buenos Aires criou um Tribunal Permanente supranacional com sede em Montevidéu.
b) O Mercosul não tem entre seus propósitos o de regular as relações trabalhistas e previdenciárias.
c) O Acordo Multilateral de Montevidéu regulamentou a seguridade social entre os países-membros.
d) O Protocolo de Olivos regulamentou a cooperação jurisdicional entre os países-membros em matéria civil, comercial, trabalhista e administrativa.
e) A arbitragem, dentro do atual quadro institucional, perdeu seu espaço para as soluções judiciais.

Gabarito	Comentários
C	• O MERCOSUL, bloco intergovernamental, sem instituições supranacionais, possui Tribunal Permanente de Revisão, criado pelo Protocolo de Olivos de 2002. É este documento que, atualmente, regula a solução de controvérsias, sistema composto por três etapas: a primeira, de negociações diretas; a segunda fase, arbitral; e a terceira, trata-se do Tribunal Permanente de Revisão (TPR). • MERCOSUL - Acordo Multilateral de Seguridade Social do Mercado Comum do Sul. Envolve: "Os Governos da República Argentina, da República Federativa do Brasil, da República do Paraguai e da República Oriental do Uruguai". Feito em Montevidéu em 1997.

(TRT 3ª Região – 2007) Sobre o MERCOSUL, é incorreto afirmar:
a) As discussões para a constituição de um mercado econômico regional para a América Latina remontam à Declaração de Iguaçu, firmada em 1985.
b) Os quatro países que assinaram o Tratado de Assunção, em 1991, foram Argentina, Brasil, Paraguai e Uruguai. A Venezuela é membro desde 2006, em processo de adesão.
c) Os membros associados são Bolívia, Chile, Peru, Colômbia e Equador. O México é Estado Observador.

d) Em 2002, o MERCOSUL, Bolívia e Chile estabeleceram um Acordo sobre Residência para nacionais dos seus Estados, sem exigência de outro requisito além da própria nacionalidade.
e) A Declaração Sociolaboral do MERCOSUL, assinada em 1998, prevê a adoção de princípios de direito individual e coletivo do trabalho, tais como a observância da não-discriminação, da promoção da igualdade, da liberdade sindical e da negociação coletiva.

Gabarito	Comentários
A	• Em 1985, é inaugurada a ponte Presidente Tancredo Neves, que une Argentina e Brasil, em Foz do Iguaçu, firmando-se a Declaração de Iguaçu entre os ex-presidentes José Sarney e Raul Afonsín, começando, assim, os primeiros passos para a integração efetiva e para a futura formação de um bloco. Entretanto, as primeiras ideias para a constituição do mercado comum emergiram em 1990, com a celebração da Ata de Buenos Aires, assinada entre Carlos Menen (Argentina) e Fernando Collor (Brasil).

(TRT 6ª Região – 2010) Leia atentamente as assertivas abaixo e, depois, responda a alternativa CORRETA:

I. Ao se referir à circulação dos meios produtivos, o Tratado de Assunção, ainda que de maneira indireta, trata da livre circulação de trabalhadores.

II. A Declaração Sociolaboral do MERCOSUL impõe aos Estados-membros o compromisso com a garantia e o respeito à Declaração da Organização Internacional do Trabalho sobre os Princípios e Direitos Fundamentais do Trabalho, adotados em 18.06.98, na cidade de Genebra.

III. A Declaração Sociolaboral do MERCOSUL é também conhecida como Carta Social do MERCOSUL.

IV. A Declaração Sociolaboral do MERCOSUL pode ser considerada avançada do ponto de vista político, vedando, inclusive, práticas discriminatórias baseadas na orientação sexual dos trabalhadores.

V. A Declaração Sociolaboral do MERCOSUL não faz qualquer menção aos direitos previdenciários dos trabalhadores.

a) Apenas as assertivas I e II estão corretas.
b) Apenas as assertivas II e III estão corretas.
c) Apenas a assertiva III está correta.
d) As assertivas I, II, III e IV estão corretas.
e) Apenas a assertiva V está correta.

Gabarito	Comentários
D	• Art. 1º do Tratado de Assunção: "(...) Este Mercado Comum implica: A livre circulação de bens, serviços e fatores produtivos entre os países, através, entre outros, da eliminação dos direitos alfandegários restrições não tarifárias à circulação de mercado de qualquer outra medida de efeito equivalente;" • Preâmbulo da Declaração Sociolaboral do MERCOSUL (ou Carta Social): "Considerando, ademais, que os Estados partes apoiaram a 'Declaração da OIT relativa a

Gabarito	Comentários
	princípios e direitos fundamentais no trabalho' (1998), que reafirma o compromisso dos Membros de respeitar, promover e colocar em prática os direitos e obrigações expressos nas convenções reconhecidas como fundamentais dentro e fora da Organização;" • Art. 19 da Carta Social do MERCOSUL: "1.- Os trabalhadores do MERCOSUL têm direito à seguridade social, nos níveis e condições previstos nas respectivas legislações nacionais. 2.- Os Estados partes comprometem-se a garantir uma rede mínima de amparo social que proteja seus habitantes frente à contingência de riscos sociais, enfermidades, velhice, invalidez e morte, buscando coordenar as políticas na área social, de forma a suprimir eventuais discriminações derivadas da origem nacional dos beneficiários".

(TRT 2ª Região – 2010) Temos as seguintes figuras de Direito internacional: 1. Convenções da OIT; 2. Imunidades; 3. Protocolo de Olivos; 4. Protocolo de Ouro Preto; 5. Sistema Tripartite. Assinale a alternativa abaixo que está na respectiva sequência dos itens acima:
   a) 1. Tratados internacionais, multilaterais, abertos à adesão. 2. Só afastada por renúncia do Estado. 3. Instituiu mecanismo arbitral *ad hoc*. 4. Instituiu a personalidade jurídica de Direito Internacional do MERCOSUL. 5. É o sistema em que se repartem as competências aos diversos órgãos da OIT.
   b) 1. São acordos coletivos bilaterais entre sujeitos de Direito Internacional, que devem ser aplicados de forma imediata nos Estados aderentes. 2. São privilégios próprios dos diplomatas, que se estendem aos empregados domésticos que os acompanham nas missões que estão envolvidos.3. Especifica uma lista de árbitros, em número de 12 de cada Estado parte que integrarão a lista que ficará registrada na Secretaria Administrativa do MERCOSUL. 4. Especifica a estrutura funcional do MERCOSUL. 5. Apesar do nome, na verdade, trata-se de uma composição *sui generis* de um órgão internacional, com composição de quatro Estados para cada órgão que pertence à estrutura da Organização.
   c) 1. Tratados internacionais, multilaterais, abertos à adesão, decididos em Conferência Internacional pelo voto de pelo menos 2/3 dos Estados presentes na Assembleia Geral. 2. Decorre da regra conhecida *"par in parem nom habet imperium"* (entre iguais não há império). 3. Estabelece como estrutura do MERCOSUL os seguintes órgãos: Conselho do Mercado Comum; Grupo do Mercado Comum; Comissão do Comércio do Mercado Comum; Comissão das Empresas do Mercado Comum; e, Secretaria Administrativa do Mercado Comum; 4. Estabelece um Tribunal arbitral *ad hoc* composto de 3 árbitros. 5. É o sistema que se compõe de um diplomata de carreira; um representante do executivo do Estado-membro; e, um representante da classe dos trabalhadores.
   d) 1. Tratado internacional próprio da OMC – Organização Mundial do Comércio e da OIT – Organização Internacional do Trabalho, regulando

matérias respectivas de comércio e "dumping social", abertos a todos os Estados com interesses econômicos e sociais. 2. É própria para os atos de império, mas não prevalece para os atos de gestão. 3. Estabelece regras para a solução de conflitos entre os Estados partes, privilegiando o início por negociação direta que não pode exceder a 20 dias. 4. Foi estabelecido entre Argentina, Brasil, Paraguai e Uruguai. 5. É o sistema dos órgãos colegiados da OIT – Organização Internacional do Trabalho, composto de dois delegados dos Estados e um representante dos empregados e um dos empregadores, perfazendo o total de quatro membros.

e) 1. Submetem-se ao regime geral dos tratados e juntamente com as Recomendações formam o que ficou conhecido como Código Internacional do Trabalho. 2. Salvo renúncia do Estado e dentre outras exceções e ações sobre imóvel privado situado no território do Estado acreditado, de propriedade do próprio agente diplomático, não permite processo judicial em face do Estado soberano. 3. Estabelece procedimentos para a solução de controvérsias entre os Estados partes do MERCOSUL, e uma vez iniciados não permitem a nenhuma das partes recorrer a outros mecanismos estabelecidos em outros foros. 4. Diz que as decisões do MERCOSUL serão tomadas por consenso e com a presença dos Estados partes. 5. Tal sistema não ocorre nos órgãos que concernem interesses específicos de governos, exame específico de questões técnicas, ou de questões judiciais.

Gabarito	Comentários
E	• Questão com tópicos que remetem aos capítulos de Direito Internacional. • 1 - As convenções da OIT (tratados) submetem-se ao processo tradicional de celebração dos tratados e, juntamente com as recomendações da OIT (sugestões), formam, em sentido material, o que se conhece como Código Internacional do Trabalho. • 2 - A assertiva, embora correta, não tem uma redação clara. A imunidade do Estado estrangeiro é relativa (costume internacional), já a imunidade do agente diplomático (Convenção de Viena sobre Relações Diplomáticas de 1961) é quase absoluta, com poucas exceções. Neste último caso, são possíveis ações sobre imóveis privados do agente situados no território do Estado acreditado. Com a renúncia expressa pelo Estado, é possível o processo contra este ou contra os seus agentes. • 3 - O Protocolo de Olivos, de 2002, substituiu o de Brasília, e regula o sistema de solução de controvérsias no âmbito do MERCOSUL. Conforme art. 1º do Protocolo: "(...) 2. As controvérsias compreendidas no âmbito de aplicação do presente Protocolo que possam também ser submetidas ao sistema de solução de controvérsias da Organização Mundial do Comércio ou de outros esquemas preferenciais de comércio de que sejam parte individualmente os Estados-partes do MERCOSUL poderão submeter-se a um ou outro foro, à escolha da parte demandante. Sem prejuízo disso, as partes na controvérsia poderão, de comum acordo, definir o foro. Uma vez iniciado um procedimento de solução de controvérsias de acordo com o parágrafo anterior, nenhuma das partes poderá recorrer a mecanismos de solução de controvérsias estabelecidos nos outros foros com relação a um mesmo objeto, definido nos termos do artigo 14 deste Protocolo (...)".

Gabarito	Comentários
	• 4 - Protocolo de Ouro Preto, de 1994, que estabeleceu a estrutura do MERCOSUL e lhe deu personalidade jurídica internacional, enuncia, em seu art. 37, que as "decisões dos órgãos do Mercosul serão tomadas por consenso e com a presença de todos os Estados partes". • A OIT é a úncia agência especializada da ONU que funciona com base no tripartismo (representantes dos governos, empregados e empregadores). Todavia, tal sistema não está presente em todos os órgãos da organização, particularmente nos destinados a tratar de interesses específicos de governos, exame específico de questões técnicas, ou de questões judiciais.

(**TRT 1ª Região - 2011**) Em relação ao Mercosul, considere as seguintes assertivas:

I. Trata-se de bloco regional que reúne as democracias da América Latina, a saber: Brasil, Paraguai, Argentina, Uruguai, Bolívia, Colômbia e Venezuela.

II. A exemplo da Comunidade Europeia, o Mercosul tem por objetivo ser uma unidade econômica e monetária.

III. O Protocolo de Olivos estabelece mecanismos de solução de litígios entre os Estados partes, dentre eles um procedimento arbitral *ad hoc*, com composição de um Tribunal composto de 3 (três) árbitros.

IV. O Protocolo de Ouro Preto estabelece que o Mercosul tem personalidade jurídica de Direito Internacional.

V. A estrutura institucional do Mercosul tem os seguintes órgãos: Conselho do Mercado Comum; Grupo do Mercado Comum; Comissão de Comércio do Mercosul; Foro Consultivo Econômico-Social e Secretaria Administrativa do Mercosul.

Estão corretas as assertivas:
a) III, IV e V.
b) I, II e III.
c) I, II e V.
d) I, IV e V.
e) II, III e IV.

Gabarito	Comentários
A	• O item I não está de todo errado, contudo, o gabarito publicado o considerou como incorreto. Bem, o bloco MERCOSUL, à época da prova, possuía 4 membros permanentes, efetivos e de pleno direito: Brasil, Paraguai, Uruguai e Argentina. A Venezuela era tida como o quinto, só que em processo de adesão. Além desses, há mais 5 membros associados: Bolívia, Chile, Colômbia, Equador e Peru. Não se pode esquecer a situação do México, que ostenta a condição de observador. Aparentemente, o examinador almejou se referir somente aos membros originários. • MERCOSUL: é uma união aduaneira (ZUMUU) e quer ser um mercado comum (ZUMUU). A União Europeia é uma união econômia e monetária (ZUMUU); a UE já tentou atingir o nível de união política (ZUMUU) quando houve a tentativa de adoção da Constituição para a União Europeia (Tratado Constitucional), mas

Gabarito	Comentários
	nem todos os membros ratificaram o documento como, por exemplo, a França e os Países Baixos. • O Protocolo de Olivos, de 2002, estabelece mecanismos de solução de litígios entre os Estados-partes, dentre eles um procedimento arbitral *ad hoc*, com composição de um Tribunal composto de 3 (três) árbitros. Lembrar da inovação do documento: o Tribunal Permanente de Revisão. • O Protocolo de Ouro Preto de 1994, conforme seu art. 34, estabelece que o MERCOSUL tem personalidade jurídica internacional. • A estrutura institucional do MERCOSUL tem os seguintes órgãos: Conselho do Mercado Comum; Grupo do Mercado Comum; Comissão de Comércio do Mercosul; Foro Consultivo Econômico-Social e Secretaria Administrativa do Mercosul, conforme art. 1º do Protocolo de Ouro Preto.

2.12. Questões – Procurador do Trabalho

1 (MPT – XI) No âmbito do MERCOSUL, o sistema de solução de controvérsias entre os Estados:
( ) a) é de natureza autônoma, prevendo a via diplomática como meio exclusivo de pacificação de litígios.
( ) b) é de natureza autônoma, prevendo a via diplomática e a arbitragem como meios de pacificação de litígios.
( ) c) é de natureza heterônoma, prevendo a arbitragem e a atuação de Tribunal Internacional independente como formas de resolução de litígios.
( ) d) é de natureza heterônoma, prevendo apenas a arbitragem como forma de pacificação de litígios.
( ) e) não respondida.

2 (MPT – XII) Na abrangência do MERCOSUL, a jurisdição contenciosa internacional para julgar lide decorrente do contrato de trabalho é:
( ) a) do Estado parte sede da empresa.
( ) b) do Estado parte onde o serviço foi prestado.
( ) c) do foro de eleição, em face do princípio da autonomia da vontade dos signatários.
( ) d) do domicílio do trabalhador, por estar o contrato de trabalho excluído da jurisdição internacional.
( ) e) não respondida.

3 (MPT – XIII) Em relação ao MERCOSUL, é INCORRETO afirmar que:
( ) a) O tratado de constituição do Mercado Comum do Sul foi firmado em 1991 pela Argentina, Brasil, Paraguai e Uruguai, mas encontra-se aberto à adesão de outros países.
( ) b) O MERCOSUL pretende a uniformização dos sistemas jurídicos dos Estados-membros no que tange às relações de trabalho e à seguridade social.

( ) c) O MERCOSUL tem finalidade preponderantemente econômica.
( ) d) No MERCOSUL vigora o sistema arbitral de solução de controvérsias.
( ) e) Não respondida.

4 (MPT – XV) Assinale a alternativa INCORRETA:
( ) a) De acordo com o Protocolo de Ouro Preto, o MERCOSUL não poderá, no uso de suas atribuições, praticar atos necessários à realização de seus objetivos, em especial contratar, adquirir ou alienar bens móveis e imóveis, comparecer em juízo, conservar fundos e fazer transferências.
( ) b) O Tratado de Assunção, seus protocolos e os instrumentos adicionais ou complementares, as decisões do Conselho do Mercado Comum, as Resoluções do Grupo Mercado Comum e as Diretrizes da Comissão de Comércio do MERCOSUL, adotadas desde a entrada em vigor do Tratado de Assunção, os acordos celebrados no âmbito do Tratado de Assunção e seus protocolos são fontes jurídicas do MERCOSUL.
( ) c) A personalidade jurídica do MERCOSUL, de acordo com o Protocolo Adicional ao Tratado de Assunção – Protocolo de Ouro Preto – é de direito internacional.
( ) d) O MERCOSUL (Mercado Comum do Sul) foi criado pelo Tratado de Assunção de 26 de março de 1991, pela Argentina, Brasil, Paraguai e Uruguai, mas encontra-se aberto à adesão de outros países.
( ) e) Não respondida.

Questão	Gabarito
1	B
2	ANULADA
3	B
4	A

3. UNIÃO EUROPEIA (UE)

SUMÁRIO: 3.1. Apresentação; 3.2. Formação do bloco; 3.2.1. Tratado de Lisboa de 2007; 3.3. Supranacionalidade; 3.4 Órgãos; 3.4.1. Parlamento; 3.4.2. Conselho Europeu e Conselho; 3.4.3. Comissão Europeia; 3.4.4. Tribunal de Justiça da União Europeia; 3.4.4.1. Tribunal Geral e Tribunais especializados; 3.4.5. Banco Central Europeu; 3.4.6. Tribunal de Contas; 3.4.7. Outros órgãos e cargos; 3.5. Os Estados-membros; 3.6. Do sistema de pilares e das competências; 3.6.1. Princípios atinentes às competências; 3.7 Fontes: princípios e classificação; 3.7.1. Fontes derivadas em específico; 3.7.1.1. Rol exemplificativo; 3.7.2. Hierarquia das fontes; 3.7.2.1. A interconstitucionalidade e o problema do alcance da primazia; 3.8. Solução de controvérsias; 3.8.1. Legitimados; 3.8.2. Das ações judiciais comunitárias; 3.9. Cidadania europeia; 3.9.1. Carta dos Direitos Fundamentais da União Europeia; 3.9.2. Direitos sociais e livre circulação de trabalhadores; 3.9.2.1. Acordo Schengen; 3.9.3. Carta Comunitária dos Direitos Fundamentais Sociais dos Trabalhadores; 3.9.4. Carta Social Europeia; 3.10. Moeda única: euro; 3.10.1. Requisitos para ingresso: os critérios de convergência; 3.11. Cooperação reforçada; 3.12. Questões comentadas – Juiz do Trabalho.

3.1. Apresentação

No começo dos anos 50, o processo de regionalismo na Europa era fechado, ou seja, apresentava aspecto de isolamento das nações, em que a intenção era proteger os interesses internos dos Estados. Assim, apenas algumas matérias eram objeto dos tratados internacionais. O regionalismo fechado deu espaço ao regionalismo aberto no começo dos anos 90[397], em que há consagração do capitalismo, o modelo liberal de comercialização; percebe-se que o isolamento deu lugar ao liberalismo.

O desenvolvimento da União não encontra comparações, pois seu quadro institucional atual supera todos os demais projetos de aproximação entre os Estados, especialmente pelo seu caráter **supranacional**. A UE é entidade *com personalidade jurídica única, baseada na supranacionalidade, as normas de Direito Comunitário estão acima das fontes nacionais.* Conforme a regra ZUMUU, encontra-se na penúltima fase do processo de integração: união econômica e monetária[398].

Conforme art. 222 do Tratado sobre Funcionamento da UE, a União e os seus Estados- membros atuarão em conjunto, *num espírito de solidariedade,* caso um outro membro seja alvo de ataque terrorista ou vítima de catástrofe natural ou de origem humana. A União, nesses casos, mobilizará todos os instrumentos ao seu dispor, inclusive os recursos militares, para prevenir ameaças terroristas, proteger as instituições democráticas e a população civil e prestar assistência a Estado coirmão, na hipótese de ataque terrorista.

Essa obrigação de ser solidário, de efetivamente estar integrado, é o cerne de todo o processo de integração. Concretizá-la é fadar ao sucesso qualquer proposta de bloco regional.

---

397 O MERCOSUL também já possui regionalismo aberto.
398 MACHADO, D. P.; DEL´OLMO, F. S. *Direito da Integração, Direito Comunitário, MERCOSUL e União Europeia,* cit., p. 137.

Além do princípio da solidariedade, a UE também é regida pelos *princípios da igualdade, do equilíbrio institucional, da uniformidade, da subsidiariedade e da proporcionalidade*.

3.2. Formação do bloco

Partindo da mesma sistemática desenvolvida no item sobre o MERCOSUL, serão elencadas as datas e citados os principais documentos para compreensão da evolução histórica da UE:

- **1951** – surge a Comunidade Europeia do Carvão e do Aço (CECA), por meio do Tratado de Paris. França e Alemanha acordaram sobre o controle comum nos domínios do carvão e do aço. Foi o primeiro projeto de união entre os países europeus após anos de conflitos.
- **1957** – celebrados os Tratados de Roma, instituidores da Comunidade Econômica Europeia (CEE), anos mais tarde denominada apenas Comunidade Europeia, e da Comunidade Europeia de Energia Atômica (CEEA ou Euratom). A partir da criação da CEE, novos países começaram a integrar o bloco.
- **1968** – começa a ser adotada a livre circulação de pessoas, por meio do Regulamento 1.612 de 1968. Encerra-se a fase transitória do mercado comum europeu.
- **1985** – o Acordo de Schengen, completado por uma Convenção de Aplicação, facilitou o exercício da liberdade de circulação dos cidadãos europeus, abolindo os controles nas fronteiras internas da União e reforçando o controle nas fronteiras externas para a entrada de imigrantes, unificando a importante política para a concessão de vistos.
- **1986** – ocorre a primeira revisão do Tratado de Roma por meio do Ato Único Europeu, assinado em Luxemburgo, com entrada em vigor no ano de 1987. Essa fonte do Direito Comunitário caracteriza a terceira fase do processo de integração (ZUMUU), prevendo as devidas adaptações para completar o mercado interno, consolidando a abolição das fronteias internas por meio da implementação efetiva das cinco liberdades: de bens, de trabalhadores, de serviços, de capitais e de concorrência.
- **1992** – assinado o Tratado da União Europeia ou Tratado Maastricht. Entrou em vigor em 1993. Este *cria a UE nos moldes hoje conhecidos, uma união econômica e monetária* (ZUMUU). O presente documento tem objetivos de natureza econômica, busca a união social e política, a instituição de uma cidadania e o estabelecimento de uma política comum.
- **1997** – Tratado de Amsterdã. Ele modificou o Tratado de Roma, definindo as Instituições que hoje compõem a União.
- **1999** – começa a vigorar a moeda comum, o euro. Há Banco Central Europeu, com personalidade jurídica própria e sede em Frankfurt na Alemanha. O euro começou a circular a partir de 01/01/2002.

- **2001** – Tratado de Nice. O documento de Nice adaptou os tratados de Roma e de Maastricht, trazendo mudanças à Comunidade Europeia.
- **2005** – a UE tenta adotar uma Constituição para o bloco (Tratado Constitucional), almejando atingir a última e quinta fase do processo de integração, a união política. No entanto, o projeto não vingou, pois muitos países não ratificaram o tratado. França e Holanda o rejeitaram.
- **2007** – em substituição ao *fracasso* do projeto de Constituição, a UE celebra o Tratado de Lisboa, o qual reproduz, quase que em sua integralidade, o texto daquele documento. O Tratado de Lisboa está em vigor desde dezembro de 2009.

3.2.1. Tratado de Lisboa de 2007

O documento de Lisboa é um tratado reformador, modificador dos tratados constitutivos da União Europeia, para ser mais exato. Os documentos modificados são: *o Tratado Instituivo da Comunidade Europeia (CE) de 1957*[399]; *o Tratado Instituivo da Comunidade Europeia de Energia Atômica (Euratom ou CEEA) de 1957; e Tratado da União Europeia ou de Maastricht de 1992.*

Na mesma linha dos Tratados de Nice e de Amsterdã, o de Lisboa também altera outros tratados[400], sendo que os documentos modificados mantêm-se em vigor. A peculiaridade é que os textos reformados passam a ter uma nova redação, a princípio, mais coadunada com os anseios dos países-membros da UE, a qual passa a ter estrutura fortificada para enfrentar os desafios contemporâneos.

O Tratado de Lisboa é de importância ímpar porque almeja aperfeiçoar a integração entre os países europeus e tem por fim dar mais eficiência às suas instituições, adaptando-as aos atuais membros e aos que ainda virão.

A União Europeia passa a ser entidade única, dotada de personalidade jurídica, ainda com capacidade para celebrar acordos ou participar de outras organizações internacionais. Não se fala mais em Comunidades Europeias, mas sim, unicamente, em União Europeia. O termo "comunidade", embora aplicado no decorrer desta obra devido à sua popularização no meio acadêmico, tecnicamente, não pode ser mais adotado. A partir de dezembro de 2009: só União Europeia! Eis a razão de a tendência doutrinária ser de se optar pela expressão "Direito da União".

As instituições atuais da União foram mantidas, o que ocorreu foi a implementação de reformas que almejam dar mais eficiência ao seu funcionamento, destacam-se:

---

399 O tratado que instituiu a Comunidade Europeia passa a ser denominado de *Tratado sobre o Funcionamento da União Europeia (TFUE).*
400 Nesta linha, é importante lembrar que, para alterar os tratados da UE, há a necessidade de acordo unânime entre todos os Estados-membros e, antes da entrada em vigor de um tratado, como o de Lisboa, é imprescindível que todos os Estados procedam à ratificação de acordo com suas normas constitucionais.

- A União Europeia agora possui um presidente.
- A UE também passa a ter encarregado pela política externa: o Alto Representante para os Negócios Estrangeiros e a Política de Segurança.
- O Parlamento Europeu ganha mais força, juntamente com os parlamentares nacionais. O Parlamento terá novos poderes no que se refere à legislação e ao orçamento da União, bem como aos acordos internacionais.
- Com a maior participação popular, além de continuar elegendo diretamente os membros do Parlamento Europeu, os cidadãos podem solicitar à Comissão que apresente novas propostas políticas para a UE, desde que esta solicitação esteja assinada por, pelo menos, um milhão de cidadãos de um número significativo de Estados-membros.
- O Tratado de Lisboa inova e reconhece expressamente o direito de saída ou retirada do bloco.
- Quanto ao processo legislativo europeu ordinário: o principal processo de decisão da União passa a se chamar processo legislativo ordinário, no qual participam o Conselho e o Parlamento Europeu (co-decisão). Esse sistema será aplicável na maioria das matérias, reduzindo-se, dessa forma, as votações por unanimidade.
- A UE ganha uma personalidade jurídica ÚNICA.

3.3. Supranacionalidade

Os tratados europeus não mencionam expressamente o termo "supranacionalidade". Os seus efeitos, no entanto, são subentendidos e estão bem presentes tanto na jurisprudência comunitária quanto no dia a dia dos europeus. O Tratado da CECA, de Paris, de 1951, em seu art. 9º, implicitamente, já havia introduzido esta noção[401].

A União Europeia consagra uma espécie de soberania compartilhada, a supranacionalidade, apresentando o seu sistema político diferentes níveis de governança, o que vem sendo denominado também de governança multinível.

O bloco comunitário pode ser considerado uma organização internacional supranacional, com personalidade jurídica própria. Não pode ser adjetivado, todavia, como uma federação de Estados. Quanto ao seu caráter subjetivo (*actorness*), em decorrência de seu profundo desenvolvimento, poderia até ser elevado a uma categoria acima das tradicionais organizações internacionais, com peculiaridades que o transformariam em uma instituição *sui generis*.

O seu diferencial seria exatamente o compartilhamento da soberania, já que os Estados delegam parcelas de suas competências estatais internas para serem exercidas por instituições supranacionais, que são aptas a conduzir os interesses do bloco.

---

401 MACHADO, D. P.; DEL'OLMO, F. S. *Direito da Integração, Direito Comunitário, MERCOSUL e União Europeia*, cit., p. 149.

3.4. Órgãos

Em seu art. 13, o Tratado da União Europeia preceitua que a União:

(...) dispõe de um quadro institucional que visa a promover os seus valores, prosseguir os seus objetivos, servir os seus interesses, os dos seus cidadãos e os dos Estados-membros, bem como assegurar a coerência, a eficácia e a continuidade das suas políticas e das suas ações.

As instituições da União são:

- o Parlamento Europeu,
- o Conselho Europeu,
- o Conselho,
- a Comissão Europeia (adiante designada 'Comissão'),
- o Tribunal de Justiça da União Europeia,
- o Banco Central Europeu,
- o Tribunal de Contas.

Cada instituição deverá atuar dentro dos limites das atribuições que lhe são conferidas pelos respectivos tratados, de acordo com os procedimentos, condições e finalidades que estes estabelecem. Nessa tessitura, para o bom funcionamento do bloco, com base no princípio da solidariedade, as instituições devem manter entre si uma cooperação calcada na lealdade e na eficiência.

Essa exata cooperação entre as instituições caracteriza *a forma híbrida de governo na UE, não havendo centralização absoluta da condução das políticas da União em um único órgão, mas sim distribuição de competências.* Cada instituição contribui para formar o todo (UNIÃO), emitindo atos unilaterais que nortearão os rumos do bloco.

3.4.1. Parlamento

O **Parlamento** tem sua sede em Estrasburgo, na França, mas seu Secretariado-geral se encontra em Luxemburgo e as suas comissões se reúnem em Bruxelas.

Trata-se de *instituição supranacional, de caráter essencialmente político, que exerce, juntamente com o Conselho, a função legislativa e a função orçamentária.* Veja que a definição do orçamento da União e a produção legislativa não são exercidas em sua plenitude, pois o Parlamento, só em determinados casos, participa no exercício do poder normativo e tem uma intervenção limitada na aprovação do orçamento comunitário. Nesta particularidade se diferencia do perfil de muitos Parlamentos nacionais, tendo em vista que as atividades legislativa e orçamentária são, normalmente, atribuídas sem restrições aos respectivos Legislativos.

O Parlamento exerce funções de controle político ou supervisão e de consulta. Dentre suas várias atribuições, elencadas pelos tratados comunitários, cabe-lhe eleger o presidente da Comissão Europeia.

A composição do Parlamento é a mais democrática possível, em se tratando de instituição que melhor representa a vontade popular em nível comunitário, haja vista ser composto por representantes dos cidadãos europeus, eleitos por sufrágio universal, direto, livre e secreto, para exercerem mandato de cinco anos, gozando de imunidade parlamentar. É a única instituição que possui o sistema de eleições diretas.

Antes do Tratado de Lisboa de 2007, o Parlamento possuía 732 *eurodeputados*, com sua entrada em vigor, passa a ter, no máximo, 750.

3.4.2. Conselho Europeu e Conselho

O **Conselho Europeu** é instituição tida como o *órgão supremo da União Europeia*, sendo constituída pela reunião dos Chefes de Governo ou Chefes de Estado dos membros da Comunidade, assistidos pelos Ministros das Relações Exteriores. Ele tem por missão dar os impulsos necessários ao desenvolvimento da União, definindo suas orientações e prioridades políticas gerais. Não exerce função legislativa e se reúne duas vezes por semestre, por convocação de seu Presidente, pronunciando-se, em regra, por consenso. Quando a situação o exija, o Presidente poderá convocar uma reunião extraordinária.

Já o **Conselho (ou Conselho da União Europeia)** *não pode ser confundido com o Conselho Europeu, acima estudado, e nem com o Conselho da Europa*[402]. Somente o Conselho Europeu e o Conselho da União Europeia (ou só Conselho) são instituições da UE.

O Conselho é o principal órgão legislativo e executivo da UE. Exerce, juntamente com o Parlamento Europeu, a função legislativa e a função orçamentária. Cabe a ele definir as políticas da UE e desenvolver atividade de coordenação do bloco, deliberando, em regra, por maioria qualificada. É composto por um representante de cada Estado-membro a nível ministerial, com poderes para vincular o governo do respectivo Estado e exercer o direito de voto.

3.4.3. Comissão Europeia

A **Comissão** tem como função promover o interesse geral da União, competindo-lhe, nessa linha, velar pela aplicação dos tratados, bem como das medidas adotadas pelas demais instituições. É uma espécie de governo da União Europeia.

Tal Comissão executa o orçamento e gere os programas definidos pelo bloco, exerce funções de coordenação, de execução e de gestão e toma a iniciativa da programação anual e plurianual da União com vistas à obtenção de acordos interinstitucionais.

Com exceção da política externa e de segurança comum e dos demais casos previstos nos tratados, a Comissão assegura a representação externa da União.

---

402 O Conselho da Europa é uma organização internacional, com personalidade jurídica própria, que foi criada em 05 de maio de 1949. É a mais antiga instituição europeia em funcionamento. Não é um órgão da União Europeia, embora suas atividades abarquem 47 Estados da Europa, inclusive os 27 integrantes da União. Seus principais objetivos são a defesa dos direitos humanos, o desenvolvimento democrático e a estabilidade político-social no continente europeu. No âmbito do Conselho da Europa encontra-se a Convenção Europeia dos Direitos Humanos e o Tribunal Europeu dos Direitos Humanos. A sede do Conselho é em Estrasburgo, na França.

Semelhante ao papel desempenhado pelo Parlamento Europeu, a Comissão exerce atividade consultiva, pois pode formular recomendações ou pareceres sobre matéria objeto dos tratados.

Por fim, é importante ressaltar que a Comissão exerce as suas responsabilidades com total independência, não podendo seus membros solicitar e, muito menos, aceitar instruções de nenhum governo, instituição, órgão ou organismo. Seus integrantes devem abster-se de toda e qualquer ação que seja incompatível com os seus deveres ou com o exercício das funções.

3.4.4. Tribunal de Justiça da União Europeia

O **Tribunal de Justiça da União Europeia (TJUE)** detém a competência jurisdicional para as questões de Direito Comunitário. Cabe a ele garantir o respeito ao direito na interpretação e aplicação dos tratados europeus, sendo o órgão jurisdicional supranacional do sistema judicial de solução de controvérsias da UE.

O Tribunal de Justiça é composto por um juiz de cada Estado-membro, os quais, assim como os advogados gerais que dão assistência ao Tribunal, são escolhidos de comum acordo pelos governos dos Estados.

A competência do TJUE é ampla, dentre todas, compete-lhe fiscalizar a legalidade dos atos adotados em conjunto pelo Parlamento Europeu e pelo Conselho, dos atos do Conselho, da Comissão e do Banco Central Europeu, que não sejam recomendações ou pareceres, e dos atos do Parlamento Europeu destinados a produzir efeitos jurídicos em relação a terceiros. A ele compete conhecer dos recursos com fundamento em incompetência, violação de formalidades essenciais, violação do Tratado da União Europeia ou de qualquer norma jurídica relativa à sua aplicação, ou em desvio do poder, interpostos por um Estado-membro, pelo Conselho ou pela Comissão. O Tribunal tem, ainda, competência, nas mesmas condições, para conhecer dos recursos interpostos pelo Parlamento Europeu, pelo Tribunal de Contas e pelo Banco Central Europeu com o objetivo de salvaguardar as respectivas prerrogativas.

Embora com vasto campo para decidir, o Tribunal não tem competência para exarar decisões em algumas áreas. Ele não dispõe de competência no que diz respeito às disposições relativas à política externa e de segurança comum, nem no que tange aos atos adotados com base nessas disposições. Também não ostenta competência para fiscalizar a validade ou a proporcionalidade de operações efetuadas pelos serviços de polícia ou outros serviços responsáveis pela aplicação da lei num Estado-membro, nem para decidir sobre o exercício das responsabilidades que incumbem aos Estados-partes em matéria de manutenção da ordem pública e de garantia da segurança interna.

Na linha do que vem sendo destacado quanto à sua competência, convém frisar que o TJUE não pode ser considerado uma instância recursal para os tribunais nacionais dos Estados-membros, não lhe cabendo, por conseguinte, reformar decisões desses tribunais, mesmo em matéria de Direito Comunitário. No entanto, ele *pode ser acionado pelos órgãos jurisdicionais nacionais, a título prejudicial (reenvio prejudicial), para se manifestar sobre a interpretação do Direito da União ou sobre a validade dos atos adotados pelas instituições.*

Os seus acórdãos são vinculativos e devem ser cumpridos pelos Estados-membros. Se verificado que um Estado não cumpriu qualquer das obrigações que lhe incumbem por força dos tratados, ele deve tomar as medidas necessárias à execução. Se a Comissão considerar que o Estado em causa não tomou as medidas tendentes à execução da decisão, pode submeter o caso novamente ao Tribunal, após ter dado ao Estado a possibilidade de apresentar as suas observações (uma espécie de defesa). Se o Tribunal declarar verificado que o ente em causa não deu cumprimento ao seu acórdão, pode condená-lo ao pagamento de uma quantia fixa ou progressiva correspondente a uma sanção pecuniária.

Suas decisões são irrecorríveis e têm força executiva imediata nos territórios dos Estados-membros, produzindo força obrigatória desde o dia em que foram proferidas.

3.4.4.1. Tribunal Geral e Tribunais especializados

No âmbito do Tribunal de Justiça da União Europeia funcionam ainda o **Tribunal Geral** e os **Tribunais especializados**.

O Tribunal Geral, também conhecido como Tribunal de Primeira Instância (a ser chamado somente de "Tribunal" com a entrada em vigor do Tratado de Lisboa), é competente para conhecer, em primeira instância, de recursos que especifica. A essa Corte são aplicáveis, no que couberem, as disposições do Tribunal de Justiça da UE.

As decisões proferidas pelo Tribunal Geral podem ser objeto de recurso para o Tribunal de Justiça da UE, limitado às questões de direito. O Tribunal de 1ª instância é competente para conhecer dos recursos interpostos contra as decisões dos tribunais especializados.

O Parlamento Europeu e o Conselho, deliberando em conjunto, podem criar tribunais especializados, adstritos ao Tribunal Geral. Cabe a tais cortes conhecer, em primeira instância, de certas categorias de recursos em matérias específicas; eis a razão de serem denominados como "especializados". As decisões dos tribunais especializados podem ser objeto de recurso para o Tribunal Geral, limitado às questões de direito ou, quando tal estiver previsto no regulamento que cria o tribunal especializado, que incida também sobre algumas questões de fato.

3.4.5. Banco Central Europeu

O **Banco Central Europeu (BCE)** foi criado em 30 de junho de 1998 e entrou em funcionamento em 1º de janeiro de 1999, com sede em Frankfurt, na Alemanha. Trata-se de *órgão supranacional, com personalidade jurídica própria e com atribuições para a execução das políticas econômica e monetária da União, competindo-lhe gerir o euro (emitir as notas para circulação).*

A instituição é governada por um Conselho, por uma Comissão Executiva e por um Conselho Geral, adotando, no exercício de suas atribuições, regulamentos, decisões e recomendações.

O *Banco Central é o núcleo do Eurosistema e do Sistema Europeu de Bancos Centrais* (SEBC). O Eurosistema é constituído pelo BCE e pelos bancos centrais dos 17 países que, por enquanto, adotaram o euro. Já o SEBC é constituído pelo BCE e pelos bancos centrais nacionais de todos os Estados-membros da UE, independentemente de terem adotado ou não o euro como moeda.

3.4.6. Tribunal de Contas

O **Tribunal de Contas** é composto por um representante de cada Estado-membro, sendo nomeados para um período de seis anos. A escolha é feita pelo Conselho, após consulta ao Parlamento Europeu.

Foi criado pelo Tratado de Bruxelas em 22 de julho de 1975 e é uma instituição que desempenha controle eficiente sobre a gestão financeira e orçamentária do bloco.

3.4.7. Outros órgãos e cargos

É extremamente complexa a estrutura da UE, comportando vários outros entes.

Pode ainda ser citado o **Comitê Econômico e Social (CES),** ao qual compete assistir ao Parlamento Europeu, ao Conselho e à Comissão. O Comitê será consultado nos casos previstos nos tratados, podendo, igualmente, ser consultado por tais instituições sempre que o considerem oportuno (juízo de conveniência e oportunidade).

Há o **Comitê das Regiões.** Conforme ocorre com o Comitê Econômico e Social, o Parlamento Europeu, o Conselho e a Comissão também são assistidos por um Comitê das Regiões (localizado em Bruxelas), que exerce funções consultivas. Tal Comitê será acionado pelo Parlamento, pelo Conselho ou pela Comissão nas hipóteses previstas nos tratados e em todos os outros casos, nomeadamente aqueles que digam respeito à cooperação transfronteiriça, em que uma dessas instituições o considere oportuno.

O **Banco Europeu de Investimentos.** Trata-se de instituição com personalidade jurídica própria, sem fins lucrativos e destinada a favorecer a realização dos objetivos da União Europeia na medida em que fornece financiamentos a longo prazo em favor de investimentos viáveis.

Importante, ainda, é o **Provedor de Justiça Europeu.** Eleito pelo Parlamento, é competente para receber queixas apresentadas por qualquer cidadão da União ou qualquer pessoa singular ou coletiva com residência ou sede estatutária num Estado-membro, referentes a casos de má administração na atuação das instituições, órgãos ou organismos da União, com exceção do Tribunal de Justiça da União Europeia no exercício das suas funções jurisdicionais. O Provedor de Justiça instrui essas queixas e apresenta relatórios sobre as mesmas.

E, por fim, uma das inovações do Tratado de Lisboa, o **Alto Representante da União para os Negócios Estrangeiros e a Política de Segurança**. Trata-se de uma espécie de Ministro das Relações Exteriores (ou Chanceler), não sendo um órgão no sentido técnico, mas sim um cargo.

3.5. Os Estados-membros

Atualmente, a União Europeia possui 27 Estados-membros, quais sejam: Alemanha, França, Itália, Bélgica, Holanda, Luxemburgo, Dinamarca, Inglaterra, Irlanda, Grécia, Espanha, Portugal, Áustria, Finlândia, Suécia, Chipre, Eslováquia, Eslovênia, Estônia, Hungria, Letônia, Lituânia, Malta, Polônia, República Tcheca, Bulgária e Romênia.

Os últimos ingressos de países ao bloco ocorreram em 1995, 2004 e 2007. Em 1º de janeiro de 1995 aderiram três países: Áustria, Suécia e Finlândia. Dez novos Estados ingressaram na União em 1º de maio de 2004: Chipre, Eslováquia, Eslovênia, Estônia, Hungria, Letônia, Lituânia, Malta, Polônia e República Tcheca. Por fim, Bulgária e Romênia foram admitidas em 1o de janeiro de 2007, elevando ao expressivo número de vinte e sete os membros do bloco europeu.

Além dos atuais membros, há países com interesse em ingressar. Como candidatos, ou seja, os que estão com o processo de adesão em trâmite, são: Croácia, Islândia, Montenegro, Antiga República Iugoslava da Macedônia e Turquia.

O Tratado da União Europeia, ou de Maastrich, em seu art. 49, estabelece uma cláusula de abertura que permite o ingresso de novos países. *Qualquer Estado localizado no continente europeu pode candidatar-se à adesão ao bloco, desde que respeite os princípios da liberdade, da democracia, dos direitos humanos e das liberdades fundamentais.*

Além de atender a esses princípios fundamentais, para ser membro, devem ser obedecidos os critérios básicos de membresia, que são as condições de Copenhague, estabelecidas na Dinamarca em 1993[403].

O país europeu que atenda às regras de Copenhague pode dar início ao processo de ingresso. Começa o processo de admissão propriamente dito quando o Estado faz o pedido oficial e se torna candidato, passando, após, a ser analisado por meio de uma fase de negociação, para, ao final, receber o aceite de adesão. Veja-se que o processo em estudo, vislumbrado sob um prisma geral, comporta uma *fase de candidatura* (a qualidade de candidato não garante o direito de ingresso), uma *fase de negociação* (ou de avaliação) e, para encerrar, uma *etapa de adesão* (ou de aceitação).

---

403 Há três categorias de critérios a serem atendidos pelos Estados interessados, de acordo com o documento de 1993. A primeira categoria são as condições políticas (deve possuir instituições estáveis, que estejam coadunadas com a democracia e o estado de direito), a segunda são as condições econômicas (é necessário possuir uma economia em funcionamento, com capacidade para lidar com as forças de mercado, e sobreviver à livre concorrência dentro do bloco) e, por fim, o acervo comunitário ou *acquis communitaire* (devem ser apresentadas condições internas para acatar todos os compromissos da membresia).

3.6. Do sistema de pilares e das competências

Antes da entrada em vigor do Tratado de Lisboa, que ocorreu em dezembro de 2009, a arquitetura institucional da União Europeia se dava por meio de pilares, os quais delineavam, de forma confusa, as competências do bloco.

Em cada um dos pilares almejava-se assegurar um equilíbrio entre as soberanias nacionais e a supranacionalidade. O instituto da supranacionalidade estava notoriamente presente no primeiro pilar, o mais importante do bloco em razão das ações que desempenhava.

Cada um dos pilares era responsável pela atuação em determinadas áreas de competências. O quadro abaixo representa essa divisão:

Primeiro Pilar	Segundo Pilar	Terceiro Pilar
Comunidades Europeias	Política Externa e de Segurança Comum	Cooperação policial e judiciária em matéria penal
• União alfandegária e mercado único; política agrícola comum; política comum de pesca; proteção da concorrência; união econômica e monetária; cidadania da União; educação e cultura; transportes; proteção dos consumidores; saúde; investigação científica; ambiente; política social; espaço de liberdade, de segurança e de justiça; política de imigração da União Europeia; Acordo de Schengen; e acolhimento de refugiados.	• Força Europeia de Reação Rápida; Missões de Petersberg; Direitos Humanos; e Democracia. • Ajuda Humanitária; e Política Europeia de Segurança e de Defesa.	• Tráfico de droga e de armas; terrorismo; tráfico de pessoas; crime organizado; corrupção; e Eurojust.

Contudo, com o fim de dinamizar e unificar a União (término da divisão em comunidades) foi celebrado o Tratado de Lisboa em 2007, que, dentre as inúmeras inovações, restou por abolir a sistemática de pilares, criando, assim, dinâmica de divisão de competências mais simples e clara. Desse modo, com a entrada em vigor do tratado reformador, em dezembro de 2009, a repartição de competências em diversas áreas políticas entre os Estados-membros e a União passa a ser regida por um sistema em que as competências são classificadas em: *exclusiva, partilhada e complementar (ou de apoio)*. A União Europeia não pode legislar em qualquer domínio, por isso, o documento de Lisboa enumera seus campos de atuação[404].

A *competência exclusiva* atine às áreas em que somente a União pode agir. Dessa forma, ela tem competência exclusiva quanto à política comercial comum, política de concorrência necessária ao funcionamento do mercado interno e política monetária para os Estados cuja moeda seja o euro. Bem como em outros

---

404 MACHADO, D. P.; DEL'OLMO, F. S. *Direito da Integração, Direito Comunitário, MERCOSUL e União Europeia,* cit., p. 169.

assuntos também elecando em tratado, por exemplo: formulação de diretrizes; celebração de acordos internacionais com o fim de complementar um ato legislativo da própria União; conservação dos recursos biológicos do mar no âmbito da Política Comum das Pescas; indústria; cultura; turismo; educação, juventude, desporto e formação profissional; proteção civil; cooperação administrativa; e quanto a normas comuns de segurança para a saúde pública.

Quando os tratados atribuírem à União competência exclusiva em determinado domínio, somente a União pode legislar e adotar atos juridicamente vinculativos. Os próprios Estados-membros só poderão fazê-lo se previamente habilitados pela própria UE.

Além da competência exclusiva, há a *competência partilhada*. Neste caso, a União e os Estados-membros podem legislar e adotar atos juridicamente vinculativos. Os Estados exercem a sua competência na medida em que a União não tenha exercido a sua ou tenha decidido por não exercê-la.

As competências partilhadas entre a União e os Estados-membros aplicam-se aos principais domínios, desde que não abarcados dentro das competências exclusivas. São estes domínios: mercado interno; política social; coesão econômica, social e territorial; agricultura e pescas, com exceção da conservação dos recursos biológicos do mar; ambiente; defesa dos consumidores; transportes; redes transeuropeias; energia; espaço de liberdade, segurança e justiça; e problemas comuns de segurança em matéria de saúde pública.

Por fim, há a *competência de apoio ou complementar*, em que a União age de forma suplementar, apoiando as ações perpetradas pelos Estados-membros. A União dispõe de competência para desenvolver ações destinadas a apoiar, a coordenar ou a completar a ação dos Estados-membros, sem substituí-los. Os atos juridicamente vinculativos da União relativos a esses domínios não podem implicar na harmonização das disposições legislativas e regulamentares dos respectivos Estados-membros.

3.6.1. Princípios atinentes às competências

A distribuição de competências na UE obedece a três princípios balisares: *da atribuição, da subsidiariedade e da proporcionalidade*. Esses dois últimos são especificamente disciplinados pelo *Protocolo Relativo à Aplicação dos Princípios da Subsidiariedade e da Proporcionalidade*.

A delimitação de competências da União rege-se pelo princípio da atribuição, já o exercício de tais competências rege-se pelos princípios da subsidiariedade e da proporcionalidade.

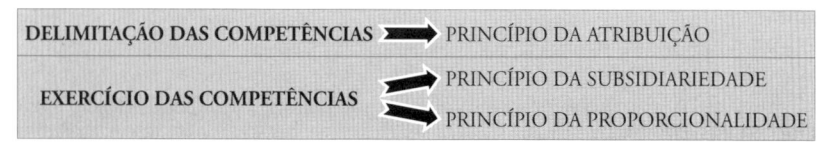

DELIMITAÇÃO DAS COMPETÊNCIAS	➡ PRINCÍPIO DA ATRIBUIÇÃO
EXERCÍCIO DAS COMPETÊNCIAS	➡ PRINCÍPIO DA SUBSIDIARIEDADE ➡ PRINCÍPIO DA PROPORCIONALIDADE

3.7. Fontes: princípios e classificação

Os princípios norteadores do Direito Comunitário são: *da aplicabilidade imediata; da primazia; da autonomia frente às ordens jurídicas; e da subsidiariedade.* Tentando partir da classificação das fontes do Direito da Integração do MERCOSUL, até como forma de facilitar a memorização, as fontes do Direito Comunitário podem ser classificadas em originárias (ou primárias), em complementares e em derivadas (ou secundárias).

O *Direito Comunitário originário* é composto pelos tratados institucionais ou comunitários acima já mencionados, que são as convenções fundadoras e reformadoras, seus protocolos e anexos, e os tratados de adesão de novos membros.

É importante ressaltar que, embora o Direito da União seja disciplina nova, marcada pela aplicabilidade imediata e independente em relação ao Direito Internacional e aos Direitos internos, ele se formou com base em tratados celebrados conforme processo tradicional de celebração. Veja que as fontes originárias são normas incorporadas às ordens dos países partes por meio dos preceitos do Direito Internacional clássico. Sendo assim, conclui-se que o Direito Comunitário é independente do Direito das Gentes, mas, paradoxalmente, encontra fundamento no mesmo.

O *Direito Comunitário complementar* é formado pelos tratados celebrados pela UE com outros Estados ou organizações internacionais na condição de sujeito do Direito Internacional.

Já o *Direito Comunitário derivado* consiste nos atos unilaterais que emanam das instituições do bloco europeu, representados por: regulamentos, diretivas, decisões, recomendações e pareceres.

3.7.1. Fontes derivadas em específico

A supranacionalidade e a primazia das normas comunitárias são os diferenciais do Direito da União. É a partir delas que se permite a aplicabilidade imedita e a produção de efeitos diretos. Contudo, nem todas as fontes regionais europeias ostentam tais características, é preciso distingui-las.

Compõem o Direito Comunitário derivado: os regulamentos, as diretivas, as decisões, as recomendações e os pareceres.

O *regulamento* é norma de alcance geral, com efeito *erga omnes*, sendo obrigatório em todos os seus elementos. Constitui fonte comunitária derivada diretamente aplicável em todos os Estados-membros, não havendo necessidade de processo de recepção ou ato nacional que o aceite expressamente, pois tem aplicabilidade imediata (sem necessidade de incorporação) e efeito direto (podem ser alegados desde já pelos particulares perante juiz nacional). Os regulamentos possuem todas as características e princípios antes estudados sobre o Direito Comunitário.

Segundo Stelzer, os regulamentos são considerados os atos jurídicos mais importantes no sistema normativo comunitário, "por intermédio desses diplomas legais, as instituições podem interferir eficazmente nas ordens nacionais, haja vista suas três principais características: caráter geral, obrigatoriedade e aplicabilidade direta"[405].

As *diretivas*[406] são atos jurídicos vinculativos para qualquer Estado-membro a que for dirigido. Ficam, todavia, à discrição das autoridades nacionais as formas e os meios de atingir o objetivo definido. Elas têm como destinatários um, vários ou todos os Estados integrantes do bloco. Para que produza efeitos quanto aos nacionais de cada Estado, é necessário que o legislador nacional promulgue um ato de transposição, por meio do qual o direito interno é adaptado aos objetivos fixados no corpo da diretiva. O cidadão europeu somente adquire direitos e deveres quando da edição do ato interno que transpõe a diretiva para o Direito nacional. A transposição é obrigatória dentro do prazo fixado na própria diretiva.

Em princípio, as diretivas não são diretamente aplicáveis (não têm efeito direto), mas o Tribunal de Justiça da UE já se manifestou no sentido de que disposições singulares possam ser, desde que de forma excepcional, diretamente aplicáveis, ou seja, sem se exigir o ato de transposição[407].

Essa situação excepcional ocorre somente com o preenchimento das seguintes condições: a) deve ter expirado o prazo sem feitura do ato de transposição, ou, se apresentado o ato, este não foi feito corretamente; b) as disposições da diretiva devem ser imperativas e suficientemente pormenorizadas; e c) as disposições da diretiva devem conferir direitos aos indivíduos. Se presentes tais condições, os particulares podem invocar disposições constantes da diretiva contra todos os órgãos investidos de poder de Estado[408].

A terceira fonte derivada obrigatória são as *decisões*, que são atos vinculativos em todos os seus elementos, mas somente para os destinatários que designar em seu corpo; não tem o caráter geral dos regulamentos. Quem pode ser destinatário de uma decisão? Os Estados-membros e as pessoas físicas e jurídicas.

A decisão tem por fim disciplinar determinadas questões relativamente a destinatários específicos. Veja-se que a especificidade abriga tanto a matéria versada como os agentes atingidos.

Tal como as diretivas, as decisões podem incluir a obrigação de um Estado-membro de conferir aos particulares uma posição jurídica mais favorável. Nesse caso – na mesma linha do explicado sobre as diretivas – é necessário, para justificar os direitos do indivíduo, um ato de transposição. As decisões podem, sob as mesmas condições das disposições das diretivas, ser diretamente aplicadas.

---

405 STELZER, Joana. *Integração Europeia:* dimensão supranacional. Florianópolis: Dissertação em Mestrado em Direito. UFSC, 1998, p. 105.
406 Recomenda-se a leitura de algumas diretivas específicas sobre relações laborais, v.g., Diretivas 75/129 e 92/56, ambas sobre dispensa coletiva, e Diretiva 80/987, que regula a proteção dos trabalhadores em caso de insolvência do empregador.
407 Jurisprudência constante nos termos da Coletânea de 1970, p. 1213 e seguintes.
408 Acórdão do TJCE de 22 de junho de 1989, processo 103/88, Fratelli Costanzo, Coletânea 1839, considerando 31.

E, por fim, menos importantes em razão de sua natureza sugestiva e não vinculante, há as *recomendações e os pareceres*. Eles são mecanismos que têm natureza consultiva e função de orientar, não criando, em regra, quaisquer direitos ou obrigações aos seus destinatários.

3.7.1.1. Rol exemplificativo

Corroborando o que acaba de ser exposto quanto às fontes derivadas, assim disciplina o Tratado sobre o Funcionamento da UE, em seu art. 288: "Para exercerem as competências da União, as instituições adotam regulamentos, diretivas, decisões, recomendações e pareceres." Mais adiante, o mesmo artigo define sobre a aplicabilidade: o regulamento "tem caráter geral. É obrigatório em todos os seus elementos e diretamente aplicável em todos os Estados-Membros"; a diretiva "vincula o Estado-membro destinatário quanto ao resultado a alcançar, deixando, no entanto, às instâncias nacionais a competência quanto à forma e aos meios"; a decisão "é obrigatória em todos os seus elementos. Quando designa destinatários, só é obrigatória para estes"; e as recomendações e os pareceres "não são vinculativos".

Importa destacar que as fontes derivadas vão além dos regulamentos, diretivas, decisões, recomendações e pareceres (atos tipificados), previstos no art. 288 do Tratado sobre o Funcionamento da UE. Assim, há outros atos unilaterais que também compõem o Direito Comunitário derivado[409].

3.7.2. Hierarquia das fontes

A relação hierárquica desses três grupos de fontes pode ser apresentada da seguinte forma:

FONTES ORIGINÁRIAS
FONTES COMPLEMENTARES
FONTES DERIVADAS

É importante destacar que os tratados que integram as fontes primárias ou originárias (de Roma, de Nice, de Amsterdã, de Lisboa) estão no mesmo nível, têm a mesma força. Os acordos que compõem o conjunto das fontes complementares também estão no mesmo nível, no entanto, ainda precisam guardar compatibilidade com as fontes primárias. E quanto às fontes derivadas, entre elas não há hierarquia, quer *de jure*, quer dependendo, por exemplo, da instituição que o adota. No entanto, estas precisam ser compatíveis com as fontes originárias e complementares.

3.7.2.1. A interconstitucionalidade e o problema do alcance da primazia

Partindo da perspectiva supranacional e levando em conta o *princípio da primazia do Direito da União*, são alocadas na base da pirâmide, ou seja, abaixo das

---

409 MACHADO, D. P.; DEL'OLMO, F. S. *Direito da Integração, Direito Comunitário, MERCOSUL e União Europeia,* cit., p. 193.

fontes originárias, complementares e derivadas, o Direito nacional, representado pelas normas internas dos Estados-membros.

No entanto, não há sedimentação na doutrina europeia sobre qual o alcance da primazia comunitária, se abarcaria, inclusive, as Constituições internas.

O continente europeu presencia o fenômeno constitucional-internacional conhecido como *interconstitucionalidade*[410], em que são estudadas "as relações interconstitucionais de concorrência, convergência, justaposição e conflitos de várias constituições e de vários poderes constitucionais no mesmo espaço político"[411].

A União, espacialmente, possui território específico integrado por uma associação profunda de Estados limitadamente soberanos após suas adesões. Tal situação conduz a certos pontos com dúvidas complexas, dentre as quais se destacam a "turbulência produzida na organização constitucional dos estados soberanos pelas organizações políticas supranacionais" e a "recombinação das dimensões constitucionais clássicas através de sistemas organizativos de natureza superior"[412].

Com a *interconstitucionalidade*, a partir da qual se aceita a existência de Constituições em rede, a coexistência territorial de Constituições – a europeia, ainda que no sentido material[413], e as nacionais – incita-se ao desafio de como preservar a identidade nacional frente ao novo ente regional que ostenta posição supranacional.

A definição do alcance do princípio da primazia mostra-se como chave para, ao menos, se tentar solucionar a questão.

O Tribunal de Justiça da UE entende que o primado do Direito Comunitário incide sobre todas as fontes internas dos Estados, até mesmo sobre as suas Constituições. Isso ficou consagrado, v.g., no Acórdão *Costa/ENEL*[414], quando se afirmou que a:

> transferência levada a cabo pelos Estados, da sua Ordem Jurídica interna para a Ordem Jurídica comunitária, implica, portanto, uma limitação definitiva dos seus poderes soberanos contra a qual não se poderá fazer prevalecer um ato unilateral posterior incompatível com a noção de Comunidade. (...) originário de uma fonte autônoma, o direito nascido dos tratados não poderá, em razão da sua natureza específica original, ver-se judicialmente contrariado por um texto interno de qualquer natureza sem perder o seu caráter comunitário e sem que seja posta em causa a base jurídica da própria comunidade. (...) o primado abrange o Direito estadual tanto anterior como posterior ao ato comunitário em causa.

---

410 CANOTILHO, J.J. Gomes. *"Brancosos" e interconstitucionalidade*: itinerários dos discursos sobre a historicidade constitucional. Coimbra: Almedina, 2006, pp. 262-279.
411 CANOTILHO, J.J. G. *"Brancosos" e interconstitucionalidade* ..., cit., p. 266.
412 CANOTILHO, J. J. G. *"Brancosos" e interconstitucionalidade* ..., cit., p. 267.
413 Instigadora essa constatação de Mathijsen sobre os tratados comunitários: "Os Tratados apresentam várias analogias com as Constituições nacionais: na verdade, podemos afirmar que apesar de, inicialmente, se assemelharem a tratados internacionais, a sua posterior revisão transformou-os na 'Constituição' da Europa Comunitária." MATHIJSEN, P. S. F. R. *Introdução ao Direito Comunitário*. Coimbra: Biblioteca Jurídica Coimbra Editora, 1991, p. 409.
414 De 15 de julho de 1964, Proc. 6/64.

Não há convenção comunitária vigente que preveja expressamente a primazia das normas comunitárias, isso decorre da consolidação jurisprudencial perpetrada pelo Tribunal de Justiça da União, a qual, diga-se, é vinculativa.

O mais recente Tratado de Lisboa optou por omitir consagração estampada em seu corpo, restando apenas menção em Declaração anexa ao mesmo, que assim dispõe: "A conferência lembra que, em conformidade com a jurisprudência do Tribunal de Justiça da União Europeia, os tratados e o direito da União adotado com base nos Tratados primam sobre o direito dos Estados-membros, nas condições referidas na referida jurisprudência". O que, estranhamente, contrariou a tendência do constitucionalismo europeu que, no projeto de Tratado Constitucional, previa expressamente o preceito, em seu art. I-6: "a Constituição e o direito adotado pelas instituições da União, no exercício das competências que lhe são atribuídas, primam sobre o direito dos Estados-membros".

Bem, o primado, ainda que não previsto expressamente em tratado, decorre da jurisprudência vinculante do TJUE. Este já definiu que seu alcance é amplo. Mas a doutrina oscila. O professor J. J. Gomes Canotilho destaca que deve haver limites à supranacionalidade do Direito da União quanto ao Direito Constitucional interno, aludindo que o que existe é a aplicação preferente e não preeminência quanto à validade. Ademais, arrebata o autor que a primazia em relação às normas constitucionais é somente atributo do Direito convencional dos tratados comunitários, i.e., do Direito da União originário, já que a primazia de todas as normas comunitárias (originárias e derivadas) "acabaria por minar a medula óssea de qualquer estado de direito democrático e constitucional"[415].

3.8. Solução de controvérsias

A União adota *sistema de solução de controvérsias supranacional de alcance regional*. Trata-se de sistema verdadeiramente judicial para a solução de litígios. O grau evolutivo do sistema judicial comunitário é tanto que inclusive os particulares possuem meios processuais para demandarem perante o Tribunal de Justiça da UE.

A existência de Tribunal de Justiça próprio (sediado em Luxemburgo), com perfil supranacional e jurisdição obrigatória, transforma o bloco europeu em modelo para o estudo tanto do Direito da Integração quanto do Direito Comunitário, bem como para as pesquisas dos demais sistemas de solução de controvérsias.

Os Estados não podem recorrer a outros meios em caso de não cumprimento dos compromissos comunitários. O único meio que lhes resta para exigir o atendimento a compromisso de Direito Comunitário é a via judicial. Essa regra vale para os conflitos entre os Estados-membros e entre estes e os órgãos da UE, que só podem ser solucionados, definitivamente, em termos jurídicos, pelo órgão jurisdicional.

---

415 CANOTILHO, J. J. G. *Direito Constitucional e Teoria da Constituição*, cit., p. 827.

3.8.1. Legitimados

Quais os legitimados para demandarem diretamente no Tribunal de Justiça da UE? São eles: *os 27 Estados-membros, as instituições da UE, as pessoas físicas e as pessoas jurídicas.*

Qualquer pessoa singular ou coletiva pode interpor perante o Tribunal recursos contra os atos de que seja destinatária ou que lhe digam, direta e individualmente, respeito, bem como contra os atos regulamentares que lhe atinjam diretamente. Veja que, embora os particulares tenham legitimidade para proporem ações no sistema judicial comunitário, é claramente perceptível que não ostentam a mesma capacidade dos Estados e das instituições, pois devem atender a requisito básico: serem destinatários de um ato ou que este lhes diga, direta ou individualmente, respeito.

Toda e qualquer controvérsia entre Estados-partes da UE, entre órgãos da comunidade ou entre aqueles e estes deve trilhar o procedimento do sistema judicial, não havendo a possibilidade de se recorrer a uma solução arbitral. Eis o monopólio do exercício da função jurisdicional, agora, em nível comunitário.

3.8.2. Das ações judiciais comunitárias

O sistema judicial europeu funciona por meio de ações.

A **ação por incumprimento** pode ser proposta em caso de descumprimento de uma fonte do Direito Comunitário, resultante de conduta omissiva ou comissiva dos Estados-membros. Ao se referir a "Estados-membros" deve ser entendida como a ação ou omissão violadora advinda do conjunto dos órgãos que compõem os Poderes Legislativo, Executivo e Judiciário.

Não só o menosprezo dos Estados pelos tratados comunitários, mas, igualmente, a violação de outras fontes, podem dar azo à ação por incumprimento, tais como: regulamentos, diretivas, decisões e outros atos vinculados; princípios essenciais da ordem comunitária; próprias decisões do Tribunal de Justiça da UE; disposições dos tratados concluídos pela Comunidade com terceiros países; e qualquer norma decorrente das diversas fontes do Direito da União.

Podem propor a presente ação os Estados e a Comissão Europeia[416]. No entanto, somente os Estados podem ser demandados. Em caso de descumprimento da sentença, em uma ação de incumprimento, há a possibilidade de previsão de multa cominatória, que consiste em sistema de execução criado pelo Tratado de Maastricht.

Há a **ação de nulidade.** Ela pode ser proposta contra atos das instituições da UE, em caso de contrariarem os tratados comunitários. Os legitimados para sua propositura são os Estados-membros, as instituições da UE e os particulares (pessoas físicas e jurídicas).

---

416 A Comissão, com sede em Bruxelas, é a mais atuante dos legitimados no âmbito do sistema judicial de solução de controvérsias da UE. Quanto aos legitimados da ação por incumprimento, os particulares somente poderão se valer desta ação por meio da Comissão, que, neste caso, deverá ser acionada por aqueles.

O ato objeto da ação de nulidade será declarado nulo se houver incompetência do órgão emissor, na hipótese de omissão de formalidade essencial ou de violação de norma do Direito da União ou, ainda, se for comprovado desvio de poder.

Há também o **recurso de abstenção,** corolário da ação de nulidade. Este recurso pressupõe que um órgão da UE deixe de cumprir uma obrigação específica, apesar de ser expressamente solicitado a fazê-la. O recurso de abstenção não tem muita importância em face da sua natureza subsidiária, porque a negatória de uma instituição da comunidade mais facilmente será objeto da própria ação de nulidade.

A **ação de perdas e danos** pode ser intentada em caso de prejuízo provocado por qualquer instituição da UE ou seus agentes. Tem legitimidade para propô-la qualquer particular. O Tribunal é extremamente cauteloso ao julgar tais ações devido à dubiedade de seus pressupostos; em poucas situações elas prosperaram.

As **ações trabalhistas** também são uma espécie de ação comunitária. Diferentemente do que ocorre no MERCOSUL, em que foi criado um Tribunal Administrativo-Trabalhista especificamente para julgar ações trabalhistas, na UE essa competência foi direcionada ao próprio Tribunal de Justiça europeu. Dessa feita, além de julgar as ações acima citadas, cabe, ainda, ao órgão jurisdicional comunitário apreciar as demandas de natureza laboral do seu próprio quadro de funcionários.

Por fim, resta mencionar o importante **reenvio prejudicial**, já citado anteriormente. Ele é fundamental para a harmonização e coesão interpretativa do Direito da União.

O Tribunal de Justiça da União Europeia não pode ser considerado uma instância recursal para os tribunais nacionais dos Estados-membros, não lhe competindo, por conseguinte, reformar decisões desses. No entanto, ele pode ser acionado pelos órgãos jurisdicionais nacionais, a título prejudicial, para se manifestar sobre a interpretação do Direito Comunitário ou sobre a validade dos atos adotados pelas instituições.

Como a interpretação das fontes comunitárias pode se dar de forma discrepante pelos diferentes tribunais nacionais, foi estabelecido o processo de reenvio prejudicial. Em caso de dúvida quanto à interpretação ou à validade das normas do Direito da UE, os órgãos jurisdicionais nacionais podem solicitar ao Tribunal de Justiça da UE que exare uma decisão a título prejudicial.

O reenvio consiste em processo de natureza consultiva. O TJUE irá exarar sua posição quanto à questão prejudicial, auxiliando os órgãos nacionais em relação à aplicação e interpretação do Direito Comunitário. No entanto, a decisão a título prejudicial, embora originada de uma consulta, tem força vinculativa, obrigando os tribunais nacionais a observá-la em suas sentenças.

Uma vez acionado o Tribunal de Justiça da UE para fins de se manifestar em caráter prejudicial, o processo principal que tramita em âmbito nacional ficará suspenso. O procedimento de reenvio é facultativo nos processos em instâncias inferiores e obrigatório quando o trâmite se dá em última instância recursal.

3.9. Cidadania europeia

A cidadania foi estabelecida pelo Tratado de Maastricht de 1992. Conforme o art. 20 do Tratado sobre o Funcionamento da União Europeia, é cidadão desta "qualquer pessoa que tenha a nacionalidade de um Estado-membro. A cidadania da União acresce à cidadania nacional e não a substitui".

Cidadania europeia refere-se ao conjunto de direitos e deveres que o ordenamento jurídico comunitário reconhece aos nacionais dos 27 Estados-membros, sendo que para a obtenção deste *status*, é condição *sine qua non* possuir vínculo de nacionalidade com qualquer um dos países-membros do bloco.

Cada um dos Estados, de forma soberana – levando em conta o princípio da atribuição estatal da nacionalidade –, tem liberdade para definir suas regras de aquisição, perda e reaquisição da nacionalidade. Aquele que, pelo Direito Constitucional de um Estado, for considerado seu nacional se beneficiará, *ipso facto*, da cidadania europeia.

Conforme se lê do artigo referido, o instituto é complementar à cidadania de âmbito nacional, não a substituindo, nem a derrogando.

A livre circulação de pessoas e o direito de se estabelecer em qualquer lugar dentro do território comunitário são elementos básicos da cidadania, os quais, outrossim, decorrem da formação do próprio mercado comum europeu.

O cidadão europeu possui direitos inerentes a esta qualidade que podem ser pontuados da seguinte forma: direito de livre circulação e permanência nos territórios dos 27 Estados; direitos políticos (de eleger e de ser eleito); direito à proteção diplomática; direito de petição ao Parlamento Europeu; direito de queixa ao Provedor de Justiça; e direito de ver respeitados seus direitos fundamentais.

Segundo Carta comunitária sobre direitos fundamentais, todo cidadão europeu tem o direito de eleger e de ser eleito nas eleições para o Parlamento Europeu e de também ser eleito nas eleições municipais do Estado-membro de sua residência. Como a cidadania, hoje, comporta um caráter amplo e material, não unicamente formal, a Carta ainda prevê o direito a uma boa administração, sendo que todas as pessoas têm direito a que os seus assuntos sejam tratados pelas instituições e órgãos da União de forma imparcial, equitativa e num prazo razoável.

Para viabilizar o respeito aos direitos do cidadão comunitário, o documento em estudo também prevê que qualquer cidadão da União, bem como qualquer pessoa singular ou coletiva com residência ou sede social num dos 27 Estados-membros, tem o direito de apresentar petições ao Provedor de Justiça da União, respeitantes a casos de má administração na atuação das instituições ou órgãos comunitários.

3.9.1. Carta dos Direitos Fundamentais da União Europeia

A Carta dos Direitos Fundamentais da UE estabelece um conjunto básico de direitos civis e políticos e econômicos, sociais e culturais. São destinatários desses direitos os cidadãos e residentes da União.

Em junho de 1999, o Conselho Europeu decidiu por consagrar em uma Carta os direitos fundamentais em vigor em âmbito europeu, viabilizando sua maior notoriedade e visando a assegurar o respeito efetivo pelos Estados e, principalmente, pelos órgãos com características supranacionais. A Carta foi, então, formalmente adotada em Nice, em dezembro de 2000, pelo Parlamento Europeu, pelo Conselho Europeu e pela Comissão Europeia.

A Carta atual prevê os princípios gerais já consagrados na Convenção Europeia dos Direitos Humanos, de 1950[417], bem como consagra direitos resultantes das conquistas internas de cada um dos Estados-membros. Sem esquecer que a jurisprudência do Tribunal de Justiça da UE e do Tribunal Europeu dos Direitos do Homem também foram responsáveis pela delineação do texto.

Com a entrada em vigor do Tratado de Lisboa, em dezembro de 2009, a Carta dos Direitos Fundamentais passou a ter força jurídica vinculante, conforme os demais tratados que regulam o bloco. É considerado ato político e um documento com valor jurídico, comprovando o que alhures tanto se defendeu nesta obra, que a UE "não é somente econômica e monetária, mas se ocupa também dos problemas da liberdade e da segurança dos cidadãos, ou seja, existe uma união na parte política, cultural e social"[418].

A Carta compreende um preâmbulo e mais 54 artigos divididos em 7 capítulos:
- Capítulo I – **dignidade:** dignidade do ser humano, direito à vida, direito à integridade, proibição da tortura e dos tratos ou penas desumanos ou degradantes, proibição da escravidão e do trabalho forçado.
- Capítulo II – **liberdades**: direito à liberdade e à segurança, respeito pela vida privada e familiar, proteção de dados pessoais, direito de contrair casamento e de constituir família, liberdade de pensamento, de consciência e de religião, liberdade de expressão e de informação, liberdade de reunião e de associação, liberdade das artes e das ciências, direito à educação, liberdade profissional e direito de trabalhar, liberdade de empresa, direito de propriedade, direito de asilo, proteção em caso de afastamento, expulsão ou extradição.
- Capítulo III – **igualdade**: igualdade perante a lei, não discriminação, diversidade cultural, religiosa e linguística, igualdade entre homens e mulheres, direitos das crianças, direitos das pessoas idosas, integração das pessoas com deficiência.

---

417 A Convenção Europeia de Direitos Humanos foi assinada em Roma, em 04 de novembro de 1950, pelo Conselho da Europa. Trata o presente documento dos direitos humanos e das liberdades fundamentais na Europa. Com sua adoção, a proteção internacional aos direitos humanos adquiriu aspecto relativamente concreto na Europa, tanto pela criação de uma Corte de Justiça, a Corte Europeia de Direitos Humanos, sediada em Estrasburgo, quanto pela obrigatoriedade de sua observância por parte de um Estado para sua entrada e permanência no Conselho da Europa.

418 POZZOLI, Lafayette. *Direito Comunitário Europeu*: uma perspectiva para a América Latina. São Paulo: Método, 2003, p. 77.

- Capítulo IV – **solidariedade**: direito à informação e à consulta dos trabalhadores na empresa, direito de negociação e de ação coletiva, direito de acesso aos serviços de emprego, proteção em caso de despedida sem justa causa, condições de trabalho justas e equitativas, proibição do trabalho infantil e proteção dos jovens no trabalho, vida familiar e vida profissional, segurança social e assistência social, proteção à saúde, acesso a serviços de interesse econômico geral, proteção do ambiente, defesa dos consumidores.
- Capítulo V – **cidadania**: direito de eleger e de ser eleito nas eleições para o Parlamento Europeu e nas eleições municipais, direito a uma boa administração, direito de acesso aos documentos, Provedor de Justiça Europeu, direito de petição, liberdade de circulação e de permanência, proteção diplomática e consular.
- Capítulo VI – **justiça**: direito à ação e a um tribunal imparcial, presunção de inocência e direitos de defesa, princípios da legalidade e da proporcionalidade dos delitos e das penas, direito a não ser julgado ou punido, penalmente, mais do que uma vez pelo mesmo delito.
- Capítulo VII – **disposições gerais.**

As instituições europeias devem aplicar[419] a Carta, respeitando o princípio da subsidiariedade, sendo assim, não pode ocorrer o alargamento das competências e funções que são conferidas pelos tratados[420]. Além das instituições, por obviedade, cabe também aos Estados-membros coadunarem a aplicação de suas legislações com os princípios e demais preceitos da Carta.

A Carta em estudo possui dispositivos expressos quanto aos trabalhadores, trazendo à baila artigos que visam a proteger os direitos econômicos, sociais e culturais. A viabilização da livre circulação de trabalhadores é uma das pilastras do mercado comum, de modo que qualquer bloco que tenha conquistado tão elevado grau de integração precisa garantir solidamente o respeito aos direitos sociais.

De acordo com a Carta, ficam assegurados o direito à liberdade profissional e o direito de trabalhar (art. 26), bem como o acesso gratuito ao serviço de emprego

---

419 Art. 51 da Carta dos Direitos Fundamentais: "Âmbito de aplicação 1. As disposições da presente Carta têm por destinatários as instituições e órgãos da União, na observância do princípio da subsidiariedade, bem como os Estados-membros, apenas quando apliquem o direito da União. Assim sendo, devem respeitar os direitos, observar os princípios e promover a sua aplicação, de acordo com as respectivas competências. 2. A presente Carta não cria quaisquer novas atribuições ou competências para a Comunidade ou para a União, nem modifica as atribuições e competências definidas nos Tratados."

420 Do preâmbulo da Carta dos Direitos Fundamentais: "A presente Carta reafirma, no respeito pelas atribuições e competências da Comunidade e da União e na observância do princípio da subsidiariedade, os direitos que decorrem, nomeadamente, das tradições constitucionais e das obrigações internacionais comuns aos Estados-membros, do Tratado da União Europeia e dos Tratados comunitários, da Convenção europeia para a proteção dos direitos do Homem e das liberdades fundamentais, das Cartas Sociais aprovadas pela Comunidade e pelo Conselho da Europa, bem como da jurisprudência do Tribunal de Justiça das Comunidades Europeias e do Tribunal Europeu dos Direitos do Homem."

(art. 29). Todas as pessoas têm o direito de trabalhar e de exercer uma profissão livremente escolhida. Os cidadãos da União têm a liberdade de procurar emprego, de trabalhar, de se estabelecer ou de prestar serviços para qualquer empregador nos Estados-membros. Já os nacionais de países terceiros terão direito a condições de trabalho equivalentes àquelas de que beneficiam os cidadãos europeus desde que sejam previamente autorizados a trabalhar no território de um dos Estados-membros.

Aos trabalhadores ainda é garantido o direito à informação e à consulta na empresa, garantindo-se a informação em tempo útil, nos casos e nas condições previstos pelo Direito Comunitário e pelas legislações e práticas nacionais (art. 27).

Os direitos de negociação e ação coletivas também são assegurados (art. 28). Os trabalhadores e as entidades patronais, ou as respectivas organizações, têm, de acordo com o Direito Comunitário e as legislações e práticas nacionais, o direito de negociar e de celebrar convenções coletivas, a níveis apropriados, bem como de recorrer, em caso de conflito de interesses, a ações coletivas para a defesa dos seus interesses, incluindo a greve.

Aos trabalhadores é assegurada proteção contra a despedida sem justa causa (art. 30). A prestação do serviço deve se dar em condições de trabalho justas, equitativas, saudáveis, seguras e dignas, com jornada de trabalho com limite máximo fixado, descanso diário e semanal, e período anual de férias (art. 31).

Na linha de muitos documentos internacionais, há expressa proibição do trabalho infantil, garantindo-se, além disso, a proteção ao trabalho dos jovens (art. 32). A idade mínima de admissão ao trabalho não pode ser inferior à idade em que cessa a escolaridade obrigatória, sem prejuízo de disposições mais favoráveis aos jovens, salvo derrogações bem delimitadas. Os jovens admitidos ao trabalho devem beneficiar-se de condições de trabalho adaptadas à sua idade e de uma proteção contra a exploração econômica e contra todas as atividades susceptíveis de prejudicar a sua segurança, saúde ou desenvolvimento físico, mental, moral ou social, ou ainda de pôr em causa a sua educação.

Por fim, o documento não se omite quanto aos imprescindíveis direitos à seguridade e à assistência sociais (art. 34). A União reconhece e respeita o direito de acesso às prestações de segurança social e aos serviços sociais que concedem proteção em casos como a maternidade, doença, acidentes de trabalho, dependência ou velhice, bem como em caso de perda de emprego, de acordo com o Direito Comunitário e as legislações e práticas nacionais. Todas as pessoas que residam e que se desloquem, legalmente, no interior da União têm direito às prestações de segurança social. A fim de lutar contra a exclusão social e a pobreza, a União Europeia reconhece e respeita o direito a uma assistência social e a uma ajuda à habitação destinada a assegurar uma existência condigna a todos aqueles que não disponham de recursos suficientes.

3.9.2. Direitos sociais e livre circulação de trabalhadores

O mercado interno na UE é caracterizado pela abolição dos obstáculos à livre circulação de mercadorias, pessoas, serviços e capitais. *Os trabalhadores não* encontram barreiras para livremente responderem a ofertas de empregos, para entrarem no território dos demais Estados-membros, para se deslocarem livremente e residirem em qualquer dos Estados, a fim de aí exercerem uma atividade laboral e permanecerem no território de outro país-membro onde estejam desempenhando serviços[421].

A livre circulação da UE comporta uma exceção, a qual atine aos trabalhadores da administração pública, sendo reservados tais postos aos nacionais natos do Estado-membro em questão[422].

Eis o texto atual do Tratado sobre o Funcionamento da União Europeia sobre livre circulação de trabalhadores:

> Art. 45 – 1. A livre circulação dos trabalhadores fica assegurada na União. 2. A livre circulação dos trabalhadores implica a abolição de toda e qualquer discriminação em razão da nacionalidade, entre os trabalhadores dos Estados-membros, no que diz respeito ao emprego, à remuneração e demais condições de trabalho. **3. A livre circulação dos trabalhadores compreende, sem prejuízo das limitações justificadas por razões de ordem pública, segurança pública e saúde pública, o direito de: a) Responder a ofertas de emprego efetivamente feitas; b) Deslocar-se livremente, para o efeito, no território dos Estados-membros; c) Residir num dos Estados-membros a fim de nele exercer uma atividade laboral, em conformidade com as disposições legislativas, regulamentares e administrativas que regem o emprego dos trabalhadores nacionais; d) Permanecer no território de um Estado-membro depois de nele ter exercido uma atividade laboral, nas condições que serão objeto de regulamentos a estabelecer pela Comissão.** 4. O disposto no presente artigo não é aplicável aos empregos na administração pública. (grifo nosso)

A circulação de pessoas na UE ocorreu com a edição do Regulamento 1.612, de 1968, que consolidou a plena atuação da livre circulação. Há, ainda, o Acordo de Schengen (1985), completado por uma Convenção de Aplicação, que facilitou o exercício da liberdade de circulação dos cidadãos europeus, abolindo os controles nas fronteiras internas e reforçando o controle nas fronteiras externas para a entrada de imigrantes.

3.9.2.1. Acordo Schengen

O *Acordo Schengen* não está direcionado, especificamente, aos direitos sociais ou à livre circulação de trabalhadores, mas sim *versa sobre a liberdade de circulação das pessoas* em sentido amplo. O espaço Schegen inclui o território de quase todos os Estados-membros da União, bem como outros que a esta não pertençam, como Noruega e Islândia.

O documento disciplina a política de abertura das fronteiras e livre circulação de pessoas entre os países signatários. Ele foi assinado em 14 de junho de 1985, tendo sido complementado por uma Convenção em 19 de junho de 1990.

---

421 FAZIO, Silvia. A Livre Circulação dos Trabalhadores na União Europeia. In: CASELLA, Paulo Borba (coord.). *MERCOSUL, Integração Regional e Globalização*. Rio de Janeiro: Renovar, 2000, p. 323.

422 MACHADO, D. P.; DEL´OLMO, F. S. *Direito da Integração, Direito Comunitário, MERCOSUL e União Europeia*, cit., p. 209.

O espaço Schengen representa um território no qual o direito à livre circulação das pessoas é garantido, por meio da abolição das fronteiras internas a favor de uma fronteira externa única e mais segura. Para a viabilização do projeto, foram adotados procedimentos e regras comuns em matéria de vistos (estadas de curta duração), pedidos de asilos e controles de fronteiras externas. De outra banda, estabeleceu-se cooperação e coordenação entre os serviços policiais e as autoridades judiciais como forma de dar mais segurança à política de proteção das fronteiras externas.

Como se vê, no âmbito de cooperação de Schengen, os Estados-membros tomaram medidas para a concretização da livre circulação, destacadamente: supressão dos controles das pessoas nas fronteiras internas; conjunto de regras comuns aplicáveis às pessoas que atravessam as fronteiras externas dos Estados-membros; harmonização das condições de entrada e das regras em matéria de vistos para as estadas de curta duração; reforço da cooperação entre os agentes de polícia; reforço da cooperação judicial através de um sistema de extradição mais rápido e de uma melhor transmissão da execução das sentenças penais; e criação do Sistema de Informação Schengen (SIS).

Embora, aparentemente, não haja barreiras para a livre circulção de pessoas internamente, i.e., dentro do espaço Schengen, há a possibilidade de implementação de certas limitações, de caráter temporário, para fins de manutenção da ordem pública ou da segurança nacional. Nesse sentido, tem sido objeto de constante brado, por parte de alguns Estados da UE, pedidos de reforma para se dar mais rigorosidade às regras do Acordo Schegen, em relação aos limites territoriais internos e externos.

O Acordo integra as fontes do Direito da União, o que se deu por meio de anexo do Tratado de Amsterdã de 1997. O Tratado de Lisboa, de 2007, restou também por modificar regras jurídicas do espaço Schengen, reforçando a noção de espaço de liberdade, segurança e justiça. Como faz parte do quadro jurídico comunitário, *ele pode ser objeto de controle parlamentar e jurisdicional*.

3.9.3. Carta Comunitária dos Direitos Fundamentais Sociais dos Trabalhadores

Percebe-se grande desenvolvimento dos direitos sociais em nível comunitário europeu. Dessa forma, não poderia passar despercebida a *Carta Comunitária dos Direitos Fundamentais Sociais dos Trabalhadores*.

A adoção de uma Carta comunitária de índole social se originou da consciência dos líderes europeus de que um processo de integração sem garantia de justiça social, sem melhoramento da qualidade de vida e sem padrões mínimos trabalhistas não poderia ser considerado evolução, mas sim retrocesso dos mais abomináveis. A integração na Europa carrega consigo duas dimensões inseparáveis nos dias de hoje, uma social e outra econômica.

Reunidos em 09 de dezembro de 1989, influenciados pela Carta Social Europeia (abaixo estudada) e pelas convenções da OIT, os Chefes de Estado e de Governo decidiram por aprovar o texto da *Carta Comunitária dos Direitos Fundamentais Sociais dos Trabalhadores*.

O documento, uma verdadeira declaração de orientação política, estabelece os grandes princípios sobre os quais se baseia o modelo europeu de Direito laboral. Eis os principais temas: livre circulação; emprego; melhora das condições de vida e de trabalho; proteção social; liberdade de associação e negociação coletiva; formação profissional; igualdade de tratamento entre homens e mulheres; informação e participação dos trabalhadores; consulta aos trabalhadores; proteção à saúde; segurança no meio de trabalho; proteção das crianças e dos adolescentes; proteção das pessoas idosas; e proteção às pessoas deficientes.

3.9.4. Carta Social Europeia

No âmbito do *Conselho da Europa*, há a *Carta Social Europeia*, de 1961, feita em Turim. É documento da maior relevância, recepcionada por vários Estados europeus. Como se percebe, não é uma fonte direta do Direito Comunitário, mas sim documento de alcance continental europeu, não restrito apenas aos Estados-membros da União. O Conselho da Europa, como organização internacional independente, não é órgão da UE.

Contudo, insta asseverar que a Carta de 1961 influenciou muitas fontes comunitárias protetoras dos direitos sociais, como a já referida *Carta Comunitária dos Direitos Fundamentais Sociais dos Trabalhadores* de 1989.

A Carta Social Europeia é marcada por um nítido *hibridismo,* haja vista que combina proclamação de princípios programáticos (Parte I) com compromissos vinculativos para os Estados (Parte II). Na parte vinculativa, apresenta conjunto de obrigações consistentes em: legislar, criar serviços, promover consultas às organizações laborais, atuar administrativamente no sentido de efetivar os princípios e as garantias consagradas na parte programática.

O documento de Turim, *como convenção internacional vinculativa*, vale, sobretudo, como produto de um esforço codificador, em nível europeu, dos direitos e princípios que já estavam dispostos nas convenções da OIT.

3.10. Moeda única: euro

O Ato Único Europeu, de 1986, que consolidou o mercado comum no bloco europeu e criou as bases para a futura união econômica e monetária, pode ser considerado o marco inicial do euro. Logo após, merece destaque o Tratado de Maastricht, de 1992, que estabeleceu as bases da moeda única, pois instituiu a união econômica e monetária hoje em vigor.

Foi o Conselho Europeu, em Madri, no ano de 1995, que criou o nome euro. Sua instituição foi definida em Bruxelas, em 02 de maio de 1998. A moeda única passou a vigorar a partir de 1º de janeiro de 1999 e a circular a partir de 1º de janeiro de 2002.

Mesmo que em crise, em janeiro de 2011 a zona do euro já englobava 17 países. Ela é considerada a segunda economia do mundo, com os seguintes membros: Alemanha, França, Itália, Bélgica, Holanda, Luxemburgo, Irlanda, Espanha, Portugal, Áustria, Finlândia, Grécia, Eslovênia, Chipre, Malta (ingresso em 2008), Eslováquia (ingresso em 2009) e Estônia (ingresso em 2011). Como se infere desse rol, nem todos os 27 membros da União Europeia aderiram à zona.

A moeda única da União ainda pode ser utilizada em microestados sem moeda própria, como são os casos de Andorra, Mônaco, San Marino e Vaticano.

3.10.1. Requisitos para ingresso: os critérios de convergência

Para ingressar na *zona do euro* alguns requisitos devem ser atendidos pelos possíveis interessados. São os critérios de convergência, que estabelecem as condições prévias, em termos econômicos e jurídicos, para ingresso.

Os países que desejem adotar o euro como a sua moeda têm de alcançar um elevado grau de convergência sustentável. Esse grau de convergência é avaliado com base em vários critérios definidos no próprio Tratado de Maastricht, os quais requerem que o Estado candidato apresente: elevado grau de estabilidade de preços; finanças públicas sólidas; taxa de câmbio estável; e taxas de juro de longo prazo baixas e estáveis.

A esses critérios, também definidos pelo Protocolo Relativo aos Critérios de Convergência de 1992, há que se acrescentar a condição referente à autonomia dos Bancos Centrais nacionais.

Em contraponto à entrada, há a possibilidade de retirada da zona, como ameaçou, recentemente, o presidente da França, Nicolas Sarkozy[423].

3.11. Cooperação reforçada

Por fim, é recomendável fazer referência ao mecanismo da cooperação reforçada, de suma importância ao processo de integração no continente europeu.

O instituto em estudo vem disciplinado no art. 20 do Tratado da União Europeia:

> 1. Os Estados-membros que desejem instituir entre si uma cooperação reforçada no âmbito das competências não exclusivas da União podem recorrer às instituições desta e exercer essas competências aplicando as disposições pertinentes dos Tratados, dentro dos limites e segundo as regras previstas no presente artigo e nos artigos 326º a 334º do Tratado sobre o Funcionamento da União Europeia. As cooperações reforçadas visam a favorecer a realização dos objetivos da União, preservar os seus interesses e reforçar o seu processo de integração. Estão abertas, a qualquer momento, a todos os Estados-membros, nos termos do artigo 328º do Tratado sobre o Funcionamento da União Europeia.

---

423 *EUROZONA*. Disponível: http://pt.euronews.net/2010/05/14/sarkozy-tera-ameacado-tirar-franca-do-euro/. Acesso em: 26/08/2010.

A cooperação reforçada consiste em acordo por meio do qual um grupo de Estados-membros da União Europeia (no mínimo oito) pode discutir e adotar, em conjunto, determinado tema que não seja aceito pelos demais Estados integrantes do bloco. Trata-se de matéria que não está pronta para ser implantada de forma igualitária por todos os 27 membros. Este instituto é um mecanismo fortalecedor da integração, mas que, ao mesmo tempo, respeita as peculiaridades de cada país, os quais nem sempre apresentam o mesmo desenvolvimento político, social, econômico e jurídico.

A cooperação reforçada foi utilizada, pela primeira e, até o momento, única vez, para harmonizar as leis sobre divórcio, sendo a principal questão definir qual lei deveria regular o divórcio de casais de diferentes nacionalidades.

Requisitos da cooperação reforçada: só pode versar sobre um domínio não abrangido pela competência exclusiva da União; deve favorecer a realização dos objetivos da UE; é importante que respeite os princípios dos Tratados e o acervo comunitário (*acquis communitaire*); só será utilizada como último recurso; deve incluir um número mínimo de Estados-membros; e deve estar aberto à adesão dos demais que não o aceitaram de imediato[424].

3.12. Questões comentadas – Juiz do Trabalho

(TRT 2ª Região – 2005) São normas jurídicas no âmbito do Direito Comunitário Europeu:
a) As diretivas.
b) Os decretos normativos.
c) Os decretos obrigatórios.
d) Os decretos regulamentares.
e) Nenhuma das anteriores.

Gabarito	Comentários
A	• Fontes originárias do Direito Comunitário: tratados constitutivos (ex.: Tratado de Paris), reformadores (ex.: Tratado de Lisboa) e tratados de adesão dos membros. • Fontes derivadas do Direito Comunitário: atos unilaterais dos órgãos da União Europeia, principais exemplos: regulamentos, diretivas e decisões. As recomendações e pareceres são fontes não vinculantes.

(TRT 7ª Região - 2005) O Parlamento Europeu, comparando-se seu regime de competências com os vários parlamentos nacionais, apresenta-se como:
a) Detentor de competências e de capacidades idênticas às dos parlamentos nacionais, dentro e fora da Europa, dado que exerce múnus legislativo absoluto, conforme identificado nos vários tratados da União Europeia, sendo o Parlamento Europeu responsável por toda a produção legislativa comunitária.

---
424 MACHADO, D. P.; DEL´OLMO, F. S. *Direito da Integração, Direito Comunitário, MERCOSUL e União Europeia,* cit., p. 215.

b) Detentor de competências e de capacidades similares e não totalmente idênticas às dos demais parlamentos nacionais, dentro e fora da Europa, porque proibido de exercer múnus executivo, função que modernamente alguns parlamentos desempenham de modo indireto.
c) Detentor de competências e de capacidades similares, porém não totalmente idênticas às dos demais parlamentos nacionais, dentro e fora da Europa, porque proibido de exercer múnus judiciário, função que modernamente alguns parlamentos desempenham de modo indireto.
d) O Parlamento Europeu, ao contrário do que a sua denominação parece indicar, não exerce funções absolutamente idênticas às dos órgãos legislativos nos direitos internos; o Parlamento Europeu não tem competência para praticar atos materialmente legislativos, habilitação atribuída ao Conselho em âmbito específico ou à Comissão, mediante delegação; de fato, o Parlamento Europeu não dispõe do poder de iniciativa legislativa, embora possa suscitá-la perante a Comissão.
e) O Parlamento Europeu caracteriza-se de modo distinto dos parlamentos nacionais, dentro e fora da Europa, porque não detém competência para participar do orçamento da União Europeia; de tal modo, o esvaziamento de sua ação orçamentária o faz um parlamento.

GABARITO	COMENTÁRIOS
D	• O Parlamento tem sua sede em Estrasburgo, na França, mas seu Secretariado-geral se encontra em Luxemburgo e as comissões se reúnem em Bruxelas. Trata-se de instituição supranacional, de caráter essencialmente político, que exerce, só que juntamente com o Conselho, a função legislativa e a função orçamentária. Veja que a definição do orçamento da União e a produção legislativa não são exercidas em sua plenitude, pois o Parlamento, só em determinados casos, participa no exercício do poder normativo e tem uma intervenção limitada na aprovação do orçamento comunitário. Nesta particularidade não se assemelha ao perfil de muitos parlamentos nacionais, tendo em vista que as atividades legislativa e orçamentária são, normalmente, atribuídas sem restrições aos respectivos Legislativos. Compete ao Parlamento da União Europeia exercer funções de controle político ou supervisão e de consulta. Dentre suas várias atribuições elencadas pelos tratados comunitários, cabe-lhe eleger o presidente da Comissão Europeia.

(TRT 7ª Região - 2005) O Direito Comunitário Europeu, nos termos do Tratado Constitucional que se consolida, em âmbito de proteção do trabalhador em caso de despedida sem justa causa, tende a plasmar norma que
a) indica que a proteção do trabalhador, relativa à despedida sem justa causa, é matéria de direito interno, de modo que não há previsão de Direito Comunitário que possa regulamentar o direito.
b) consagra o liberalismo econômico, decorrente do Consenso de Washington, na medida em que não prevê nenhum tipo de proteção à despedida sem justa causa.

c) consubstancia o modelo do Estado de bem-estar social, proibindo terminantemente que os Estados pactuantes autorizem qualquer contratado de trabalho que admita a despedida sem justa causa.
d) indica que a proteção do trabalhador, relativa à despedida sem justa causa, é matéria de Direito Comunitário, embora pendente de regulamentação superveniente à adoção do Tratado Constitucional.
e) consagra princípio que dá conta de que todos os trabalhadores têm direito à proteção contra a despedida sem justa causa, de acordo com o direito da União e com as legislações e práticas nacionais.

Gabarito	Comentários
E	• Principais direitos previstos no Tratado Constitucional: direito à vida, à integridade, proibição da tortura e dos maus tratos ou penas desumanas ou degradantes, proibição da escravidão e do trabalho forçado, direito à liberdade e à segurança, respeito pela vida privada e familiar, proteção de dados pessoais, direito de contrair casamento e de constituir família, liberdade de pensamento, de consciência e de religião, liberdade de expressão e de informação, liberdade de reunião e de associação, liberdade das artes e das ciências, direito à educação, liberdade profissional e de direito de trabalhar, liberdade de empresa, direito de propriedade, direito de asilo, proteção em caso de afastamento, expulsão ou extradição, igualdade perante a lei, não discriminação, proteção e respeito à diversidade cultural, religiosa e linguística, igualdade entre homens e mulheres, direitos das crianças, das pessoas idosas, direitos de integração das pessoas com deficiência, *direito à informação e à consulta dos trabalhadores na empresa, direito de negociação e de ação coletiva em âmbito de direito laboral, direito de acesso ao emprego,* **proteção em face de despedida sem justa causa**, *promoção de condições de trabalho justas e equitativas, proteção do trabalho infantil e proteção dos jovens no ambiente de trabalho, proteção da vida familiar e profissional, outorga de segurança social e de assistência social, segurança social e assistência social, proteção da saúde, acesso a serviços de interesse econômico geral, proteção do ambiente e defesa dos consumidores.*

(TRT 5ª Região – 2006) Acerca dos organismos do direito comunitário, assinale a opção incorreta.
a) Ao Comitê de Liberdade Sindical da OIT cabe analisar as queixas quanto à aplicação da Convenção 87, acerca da liberdade sindical e da proteção do direito à sindicalização, e à Convenção 98, acerca do direito de sindicalização e de negociação coletiva.
b) São órgãos da União Europeia o Parlamento Europeu, o Conselho da Europa, a Comissão, o Tribunal de Justiça e o Tribunal de Contas.
c) Os tratados, na União Europeia, somente podem ser emendados por decisão unânime dos Estados-membros.
d) O princípio da livre circulação de trabalhadores baseia-se na vedação a discriminações aos profissionais oriundos dos Estados que integram os países comunitários, bem como na preferência, no acesso ao emprego, de trabalhadores da área comunitária em relação a terceiros Estados.
e) A admissibilidade das medidas cautelares no MERCOSUL será regulada pelas leis e julgada pelos juízes ou pelos tribunais do Estado requerido.

Gabarito	Comentários
E	• Protocolo sobre Medidas Cautelares do MERCOSUL: "Art. 1º – O presente Protocolo tem o objetivo de regulamentar entre os Estados partes do Tratado de Assunção o cumprimento de medidas cautelares destinadas a impedir a irreparabilidade de um dano em relação às pessoas, bens e obrigações de dar, de fazer ou de não fazer. Art. 2º – A medida cautelar poderá ser solicitada em processos ordinários, de execução, especiais ou extraordinários, de natureza civil, comercial, trabalhista e em processos penais, quanto à reparação civil. Art. 3º – Admitir-se-ão medidas cautelares preparatórias, incidentais de uma ação principal e as que garantam a execução de uma sentença. Art. 4º – As autoridades jurisdicionais dos Estados partes do Tratado de Assunção darão cumprimento às medidas cautelares decretadas por Juízes ou Tribunais de outros Estados partes, competentes na esfera internacional, adotando as providências necessárias, de acordo com a lei do lugar onde sejam situados os bens ou residam as pessoas objeto da medida. *Lei Aplicável Art. 5º – A admissibilidade da medida cautelar será regulada pelas leis e julgada pelos juízes ou Tribunais do Estado requerente".* (grifo nosso)

(TRT 9ª Região – 2009) Considere as proposições a seguir:

I. De acordo com a Convenção de Viena sobre Relações Diplomáticas de 1961, a renúncia à imunidade de jurisdição no tocante às ações cíveis ou administrativas implica em renúncia tácita à imunidade quanto às medidas de execução da sentença.

II. No Brasil, os tratados e convenções internacionais sobre direitos humanos que forem aprovados, em cada Casa do Congresso Nacional, em dois turnos, por três quintos dos votos dos respectivos membros, serão equivalentes às emendas constitucionais.

III. Compete privativamente ao Presidente da República do Brasil celebrar tratados, convenções e atos internacionais, sujeitos a referendo do Congresso Nacional.

IV. A delimitação das competências da União Europeia rege-se pelos princípios da subsidiariedade e da proporcionalidade, enquanto o exercício de suas competências rege-se pelo princípio da atribuição.

V. O Tribunal de Justiça da União Europeia, uma das instituições da União Europeia, inclui o Tribunal de Justiça, o Tribunal Geral e Tribunais Especializados.

a) Apenas as proposições II e III são corretas.
b) Apenas as proposições I, II e III são corretas.
c) Apenas as proposições II, III e V são corretas.
d) Apenas as proposições I e IV são corretas.
e) Todas as proposições são corretas.

Gabarito	Comentários
C	• Questão com alternativas que não tratam apenas de Direito Comunitário. • Para respondê-la, veja: Convenção de Viena sobre Relações Diplomáticas de 1961, seu art. 32, bem como a CF de 88, seu art. 5º, § 3º e seu art. 84, inc. VIII. • Art. 5º do Tratado da União Europeia: "1. A delimitação das competências da União rege-se pelo princípio da atribuição. O exercício das competências da União rege-se pelos princípios da subsidiariedade e da proporcionalidade". • O Tribunal de Justiça da União Europeia (TJUE) inclui o Tribunal de Justiça, o Tribunal Geral e Tribunais especializados. O TJUE é o órgão judicial (supranacional) da UE que monopoliza a solução de controvérsias no âmbito do bloco, caracterizando a ordem do Direito da União como uma ordem *jurisprudencializada*.

(TRT 9ª Região - 2009) Analise as seguintes proposições:

I. De acordo com entendimento sumulado do TST, aplica-se às relações jurídicas de trabalho o princípio "lex loci executionis".

II. Aplicando-se o entendimento sumulado do TST, o empregado brasileiro, contratado no Brasil, para prestar serviço em França, terá seu contrato de trabalho regido pelos dispositivos mais benéficos ao empregado que forem encontrados tanto na lei francesa como na lei brasileira.

III. Tratado de Maastricht manteve na União Europeia o direito à livre circulação dos trabalhadores com o propósito de abolir toda e qualquer discriminação em razão da nacionalidade, entre os trabalhadores dos Estados-membros, no que diz respeito ao emprego, à remuneração e demais
condições de trabalho.

IV. Pelo Tratado da União Europcia, os Estados-membros devem assegurar a aplicação do princípio da igualdade de remuneração entre trabalhadores masculinos e femininos, por trabalho igual ou de valor igual.

V. As Diretivas Comunitárias tem eficácia direta e horizontal nas relações entre particulares, não necessitando qualquer transposição para o direito interno dos Estados-membros.

a) Somente as proposições III e IV são corretas.
b) Somente as proposições I e III são corretas.
c) Somente as proposições I, III e IV são corretas.
d) Somente as proposições II e V são corretas.
e) Todas as proposições são corretas.

Gabarito	Comentários
C	• Mais uma questão que envolve matérias não pertencentes somente ao campo do Direito Comunitário. • Arts. 45 e 157 do Tratado sobre o Funcionamento da União Europeia: "(...) A livre circulação dos trabalhadores implica a abolição de toda e qualquer discriminação em razão da nacionalidade, entre os trabalhadores dos Estados-membros, no que diz respeito ao emprego, à remuneração e demais condições de trabalho" e "Os Estados--membros assegurarão a aplicação do princípio da igualdade de remuneração entre trabalhadores masculinos e femininos, por trabalho igual ou de valor igual". • As Diretivas destinam-se a prescrever aos seus destinatários um objetivo que deve ser alcançado em prazo pré-fixado, sendo fonte derivada direcionada a um ou mais Estados-membros. Em regra, não têm eficácia direta, mas sim indireta, elas dependem de elaboração de ato nacional, diferentemente dos regulamentos.

(TRT 1ª Região – 2010) Acerca da utilização da moeda comum na União Europeia, assinale a opção correta.

a) A participação na zona do euro conforma obrigação comunitária irrenunciável, à exceção dos recém-admitidos países do leste europeu, que deverão passar por período de convergência macroeconômica.

b) A adesão ao euro não implica renúncia a bancos centrais nacionais nem a possibilidade da prática de política monetária e de utilização do direito tributário como ferramenta de política econômica.

c) As iniciativas políticas unilaterais dos países comunitários da zona do euro são limitadas.
d) A zona do euro inclui todos os seis países fundadores das comunidades europeias, embrião da atual União Europeia, e outros países posteriormente aderentes, como Irlanda e Grã-Bretanha.
e) A utilização de moeda comum possibilita a litigância em bloco no sistema de solução de controvérsias da Organização Mundial do Comércio.

Gabarito	Comentários
C	• Para ingressar na *zona do euro*, alguns critérios devem ser atendidos pelos possíveis interessados, quais sejam: estabilidade de preços, posição orçamentária, estabilidade cambial e juros a longo prazo e legislação nacional compatível. Há, todavia, a possibilidade de retirada, de renúncia. • O BCE é o núcleo do Eurosistema e do Sistema Europeu de Bancos Centrais (SEBC). O Eurosistema é constituído pelo BCE e pelos bancos centrais dos países que adotaram o euro. Já o SEBC é constituído pelo BCE e pelos bancos centrais nacionais de todos os Estados-membros da UE. Ocorre que, em razão da transferência da condução da política monetária comunitária pelos bancos centrais ao BCE, as iniciativas políticas unilaterais dos países comunitários da zona do euro restaram limitadas. • O Euro foi adotado por 17 países.

(**TRT 3ª Região - 2012**) Leia as afirmações abaixo e, em seguida, assinale a alternativa correta:

I. É entendimento jurisprudencial da Seção de Dissídios Individuais do Tribunal Superior do Trabalho que a imunidade de jurisdição dos Estados estrangeiros é relativa, em relação às demandas em que se debate o direito a parcelas decorrentes da relação de trabalho, pois as parcelas são oriundas de atos de gestão e não de império.

II. É entendimento jurisprudencial da Seção de Dissídios Individuais do Tribunal Superior do Trabalho que os organismos internacionais permanecem, em regra, detentores do privilégio da imunidade absoluta, quando esta é assegurada por norma internacional ratificada pelo Brasil, diferentemente dos Estados estrangeiros, que atualmente têm a sua imunidade de jurisdição relativizada.

III. A União Europeia é uma parceria econômica e política única entre 35 países europeus com o objetivo de garantir a paz, a estabilidade, a prosperidade e a melhorar os níveis de vida dos habitantes de seus países-membros.

IV. Diversamente do Conselho Europeu, que é órgão da União Europeia, o Conselho da Europa é uma organização internacional que congrega 47 países na Europa e foi criado com a finalidade de promover a democracia e a proteção dos direitos humanos e do Estado de Direito na Europa.

V. O Mercosul foi criado por meio do Tratado de Assunção, que lhe atribuiu personalidade jurídica de Direito Internacional, com o objetivo de promover o desenvolvimento econômico com justiça social e melhoria de condição de vida dos cidadãos.

a) Somente a afirmativa I está correta.
b) Somente as afirmativas I e II estão corretas.

c) Somente as afirmativas I, III e IV estão corretas.
d) Somente as afirmativas I, II e IV estão corretas.
e) Somente as afirmativas II, III e V estão corretas.

Gabarito	Comentários
D	• Os assuntos atinentes às imunidades dos Estados e das OI já foram tratados no capítulo sobre Direito Internacional, onde muitas questões foram resolvidas e comentadas. • Tanto a SDI do TST como o STF entendem que a imunidade dos Estados estrangeiros é relativa, calcada no costume internacional, divide atos de gestão e atos de império, quanto aos primeiros não há que se falar em imunidade, sendo possível o processo. O direito a parcelas decorrentes da relação de trabalho se originam de atos de gestão, possibilitando a instauração de demanda perante a Justiça do Trabalho (art. 114 da CF). • Em relação à imunidade das OI, basta ler a recente OJ 416, da SDI-1 do TST: "IMUNIDADE DE JURISDIÇÃO. ORGANIZAÇÃO OU ORGANISMO INTERNACIONAL. As organizações ou organismos internacionais gozam de imunidade absoluta de jurisdição quando amparados por norma internacional incorporada ao ordenamento jurídico brasileiro, não se lhes aplicando a regra do Direito Consuetudinário relativa à natureza dos atos praticados. Excepcionalmente, prevalecerá a jurisdição brasileira na hipótese de renúncia expressa à cláusula de imunidade jurisdicional". • A União Europeia é o bloco regional mais integrado do mundo. Seu surgimento remonta ao Tratado de Paris de 1951. Em 1992, com o Tratado da União Europeia, tornou-se o que é hoje. Em 2009, com a entrada em vigor do Tratado de Lisboa, sofreu profundas reformas. Atualmente, é uma união econômica e monetária composta por 27 Estados-membros. • O Conselho da Europa é uma organização internacional, com personalidade jurídica própria, que foi criada em 05 de maio de 1949. É a mais antiga instituição europeia em funcionamento. Não é um órgão da União Europeia, embora suas atividades abarquem 47 Estados da Europa, inclusive os 27 integrantes da União. Seus principais objetivos são a defesa dos direitos humanos, o desenvolvimento democrático e a estabilidade político-social no continente europeu. No âmbito do Conselho da Europa, encontra-se a Convenção Europeia dos Direitos Humanos e o Tribunal Europeu dos Direitos Humanos. A sede do Conselho é em Estrasburgo, na França. • O MERCOSUL foi criado em 1991 pelo Tratado de Assunção, mas só adquiriu personalidade jurídica internacional em 1994, com o Protocolo de Ouro Preto.

4. MERCOSUL x UNIÃO EUROPEIA

Segue quadro comparativo do MERCOSUL e da União Europeia.

PONTOS	MERCOSUL	UE
Principais fontes primárias	– Tratado de Assunção e Protocolo de Ouro Preto.	– Tratado de Paris (Comunidade Europeia do Carvão e do Aço), Tratados de Roma (Comunidade Europeia e Comunidade Europeia de Energia Atômica), Ato Único Europeu, Tratado de Maastricht (ou Tratado da União Europeia), Tratado de Amsterdã, Tratado de Nice e Tratado de Lisboa.
Principais fontes secundárias	– Decisões, resoluções e diretrizes.	– Regulamentos, diretivas, decisões, recomendações e pareceres.
Criação do bloco	– O MERCOSUL foi criado em 1991 pelo Tratado de Assunção (ou Tratado para a constituição de um mercado comum entre a República Argentina, a República Federativa do Brasil, a República do Paraguai e a República Oriental do Uruguai).	– Surgiu com o Tratado de Paris, assinado em 18 de abril de 1951. Atingiu, porém, a fase atual, união econômica e monetária, em 1993, com a entrada em vigor do Tratado da União Europeia (ou Tratado de Maastricht).
Instituições	– Conselho do Mercado Comum, Grupo Mercado Comum, Comissão de Comércio do MERCOSUL, Comissão Parlamentar Conjunta, Foro Consultivo Econômico-Social e Secretaria Administrativa do MERCOSUL. OBS.: A Comissão Parlamentar Conjunta foi substituída pelo Parlamento do MERCOSUL.	– Parlamento Europeu, Conselho Europeu, Conselho, Comissão Europeia, Tribunal de Justiça da União Europeia, Banco Central Europeu e Tribunal de Contas.
Fase no processo de integração. Regra ZUMUU.	– ZUMUU. Hoje é uma união aduaneira incompleta, com listas de exceção à Tarifa Externa Comum (TEC).	– ZUMUU. Hoje é uma união econômica e monetária, com moeda própria.
Supranacional ou intergovernamental?	– Intergovernamental.	– Supranacional.
Direito da Integração ou Direito Comunitário?	– Direito da Integração. Não há primazia do Direito da Integração.	– Direito Comunitário (ou Direito da União). Há primazia do Direito Comunitário em relação às normas nacionais.

PONTOS	MERCOSUL	UE
Aplicabilidade imediata e efeito direto	– No MERCOSUL, as fontes do Direito da Integração não possuem aplicabilidade imediata e efeito direto. A incorporação das normas obedece ao processo tradicional de celebração dos tratados internacionais. O que se adota é a teoria do efeito indireto.	– A principal característica do Direito da União consiste na possibilidade de aplicação imediata e de produção direta de efeitos no território dos Estados-membros.
Estados-membros	– Membros de pleno direito: Brasil, Paraguai, Uruguai e Argentina. OBS.: atentar para as observações feitas quanto à Venezuela no tópico sobre Estados-membros do MERCOSUL. – Membros associados: Bolívia, Chile, Colômbia, Equador e Peru. – Observador: México.	– Membros atuais: Alemanha, Áustria, Bélgica, Bulgária, Chipre, Dinamarca, Eslováquia, Eslovênia, Espanha, Estônia, Finlândia, França, Grécia, Holanda, Hungria, Irlanda, Itália, Letônia, Lituânia, Luxemburgo, Malta, Polônia, Portugal, Reino Unido, República Tcheca, Romênia e Suécia. Total: 27.
Sistema de solução de controvérsias	– Regulamentado pelo Protocolo de Olivos de 2002. Baseia-se nas negociações diretas, na arbitragem e no Tribunal Permanente de Revisão.	– Sistema judicial monopolizado pelo Tribunal de Justiça da União Europeia. Há ações judiciais que podem ser propostas perante este tribunal.
Moeda própria	– Não possui moeda própria.	– O euro. A *zona do euro* envolve os seguintes países: Alemanha, França, Itália, Bélgica, Holanda, Luxemburgo, Irlanda, Espanha, Portugal, Áustria, Finlândia, Grécia, Eslovênia, Chipre, Malta, Eslováquia e Estônia. Total: 17.

5. OUTROS BLOCOS REGIONAIS

SUMÁRIO: 5.1. NAFTA; 5.2. ALCA; 5.3. UNASUL; 5.4. Questões comentadas – Juiz do Trabalho.

Nesse momento apresentamos alguns outros blocos regionais da atualidade. Serão tratados, especificamente, três agrupamentos: NAFTA, ALCA e UNASUL.

5.1. NAFTA

Outros blocos padecem das mesmas deficiências do MERCOSUL quanto a direitos sociais, exemplo disso é o *Tratado Norte-Americano de Livre Comércio*, o NAFTA. Quando da conclusão de seu documento constitutivo, não havia demasiada preocupação social, o que, com o tempo, começou, ainda que timidamente, a ganhar espaço.

O Tratado constitutivo do bloco prevê um parco documento anexo sobre direitos sociais, conhecido como *Protocolo Laboral*, que tem como principal objetivo viabilizar a sua formação. O Protocolo Laboral do NAFTA preceitua que a concorrência deve realizar-se com base em estratégias de inovação e de alta produtividade e qualidade e não em função de baixas condições de trabalho, sendo que, para tanto, propõe-se a melhorar as condições dos trabalhadores.

O NAFTA foi criado em 1994 e, hoje, possui os seguintes membros: Canadá, México e Estados Unidos da América. O Chile é membro associado.

Trata-se de uma zona de livre comércio (**ZUMUU**), sem livre circulação de trabalhadores, aberta à adesão dos demais países da América Central e da América do Sul. Tem como principais objetivos: eliminar as barreiras alfandegárias; facilitar o movimento de produtos e serviços entre os territórios dos países participantes; promover condições para uma competição justa dentro da área de livre comércio; aumentar substancialmente oportunidades de investimento; oferecer proteção efetiva e adequada e garantir os direitos de propriedade intelectual no território de cada um dos participantes; e estabelecer uma estrutura para futura cooperação trilateral, regional e multilateral, para expandir e realçar os benefícios do acordo.

É relevante destacar a sua estrutura institucional:

Comissão de Livre Comércio – trata-se da principal instituição do bloco, composta pelos Ministros do Comércio de cada Estado. Não é, portanto, uma instituição de fato, já que se reúne apenas quando solicitada, ou em poucos encontros anuais. Suas principais funções são: supervisionar a implementação do NAFTA, monitorando os Comitês e Grupos de Trabalho, e auxiliar na resolução das controvérsias surgidas entre os Estados-membros, mas somente no que atine ao acordo de integração. Em suas sessões anuais, a Comissão desempenha as seguintes tarefas: receber e avaliar os relatórios sobre o trabalho dos mais de 25 comitês trilaterais, grupos de trabalho e corpos subsidiários; instruir os funcionários em como abordar matérias de implementação; implementar modificações técnicas a regras do NAFTA que venham a facilitar o comércio; aprovar acordos sobre matérias não resolvidas; e discutir assuntos pendentes que mereçam atenção ministerial.

Comitês e Grupos de Trabalho – a implementação do NAFTA se dá, basicamente, pela atuação de mais de 25 comitês trilaterais, grupos de trabalho e corpos subsidiários (forças tarefa e grupos de trabalho técnicos). Tais comitês e grupos são co-presididos por representantes de cada Estado-membro.

Secretariado do NAFTA – cada Estado estabeleceu um Secretariado nacional permanente para ajudar a Comissão em seu mister e facilitar a administração de certos procedimentos de solução de controvérsias. O Secretariado administra os processos de resolução de conflitos. Por meio deste, são divulgadas informações relativas aos processos de solução de controvérsias.

Comissão para Cooperação no âmbito do trabalho – composta por um Conselho Ministerial e um Secretariado, trata-se de organização criada no âmbito do *North American Agreement on Labor Cooperation* (NAALC), ou *Tratado de Cooperação Trabalhista Norte-Americano*. O NAALC é importante documento que representa um *suspiro* de proteção aos direitos trabalhistas no âmbito da América do Norte, consagrador de direitos fundamentais: liberdade sindical e de organização; direito de negociação coletiva; direito de greve; proibição do trabalho infantil; condições mínimas de trabalho; não discriminação no trabalho; salário igual para homens e mulheres; saúde e segurança no trabalho; indenizações trabalhistas em caso de danos; e proteção aos trabalhadores migrantes. Desde a sua entrada em vigor, o NAALC conseguiu dar uma dimensão social ao NAFTA, almejando criar melhores condições de trabalho e padrões de vida. Para tanto, o Tratado de Cooperação criou mecanismos para atividades cooperativas e consultas intergovernamentais, bem como meios de avaliação relacionados à implementação de leis trabalhistas.

Escritórios de Administração Nacional – o NAALC requer que cada Estado-membro crie seu próprio escritório de representação interna.

Comissão para Cooperação Ambiental – criada no âmbito do Acordo Norte-Americano para Cooperação Ambiental (*North American Agreement for Environmental Cooperation - NAAEC*). A Comissão tem como função melhorar a cooperação e a participação pública na preservação e proteção ao meio ambiente. Os objetivos amplos da Comissão são perseguidos por meio de projetos específicos que buscam abordar assuntos multilaterais sobre meio ambiente.

Banco de Desenvolvimento Norte-Americano e a Comissão para Cooperação no Ambiente de Fronteira – o Banco e a Comissão foram criados como instituições autônomas, mas estão, agora, conectadas num esforço conjunto para preservar e promover a saúde e o bem-estar dos residentes das fronteiras e seu ambiente, especialmente no que atine à fronteira EUA-México.

5.2. ALCA

A *Área de Livre Comércio das Américas* (ALCA) ainda não está em funcionamento, logo, não se deve falar em ano de criação. A sua idealização ocorreu em 1994, pelos Estados Unidos da América, na Cúpula das Américas, realizada em Miami, no dia 09 de dezembro do mesmo ano.

Quando começar a operar, o bloco terá como membros os 34 países das Américas, com exceção de Cuba.

O futuro agrupamento tem como objetivo suprimir as barreiras alfandegárias entre os países- membros, criando, inicialmente, uma zona de livre comércio (**ZUMUU**). Se, realmente, entrar em vigor, será um dos maiores do mundo. Desde novembro de 2005, quando foi realizada a última Cúpula das Américas, as negociações ficaram paralisadas.

5.3. UNASUL

A *União de Nações Sul-americanas* (UNASUL) foi idealizada em 2004. Em 8 de dezembro de 2004, os presidentes ou representantes de 12 países sul-americanos assinaram a Declaração de Cuzco, anunciando a fundação da Comunidade Sul-Americana de Nações. Em 2005, essa comunidade ganhou nova denominação e passou a ser conhecida como UNASUL.

O objetivo é a instalação de uma zona de livre comércio continental, que acabará integrando os dois blocos mais importantes da América do Sul, MERCOSUL e Comunidade Andina de Nações. Além desses dois membros, integram a UNASUL o Chile, Guiana e Suriname. A integração completa foi formalizada durante uma reunião dos presidentes de países da América do Sul, no dia 23 de maio de 2008, em Brasília.

O seu Tratado constitutivo está em vigor desde 11 de março de 2011. Dez países já depositaram seus instrumentos de ratificação (Argentina, Brasil, Bolívia, Chile, Equador, Guiana, Peru, Suriname, Uruguai e Venezuela), completando o número mínimo de ratificações necessárias.

Segundo dispõe o Tratado da UNASUL, os seguintes órgãos compõem a sua estrutura institucional: a) Conselho de Chefes de Estado e de Governo; b) Conselho de Ministros das Relações Exteriores; c) Conselho de Delegados; e d) Secretaria-geral. Está prevista, ainda, a constituição de Conselhos de nível Ministerial e Grupos de Trabalho, todos em plena atividade[425].

---

425 A UNASUL conta, hoje, com oito conselhos ministeriais: a) Energia; b) Saúde; c) Defesa; d) Infra-Estrutura e Planejamento; e) Desenvolvimento Social; f) Problema Mundial das Drogas; g) Educação, Cultura, Ciência, Tecnologia e Inovação; h) Economia e Finanças. Conta, ainda, com dois Grupos de Trabalho: a) Integração Financeira (agora subordinado ao Conselho de Economia e Finanças); e b) Solução de Controvérsias em Matéria de Investimentos, em cujo âmbito estuda-se a possibilidade de criar mecanismo de arbitragem, Centro de Assessoria Legal e código de conduta para membros de tribunais arbitrais.

A UNASUL também possui Presidência *pro tempore*, que alterna a cada ano, seguindo a ordem alfabética dos Estados-membros.

5.4. Questões comentadas – Juiz do Trabalho

(TRT 5ª Região – 2006) A respeito do direito comunitário, assinale a opção correta.
a) O MERCOSUL foi constituído mediante a celebração do Tratado de Assunção, firmado entre Brasil, Argentina, Uruguai, Paraguai e Chile.
b) A jurisdição internacional do MERCOSUL abrange as relações jurídicas entre os falidos e seus credores, e demais procedimentos análogos.
c) As normas emanadas de tratados, acordos ou protocolos do MERCOSUL têm caráter obrigatório e devem, quando necessário, ser incorporadas aos ordenamentos jurídicos nacionais mediante os procedimentos previstos pela legislação de cada país.
d) O Acordo de Livre Comércio da América do Norte (NAFTA) prevê a fixação de tarifa única sobre exportação de bens entre os países signatários, bem como a criação de limitações quantitativas à importação.
e) A Comunidade Econômica Europeia assegura a livre circulação de mercadorias, serviços e capitais, mas não a de pessoas.

Gabarito	Comentários
C	• Protocolo de Ouro Preto do MERCOSUL: "Capítulo V Fontes Jurídicas do Mercosul Art. 41 – As fontes jurídicas do Mercosul são: I - o Tratado de Assunção, seus protocolos e os instrumentos adicionais ou complementares; II - os acordos celebrados no âmbito do Tratado de Assunção e seus protocolos; III - as Decisões do Conselho do Mercado Comum, as Resoluções do Grupo Mercado Comum e as Diretrizes da Comissão de Comércio do Mercosul, adotadas desde a entrada em vigor do Tratado de Assunção. *Art. 42 – As normas emanadas dos órgãos do Mercosul previstas no Artigo 2º deste Protocolo terão caráter obrigatório e deverão, quando necessário, ser incorporadas aos ordenamentos jurídicos nacionais mediante os procedimentos previstos pela legislação de cada país".* (grifo nosso)

(TRT 1ª Região – 2010) Os blocos econômicos têm desenvolvido políticas de proteção social, com limites determinados pela ingerência das legislações nacionais e pelas divergências de ordenamentos jurídicos remanescentes. A respeito desse assunto, assinale a opção correta.
a) A Carta de Direitos Fundamentais da União Europeia de 2000 é apenas documento retórico, sem qualquer tutela nos tratados comunitários, especialmente no Tratado de Lisboa.
b) Na União Europeia, o Tratado de Lisboa incorporou formalmente a cláusula da solidariedade, definindo como ela se expressa na vida comunitária.
c) No NAFTA, a livre circulação de pessoas não é admitida apenas em relação ao México, ocorrendo plenamente entre os Estados Unidos da América e o Canadá.

d) Cabe ao Tribunal Permanente de Revisão do MERCOSUL, sediado em Assunção, Paraguai, julgar conflitos trabalhistas transfronteiriços.

e) No MERCOSUL, a livre circulação de pessoas sofre restrições apenas em relação a países que não são membros plenos.

Gabarito	Comentários
B	• A Carta de Direitos Fundamentais da União Europeia, de 2000, é documento com vinculação jurídica, devendo ser respeitada pelas instituições da União e pelos Estados-membros, de acordo com o Tratado de Lisboa de 2007. • Dentre as inúmeras novidades do recente Tratado de Lisboa, há o preceito expresso sobre o princípio da solidariedade, definindo como deve se expressar a União Europeia, agora com personalidade jurídica única (o sistema de pilares e a divisão em comunidades não mais persiste). • O NAFTA não possui, ainda, uma livre circulação de trabalhadores, pois é uma mera zona de livre comércio, calcado em valores eminentemente econômicos. • O Tribunal Permanente de Revisão julga somente controvérsias entre os Estados-membros do MERCOSUL. Conflitos trabalhistas envolvendo os funcionários do MERCOSUL são julgados pelo Tribunal Administrativo-Trabalhista. • No MERCOSUL, vigora o Acordo sobre livre residência e trabalho, de 2002, aplicável no âmbito de todos os países signatários, quais sejam: Brasil, Paraguai, Uruguai e Argentina, como Estados partes, e Chile e Bolívia, como Estados associados. Esse acordo consiste em importante passo para a futura implementação de uma real liberdade de circulação de pessoas e trabalhadores. Na fase atual do MERCOSUL (união aduaneira imperfeita), não se deve falar em livre circulação de trabalhadores, pois o bloco não atingiu a fase de mercado comum.

(**TRT 2ª Região – 2010**) Em relação ao Direito Comunitário, temos:

I. É sabido que as fases de uma integração de países – geralmente vizinhos de uma mesma região – passa pela zona de livre comércio, união aduaneira, mercado comum e união econômica e monetária. O MERCOSUL, diante dessas possibilidades, tem um objetivo maior do que a simples integração econômica, porque pretende ser um mercado comum.

II. A União Europeia, que também passou por fases de integração, hoje já se encontra na união econômica e monetária, com um planejamento econômico comum, um Banco Central para o bloco e uma moeda única.

III. É fato que o MERCOSUL se encontra na fase da união aduaneira, dita incompleta, porque estabeleceu uma TEC – Taxa Externa Comum, que abrange parte dos produtos da região, e tem como objetivo, pelo Protocolo de Itaipu, tornar-se uma união econômica e monetária.

IV. O que caracteriza o mercado comum é a existência de cinco básicas liberdades: de circulação de pessoas, de circulação de bens, de circulação de serviços, de circulação de capitais; e livre concorrência.

V. Constituem-se como Tratados do MERCOSUL: Tratado de Assunção, Protocolo de Brasília, Protocolo de Ouro Preto, Protocolo de Olivos, Protocolo de Ushuaia e Protocolo do Unasul.

Assinale a assertiva correta:
a) As assertivas I, II e V são corretas.
b) As assertivas II, III e IV são corretas.
c) As assertivas I, II, IV e V são corretas.
d) As assertivas III e V são corretas.
e) As assertivas I, II e IV são corretas.

Gabarito	Comentários
E	• A questão remete à regra ZUMUU (zona de livre comércio, união aduaneira, mercado comum, união econômica e monetária e união política). Diante da regra ZUMUU, o MERCOSUL encontra-se na segunda etapa, da união aduaneira, tida como incompleta, e o principal motivo dessa deficiência é sua TEC, que comporta várias listas de exceção. Seu objetivo maior, de acordo com o Tratado fundador, o de Assunção, de 1991, é atingir o terceiro nível do processo de integração (ZUMUU), o mercado comum. Esta última situação caracteriza-se pela consagração das cinco liberdades básicas: livre circulação de pessoas, de bens, de serviços, de capitais e concorrência. • União Europeia (ZUMUU): união econômica e monetária. Moeda única: euro. Banco Central Europeu. • UNASUL: em 08 de dezembro de 2004, os presidentes ou representantes de 12 países sul-americanos assinaram a Declaração de Cuzco, anunciando a fundação da Comunidade Sul-Americana de Nações. Em 2005, essa comunidade ganhou nova denominação e passou a ser conhecida como UNASUL. O objetivo inicial é a criação de uma zona de livre comércio continental que unirá as duas organizações de livre comércio sul-americanas, MERCOSUL e Comunidade Andina, além de Chile, Guiana e Suriname. Trata-se de um espaço primordialmente político. A integração completa entre esses dois blocos foi formalizada durante uma reunião dos presidentes de países da América do Sul, no dia 23 de maio de 2008, em Brasília. Seu Tratado constitutivo está em vigor desde 11 de março de 2011, após atingir o número mínimo de ratificações.

Referências

ACCIOLY, Elizabeth. *MERCOSUL e União Europeia*: Estrutura Jurídico-Institucional. 4 ed. Curitiba: Juruá, 2010.

ACCIOLY, Hildebrando. *Tratado de direito internacional público*. Tomo II. Rio de Janeiro: Imprensa Nacional, 1934.

_____; NASCIMENTO E SILVA, Geraldo Eulálio do; CASELLA, Paulo Borba. *Manual de Direito Internacional Público*. 16 ed. São Paulo: Saraiva, 2008.

ACQUAVIVA, Guido. Human rights violations before international tribunals: reflections on responsibility of international organizations. *Leiden journal of international law*, 2007.

AGÊNCIA CULTURAL DA ONU ACEITA PALESTINOS COMO MEMBROS. Disponível em: http://g1.globo.com/mundo/noticia/2011/10/agencia-cultural-da-onu-aceita-palestinos-como-membros-plenos.html. Acesso em: 13/12/2011.

ALMEIDA, Amador Paes de. *CLT Comentada*. 6 ed. São Paulo: Saraiva, 2009.

_____. *Curso Prático de Processo do Trabalho*. 22 ed. São Paulo: Saraiva, 2012.

ALMEIDA, Francisco Ferreira de. *Direito Internacional Público*. 2 ed. Coimbra: Coimbra Editora, 2003.

AMBOS, Kai. *Derecho y processo penal internacional*: ensayos críticos. Mexico: Fontamara, 2008.

_____. *A Parte Geral do Direito Penal Internacional*: bases para uma elaboração dogmática. Edição brasileira. São Paulo: Revista dos Tribunais, 2008.

ARAUJO, Luis Gustavo. A incorporação dos tratados de proteção internacional de direitos humanos e as normas do direito interno: consolidações e críticas. *Revista Liberdades*, n. 6, jan-abr, 2011.

ARAUJO, Luis Ivani de Amorim. *Curso de Direito dos Conflitos Interespaciais*. Rio de Janeiro: Forense, 2002.

BAPTISTA, Eduardo Correia. *Direito Internacional Público*: Sujeitos e Responsabilidade. V. II. Coimbra: Almedina, 2004.

BARRAL, Welber. *Dumping e comércio internacional:* a regulamentação antidumping após a Rodada Uruguai. Rio de Janeiro: Forense, 2000.

BARROS, Alice Monteiro de. *Curso de direito do trabalho*. 5 ed. São Paulo: LTr, 2009.

BARROS, Alberto Ribeiro de. *A teoria da soberania de Jean Bodin*. Fapesp. São Paulo: Unimarco Editora, 2001.

BARROSO, Darlan. *Direito Internacional*. V. 11. São Paulo: Revista dos Tribunais, 2009.

BASTOS, Carlos Eduardo Caputo; MADRUGA FILHO, Antenor Pereira. A prática da imunidade dos estados: perspectiva brasileira. In: MADRUGA FILHO, Antenor Pereira; GARCIA, Márcio (coord.). *Imunidade de jurisdição e o judiciário brasileiro*. Brasília: CEDI, 2002.

BASTOS, Roberta. Notícias do Superior Tribunal de Justiça. 15:44 - Ministro Dipp: *Decisões da Corte Interamericana têm eficácia e aplicação imediata*, Brasília, 17 mai. 2005. Disponível em: http://www.stj.gov.br/webstj/Noticias/detalhes_noticias.asp?seq_noticia=14018. Acesso em: 09/08/2009.

BAYEFSKY, A. The principle of equality or non-discrimination in international law. 11. *Human Rights Journal*, 1990.

BELSKY, Adam C.; MERVA, Mark; ROTH-ARRIAZA, Naomi. Implied Waiver under the FSIA: A Proposed Exception to Immunity for Violations of Peremptory Norms of International Law. *California Law Review*, 1989, vol. 77.

BEVILÁQUA, Clovis. *Direito público internacional*. Tomo II. 2 ed. Rio de Janeiro: Freitas Bastos, 1939.

BOBBIO, Norberto. *Estado, Governo, Sociedade*: para uma teoria geral da política. 4 ed. São Paulo: Paz e Terra, 1992.

_____. *A era dos direitos*. Rio de Janeiro: Campus, 2004.

BORGES, José Souto Maior. *Curso de direito comunitário*: instituições de direito comunitário comparado: União Europeia e Mercosul. São Paulo: Saraiva, 2005.

BRASIL. Ministério das Relações Exteriores (1999). *Pareceres dos consultores jurídicos do Ministério das Relações Exteriores* n. 13/1999.

BRASIL BUSCA SAÍDA PARA RECONHECER NOVO GOVERNO DE HONDURAS. Disponível em: http://noticias.r7.com/internacional/noticias/brasil-

-busca-saida-para-reconhecer-governo-de-honduras-20100129.html. Acesso em: 20/08/2010.

BRASIL RECONHECE ESTADO PALESTINO. Disponível em: http://www.estadao.com.br/noticias/internacional, brasil-reconhece-estado-palestino-,649028,0.htm. Acesso em: 14/12/2011.

BROWNLIE, Ian. *Princípios de direito internacional público*. Tradução de Maria Manuela Farrajota. Lisboa: Fundação Calouste Gulbenkian, 1997.

BRUNO, Aníbal. *Direito Penal*: Parte geral. Tomo 1. 3 ed. Rio de Janeiro: Forense, 1978.

CAMPOS, João Mota de. *Organizações internacionais*. Lisboa: Fundação Calouste Gulbenkian, 2006.

_____. *Manual de Direito Comunitário*. 2 ed. Curitiba: Juruá, 2009.

CANOTILHO, J.J. Gomes. *Direito Constitucional e Teoria da Constituição*. 7 ed. Coimbra: Almedina, 2000.

_____. *"Brancosos" e interconstitucionalidade*: itinerários dos discursos sobre a historicidade constitucional. Coimbra: Almedina, 2006.

CARVALHO, Evandro Menezes de. *Organização Mundial do Comércio*. Curitiba: Juruá, 2006.

CASELLA, Paulo Borba. *Comunidade Europeia e seu ordenamento jurídico*. São Paulo: Ltr, 1994.

CASTRO, Amílcar de. *Direito Internacional Privado*. 6 ed. Rio de Janeiro: Forense, 2005.

CELLI JUNIOR, Umberto. Teoria Geral da Integração: em busca de um modelo alternativo. In: MERCADANTE, Araminta de Azevedo *et al*. *Blocos Econômicos e Integração na América Latina, África e Ásia*. Curitiba: Juruá, 2008.

CHOLEWEINSKI, Ryszard; GUCHTENEIRE, Paul de; PÉCOUD, Antoine. Migration and Human Rights: the United Nations Convention on Migrant Workers' Rights. *International Journal of Refugee Law*. Vol. 22, n. 4, dec. 2009.

CORREIA, A. Ferrer. *Lições de Direito Internacional Privado*. Coimbra: Almedina, 2002.

COSTA, José Augusto Fontoura. Do GATT à OMC: uma análise construtiva. *Sequência: Estudos Jurídicos e Políticos*, ano XXXII, n. 62, jul. 2011.

CRETELLA NETO, José. *Direito Processual na Organização Mundial do Comércio - OMC*. Rio de Janeiro: Forense, 2003.

CRIVELLI, Ericson. *Direito Internacional do Trabalho Contemporâneo*. São Paulo: Ltr, 2010.

CRUZ, Luiz Dilermando de Castello. *Meios pacíficos de solução de controvérsias internacionais*. 2 ed. Brasília: Fundação Alexandre de Gus, 2010.

DARTAYETE, María Cristina. Armonización de normas en el Mercosur. *Revista de Derecho del Mercosur*. Buenos Aires, ano 3, n. 1, 1999.

DEL'OLMO, Florisbal de Souza. *Curso de Direito Internacional Público*. 2 ed. Rio de Janeiro: Forense, 2006.

_____. *Curso de Direito Internacional Privado*. 9 ed. São Paulo: Saraiva, 2011.

DINAMARCO, Cândido Rangel. *Instituições de direito processual civil*. 4 ed. São Paulo: Malheiros, 2004.

DINIZ, Maria Helena. *Lei de introdução ao código civil brasileiro interpretada*. 9 ed. São Paulo: Saraiva, 2002.

DINH, N. Q.; DAILLIER, P.; PELLET, A. *Direito internacional público*. Tradução Vítor Marques Coelho. 2 ed. : Lisboa: Fundação Galouste Gulbenkian, 2003.

DISSENTING OPINION OF JUDGE CANÇADO TRINDADE. Disponível em: http://www.icj-cij.org/docket/files/143/16891.pdf. Acesso em: 08/02/2012.

DOLINGER, Jacob. *Direito internacional privado*: a criança no direito internacional. Rio de Janeiro: Renovar, 2003.

ERMIDA URIARTE, Oscar. La Dimensión Social del MERCOSUR. *Cuadernos de Fundación*. Derecho del Trabajo y la Seguridad Social. Fundación Educación de Cultura Universitária. Montevideo: Uruguay, 2004.

EUROZONA. Disponível: http://pt.euronews.net/2010/05/14/sarkozy-tera-ameacado-tirar-franca-do-euro/. Acesso em: 26/08/2010.

FASTENRATH, Ulrich. Relative Normativity in International Law. *European Journal of International Law*. Vol. 4, n. 3, 1993.

FAVRE, Antoine. *Principes du droit des gens*. Paris: Librairie de Droit et de Jurisprudence, 1974.

FAZIO, Silvia. A Livre Circulação dos Trabalhadores na União Europeia. In: CASELLA, Paulo Borba (coord.). *MERCOSUL, Integração Regional e Globalização*. Rio de Janeiro: Renovar, 2000.

FEIX, Virginia. Por uma política pública nacional de acesso à Justiça. *Estudos Avançados* (18), n. 51, 2004.

FERNANDES, António Monteiro. *Direito do Trabalho*. 14 ed. Coimbra: Almedina, 2009.

FERREIRA, María Carmen; OLIVERA, Julio Ramos. *Las relaciones laborales en el Mercosur*. Montevideo: Fundação de Cultura Universitária, 1997.

FLORENCIO, Sergio Abreu e Lima; ARAUJO, Ernesto Henrique Fraga. *MERCOSUL hoje*. São Paulo: Alfa Omega, 1996.

FRAGOSO, Heleno Cláudio. *Lições de direito penal*: Parte geral. 4 ed. Rio de Janeiro: Forense, 1980.

GABSCH, Rodrigo D'Araujo. *Aprovação de Tratados Internacionais pelo Brasil*: possíveis opções para acelerar o seu processo. Brasília: Fundação Alexandre de Gusmão, 2010.

GOMES, Luiz Flávio; PIOVESAN, Flávia. *O Sistema Interamericano de Proteção dos Direitos Humanos e o Direito Brasileiro*. São Paulo: RT, 2000.

_____. *Estado constitucional de direito e a nova pirâmide jurídica*. São Paulo: Premier Máxima, 2008.

_____; MAZZUOLI, Valério de Oliveira. *Direito Supraconstitucional*: Do absolutismo ao Estado Constitucional e Humanista de Direito. Col. Direito e Ciências afins. V. 5. São Paulo: Revista dos Tribunais, 2010.

GOUVEIA, Jorge Bacelar. *Manual de Direito Internacional Público*. Rio de Janeiro: Renovar, 2005.

GROSS, Leo. The Peace of Westphalia, 1648 – 1948. *American Journal of International Law*, 42, 1948.

GUSMÃO, Paulo Dourado de. *Introdução ao Estudo do Direito*. 10 ed. Rio de Janeiro: Forense, 1984.

HABERMAS, Jürgen. *O futuro da natureza humana*. São Paulo: Martins Fontes, 2004.

_____. *O ocidente dividido*. Tradução: Luciana Villas Boas. Rio de Janeiro: Tempo Brasileiro, 2006.

HUSEK, Carlos Roberto. *Curso de Direito Internacional Público*. 3 ed. São Paulo: Ltr, 2000.

_____. *Curso Básico de Direito Internacional Público e Privado do Trabalho*. 2 ed. São Paulo: Ltr, 2011.

IMMUNITÉS JURIDICTIONNELLES DE L'ÉTAT (ALLEMAGNE c. ITALIE; GRÈCE (INTERVENANT)). Disponível em: http://www.icj-cij.org/docket/files/143/16884.pdf. Acesso em: 04/02/2012.

JAEGER, Guilherme Pederneiras. A Evolução da Jurisprudência Brasileira no Tema Imunidade de Jurisdição do Estado Estrangeiro. *Seminários de Direito*, 2008.

JONAS, Hans. *O princípio responsabilidade*. Rio de Janeiro: Contraponto, 2006.

JUBILUT, Liliana Lyra. Os direitos humanos como paradigma do comércio no Direito Internacional. In: AMARAL JUNIOR, Alberto do. *Direito do Comércio Internacional*. São Paulo: Juarez de Oliveira, 2002.

KELSEN, Hans. *Teoria geral do direito e do Estado*. São Paulo: Martins Fontes, 1998.

KRASNER, Stephen D. Pervasive Not Pervasive: Semi-Sovereigns as the Global Norm. *Cornell International Law Journal*, 30, 1997.

LAFER, Celso. *A OMC e a regulamentação do comércio internacional*: uma visão brasileira. Porto Alegre: Livraria do Advogado, 1998.

LAGE, Délber Andrade. *A Jurisdicionalização do Direito Internacional*. Belo Horizonte: Del Rey, 2009.

LAMB, Susan. *Nullun crimen, nulla poena sine lege* in International Criminal Law. In: CASSESE, Antonio; GAETA, Paola; JONES, John R. W. D. *The Rome Statute Of The International Criminal Court*: A Commentary. V. II. Oxford: University Press, 2002.

LEAL, Bruno Bianco; GALVÃO, Bruno Haddad. MACHADO, Diego Pereira. *Vida de concurseiro*: como estudar e se preparar para provas de concurso público. Rio de Janeiro: GZ, 2010.

LESSA, José Vicente da Silva. *Paradiplomacia no Brasil e no Mundo*: o poder de celebrar tratados dos governos não-centrais. Viçosa: UFV, 2007.

LIMA, Renata Mantovani de; BRINA, Marina Martins da Costa. *O Tribunal Penal Internacional*. Belo Horizonte: Del Rey, 2006.

LIMA, Sérgio Eduardo Moreira. *Imunidade diplomática – Instrumento de Política Externa*. Rio de Janeiro: Lumen Juris, 2004.

LOUREIRO, João Carlos. Autonomia do Direito, Futuro e Responsabilidade Intergeracional: para uma teoria do *fernrecht* e da *fernverfassung* em diálogo com Castanheira Neves. *Boletim da Faculdade de Direito*. Vol. LXXXVI, Separata, Coimbra, 2010.

MACHADO, Diego Pereira. *Princípio do concurso público*. Disponível em: http://www.lfg.com.br. Acesso em: 25/10/2008.

_____. Compreensão do processo internacional de *lavagem* de capitais. In: BARROZO, Helena Aranda; TESHIMA, Márcia; MAZZUOLI, Valério de Oliveira (org). *Novos Estudos de Direito Internacional Contemporâneo*. Londrina: Eduel, 2008.

_____. *Sistema regional americano de proteção dos direitos humanos*. São Paulo: TV LFG, 2010. Vídeo 60 min. Disponível em: www.tvlfg.com.br. Acesso em 14/04/2011.

_____; DEL´OLMO, Florisbal de Souza. *Direito da Integração, Direito Comunitário, MERCOSUL e União Europeia*. Salvador: Juspodivm, 2011.

MACHADO, Jónatas E. M. *Direito Internacional*: do paradigma clássico ao pós-11 de setembro. 3 ed. Coimbra: Coimbra Editora, 2006.

MADRUGA FILHO, Antenor Pereira. *A renúncia à imunidade de jurisdição pelo estado brasileiro e o novo direito da imunidade de jurisdição*. Rio de Janeiro: Renovar, 2003.

_____. A imunidade de jurisdição e a aplicação direta do costume internacional pelo judiciário brasileiro. In: BASSO, Maristela; PRADO, Mauricio Almeida; ZAITZ, Daniela (coord.). *Direito do comércio internacional*: pragmática, diversidade e inovação. Curitiba: Juruá, 2005.

MAGALHÃES, José Luiz Quadros de. Jurisdição constitucional e federalismo. *Revista Eletrônica Jus Vigilantibus*, 23 mar. 2009.

MALHEIRO, Emerson Penha. *Manual de Direito Internacional Privado*. São Paulo: Atlas, 2009.

MALISKA, Marcos Augusto. Educação e integração regional. Análise do Acordo de Admissão de Títulos e Graus Universitários para Exercício de Atividades Acadêmicas nos Estados Partes do MERCOSUL. *Revista da AGU*. Brasília: DF, ano VIII, n. 21, jul-set 2009.

MARTINS, Estevão Rezende. A apreciação de tratados e acordos internacionais pelo Congresso Nacional. In: CANÇADO TRINDADE, Antônio Augusto (ed.). *A incorporação das normas internacionais de proteção dos direitos humanos no direito brasileiro*. 2 ed. San José, Costa Rica/Brasília: IIDH, 1996.

MARTINS, Sergio Pinto. *Direito do Trabalho*. 21 ed. São Paulo: Atlas, 2005.

_____. *Direito Processual do Trabalho*. 25 ed. São Paulo: Atlas, 2006.

MATHIJSEN, P. S. F. R. *Introdução ao Direito Comunitário*. Coimbra: Biblioteca Jurídica Coimbra Editora, 1991.

MAZZUOLI, Valério de Oliveira. O Poder Legislativo e os tratados internacionais: o *treaty-making power* na Constituição brasileira de 1988. *Revista de Informação Legislativa*. Brasília, a. 38, n. 150, abr-jun, 2001.

_____. *Tribunal Penal Internacional e o Direito Brasileiro*. São Paulo: Premier Maxima, 2005.

_____. O novo § 3º do artigo 5º da Constituição e sua eficácia. In: GOMES, Eduardo Biacchi; REIS, Tarcísio Hardman (coord.). *O direito constitucional internacional após a emenda 45/04 e os direitos fundamentais*. São Paulo: Lex Editora, 2007.

_____. *Os Tratados Internacionais de Proteção dos Direitos Humanos e sua Incorporação no Ordenamento Brasileiro*. Disponível em: http://www.mt.trf1.gov.br/judice/jud13/tratados.htm. Acesso em: 03/07/2008.

_____. *Curso de Direito Internacional Público*. 3 ed. São Paulo: Revista dos Tribunais, 2008.

_____. *O Controle Jurisdicional da Convencionalidade das Leis*. São Paulo: Revista dos Tribunais, 2009.

MEDEIROS, Antonio Paulo Cachapuz de. *O Poder de Celebrar Tratados:* Competência dos poderes constituídos para a celebração de tratados, à luz do Direito Internacional, do Direito Comparado e do Direito Constitucional Brasileiro. Porto Alegre: Sergio Antonio Fabris Editor, 1995.

MELLO, Celso D. de Albuquerque. *Responsabilidade Internacional do Estado*. Rio de Janeiro: Renovar, 1995.

_____. *Curso de direito internacional público*. 12 ed. Vol. 1. Rio de Janeiro: Renovar. 2000.

MENDES, Gilmar Ferreira; COELHO, Inocêncio Mártires; BRANCO, Paulo Gustavo Gonet. *Curso de Direito Constitucional*. 4 ed. São Paulo: Saraiva, 2009.

MENEZES, Wagner. Mercado Comum do Sul (MERCOSUL). In: MERCADANTE, Araminta de Azevedo; CELLI JUNIOR, Umberto; ARAUJO, Leandro Rocha de (coord.). *Blocos Econômicos e Integração na América Latina, África e Ásia*. Curitiba: Juruá, 2008.

MERCADANTE, Araminta de Azevedo (coord). *Blocos Econômicos e Integração na América Latina, África e Ásia*. Curitiba: Juruá, 2007.

MINISTRO COMENTA EMPREGO DA RECIPROCIDADE CONTRA ESPANHA. Disponível em: http://www2.camara.gov.br/tv/materias/CAMARA--HOJE/198777-MINISTRO-COMENTA-EMPREGO-DA-RECIPROCIDA-DE-CONTRA-ESPANHA.html. Acesso em: 20/07/2011.

MIRANDA, Jorge. *Curso de Direito Internacional Público*. 10 ed. Coimbra: Almedina, 2010.

MIRANDA, Pontes. *Comentários à Constituição de 1967*. 2 ed. São Paulo: Revista dos Tribunais, tomo III.

MORAES, Alexandre de. *Direito constitucional*. São Paulo: Atlas, 1997.

MOSER, Claudinei. Imunidade de jurisdição do Estado estrangeiro. A questão da (ir)responsabilidade da União pelo pagamento do débito judicial trabalhista. *Jus Navigandi*, Teresina, ano 12, n. 1774, 10 maio 2008. Disponível em: http://jus2.uol.com.br/doutrina/texto.asp?id=11217. Acesso em: 01/09/2010.

NEVES, Gustavo Bregalda. *Direito Internacional*. São Paulo: Saraiva. 2009.

NUNO, Ferreira. A responsabilidade internacional: evolução na tradição. *Revista da Ordem dos Advogados*. Ano 66, 2, Lisboa, 2006.

OEA REVOGA SUSPENSÃO A CUBA DEPOIS DE 47 ANOS: DECISÃO ABRE CAMINHO PARA VOLTA DO PAÍS À ORGANIZAÇÃO DA QUAL FOI EXCLUÍDO EM 1962. Disponível em: http://www.estadao.com.br/noticias/internacional,oea-revoga-suspensao-a-cuba-depois-de-47-anos,381881,0.htm. Acesso em: 01/09/2010.

PAIS, Sofia Oliveira. *Direito da União Europeia*. Lisboa: Quid Juris, 2011.

PEDRAS, Cristiano Villela. A Incorporação dos Tratados de Direitos Humanos na Constituição. *Estado de Direito*, nº 26, ano IV, 2010.

PEDREIRA, Pinho. O contrato internacional de trabalho. *Revista da Academia Nacional de Direito do Trabalho*, v. 2, n. 2, São Paulo, 1994.

PEREIRA, André Gonçalvez; QUADROS, Fausto de. *Manual de Direito Internacional Público*. 3 ed. Coimbra: Almedina, 1993.

PEREIRA, Luis Cezar Ramos. *Ensaio sobre a responsabilidade internacional do Estado e suas conseqüências no direito internacional*: a saga da responsabilidade internacional do Estado. São Paulo: Ltr, 2000.

PIETROPAOLI, Stefano. Jus ad bellum e jus in bello. La vicenda teorica di uma grande dicotomia del Diritto Internazionale. In: *Quaderni Fiorentini* - per la storia del peniero giuridico moderno. Giuffré Editore. T. II, 38, 2009.

PINHEIRO, Luís de Lima. *Direito Internacional Privado*. Coimbra: Almedina, 2002.

PIOVESAN, Flávia. *Direitos humanos e o direito constitucional internacional*. São Paulo: Max Limond, 1996.

_____. *Tratados internacionais de direitos humanos e a reforma do Judiciário*. Direitos fundamentais: estudos em homenagem ao Professor Ricardo Lobo Torres. Rio de Janeiro: Renovar, 2006.

PORTELA, Paulo Henrique Gonçalves. *Direito Internacional Público e Privado*: incluindo noções de direitos humanos e direito comunitário. 2 ed. Salvador: Podivm, 2010.

POTOBSKY, Geraldo W. von; BARTOLOMEI DE LA CRUZ, Héctor G. *La Organización Internacional del Trabajo*. Buenos Aires: Astrea, 1990.

POZZOLI, Lafayette. *Direito Comunitário Europeu*: uma perspectiva para a América Latina. São Paulo: Método, 2003.

RECHSTEINER, Beat Walter. *Direito Internacional Privado:* teoria e prática. 14 ed. São Paulo: Saraiva, 2011.

REIS, Novély Vilanova da Silva. *Indicações práticas para uma melhor administração do processo civil.* Disponível em: http://www.cjf.jus.br/revista/seriemon07.htm. Acesso em: 15/01/2011.

RELATÓRIO DO PLANO PLURIANUAL 2008-2010. Disponível em: http://www.itamaraty.gov.br/o-ministerio/relatorio-de-avaliacao-do-plano-plurianual-2008-2011-ano-base-2010/view. Acesso em: 03/03/2012.

REUTER, Paul. *Direito internacional público.* Trad. de Maria Helena Capêto Guimarães. Lisboa: Editorial Presença, 1981.

REZEK, Francisco. *Direito Internacional Público.* 11 ed. São Paulo: Saraiva, 2008.

ROCHA, Fernando Luiz Ximenes. A incorporação dos tratados e convenções internacionais de direitos humanos no direito brasileiro. *Revista de Informação Legislativa*, Brasília: Senado Federal, n. 130, 1996.

ROMITA, Arion Sayão. Conflito de Normas em Direito do Trabalho. In: MALLET, Estêvão; ROBORTELLA, Luiz Carlos Amorim (coord.). *Direito e Processo do Trabalho – Estudos em homenagem ao Prof. Octávio Bueno Magano.* LTr: São Paulo, 1996.

ROSSATO, Luciano Alves; LÉPORE, Paulo Eduardo; CUNHA, Rogério Sanches. *Estatuto da Criança e do Adolescente Comentado.* São Paulo: Revista dos Tribunais, 2010.

ROUSSEAU, Charles. *Derecho internacional publico.* Trad. de Fernando Gimenez Artigues. 3. ed. Barcelona: Ariel, 1966.

_____. *Droit International Public.* Paris: Recueil Sirey, 1953.

SCHEFFER, David J. The U.S. Perspective on the ICC. In: SEWALL, Sarah B.; KAYSEN, Carl (ed.). *The United States and the International Criminal Court*: National Security and International Law. Oxford: Rowman & Littledield, 2000.

SICARI, Vincezo Rocco. *O Direito das relações diplomáticas.* Belo Horizonte: Del Rey, 2007.

SILVA, Roberto Luiz. *Direito Comunitário e da Integração.* 1 ed. Porto Alegre: Síntese, 1999.

SOARES, Guido. As ONG'S e o Direito Internacional do Meio Ambiente. *Revista de Direito Ambiental.* São Paulo, 2000.

_____. *Órgãos dos Estados nas relações internacionais*: formas da diplomacia e as imunidades. 1 ed. Rio de Janeiro: Forense, 2001.

_____. *Curso de Direito Internacional Público.* V. 1. São Paulo: Atlas, 2002.

SOARES, Mario Lúcio Quintão. *Teoria do Estado*: **novos paradigmas em face da globalização. 3 ed. São Paulo: Atlas, 2008.**

STELZER, Joana. *Integração Europeia:* dimensão supranacional. Florianópolis: Dissertação em Mestrado em Direito UFSC, 1998.

SÜSSEKIND, Arnaldo. *Conflitos de leis do trabalho*: princípios de aplicação geral, empresas multinacionais, imunidade de jurisdição, normas especiais para ITAIPU. Rio de Janeiro: Freitas Bastos, 1979.

_____ *et al. Instituições de Direito do Trabalho.* 16 ed. São Paulo: LTr, 1996.

_____. Organização Internacional do Trabalho – OIT – denúncia da Convenção no 158 pelo Brasil – efeitos e conseqüências. *Direito do Trabalho e Previdência Social – Pareceres.* Vol. IX, São Paulo: LTr, 1998.

_____. *Direito Internacional do Trabalho.* 3 ed. São Paulo: LTr, 2000.

_____. *Direito Constitucional do Trabalho.* 2 ed. São Paulo: Renovar, 2001.

TORRES, Heleno. *Direito Tributário Internacional*: planejamento tributário e operações transnacionais. São Paulo: Revista dos Tribunais, 2001.

TRIEPEL, Karl Heinrich. *As relações entre o direito interno e o direito internacional.* Tradução de Amílcar de Castro. S. ed., 1964.

TRINDADE, Antônio Augusto Cançado. *O Direito Internacional em um mundo em transformação.* São Paulo: Renovar, 2002.

_____. A Personalidade e Capacidade Jurídicas do Indivíduo como Sujeito do Direito Internacional. ANNONI, Danielle (org.). *Os Novos Conceitos do Novo Direito Internacional*: cidadania, democracia e direitos humanos. Rio de Janeiro: América Jurídica, 2002.

_____. *Direito das Organizações Internacionais.* 3 ed. Belo Horizonte: Del Rey, 2003.

_____. *Tratado de Direito Internacional dos Direitos Humanos.* Vol. I. 2 ed. Porto Alegre: Sergio Antonio Fabris Editor, 2003.

_____. *Seminário Direitos Humanos das Mulheres*: A Proteção Internacional. Disponível em: http://www.dhnet.org.br/direitos/militantes/cancadotrindade/Cancado_Bob.htm. Acesso em: 22/07/2009.

VALLADÃO, Haroldo. *Direito Internacional Privado.* 4 ed. V. 1. Ed. Freitas Bastos, 1974.

VALVERDE, Antonio Martín; GUTIÉRREZ, Fremin Rodríguez-Sañudo; MURCIA, Joaquín García. *Derecho del Trabajo.* 18 ed. Madrid: Tecnos, 2009.

VENTURA, Deisy. *As assimetrias entre o MERCOSUL e a União Europeia*: os desafios de uma associação inter-regional. Barueri: Manole, 2003.

_____; ILLES, Paulo. Estatuto do estrangeiro ou lei de imigração? *Revista Le Monde Diplomatique*. Ano 4, n 37, 2010.

VILLATORE, Marco Antônio; GOMES, Eduardo Biacchi. *Aspectos sociais e econômicos da livre circulação de trabalhadores e o dumping social*. Disponível em: http://www.buscalegis.ufsc.br/revistas/index.php/buscalegis/article/view/32205/31430. Acesso em: 01/09/2010.

WOLKMER, Antônio Carlos. Integração e direito comunitário latino-americano. In: PIMENTEL, Luiz Otávio (org). *Mercosul no Cenário Internacional*: Direito e Sociedade. Curitiba: Juruá, 1998.

YOFFIE, Adam G.. The Palestine Problem: The Search for Satatehood and the Benefits of International Law. *The Yale Journal of International Law*. Summer 2011, v. 36, n. 2, 2010.